21世纪高职高专规划教材

法 律 专 业 系 列

中央财政支持高等职业学校专业建设发展项目成果

贾成宽 ◎编 著

刑事诉讼法理论与实务

清华大学出版社

北 京

内 容 简 介

本书按照 2012 年《刑事诉讼法》的内容和结构体系设计章节,分总论和分论两大部分。总论部分主要是从横向来阐释,即刑事诉讼法的相关概念、基本理念,刑事诉讼中的专门机关和诉讼参与人,刑事诉讼的基本原则,辩护与代理,刑事证据制度、强制措施和附带民事诉讼等问题;分论部分主要是从纵向,即从刑事诉讼的五大阶段——立案、侦查、起诉、审判和执行——来讲述刑事诉讼的具体程序。

本书适合高职高专法律类专业和其他专业作为教材使用,同时适合一般社会读者阅读参考。

图书在版编目(CIP)数据

刑事诉讼法理论与实务/贾成宽编著. —北京:清华大学出版社,2014(2018.2 重印)
21 世纪高职高专规划教材. 法律专业系列
ISBN 978-7-302-35169-6

Ⅰ. ①刑… Ⅱ. ①贾… Ⅲ. ①刑事诉讼法—中国—高等职业教育—教材 Ⅳ. ①D925.2

中国版本图书馆 CIP 数据核字(2014)第 013761 号

责任编辑:刘士平
封面设计:于晓丽
责任校对:袁 芳
责任印制:刘祎淼

出版发行:清华大学出版社
　　　网　　　址:http://www.tup.com.cn,http://www.wqbook.com
　　　地　　　址:北京清华大学学研大厦 A 座　　　　　　邮　　编:100084
　　　社 总 机:010-62770175　　　　　　　　　　　　邮　　购:010-62786544
　　　投稿与读者服务:010-62776969,c-service@tup.tsinghua.edu.cn
　　　质量反馈:010-62772015,zhiliang@tup.tsinghua.edu.cn
　　　课件下载:http://www.tup.com.cn,010-62795764
印 装 者:三河市君旺印务有限公司
经　　销:全国新华书店
开　　本:185mm×260mm　　　　印　　张:26　　　　字　　数:598 千字
版　　次:2014 年 3 月第 1 版　　　　　　　　　　　　印　　次:2018 年 2 月第 3 次印刷
印　　数:4001~5000
定　　价:48.00 元

产品编号:055388-01

前　言

　　高职高专法律教育应区别于本科法学教育,本科法学教育是注重学科系统知识的掌握,侧重理论素养的养成;高职高专法律专业学生的工作岗位方向主要是书记员、律师助理、司法助理和其他基层法律服务工作者,其培养目标应是基本素养的养成和基本技能的掌握,不应过于关注学科与理论体系的介绍,掌握能从事本岗位工作所必备的法律理论知识即可。因而,高职高专法律教育,无论是编制教材还是教授法学知识,应适度控制理论的宽度与深度。因此,本书的定位是:以掌握我国最新刑事诉讼法的基本理论、法律规定为基础,突出分析、运用能力的训练。

1. 本书的内容

　　本书的主要内容分总论和分论两大部分。总论部分主要是从横向阐释刑事诉讼法的相关概念、基本理念、基本制度,刑事诉讼中的专门机关和诉讼参与人,刑事诉讼的基本原则,辩护与代理,刑事证据制度、强制措施和附带民事诉讼等问题。分论部分主要是从纵向,即从刑事诉讼的五大阶段——立案、侦查、起诉、审判和执行阐释刑事诉讼的具体程序。2012 年对 1996 年《刑事诉讼法》作了重大修订,修改后的《刑事诉讼法》由原来的 225 条增加到 290 条,修改和增加的条文达 140 多处。有的学者对其修改内容归纳为八个方面。本书完全以 2012 年《刑事诉讼法》为依据,适当运用刑事诉讼基本原理和理论,力求全面、准确地阐释新刑事诉讼法的内容。

2. 本书各章内容

　　(1) 本章导读:首先,采用情境导出法,用通俗设问的方式引出本章要学习的基本知识和学习本章内容的意义;其次,给出本章内容涉及的法律条文;最后,指出学习本章内容需要重点掌握的知识点。

　　(2) 本章知识体系图示:通过向学习对象展示本章的知识体系结构,使其从整体上了解本章的基本知识体系,让学习对象知道本章要学的内容有哪些。

3. 本书的特点

　　(1) 在章节内容的编排体例设计上,借鉴一些司法考试用书的设计思路或风格,对层次性、顺序性明显的知识尽可能采用图表予以提炼归纳展示,以使学习者思路清晰。

　　(2) 对一些易忽略或重要的知识点予以重点提示或说明,对一些易混淆的知识点予以横向或纵向比较,便于学习者记忆。

　　(3) 尽可能做到对每一个重点问题都辅以案例释义和巩固练习,以巩固和加深对该问题的理解。选编的案例和巩固练习与阐释的知识点联系紧密,巩固练习均选自近年的司法考试题。

(4)对一些抽象、疑难或存在争议的问题,采用"问题思考"或"知识扩展"的方式拓展知识面,以帮助学习者理清思路,增加知识。

(5)本书的体例设计结构清晰,重点知识阐释图文并茂、深入浅出、通俗易懂,同时以案释义、以练固学。

4. 适用对象

本书不仅适于高职高专法律专业学生学习使用,也适合作为司法考试、法律实务工作人员和广大法律爱好者的学习用书。

5. 编写工作

全书的体例设计、大纲编制、编写工作均由贾成宽完成。本书在编写的过程中参考、借鉴了一些专家、学者的著作或教材的内容与体例,在此表示感谢。由于本书编者在学术底蕴和司法实践方面均存在一定的欠缺,书中难免存在不当之处,还望同人真诚指正。

编　者

2014 年 1 月

目录

第一章

刑事诉讼和刑事诉讼法概述

本章导语

国家为了应对犯罪现象，维护社会秩序，设立了专门的机构，如警察机构、检察机构和审判机构。国家为了实现对犯罪的追诉，需要制定建立一整套的犯罪追诉法律制度和程序，使国家追究个人的行为具有正当性。这种追究个人刑事责任的制度和程序，就是刑事诉讼法律制度。这方面最主要的法律是刑事诉讼法。刑事诉讼法在一个国家的法律体系中占有非常重要的地位，是一个现代国家法治发展水平和人权保障程度的重要标志。由于刑事诉讼活动是一种国家追究个人犯罪的活动，直接关系公民的人身权利、民主权利和财产权益，宪法所规定的有关公民的政治权利、人身权利和财产权利在刑事诉讼过程中都会涉及。因此，在学界，刑事诉讼法有"小宪法"之称。本章内容涉及 2012 年《刑事诉讼法》第 1 条和第 2 条的规定。本章对刑事诉讼、刑事诉讼法、刑事诉讼法学的概念和基本理念及范畴作了简述。本章的重点内容有：①刑事诉讼的三个基本理念；②刑事诉讼职能；③刑事诉讼的主体。本章内容的学习为后面各章的学习奠定了理论基础，有助于从整体层面理解和掌握刑事诉讼的基本制度。

本章的知识内容体系如图 1-1 所示。

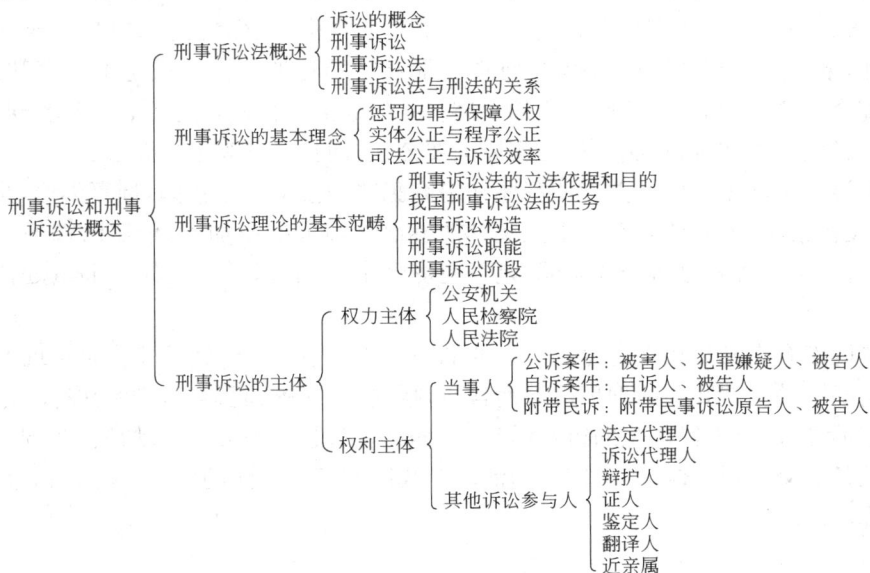

图 1-1　本章知识体系图示

第一节　刑事诉讼法概述

一、诉讼的概念

在社会生活中，人们不可避免地会与他人产生纠纷或争议。因此，建立一套行之有效的制度，以排解纠纷、解决争议，是现代社会法律制度必不可少的内容，这种解决纠纷或争议的法律制度就是诉讼法律制度。诉讼法正是这样一套用来解决人与人之间或人与国家之间发生争议的法律制度。

"诉讼"一词在拉丁文中是活动过程和程序的意思。在汉语中，许慎在《说文解字》中注为："诉，告也"，"讼，争也"。诉是告知、倾诉，是一种陈述行为；讼，就是纷争，是一种社会现象。诉讼就是俗称的"打官司"。规范的表述就是，国家司法机关在当事人和其他诉讼参与人的参加下，按照国家法律规定的程序解决各种案件争讼的专门活动。因此，诉讼的构成必须包括原告、被告、听讼者三方要素。

根据诉讼所要解决的实体问题的不同，以及诉讼程序上的差异，诉讼可以分为刑事诉讼、民事诉讼和行政诉讼。

二、刑事诉讼

（一）刑事诉讼的概念

刑事诉讼是以揭露犯罪、证明犯罪和惩罚犯罪为目的的诉讼活动。对这一活动可以从两个方面认识：一方面，一旦发现犯罪，国家设立的专门机构，如公安局、检察院、法院，就要按照刑事诉讼法的规定进行追诉犯罪的活动，以使实施犯罪的人受到准确、及时的惩处，维护社会秩序，伸张正义；另一方面，对犯罪的追诉必须按照刑事诉讼法规定的程序进行，防止警察、检察官、法官随意侵害或剥夺个人的自由，从而使公民的基本权利得到保障。因此，刑事诉讼制度为揭露犯罪、证明犯罪和惩罚犯罪的活动设定了程序和制度，使国家追究个人的行为具有合理、正当的基础。一句老话讲得好：正义不但要实现，而且必须以看得见的方式实现；司法不仅在实质上要公正，而且在外观上也要公正。

刑事诉讼是国家专门机关查明犯罪和追究犯罪的活动。在我国，刑事诉讼，是指公安机关、人民检察院、人民法院在当事人及其他诉讼参与人的参加下，依照法律规定的程序和要求，解决被追诉者是否构成犯罪、是否应受刑事处罚，以及应受何种刑事处罚的专门活动。

刑事诉讼有广义和狭义之分。广义的刑事诉讼，包括国家专门机关为实现刑罚权而进行的全部活动。就我国的刑事诉讼而言，包括立案、侦查、起诉、审判和执行等活动。狭义的刑事诉讼，仅指人民法院的审判活动，立案、侦查、起诉等诉讼活动被视为刑事审判活动前的准备活动，执行被视为审判后的活动。我国刑事诉讼法的内容，包括从立案到执行的全部诉讼活动。

（二）刑事诉讼的特征

刑事诉讼具有以下几个特征。

（1）刑事诉讼是公、检、法（含国家安全机关等）的一种专门活动。从内容上讲，其中心是解决被追诉者是否犯罪，以及应处以何种刑罚的问题。这一点区别于民事诉讼和行政诉讼。

（2）从性质上讲，刑事诉讼是国家活动的重要组成部分，必须由法定的专门机关来进行。他们在刑事诉讼中分别行使侦查权、检察权和审判权。这一点不同于一般的社会团体以及公民所进行的活动。

（3）刑事诉讼是以公安司法机关为主导，在当事人和其他诉讼参与人的参与下进行的。

【提示】 其他诉讼参与人并非必须参加诉讼活动。

（4）刑事诉讼必须按照法定程序进行。刑事诉讼直接关系到公民的人身权利、民主权利和财产权益。因此，必须严格按照法定程序进行。

三、刑事诉讼法

在一个国家的法律体系中，刑事诉讼法占有重要的地位，是一个现代国家法治发展水平和人权保障程度的重要标志。因为刑事诉讼活动是一种国家追究个人犯罪的活动，宪法所规定的有关公民的政治权利、人身权利和财产权利在刑事诉讼过程中都会涉及，因此，在学界刑事诉讼法有"小宪法"之称。

（一）刑事诉讼法的概念

刑事诉讼法是国家制定的规范人民法院、人民检察院和公安机关进行刑事诉讼，当事人和其他诉讼参与人参加刑事诉讼的法律。

刑事诉讼法也有狭义与广义之分。狭义的刑事诉讼法单指刑事诉讼法典，广义的刑事诉讼法指一切调整刑事诉讼活动的法律规范。

我国《刑事诉讼法》于 1979 年制定，并于 1996 年进行了第一次大的修改。随着社会的不断发展和司法改革的不断深入及完善，1996 年《刑事诉讼法》的一些规定与我国刑事犯罪方面出现的新情况已不相适应，因此有必要对其再次进行修改。2012 年 3 月 14 日，第十一届全国人大第五次会议通过了《关于修改刑事诉讼法的决定》，对《刑事诉讼法》进行了修改。为更好地执行 2012 年《刑事诉讼法》，2012 年 10～12 月，有关机关相继对原有的司法解释进行了修订，出台了新的最高人民法院、最高人民检察院、公安部、国家安全部、司法部、全国人大常委会法制工作委员会《关于实施刑事诉讼法若干问题的规定》（以下简称《六机关规定》）、最高人民法院《关于适用〈中华人民共和国刑事诉讼法〉的解释》（以下简称《刑诉法适用解释》）、《人民检察院刑事诉讼规则》（以下简称《最高检刑诉规则》）、《公安机关办理刑事案件程序规定》（以下简称《公安部刑案程序规定》）等重要的规范性法律文件。

（二）刑事诉讼法的渊源

刑事诉讼法的渊源是指刑事诉讼法律规范的存在形式。我国刑事诉讼法的渊源有以下几种。

（1）宪法。宪法规定了我国的社会制度、经济制度、政治制度、国家机构及其活动原则、公民的基本权利和义务等重要内容，是国家的根本大法，具有最高的法律效力，也是制定一切法律的根据。

（2）刑事诉讼法典。它是我国刑事诉讼法最主要的法律渊源。

（3）有关法律。指全国人民代表大会及其常务委员会制定的有关刑事诉讼的规定，其中比较重要的有《刑法》、《人民法院组织法》、《人民检察院组织法》、《律师法》等。

（4）有关法律解释。如《六机关规定》、《刑诉法适用解释》、《最高检刑诉规则》和行政法规、部门规章中关于执行《刑事诉讼法》的规定，如《公安部刑案程序规定》等。

（5）有关行政法规、规章等规范性文件，指国务院制定的行政法规和主管部、委、局制定的规章等规范性文件中有关刑事诉讼法的规定，如国务院制定的看守所条例。

（6）有关国际公约、条约。我国目前加入的与刑事诉讼有关的国际条约有《禁止酷刑和其他残忍、不人道或有辱人格的待遇和处罚公约》、《联合国打击跨国有组织犯罪公约》和《联合国反腐败公约》等。根据有关规定，中华人民共和国缔结或者参加的国际条约中有关刑事诉讼程序具体规定的，适用该国际条约的规定。但是，我国声明保留的条款除外。

四、刑事诉讼法与刑法的关系

刑法是实体法，是规定什么行为构成犯罪和处以何种刑罚的法律；刑事诉讼法是程序法，从所规定的诉讼程序上保证实体法的贯彻实施，它规定公、检、法机关应当按照怎样的步骤、原则和方法追究和惩罚犯罪。刑法是刑事诉讼进行的内容和实体上的依据，刑事诉讼法是刑法正确实施的保证，二者相互依存、密不可分、缺一不可。

第二节　刑事诉讼的基本理念

一、惩罚犯罪与保障人权

2012年《刑事诉讼法》将"尊重和保障人权"明确入法。在刑事诉讼中，惩罚犯罪固然重要，但现代法治社会的刑事诉讼不仅要求有效地惩罚犯罪，而且要求在切实保障人权的前提下惩罚犯罪。犯罪嫌疑人、被告人在刑事诉讼中处于相对弱势的地位，其权利较容易受到侵害，因此，加强对犯罪嫌疑人、被告人的人权保障是加强刑事司法人权保障的关键。

刑事诉讼法不仅仅是规范追究犯罪和惩罚犯罪的法律"工具"，诉讼活动的过程必须与保障人权相结合，实行打击犯罪与保障人权并重，既要注重及时、准确地惩罚犯罪，维护公民、社会和国家利益，同时又要注意对刑事诉讼参与人，包括犯罪嫌疑人、被告人合法权利的保护。

【案例释义 1-1】

案情： 2002 年 7 月 12 日凌晨，河北省唐山市南堡开发区发生一起蒙面入室杀人案（致两人重伤）。南堡公安分局在侦查此案过程中，将冀东监狱二支队政治处主任李久明列为犯罪嫌疑人。2002 年 7 月 21 日至 24 日，南堡公安分局局长王建军、副局长杨策等人将在押的李久明提至唐山市公安局刑警一大队审讯。期间，10 名干警将李久明手指、脚趾捆上电线，反复、轮流、长时间用手摇电话机电击李久明，迫使李久明编造了"杀人"过程。后李久明翻供，王建军、杨策等人再次将其从看守所提到玉田县公安局进行长达七天八夜的审讯，进行残忍的刑讯逼供，直到李供认"杀人"。

2002 年 11 月，李久明被判处死刑，缓期两年执行。2004 年 6 月 8 日，被羁押于浙江省温州市公安机关的死刑犯蔡明新供认曾于 2002 年在唐山市南堡杀人。河北省高级人民法院于 2004 年 8 月将李久明案发回重审，最终认定真凶为蔡明新，遂于 2004 年 11 月将李久明无罪释放。2004 年 12 月，河北省河间市人民检察院对王建军等 12 名犯罪嫌疑人分别立案侦查，2005 年 1 月提起公诉。2005 年 5 月，法院以刑讯逼供罪判处王建军、杨策有期徒刑两年，参与刑讯逼供的其他人员也分别得到依法处理。

问题： 刑讯逼供案件在我国屡屡发生与我国刑事诉讼理念的关系。

简析： 此类刑讯逼供案件在我国屡屡发生，究其原因除了办案人员"急于破案"而"无所不用其极"外，也与我国刑事诉讼法过于"强调"打击犯罪的目的，而对保障犯罪嫌疑人和被告人的人权重视不足有关，即惩罚犯罪有力，保障人权不足。2012 年《刑事诉讼法》将尊重与保障人权原则首次载入部门法，在诉讼活动中进一步限制公权力，明确打击犯罪与保障人权并重。

【巩固练习 1-1】 关于《刑事诉讼法》"尊重和保障人权，保护公民的人身权利、财产权利、民主权利和其他权利"的规定，下列哪一个选项是正确的？

A. 体现了以人为本、保障和维护公民基本权利和自由的理念

B. 体现了犯罪嫌疑人、被告人权利至上的理念

C. 体现了实体公正与程序公正并重的理念

D. 体现了公正优先、兼顾效率的理念

答案： A

二、实体公正与程序公正

实体公正主要是从刑法角度来讲的，是指定罪准确、量刑适当、罚当其罪；程序公正是过程的公正，指诉讼参与人对诉讼能充分有效地参与，程序得到遵守，程序违法得到救济，在诉讼过程中公正地对待犯罪嫌疑人。程序公正的具体要求是：①严格遵守刑事诉讼法的规定；②切实保障当事人和其他诉讼参与人，特别是犯罪嫌疑人、被告人和被害人的诉讼权利；③严禁刑讯逼供和以其他非法手段取证；④真正实现司法机关依法独立行使职权；⑤保障诉讼程序的公开性和透明度；⑥按法定期限办案、结案。

程序公正和实体公正，总体上是统一的，但有时二者也会不可避免地发生矛盾。在二者发生矛盾时，有些情况下要程序公正优先，如对非法证据进行排除等；在有些情况下

实体公正优先,如一旦发现错判、冤枉无辜,就必须进行纠错,而不受程序终局性、诉讼时效等的限制。所以,程序公正和实体公正是动态的辩证的并重,应当从实际情况出发对两者的价值取向有所侧重和调整。

【巩固练习 1-2】 下列关于刑事诉讼中程序公正含义的表述,哪一项不正确?

A. 诉讼参与人对诉讼能充分有效地参与

B. 程序违法能得到救济

C. 刑事诉讼程序能得到遵守

D. 刑事诉讼判决结果符合事实真相

答案: D(程序公正的含义)

三、司法公正与诉讼效率

司法公正是指国家司法机关应准确查明案件事实,正确适用法律,有罪的人受到应有的惩罚。同时,由于司法活动是在一定的时间和空间内进行的,国家的司法资源也是有限的。在当代,随着刑事案件数量的不断上升,刑事司法体系面临巨大的压力。因此,在公正优先的前提下,也应注重以一定的司法资源投入换取尽可能多的诉讼成果,即降低诉讼成本,提高工作效率,加速诉讼运作,减少诉讼拖延,清理案件积压。也就是说,在保障司法公正的前提下,也要追求诉讼效率。

坚持诉讼效率,要求在刑事诉讼中做到:①严格控制审前行为的期间,要求被告人不被拖延地带到审判官面前;②对羁押的期间进行严格限定;③庭审中奉行不间断审理原则;④广泛适用简易程序,加速刑事案件的处理。

在刑事诉讼中,公正与效率的关系应当是公正优先兼顾效率,即应当在保证司法公正的前提下追求效率。

第三节 刑事诉讼理论的基本范畴

一、刑事诉讼法的立法依据和目的

(一)刑事诉讼法的立法依据

宪法是国家的根本大法,具有最高的法律效力,是制定一切法律的根据,也是刑事诉讼法的立法依据。

(二)刑事诉讼法的立法目的

国家制定任何一项法律,都是为了达到一定的预期目标,取得某种预期的结果,这种目标或结果被称为制定该项法律的目的或宗旨。

2012 年《刑事诉讼法》在第 1 条开宗明义,昭示了刑事诉讼法的立法目的,即"保证刑法的正确实施,惩罚犯罪,保护人民,保障国家安全和社会公共安全,维护社会主义社会秩序"。因此,刑事诉讼的根本目的是维护社会秩序。刑事诉讼的直接目的表现为两方面:

①国家通过刑事诉讼活动,要在准确、及时地查明案件事实真相的基础上对构成犯罪的被告人正确适用刑法,惩罚犯罪;②国家在进行刑事诉讼过程中保障诉讼参与人的合法权益不受侵犯,特别是保障与案件结果有直接利害关系的犯罪嫌疑人、被告人和被害人的诉讼权利得到充分行使。简而言之,刑事诉讼的直接目的是惩罚犯罪和保障人权。刑事诉讼根本目的的实现有赖于直接目的的实现,如图 1-2 所示。

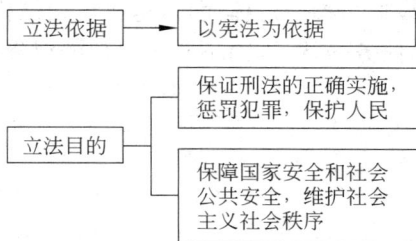

图 1-2　立法依据和目的

二、刑事诉讼法的任务

我国 2012 年《刑事诉讼法》第 2 条规定了刑事诉讼法的总任务及具体任务,如图 1-3 所示。履行刑事诉讼任务,主要是为了达到刑事诉讼的预定目标,两者在根本上具有一致性。

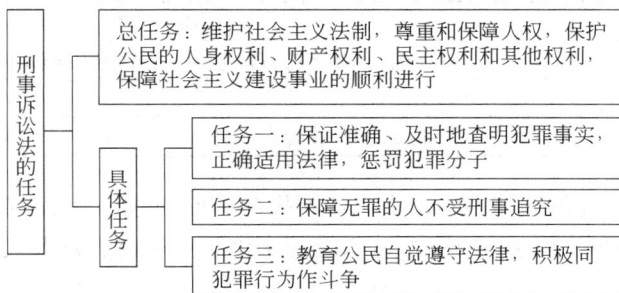

图 1-3　我国刑事诉讼法的任务

三、刑事诉讼构造

刑事诉讼构造是指控诉、辩护和审判三方在刑事诉讼过程中的组合方式和相互关系。它是刑事诉讼的基本框架,反映了刑事诉讼中的控、辩、审三方的不同地位以及国家权力与个人权利之间的关系,决定了整个刑事诉讼的基本运行态势。刑事诉讼结构主要有以下两种。

(1) 三角结构

三角结构即作为双方当事人的原、被告平等对立,法官作为第三方居中裁判,构成一种"等腰三角形"或"正三角形"结构。其特点是:审判中立、控审分离、控辩平等对抗、审判中心主义,如图 1-4 所示。这是刑事诉讼的理想结构。

(2) 线形结构

线形结构即将诉讼视为一种双方组合,一方是包括控审机关的国家司法机关,另一方是犯罪嫌疑人、被告人。其特点是:司法一体化,被控方权利受到限制,法官职权主义和侦查本位主义,司法机关积极推进司法活动。我国目前的刑事诉讼结构,更多地呈现为一种线形结构。总体而言,这种诉讼结构强调公检法之间在打击犯罪方面的配合,其目标一致,任务一致,因而不利于人权的保障,如图1-5所示。

图1-4　刑事诉讼结构的理想模式

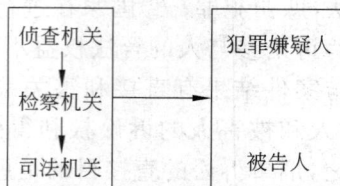

图1-5　公检法配合

四、刑事诉讼职能

刑事诉讼职能是指根据法律规定,国家专门机关和诉讼参与人在刑事诉讼中所承担的职责、具有的作用和功能,具体见表1-1。

表1-1　刑事诉讼职能与承担主体

刑事诉讼职能	承担主体
控诉职能	检察院＋(被害人、自诉人)及其法定代理人、诉讼代理人
审判职能	法院
辩护职能	犯罪嫌疑人、被告人、辩护人

（1）控诉职能。控诉职能是指向人民法院提起诉讼,揭露、证实犯罪并要求人民法院追究被告人刑事责任的职能。行使控诉职能的主体主要包括:公诉人、自诉人和被害人及其代理人等。

（2）辩护职能。辩护职能是指针对犯罪嫌疑或指控进行反驳,说明犯罪嫌疑或指控不存在、不成立,要求宣布犯罪嫌疑人、被告人无罪、罪轻或者从轻、减轻、免除刑罚处罚的职能。行使辩护职能的主体包括:犯罪嫌疑人、被告人、辩护人等。

（3）审判职能。审判职能是指通过审理确定被告人是否犯有被指控的罪行和应否处以刑罚以及处以何种刑罚的职能。其行使主体只有一个,即人民法院。

【提示】　证人、见证人、鉴定人、书记员、翻译人既不行使控诉职能、辩护职能,也不行使审判职能。

【巩固练习1-3】　下列哪些人是承担控诉职能的诉讼参与人?

A. 公诉人　　　　　B. 自诉人　　　　　C. 被害人　　　　　D. 控方证人

答案：B、C

本题考查的是承担控诉职能的诉讼参与人。证人是诉讼的辅助人,既没有控诉职能也没有辩护职能,所以,先排除D。再结合本题要求选的是诉讼参与人,公诉人是专门机关的人,属于国家机关。所以排除A选项。

【案例释义1-2】

案情:甲区人民检察院依法向甲区人民法院提起公诉,指控被告人张某犯故意伤害罪。案件审理过程中,人民法院经审理发现,张某除故意伤害犯罪外,还涉嫌构成强奸犯罪。对于张某涉嫌的强奸犯罪事实,人民法院建议检察院补充提起公诉,但被人民检察院以证据尚不充分为由拒绝。合议庭认为,根据现有的卷宗材料,足以认定张某构成强奸罪,遂在判决中直接认定张某构成强奸罪,并判处有期徒刑五年。

问题: 甲区人民法院的做法是否合法?

简析: 甲区人民法院的做法不合法。人民法院在刑事诉讼中不承担控诉职能。对于发现的指控范围以外的犯罪事实,人民法院应当建议检察院变更或补充起诉。人民检察院不同意的,人民法院只能在指控的犯罪事实以内审理和判决。

五、刑事诉讼阶段

我国刑事诉讼划分为以下阶段:立案、侦查、起诉、审判、执行五个阶段,具体见表1-2。

表1-2 刑事案件诉讼阶段

阶段	法 条		内 容
立案	第107~112条	侦查机关	进行初步审查,以决定是否侦查
		法院	进行初步审查,以决定是否开庭审判(自诉案件)
侦查	第113~166条	公诉案件	收集证据、查明犯罪事实和查获犯罪嫌疑人
起诉	第167~177条	审查起诉	检察院对侦查机关确认的犯罪事实和证据、犯罪性质和罪名进行审查核实,并作出处理决定
		提起公诉	检察院代表国家向法院起诉,要求法院追究被告人的刑事责任
审判	第181~207条	第一审程序	法院对刑事案件进行第一次审判,分为庭前审查、庭前准备、法庭审判三大环节
	第216~234条	第二审程序	二审法院对上诉、抗诉刑事案件进行第二次审判。由上诉或抗诉引起,不是必经程序
	第235~240条	死刑复核程序	法院对判处死刑的案件进行复查核准
	第141~247条	审判监督程序	对于已经发生法律效力的判决和裁定,由法院重新审判
执行	第248~265条		将法院已经发生法律效力的判决、裁定所确定的内容付诸实施

【提示】 刑事自诉案件与公诉案件的诉讼阶段有所不同,自诉案件仅经过三个阶段:受理、审判、执行。

我国现行刑事诉讼公诉案件的一般流程如下:

(1)发生了涉嫌犯罪的事件→(2)报案、控告、举报、自首→(3)侦查机关进行初步调查→(4)如认为存在犯罪事实并应该对犯罪人追究刑事责任→(5)立案(启动刑事诉讼程序)→(6)侦查(公安机关、检察院、国家安全机关、军队保卫部门、监狱根据分工)→(7)侦查内容:查获犯罪人、查清案件事实、采取强制措施、运用法定的各种侦查措施和技术手段收集证据;在此阶段,律师作为辩护人可以介入诉讼→(8)侦查终结:如认为应当追究刑事责任,制作《起诉意见书》,连同案卷移送审查起诉→(9)审查起诉:检察院对《起诉意见书》以及全部案卷材料和证据进行全面审查,讯(询)问当事人和听取其他诉讼参与人的意见→(10)经审查,如认为案件事实不清,证据不足,退回侦查机关补充侦查;

如认为案件事实已经查清,证据确实、充分,且依法应当追究犯罪嫌疑人刑事责任→(11)向人民法院起诉→(12)法院经庭前审查,如认为符合开庭审理条件→(13)作出开庭审理决定,确定开庭日期→(14)法庭审理→(15)作出一审判决→(16)被告人上诉或检察院抗诉→(17)启动二审程序→(18)二审法院作出判决(普通案件为终审判决,如是死刑案件或在法定刑以下判处刑罚,还需经死刑复核程序或法定刑以下核准的程序)→(19)程序终结→(20)如对终审判决不服,检察院有权依法抗诉,被告人、被害人有权申诉→(21)启动再审程序(抗诉必然启动,申诉并不必然)。

第四节　刑事诉讼的主体

刑事诉讼主体是指所有参与刑事诉讼活动,在刑事诉讼中享有一定权利、承担一定义务的国家专门机关和诉讼参与人。其中,承担基本诉讼职能的国家专门机关和当事人是主要的诉讼主体,其他诉讼参与人是一般诉讼主体。根据刑事诉讼法规定,我国刑事诉讼主体如图 1-6 所示。

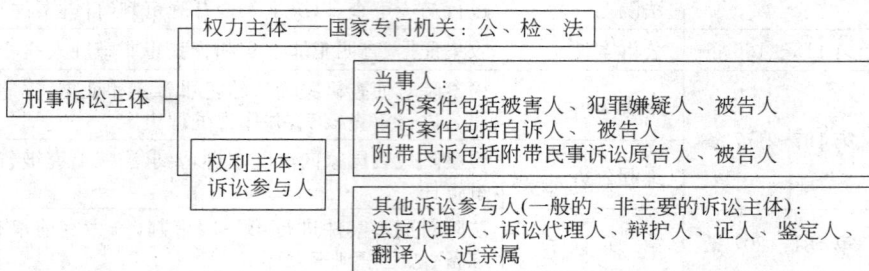

图 1-6　刑事诉讼主体——刑事诉讼法中的专门机关和诉讼参与人

一、权力主体——刑事诉讼中的专门机关

(一)公安机关

1. 性质
公安机关属同级人民政府的职能部门之一,其性质是行政机关。

【提示】　人民检察院和人民法院由同级人民代表大会产生并对其负责,其性质属司法机关。

2. 公安机关的组织体系(由高到低)
公安部(中央一级)—公安厅/局(省、自治区、直辖市)—公安局(省辖市、自治州)/公安分局(直辖市区)—公安局(县级市、县)—公安派出所(派出机构)。

【提示】

(1)根据需要,可以在大中城市各街道办事处和县属的乡、镇设立公安派出所,其性质是基层公安机关的派出工作机构,不是一级公安机关。

(2)上下级公安机关之间是领导与被领导的关系,上级公安机关可以直接领导和指挥下级公安机关的侦查和其他业务活动,也可以调动下级侦查力量参与上级公安机关侦查的案件。

3. 职能

公安机关承担行政和刑事诉讼两种职能,一定要将二者区分开。

(1) 行政职能为负责社会治安和国内安全保卫。

(2) 刑事案件侦查职能,具体权限如下。

立案权。对于属于自己管辖的案件,在认为有犯罪事实发生并且需要追究刑事责任时,公安机关有权决定立案。

侦查权,具体包括:①在侦查阶段,公安机关有权实施刑事诉讼法规定的侦查行为和强制性措施;②除公安机关外,享有侦查权的机关还有检察机关、国家安全机关、军队保卫部门、监狱和海关走私犯罪侦查部门。检察机关对法律规定由其直接受理的刑事案件行使侦查权;国家安全机关对危害国家安全的刑事案件,行使与公安机关相同的职权;军队保卫部门对军队内部发生的刑事案件行使侦查权;监狱部门对罪犯在监狱内犯罪的案件行使侦查权;海关走私犯罪侦查部门在办理走私犯罪案件时享有与公安机关相同的职权,具有与公安机关同等的诉讼地位。

执行权,具体包括:①强制措施的执行,负责对取保候审、监视居住、拘留、逮捕的执行;②刑罚的执行,负责对被判处拘役、剥夺政治权利罪犯的执行。

【提示】 国家安全机关、军队保卫部门、监狱、海关走私犯罪侦查部门在刑事案件的侦查中需要逮捕犯罪嫌疑人时,由相应的检察机关批准;侦查终结后,对犯罪嫌疑人需要提起公诉的,写出起诉意见书,连同案卷材料、证据一并移送检察机关审查决定。

(二)人民检察院

1. 性质

人民检察院是国家的法律监督机关,是代表国家行使检察权的专门机关。

2. 组织体系

(1) 人民检察院从机构设置上分为最高人民检察院、地方各级人民检察院和各专门检察院。

(2) 在领导体制上,我国检察机关实行双重领导体制。一方面,各级人民检察院由同级人民代表大会产生,对其负责,受其监督;另一方面,最高人民检察院领导地方各级人民检察院和专门人民检察院的工作,上级人民检察院领导下级人民检察院的工作,并可以直接参与指挥下级检察院的办案活动。

【提示】 人民检察院上下级之间是领导关系,所以上级人民检察院在必要的时候,可以直接侦查或者组织、指挥、参与侦查下级人民检察院管辖的案件,也可以将本院管辖的案件交由下级人民检察院侦查;下级人民检察院认为案情重大、复杂,需要由上级人民检察院侦查的案件,可以请求移送上级人民检察院侦查。

3. 职能

人民检察院是国家的法律监督机关,代表国家行使检察权。在刑事诉讼的不同阶段,行使其不同的权力。

（1）立案侦查权。对于法律规定的属于人民检察院自侦案件范围的案件，有权立案侦查。

（2）批准或者决定逮捕权。公安机关、国家安全机关等侦查机关需要对犯罪嫌疑人进行逮捕的，应当报请人民检察院批准；对于直接受理的案件或者在审查起诉阶段，人民检察院有权决定逮捕犯罪嫌疑人。

（3）提起公诉权。对公诉案件，进行审查后并作出提起起诉的决定，派员出庭支持公诉。

（4）诉讼监督权包括：①对公安机关的立案、侦查活动的监督；②对法院的审判活动的监督；③对各种执行活动的监督。

（三）人民法院

1. 性质

人民法院是国家的审判机关，代表国家行使审判权。

【提示】 人民法院是刑事诉讼中唯一有权对案件进行审理和作出裁判的专门机关。

2. 组织体系

（1）人民法院从机构设置上分为最高人民法院、地方各级人民法院和专门人民法院。目前，我国设立的专门人民法院有军事法院、铁路运输法院和海事法院，其中海事法院没有刑事审判权。

（2）在领导体制上，上下级人民法院之间是监督指导与被监督指导的关系。上级人民法院监督指导下级人民法院的审判工作，最高人民法院监督指导地方各级人民法院和专门人民法院的审判工作。

各级人民法院依照职权独立进行审判，上级人民法院对下级人民法院正在审理的案件不能直接作出决定，其监督指导关系主要体现在上级人民法院通过二审程序、审判监督程序、死刑复核程序来实现，见表1-3。

表1-3 上下级法院审判业务关系

基层、中级人民法院报请上一级人民法院审理的案件（上可审下）	（1）重大、疑难、复杂案件 （2）新类型案件 （3）具有普遍法律适用意义的案件 （4）有管辖权的人民法院不宜行使审判权的案件
关于发回重审的规定	（1）一审法院已经查清事实的案件，二审法院不得以事实不清、证据不足为由发回重审 （2）二审法院因原审判决事实不清、证据不足将案件发回重审的，只能发回重审一次 （3）二审法院作出发回重审裁定时，应当在裁定书中详细阐明发回重审的理由及法律依据
上级人民法院对下级人民法院的监督指导方式	审理案件、制定司法解释或规范性文件、发布指导性案例、召开审判业务会议、组织法官培训等形式

3．职能

（1）审判权具体包括：①直接受理刑事自诉案件并审批。②对提起公诉案件进行审查，对符合起诉条件的开庭审判。③通过独立行使审判权，查明案件事实，以判决和裁定的形式，确定被告人是否构成犯罪、构成何种犯罪以及承担何种刑事责任。其审判组织形式有两种：合议庭和独任庭。

【提示】 从严格的意义上来说，审判委员会不是法院的审判组织形式，而是人民法院内部对审判工作总结经验、进行指导的组织机构。审判委员会应尊重合议庭独立的审判职权。

（2）其他职权。人民法院为保证审判权的实施还被赋予其他职权，包括：①对被告人决定逮捕和采取拘传、取保候审、监视居住等强制措施；②在法庭审理过程中，对证据进行调查核实，必要时进行勘验、检查、查封、扣押、鉴定和查询、冻结；③对违反法庭秩序的诉讼参与人和旁听人员进行必要的处罚；④收缴和处理有关财物及其孳息，执行判决和裁定，并对执行中的某些问题进行审核；⑤向有关单位提出司法建议。

二、权利主体——刑事诉讼参与人

刑事诉讼参与人是指除国家专门机关工作人员以外的，参加刑事诉讼活动，享有一定诉讼权利并承担一定诉讼义务的人。

诉讼参与人可以分为两大类：一是当事人；二是其他诉讼参与人。

当事人是指在诉讼中处于追诉（原告）或被追诉（被告）的地位，执行控诉或辩护职能，并同案件事实和案件处理结果具有切身利害关系的诉讼参与人。其范围包括：公诉案件中的犯罪嫌疑人、被告人、被害人；自诉案件中的自诉人、被告人以及附带民事诉讼中的原告人和被告人。

除了当事人以外的诉讼参与人统称为其他诉讼参与人，包括：法定代理人、诉讼代理人、辩护人、证人、鉴定人、翻译人员、近亲属（七类）。

【提示】 刑事诉讼参与人指的是以自己的名义参加诉讼的人，而不是代表国家行使职权的国家工作人员。从这个意义上说，侦查人员、检察人员、审判人员、书记员等均系专门机关而并非诉讼参与人。

（一）当事人

1．犯罪嫌疑人、被告人

犯罪嫌疑人、被告人是在不同诉讼阶段对涉嫌犯罪的人（包括自然人和单位）的不同称谓。在立案后的侦查和审查起诉阶段，涉嫌犯罪的人被称为犯罪嫌疑人；在起诉后的审判阶段，涉嫌犯罪的人被称为被告人。

【提示】 在不起诉决定书中，犯罪嫌疑人被称为被不起诉人；刑事案件判决生效以后，被判处刑罚的人在执行阶段被称为罪犯。

2．被害人

广义的被害人是指人身、财产或者其他权益遭受犯罪行为直接侵害的人。刑事诉讼法中被害人的概念一般是从狭义上讲的,仅指刑事公诉案件中直接遭受犯罪行为侵害的以个人身份参加诉讼,并与人民检察院共同行使控诉职能的人。

【提示】 在公诉案件中,被害人除没有上诉权以外,享有与刑事被告人同等或对等的诉讼权利。

【巩固练习1-4】 关于被害人在法庭审理中的诉讼权利,下列哪一个选项是错误的?

A. 有权委托诉讼代理人

B. 有权申请回避

C. 无权参与刑事部分的法庭调查和辩论,只能参加附带民事诉讼部分的审理活动

D. 对刑事判决部分不能提起上诉

答案:C

【巩固练习1-5】 张某以盗窃的手段获取了某公司的商业秘密,被控侵犯商业秘密罪。在本案诉讼中,被盗公司行使下列哪些诉讼权利于法有据?

A. 委托诉讼代理人参加诉讼

B. 以涉及商业秘密为由申请不公开审理

C. 不服检察机关的不起诉决定而向上一级检察机关提出申诉

D. 以审判人员违反规定会见当事人为由申请其回避

答案:A、B、C、D

本题考查的是刑事诉讼中被害人的诉讼权利。①某公司作为被窃取商业秘密的单位,属于被害的单位。被害人既可以是公民,也可以是法人和其他组织,因此被害单位也是刑事诉讼中的被害人。2012年《刑事诉讼法》第44条规定,公诉案件的被害人及其法定代理人或者近亲属,附带民事诉讼的当事人及其法定代理人,自案件移送审查起诉之日起,有权委托诉讼代理人。所以,A项正确。②2012年《刑事诉讼法》第183条规定:涉及商业秘密的案件,当事人申请不公开审理的,可以不公开审理。所以,B项正确。③2012年《刑事诉讼法》第176条规定,对于有被害人的案件,决定不起诉的,人民检察院应当将不起诉决定书送达被害人。被害人如果不服,可以自收到决定书后7日以内向上一级人民检察院申诉,请求提起公诉。所以,C项正确。④2012年《刑事诉讼法》第29条规定,审判人员、检察人员、侦查人员不得接受当事人及其委托的人的请客送礼,不得违反规定会见当事人及其委托的人。审判人员、检察人员、侦查人员违反前款规定的,……当事人及其法定代理人有权要求他们回避。根据2012年《刑事诉讼法》第106条第(2)项的规定,当事人是指被害人、自诉人、犯罪嫌疑人、被告人、附带民事诉讼的原告人和被告人。故该公司有权以审判人员违反规定会见当事人为由申请其回避。所以,D项正确。

3. 自诉人

(1) 自诉人的含义:自诉人是在自诉案件中依法直接向人民法院提起刑事诉讼的人。在自诉案件中,自诉人的诉讼地位是原告,履行控诉职能。

(2) 自诉人在刑事诉讼中的诉讼权利:自诉人的诉讼权利、义务大致与民事诉讼的原告人相同,享有起诉权、撤诉权、同被告人自行和解权、上诉权等。

(3) 自诉人与被害人的关系:①自诉人通常是被害人;②例外情形:被害人死亡或者丧失行为能力时,被害人的法定代理人、近亲属有权向人民法院提起诉讼。

4. 附带民事诉讼的原告人与被告人

（1）含义：附带民事诉讼的原告人是指因被告人的犯罪行为而遭受物质损失，并在刑事诉讼中提出赔偿请求的人。

（2）附带民事诉讼的原告人与被害人的关系：①附带民事诉讼的原告人通常是被害人；②国家财产、集体财产遭受损失，受损失的单位未提起附带民事诉讼，人民检察院在提起公诉的时候，可以提起附带民事诉讼的，人民法院应当受理；③被害人死亡或者丧失行为能力的，被害人的法定代理人、近亲属有权提起附带民事诉讼。

【巩固练习1-6】 在一起故意伤害案中，小王被小张用木棍打伤。陈医生对小王的伤势做了鉴定，公安机关也取得了现场目击证人小丁的证言。其中，小王、小张和小丁均为未成年人。本案中，属于案件当事人的是哪一个选项？

A. 小王和小张　　　　　　　B. 小王的父母和小张的父母

C. 小王、小张和小丁　　　　D. 小王、小张、小丁和陈医生

答案：A

小王和小张的父母分别是二人的法定代理人，小王是被害人，小张是犯罪嫌疑人，小丁是证人，陈医生是鉴定人，因此只有小王和小张是当事人。注意：未成年人的监护人虽然参与诉讼，也有着独立的诉讼地位，但并不是当事人，而是法定代理人，属于其他诉讼参与人。

（二）其他诉讼参与人

1. 法定代理人

（1）法定代理人的含义：法定代理人是由法律规定的，对被代理人负有专门保护义务并代表其进行诉讼的诉讼参与人。

（2）法定代理人的范围：被代理人的父母、养父母、监护人和负有保护责任的机关、团体的代表。

（3）代理对象：刑事诉讼中的当事人或者某些诉讼参与人是无行为能力人或者限制行为能力人（包括未成年人）时，需要法定代理人代为参加诉讼。

（4）法定代理人的诉讼权利。法定代理人享有广泛的与被代理人相同的诉讼权利。

① 一般情况下，法定代理人的诉讼行为等同于被代理人自己的行为，产生与被代理人亲自行为相同的法律效果。

② 供述、辩解、陈述、服刑等具有人身属性的行为，法定代理人不得代为行使。

【提示】

（1）上列代理人的范围，不是并列选择关系，而是依次优先关系；

（2）并不是所有的案件中都会有法定代理人，只有被代理人无诉讼行为能力时，才会出现法定代理人；

（3）2012年《刑事诉讼法》第270条规定，审判未成年人刑事案件，未成年被告人最后陈述，其法定代理人可以进行补充陈述。

2．诉讼代理人

诉讼代理人是指在刑事诉讼中，接受公诉案件的被害人及其法定代理人或者近亲属、自诉案件的自诉人及其法定代理人、附带民事诉讼的当事人及其法定代理人的委托，以被代理人的名义参加诉讼，并由被代理人承担代理行为的法律后果的一类诉讼参与人。

（1）诉讼代理人的范围。

诉讼代理人的范围与辩护人的范围相同，即律师、人民团体或者被害人、自诉人、附带民事诉讼当事人所在单位推荐的人，被害人、自诉人、附带民事诉讼当事人的监护人、亲友等。

（2）被代理人的范围。

① 在公诉案件中，被害人及其法定代理人或者近亲属；

② 在自诉案件中，自诉人及其法定代理人；

③ 在附带民事诉讼中，附带民事诉讼的原告人、被告人及其法定代理人；

④ 在没收逃匿、死亡的犯罪嫌疑人、被告人违法所得案件中：犯罪嫌疑人、被告人的近亲属和其他利害关系人；

⑤ 在强制医疗程序中，被申请人或被告人。

（3）诉讼代理人的诉讼权利。

① 诉讼代理人参与刑事诉讼基于被代理人的委托，依据双方签订的委托协议进行代理，而不需要依据法律的规定；

② 诉讼代理人只能在代理人授权范围内进行诉讼活动，既不能超越代理范围，也不能违背被代理人的意志。

【提示】 法定代理人与诉讼代理人在诉讼地位方面的区别。

法定代理人是基于法律规定或法定程序产生，其参加刑事诉讼的权利是来源于法律授权，因而法定代理人具有独立的诉讼法律地位，其在行使代理权限时，无须经过被代理人同意；诉讼代理人参与刑事诉讼是基于被代理人的委托而产生，其权利来源于委托协议授权，故诉讼代理人只能在被代理人授权的范围内进行诉讼活动，不得违背被代理人的意志，不具有独立的诉讼地位。

【巩固练习1-7】 关于刑事诉讼法定代理人与诉讼代理人的区别，下列哪些选项是正确的？

A．法定代理人基于法律规定或法定程序产生，诉讼代理人基于代理人委托产生

B．法定代理人的权利来源于法律授权，诉讼代理人的权利来源于委托协议授权

C．法定代理人可以违背被代理人的意志进行诉讼活动，诉讼代理人的诉讼活动不得违背被代理人的意志

D．法定代理人可以代替被代理人陈述案情，诉讼代理人不能代替被代理人陈述案情

答案：A、B、C

本题考查法定代理人与诉讼代理人的区别。根据2012年《刑事诉讼法》第106条的规定，选项A、B、C正确。陈述案情具有人身属性，故法定代理人不能代替被代理人做陈述，故选项D不正确。

3. 辩护人

辩护人是指接受犯罪嫌疑人、被告人的委托或者法律援助机构的指派,帮助犯罪嫌疑人、被告人行使辩护权的诉讼参与人。

辩护人和诉讼代理人不同,在刑事诉讼中,辩护人具有独立的诉讼地位,其职责是依据事实和法律,提出能够证明犯罪嫌疑人、被告人无罪、罪轻或者减轻、免除其刑事责任的材料和意见,维护犯罪嫌疑人、被告人的诉讼权利和其他合法权益。但是辩护人并不受犯罪嫌疑人、被告人的意思表示的约束,只要犯罪嫌疑人继续委托辩护人,那么辩护人就可以根据事实和法律发表不同于犯罪嫌疑人、被告人观点的辩护意见。(有关辩护人的具体内容,请参见"辩护与代理"一章的内容。)

4. 证人

刑事诉讼的证人是指在诉讼外了解案件情况,并被要求作证,参与到刑事诉讼中的人。证人作证形成的证人证言是刑事诉讼法规定的证据种类之一。

【提示】 证人不是见证人。见证人是指应办案人员的要求,对刑事诉讼中的一些基本的法律行为进行见证的人。例如,对勘验、检查、搜查、扣押物证、书证的诉讼行为是否合法所进行的见证,由于这些证明行为不是针对案件事实作出的,因此见证人不是证人。

(1)证人的资格:

① 证人必须是当事人以外的人;

② 证人必须是在诉讼之外了解案件情况的人;

③ 证人只能是自然人;

④ 生理上、精神上有缺陷或者年幼,不能辨别是非、不能正确表达的人,不得作为证人。

(2)证人的特点:

① 证人具有不可替代性,该特点决定了证人不需要回避;

② 证人必须是了解案件情况的,所以证人具有优先性。

证人的不可替代性决定了其优先性。由于证人具有不可替代的特点,所以在刑事诉讼中当证人身份与其他诉讼身份发生冲突时,应当将其优先作为证人考虑。

刑事诉讼和民事诉讼关于证人资格规定的比较见表1-4。

表 1-4 刑事诉讼与民事诉讼对证人资格的规定

法　　律	证人资格的规定
刑事诉讼	(1)生理上、精神上有缺陷或者年幼,不能辨别是非、不能正确表达的人不能作为证人 (2)单位不能作为证人
民事诉讼	(1)不能正确表达意志的人不能作为证人 (2)单位可以作为证人

(3)证人的权利:

① 用语权。证人有权用本民族语言文字进行诉讼。

② 查阅权。证人有权查阅证言笔录,并在发现笔录的内容与作证的内容不符时要求予以补充或者修改。

③ 控告权。证人对于公安司法机关工作人员侵犯其诉讼权利或者人身侮辱的行为,

有权提出控告。

④ 经济补偿权。证人因履行作证义务而支出的交通、住宿、就餐等费用,应当给予补助。有工作单位的证人作证,所在单位不得克扣或者变相克扣其工资、奖金及其他福利待遇。

⑤ 人身保障权。证人有权要求公安司法机关保证其本人以及其近亲属的安全,防止因作证而遭受不法侵害。

(4) 证人的义务:

① 如实提供证言,如果有意作伪证或者隐匿罪证,应当承担法律责任;

② 有义务回答公安、检察人员的询问;

③ 出席法庭审判并接受控辩双方的询问和质证;

④ 遵守法庭纪律,听从审判人员的指挥。

【巩固练习1-8】 下列关于证人的表述,正确的选项是哪一个?

A. 凡是知道案件情况并有作证能力的人都有作证的义务

B. 证人不存在回避问题

C. 因年幼等原因而不能辨别是非、不能正确表达的人,不能做证人

D. 证人只能是自然人

答案:A、B、C、D

(5) 证人出庭作证制度、对特定案件中证人作证的专门保护和作证补偿见表1-5。

表1-5　证人出庭作证制度和证人保护与作证补偿

证人应当出庭作证的情形	(1) 公诉人、当事人或者辩护人、诉讼代理人对证人证言有异议,且该证人证言对案件定罪量刑有重大影响,人民法院认为证人有必要出庭作证的,证人应当出庭作证 (2) 人民警察就其执行职务时目击的犯罪情况作为证人出庭作证,适用前述规定
强制出庭及例外	经人民法院依法通知,证人没有正当理由不出庭作证的,人民法院可以强制其到庭,但是被告人的配偶、父母、子女除外(《刑事诉讼法》第188条)
证人保护	(1) 对于危害国家安全犯罪、恐怖活动犯罪、黑社会性质的组织犯罪、毒品犯罪等案件,证人、鉴定人、被害人因在诉讼中作证,本人或者其近亲属的人身安全面临危险的,法院、检察院和公安机关应当采取以下一项或者多项保护措施:①不公开真实姓名、住址和工作单位等个人信息;②采取不暴露外貌、真实声音等出庭作证措施;③禁止特定的人员接触证人、被害人及其近亲属;④对人身和住宅采取专门性保护措施;⑤其他必要的保护措施 (2) 证人认为因在诉讼中作证,本人或者其近亲属的人身安全面临危险的,可以向法院、检察院、公安机关请求予以保护 (3) 法院、检察院、公安机关依法采取保护措施,有关单位和个人应当配合(《刑事诉讼法》第62条)
证人作证补助	(1) 证人因履行作证义务而支出的交通、住宿、就餐等费用,应当给予补助。证人作证的补助列入司法机关业务经费,由同级政府财政予以保障 (2) 有工作单位的证人作证,所在单位不得克扣或者变相克扣其工资、奖金及其他福利待遇,即误工费由单位补偿(《刑事诉讼法》第63条)
证人拒绝出庭作证的后果	(1) 证人没有正当理由拒绝出庭或者出庭后拒绝作证的,予以训诫;情节严重的,经院长批准,处以10日以下的司法拘留 (2) 被处罚人对拘留决定不服的,可以向上一级人民法院申请复议。复议期间不停止执行(《刑事诉讼法》188条) **【提示】** 证人拒不出庭作证的,其证人证言笔录仍然可以作为定案依据

【巩固练习1-9】 关于证人出庭作证,下列哪些说法是正确的?

A. 需要出庭作证的警察就其执行职务时目击的犯罪情况出庭作证,适用证人作证的规定

B. 警察就其非执行职务时目击的犯罪情况出庭作证,不适用证人作证的规定

C. 对了解案件情况的人,确有必要时,可以强制到庭作证

D. 证人没有正当理由拒绝出庭作证的,只有情节严重,才可以处以拘留,且拘留不可以超过10日

答案:A、D(证人出庭作证制度)

5. 鉴定人

鉴定人是指接受公安司法机关的指派或聘请,运用自己的专门知识或者技能对刑事案件中的专门性问题进行分析判断并提出书面鉴定意见的人。鉴定人的书面分析判断意见称为鉴定意见,是刑事诉讼法规定的证据种类之一。

关于担任鉴定人的条件及鉴定人的权利和义务等内容在本书第十一章第一节中作详细介绍,此处不予赘述。此处只对鉴定人出庭作证制度予以简单介绍。

(1)鉴定人出庭作证制度

具体内容见表1-6。

表1-6 鉴定人出庭作证制度和作证保护

鉴定人应当出庭作证的情形	公诉人、当事人或者辩护人、诉讼代理人对鉴定意见有异议的,人民法院认为鉴定人有必要出庭的,鉴定人应当出庭作证
鉴定人拒绝出庭的后果	经人民法院通知,鉴定人拒不出庭作证的,鉴定意见不得作为定案的根据
鉴定人保护	(1)鉴定人认为因在诉讼中作证,本人或者其近亲属的人身安全面临危险的,可以向法院、检察院、公安机关请求予以保护 (2)法院、检察院、公安机关依法采取保护措施,有关单位和个人应当配合

(2)鉴定人与证人的区别

具体内容见表1-7。

表1-7 鉴定人与证人作证之区别

项 目	证 人	鉴 定 人
了解案件事实的时间	在参与诉讼之前了解	通过参加诉讼了解
作证对象	一般性事实问题	专门性事实问题
是否适用回避	不适用	适用

6. 翻译人员

翻译人员是指在刑事诉讼中接受公安、司法机关的指派或者聘请,为参与诉讼的外国人、少数民族人员、盲人、聋人、哑人等进行语言、文字翻译或者盲文、聋哑语翻译的诉讼参与人。翻译的对象既包括语言,也包括手势。

(1)担任翻译人员的条件,主要是与案件或者案件当事人无利害关系。

（2）翻译人员的权利。

① 了解与翻译有关的案件情况；

② 要求公安司法机关提供与翻译内容有关的材料；

③ 查阅记载其翻译内容的笔录，对与实际翻译内容不符的笔录，有权要求修改或补充；

④ 获得相应的报酬和经济补偿。

（3）翻译人员的义务。

① 如实进行翻译；

② 对于提供翻译活动所获知的案件情况和他人隐私进行保密。

7. 近亲属

（1）我国刑事诉讼中近亲属的范围：夫、妻、父、母、子、女、同胞兄弟姐妹，不同法律制度中近亲属的范围见表 1-8。

表 1-8　不同法律制度中的近亲属范围之比较（《刑事诉讼法》106 条）

刑诉	夫妻、父母、子女、同胞兄弟姐妹（有血缘关系的即可）
民诉	夫妻、父母、子女、兄弟姐妹、祖（外）父母、孙（外）子女
行诉	夫妻、父母、子女、兄弟姐妹、祖（外）父母、孙（外）子女、及其他具有扶、赡养关系的亲属
宪法	夫妻、父母、子女、同胞兄弟姐妹、祖（外）父母

（2）近亲属一般不属于诉讼参与人，但是在特殊情形下，当事人的近亲属也有一些诉讼权利。

① 经被告人同意，有权提出上诉、申诉。

② 在犯罪嫌疑人、被告人逃匿、死亡案件违法所得的没收程序中，有权申请参加诉讼。

③ 对人民法院作出的强制医疗的决定，有权向上一级人民法院申请复议。

④ 有权为在押的犯罪嫌疑人、被告人委托聘请律师（或申请法律援助机构指派律师），为公诉案件中的被害人委托诉讼代理人。

⑤ 被害人死亡或者丧失行为能力的，被害人的近亲属有权向人民法院提出自诉、提起附带民事诉讼。此时，该近亲属分别以自诉人、原告人的身份参与诉讼，变为诉讼参与人，享有当事人的诉讼地位和权利。

【案例释义 1-3】

案情：刘某，男，1994 年 7 月出生。2010 年 10 月 9 日上午，刘某和同班同学赵某在本县一铁道路口玩耍。约 10 点钟，一列旅客列车从远处开来。刘某随即准备了一些石块，并告诉同学他要向列车投掷石块，后赵某目击刘某专挑车窗玻璃未关的窗口投掷石块。石块击中旅客韩某（女，时年 12 岁），致其颅骨粉碎性骨折，经抢救无效于当晚死亡。公安机关在讯问时通知刘某的母亲胡某到场。在法庭审理此案时，韩某的父亲丁某提起了附带民事诉讼。

问题：请指出本案中每个人在刑事诉讼和附带民事诉讼中的诉讼主体地位。

简析：

（1）刘某为被告人；

（2）韩某为被害人；

（3）胡某为刘某的法定代理人；

（4）在本案的刑事部分，丁某为被害人的近亲属；在本案的附带民事诉讼中，丁某为原告；

（5）赵某为证人。

第二章

刑事诉讼的基本原则

本章导语

　　大家都明白一个道理，做人要有原则，即在为人处世过程中要有行为准则和底线。刑事诉讼事关人命和自由，国家专门机关和其他参与主体在进行这样的活动时，更应该确立和遵循诉讼行为的基本准则。国家专门机关在追诉犯罪嫌疑人、被告人刑事责任的过程中，应当遵循哪些指导思想和基本行为准则呢？诉讼参与人在参与刑事诉讼过程中，应该遵守哪些基本原则、享有哪些基本权利？这些内容就属于刑事诉讼的基本原则问题。我国 2012 年《刑事诉讼法》第 3～17 条对刑事诉讼的基本原则作了全面规定。刑事诉讼法的基本原则是指法律规定的、贯穿于整个刑事诉讼过程或主要诉讼阶段，指导公安、司法机关及诉讼参与人进行诉讼活动的基本行为准则。刑事诉讼的基本原则是整个刑事诉讼运行的指导思想。正确认识和理解刑事诉讼基本原则，对于学习刑事诉讼法具有重要意义。学习本章内容应重点掌握以下原则：①严格遵守法律程序原则；②人民法院、人民检察院依法独立行使职权原则；③人民检察院依法对刑事诉讼实行法律监督原则；④犯罪嫌疑人、被告人有权获得辩护原则；⑤未经人民法院依法判决不得确定有罪原则；⑥具有法定情形不予追究刑事责任原则。其他原则或属于政策性原则或属于通用性原则，一般了解即可。

　　我国《刑事诉讼法》规定的刑事诉讼的基本原则如图 2-1 所示。

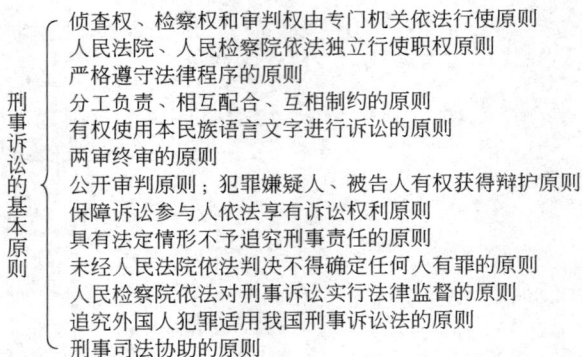

刑事诉讼的基本原则
- 侦查权、检察权和审判权由专门机关依法行使原则
- 人民法院、人民检察院依法独立行使职权原则
- 严格遵守法律程序的原则
- 分工负责、相互配合、互相制约的原则
- 有权使用本民族语言文字进行诉讼的原则
- 两审终审的原则
- 公开审判原则；犯罪嫌疑人、被告人有权获得辩护原则
- 保障诉讼参与人依法享有诉讼权利原则
- 具有法定情形不予追究刑事责任的原则
- 未经人民法院依法判决不得确定任何人有罪的原则
- 人民检察院依法对刑事诉讼实行法律监督的原则
- 追究外国人犯罪适用我国刑事诉讼法的原则
- 刑事司法协助的原则

图 2-1　我国刑事诉讼法规定的刑事诉讼基本原则

第一节　侦查权、检察权和审判权由专门机关依法行使原则

2012年《刑事诉讼法》第3条第1款规定了此项原则。

一、本原则的含义

此项原则的含义主要有三个方面。

（1）办理刑事案件的职权具有专属性和排他性。侦查权、检察权、审判权只能由公安机关、检察机关、人民法院等专门机关行使，其他任何机关、团体和个人都不能行使。

（2）各专门机关在办理刑事案件的过程中有明确的职权分工。审判权只能由人民法院行使；检察权只能由人民检察院行使；侦查权只能由各法定的专门机关依照其立案管辖范围行使。

（3）专门机关必须依法行使侦查权、检察权、审判权。

二、专门机关的职权分工和职权内容

具体内容见表2-1。

表 2-1　专门机关的职权分工和职权内容

机　关	职权分工和职权内容
公安机关	（1）行使侦查权的部门：公、检、国家安全机关、监狱、军队保卫部门、海关走私犯罪侦查机关（6个） （2）职权内容：①侦查；②刑事拘留；③执行逮捕；④预审
人民检察院	（1）行使检察权 （2）职权内容：①提起公诉；②法律监督；③侦查（自侦案件）；④批准逮捕（逮捕如是其他机关报批的，用"批准"；逮捕如是检察院自己提出的，用"决定"）
人民法院	（1）行使审判权 （2）职权内容：审判 【提示】　①法院在行使审判权时，没有侦查或补充侦查的权利，但有建议补充侦查的权利，无刑事拘留的决定和执行权；②法院可以行使拘传的决定和执行，以及取保候审、监视居住、逮捕的决定权（交公安机关执行）；③法院可以采用勘验、检查、扣押、鉴定、查询、冻结、查封等手段调查、核实控辩双方提交的证据（7种）

【案例释义2-1】

案情：被告人李强，男，某公司职员。被害人张某，女，18岁，某中学学生。李强与张某两家是邻居且是世交，关系十分要好。某日晚，两家父母因事均不在家，李强便邀请张某到其家来看电视。在看电视的过程中，李强向张某表白说喜欢她并希望和她交朋友。张某没有回答起身欲走，李强遂将之拉住并强行与之发生性关系。事后李强表示自己一定与她结婚。李家父母在事后托人去张家说情，想通过签订婚约的形式将此事"私了"。张家一方面考虑到两家的关系，一方面为保全女儿的名声也同意以"婚约"的形式"私了"。婚约有两名见证人，双方家长均签字画押。然而事后不久，公安机关知道了此事，遂以涉嫌强奸罪为由将李强拘留。经公安机关侦查、检察机关起诉，人民法院开庭审理，以强奸

罪判李强有期徒刑 4 年。

问题：双方家长通过协议能够"私了"此案吗？公安司法机关的做法正确吗？谈谈你对此案的看法。

简析：公诉案件应由公安司法机关负责处理，其他任何机关、团体和个人，包括当事人都无权解决公诉案件的刑罚权有无问题，这体现了刑事诉讼中的职权原则。本案中，李强的行为已经构成强奸罪，属于公诉案件的范围，只能由公安司法机关处理。因为犯罪行为不仅侵害了被害人的人身权利，而且还危害了社会、扰乱了正常的社会秩序，只有交由司法机关处理才能更好地保护被害人和社会的利益。本案的双方家长通过一个协议欲"私了"一个严重的犯罪案件是不对的，其协议无效。公安司法机关的介入是在履行法律赋予的职责，因而，公安机关的做法是正确的。

【巩固练习 2-1】 甲将潜艇的部署情况非法提供给一家外国著名军事杂志。在审判过程中，法院决定对其取保候审。关于对甲取保候审的执行机关，下列哪一个选项是正确的？

A. 法院　　　　　B. 公安机关　　　　　C. 军队保卫部门　　　　　D. 国家安全机关

答案：D

根据 2012 年《刑事诉讼法》规定，取保候审一律由公安机关执行，因此本题答案为 D。

第二节　人民法院、人民检察院依法独立行使职权原则

2012 年《刑事诉讼法》第 5 条规定了此项原则。

此项原则的含义如下：

（1）人民法院和人民检察院整体独立于外部干涉。我们国家的司法独立，强调的仅仅是法院和检察院整体独立于外部干涉，而不是法官、检察官的个体独立。这与西方国家重在强调个体独立的精神有所不同。

（2）上下级法院之间相互独立，而上下级检察院之间并不独立。由于人民法院和人民检察院实行不同的领导体制，因此它们独立行使职权的方式及范围也有所不同。上下级法院之间是监督关系，而不是领导关系。每个人民法院的审判活动各自独立，上级人民法院对下级人民法院的监督只能通过第二审程序、死刑复核程序以及审判监督程序来进行，而不能直接指示和命令下级法院如何办理具体案件。因此，在法院系统内部，上下级法院之间也相互独立。与之相反的是，人民检察院的上下级之间是领导与被领导的关系，全国检察机关作为一个整体独立行使检察权。在刑事诉讼中，上级人民检察院有权对下级人民检察院的办案工作作出指示，下级人民检察院应当服从。就每个人民检察院内部而言，批准逮捕、提起公诉和抗诉，均由检察长决定，重大、复杂、疑难的案件由检察委员会讨论决定。因此，在检察院系统内部，上下级之间不互相独立。

（3）合议庭和法官并不独立。独任法官和合议庭对一般刑事案件有独立判决权，但是疑难、复杂、重大的案件，合议庭认为难以作出决定的，由合议庭提请院长决定提交审判委员会讨论决定。即便是独任审理的案件，在开庭审理后，独任审判员如具认为有必要的，也可以提请院长决定提交审判委员会讨论决定。可见，合议庭和法官都不是独立的

主体。

（4）我国的司法独立仅仅强调独立于行政机关、社会团体和个人，而并不独立于立法机关和党的领导。我国人民法院和人民检察院由各级人民代表大会选举产生，因此，必须向人大报告工作，接受人大监督。另外，还必须接受党的领导。具体内容见表2-2。

表2-2　人民法院、人民检察院依法独立行使职权

独立主体	人民检察院	人民法院
独立程度	不受行政机关、社会团体和个人的干涉，但要接受党的领导和人大的监督	
独立形式	外部独立，上下级是"领导与被领导关系"，检察一体，集体独立	外部独立、内部独立（指集体独立，法官个人不独立，如合议庭制度）。上下级是"监督关系"，下级不能向上级"请示、汇报"，上级只能通过审级进行监督

【案例释义 2-2】

案情一：张冲波为河南省卢氏中药材集团总公司总工程师，1997年以来，因其多次撰文反映作为国家贫困县的卢氏县政府大搞劳民伤财的"形象工程"，被某些领导授意公安部门逮捕。2000年2月24日，卢氏县人民法院开庭审理张冲波案。因证据不足，合议庭审理后，提请院长提交审判委员会讨论，经审判委员会讨论，11个委员中，包括院长在内的9人认为张冲波无罪。法院院长向县委书记杜保乾汇报了合议庭和审判委员会的意见，杜保乾怒气冲冲地训斥道："你们都是一群笨蛋，弄了七八个月弄个无罪？给我判三年，必须得判！"法院院长无奈地向法官们传达了领导的旨意："杜书记认为张冲波有罪，必须判三年。"几天后有罪判决下来，张冲波被判三年有期徒刑（资料来源：2001年11月4日《法制日报》，《法律与生活》，2003年第7期）。

案情二：1891年（日本明治二十四年），前来日本漫游的俄国皇太子在大津突然被担任警卫工作的津田三藏打伤头部。日本当时的松方正义内阁成员和元老们害怕俄国采取报复手段，曾想方设法欲将犯人处以极刑，天皇下诏要求时任大审院院长的儿岛惟谦谨慎处理此案。松方首相、内向内相、山田法相等人也多次强烈要求儿岛对犯人处以极刑。儿岛坚决主张维护司法权的尊严，不能枉法，提出只能适用有关加害普通人的法律条例按谋杀未遂论处。儿岛说服了当时审理此案的法官，最终于5月27日在大津开庭的大审院法庭上，按普通谋杀未遂罪判处津田三藏无期徒刑，维护了司法权的独立。

问题：请结合上述两个案例的案情，理解人民法院、人民检察院依法独立行使职权这一原则的深刻内涵。

简析：司法独立是现代法治的重要组成部分，司法独立是防止公权力干预司法的重要制度构建，也是保障个人自由的最后手段。我国《宪法》第126条和2012年《刑事诉讼法》第5条都明确规定了"人民法院依照法律规定独立行使审判权，不受行政机关、社会团体和个人的干涉"。在案例1中，卢氏县人民法院在地方长官的干涉下完全失去了独立性，而沦为县委书记报复陷害他人的工具，这从一个侧面反映出，独立行使司法权虽然已为我国《宪法》和《刑事诉讼法》所明文规定，但仍需在具体的制度和实践层面上予以充分和有效的保障。

日本大津案是日本宪法史和司法史上十分著名的案例，被反复引述。它给我们的启

示,从历史上讲,干预司法独立是普遍存在的。司法独立不仅需要法律文本上的确认,更需要人们尤其是法官们的不断抗争和努力。正是勇敢的法官们的抗争和努力,司法独立才能最终从"书面"走向"生活",并成为一个国家法律文化传统的一部分。

【巩固练习 2-2】 某大学教授在讲授刑事诉讼法课时,让学生回答如何理解"人民法院依法独立行使审判权"原则,下列四个同学的回答,正确的理解是哪一个?

A. 甲同学认为是指法官个人独立审判案件,不受任何他人影响

B. 乙同学认为是指合议庭独立审判案件,不受任何组织或个人的影响

C. 丙同学认为是指法院独立审判案件,不受行政机关、社会团体和个人的干涉

D. 丁同学认为是指法院依法独立审判案件,上级法院不能对下级法院正在审理的具体案件如何处理发布指示或命令

答案:C、D

该题涉及对"人民法院依法独立行使审判权"原则的理解。依据 2012 年《刑事诉讼法》第 5 条之规定,人民法院依照法律规定独立行使审判权,人民检察院依照法律规定独立行使检察权,不受行政机关、社会团体和个人的干涉。可见,选项 C 正确,而不是选项 A 所提到的"法官独立"和选项 B 所提到的"合议庭独立"。选项 D 表达了法院之间的独立性,也是正确选项。因此,正确答案为选项 C、D。

第三节　严格遵守法律程序的原则

(1) 人民法院、人民检察院和公安机关进行刑事诉讼,必须严格遵守刑事诉讼法和其他法律的有关规定。这里所说的"其他法律",是指所有与刑事诉讼程序有关的法律,如《刑法》、《人民法院组织法》、《法官法》、《人民检察院组织法》、《检察官法》、《律师法》、《人民警察法》、《未成年人保护法》等。

(2) 学习本原则,重点掌握刑事诉讼法及其相关司法解释中对程序违法所产生的法律后果的规定。具体内容如下:

① 非法证据的排除规则;

② 二审对于一审程序违法的,裁定撤销原判,发回重审;

③ 死刑立即执行,最高人民法院经复核认为原审人民法院违反法定诉讼程序,可能影响公正审判的,裁定不予核准,并撤销原判,发回重新审判;

④ 因符合法定回避理由而回避的检察人员,在回避决定作出以前所取得的证据和进行的诉讼行为是否有效,由检察委员会或检察长根据案件具体情况决定(《最高检刑诉规则》第 30 条);

⑤ 当事人、法定代理人、近亲属对于生效裁判申诉的时候,如果原裁判违反法定程序,可能影响公证审判的,法院应该重新审判。

第四节　分工负责、相互配合、互相制约的原则

我国 2012 年《刑事诉讼法》第 7 条规定了此项原则。

一、分工负责的含义

分工负责在刑事诉讼中主要体现在以下两个方面。

（1）诉讼职能与职权上的分工。公安机关负责侦查、拘留、执行逮捕、预审；人民检察院负责检察、批准逮捕、对直接受理案件的侦查、提起公诉；人民法院负责对所有案件的审判。

（2）案件立案管辖上的分工。人民法院直接受理自诉案件；人民检察院负责立案侦查贪污贿赂犯罪，国家工作人员的渎职犯罪，国家机关工作人员利用职权实施的侵犯公民人身权利的犯罪以及侵犯公民民主权利的犯罪，此外还包括经省级以上人民检察院决定，需要由人民检察院直接受理的国家机关工作人员利用职权实施的其他重大的犯罪案件；公安机关则负责对人民法院和人民检察院管辖以外的刑事案件的侦查。

二、互相配合的含义

所谓互相配合是指各专门机关应当在分工负责的基础上配合，而不是为了配合而配合；司法实践中个别地方存在的"公检法联合办案"的做法是错误的。

三、互相制约的含义

所谓互相制约，是指各专门机关应当按照诉讼职能的分工和程序上的设置，相互约束，相互制衡，以保证准确执行法律。分工负责是互相配合与互相制约的基础和前提。

四、我国公检法之间的相互关系与西方国家司法机关之间相互关系的区别

我国公检法三机关之间的分工负责、互相配合、互相制约，不同于西方国家司法机关相互之间的"审判中心主义"。"审判中心主义"是指法院是整个刑事诉讼流程的核心，一切涉及犯罪嫌疑人、被告人重大权益的强制性措施的实施都应当经过法院的审查和批准。

第五节　有权使用本民族语言文字进行诉讼的原则

我国2012年《刑事诉讼法》第9条规定了此项原则。

此项原则包含以下三个层次的含义。

（1）各民族公民都有使用自己本民族语言文字进行诉讼的权利。

（2）如果当事人或其他诉讼参与人不通晓当地通用的语言文字，人民法院、人民检察院和公安机关有义务指定或聘请翻译人员为他们翻译。

（3）在少数民族聚居的地方或多民族共同聚居的地区，对案件的审理应当使用当地通用的语言文字进行；起诉书、判决书以及其他诉讼文书应当使用当地通用的一种或几种文字；对于不通晓当地文字的诉讼参与人，在有条件的情况下向他送达的诉讼文书应当用

他所通晓的文字,或者聘请翻译人员,向他翻译诉讼文书的内容。

【案例释义 2-3】

案情: 被告人金某,朝鲜族,因抢劫罪被公安机关抓获,侦查终结后,人民检察院依法审查并向人民法院提起公诉。在此前的审讯中,金某一直用流利的汉语回答公安机关工作人员的提问。人民法院对此案依法进行了公开审理。在庭审中,金某提出用朝鲜族语言进行陈述。对此合议庭在讨论中有两种意见:一种意见认为金某虽是朝鲜族人,但通晓汉语且在审前均未要求用朝鲜族语言,而合议庭又不懂朝鲜语,且事先也没有聘请翻译,为节省时间提高诉讼效率对金某的要求可以不予允许;另一种意见认为,虽然金某懂汉语并且在侦查、起诉阶段一直用汉语陈述,但使用本民族语言文字进行诉讼是其应当享有的诉讼权利,应当允许其在庭审中使用朝鲜族语言。

问题: 你认为上述两种意见中哪一种意见符合我国法律的规定?

简析: 在本案中,虽然金某通晓汉语,但这并不影响其使用本民族语言文字进行诉讼的权利,因此,合议庭应当允许其用朝鲜语言进行陈述,否则,便是对其诉讼权利的剥夺,他有权对此进行控告。

第六节　两审终审的原则——审级制度

2012 年《刑事诉讼法》第 10 条规定了两审终审制度。据此规定,我国人民法院审判案件,实行两审终审制。

一、两审终审的含义

两审终审的含义是指一个案件最多经过两级人民法院的审判即告终结的一种多重审级原则。具体是指:地方各级人民法院按照审判管辖的规定对第一审刑事案件作出判决或裁定后,依法享有上诉权的人如果不服,可以在法定期限内向上一级人民法院提出上诉;同级人民检察院认为判决、裁定确有错误时,也可以在法定期限内向上一级人民法院提出抗诉。上一级人民法院按照第二审程序对案件进行审理后所作的判决、裁定,是终审的判决、裁定,人民法院对一个案件的正常审判程序到此结束。

二、两审终审的例外

我国原则上实行两审终审制,但存在以下一些特殊情况。

（1）在法定期限内,有上诉权或抗诉权的人或机关没有提出上诉或者抗诉的,地方各级人民法院所作出的一审裁判即发生法律效力;

（2）最高人民法院审理的案件为一审终审;

（3）判处死刑的案件,必须依法经过死刑复核的特殊程序后,裁判才发生法律效力;

（4）地方各级人民法院在法定刑以下判处刑罚的案件,必须经过最高人民法院的核准,裁判才能发生法律效力。

第七节　公开审判原则

根据我国 2012 年《刑事诉讼法》第 11 条的规定,人民法院在审判案件时,除法律另有规定外,应当公开进行。

一、公开审判原则的含义

公正不仅要实现,而且要以看得见的方式实现。在刑事诉讼中,公开审判是指人民法院审理案件和宣告判决都应公开进行。法庭审理的全过程,除了休庭评议之外都可公之于众。审判公开的对象既包括当事人,也包括社会公众。具体包括两方面内容:一是审理过程公开,允许公民到法庭旁听,允许新闻记者采访、报道;二是审判结论公开,判决书及其据以判决的事实和理由应以公开的形式宣布。

二、公开审判原则的例外

公开审判原则的例外指法律另有规定的"依法不公开审判"的案件。具体范围见表 2-3。涉及商业秘密的案件,当事人申请不公开审理的,可以不公开审理。

表 2-3　依法不公开审判的案件

应当不公开审理的情形	(1) 涉及国家秘密的案件(而不是案件本身需要保密) (2) 涉及个人隐私的案件(仅指男女关系之类。重婚罪是否公开,仍要看是否涉及个人隐私) (3) 审判的时候(开庭审理时)被告人不满 18 周岁的案件,但是,经未成年被告人及其法定代理人同意,未成年被告人所在学校和未成年人保护组织可以派代表到场
可以不公开审理的情形	当事人提出申请,有证据证明确属涉及商业秘密的案件

【提示】　人民法院对于不公开审理的案件,应当当庭宣布不公开审理的理由

刑事诉讼、民事诉讼、行政诉讼不公开审理案件的比较见表 2-4。

表 2-4　三大诉讼法中不公开审理案件范围之比较

是否公开 诉讼类型	应当不公开	可以不公开
刑事诉讼	(1) 有关国家秘密的案件 (2) 有关个人隐私的案件 (3) 审判的时候被告人不满 18 周岁的案件	涉及商业秘密的案件,当事人申请不公开审理的
民事诉讼	(1) 涉及国家秘密的案件 (2) 涉及个人隐私的案件 (3) 法律另有规定的	(1) 离婚案件(经当事人申请) (2) 涉及商业秘密的案件(经当事人申请)
行政诉讼	涉及国家秘密、个人隐私和法律另有规定的案件	

【巩固练习 2-3】　下列哪些案件依法应当不公开审理?

A. 何某强奸案

B. 15 岁的金某抢劫案

C. 白某间谍案

D. 当事人冯某提出不公开审判申请;确属涉及商业秘密的案件

答案：A、B、C、D

三、不公开审理的程序要求

（1）依法不公开审理的案件,任何公民,包括与审理该案无关的人民法院工作人员和被告人的近亲属都不得旁听。

（2）在公开审理案件过程中,对于公诉人、诉讼参与人提出涉及国家秘密或者个人隐私的证据时,审判长应当制止。如确与本案有关的,应当决定案件转为不公开审理。

问题思考：如何处理独立审判与新闻媒体采访的关系?

独立审判权与新闻媒体采访权之间并没有实质性的利害冲突。独立审判权是国家公权力的核心组成部分,而新闻采访权则是公众知情权实现的重要方式。妥善处理法院与媒体的关系,有助于保障公众的知情权、参与权、表达权和监督权,提高司法公信力。人民法院应当主动接受新闻媒体的舆论监督。对新闻媒体旁听案件庭审、采访报道法院工作、要求提供相关材料的,人民法院应当根据具体情况提供便利。对于公开审判的案件,新闻媒体记者和公众可以旁听;对于正在审理的案件,人民法院的审判人员及其他工作人员不得擅自接受新闻媒体的采访;对于已经审结的案件,人民法院可以通过新闻宣传部门协调决定由有关人员接受采访;对于不适宜接受采访的,人民法院可以决定不接受采访并说明理由。新闻媒体在行使新闻报道权、满足公众知情权的时候,不应当干扰司法机关的审判活动,更不应该通过威逼利诱的方式,要求法官透露独家信息,以产生新闻轰动效应（2009 年最高人民法院《关于人民法院接受新闻媒体舆论监督的若干规定》第 9 条）。

【案例释义 2-4】

案情：被告人李某,男,18 岁,社会待业青年;被告人张某,男,15 岁,某中学学生。

张某荒废学业,经常在网吧上网,与被告人李某相识。两人均着迷于浏览黄色网页且越陷越深。李某提出要张某找个张某班上的漂亮女生玩玩。2001 年 9 月 15 日下午,被告人张某利用帮助安装计算机程序的机会,带李某来到其女同学陈某家中。其间,李某和张某欲对陈某实施不轨行为,陈某不从。于是李某和张某两人便对陈某实施了强暴行为。

人民法院在受理该案后,在开庭前,合议庭部分成员认为此案件如在张某的学校审理,对广大的中学生将会起到较大的警示和教育意义,被告人张某的学校领导也非常支持。但审判长认为本案中的被告人张某年龄在 16 岁以下,进行公开审理有所不当,张某的家长也极力反对,被告人张某提出同学在场旁听觉得丢脸,要求不出庭。可是学校领导一再坚持,审判庭的多数成员也倾向于公开审理。由于本案属于共同犯罪,从案情考虑,不可能将两名被告人分开审理。审判长就此事作了折中处理,本案审理的公开范围只限于该学校的学生参加旁听,并且决定被告人张某在审判过程中不出庭。后审判依此进行,被告人张某未出庭,学校组织在校学生参加了旁听。审判庭经过审理,认定被告人李某、张某犯强奸罪,进行了公开宣判,分别判处被告人李某有期徒刑四年,张某有期徒刑三年。

问题：

（1）合议庭将该案在学校公开审理符合法律规定吗?

（2）合议庭审理后对该案公开宣判合法吗？为什么？

（3）本案中，法庭同意在被告人不出庭的情况下，法庭对该案进行了审理并当庭宣判，这种做法符合法律规定吗？为什么？

简析：

（1）本案小范围公开审理是错误的。审判公开原则是当代世界各国立法上普遍采用的原则，我国《宪法》和《刑事诉讼法》也都对此项重要原则加以确认。但是，审判公开原则并不是绝对的，各国都给予了一定的限制。比如法国的刑事诉讼法规定，如果是对于公共秩序存在危险，或者有损善良风俗的案件，以及未成年人犯罪案件等，庭审都应当不公开进行。

考虑到 18 岁以下的未成年人的心理没有发育完全，进行公开审理会对其造成精神上的刺激，形成心理上的阴影，不利于以后的健康成长，因此，我国 2012 年《刑事诉讼法》第 274 条规定："审判的时候被告人不满 18 岁的案件，不公开审理。但是，经未成年被告人及其法定代理人同意，未成年被告人所在学校和未成年人保护组织可以派代表到场。"在本案中，被告人张某年仅 15 岁，属于法定的应当不公开审理案件的范围。因此，根据法律的规定，本案应当不公开审判。不能以教育广大青少年的名义，采取所谓小范围的公开审理，从而变相侵犯被告人的法定权利。

同时，在本案的审理过程中将不可避免地涉及个人隐私。为了保护公民的名誉和个人的隐私，防止有损社会风化，我国 2012 年《刑事诉讼法》第 183 条规定："人民法院审判第一审案件应当公开进行。但是有关国家秘密或者个人隐私的案件，不公开审理。"基于此点，本案同样不应该公开审理，也不能组织学生进行旁听。

（2）合议庭进行公开宣判是合乎法律规定的。2012 年《刑事诉讼法》第 196 条规定："宣告判决，一律公开进行。"这是审判公开原则的体现。无论案件的审理过程是否公开，案件的判决都应当以公开的形式宣布，以保证刑事诉讼的公正。

（3）合议庭同意张某不出庭，并且进行了缺席审理和宣判是不正确的。在一些国家的刑事诉讼法中规定了缺席判决的情形。比如，日本刑事诉讼法就允许被告人在有限的几种法定情形下可以不出庭。法国的刑事诉讼法也对于轻罪案件、违警罪案件规定了缺席判决的适用条件。我国法律是不允许缺席审判的，合议庭同意张某不出庭的决定，侵犯了被告人的合法权益。具体理由如下。

① 2012 年《刑事诉讼法》第 11 条规定："被告人有权获得辩护，人民法院有义务保证被告人获得辩护。"《刑诉法适用解释》第 167 条也规定："审判长宣布法庭辩论终结后，合议庭应当保证被告人充分行使最后陈述的权利。"如果被告人不能出庭，或者没有出庭，他就无法对证人、鉴定人发问，辨认、鉴别物证，无法进行法庭质证，也没有机会对于证据和案件情况发表意见，无法与国家公诉机关进行法庭辩论，充分行使自己的辩护权。人民法院有义务保证被告人获得辩护，不仅意味着要确保被告人能够委托他人为自己进行辩护，在符合法定条件情况下也应当为被告人指定辩护人。上述权利均需要通过参加庭审才能实现。

② 2012 年《刑事诉讼法》第 193 条第 3 款规定："审判长在宣布辩论终结后，被告人有最后陈述的权利。"如果被告人没有出庭，被告人的最后陈述的权利也遭到了剥夺。

第八节　保障诉讼参与人依法享有诉讼权利原则

2012年《刑事诉讼法》第14条规定了这一原则。对此项原则,应从以下几个方面理解把握其含义。

(1) 在刑事诉讼中应当首先保障犯罪嫌疑人、被告人依法享有的诉讼权利。因为犯罪嫌疑人、被告人与案件的处理结果具有最为直接的利害关系。因此,在刑事诉讼中犯罪嫌疑人、被告人及其辩护人有权从事实和法律上反驳控诉,提出有利于犯罪嫌疑人、被告人的材料和意见。

(2) 在刑事诉讼中也要保障被害人依法享有的诉讼权利。在刑事诉讼中,被害人同样是极其重要的诉讼当事人,案件的处理结果也与其具有同样的利害关系。我国刑事诉讼法将被害人规定为当事人,并赋予了被害人应有的一系列诉讼权利,如控告权、对不立案决定提出异议权、侦查起诉过程中对证据或者案件处理发表意见权、对不起诉决定的申诉权、直接起诉权、参加法庭审理权、申请提出抗诉权、对生效裁判的申诉权、委托诉讼代理人权、申请回避权、作证申请保护权等。在未成年人刑事案件诉讼程序中,人民检察院在作出附条件不起诉的决定以前,应当听取被害人的意见等。

(3) 特殊群体的诉讼权利保障权。对于特殊群体,如未成年人、盲聋哑人的诉讼权利,法律也作出了特殊规定。比如,对于特殊群体没有委托辩护人的,公检法机关应当通知法律援助机构指派律师为其提供辩护;对于未成年人刑事案件,在询问和审判的时候,应当通知未成年犯罪嫌疑人、被告人的法定代理人到场,到场的法定代理人可以代为行使未成年犯罪嫌疑人、被告人的诉讼权利。

对于其他诉讼参与人我国刑事诉讼法也规定了一系列诉讼权利。

【案例释义 2-5】

案情: 2002年10月28日,某人民法院开庭审理一起故意伤害案。被害人顾某及其诉讼代理人到庭参加审理。庭审中,在公诉人向被告人发问后,被害人要求向被告人提问,审判长说:"公诉人已经代你问过了,你就不要再问了。"拒绝了被害人的发问请求。被害人的诉讼代理人坚持要向被告人发问,审判长讲:"公诉人代表了你们的利益,公诉人都问清楚了,你们就不要浪费时间了。"又拒绝了诉讼代理人的发问请求。

问题: 审判长的做法正确吗?被害人及其诉讼代理人如认为审判长违反了诉讼程序,可通过何种途径维护自己的权利?

简析: 我国2012年《刑事诉讼法》第14条规定:"人民法院、人民检察院和公安机关应当保障犯罪嫌疑人、被告人和其他诉讼参与人依法享有的辩护权和其他诉讼权利。"这就是《刑事诉讼法》规定的"保障诉讼参与人依法享有诉讼权利"原则,此项原则突出强调了对犯罪嫌疑人、被告人辩护权的保护,是对公安司法机关提出的义务性要求。第186条又规定:"公诉人在法庭上宣读起诉书后,被告人、被害人可以就起诉书指控的犯罪进行陈述,公诉人可以讯问被告人。被害人、附带民事诉讼的原告人和辩护人、诉讼代理人,经审判长许可,可以向被告人发问。"可见,向被告人发问是被害人及其诉讼代理人的一项诉讼权利,但是,此项权利的行使还须经审判长的许可。相应地,审判长有权拒绝被害人及其诉讼代理人的发问请求，但是应当基于正当的理由，否则，便会使法律赋予被害人及其诉讼代理人的诉讼权利得不到保障。刑事诉讼法以及相关的司法解释并没有明确在何种情形下审判长可以拒绝发问请求，这就要求审判长在审判中应当秉持中立，站在切实维护诉讼参与人依法享有的诉讼权利的立场上，正确考虑被害人及其诉讼代理人的发问请求。

本案中审判长的拒绝理由显然不合理，其做法违反了诉讼程序，侵犯了被害人的合法权益。为此，被害人及其诉讼代理人可以向法院院长提出控告。根据 2012 年《刑事诉讼法》第 14 条第 2 款的规定，诉讼参与人对于审判人员、检察人员和侦查人员侵犯自己诉讼权利的行为有权提出控告，这也是他们的一项诉讼权利。

【巩固练习 2-4】 关于犯罪嫌疑人、被告人有权获得辩护原则，下列哪些说法是正确的？

A. 在任何情况下，对任何犯罪嫌疑人、被告人都不得以任何理由限制或者剥夺其辩护权

B. 辩护权是犯罪嫌疑人、被告人最基本的诉讼权利，有关机关应当为每个犯罪嫌疑人、被告人免费提供律师帮助

C. 为保障辩护权，任何机关都有为犯罪嫌疑人、被告人提供辩护帮助的义务

D. 辩护不应当仅是形式上的，而应当是实质意义上的

答案： A、D

第九节　具有法定情形不予追究刑事责任的原则

根据 2012 年《刑事诉讼法》第 15 条规定，有下列情形之一的（具体情形见表 2-5），不追究刑事责任，已经追究的，应当撤销案件，或者不起诉，或者终止审理，或者宣告无罪。在立案阶段，人民法院发现自诉案件有表 2-5 中六种情形之一的，应当不予受理；公诉案件具有其中情形之一的，公安机关和人民检察院应作出不立案的决定；在侦查阶段，侦查机关遇有其中情形之一的，应当撤销案件；在审查起诉阶段，人民检察院遇有其中情形之一的，应作出不起诉的决定；在审判阶段，对于第一种情形，人民法院应当以判决宣告无罪；对于其他几种情形，一般应以裁定终止审理。不过，根据已经查明的案件事实和认定的证据材料，能够确认已经死亡的被告人无罪的，人民法院应当判决宣告被告人无罪。

表 2-5　不应追究刑事责任的六种情形及结案方法

阶段与处理 情形	立案阶段	侦查阶段	审查起诉 阶段	审判阶段
情节显著轻微，危害不大，不认为是犯罪（违法，但没达犯罪立案标准）	不立案/不受理 （公诉）（自诉）	撤销案件	不起诉	判决：宣告无罪
犯罪已过追诉时效期限的（分 5 年、10 年、15 年、20 年）	不立案/不受理 （公诉）（自诉）	撤销案件	不起诉	裁定：终止审理
经特赦令赦免的（全国人大常委会批准）	不立案/不受理 （公诉）（自诉）	撤销案件	不起诉	裁定：终止审理

续表

阶段与处理 情形	立案阶段	侦查阶段	审查起诉阶段	审 判 阶 段
告诉才处理的,没有告诉或者撤回告诉的(5种罪)	不受理(自诉)	—	—	裁定:终止审理
犯罪嫌疑人、被告人死亡的	不立案/不受理(公诉)(自诉)	撤销案件	不起诉	(1) 查不清或有罪的:裁定终止审理 (2) 有材料证明无罪的:判决宣告无罪
其他免予刑事责任的	不立案/不受理(公诉)(自诉)	撤销案件	不起诉	裁定:终止审理

【提示】 在立案或者受理阶段,对于公诉案件,发现上述不予追究刑事责任的情形之一的,公安机关或人民检察院应当决定不立案。对于自诉案件,人民法院应当不予受理,这里的不予受理也就是"说服自诉人撤回自诉或者在受理阶段裁定驳回起诉"。

【巩固练习2-5】 下列哪些选项属于刑事诉讼法第15条规定的不应当追究刑事责任的情形?

A. 犯罪嫌疑人甲受贿数额特别巨大,在侦查阶段畏罪自杀

B. 犯罪嫌疑人乙利用职务之便侵占公司财产100元,但该公司没有报案

C. 被告人丙涉嫌故意伤害,审判阶段法院组织重新鉴定,认定被害人为轻微伤

D. 被告人丁在法院主持下,与被害人达成和解协议

答案:A、C

【巩固练习2-6】 李某委托张某代为保管现金10万元,后张某拒绝归还。李某向公安机关报案,张某将李某打成轻伤。公安机关以涉嫌诈骗为由对张某立案侦查,侦查终结后移送人民检察院审查起诉。人民检察院经审查认为张某的行为应当构成侵占罪而并非诈骗罪。问:人民检察院对张某应当作出何种处理?

A. 附条件不起诉　　　B. 不起诉　　　C. 撤销案件　　　D. 宣告无罪

答案:B

侵占罪属于告诉才处理的案件,不属于公诉案件范围,李某应当向法院提出自诉。

【巩固练习2-7】 下列哪些行为属"情节显著轻微,危害不大,不认为是犯罪"的情形?

A. 甲(国家工作人员)非法收受他人300元

B. 乙打他人致轻微伤

C. 丙因正当防卫致人重伤

D. 丁因防卫过当致人重伤

答案:A、B

A项:没有达到立案标准;B项:达到轻伤才构成故意犯罪;C项:属于合法行为;D项:丁的行为已构成犯罪,但可减轻或免除处罚。

第十节　未经人民法院依法判决不得确定任何人有罪的原则

2012年《刑事诉讼法》第12条规定了此项原则。

这一原则的基本含义如下。

（1）只有人民法院享有统一定罪的权力。

（2）被追诉者在刑事诉讼过程中，在人民检察院提起公诉前，称为"犯罪嫌疑人"，提起公诉后才称为"被告人"，而不能统称为犯人。

（3）在刑事诉讼中，被告人有罪的举证责任由人民检察院或者自诉人承担，被告人没有证明自己无罪的义务。

（4）人民法院判决被告人有罪，必须严格依照法定的程序进行，在保障被告人享有充分辩护权的基础上，进行公正、公开的审理。

（5）人民法院开庭审理案件，不以被告人的行为构成犯罪为前提条件（《刑事诉讼法》第 181 条）。

（6）对于证据不足、不能认定被告人有罪的案件，人民法院应当作出证据不足、指控罪名不成立的无罪判决（《刑事诉讼法》第 195 条第 3 项）。

（7）法院的有罪判决应当依法作出。一方面，法院的判决应当严格按照《刑法》的规定作出；另一方面，审判要严格遵守程序法，尤其是证据应当确实充分，符合《刑事诉讼法》规定的证明标准，否则应当作出有利于被告的判决。

第十一节　人民检察院依法对刑事诉讼实行法律监督的原则

依照 2012 年《刑事诉讼法》第 8 条的规定，人民检察院是专门的法律监督机关，人民检察院依法对刑事诉讼实行法律监督。人民检察院的法律监督主要包括以下几方面内容。

一、对立案的监督

人民检察院认为公安机关对应当立案侦查的案件而不立案侦查的，或者被害人认为公安机关对应当立案侦查的案件而不立案侦查，向人民检察院提出的，人民检察院应当要求公安机关说明不立案的理由，公安机关应当在 7 日内向人民检察院书面说明不立案的理由。人民检察院认为公安机关不立案理由不能成立的，应当通知公安机关立案。公安机关接到通知后应当在 15 日内立案。

根据《最高检刑诉规则》的相关规定，人民检察院对公安机关和本院侦查部门的刑事立案活动的监督还包括对不应当立案而立案侦查的监督。

二、对侦查活动的监督

1. 对侦查活动的主要监督方法

检察机关对侦查活动的监督，主要通过审查批准逮捕、审查起诉实现。

（1）检察机关对公安机关提请批准逮捕犯罪嫌疑人，经过审查认为不符合逮捕条件的，应当作出不批准逮捕的决定。

（2）检察机关对于公安机关侦查终结移送审查起诉的案件进行审查，决定是否起诉的行为本身就是对侦查活动的监督，而且侦查机关的侦查活动是否合法，是审查起诉阶段的一项重要审查内容。

2. 对非法侦查行为的监督

（1）非法侦查行为包括：采取强制措施法定期限届满，不予以释放、解除或者变更的；应当退还取保候审保证金不退还的；对于案件无关的财物采取查封、扣押、冻结措施的；应当解除查封、扣押、冻结不解除的；贪污、挪用、私分、调换、违反规定使用查封、扣押、冻结的财物的；刑讯逼供、诱骗取证等非法侦查行为。

（2）当事人和辩护人、诉讼代理人、利害关系人对于司法机关及其工作人员有非法侦查行为的，有权向该机关申诉或者控告。受理申诉或者控告的机关应当及时处理。对处理不服的，可以向同级人民检察院申诉；人民检察院直接受理的案件，可以向上一级人民检察院申诉。

3. 人民检察院对申诉及控告的处理

人民检察院对申诉应当及时进行审查，情况属实的，通知有关机关予以纠正。

三、对审判活动的监督

1. 对审判活动本身进行监督

人民检察院认为人民法院在审理案件过程中，有违反法律规定的诉讼程序的情况，在庭审后提出书面纠正意见。人民法院认为正确的，应当采纳。

【提示】 人民检察院对审判活动的监督是一种事后监督，纠正意见以检察院整体名义书面提出，而非由检察官个人出具。

2. 对人民法院的判决和裁定的监督

对人民法院的判决和裁定的监督包括对一审法院作出的还未发生法律效力的判决、裁定提起抗诉（二审抗诉）和对已经发生法律效力的，但是检察机关认为确有错误的判决、裁定提起抗诉（再审抗诉）。

四、对执行活动的监督

人民检察院对执行刑罚的活动的监督包括以下两方面。

（1）对刑事判决、裁定所确定的内容付诸实施的监督，如对死刑立即执行的监督。

（2）对刑罚执行过程中涉及的刑罚变更问题的监督，如对暂予监外执行的决定或者对减刑、假释的建议或者裁定的监督。

如果发现有违法的情况，应当通知执行机关纠正。

【提示】 对民事诉讼、行政诉讼的监督是在裁判生效之后，而对刑事诉讼的监督是全过程的。

【巩固练习2-8】 关于检察院对侦查的监督，下列哪些选项是正确的？

A. 发现侦查人员杨某和耿某以欺骗的方法收集犯罪嫌疑人供述，立即提出纠正意见，同时要求侦查机关另行指派除杨某和耿某以外的侦查人员重新调查取证

B. 发现侦查人员伍某等人以引诱的方法收集犯罪嫌疑人供述，只能要求侦查机关重新取证，不能自行取证

C. 发现侦查人员邵某有刑讯逼供行为，且导致犯罪嫌疑人重伤，应当立案侦查

D. 甲县检察院可派员参加甲县公安局对于重大案件的讨论,无权参与甲县公安局的其他侦查活动

答案:A、C(人民检察院依法对刑事诉讼实行法律监督)

第十二节 追究外国人犯罪适用我国刑事诉讼法的原则

一、外国人的范围

外国人包括:具有外国国籍的人、国籍不明的人和无国籍人。

关于涉外刑事诉讼中的国籍确认问题,我们通过以下练习予以说明。

在涉外刑事诉讼中,关于国籍的确认,下列哪些做法是正确的?

A. 犯罪嫌疑人甲,入境时持有有效证件,以该有效证件确认甲的国籍

B. 犯罪嫌疑人乙,国籍不明,以公安机关会同外事部门查明的情况确认乙的国籍

C. 犯罪嫌疑人丙,国籍不明,以有关国家驻华使、领馆出具的证明确认

D. 犯罪嫌疑人丁,国籍无法查明,以无国籍人对待,在裁判文书中写明"国籍不明"

答案:A、B、C、D

根据《刑诉法适用解释》第 394 条的规定,上述四种情形均为确认国籍的方法。

二、享有外交特权和豁免权的人犯罪,通过外交途径解决

享有外交特权和豁免权的外国人在我国犯罪应当追究刑事责任的,不适用我国刑事诉讼法的规定,而是通过外交途径解决。"享有外交特权和豁免权的人员",根据《中华人民共和国外交特权与豁免权条例》《维也纳外交关系公约》《维也纳领事公约》的规定,主要包括:

(1) 外国驻中国使馆的外交代表以及与他们共同生活的配偶和未成年子女;

(2) 来中国访问的外国国家元首、政府首脑、外交部长及其他具有同等身份的官员;

(3) 途经中国的外国驻第三国的外交代表和与其共同生活的配偶及未成年子女;

(4) 持有中国外交签证或者持有外交护照来中国的外交官员;

(5) 经中国政府同意给予外交特权和豁免权的其他来中国访问的外国人等。

"通过外交途径解决",其方式包括:①建议派遣国将其召回,依法予以处理;②宣布为不受欢迎的人,令其限期出境;③由我国政府宣布将其驱逐出境等。

【巩固练习 2-9】 某国驻华商社工作人员阿姆杜拉策划、参与了国内犯罪分子的走私犯罪活动。对阿姆杜拉的刑事责任问题应当如何处理?

A. 适用我国法律追究其走私罪的刑事责任

B. 通过外交途径解决

C. 适用其本国的法律追究其走私罪的刑事责任

D. 直接驱逐出境

答案:A

三、涉外刑事程序

在涉外刑事程序中需要注意以下三个问题。

(1) 外国籍被告人委托律师辩护的,以及附带民事诉讼的原告人、自诉人委托律师代理诉讼的,应当委托具有中华人民共和国律师资格并取得执业证书的律师。

(2) 人民法院受理涉外刑事案件后,应当告知在押的外国籍被告人享有与其国籍国驻华使、领馆联系,与其监护人、近亲属会见、通信,以及请求人民法院提供翻译的权利。

(3) 涉外刑事案件宣判后,外国籍当事人国籍国驻华使、领馆要求提供裁判文书的,可以向受理案件的人民法院所在地的高级人民法院提出,人民法院可以提供。

【案例释义 2-6】

案情: 英国人汤默生是中国公民在英国伯明翰与当地女子的私生子,长相与中国人无异,会说一口流利的汉语。由于受母亲影响,对中国人非常不满。2002 年 10 月,汤默生以寻找父亲为由来到中国西部甲城市。汤默生谎称自己是南部某城市巨商之子,并宣传要在当地寻找投资伙伴。当地企业闻风而动,积极与其联络。为表示诚意,数家企业与其签订了合作意向书,并各缴纳了数万元的保证金。在做生意的同时,汤默生还与某银行的出纳员张某相好,其向张某诉说生意上急缺一笔资金,要求张某帮忙解决,并保证在 1 个月内回笼资金。于是,张某违规从银行取走现金 20 万元交给汤默生。10 月底,汤默生的签证到期,于是卷走数家企业的保证金 50 余万元和张某的 20 万元回国。直到 11 月中旬,张某一直联系不到汤默生,惧怕巨款被骗,赶紧向公安机关报告并说明情况。公安机关经过了解后,发现可能存在诈骗,立即立案侦查。后来,汤默生又悄悄潜回我国南部某城市,被当地公安机关抓获。

问题: 本案属于涉外诉讼吗? 在诉讼中应遵循哪些原则?

简析: 本案中的犯罪嫌疑人属英国国籍,属于涉外诉讼。

涉外刑事诉讼除了遵循我国《刑事诉讼法》确定的基本原则外,还必须遵循以下几项特有原则。

(1) 国家主权原则,即追究外国人犯罪适用中国法律的原则。

(2) 刑事司法豁免原则。即享有外交特权和豁免权的外国人犯罪的,不能由我国司法机关作为涉外刑事案件处理,只能由我国的外事部门通过外交途径解决。

(3) 信守国际条约原则。

(4) 诉讼权利同等原则。诉讼权利同等原则是指外国人在我国参与刑事诉讼,同我国公民享有同等的诉讼权利,承担同等的诉讼义务。

(5) 公开审判原则。

(6) 使用中国通用的语言文字进行诉讼的原则。

(7) 委托或指定中国律师参加诉讼原则。

(8) 与外事部门保持联系,通报案情和诉讼进展情况,取得外事部门的协助。

第十三节　刑事司法协助的原则

我国 2012 年《刑事诉讼法》第 17 条规定了此项原则。

刑事司法协助是指一国的法院或者其他的司法机关，根据另一国的法院或者其他司法机关的请求，代为或者协助实行与刑事诉讼有关的司法行为。刑事司法协助是司法协助的一种。司法协助除了刑事司法协助外，还有民事司法协助。

一、刑事司法协助的法律依据

国家之间开展刑事司法协助的法律依据，大体有以下四种。

（1）国家间共同参加的国际公约，如 2005 年我国批准的《联合国反腐败公约》；

（2）国家间签订的刑事司法协助条约，如 1987 年我国与波兰签订的《关于民事和刑事司法协助的协定》；

（3）国家间临时达成的关于刑事司法协助的互惠协议；

（4）国内的法律规定，如 2012 年《刑事诉讼法》第 17 条规定："根据中华人民共和国缔结或者参加的国际条约，或者按照互惠原则，我国司法机关和外国司法机关可以相互请求刑事司法协助。"

在我国，司法机关对外提供刑事司法协助或者请求外国司法机关提供刑事司法协助，除了遵守上述中华人民共和国缔结或者参加的国际条约及刑事诉讼法的规定外，还需要遵守有关的行政法规、司法解释（《刑诉法适用解释》、《最高检刑诉规则》、《公安部刑案程序规定》）的相关规定。

二、刑事司法协助的主体

刑事司法协助的主体是指请求提供刑事司法协助和接受请求提供刑事司法协助的司法机关，包括请求国的司法机关和接受请求国的司法机关。在主张刑事司法协助狭义说的国家，刑事司法协助的主体一般仅指法院；在主张刑事司法协助广义说的国家，刑事司法协助的主体，除了法院外，还有检察机关和侦查机关。

我国与许多国家签署了含有刑事司法协助内容的双边或多边条约。刑事司法协助的主体是我国司法机关和外国司法机关。这里的司法机关是广义的，包括法院和检察机关。我国已于 1984 年加入了国际刑警组织，因此我国公安机关与外国警察机关的协作通常通过国际刑警组织进行。司法部司法协助外事司作为我国对外进行司法协助的中央机关负责对外联系，承办刑事司法协助有关事宜。

三、刑事司法协助的内容

狭义的刑事司法协助内容是指与审判有关的刑事司法协助，包括：①代为送达文书；②代为调查取证；③代为互相委托进行鉴定、勘验、检查、搜查和扣押；④互相代为通知证人、鉴定人出庭；⑤互相移交物证、书证等证据；⑥相互通报刑事诉讼结果；⑦法律和国际条约规定的其他司法协助事宜。广义的刑事司法协助除了狭义的刑事司法协助外，还包括引渡等内容。但是,我国刑事诉讼中司法协助没有判决、裁定的相互承认与执行。

根据《刑诉法适用解释》第408条的规定,外国有关机关请求的事项有损中华人民共和国的主权、安全或者社会公共利益以及违反中国法律的,应当予以驳回;不属于我国人民法院和人民检察院职权范围的,应当予以退回或移送有关机关,并说明理由。

【巩固练习2-10】 关于检察院进行刑事司法协助的范围,下列哪些选项是正确的?

A. 受别国委托暂时扣押逃往我国的别国犯罪嫌疑人

B. 送达刑事诉讼文书

C. 通报刑事诉讼结果

D. 移交物证、书证和视听资料

答案:B、C、D

本题考查的是检察院进行刑事司法协助的范围。需要注意,司法协助中扣押的对象是赃款、赃物而非犯罪嫌疑人。因此本题答案为B、C、D。

第三章

管 辖

本章导语

　　假如某地发生一起刑事案件,这个案件应该由哪一个机关立案侦查? 案件侦查结束,移送检察机关审查后,检察机关应向哪一级人民法院起诉? 各级人民法院之间关于刑事案件的审理范围是如何划分的? 如果这个案件不需要侦查,被害人又应向哪个人民法院起诉? 如果就案件或审判管辖权问题发生了争议,又该如何处理呢? 上述这些问题就是刑事诉讼管辖制度要解决的问题。对这些问题,我国 2012 年《刑事诉讼法》、《刑诉法适用解释》和《最高检刑诉规则》等相关法规作了具体规定。

　　刑事诉讼中的管辖是指公安司法机关在受理刑事案件上的分工制度,刑事诉讼中的管辖包括立案管辖和审判管辖。立案管辖所要解决的是确定哪些刑事案件由公安机关立案侦查,哪些刑事案件由人民检察院直接受理立案侦查,哪些刑事案件不需要经过侦查,而由人民法院直接受理审判。审判管辖所要解决的是某个刑事案件由哪一级或哪一个人民法院在审判第一审刑事案件上的审判分工问题。公安机关、人民检察院等侦查机关的立案管辖和法院的审判管辖是先后关系,立案管辖是公安司法机关在受理刑事案件上的第一次分工,审判管辖则是刑事案件进入审判阶段后的第二次分工。审判管辖又分为级别管辖、地区管辖和专门管辖。管辖是否明确关系到刑事诉讼能否开始及顺利进行,因此应该遵循一定的原则,科学、合理地确定刑事诉讼中的管辖。

　　学习本章,应重点掌握以下内容。

　　(1) 人民检察院直接受理的自侦案件范围;

　　(2) 人民法院直接受理的自诉案件范围;

　　(3) 中级人民法院管辖的第一审案件范围;

　　(4) 军、地互涉案件的管辖;

　　(5) 几种特殊案件的管辖。

本章的知识内容体系如图 3-1 所示。

```
                        ┌ 公安机关直接受理案件的范围
              ┌ 立案管辖 ┤ 人民检察院直接受理的案件范围(自侦案件)
              │         └ 人民法院直接受理的案件范围(自诉案件)
              │
              │         ┌ 基层人民法院——上级人民法院管辖以外的普通案件
              │         │
              │         │         ┌ 危害国家安全、恐怖活动的案件
              │         │ 中级人民法院┤ 可能判处无期徒刑、死刑的案件
         管辖 ┤         │         └
              │ 级别管辖 ┤
              │         │ 高级人民法院——全省(自治区、直辖市)性的重大刑事案件
              │         │
              │         └ 最高人民法院——全国性的重大刑事案件
              │ 审判管辖┤
              │         │         ┌ 犯罪行为发生地
              │         │ 犯罪地法院 ┤ 犯罪结果地
              │         │ 地区管辖 ┤ └
              │         │         │            ┌ 户籍所在地
              │         │         └ 被告人居住地法院┤ 居住地
              │         │                      └
              │         │         ┌ 优先管辖、移送管辖、指定管辖
              │         │ 管辖的变通┤ 特殊情况的管辖
              │         │         └
              │         └ 专门管辖——军事法院管辖等
```

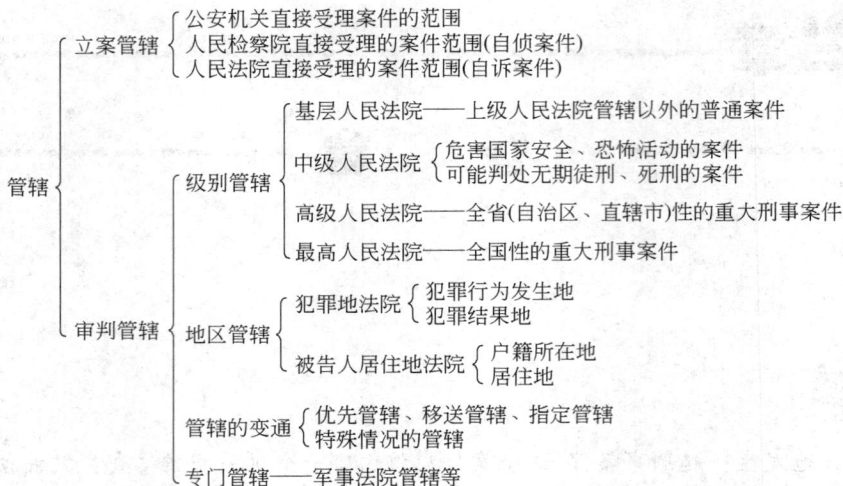

图 3-1 本章知识体系图示

第一节　管　辖　概　述

一、管辖的概念

刑事诉讼中的管辖,是指国家专门机关依法在受理刑事案件方面的、职权范围上的分工。我国刑事诉讼法中的管辖是指公安机关、人民检察院和人民法院等依照法律规定立案受理刑事案件以及人民法院系统内审判第一审刑事案件的分工制度。

【提示】　只有在刑事诉讼中才涉及公、检、法国家专门机关在受理刑事案件方面的权限划分问题。

二、设立管辖制度的意义

(1) 设立管辖制度,可以使公、检、法机关明确各自受理刑事案件的权限和职责范围,有利于它们依法行使职权,防止在受理案件上互相争执或推诿扯皮,防止因管辖不明而使案件迟迟得不到处理。

(2) 便于机关、团体、企事业单位和公民个人按照管辖范围控告、检举犯罪,防止告状无门,避免和减少移送环节。

(3) 方便诉讼参与人参加刑事诉讼,提高刑事诉讼效率。

三、我国刑事诉讼管辖的分类

依据刑事诉讼法和诉讼理论,我国刑事诉讼中的管辖分为以下两个层次。

第一个层次是立案管辖。立案管辖的划分决定了我国刑事诉讼中的程序运行模式。在我国刑事诉讼中,人民法院直接受理告诉才处理的案件、被害人有证据证明的轻微刑事案件和公诉转自诉的案件;人民检察院直接受理贪污、贿赂案件,渎职案件,国家机关工作

人员利用职权实施的侵犯公民人身权利以及侵犯公民民主权利的案件,经省级以上人民检察院决定由人民检察院直接受理的国家机关工作人员利用职权实施的其他重大犯罪案件;除上述以外的其他绝大多数刑事案件都由公安机关立案侦查。

第二个层次是审判管辖。审判管辖由纵向的级别管辖和横向的地区管辖组成。在级别管辖上,绝大多数案件都由基层和中级人民法院审判。其中,中级人民法院管辖危害国家安全、恐怖活动案件,可能判处无期徒刑以上刑罚的案件。地区管辖的一般原则是以犯罪地人民法院管辖为主,以被告人居住地人民法院管辖为补充。当地区管辖出现争议时,法律规定了优先管辖、移送管辖和指定管辖三个解决管辖争议的办法。此外,法律上还对普通人民法院和专门人民法院在管辖上进行了明确的划分。

【提示】 立案管辖与审判管辖的关系。

(1)对于自诉案件,仅涉及审判管辖的问题。

(2)对于公诉案件,一方面公安机关、人民检察院的立案管辖和人民法院的审判管辖,并不是同时发生的,而是先后发生在不同的诉讼阶段,即立案管辖发生于立案侦查阶段,其后才发生此案件应由哪一级、哪一个人民法院审判的问题;另一方面,立案管辖并不必然导致或引起审判管辖。例如,有的案件侦查终结后按照刑事诉讼法的规定被撤销,有的案件在审查起诉阶段作出了不起诉决定等,这些案件并不能进入审判程序,不会发生审判管辖的问题。

四、确定管辖的原则

(1)法定原则,确定管辖必须依据刑事诉讼法的有关规定。

(2)合理分工原则,根据公、检、法各专门机关的性质、诉讼职能和在诉讼中的任务确定其管辖刑事案件的分工和范围。

(3)便利诉讼的原则,便于诉讼参与人参加诉讼。

第二节 立 案 管 辖

一、立案管辖概述

(一)概念

立案管辖又称职能管辖或部门管辖,是指公安机关、人民检察院和人民法院等国家专门机关之间在直接受理刑事案件范围上的权限划分。具体而言,立案管辖所解决的是哪些案件应当由公安机关立案侦查,哪些案件应当由人民检察院立案侦查,哪些案件不需要经过侦查而由人民法院直接审判的问题。

(二)划分立案管辖的依据

划分立案管辖主要考虑下列因素。

(1)公安司法机关的性质与诉讼职能。公安机关是国家的治安保卫机关和刑事案件的侦查机关,人民检察院是法律监督机关,人民法院是审判机关。因此,立案管辖中范围的划分应当与它们的法律性质和诉讼职能相适应。

（2）案件的性质和复杂程度。刑事案件复杂多样,性质各异,不同案件侦查的难易程度也不尽相同。一般而言,案件性质比较严重、案情复杂,侦破难度较大的犯罪案件,由社会治安基础工作扎实、技术装备和人员配备较好的公安机关立案侦查,因而,绝大多数刑事案件都由公安机关立案侦查;人民检察院是我国的法律监督机关,因而,国家机关工作人员利用职权实施的犯罪,应由人民检察院立案侦查;个别的犯罪,或者涉及当事人的隐私、家庭亲情关系,不宜由国家直接干预,或者犯罪性质轻微、被害人掌握相应的证据,不需要侦查,这些案件由人民法院直接立案审理即可。

2012年《刑事诉讼法》第4、18和290条对公安机关、人民检察院和人民法院等国家专门机关的立案管辖范围,作了概括性的规定。为了便于在实际工作中应用和执行这些法律规定,《刑诉法适用解释》、《最高检刑诉规则》、《六机关规定》对立案管辖作出了更为具体的规定。

二、公安机关立案侦查的案件范围

2012年《刑事诉讼法》第18条第1款规定:刑事案件的侦查由公安机关进行,法律另有规定的除外(见表3-1)。法律的除外规定是指以下几点。

（1）2012年《刑事诉讼法》第4条规定:国家安全机关依照法律规定,办理危害国家安全的刑事案件,行使与公安机关相同的职权。

（2）2012年《刑事诉讼法》第18条第2款规定的人民检察院直接受理立案侦查的刑事案件。

（3）2012年《刑事诉讼法》第290条规定:军队保卫部门对军队内部发生的刑事案件行使侦查权。对罪犯在监狱内犯罪的案件由监狱进行侦查。

（4）走私犯罪案件由海关走私侦查部门负责侦查。

表3-1 由公安机关直接受理的具体刑事案件范围

普通案件	大部分普通刑事案件由公安机关立案侦查
特殊案件(由公安机关管辖)	（1）破坏社会主义市场经济秩序案(如非国家工作人员受贿案) （2）涉税案件(如抗税罪、逃税罪、骗取出口退税罪。例外:徇私舞弊不征、少征税款罪等属于渎职犯罪,由检察院管辖) （3）伪证罪;拒不执行生效判决、裁定罪(需由公安机关侦查,检察院起诉,法院判决)
除外规定	人民检察院立案侦查的案件
	军队内部发生的刑事案件
	危害国家安全的刑事案件
	走私犯罪案件
	罪犯在监狱内犯罪的案件

【提示】 对于人民检察院已经立案侦查的,依法应当由公安机关管辖的涉税等案件,可由人民检察院继续办理完毕,或由人民检察院移交公安机关办理。

【巩固练习3-1】 某人民检察院检察长因违章驾驶机动车,致使3人死亡、2人重伤。对此案应当由下列哪个部门立案侦查?

A. 公安机关　　B. 人民检察院　　C. 国家安全机关　　D. 人民法院

答案：A

交通肇事罪属于普通刑事犯罪,不属于国家机关工作人员利用职权实施的犯罪。

三、人民检察院自侦案件的范围

人民检察院直接受理的案件又称为自侦案件,即由人民检察院负责立案侦查的案件。根据 2012 年《刑事诉讼法》第 18 条第 2 款的规定,人民检察院直接受理案件的具体范围见表 3-2。

表 3-2　人民检察院直接受理案件的范围

案件类别和主体	具体案件范围
贪污贿赂罪（主体：国家工作人员）	(1)《刑法》分则第 8 章规定的贪污贿赂犯罪:贪污案、挪用公款案、受贿案、单位受贿案、行贿案、介绍贿赂案、对单位行贿案、单位行贿案、巨额财产来源不明案、隐瞒境外存款案、私分国有资产案、私分罚没财物案 (2) 其他章节中明确规定按照《刑法》分则第 8 章贪污贿赂罪的规定定罪处罚的犯罪
渎职罪（主体：国家机关工作人员）	《刑法》分则第 9 章规定的渎职犯罪。《关于人民检察院直接受理立案侦查案件范围的规定》第 2 条将这些罪名罗列如下: (1) 滥用职权案;玩忽职守案;国家机关工作人员徇私舞弊案;故意泄露国家秘密案;过失泄露国家秘密案 (2) 枉法追诉、裁判案;民事、行政枉法裁判案;私放在押人员案;失职致使在押人员脱逃案;徇私舞弊减刑、假释、暂予监外执行案;徇私舞弊不移交刑事案件案;滥用管理公司、证券职权案;徇私舞弊不征、少征税款案;徇私舞弊发售发票、抵扣税款、出口退税案;违法提供出口退税凭证案;国家机关工作人员签订、履行合同失职被骗案;违法发放林木采伐许可证案;环境监管失职案;传染病防治失职案;非法批准征用、占用土地案;非法低价出让国有土地使用权案;放纵走私案;商检徇私舞弊案;商检失职案;动植物检疫徇私舞弊案;动植物检疫失职案;放纵制售伪劣商品犯罪行为案;办理偷越国(边)境人员出入境证件案;放行偷越国(边)境人员案;不解救被拐卖、绑架妇女、儿童案;阻碍解救被拐卖、绑架妇女、儿童案 (3) 帮助犯罪分子逃避处罚案;招收公务员、学生徇私舞弊案;失职造成珍贵文物损毁、流失案
国家机关工作人员利用职权实施的侵犯公民人身权利和侵犯公民民主权利的犯罪	非法拘禁案、非法搜查案、刑讯逼供案、暴力取证案、虐待被监管人案、报复陷害案、破坏选举案
国家机关工作人员利用职权实施的其他重大犯罪	需层报省级以上人民检察院决定,省级人民检察院可以决定由下级人民检察院直接立案侦查,也可以决定直接立案侦查

【提示】 表 3-2 中第四类案件由人民检察院受理立案,必须具备下列几个条件。

(1) 在犯罪主体上必须是国家机关工作人员;

(2) 在犯罪的性质上必须是重大犯罪;

(3) 在犯罪的手段上必须是利用职权实施的;

(4) 在审批程序上必须经省级以上人民检察院决定。

【巩固练习 3-2】 下列选项所列案件中,哪些应由人民检察院立案侦查?

A. 新县工商局长巨额财产来源不明案

B. 南山税务局局长徇私舞弊不征税款案

C. 海天公司经理非法拘禁案

D. 监狱管教员私放在押人员案

答案:A、B、D

【巩固练习 3-3】 某县几位主要领导干部参与一起走私大案,县人民检察院认为此案由检察机关立案侦查更为适宜,该县人民检察院需履行的法律程序是什么?

A. 经上一级公安机关研究同意   B. 经县检察委员会研究决定

C. 经上一级检察院批准   D. 经省级以上人民检察院决定

答案:D

对于国家机关工作人员利用职权实施的其他重大的犯罪案件,需要由人民检察院直接受理的时候,经省级以上人民检察院决定,可以由人民检察院立案侦查。

四、人民法院直接受理的自诉案件范围

人民法院直接受理的案件又称为自诉案件,一般而言案件比较轻微,因而不需要经过公安机关或者人民检察院立案侦查,不通过人民检察院提起公诉,而由人民法院对当事人提起的诉讼直接立案和审判。根据 2012 年《刑事诉讼法》第 204 条的规定,自诉案件包括下列三类案件,具体见表 3-3。

表 3-3　人民法院直接受理的具体刑事案件范围

范　　围		具体罪名和特征
自诉案件(告诉才处理)	四类:五个罪名	(1) 侮辱、诽谤案(危害社会秩序和国家利益的除外,如网络发帖,公开造谣) (2) 虐待案(致人重伤或死亡的除外) (3) 暴力干涉婚姻自由案(致人死亡的除外) (4) 侵占案(绝对告诉才处理)
被害人有证据证明的轻微刑事案件	八类:既可公诉,也可自诉的交叉案	(1) 故意伤害案(轻伤害) (2) 非法侵入住宅案 (3) 侵犯通信自由案 (4) 重婚案 (5) 遗弃案 (6) 生产、销售伪劣商品案(严重危害社会秩序和国家利益的除外) (7) 侵犯知识产权案(严重危害社会秩序和国家利益的除外) (8)《刑法》分则第四、五章,对被告人可能判处三年以下有期徒刑刑罚的案件
公诉转自诉		条件:①被害人有证据证明(只要是自诉案,自诉人都有举证责任);②自己的人身、财产权利受到被告人侵犯;③公、检作出不予追究被告人刑事责任的书面决定

注:以上一、二类自诉案件,可以适用简易程序;第三类(公转自),只能适用普通程序审理。

（1）告诉才处理的案件是指：只有被害人或其法定代理人提出控告和起诉，人民法院才予以受理的案件；如果被害人因受到强制、威吓，无法告诉的，人民检察院或者被害人的近亲属也可以告诉。依照2012年《刑事诉讼法》第112条的规定，告诉才处理的案件，如果被害人死亡或者丧失行为能力，其法定代理人、近亲属有权向人民法院起诉，人民法院应当依法受理。

（2）被害人有证据证明的轻微刑事案件是指被害人有证据证明的，不需要进行专门调查即可查清案件事实的案件。

（3）公诉转自诉案件。实践中，有时会出现公安机关对被害人的控告或报案应该立案而不立案，检察机关应该起诉而不起诉的现象，为了有效解决这一问题，法律特别允许被害人将此类案件直接起诉到法院，以解决被害人告状无门的问题。但要想转为自诉案件，必须满足三个条件：①被害人有足够证据证明；②被告人侵犯了自己的人身、财产权利，应当追究被告人的刑事责任；③公安机关或者人民检察院不予追究，并已经作出书面决定。

【说明】 三类自诉案件的区别。

（1）在诉讼程序上，第一类自诉案件——"告诉才处理"的案件中，只有侵占案属于纯粹的自诉，不得选择公诉程序，其他四个罪名均有除外情形，即如果发生法定的严重危害后果即转为公诉案件。第二类自诉案件——"被害人有证据证明的轻微刑事案件"既可公诉，也可自诉。如果被害人选择了向法院提起自诉，那么就应该按照自诉案件的程序进行审理；并且在被害人提起自诉后，法院认为证据不足，可由公安机关受理的，应当移送公安机关作为公诉案件立案侦查。如果被害人直接向公安机关控告，公安机关应当作为公诉案件立案侦查。被害人等如果没有控告，公安机关也可以主动立案侦查。而第三类自诉案件——"公诉转自诉"本来就应该公诉，只是由于公安和检察机关的不作为而转化为自诉案件。如果公安机关或检察机关重新决定立案或起诉，当然是可以的。

（2）前两类自诉案件都可以调解，也可以和解，第三类自诉案件不得调解。

（3）前两类自诉案件的被告人或者被告人的法定代理人，可以对自诉人提起反诉。但第三类自诉案件由于其本质上属于公诉案件，一般情节较为严重，因此不能提起反诉。

【案例释义 3-1】

案情： 中东地区某国的公民莫瑞多干来我国四川地区旅游，在旅游过程中，认识了我国一女子金某，由于双方很投缘，因此彼此都很信任对方。后来，金某因出差，便将价值人民币10万元的财物交由莫瑞多干保管。3个月后，当金某向莫瑞多干索要财物的时候，莫瑞多干却拒不归还。

问题： 对本案中莫瑞多干侵占金某财物拒不归还的行为，金某可以通过何种途径维护自己的权益？直接向法院起诉，还是向其他机关报案？

简析： 本案例反映的是对外国人涉嫌犯罪的自诉案件的立案管辖问题。根据2012年《刑事诉讼法》第20条的规定，本案应当由犯罪地的基层人民法院审判管辖。另外，由于侵占案是自诉案件，金某应当向人民法院直接起诉。如果金某向公安机关或者人民检察院报案，公安机关或者人民检察院应当接受，之后按刑事诉讼法规定的权限范围和有关规定，将案件移送人民法院。

本案中,虽然莫瑞多干是外国人,但他并不享有外交特权和豁免权,所以应当按照刑事诉讼法规定的程序对其进行追诉。当然,在诉讼程序中,莫瑞多干应享有与我国公民同样的诉讼权利,履行同样的诉讼义务。

【巩固练习 3-4】 关于"告诉才处理"的案件与自诉案件,下列哪一个选项是正确的?

A. 自诉案件是告诉才处理的案件

B. 告诉才处理的案件是自诉案件

C. 告诉才处理的案件与自诉案件,只是说法不同,含义相同

D. 告诉才处理的案件与自诉案件二者之间没有关系

答案: B

本练习考查的是自诉案件的含义及范围。自诉案件与"告诉才处理"的案件是一种包容关系,自诉案件包括了"告诉才处理"的案件,"告诉才处理"的案件是自诉案件的一种。

五、立案管辖中对交叉管辖的处理

(1) 根据 2012 年《刑事诉讼法》第 108 条第 3、4 款的规定,公安机关、人民检察院或者人民法院对于报案、控告、举报及犯罪人的自首,都应当接受;对于不属于自己管辖的,应当移送主管机关处理,并且通知报案人、控告人、举报人;对于不属于自己管辖而又必须采取紧急措施的,应当先采取紧急措施,然后移送主管机关。

(2) 对于违反立案管辖规定,人民检察院已经提起公诉,人民法院在审判阶段才发现的案件,人民法院应当建议人民检察院撤回起诉。人民法院不应当对违反管辖规定的案件开庭审判。比如,某检察院以涉嫌诈骗罪对某甲提起公诉。经法庭审理法院认定,某甲的行为属于《刑法》规定"将代为保管的他人财物非法占为己有并拒不退还"的侵占行为。法院建议检察院撤回起诉,如果检察院拒不撤回,此时法院又该如何处理呢?注意:这本是一起侵占罪(自诉案件),检察院提起公诉是错误的。如果法院以侵占罪作出判决,就等于认可了检察院对侵占罪具有管辖权。因此法院不能对一起违反管辖的案件作出判决,而应有错必纠,纠正的方式是建议检察院撤回起诉。但如果检察院拒绝撤回,法院只能裁定终止审理。

(3) 公安机关侦查刑事案件涉及人民检察院管辖的贪污贿赂案件时,应当将贪污贿赂案件移送人民检察院;人民检察院侦查直接受理的刑事案件涉及公安机关管辖的刑事案件,应当将属于公安机关管辖的刑事案件移送公安机关。在上述两种情况中,如果涉嫌主罪属于公安机关管辖,应以公安机关为主侦查,人民检察院予以配合;如果涉嫌主罪属于人民检察院管辖,应以人民检察院为主侦查,公安机关予以配合。主罪与次罪的划分,应当以犯罪嫌疑人涉嫌的犯罪可能判处的刑罚轻重为标准。

对于一人犯数罪、共同犯罪、多个犯罪嫌疑人实施的犯罪相互关联,并案处理有利于查明案件事实和诉讼进行的,人民检察院可以对相关犯罪案件并案处理。

(4) 公安机关或人民检察院在侦查过程中,如果发现被告人还犯有:①属于告诉才处理的案件,可以告知被害人向人民法院直接提起诉讼;②属于法院可以受理的其他类型的自诉案件,可以立案进行侦查,然后在人民检察院提起公诉时,随同公诉案件移送人民法院,由人民法院合并审理。比如,公安机关在侦查一起诈骗案的过程中,发现犯罪嫌

疑人还犯有侵占罪,由于侵占罪是纯粹的告诉才处理案件,不能由公安机关一并侦查,因此只能告知被害人向法院直接起诉。如果发现犯罪嫌疑人犯的是遗弃罪等第二类自诉案件,由于此类案件的程序特点是既可公诉,也可自诉,因此公安机关完全可以一并侦查,然后作为公诉案件一并移送检察院审查起诉。

(5)人民法院在审理自诉案件过程中,如果发现被告人还犯有必须由人民检察院提起公诉的罪行时,则应将新发现的罪行另案移送有管辖权的公安机关或者人民检察院处理。比如,法院在审理一起侵占罪的过程中,发现被告人还有盗窃罪(公诉罪名)未被起诉,法院是不能直接对盗窃罪进行审判的,否则就违反了不告不理的诉讼原则。

【巩固练习3-5】 马某涉嫌盗窃罪,法院决定开庭审理时,马某的母亲也到该院递交自诉状,对马某长期虐待自己的行为提起自诉。下列哪一个选项是正确的?

A. 应当先审理盗窃案件　　　　　　　B. 应当先审理虐待案件

C. 应当一并审理这两个案件　　　　　D. 可以一并审理这两个案件

答案:D

本练习考查的是自诉案件与公诉案件的交叉处理问题。根据《刑诉法适用解释》第267条的规定,如果在公诉案件中涉及自诉问题,人民法院可以一并审理,因此本题答案为D。

【案例释义3-2】

案情:被告人罗某,是某市出租汽车公司司机。2001年10月20日下午18时许,唐某乘坐被告人罗某的出租车。下车后,唐某忘记拿走自己的皮包。后罗某径直开车回家,到家后,当马某从驾驶室下车时,看到后座上放了一个精致的皮包,打开一看,发现里面有一部手机、7万元现金等财物。罗某便把手机关掉,把皮包带回家锁在柜里。10月21日,罗某照常上班。9时许,唐某找到罗某的单位,向罗某讨要昨天遗失在车上的皮包,并许诺只要罗某肯将皮包归还,他愿拿出1万元酬谢。罗某矢口否认,并说:"我在送唐某之后还送过其他几个客人,没准是其他客人拿走了。"唐某无奈,于当天向该市某区公安局报案。区公安局认为这种侵占案法律明确规定属于自诉案件,只能自诉不能公诉,当即拒绝立案并告诉唐某直接到法院起诉。唐某便去案发地人民法院起诉,法院经审查得知被告人罗某否认在自己出租车上捡过皮包,唐某也无证据证明罗某的侵占行为,法院便以证据不足为由,驳回唐某的起诉。

问题:本案中公安机关和人民法院的做法是否符合法律规定?

简析:本案中罗某的行为构成《刑法》上的侵占罪,属于"告诉才处理"的案件,因此应当由人民法院直接管辖,公安机关无管辖权。2012年《刑事诉讼法》第205条规定:"缺乏罪证的自诉案件,如果自诉人提不出补充证据,应当说服自诉人撤回自诉,或者裁定驳回。"因此,本案中公安机关拒绝立案、法院以证据不足为由驳回唐某的起诉,在法律上都是有根据的。

但是,在这里便出现了一个问题:当自诉人唐某需要追究被自诉人的法律责任而又无法提供足够的证据时,他的合法权益又该如何保障呢?现行法律没有提供相应的救济手段。司法实践中,有的公安机关予以立案并侦查,但引发了对其管辖权以及由此获得证据的法律效力的争议。因此,本案反映我国自诉案件职能管辖中还存在一些不足,如何在侵占案件中合理配制、建构合理的权利救济以及保障机制还需要在理论上进一步研究。对此等尴尬处境,可以参照《六机关规定》第 4 条第 2 款的规定,实行以自诉为原则,以公诉为补充的起诉制度,即对于侵占案件,被害人直接向人民法院起诉,人民法院应当依法受理;对于其中证据不足且应当受刑事追究的,应将案件移送公安机关立案侦查,公安机关应当立案,运用法律赋予的侦查权调查事实、收集证据。这样既维护了侵占罪告诉才处理的法律规定,又最大限度地保护了被害人的合法权益。

第三节　审　判　管　辖

一、审判管辖概述

刑事诉讼中的审判管辖是各级人民法院之间、普通人民法院与专门人民法院之间,以及同级别不同地的人民法院之间,在审判第一审刑事案件上的权限划分。从诉讼的角度讲,审判管辖所要解决的是某个刑事案件由哪个人民法院作为第一审进行审判的问题。

人民检察院提起公诉的案件,应当与各级人民法院管辖审理的案件范围相适应。根据我国《人民法院组织法》的规定,人民法院除设有最高人民法院作为国家的最高审判机关外,设有地方各级人民法院和军事法院等专门人民法院。地方各级人民法院又分为基层人民法院、中级人民法院和高级人民法院。与人民法院的设置相适应,审判管辖由纵向的级别管辖和横向的地区管辖组成。当审判管辖出现争议时,法律规定了优先管辖、移送管辖和指定管辖三种解决办法。此外还有专门管辖,即普通人民法院和专门人民法院在管辖上的分工。

二、级别管辖

级别管辖是指各级人民法院之间在审判第一审刑事案件上的权限分工。我国刑事诉讼法划分级别管辖的主要依据是:案件的性质;罪行的轻重程度和可能判处的刑罚;案件的涉及面和社会影响的大小;各级人民法院在审判体系中的地位、职责和条件等。

刑事诉讼法对各级人民法院管辖的第一审刑事案件,作了明确的规定,具体内容见表 3-4。

表 3-4　各级法院管辖的案件范围(《刑事诉讼法》第 19～22 条)

法　院	管辖的范围
最高人民法院	全国性的重大刑事案件
高级人民法院	全省(自治区、直辖市)性的重大刑事案件
中级人民法院	(1) 危害国家安全、恐怖活动案件 (2) 可能判处死刑、无期徒刑的案件
基层人民法院	除上级人民法院管辖以外的案件

(一)基层人民法院管辖的第一审刑事案件

2012 年《刑事诉讼法》第 19 条规定:"基层人民法院管辖第一审普通刑事案件,但是依照本法由上级人民法院管辖的除外。"依照刑事诉讼法规定应当由中级人民法院、高级人民法院、最高人民法院管辖之外的案件,一律由基层人民法院管辖。自诉案件和适用简易程序的案件一律由基层人民法院管辖。可见,普通刑事案件的第一审原则上由基层人民法院管辖。

【提示】 外国人犯罪的,如果不属于应当由中级人民法院管辖的案件,基层人民法院有权管辖。

(二)中级人民法院管辖的第一审刑事案件

2012 年《刑事诉讼法》第 20 条规定,中级人民法院管辖下列第一审刑事案件:①危害国家安全、恐怖活动案件;②可能判处无期徒刑、死刑的案件。之所以将上述刑事案件划归中院管辖,是因为这些案件性质严重,影响较大。同时,这些案件往往也比较复杂,因此应该由法律素养和政策水平更高的中级法院进行审判。

【说明】

(1)可能判处无期徒刑和死刑不是以该罪名的法定最高刑为标准,而是以某具体案件应适用的某一法定刑幅度的最高刑为标准。既然如此,就可能出现检察院和法院认识不一致的情况。人民检察院认为可能判处无期徒刑、死刑而向中级人民法院提起公诉,中级人民法院受理后,认为不需要判处无期徒刑以上刑罚,在此种情形下,受理法院应当依法审理,不再交基层法院审理。

(2)以上案件是指最低由中院审理,而不是只能由中院审理。

【案例释义 3-3】

案情:据新华社 2012 年 4 月 6 日消息,为进一步打击"东突"恐怖势力,在掌握"东伊运"恐怖活动组织部分成员确凿犯罪证据的基础上,经国家反恐怖工作领导机构依法认定,公安部 4 月 5 日发布公告,公布下列 6 人为恐怖活动人员,同时决定对其资金及其他资产依法予以冻结:努尔麦麦提·麦麦提敏、阿布都克尤木·库尔班、帕如哈·吐尔逊、吐送江·艾比布拉、努尔麦麦提·热西提、麦麦提依明·努尔麦麦提。此次公布的 6 名恐怖活动人员均系"东伊运"恐怖活动组织的骨干成员,均曾参与组织、策划和实施了针对中国境内外目标的各种恐怖活动。其中,有的领导恐怖活动组织实施各种暴力恐怖活动;有的组织恐怖训练,制订恐怖袭击计划并下达行动指令;有的招募成员,筹集恐怖活动经费,积极开展制爆活动;有的在互联网上大肆宣扬暴力恐怖思想,煽动暴力恐怖活动。

问题:假如这类恐怖人员被捕获,按照 2012 年《刑事诉讼法》的规定,案件应由我国哪一级人民法院进行第一审?

简析:2012 年修改刑事诉讼法,对恐怖犯罪加大了打击力度,提高了一审的审判级别,规定恐怖活动案件一律由中级人民法院进行第一审,作此修改有助于遏制恐怖犯罪,确保国家安全和人民群众生命财产安全。

(三)高级人民法院管辖的第一审刑事案件

2012 年《刑事诉讼法》第 21 条规定,高级人民法院管辖的第一审刑事案件,是全省(自治区、直辖市)性的重大刑事案件。高级人民法院的主要任务是审判对中级人民法院裁判的上诉、抗诉案件,复核死刑案件,核准死刑缓期两年执行的案件,以及监督全省(自治区、直辖市)的下级人民法院的审判工作。

(四) 最高人民法院管辖的第一审刑事案件

最高人民法院是全国的最高审判机关,除核准死刑案件外,由最高人民法院作为第一审审判的刑事案件应当是在全国范围内具有重大影响的,性质、情节都特别严重的刑事案件。

(五) 级别管辖的变通(上下级法院之间管辖权的转移)

为了适应司法实践中的各种情况,级别管辖必须具有一定的灵活性,2012 年《刑事诉讼法》第 23 条规定了上下级人民法院之间管辖权的转移:"上级人民法院在必要的时候,可以审判下级人民法院管辖的第一审刑事案件;下级人民法院认为案情重大、复杂,需要由上级人民法院审判的第一审刑事案件,可以请求移送上一级人民法院审判。"

管辖权在上下级法院之间的转移是为了避免审判管辖适用上过于僵化,以应对某些特殊情形的需要。具体分为以下两种情况。

(1) 上级人民法院审判下级人民法院管辖的第一审刑事案件,其条件是"在必要的时候"。

(2) 下级人民法院请求移送上一级人民法院审判,其条件是:①重大、复杂案件;②新类型的疑难案件;③在法律适用上具有普遍指导意义的案件。"案情重大、复杂"主要针对的是案件数额巨大、情节极其恶劣,可能判处无期徒刑、死刑;案情较为复杂;涉案事实涉及面较广;涉及本院院长需要回避等情形。除此之外,还有一些"必要"的情形,下级人民法院可以向上级人民法院转移管辖权。例如,一人犯数罪、共同犯罪和其他需要并案审理的案件,其中一人或者一罪属于上级人民法院管辖的。

因此,管辖权的转移不能任意行使,刑事诉讼中的级别管辖不能下移,只能上提,即"上可审下,但下不可审上"。这一点与民事诉讼有所不同。民事诉讼中管辖权转移是上下双向的,刑事诉讼中管辖权转移只能由下向上单向转移,具体见表 3-5。

表 3-5　级别管辖的变通

上可审下	(1) 上级法院在必要的时候,可以审判下级法院管辖的第一审刑事案件;下级法院认为案情重大、复杂需要由上级法院审判的第一审刑事案件,可以请求移送上一级法院审判(《刑事诉讼法》第 23 条) (2) 检察院认为可能判处无期徒刑、死刑而向中级法院提起公诉的普通刑事案件,中级法院受理后,认为不需要判处无期徒刑以上刑罚的,可以依法审理,不再交基层法院审理(也可以交基层法审理)(《刑诉法适用解释》第 12 条)
下不可审上	对于一审刑事案件,依法应当由上级法院管辖的,不能再指定下级法院管辖(《六机关规定》第 5 条) 【提示】　在刑事审判中只能"下行"。而在民诉中上可审下,上级在必要时也可交下级审理
就高不就低	一人犯数罪、共同犯罪和其他需要并案审理的案件,只要其中一人或者一罪属于上级法院管辖的,全案由上级法院管辖(《刑诉法适用解释》第 13 条)

【案例释义 3-4】

案情： 某县人民检察院接举报称该市教育局长武某涉嫌受贿。经检察长批准，检察院立即对武某住处进行搜查。搜查中除发现武某涉嫌受贿的有关证据外，还发现武某私藏军用手枪一把。根据上述搜查所获证据，县检察院决定对武某涉嫌受贿和私藏枪支弹药的犯罪事实立案侦查。侦查终结后，经审查起诉，县人民检察院认为武某利用职务之便收受他人贿赂 500 万元并私藏军用手枪一把，犯罪事实清楚、证据确实充分，遂向县人民法院提起公诉。

问题： 检察院的做法合法吗？如不合法，有哪些违法之处？

简析：

（1）搜查等侦查行为应当是在刑事立案以后方能采取，没有立案，不能采取此项侦查措施。

（2）对于武某涉嫌私藏枪支弹药的犯罪事实，检察院应当移送公安机关立案侦查。

（3）受贿 500 万元属于可能被判处无期徒刑、死刑的案件，县法院没有管辖权。县检察院应当将案件移送市人民检察院，由后者向市中级人民法院提起公诉。

【巩固练习 3-6】 下列案件中不属于中级人民法院一审管辖的是：

A. 王某涉嫌贪污受贿达 100 万元

B. 李某加入某国间谍组织涉嫌泄露国家机密

C. 美国人约翰过失伤害中国公民案

D. 孙某涉嫌故意毁坏财物，数额巨大

答案： C、D

根据《刑法》规定，A 项中王某可能被判处无期徒刑以上刑罚，B 项中李某犯危害国家安全罪。根据 2012 年《刑事诉讼法》第 20 条的规定，故不选选项 A、B。修改后的《刑事诉讼法》取消了外国人犯罪需由中级人民法院管辖的规定，且 C 项中的过失伤害不可能被判处无期徒刑或死刑，所以选项 C 当选。选项 D 中孙某所犯故意毁坏财物罪最多判处有期徒刑，所以当选。

【巩固练习 3-7】 下列哪一个选项不符合刑事诉讼法的规定？

A. 上级人民法院在必要的时候，可以审判下级人民法院管辖的第一审刑事案件

B. 下级人民法院认为案件重大、复杂，需要由上级人民法院审判的第一审判刑事案件，可以请求移送上一级人民法院审判

C. 上级人民法院认为必要的时候，可以把自己管辖的第一审刑事案件交由下级人民法院审判

D. 上级人民法院可以指定下级人民法院审判管辖不明的案件，也可以指定下级人民法院将案件移送其他人民法院审判

答案： C

【巩固练习 3-8】 甲市检察院提起公诉，指控被告人张某犯故意杀人罪和寻衅滋事罪。对于张某的两起犯罪事实，应当如何确定管辖法院？

A. 一律由基层人民法院审判

B. 一律由中级人民法院审判

C. 既可以由中级人民法院一并审判,也可以由基层人民法院一并审判

D. 寻衅滋事罪由基层人民法院审判,故意杀人罪由中级人民法院审判

答案: B

一人犯数罪、共同犯罪和其他需要并案审理的案件,只要其中一人或者一罪属于上级人民法院管辖的,全案由上级人民法院管辖。

三、地区管辖

地区管辖是指同级人民法院之间,在审判第一审刑事案件上的权限划分。确定地区管辖的原则有以下两个。

(一) 以犯罪地法院管辖为主,以被告人居住地法院管辖为辅原则

2012 年《刑事诉讼法》第 24 条规定,刑事案件由犯罪地的人民法院管辖。如果由被告人居住地的人民法院审判更为适宜的,可以由被告人居住地的人民法院管辖。《最高检刑诉规则》第 15 条规定,国家工作人员职务犯罪案件,由犯罪嫌疑人工作单位所在地的人民检察院管辖;如果由其他人民检察院管辖更为适宜的,可以由其他人民检察院管辖。

确立此项原则主要是基于以下原因。

(1) 犯罪地通常是犯罪证据存在最集中的地方,案件的侦查、起诉往往都是由当地的公安机关、人民检察院负责,再由当地人民法院进行审判,这样有利于调查核实证据,正确、及时地审判案件;犯罪地往往是被害人、证人等居住、工作的地方,由犯罪地人民法院审判,便于他们参加诉讼活动。

(2) 当被告人居住地与犯罪地不一致时,原则上应由犯罪地人民法院管辖,但在某些特殊情况下,可能由被告人居住地法院管辖更为适宜。我国地域辽阔,在一些案件中,犯罪地法院与被告人居住地法院相距甚远,尤其是在证据等问题没有太多异议的情况下,由被告人居住地进行审判可能更为便利,有助于提高诉讼效率。

这里所说的犯罪地,在《刑法》理论上应当包括犯罪预备地、犯罪行为实施地、犯罪结果地以及销赃地等。以非法占有为目的的财产犯罪,犯罪地包括犯罪行为发生地和犯罪分子实际取得财产的犯罪结果发生地。

《刑诉法适用解释》第 3 条规定:"被告人的户籍地为其居住地。经常居住地与户籍地不一致的,经常居住地为其居住地。经常居住地为被告人被追诉前已连续居住一年以上的地方,但住院就医的除外。被告单位登记的住所地为其居住地,主要营业地或者主要办事机构所在地与登记的住所地不一致的,主要营业地或者主要办事机构所在地为其居住地。"

【案例释义 3-5】

案情: 1996 年年初,湖北省武汉市恒基经济贸易发展有限公司(以下简称恒基公司)总经理王某以介绍高息存款为名,将徐州市贾汪信用联社(以下简称贾汪联社)1700 万元人民币以恒基公司的名义存入原中国投资银行湖北省分行汉口办事处(以下简称汉口办事处)。次日,王某又以此存款为担保,为武汉市金山企业集团公司(以下简称金山集团)贷款 1360 万元,贷款期限为 11 个月,而贾汪联社对此并不知情。贷款期满后,金山集团

未能按期归还贷款,汉口办事处只好于1997年4月向武汉市中级人民法院起诉金山集团、恒基公司。同年11月贾汪联社向湖北省高级人民法院起诉汉口办事处和恒基公司。但两法院的结果迟迟未下,贾汪联社怕拿不回钱,便决定采取其他便捷手段。1998年11月3日,徐州市公安局秘密将汉口办事处主任吴某强行带离武汉,此后不久,徐州市检察院以涉嫌诈骗罪批准逮捕了吴某,随即又以诈骗罪正式起诉吴某和王某。被告人吴某的辩护人代表吴某向法院提出了管辖权异议,徐州市云龙区法院在出示了徐州市中级人民法院指定管辖的裁定后,继续开庭审理,被告人的律师当庭退庭,被告人也保持沉默拒绝回答任何问题。

问题:本案的审判管辖权是否存在问题?如果存在问题,存在哪些问题?

简析:本案的审判管辖涉及地域管辖和级别管辖的问题。

按照2012年《刑事诉讼法》第24条规定的"以犯罪地为主、以居住地为辅"管辖原则,即使本案中吴某等人的行为构成诈骗罪,也应当由武汉市人民法院管辖,而不是由徐州的人民法院管辖。

按照2012年《刑事诉讼法》第20条和《六机关规定》第5条的规定,对于第一审刑事案件,依法应当由上级人民法院管辖的,不能再指定下级人民法院管辖。本案中如果诈骗罪成立,根据《刑法》的有关规定,属于诈骗数额特别巨大的情节,可能被判处无期徒刑,因此应当由中级人民法院管辖。因此,即使本案可以由徐州当地的法院管辖,也应由徐州市中级人民法院管辖。徐州市中级人民法院指定云龙区法院管辖的做法也是不对的。

我国刑事诉讼法中并没有规定当事人的管辖异议权以及相应的救济机制。这就使得在刑事审判管辖上法官拥有绝对的决定权,被告人根本不具有任何的影响力,对于案件管辖问题,被告人即使在管辖发生争议时也不能自行选择他所信任的法院,而只能听任有关法院的指定。因此,我国刑事审判管辖制度缺乏被告人意思的参与,具有过强的行政色彩和职权色彩,与诉讼民主精神不相契合。因此在刑事诉讼中增加设立被告人的审判管辖异议权,既可以有效保护被告人的合法权益,又可以使诉讼民主和诉讼结构在整体上协调一致,同时也与民事诉讼、行政诉讼中的管辖制度相呼应,符合世界其他国家的普遍做法。

【巩固练习3-9】 在一起共同抢劫案件中,某省甲市人马某、朱某和周某在该省的乙市内抢劫被抓获,人民检察院决定对本案提起公诉。本案中,关于三名被告人的审判管辖,下列选项中哪一个正确?

A. 应当由甲市法院管辖　　　　　　　B. 应当由乙市法院管辖

C. 可以由甲市法院管辖　　　　　　　D. 可以由省高院指定管辖

答案:C、D

在地域管辖问题上,我国刑事诉讼法实行以犯罪地法院管辖为主,被告人居住地法院管辖为辅的原则,因此甲市法院和乙市法院都有权管辖。此外根据我国刑事诉讼法的规定,上级人民法院在此种情况下有指定管辖的权力。

(二)地区管辖发生争议的解决办法

1. 优先管辖

2012年《刑事诉讼法》第25条规定:"几个同级人民法院都有权管辖的案件,由最初受理的人民法院审判。在必要的时候,可以移送主要犯罪地的人民法院审判。"几个同级人民法院都有权管辖的案件,主要指以下情形:被告人犯有数罪,并且发生在不同地区;被告人虽犯有一罪,但犯罪行为地与犯罪结果发生地分属两地等情形。比如,甲在 A 区绑架乙,经过 B 区和 C 区,最终将乙拘禁在 D 区。四个地方都是犯罪地,四个地方的法院都有管辖权,在此情形下,几个同级都有管辖权的法院关于案件的管辖权问题就有可能发生争议。为了避免司法资源的浪费和审判机关之间发生不必要的争议,由最初受理的人民法院管辖审判。这种情形就称为优先管辖原则。

2. 移送管辖

最先受理的人民法院在必要的时候,也可以移送主要犯罪地的人民法院审判。"在必要的时候"是指案件更适宜由主要犯罪地的人民法院审判的情形。有些案件可能先由轻罪所在地的法院受理,后来发现被告人在别的地方还犯有更加严重的罪行,在这些地方影响极大;较之前者,这些地方可以视为"主要犯罪地",将该案移送后者所在地法院审判,或者更有利于调查取证,或者方便诉讼,或者更有利于保证案件的审判质量,也利于实现审判的社会效果。这被称为移送管辖原则。

3. 指定管辖

管辖权发生争议的,应当在审理期限内协商解决;协商不成的,由争议的人民法院分别层报共同的上级人民法院指定管辖,具体内容见表 3-6。

表 3-6　指定管辖(《刑诉法适用解释》第 17～19 条)

程　序	情　形　及　处　理
管辖权发生争议的处理程序	(1) 管辖不明。协商→协商不成的→报请共同的上一级人民法院指定 　　如甲乙两县,分属不同省,其相邻地发生一起凶杀案,甲、乙两县法院争管辖权。如何处理? 【答案】　先协商,协商不成的,层层上报其共同上级→最高人民法院指定由谁审理 (2) 有管辖权,但客观上不能或不宜行使管辖权 【处理】　报请上一级人民法院指定但不能违背级别管辖 【提示】　①不能超出辖区指定;②上级法院也可以自审
指定后案卷的移送程序	(1) 公诉案件(退回检察院) (2) 自诉案件(直接移送有管辖权的法院)

【提示】

(1) 优先管辖、移送管辖和指定管辖三种解决管辖争议的办法之间不是并列选择关系,而是依次优先关系。即首先考虑由最初受理的法院管辖审判;如果案件由主要犯罪地法院审判更为适宜的,再考虑将案件移送主要犯罪地法院;最后如协商不成,由共同的上级法院指定。

(2) 在有管辖权的人民法院不宜行使审判权的情况下,上级人民法院有权以指定的方式改变管辖权,但是在这种情况下,不得改变案件的级别管辖,即不得越级指定。

【案例释义 3-6】

案情:家住南京市雨花台区的孙女士特别喜欢网购。她在淘宝网看中一款购物卡,于是就进入其中一家标价比较便宜的网上店铺,打听怎样购买这张卡。在和店铺老板交流过程中,店铺老板给了她一个链接。孙女士点击此链接后,出现了一个淘宝网的页面,于是她毫不犹豫地汇了 5000 元,但在淘宝后台购物的明细栏里却没有她汇款购买的东西。孙女士知道自己可能被骗了,立即到雨花台公安分局报案。与此同时,各地频频发生与孙女士一样的案件。苏州的潘某上了"淘宝"网页,被一次性转走 8000 多元。由于全国各地许多省市都有案发,南京警方迅速将此案上报公安部。公安部很快批示,要求此案由南京警方侦办,涉案省份积极配合南京警方。南京警方在湖南长沙、山东枣庄、福建福州、江西萍乡,以及南京、重庆等地,共抓获主要犯罪嫌疑人 20 多名。本案受害人众多,仅仅通过一个作案的平台就已经发现受害人达十几万之众,涉案金额高达 3000 万元(资料来源:《检察日报》,2011 年 6 月 8 日)。

问题:如何确定网络诈骗犯罪案件的立案管辖?

简析:1996 年《刑事诉讼法》修改时,网络犯罪没有现在突出,该法还是按照"面对面"犯罪、流窜犯罪的地理环境确定案件管辖地。传统"面对面"的诈骗犯罪,犯罪行为实施地、犯罪结果地往往是同一个地方。网络诈骗犯罪突破了上述地理环境。它有一个特殊的虚拟空间:犯罪行为人的诈骗行为通过网络空间到达被害人的计算机 IP 地址,被害人以银行汇款等方式将资金转账交付犯罪行为人。这实际延长了犯罪行为人与被害人的距离。其本质,在传统的面对面意义上增加了一个网络空间。

可以说,在网络诈骗过程中,被害人被骗时所用的计算机 IP 地址所在地,以及被害人支付被骗款项的开户银行所在地,都是网络诈骗犯罪的犯罪地之一,而且是完成诈骗犯罪必需的环节。许多专家主张,在网络诈骗犯罪中,涉及多少被害人,实质上就有多少犯罪地;刑事诉讼法关于这类犯罪的犯罪地就包括犯罪行为人网络注册地、利用网络实施诈骗行为地、被害人被骗时所用的计算机 IP 地址所在地,以及被害人支付被骗款项的开户银行所在地等。根据 2012 年《刑事诉讼法》的规定,网络诈骗案的管辖可以最初受理地为主,以主要犯罪地为辅。以此项管辖原则确定网络诈骗案的管辖,符合网络犯罪的特点,有利于及时惩戒犯罪,切实保护被害人的合法权益。如由被害人所在地公安机关最先受理并立案,应由该区管辖。如果有必要,该区公安机关也可以将本案移送主要犯罪地公安机关管辖。接受被害人报案的公安机关对符合立案标准的应当立案;即使未达到当地立案标准,也应转为治安处罚;在因管辖产生争议时,应积极协助被害人查证,并通报有关机关协商解决;协商不成的,报请共同的上一级机关指定管辖。

【巩固练习3-10】 王某担任甲省副省长期间受贿 50 多万元,有关法院指定乙省 W 市中级人民法院管辖。该项指定应当由哪一级法院作出?

A. 甲省高级人民法院
B. 乙省高级人民法院
C. W 市中级人民法院
D. 最高人民法院

答案:D

本案中,王某担任甲省副省长期间受贿 50 多万元,由于涉及不同省份法院的管辖问题,因此应当由甲省法院和乙省法院的共同上级法院——最高人民法院指定管辖。

四、专门管辖

专门管辖即专门人民法院案件的管辖,是指专门人民法院和普通人民法院之间,专门人民法院之间以及专门法院系统内部在受理审判第一审刑事案件上的分工和权限。专门管辖所要解决的是哪些特殊的刑事案件,应由哪种专门人民法院审判的问题。我国相继设立的专门人民法院主要有军事法院、铁路运输法院、海事法院等。

(一)军事法院管辖的案件

(1) 现役军人和非军人共同犯罪的,分别由军事法院和地方人民法院或者其他专门法院管辖,但涉及军事秘密和军人违反职责罪的,全案由军事法院管辖。

【提示】

① 只要有军籍的,都是军人,包括部队歌舞团的演员、军医、在编职工等,但不包括家属。

② 如果是普通公民盗窃军事机密,该犯罪又同时危害国家安全的,由国家安全机关立案侦查,不是由军队保卫部门立案侦查,但最后要交军事法院审判。

③ 军人违反职责罪由军事法院管辖,与退伍无关。如甲服役期间,非法获取军事秘密,退伍后发现该行为。

(2) 除某些共同犯罪以及军人违反职责罪外,军事法院还管辖现役军人在服役期间犯罪的案件,而且该犯罪还应该是服役期间被发现的。因此,军事法院管辖普通刑事案件,需同时具备三个条件:现役军人(含在编职工,不包括家属);服役期间犯罪;服役期间被发现。

(二)与军队有关但不属于军事法院管辖的案件

(1) 非军人、随军家属在军队营区内犯罪的;

(2) 军人办理退役手续后犯罪的;

(3) 现役军人入伍前犯罪的(需要与服役期内犯罪一并审判的除外);

(4) 退役军人服役期内犯罪的(犯军人违反职责罪的除外)。例如,甲公民盗窃之后参军了,服役后被发现;或者甲在服役期间盗窃,退伍后才发现的,或者一个随军家属在部队营区内抢劫的,都由地方法院管辖。

(三)铁路运输法院管辖的案件

根据《最高人民法院关于铁路运输法院案件管辖范围的若干规定》,铁路运输法院受理同级铁路运输检察院依法提起公诉的刑事案件,以及刑事自诉案件,具体包括:①车站、货场、运输指挥机构铁路工作区域发生的犯罪;②针对铁路线路、机车车辆、通信、电力等铁路设备、设施的犯罪;③铁路运输企业职工在执行职务中发生的犯罪。

五、特殊案件的审判管辖(特殊地域管辖)

特殊地域管辖是相对于一般地域管辖而言的。它是指不以或不仅以犯罪地、被告人居住地为标准确定管辖法院的一种地域管辖。《刑诉法适用解释》第7~14条对特殊地域管辖作了规定,具体内容见表3-7。

表 3-7　特殊案件的审判管辖

情　　形		管辖的法院
国际公约规定的罪行（中国已缔结或加入）		抓获地
外国人在中国领域外针对中国国家、中国人犯罪		入境地
领域外的中国船舶内的犯罪		最初停靠地
领域外的中国航空器内的犯罪		最初降落地
国际列车上的犯罪		有协议按协议；无协议，最初停靠站或目的地铁路运输法院
中国公民在驻外的中国使、领馆内的犯罪		被告人（外交人员）主管单位所在地或原户籍所在地
中国公民在中华人民共和国领域外的犯罪		离境前的居住地或原户籍所在地。如被害人是中国公民，也可由被害人离境前的居住地法院管辖
服刑罪犯的犯罪的管辖	漏罪	原则上为原审法院；如果服刑地或新发现罪的主要犯罪地管辖更为适宜，则由该地法院管辖
	新罪	服刑期间又犯罪的，由服刑地的法院管辖
		正在服刑的罪犯脱逃后在脱逃期间犯罪，若在犯罪地捕获并发现的，由犯罪地的法院管辖
		其他情况都由服刑地法院管辖。如，张某在甲地服刑，逃到乙地杀人，并在乙被抓，由乙地法院管辖

【巩固练习 3-11】　张某，甲市人，中国乙市远洋运输公司"黎明号"货轮船员。"黎明号"航行在公海时，张某因与另一船员李某发生口角将其打成重伤。货轮返回中国最初停靠地丙市港口时，张某趁机潜逃，后在丁市被抓获。该案应当由下列哪一个法院行使管辖权？

　　A. 甲市法院　　　　B. 乙市法院　　　　C. 丙市法院　　　　D. 丁市法院

　　答案：C

　　本题考查的是刑事诉讼特殊地域管辖中的船舶、航空器上犯罪的管辖问题。根据《刑诉法适用解释》第 8 条的规定，对于在中华人民共和国领域外的中国船舶内的犯罪，由最初停靠地的法院管辖，货轮返回中国最初停靠地丙市港口时，尽管张某趁机潜逃，后在丁市被抓获，但是最初停靠地是丙市，所以答案为 C。

【巩固练习 3-12】　耿某因犯强奸罪被 A 县人民法院判处有期徒刑 10 年，判决生效后被送 B 县监狱服刑。其间，耿某越狱脱逃，并在 C 县抢劫陈某人民币 800 余元，后被捕获。关于其所犯抢劫罪的管辖，下列选项哪些是正确的？

　　A. 如果是在 C 县捕获并发现其犯抢劫罪，则由 C 县法院管辖

　　B. 如果是被缉捕押解回监狱后发现其犯抢劫罪，则由 B 县法院管辖

　　C. 如果耿某抢劫后逃至 D 县被捕获并发现其犯抢劫罪，则由 D 县法院管辖

　　D. 在上列选项所列的各种情况下，都由 A 县法院管辖

　　答案：A、B

第四章

回 避

本章导语

假设你被指控涉嫌犯罪,当你发现负责侦查此案的侦查人员之一是被害人的胞兄;或者当你站在法庭上,看到负责审理此案的合议庭的一名法官曾经与你发生过严重的利害冲突,你有何感想? 他们可以参与此案的侦查或审理吗? 如果他们不主动回避,又该如何处理? 你是否有权要求他们回避? 如果你的回避请求被驳回,是否享有救济途径? 解决上述内容的法律制度,就是刑事诉讼中的回避制度。我国 2012 年《刑事诉讼法》第 28～31 条对此项制度的内容作了规定。

我国刑事诉讼中的回避,是指审判人员、检查人员、侦查人员等同案件有利害关系或者具有其他可能影响案件公正处理的特殊关系时,不得参与该案件诉讼活动的一种制度。回避制度对于保障案件公正审理,维护程序正义,增强司法的公信力,都起着非常重要的作用。我国刑事诉讼中回避的适用对象包括审判人员、检查人员、侦查人员、书记员、翻译人员和鉴定人。根据提出及决定主体的不同,回避可分为自行回避、申请回避和指令回避三种类型。回避应该由法定的主体对回避的理由进行审查,并作出是否准许回避的决定。学习本章知识需要重点掌握的内容有:①适用回避的人员范围;②回避的理由;③有权决定回避的个人与组织。

本章的知识内容体系如图 4-1 所示。

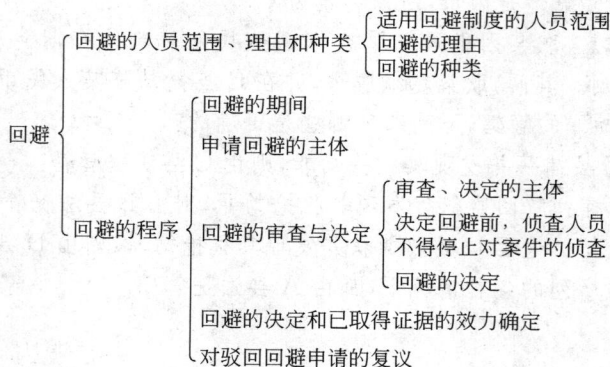

图 4-1　本章知识体系图示

第一节 回避的人员范围、理由和种类

一、适用回避制度的人员范围

适用回避的人员范围,根据 2012 年《刑事诉讼法》第 28、31 条以及有关司法解释的规定,主要包括审判人员、检察人员、侦查人员,以及参与侦查、起诉、审判活动的其他人员等。这些人员如果具有刑事诉讼法规定的应予回避的情形,或者自行主动回避,或者被指令回避,或者由当事人等申请回避。在人员范围上,审判人员、检察人员、侦查人员不仅仅是直接、具体负责案件的办案人员,一些专门机关的负责人或相关主体在我国也会参与案件的讨论和决定,也应属于回避的人员范围。具体包括以下人员。

(1) 审判人员,即主持、参与案件审判的有关人员,包括直接审理案件的法官、人民陪审员以及虽然不直接参与审理案件,但依法参与案件讨论决定的其他审判人员,如法院的院长、副院长以及审判委员会成员等。根据 2000 年最高人民法院《关于审判人员严格执行回避制度的若干规定》,审判人员包括各级人民法院院长、副院长、审判委员会委员、庭长、副庭长、审判员、助理审判员。

(2) 检察人员,即对案件直接进行审查起诉、出庭支持公诉的检察人员,以及虽然不直接办案但参与对案件作出审查决定的其他检察人员,如检察长、副检察长以及检察委员会成员等。

(3) 侦查人员,即负责对案件进行侦查的人员以及参与对侦查活动并作出决定的人员,包括普通侦查人员和侦查机关的负责人。

(4) 参与侦查、起诉、审判活动的书记员、翻译人员和鉴定人、勘验人等。书记员、翻译人员和鉴定人虽然不属于侦查人员、检察人员、审判人员,但他们也参与诉讼活动,他们从事的工作对于侦查、审查起诉、审判活动的依法进行有着重要的影响。一旦作出错误的记录、翻译或鉴定,往往可能导致对案件作出错误的处理决定。因此,刑事诉讼法将他们也纳入适用回避的人员范围之中。

【提示】 一切对案件的处理有决定权的人都存在回避问题。但是,因证人具有不可替代性,不是回避制度适用的对象,即使是当事人的近亲属,一样可以作证。辩护人也不适用回避的规定,犯罪嫌疑人和被告人的亲友一样可以担任辩护人。

【案例释义 4-1】

案情:被告人曹某因非法销售盗版音像制品被深圳市公安机关立案侦查。由于有工商行政管理部门缴获的大量盗版激光唱盘为证,曹某对自己的行为供认不讳,公安机关以销售侵权复制品罪将案件移送深圳市人民检察院审查起诉。深圳市人民检察院潮海分院受理后,经审查认为曹某的犯罪事实清楚,证据确实充分,应该追究刑事责任,于是依法向深圳市潮海区人民法院提起公诉。潮海区法院受理后,组成了合议庭开庭审理。在审理过程中,合议庭认为难以把握罪与非罪的界限,于是提请院长提交审判委员会讨论决定。在讨论时,该院的审判委员会委员张某提出被告人曹某是其小舅子,申请回避。但院长认为刑事诉讼法中规定的应该回避的人员中并不包括审判委员会委员,况且张某和被告人曹某的关系不属于刑事诉讼法规定的"近亲属"的范围,所以无须回避。

问题：根据我国刑事诉讼法的规定，院长的意见正确吗？请予以分析。

简析：回避制度是刑事诉讼中一项古老的制度，其理念精神源于"自然正义"原则的一个重要要求："任何人都不得担任自己案件的法官。"回避制度能体现裁判者的中立性，能保证涉诉人员得到公平的对待。本案涉及适用回避的人员范围问题。我国刑事诉讼法对审判委员会委员应否适用回避制度并没有作出明确规定，但按照2012年《刑事诉讼法》第180条的规定，审判委员会委员可以参与重大疑难案件的讨论、决定，并且"审判委员会的决定，合议庭应当执行"，因此这种讨论、决定案件的活动具有正式审判的性质，有可能对案件的结果产生重大的影响。所以，从程序正义的角度来讲，审判委员会委员也应当适用回避制度。在法律没有明确规定的现状下，可以将审判人员做广义的理解，不仅包括直接审理的合议庭组成人员，还应当包括参加讨论、决定的审判委员会成员。因此，院长的意见不正确。

【巩固练习 4-1】 适用回避制度的诉讼参与人有哪些？

A．证人　　　　B．辩护人　　　　C．鉴定人　　　　D．翻译人员

答案：C、D

二、回避的理由

2012年《刑事诉讼法》第28条列举了回避的四种理由，前三种情形都是针对特定的身份和特定的利害关系，最后一种是根据案件情况可裁量适用的情形。

(1) 本案的当事人或者是当事人的近亲属的。在"近亲属"的界定上，2000年最高人民法院《关于审判人员严格执行回避制度的若干规定》规定，"是本案的当事人或者与当事人有直系血亲、三代以内旁系血亲及姻亲关系的"；"与本案的诉讼代理人、辩护人有夫妻、父母、子女或者同胞兄弟姐妹关系的"，具体内容见表4-1。

表 4-1　三大诉讼中近亲属范围之比较

三大诉讼	近亲属范围
刑事诉讼	配偶、父母、子女、同胞兄弟姊妹
民事诉讼	配偶、父母、子女、兄弟姐妹、祖父母、外祖父母、孙子女、外孙子女
行政诉讼	配偶、父母、子女、兄弟姐妹、祖父母、外祖父母、孙子女、外孙子女和其他具有扶养、抚养、赡养义务的亲属

如果某一案件的审判人员、检察人员、侦查人员是本案的当事人或者是当事人的近亲属，往往陷入无法摆脱的两难境地，一方面应依法客观、公正地进行诉讼活动，处理案件；另一方面又想最大限度地维护自己一方的利益。两种身份会导致两种诉讼目标发生尖锐的冲突，最终势必作出损害其中一方利益的举动。

(2) 本人或者他的近亲属和本案有利害关系的。这种情形势必也会影响对案件的公正处理，或者引起人们对司法公正的怀疑或不信任。

(3) 担任过本案的证人、鉴定人、辩护人、诉讼代理人的。在刑事诉讼中如果已经担任过证人、鉴定人、辩护人、诉讼代理人，就意味着他们在前一阶段的诉讼中已经确立或形成了既定的诉讼意见或诉讼立场，在此种情形下，如果再由他们担任本案的审判人员、检察人员、侦查人员势必与其他诉讼目标、诉讼利益发生冲突，从而影响司法公正。

（4）与本案当事人有其他关系，可能影响公正处理案件的。在实践中，由于可能影响案件公正处理的因素还有很多，立法中无法一一列举，故而作出了兜底性规定。应当注意的是，"其他关系"需要达到"可能影响公正处理案件的"程度。例如，师生关系、同学关系，在未达到这一程度时，审判人员、检察人员、侦查人员没有必要回避。此种情形的执行需要更多的斟酌和判断，既不能过严以致影响诉讼活动的正常进行，也不能过宽使这种回避事由形同虚设。

除上述刑事诉讼法规定的四种回避理由外，《刑诉法适用解释》对回避的理由作了补充性规定，具体情形见表 4-2。

表 4-2　回避理由的补充性规定

回避情形（《刑诉法适用解释》第 22、23 条）	违反规定会见本案当事人、辩护人、诉讼代理人的
	为本案当事人推荐、介绍辩护人、诉讼代理人，或者为律师、其他人员介绍办理本案的
	索取、接受本案当事人及其委托人的财物或者其他利益的
	接受本案当事人及其委托人的宴请，或者参加由其支付费用的活动的
	向本案当事人及其委托人借用款物的
	有其他不正当行为，可能影响公正审判的
	审判人员与本案的辩护人、诉讼代理人有近亲属关系的
当事人及其法定代理人如果要求侦、检、审人员回避，通常只需要说明理由即可。但以请客送礼、违反规定会见为理由要求回避，应当提出证据证明（《刑事诉讼法》第 29 条）	

【说明】　表 4-2 中所列的情形，实际是 2012 年《刑事诉讼法》第 27 条中第四种回避事由"与本案当事人有其他关系，可能影响公正处理案件的"的各种具体体现。针对其中的一些情形，社会各界反响较大，批评甚多。为提高司法权威和公信力，《刑诉法适用解释》作了特别规定。

【巩固练习 4-2】　胡某是一名检察人员，在人民检察院工作期间刚刚办理完一件故意杀人案的审查起诉工作，马上就被调入同级人民法院工作。恰好其刚办理过的故意杀人案被移送至该人民法院审判。胡某所在庭的庭长认为胡某熟悉此案，遂让其参与了此案的审判。关于此案，下列说法哪个正确？

A. 胡某可以回避　B. 胡某可以不回避　C. 胡某应当回避　D. 胡某不应当回避

答案：C

三、回避的种类

回避的种类见表 4-3。

表 4-3　回避的种类

自行回避	侦查人员、检查人员、审判人员等在诉讼过程中遇有法定回避情形时，主动要求退出刑事诉讼活动的制度
申请回避	案件当事人及其法定代理人认为侦查人员、检察人员、审判人员等具有法定回避情形，而向他们所在的机关提出申请，要求回避的制度
指令回避	侦查人员、检察人员、审判人员等遇有法定回避情形而没有自行回避，当事人及其法定代理人也没有申请其回避，法院、检察院、公安机关等机关或行政负责人有权作出决定，令其退出诉讼活动的制度

【提示】

（1）自行回避申请提出后，仍然需要有决定权的主体作出回避决定后，有关人员才能退出诉讼活动。

（2）2012年《刑事诉讼法》第31条规定，辩护人、诉讼代理人也有权要求回避，对驳回申请回避的决定也有权申请复议。

（3）我国刑事诉讼法并没有规定指令回避制度，但是在《刑诉法适用解释》第29条和《最高检刑诉规则》第26条中分别确立了指令回避制度。《刑诉法适用解释》第29条规定："应当回避的审判人员没有自行回避，当事人及其法定代理人也没有申请其回避的，院长或者审判委员会应当决定其回避。"《最高检刑诉规则》第26条规定："应当回避的人员，本人没有自行回避，当事人及其法定代理人也没有申请其回避的，检察长或者检察委员会应当决定其回避。"

【巩固练习4-3】 在一起强奸案件中，被告人胡某，男，17岁；被害人华某，女，19岁。刘某是胡某的辩护律师，张某是华某的诉讼代理人。在本案中，有权申请审判人员回避的人员可以是（   ）。

A. 胡某的母亲　　　B. 华某的母亲　　　C. 刘某　　　D. 张某

答案：A、C、D

第二节　回避的程序

一、回避的期间

回避的期间是指回避适用的诉讼阶段。回避适用于侦查、起诉和审判的各个阶段。回避的申请可以在任何阶段提起，既包括侦查、审查起诉、一审程序，也包括二审、死刑复核、再审等救济审程序，甚至包括执行程序，因为在执行阶段会涉及减刑、假释等诉讼活动，因此，在执行阶段仍可以对审理减刑、假释案件合议庭组成人员提出回避申请。

二、申请回避的主体

2012年《刑事诉讼法》第28条明确了辩护人、诉讼代理人作为要求回避的主体。这样，要求回避的主体就包括当事人及其法定代理人、辩护人、诉讼代理人。之所以明确辩护人、诉讼代理人作为要求回避的主体，主要是因为在司法实践中，许多涉及回避的理由往往十分隐蔽、很难获知。在司法实践中，一些审判人员、检察人员、侦查人员疏于廉洁自律，在"八小时"之外生活腐化、堕落，与当事人及其辩护人、诉讼代理人等"走动"频繁。对这些情况，对方当事人及其法定代理人往往很难举证，即使获得相关线索，也往往在证据保全等方面存在瑕疵，影响其权利主张的实现。2012年《刑事诉讼法》明确了辩护人、诉讼代理人作为要求回避的主体，有利于发挥他们在专业知识、诉讼能力等方面的优势，帮助当事人及其法定代理人充分行使和实现回避权，同时，也有利于促进审判人员、检察人员、侦查人员等的公正和廉洁。

【巩固练习4-4】 某诈骗案，被告人甲17岁。在开庭审理此案过程中，甲的父亲乙提出申请,要求担任本案庭审记录工作的书记员丙回避,理由是听说被害人的父亲丁在开庭前曾请丙吃过饭。关于本案中的回避,下列说法哪些是正确的?

A. 乙提出回避申请,应当经过甲同意

B. 乙提出回避申请时,应当提供相应的证明材料

C. 是否批准本案中的回避申请,由审判长决定

D. 是否批准本案中的回避申请,由法院院长决定

答案:B、D

乙提出的回避申请,要得到法院的认可,必须提供相应的证明材料。这是《刑诉法适用解释》第28条明确规定的。《刑诉法适用解释》第33条规定,书记员、翻译人员和鉴定人适用审判人员回避的有关规定,其回避问题由院长决定。因此,选项D正确。另外,被告人的法定代理人有独立的申请回避权。所以,选项A不正确。

【提示】 根据2012年《刑事诉讼法》第28条和第31条第2款的规定,当事人及其法定代理人、辩护人、诉讼代理人有权申请回避。因此,如果当事人是18周岁以上,其父母就是近亲属,无权申请回避;如果当事人是18周岁以下,其父母就是法定代理人,享有独立的申请回避权。

三、回避的审查与决定

(一)审查、决定的主体

回避要求被提出之后,都要经过审查、决定程序才能作出决定。在审查、决定主体上,刑事诉讼法作出了明确的规定:①一般人员的回避由机关负责人决定。审判人员、检察人员、侦查人员的回避,应当分别由法院院长、检察长、公安机关负责人决定。②机关负责人的回避由机关整体决定。法院院长的回避,由本院审判委员会决定;检察长的回避,由同级人民检察院检察委员会决定。③公安机关负责人的回避由同级检察委员会决定,具体见表4-4。

表4-4　回避对象与审查、决定的主体

回避对象	审查、决定主体
审判人员、检察人员、侦查人员	院长、检察长、公安机关负责人
法院院长	本院审判委员会(讨论时院长不得参加)
检察长和公安机关负责人	同级人民检察院检察委员会
翻译人员和鉴定人	聘请或指派方的负责人

【提示】

(1)法院对回避的决定可口头作出。

(2)检察委员会讨论检察长回避问题时,由副检察长主持,检察长不得参加。公安机关没有类似于审判委员会或检察委员会这样的组织,为确保检察机关对侦查工作的有效法律监督,对公安机关负责人的回避,要由同级检察机关的检察委员会讨论决定。

【巩固练习4-5】 王某因涉嫌报复陷害罪被立案侦查后,发现负责该案的侦查人员

刘某与自己是邻居,两家曾发生过纠纷,遂申请刘某回避。刘某的回避应当由谁决定?

A. 公安局局长　　B. 检察院检察长　　C. 法院院长　　D. 检察委员会

答案:B

本题考查回避的决定主体。报复陷害罪由检察机关立案侦查,因此,该案侦查人员的回避应由检察长决定。

(二)回避决定作出前,侦查人员不能停止对案件的侦查

对侦查人员的回避作出决定前,侦查人员不能停止对案件的侦查。这是由侦查工作与检察工作、审判工作的不同特点所决定的。侦查工作是发现、收集证据,调查案件事实的工作,其时效性非常强,一旦延误,错过时机,就可能造成无法弥补的后果。当然,一旦作出回避决定,被申请回避的人员应立即停止工作,退出对本案的侦查,由其他侦查人员接替。审查起诉和审判工作发生在侦查已经终结,证据已经保全或固定之后,在等待对审判人员、检察人员作出是否准许回避的决定之前,暂时停止工作通常不会对诉讼活动造成无法弥补的后果。

(三)决定

经过对回避申请进行审查,如果符合法定应当回避的事由,有关组织或负责人即应作出准许回避的决定。反之,可以作出驳回申请回避的决定。

【巩固练习4-6】　根据刑事诉讼法的规定,下列有关回避决定的表述中哪些是正确的?

A. 公安机关侦查人员的回避由公安机关的负责人决定,在回避作出决定前被申请回避的人员应暂停参加对本案的侦查工作

B. 公安机关负责人和人民检察院检察长的回避,由同级人民检察院检察委员会决定

C. 对书记员、翻译人员和鉴定人的回避,由审判长决定,对合议庭成员回避,由院长或审判委员会决定

D. 对公诉人提出申请回避的,人民法院应当通知指派该公诉人出庭的人民检察院,由该院检察长或检察委员会决定

答案:B、D

四、回避的决定形式、效力和已取得证据的效力问题

公检法机关处理回避问题一律用决定的形式,可以采用口头方式,也可以采用书面方式,采用口头方式的,必须将决定记录在案。决定一经作出,立即发生法律效力。

对符合2012年《刑事诉讼法》第28条和第29条规定的情形之一而回避的侦查人员、检察人员,在回避决定作出前所取得的证据和进行的诉讼行为的效力问题,由作出决定的公安机关负责人、检察长或者检察委员会根据案件具体情况作出决定。

【巩固练习4-7】　赵某涉嫌报复陷害罪被检察机关立案侦查,在侦查即将终结时,赵某得知负责办理该案的侦查人员蔡某是被害人的胞兄,遂申请其回避。检察长经审查作出了蔡某回避的决定。对于蔡某在侦查阶段收集的证据是否有效,下列哪一选项是正

确的?

    A. 应当排除,不得用作认定案件事实的根据

    B. 由检察机关侦查部门负责人根据情况决定

    C. 由检察委员会或者检察长根据案件具体情况决定

    D. 在审判时,由人民法院根据案件具体情况作出裁判

    答案:C

五、对驳回回避申请的复议

(1)当事人及其法定代理人申请回避被驳回的,可以在接到决定时申请复议一次。不属于 2012 年《刑事诉讼法》第 28、29 条规定情形的回避申请,由法庭当庭驳回,并不得申请复议。

(2)根据 2012 年《刑事诉讼法》第 31 条第 2 款的规定,辩护人和诉讼代理人有权对回避的决定申请复议。

(3)对公安机关和检察机关驳回回避申请的复议。人民检察院和公安机关作出驳回申请回避的决定后,应当告知当事人及其法定代理人、辩护人、诉讼代理人,如不服本决定,有权在收到驳回申请回避的决定书 5 日内向原决定机关申请复议一次。决定机关应当在 3 日内作出复议决定并书面通知申请人。

【巩固练习 4-8】　甲涉嫌刑讯逼供罪被立案侦查。甲以该案侦查人员王某与被害人存在近亲属关系为由,提出回避申请。对此,下列哪一个选项是错误的?

    A. 王某可以口头提出自行回避的申请

    B. 作出回避决定以前,王某不能停止案件的侦查工作

    C. 王某的回避由公安机关负责人决定

    D. 如甲的回避申请被驳回,甲有权申请复议一次

    答案:C

本题考查立案管辖、回避的程序。依据《最高检刑诉规则》第 8 条的规定,本案应由检察院立案侦查,侦查人员王某属于检察院的检察人员。《最高检刑诉规则》第 21 规定:"检察人员自行回避的,可以口头或者书面提出,并说明理由。口头提出申请的,应当记录在案。"故选项 A 正确。《最高检刑诉规则》第 29 条规定:"人民检察院直接受理案件的侦查人员或者进行补充侦查的人员回避决定作出前,不能停止对案件的侦查。"故选项 B 正确。依据 2012 年《刑事诉讼法》第 30 条的规定:"审判人员、检察人员、侦查人员的回避,应当分别由院长、检察长、公安机关负责人决定……"王某的回避由检察长决定,因而,选项 C 不正确。《最高检刑诉规则》第 27 条规定:"人民检察院作出驳回申请回避的决定后,应当告知当事人及其法定代理人,如不服本决定,有权在收到驳回申请回避的决定书后五日内向原决定机关申请复议一次。"故选项 D 正确。本题符合题意的是选项 C。

【案例释义 4-2】

案情:被告人李某,是甲市某律师事务所专职律师。甲市 A 区公安机关办理王某涉嫌诈骗案时,李某接受王某家属的聘请,担任王某的辩护人。侦查期间,A 区公安机关认为李某涉嫌威胁、引诱证人作伪证,遂对李某立案侦查。后由 A 区检察院提起公诉,甲

市 A 区法院以妨害作证罪判处李某有期徒刑两年。判决生效后,将李某交付位于乙市丙区的某监狱执行。执行中,发现李某 2008 年在丁市还犯有另外一起诈骗罪。经公安机关侦查终结后,移送甲市 A 区检察院审查起诉。A 区检察院审查后向 A 区法院提起公诉。法院开庭审理后,李某以 A 区法院已经审理过自己的妨害作证罪案件,不能保持中立立场为由,申请 A 区法院整体回避,而应由甲市中院指定其他法院管辖。

问题:

(1) A 区公安机关是否有权对李某的妨害作证罪立案侦查?

(2) 李某的回避申请是否具备法定理由? 对李某的申请,A 区法院应当如何处理?

简析:

(1) 2012 年《刑事诉讼法》第 42 条规定:"辩护人或者其他任何人,不得帮助犯罪嫌疑人、被告人隐匿、毁灭、伪造证据或者串供,不得威胁、引诱证人作伪证以及进行其他干扰司法机关诉讼活动的行为。

"违反前款规定的,应当依法追究法律责任,辩护人涉嫌犯罪的,应当由办理辩护人所承办案件的侦查机关以外的侦查机关办理。辩护人是律师的,应当及时通知其所在的律师事务所或者所属的律师协会。"

根据该条第 2 款的规定,辩护人因干扰司法机关诉讼活动而涉嫌犯罪的,该案件应当由办理辩护人所承办案件的侦查机关以外的侦查机关办理。这样规定的目的在于,防止侦查机关滥用权力,打击报复辩护人或形成固定的看法、偏见,影响公正执法。因此,李某作为王某的辩护人,对李某涉嫌的妨害作证罪,应当由李某所承办案件(王某诈骗案件)的侦查机关(A 区公安机关)以外的侦查机关办理,A 区公安机关无权对李某的妨害作证罪立案侦查。

(2) 李某的回避申请不具备法定的理由,A 区法院应当当庭驳回,不允许其复议。

第五章

辩护与代理

本章导语

　　刑事诉讼是国家与个人之间的一场利益抉择,国家为了实现其刑罚权而动用公权力追诉被告人,被告人面对国家强大的追诉活动,出于维护其自身权益的本能,或者进行自我辩解,或者委托具有专业法律知识的人为自己提供法律帮助或辩护,或者自己在没有能力聘请律师或符合法定条件情形下,有权请求国家给自己指派律师提供法律帮助,从实体和程序上维护自己的合法权益。与被告人一方相对应,被害人作为利益的被损害者,法律制度上也应赋予其有权聘请他人为自己提供法律帮助、维护其合法权益的权利。关于上述内容的法律制度,就是刑事诉讼中的刑事辩护制度、刑事法律援助制度和刑事代理制度。这三项制度的设立,有助于实现社会公正、司法公正,有助于保障当事人的合法权益,有助于保障弱势群体人权的实现,有助于法律专业化的发展和体现一个国家刑事法治的文明和水平。

　　刑事辩护制度是指犯罪嫌疑人、被告人依法委托律师、其他公民担任辩护人,协助其进行辩护;刑事法律援助是指当犯罪嫌疑人或被告人需要辩护人,但没有能力聘请律师或符合法定条件情形下,由国家、社会承担无偿提供律师帮助的制度;刑事诉讼代理制度是指代理人接受公诉案件的被害人及其法定代理人或者近亲属、自诉案件的自诉人及法定代理人、附带民事诉讼的当事人及其法定代理人的委托,以被代理人名义参加诉讼,进行活动,由被代理人承担代理行为法律后果的一项法律制度。本章内容涉及的法律条文是2012 年《刑事诉讼法》第 32~47 条的规定。

　　学习本章知识需重点掌握的内容有:

　　(1)辩护人的范围、辩护人的责任、辩护人的权利和义务等内容;

　　(2)法律援助的范围和实施法律援助工作的主体;

　　(3)诉讼代理人和辩护人诉讼权利之比较。

　　本章的知识内容体系如图 5-1 所示。

```
                              ┌─ 辩护人的范围 ┬─ 可以被委托担任辩护人的范围
                              │              └─ 不能担任辩护人的范围
                              ├─ 辩护人的诉讼地位
                              ├─ 辩护人的责任
                          ┌辩护┤                    ┌─ 律师辩护人在各诉讼阶段的诉讼权利
                          │   ├─ 律师和非律师辩护人   ├─ 律师辩护人与非律师辩护人诉讼权利之比较
                          │   │  的诉讼权利和义务     └─ 辩护人的诉讼义务
                          │   │              ┌─ 自行辩护
                          │   │              ├─ 委托辩护
                          │   │              ├─ 法律援助辩护 ┬─ 应当法律援助辩护的情形
                          │   ├─ 辩护的种类   │             └─ 可以法律援助辩护的情形
                  辩护与代理┤   │              ├─ 委托辩护与法律援助辩护的区别
                          │   │              └─ 拒绝辩护 ┬─ 犯罪嫌疑人、被告人拒绝辩护人辩护
                          │   │                         └─ 律师拒绝为犯罪嫌疑人、被告人辩护
                          │                        ┌─ 公诉案件中被害人的代理
                          │   ┌─ 刑事诉讼代理的概念和种类 ├─ 自诉案件中的代理
                          │   │                        └─ 附带民事诉讼当事人的代理
                          └刑事诉讼代理┤ 诉讼代理人的责任
                              │      ├─ 诉讼代理人的权利
                              └      └─ 诉讼代理人和刑事辩护人之比较
```

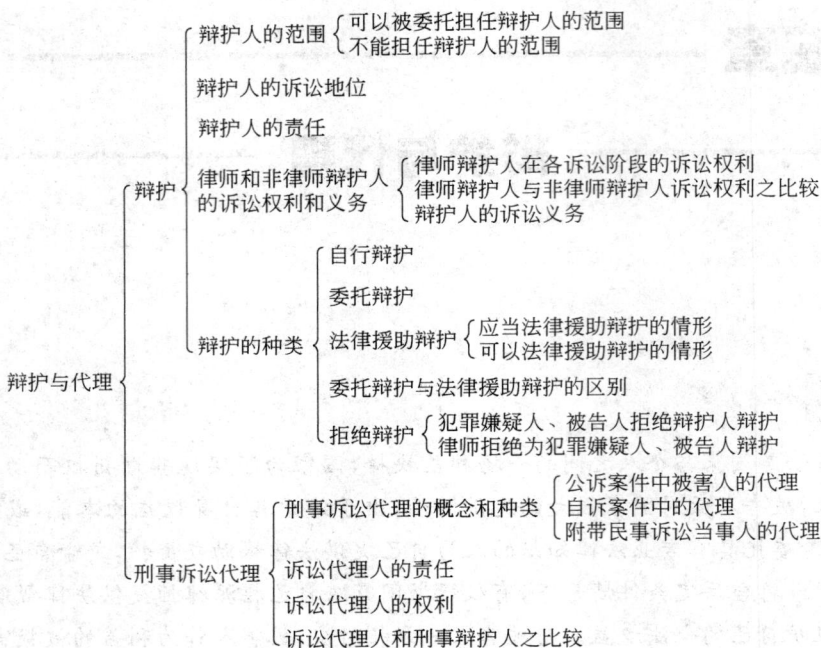

图 5-1　本章知识体系图示

第一节　辩　护

辩护,是刑事诉讼特有的概念。现代刑事诉讼中的辩护是指辩护人在刑事诉讼中,针对控方的指控,从事实的认定、证据的采纳、法律的适用、量刑的种类及幅度四个方面提出证据和意见,为犯罪嫌疑人、被告人提供法律帮助,维护被指控人的合法权益,促使法院作出有利于被告人的裁判结论的诉讼活动。

一、辩护人

我国刑事诉讼中的辩护人,是指接受犯罪嫌疑人、被告人的委托或者由公、检、法三机关通知法律援助机构指派,帮助犯罪嫌疑人、被告人行使辩护权,以维护其合法权益的人。

二、辩护人的范围

辩护人的范围较广,从总体上看,可以担当辩护人的主体主要有两类:一是律师;二是普通公民,这两类主体都可以担任犯罪嫌疑人、被告人的辩护人。大家需要重点掌握的是不能担任辩护人的人员范围。可以被委托担任辩护人和不能担任辩护人的范围见表 5-1。

【提示】

(1)在侦查期间,只能委托律师作为辩护人。

(2)司法行政机关的现职人员担任辩护人并未受到限制。

表 5-1　能担任和不能担任辩护人的人员范围

可以担任辩护人的人	取得律师执业证书的律师	
	人民团体或者犯罪嫌疑人、被告人所在单位推荐的人	
	犯罪嫌疑人、被告人的监护人、亲戚、朋友	
	【提示】 外国人、无国籍的犯罪嫌疑人委托律师辩护的,只能委托中国律师	
不能担任辩护人的人	绝对不能(一旦符合右侧三项情形之一,一律不得担任辩护人)	(1) 正在被执行刑罚或者处于缓刑、假释考验期间的人 (2) 依法被剥夺、限制人身自由(被取保候审、行政拘留、劳动教养)的人 (3) 无行为能力或限制行为能力的人
	相对不能(符合右侧七种情形之一,一般不得担任辩护人,但被告人的近亲属或者监护人除外)	(4) 法院、检察院、公安机关、国家安全机关、监狱的现职人员 (5) 本法院的人民陪审员 (6) 与本案有利害关系的人 (7) 外国人或者无国籍的人 (8) 法官、检察官从人民法院、人民检察院离任后两年内,不得以律师身份担任诉讼代理人或者辩护人 (9) 法官、检察官从人民法院、人民检察院离任后不得担任原任职法院或检察院办理案件的诉讼代理人或者辩护人 (10) 法官、检察官的配偶、子女不得担任该法官或检察官所任职法院或检察院办理案件的诉讼代理人或者辩护人

(3) 对于属于上述不得担任辩护人范围中(4)～(10)项的人员,如果是犯罪嫌疑人或者被告人的近亲属或者监护人,并且不属于(1)～(3)项情形的,可以由犯罪嫌疑人或者被告人委托担任辩护人。

【巩固练习 5-1】 甲 17 岁时抢劫他人财物,3 年后案发,被公安机关立案侦查。同时被立案侦查的还有甲的朋友乙。经查,乙并未参与抢劫,因而乙的案件部分被撤销。关于此案的辩护,下列哪些说法是正确的?

A. 甲未委托辩护人时,应当通知法律援助机构为其指派律师提供辩护
B. 可以准许甲委托乙作为他的辩护人
C. 可以准许甲委托他的一位正在检察院任检察员的堂兄作为辩护人
D. 可以准许甲委托他的正在该法院任人民陪审员的姐姐作为辩护人

答案:B、D

本题考查的是辩护人的范围。犯罪嫌疑人、被告人是未成年人的,公安机关、检察院、法院应当通知法律援助机构为其指派律师提供辩护,但本题中,甲 17 岁时抢劫他人财物,3 年后案发被公安机关立案侦查,此时甲已满 18 岁,故选项 A 错误。乙并未参与抢劫,不能理解为与案件审理结果有利害关系的人,因此可以担任辩护人,选项 B 正确。《刑诉法适用解释》第 35 条规定,对于人民法院、人民检察院、公安机关、国家安全机关、监狱的现职人员,本法院的人民陪审员、与本案审理结果有利害关系的人、外国人或者无国籍人,如果是被告人的近亲属或者监护人,由被告人委托担任辩护的人,人民法院可以准许。因此选项 D 正确。堂兄不属于近亲属的范围,因而,选项 C 不正确。

【巩固练习 5-2】 2010 年 9 月,A 区人民法院开庭审理被告人张某涉嫌抢劫案。下列人员中,谁不能接受被告人委托担任其辩护人?

A. 被告人张某的父亲甲,某国有企业退休职工

B. 被告人张某的表哥乙,2009 年被判处有期徒刑 1 年,缓刑 2 年

C. 被告人张某的朋友丙,A 区司法局某处处长

D. 被告人张某的儿子,某大学法律系学生,1982 年 11 月出生

答案:B

本题考查的是不能担任辩护人的人员范围。选项 C 中,A 区司法局某处处长属司法行政机关现职人员,因而不属于辩护人员的限制范围,可以担任辩护人。

三、辩护人的诉讼地位

（1）辩护人在刑事诉讼中是独立于犯罪嫌疑人、被告人的诉讼参与人,有权以自己的名义,依法独立提出有利于犯罪嫌疑人、被告人的材料和意见,依法独立采取各项维护犯罪嫌疑人、被告人的诉讼权利和其他合法权益的诉讼行为。

（2）辩护人依法履行职务的行为受到法律保护,任何机关、团体和个人不得非法干涉,公安司法机关也不得非法干涉。

【巩固练习 5-3】 关于律师担任刑事案件被告人的辩护人,下列哪些选项是正确的?

A. 辩护人不是被告人的代言人

B. 辩护人应当维护被告人的合法权益

C. 辩护人须按照被告人的要求作无罪辩护

D. 辩护人有权独立发表辩护意见

答案:A、B、D

本题考查辩护人的诉讼地位。依据 2012 年《刑事诉讼法》第 35 条的规定,辩护人的责任是根据事实和法律,提出犯罪嫌疑人、被告人无罪、罪轻或者减轻、免除其刑事责任的材料和意见,维护犯罪嫌疑人、被告人的诉讼权利和其他合法权益。由此可见,辩护人是刑事诉讼中独立的诉讼参与人,是犯罪嫌疑人、被告人合法权益的专门维护者。辩护人具有独立的诉讼参与人身份,既不受公诉人意见左右,也不受犯罪嫌疑人、被告人意志左右,不是犯罪嫌疑人、被告人的代言人。故选项 A、B、D 正确,而选项 C 表述错误。

四、辩护人的责任

2012 年《刑事诉讼法》第 35 条从三个方面规定了辩护人的责任。

（1）辩护人维护犯罪嫌疑人、被告人的合法权益应当根据事实和法律。这是辩护人的行为准则和根据。

（2）辩护人根据掌握的事实、证据和法律规定,提出犯罪嫌疑人、被告人没有犯罪行为,其行为不构成犯罪,或者虽然构成犯罪,但罪行较轻,应当依照《刑法》判决无罪、从轻处罚、减轻处罚或者免除处罚的意见。这是辩护人进行的主要工作。

（3）维护犯罪嫌疑人、被告人的诉讼权利和其他合法权益。"诉讼权利"如申请回避的权利、申请变更强制措施的权利以及申请通知新的证人到庭等权利。辩护人应当积极维护犯罪嫌疑人、被告人的诉讼权利和其他合法权益,发现办案机关侵犯犯罪嫌疑人、被告人的诉讼权利和其他合法权益的情形时,应当依法提出意见或者代理申诉、控告。

【提示】 辩护人在诉讼中的工作,主要是对犯罪指控和人民检察院、自诉人的举证进

行辩解和反驳,并不承担犯罪嫌疑人、被告人无罪的举证责任。

五、律师辩护人和非律师辩护人的诉讼权利和义务

在刑事诉讼法中,律师与非律师辩护人的诉讼权利不同,律师在不同诉讼阶段的权利也不完全相同。

(一)律师辩护人在刑事诉讼各阶段的权利

1. 律师辩护人在侦查阶段的诉讼权利

(1)律师有权接受犯罪嫌疑人的委托或者依法接受法律援助机构指派,担任辩护人。

① 在侦查阶段,犯罪嫌疑人聘请律师的,可以自己聘请,也可以由其监护人、近亲属代为委托。在押的犯罪嫌疑人提出委托辩护律师的,侦查机关应当及时向其所委托的人员或者所在的律师事务所转达该项请求。犯罪嫌疑人仅有聘请律师的要求,但提不出具体对象的,侦查机关应当及时通知当地律师协会或者司法行政机关为其推荐律师。

② 侦查阶段,犯罪嫌疑人因经济困难或者其他原因没有委托辩护律师的,本人及其近亲属可以向法律援助机构提出申请。对符合法律援助条件的,侦查机关应当通知法律援助机构指派律师为符合法律规定情形的犯罪嫌疑人提供辩护。

③ 犯罪嫌疑人自被侦查机关的第一次讯问或者采取强制措施之日起,有权委托辩护人。辩护人接受犯罪嫌疑人委托后,应当及时告知办理案件的机关。"第一次讯问"是指立案后的第一次讯问。侦查机关根据已掌握的事实材料,认为有犯罪事实需要追究刑事责任,决定立案的,可以对犯罪嫌疑人进行讯问。"采取强制措施"是指采取各种强制措施,包括拘传、取保候审、监视居住、拘留和逮捕。

(2)律师辩护人在侦查阶段的地位和职权范围。

① 律师在侦查阶段的诉讼地位是辩护人,而不再是法律帮助者。

② 辩护律师在侦查期间可以为犯罪嫌疑人提供法律帮助;代理申诉、控告;申请变更强制措施;向侦查机关了解犯罪嫌疑人涉嫌的罪名和案件有关情况,提出意见。

③ 接受委托或者指派的律师有权与在押的犯罪嫌疑人会见、通信。

④ 辩护律师持律师执业证书、律师事务所证明和委托书或者法律援助公函要求会见在押犯罪嫌疑人的,看守所应当及时安排会见,至迟不得超过 48 小时。

⑤ 辩护律师会见在押的犯罪嫌疑人、被告人,可以了解案件有关情况、提供法律咨询。

⑥ 辩护律师会见犯罪嫌疑人、被告人时不被监听。

⑦ 危害国家安全犯罪、恐怖活动犯罪、特别重大贿赂犯罪案件,在侦查期间辩护律师会见在押的犯罪嫌疑人,应当经侦查机关许可。上述案件,侦查机关应当事先通知看守所。

上述提示中的④~⑥项权利适用于同被监视居住的犯罪嫌疑人的会见和通信。

【案例释义 5-1】

案情: 2009 年 9 月 29 日,北京某律师事务所接受委托后,委派律师为重庆市一名犯罪嫌疑人担任辩护人。9 月 30 日一早,该所几名律师来到重庆市渝中区公安局,递交律师会见申请,但申请会见犯罪嫌疑人无果。随后律师们又到重庆市公安局,申请会见,仍无进展。国庆假期之后,几位律师二赴重庆,希望能够会见疑犯,但律师们在重庆辗转

多个部门,等候了一个星期后无功而返。对于律师反映的情况,10 月 16 日,记者电话采访了重庆有关方面。重庆市公安局法制科工作人员称,律师申请会见犯罪嫌疑人按照规定应先登记,再转有关机构;而渝中区公安局政治处的负责人在电话里称,这个案子是"打黑办"办的,联系采访找市局宣传处。重庆市公安局政治部宣传处则表示,专案都是保密的。按照 2007 年《律师法》的规定,律师申请会见犯罪嫌疑人,司法机关应该在 48 小时之内安排会见,但几位律师先后在重庆辗转近 10 天,最终未能会见到犯罪嫌疑人(资料来源:《北京青年报》,2009 年 10 月 18 日)。

问题: 2012 年《刑事诉讼法》对辩护律师的会见权作了哪些方面的完善?

简析: 上述案例反映出律师"会见难"的问题。之所以出现律师"会见难"的现象,除了侦查机关的工作态度以外,根本原因还在于法律对于侦查阶段中的辩护律师的身份规定不明。在侦查阶段,律师享有哪些方面的权利,1996 年《刑事诉讼法》并没有确定,因此律师要会见犯罪嫌疑人困难重重。

律师会见权是指在刑事诉讼中,律师接受犯罪嫌疑人、被告人的委托或者法律援助机构的指派之后,依法与其面谈,了解犯罪嫌疑人涉嫌的罪名及有关案件情况,或者听取犯罪嫌疑人或被告人对指控犯罪的意见和理由,从而为犯罪嫌疑人提供法律帮助的权利。1996 年《刑事诉讼法》规定,只有涉及国家秘密的案件才需要经过侦查机关的批准。对于不涉及国家秘密的案件,并没有规定律师会见需要经过申请,律师只需持"三证"即可会见在押的犯罪嫌疑人。如果律师不能从犯罪嫌疑人那里了解到案件的真实情况,不能有效地帮助犯罪嫌疑人行使辩护权,会见也就失去意义。因此,独立会见的权利对于律师来说非常重要。

为了使律师在侦查阶段能有效地帮助犯罪嫌疑人和解决司法实践中长期存在的"会见难"现象,2012 年《刑事诉讼法》对此进行了完善。

① 明确了辩护律师在侦查阶段的辩护人地位,并且列明了其职权范围包括:为犯罪嫌疑人提供法律帮助;代理申诉、控告;申请变更强制措施;向侦查机关了解犯罪嫌疑人涉嫌的罪名和案件有关情况,提出意见;

② 明确限定安排会见的时间,即从接到会见申请至迟不得超过 48 小时安排会见;

③ 为解决司法实践中借口"国家秘密",不批准会见或限制会见的问题,法律规定"危害国家安全犯罪案件、恐怖活动犯罪、特别重大贿赂犯罪案件"之外的其他案件,辩护律师与犯罪嫌疑人的会见不需要侦查机关许可;

④ 明确规定律师会见犯罪嫌疑人、被告人无须批准,凭律师执业证书、律师事务所证明、委托书或法律援助公函(三证)就可会见;

⑤ 律师会见犯罪嫌疑人不受监听。

【案例释义 5-2】

案情: 县公安局接到苗某报案,称家中被盗,失窃现金人民币 5 万余元。经查,方某有重大嫌疑。方某被公安机关拘留当日,律师李某接受方某之妻的委托,以辩护人的身份介入诉讼。

问题: 律师李某能否介入诉讼?如能介入诉讼,以何身份介入诉讼?有何权利?

简析: 2012 年《刑事诉讼法》对辩护律师介入刑事诉讼的时间作了较大改动,不仅规定犯罪嫌疑人在被侦查机关第一次讯问或者采取强制措施之日起可以聘请律师,而且明确规定律师进入刑事诉讼的法律身份为辩护人。

据此,律师进入刑事诉讼的最早阶段为侦查阶段,且是在犯罪嫌疑人被侦查机关第一次讯问或者采取强制措施之日起。此时,律师可以辩护人的身份为犯罪嫌疑人提供法律帮助,代理申诉、控告,申请变更强制措施,向侦查机关了解犯罪嫌疑人涉嫌的罪名和案件有关情况,并提出意见。

【巩固练习 5-4】 韩某的儿子韩立因抢劫被公安机关逮捕。韩某为其聘请律师张某担任其辩护人。在侦查阶段,张某能够从事的行为包括下列哪些选项?

  A. 提供法律咨询   B. 调查取证

  C. 代理申诉、控告   D. 向侦查机关了解韩立涉嫌的罪名

答案:A、B、C、D

【巩固练习 5-5】 犯罪嫌疑人甲涉嫌诈骗。2011 年 9 月 2 日,公安机关对其立案侦查并于同日对其作出了取保候审的决定。2011 年 9 月 10 日,因甲有可能逃跑,经人民检察院批准,公安机关对其执行逮捕。以下选项哪个正确?

  A. 被取保候审后,甲有权委托朋友乙担任其辩护人

  B. 甲被取保候审后,甲的父亲有权为甲代为委托律师担任其辩护人

  C. 被逮捕后,甲可以委托朋友乙担任其辩护人

  D. 甲被逮捕后,甲的父亲有权为甲代为委托律师担任其辩护人

答案:D

甲的父亲是甲的近亲属。犯罪嫌疑人、被告人在押的,其监护人、近亲属才可以代其委托辩护人。故选项 B 错误,选项 D 正确。侦查阶段只能委托律师担任辩护人,故选项 A、C 错误。

2. 律师辩护人在审查起诉阶段的诉讼权利

(1)接受委托或者指派担任辩护人的权利。

(2)辩护律师有权查阅、摘抄、复制本案的案卷材料。辩护律师有权查阅、摘抄、复制本案的"案卷材料"的范围,主要是侦查机关向检察院移送审查起诉时或者检察院向法院提起公诉时,所移送的装订成册的材料。既包括案卷中的诉讼文书、技术性鉴定材料,也包括案卷中的书证、物证、证人证言等各种证据材料;既包括案卷中指控犯罪的材料,也包括能够证明犯罪嫌疑人无罪、罪轻的各种材料。但是,公安机关、人民检察院或人民法院关于本案的讨论记录及有关其他案件的线索材料,辩护律师和其他辩护人不得查阅、摘抄和复制。

(3)律师辩护人在审查起诉阶段仍享有会见和通信权,自案件移送审查起诉之日起,可以向犯罪嫌疑人核实有关证据。并且不论案件属性如何,都不需要经过审查起诉机关批准,检察机关也不能派员在场。辩护律师会见犯罪嫌疑人时不被监听。

(4)调查取证权。权利范围如下:

① 辩护律师经证人或者其他有关单位和个人同意后,有权向他们收集与本案有关的材料。

② 辩护律师经人民检察院许可,并且经被害人或者其近亲属、被害人提供的证人同

意,有权向他们收集与本案有关的材料。

③ 辩护律师有权申请人民检察院收集、调取证据。

④ 辩护人认为在侦查期间公安机关收集的,证明犯罪嫌疑人无罪或者罪轻的证据材料未提交的,有权申请人民检察院调取。

⑤ 发表意见权。人民检察院审查案件,应当听取辩护人的意见,并记录在案。辩护人提出书面意见的,应当附卷。

⑥ 申请变更强制措施权。辩护人有权为犯罪嫌疑人申请变更强制措施。

⑦ 对法定期限届满的强制措施要求解除权。人民检察院对采取强制措施法定期限届满的,辩护人有权要求人民检察院解除强制措施。

⑧ 申诉控告权。辩护人认为人民检察院及其工作人员阻碍其依法行使诉讼权利,有权向同级或者上一级人民检察院申诉或者控告。

3. 律师辩护人在审判阶段的诉讼权利

(1) 接受委托或者指派担任辩护人的权利(内容与审查起诉阶段相同)。

(2) 阅卷权(与审查起诉阶段查阅范围相同)。

(3) 会见和通信权(与审查起诉阶段权利范围相同)。

(4) 调查取证权。

① 辩护律师有权经证人或者其他有关单位和个人同意后,向他们收集与本案有关的材料;

② 辩护律师经人民法院许可,并且经被害人或者其近亲属、被害人提供的证人同意后,有权向他们收集与本案有关的材料;

③ 辩护律师有权申请人民法院收集、调取证据。

(5) 申请变更强制措施权。

(6) 对法定期限届满的强制措施要求解除权。

(7) 质证权、申请权、辩论权。辩护人有权参加法庭审理,享有发问、辩论、发表意见以及申请通知新的证人到庭、调取新的物证、申请重新鉴定或者勘验的权利。

(8) 非独立的上诉权。辩护人有权在经过被告人同意后提出上诉。

(9) 申诉控告权(与审查起诉阶段相同)。

(二)律师辩护人与非律师辩护人诉讼权利之比较

具体内容见表 5-2。

表 5-2　律师辩护人与非律师辩护人诉讼权利之比较

项　　目	辩护律师	非律师辩护人
参与案件阶段	侦查阶段只有律师才可接受委托成为辩护人(自犯罪嫌疑人被第一次讯问或采取强制措施之日起)	非律师不得接受委托
阅卷权	在审查起诉和审判阶段,辩护律师行使阅卷权不需要经过许可(《刑事诉讼法》第38条)	其他辩护人必须经过人民检察院或者人民法院的许可后才能行使该权利(《刑事诉讼法》第38条)

项 目	辩 护 律 师	非律师辩护人
会见通信权	在审查起诉和审判阶段,辩护律师与犯罪嫌疑人、被告人会见和通信时,不需要经过许可	其他辩护人则必须经过人民检察院或者人民法院的许可后才享有这一权利
调查取证权	辩护律师享有调查取证权	非律师不享有的这一权利

【巩固练习5-6】 小胡因收受他人贿赂被人民检察院立案侦查。在人民检察院对此案审查起诉期间,小胡委托他的好友张某作为辩护人。张某是一所大学哲学系教授,接受委托后,他向人民检察院提出要同小胡会见。对此,下列说法哪个正确?

A. 人民检察院应当拒绝张某的申请

B. 人民检察院可以拒绝张某的申请

C. 人民检察院不能拒绝张某的申请

D. 人民检察院可以同意张某的申请,但在张某会见时应派员在场

答案:B

【巩固练习5-7】 在胡某盗窃案审查起诉过程中,胡某委托某税务局副局长秦某为其担任辩护人,以下关于秦某的诉讼权利的说法,哪个正确?

A. 胡某在押的,秦某有权为其申请解除超期羁押,但无权申请变更强制措施

B. 在审查起诉阶段,秦某认为公安机关收集的,证明胡某无罪或者罪轻的证据材料未提交的,有权申请检察院调取

C. 自检察院受理审查起诉之日,秦某有权查阅、摘抄、复制全部案卷材料

D. 自检察院提起公诉之日,秦某有权自行调查取证

答案:B

【巩固练习5-8】 甲和乙是盗窃案的同案被告人,现在押。法庭审判阶段,甲委托律师丙担任其辩护人,乙委托其同学丁(现为某外企员工)担任其辩护人。以下说法哪个正确?

A. 经人民法院许可,丙、丁均有权查阅、摘抄、复制本案卷宗材料

B. 经人民法院许可,丙、丁均有权同在押的被告人会见和通信,依法定程序向证人或者其他单位和个人调查取证

C. 经证人或者其他有关单位和个人同意,丙、丁均有权向他们收集与本案有关的材料

D. 认为在侦查期间公安机关收集的证明被告人无罪或者罪轻的证据材料未提交的,丙、丁均有权申请人民法院调取有关证据

答案:D

(三)辩护人的诉讼义务

依据2012年《刑事诉讼法》的规定,辩护律师及其非律师辩护人在诉讼中主要义务见表5-3。

表 5-3　辩护人的诉讼义务

特定证据开示义务	辩护人收集的有关犯罪嫌疑人不在犯罪现场、未达到刑事责任年龄、属于依法不负刑事责任的精神病人的证据,应当及时告知公安机关、人民检察院(《刑事诉讼法》第 40 条)	
保密义务	辩护律师对在执业活动中知悉的委托人的有关情况和信息,有权予以保密 【例外】　辩护律师在执业活动中知悉委托人或者其他人,准备或者正在实施危害国家安全、公共安全以及严重危害他人人身安全的犯罪的,应当及时告知司法机关(《刑事诉讼法》第 46 条)	
不得破坏证据和不得干扰诉讼活动	辩护人或者其他任何人,不得帮助犯罪嫌疑人、被告人隐匿、毁灭、伪造证据或者串供,不得威胁、引诱证人作伪证以及进行其他干扰司法机关诉讼活动的行为。违反上述规定的,应当依法追究法律责任(《刑事诉讼法》第 42 条)	
禁止伪证行为	追究律师伪证罪的程序	(1) 辩护人涉嫌犯罪的,应当由办理辩护人所承办案件的侦查机关以外的侦查机关办理(同案侦查机关回避)
		(2) 辩护人是律师的,应当及时通知其所在的律师事务所或者所属的律师协会(《刑事诉讼法》42 条)

【提示】

(1)《刑事诉讼法》关于辩护保密义务的规制对象仅限于律师,律师之外的辩护人不在此限。

(2)《刑事诉讼法》关于辩护律师保密义务的例外性规定仅限于其在执业活动中知悉的委托人或其他人准备或者正在实施危害国家安全、公共安全以及严重危害他人人身安全的犯罪;至于辩护律师在执业活动之外知悉的,则不在此限。

【案例释义 5-3】

案情:2009 年 6 月 19 日,朱某因涉嫌寻衅滋事罪被公安机关刑事拘留后,朱某的母亲为其聘请律师李某。朱某在看守所告诉李律师,拘留前他曾与高某、郑某约定,准备到事先选定的某居民楼抢点钱,约好郑某在楼下望风,高某上楼入室实施抢劫活动,自己则开车在离抢劫地点不远的马路边等候接应。此时,公安机关根据朱某的申请,决定对朱某采取取保候审。李律师内心十分纠结。

问题:辩护律师对自己在执业活动中获知的犯罪嫌疑人朱某的犯罪预备活动,是否应当予以保密?

简析:这一问题涉及对辩护人的诉讼权利和义务的认识。辩护律师在刑事诉讼中,首先,出于维护犯罪嫌疑人、被告人的合法权益的需要,对在执业活动中获知的委托人的有关情况和信息,应当严格保守秘密;其次,辩护律师在执业活动中知悉的委托人或其他人准备或者正在实施危害国家安全、公共安全以及严重危害他人人身安全的犯罪,不仅没有保密义务,而且还应向有关机关告知;最后,对犯罪嫌疑人、被告人非法甚至违法的利益诉求,辩护人基于自己独立的诉讼地位,有权予以拒绝。

本案中,李律师在执业活动中获知的犯罪嫌疑人朱某即将与他人一起实施抢劫犯罪的情况,因为不属于犯罪嫌疑人的合法权益,李律师对此不仅没有保密义务,而且应当以法律工作者的身份尽可能及时阻止这种情况发生。显然,最直接、最有效的方法就是及时向公安机关进行告知,以便公安机关及时收回取保候审决定,防止朱某再次犯罪。

【巩固练习 5-9】　辩护律师乙在办理甲涉嫌抢夺一案中,了解甲实施抢夺时携带凶器,但办案机关并未掌握这一事实。对于该事实,乙应当如何处理?

A. 应当告知公安机关 　　　　　　 B. 应当告知检察机关

C. 应当告知人民法院 　　　　　　 D. 应当为被告人保守秘密

答案:D

【巩固练习5-10】 关于辩护律师刑事诉讼中享有的权利和承担的义务,下列哪一说法是正确的?

A. 在侦查期间可以向犯罪嫌疑人核实证据

B. 会见在押的犯罪嫌疑人、被告人,可以了解案件有关情况

C. 收集到的有利于犯罪嫌疑人的证据,均应及时告知公安机关、检察院

D. 在执业活动中知悉犯罪嫌疑人、被告人曾经实施犯罪的,应及时告知司法机关

答案:B

六、辩护的种类

(一) 自行辩护

自行辩护是指犯罪嫌疑人、被告人针对指控进行反驳、申辩和辩解,自己为自己所作的辩护。自行辩护是犯罪嫌疑人、被告人实现其辩护权最基本的方式,它贯穿于刑事诉讼的整个过程。

(二) 委托辩护

委托辩护是指在侦查、审查起诉和审判阶段,犯罪嫌疑人、被告人依法委托律师或其他公民担任辩护人,协助其进行辩护。

1. 时间

(1) 犯罪嫌疑人自被侦查机关第一次讯问或者采取强制措施之日起,有权委托辩护人。在侦查期间,只能委托律师作为辩护人。

侦查机关在第一次讯问犯罪嫌疑人或者对犯罪嫌疑人采取强制措施的时候,应当告知犯罪嫌疑人有权委托辩护人。人民检察院自收到移送审查起诉的案件材料之日起3日以内,应当告知犯罪嫌疑人有权委托辩护人。

(2) 被告人有权随时委托辩护人。人民法院自受理案件之日起3日以内,应当告知被告人有权委托辩护人。犯罪嫌疑人、被告人在押期间要求委托辩护人的,人民法院、人民检察院和公安机关应当及时转达其要求。

2. 及时告之办案机关

辩护人接受犯罪嫌疑人、被告人委托后,应当及时告知办理案件的机关。

(1) 犯罪嫌疑人、被告人可以自己委托辩护人,犯罪嫌疑人、被告人在押的,也可以由其监护人、近亲属代为委托辩护人。

(2) 在共同犯罪案件中,只有部分被告人提出上诉或者人民检察院只就第一审人民法院对部分被告人的判决提出抗诉的,其他同案被告人也有权委托辩护人。

(3) 犯罪嫌疑人、被告人最多可以委托2名辩护人。1名辩护人不得为2名以上的同

案犯罪嫌疑人、被告人辩护;不得为 2 名以上的未同案处理,但实施的犯罪存在关联的犯罪嫌疑人、被告人辩护。

(三)法律援助辩护

法律援助辩护是指在刑事案件的侦查、审查起诉和审判阶段,犯罪嫌疑人、被告人没有委托辩护人,具有法定情形时,犯罪嫌疑人、被告人本人及其近亲属申请法律援助机构指派律师为其提供辩护,以及公安司法机关通知法律援助机构指派律师为犯罪嫌疑人、被告人提供辩护。

刑事法律援助是司法人权的重要组成部分,它贯穿于刑事诉讼的整个过程。刑事法律援助在使公民获得平等的司法保护,保障当事人依法享有诉讼权利,实现司法公正等方面有着不可替代的作用,已成为一个国家法制健全、社会文明进步的标志。法律援助辩护的基本知识见表 5-4。

表 5-4　法律援助辩护

	前提	犯罪嫌疑人、被告人未委托辩护人
	存在的阶段	侦查、审查起诉、审判阶段
	申请主体	犯罪嫌疑人、被告人及其近亲属
	指派的方式	(1)犯罪嫌疑人、被告人及其近亲属提出申请 (2)法院、检察院和公安机关通知法律援助机构指派
	被指派的对象	律师
法律援助辩护(《刑事诉讼法》第34、267条)	"应当"指派的四种情形	(1)盲,或聋,或哑人(《刑法》中的聋和哑人是并列关系,具备其一即可) (2)尚未完全丧失辨认或控制自己行为能力的精神病人(指限制行为能力人) 【注意】　无行为能力人不承担刑事责任 (3)未成年人 (4)可能判处无期徒刑、死刑
	"可以"指派的情形(《刑事诉讼法适用解释》第37条)	(1)经济困难(当地标准) (2)本人确无经济来源,其家庭经济状况无法查明的 (3)本人确无经济来源,其家属经多次劝说仍不愿为其承担辩护律师费用的 (4)共同犯罪中,其他被告人已委托辩护人的 (5)具有外国国籍的 (6)案件有重大社会影响的 (7)人民法院认为起诉意见和移送的案件证据材料可能影响正确定罪量刑的

【提示】

(1)对上述情形提供法律援助辩护均以犯罪嫌疑人、被告人没有委托辩护人作为前提。

(2)我国刑事诉讼中的法律援助辩护,从刑事案件的审判阶段提前到了侦查阶段。同时,应当提供法律援助辩护的对象扩大到可能被判处无期徒刑的犯罪嫌疑人和被告人。

(3)法律援助辩护的方式由以前的法院指定律师为其提供辩护改为犯罪嫌疑人、被告人及其近亲属申请,或者由公安司法机关通知法律援助机构指派律师为其提供辩护。

(4) 依据 2012 年《刑事诉讼法》第 34 条规定,犯罪嫌疑人、被告人因经济困难或者其他原因没有委托辩护人的,本人及其近亲属可以向法律援助机构提出申请。对符合法律援助条件的,法律援助机构应当指派律师为其提供辩护。

【巩固练习 5-11】 甲、乙涉嫌共同盗窃国家一级文物并致文物损毁,某中级人民法院受理案件后,甲委托其弟弟为辩护人,乙因经济困难没有委托辩护人。下列哪一个选项是正确的?

A. 法院应当为乙指定辩护

B. 法院可以为乙指定辩护

C. 法院应当指定乙的近亲属作为其辩护人

D. 法院可以指定乙的近亲属作为其辩护人

答案:A

(四) 委托辩护与法律援助辩护的区别

委托辩护与法律援助辩护的区别见表 5-5。

表 5-5　委托辩护与法律援助辩护的区别

项　　目	成立的诉讼时间不同	主 体 不 同
委托辩护	自犯罪嫌疑人被第一次讯问或采取强制措施之日起有权委托辩护人	律师;人民团体或者犯罪嫌疑人、被告人所在单位推荐的人;犯罪嫌疑人、被告人的监护人、亲友
法律援助辩护	侦查、审查起诉、审判阶段	公安司法机关只能通知由法律援助机构指派律师或法律援助机构指派律师

【案例释义 5-4】

案情:张某将李某绑架,要求李某家属支付赎金 200 万元。张某在收到李某家属支付的 200 万元赎金后,因惧怕李某将来认出自己,遂将李某杀害。张某被 A 市公安机关刑事拘留。张某在公安机关对其第一次讯问时即供认不讳,交代了全部犯罪事实。张某及其家人均未为其聘请辩护律师。

问题:公安机关应否通知法律援助机构指派律师为张某提供辩护?

简析:依据 2012 年《刑事诉讼法》的规定,犯罪嫌疑人、被告人可能被判处无期徒刑、死刑而没有委托辩护人的,人民法院、人民检察院和公安机关应当通知法律援助机构指派律师为其提供辩护。本案中,由于张某可能被判处死刑且未委托辩护人,A 市公安机关在侦查阶段就应当通知法律援助机构指派律师为其提供辩护。

【案例释义 5-5】

案情:2009 年 4 月,安徽省某县的张某等四名犯罪嫌疑人因涉嫌抢劫,先后被公安机关抓捕归案。在 2008 年至 2009 年不到半年的时间里,张某分别伙同其他犯罪嫌疑人先后作案十余起,抢得现金、手机共计价值人民币 4000 余元,并造成四人轻微伤。经查,张某与他人还共同实施了另一起绑架案。2009 年 9 月,市人民检察院对张某以涉嫌抢劫罪和绑架罪提起公诉,案件由市中级人民法院审理。

2009 年 9 月,市中级人民法院在案件审理过程中,因被告人张某涉嫌抢劫罪、绑架罪可能判处死刑,决定为其指定辩护人,并向市法律援助中心发出指定辩护通知书。市法律援助中心随即将该案件交由法律援助律师承办。法律援助律师接办案件后,仔细查看被告人的供述、公安机关的讯问笔录、调查笔录,当事人的证言等证据材料,发现张某的实际年龄可能存在出入。先后收集、调取了《县人民医院的病案材料》《独生子女父母光荣证》和《县计划生育优质服务随访卡》三份关键的证据材料,三个不同部门的材料对于张某出生日期能够互相印证,均能证明张某的出生日期是 1992 年 10 月 17 日。2009 年 12 月,市中级人民法院开庭审理了该案。经过紧张的法庭辩论,法院最终作出判决,采纳了辩护人所提出的被告人张某犯罪时未满 18 周岁的意见。综合被告人的犯罪事实、危害结果和各种情节,对其予以减轻处罚。最终判处张某有期徒刑 18 年。

问题:通过此案理解法律援助制度的意义。

简析:张某抢劫案中,由于被告人张某涉嫌抢劫、绑架的犯罪事实,有可能被判处死刑,法律援助律师经过认真的调查取证,发现张某作案时的实际年龄未到 18 周岁,经过法庭激烈质证与辩论,合议庭最终采纳了辩护律师的意见。正是基于法律援助律师的帮助,被告人张某的合法权益才得到了有效维护,张某被判处了有期徒刑,而不是死刑。因此,法律援助制度对于有效实现辩护权和公正审判具有非常重要的作用。

七、拒绝辩护

刑事诉讼中有两种拒绝辩护:一种是犯罪嫌疑人、被告人拒绝辩护人为其辩护;另一种是辩护律师拒绝继续为犯罪嫌疑人、被告人辩护。

(一)犯罪嫌疑人、被告人拒绝辩护人为其辩护

在审判过程中,被告人可以拒绝辩护人继续为其辩护,也可以另行委托辩护人辩护。

(1) 对于不属于应当提供法律援助辩护的被告人坚持自己行使辩护权,拒绝法律援助机构指派的律师为其辩护的,人民法院应当准许,并记录在案。

对于不属于应当提供法律援助辩护的被告人当庭拒绝辩护律师为其辩护,人民法院同意的,在重新开庭后,如果被告人再次当庭拒绝重新委托的辩护人或者法律援助机构指派的辩护律师为其辩护的,合议庭可以准许,但被告人不得另行委托辩护人,人民法院也不再通知法律援助机构为其另行指派辩护律师,被告人可以自行辩护。

(2) 对属于应当提供法律援助辩护的被告人拒绝法律援助机构指派的律师为其辩护,有正当理由的,人民法院应当准许,但被告人需另行委托辩护人,或者人民法院应当通知法律援助机构为其另行指派律师。

对于应当提供法律援助辩护的被告人当庭拒绝法律援助辩护律师为其辩护,人民法院同意的,在重新开庭后,如果被告人再次当庭拒绝重新委托的辩护人或者法律援助机构指派的律师为其辩护,合议庭应当不予准许。

(二)律师拒绝为犯罪嫌疑人、被告人辩护

律师接受委托后,无正当理由的,不得拒绝辩护或者代理。但是,委托事项违法、委托

人利用律师提供的服务从事违法活动,或者故意隐瞒与案件有关的重要事实的,律师有权拒绝辩护或者代理。

【案例释义 5-6】

案情:2010 年 4 月 7 日晚,被告人陈某在校外购买了水果和一把水果刀回到寝室,因怀疑室友王某不满其回寝室,即持刀猛刺其右颈部一刀,后王某因失血性休克死亡。陈某作案后主动拨打"110"报称其杀人。经司法精神病学鉴定,陈某患精神分裂症,对其作案行为具有限制责任能力。

法院审判认为,陈某持刀捅刺被害人要害部位致其死亡,已构成故意杀人罪。陈某是限制责任能力的精神病人,其主动报案并投案,有自首情节,且归案后能够如实供述,又是初犯,依法可对其从轻处罚。法院以故意杀人罪判处被告人陈某无期徒刑,剥夺政治权利终身。

问题:如陈某没有委托辩护人,法院是否应当为其指定辩护?

简析:根据 2012 年《刑事诉讼法》第 34 条的规定,本案被告人陈某是法律规定的应当指定辩护的对象。因为《刑事诉讼法》将尚未完全丧失辨认或者控制自己行为能力的精神病犯罪嫌疑人、被告人和可能被判处无期徒刑的犯罪嫌疑人、被告人纳入强制辩护对象。本案中,被告人陈某经司法精神病学鉴定,患精神分裂症,对其犯罪行为具有限制责任能力,是限制责任能力的精神病人,法院应当通知法律援助机构为其指派承担法律援助义务的律师为其辩护。

第二节　刑事诉讼代理

一、刑事诉讼代理概述

(一) 概念

公诉案件中,被害人作为遭受犯罪行为直接侵害的人,与案件有着直接的利益关系,具有追究犯罪嫌疑人、被告人刑事责任的内在需求。为了充分保障被害人正确行使各项诉讼权利,有必要赋予被害人委托诉讼代理人的权利,以帮助其维护合法权益。自诉人通过启动自诉程序指控被告人犯罪,与被害人具有类似的诉讼地位,也应当被赋予委托诉讼代理人的权利。对于附带民事诉讼而言,其从本质上属于民事诉讼,当然适用民事诉讼代理制度。因此,法律赋予附带民事诉讼当事人委托诉讼代理人的权利。

刑事诉讼中的代理,是指代理人接受公诉案件的被害人及其法定代理人或者近亲属、自诉案件的自诉人及其法定代理人、附带民事诉讼的当事人及其法定代理人的委托,以被代理人的名义参加诉讼,由被代理人承担代理行为法律后果的一项诉讼活动。

(二) 委托主体

有权委托诉讼代理人的主体为公诉案件的被害人及其法定代理人或者近亲属、自诉案件的自诉人及其法定代理人、附带民事诉讼的当事人及其法定代理人。其中,附带民事诉讼当事人包括原告、被告和第三人。

【提示】

（1）一般情况下，应当由被害人、附带民事诉讼当事人、自诉人自行委托诉讼代理人。但如果被害人、附带民事诉讼当事人、自诉人是限制行为能力人，则由其法定代理人委托诉讼代理人；如果被害人死亡或因身体、精神等原因客观上不能委托诉讼代理人，也可以由其近亲属委托。

（2）诉讼代理人如是当事人的法定代理人或近亲属委托，其仍然是当事人的诉讼代理人，有权代表当事人行使各项诉讼权利，法律后果由当事人本人而非其法定代理人或近亲属承担。

【巩固练习5-12】 在刑事诉讼中，下列哪些诉讼参与人可以委托他人代理实施诉讼行为？

A. 附带民事诉讼当事人的近亲属　　　　B. 被害人

C. 自诉人　　　　　　　　　　　　　D. 证人

答案：B、C(诉讼代理人的委托主体)

本题考查的是刑事诉讼被代理人的范围。附带民事诉讼中只有附带民事诉讼当事人及其法定代理人才能委托诉讼代理人，选项A错误。证人具有不可替代性，不能担任代理人代为诉讼行为，选项D错误。因此本题答案为选项B、C。

（三）刑事诉讼代理人的范围

刑事诉讼代理人的范围和不能担任诉讼代理人的范围与辩护人相同。

在诉讼代理人人数方面，我国刑事诉讼中每名被害人、附带民事诉讼当事人、自诉人最多只可以委托两名诉讼代理人。

（四）委托时间

公诉案件自案件移送审查起诉之日起，有关主体有权委托诉讼代理人；自诉案件及附带民事诉讼案件，有关主体有权随时委托诉讼代理人。

（五）权利保障

委托诉讼代理人是当事人(被告人除外)的一项重要的诉讼权利，人民检察院和人民法院应当予以切实保障。人民检察院、人民法院负有及时告知义务，在收到案件材料(或受理案件)之日起3日以内，应当告知有关主体有权委托诉讼代理人。

二、刑事诉讼代理的种类

依照刑事诉讼主体的不同，刑事诉讼中的代理可以分为以下三类。

（一）公诉案件中被害人的代理

公诉案件中被害人的代理是指律师等接受公诉案件中，被害人及其法定代理人或者近亲属的委托，担任诉讼代理人的活动。

（二）自诉案件中的代理

自诉案件中的代理是指在自诉案件中,律师等接受自诉人及其法定代理人的委托作为诉讼代理人参加诉讼。

人民法院自受理自诉案件之日起 3 日以内,应当告知自诉人及其法定代理人有权委托诉讼代理人。

（三）附带民事诉讼的代理

附带民事诉讼的代理是指律师等接受附带民事诉讼当事人及其法定代理人的委托,以被代理人的名义参加诉讼的活动。这种情形的代理,既可能出现在刑事自诉案件中,也可能出现于公诉案件中。附带民事诉讼的当事人及其法定代理人都可以委托代理人。

三、诉讼代理人的责任

根据《刑诉法适用解释》第 56 条规定,诉讼代理人的责任是根据事实和法律,维护被害人,自诉人或者附带民事诉讼当事人的诉讼权利和其他合法权益。诉讼代理人应当向人民法院提交由被代理人签名或者盖章的委托书。

四、诉讼代理人的权利

根据 2012 年《刑事诉讼法》及其司法解释的相关规定,诉讼代理人除享有代理授权范围内的被代理人的权利外,还享有以下主要权利。

（1）律师担任诉讼代理人自人民检察院对案件审查起诉之日起,可以查阅、摘抄、复制本案的案卷材料;其他诉讼代理人经人民法院、人民检察院许可,也有权查阅、摘抄、复制上述材料。

（2）调查取证权。与律师辩护人在审判阶段的权利内容相同。

（3）诉讼代理人对于司法机关及其工作人员有下列行为之一,有权向该机关申诉或者控告。

① 采取强制措施法定期限届满,不予以释放、解除或者变更的;

② 应当退还取保候审保证金不退还的;

③ 对与案件无关的财物采取查封、扣押、冻结措施的;

④ 应当解除查封、扣押、冻结不解除的;

⑤ 贪污、挪用、私分、调换、违反规定使用查封、扣押、冻结的财物的;

⑥ 检察院、法院阻碍其依法行使诉讼权利的。

受理申诉或者控告的机关应当及时处理。对处理不服的,可以向同级人民检察院申诉;人民检察院直接受理的案件,可以向上一级人民检察院申诉。人民检察院对申诉应当及时进行审查,情况属实的,通知有关机关予以纠正。（《刑事诉讼法》第 115 条的规定）

【巩固练习5-13】 在杨某涉嫌诈骗案中,被害人朱某委托其同事张某担任其诉讼代理人。案件提起公诉后,张某有权行使以下哪些诉讼行为?

A. 申请某审判人员回避

B. 查阅、摘抄、复制与本案有关的材料

C. 经人民法院同意,向证人或者其他有关单位和个人收集、调取与本案有关的材料

D. 申请人民法院向证人或者其他有关单位和个人收集、调取与本案有关的材料

答案:A、D

张某是非律师诉讼代理人,只有在法院同意的前提下,才能查阅、摘抄、复制有关材料;同时,张某也没有收集调查证据的权利,而只能申请人民法院调查收集。据此,选项B、C错误。

五、诉讼代理人与刑事辩护人之比较

诉讼代理人与刑事辩护人的区别与相同之处如表5-6所示。

表5-6　诉讼代理人与刑事辩护人的区别与相同之处

区　　别		
委托主体	委托辩护人的主体	犯罪人、被告人。犯罪嫌疑人在押的,也可以由其监护人,近亲属代为委托辩护人
	委托诉讼代理人的主体	公诉案件的被害人及其法定代理人或者近亲属(只有被害人的近亲属可以委托诉讼代理人,自诉人及附带民事诉讼当事人的近亲属不可以委托诉讼代理人);自诉案件的自诉人及其法定代理人;附带民事诉讼的当事人及其法定代理人
产生方式	辩护人	委托或者公安机关、人民检察院、人民法院通知法律援助机构指派
	诉讼代理人	委托产生
地位不同	辩护人	具有独立的诉讼地位,根据自己对于法律和事实的理解独立进行辩护
	诉讼代理人	在授权范围内进行代理活动,要受被代理人意志左右
职能不同	辩护人	辩护职能
	诉讼代理人	控诉职能
委托时间不同	辩护人	犯罪嫌疑人自被侦查机关第一次讯问或者采取强制措施之日起,有权委托辩护人;在侦查期间,只能委托律师作为辩护人。被告人有权随时委托辩护人
	诉讼代理人	公诉案件的被害人及其法定代理人或者近亲属,附带民事诉讼的当事人及其法定代理人,自案件移送审查起诉之日起,有权委托诉讼代理人。自诉案件的自诉人及其法定代理人,附带民事诉讼的当事人及其法定代理人,有权随时委托诉讼代理人
相　同　之　处		
人员范围	二者相同,律师、非律师均可担任。不能担任的人员范围也相同	
人数	不得超过两人	
权利、义务	诉讼代理人的权利,也分为律师与非律师两类,情况与辩护人基本相同。但所有诉讼代理人都要经法院许可,才可以查阅、摘抄、复制本案的案卷材料	

【提示】　在刑事诉讼中,除了犯罪嫌疑人和被告人委托的是辩护人以外,其他当事人委托的都是诉讼代理人。如果犯罪嫌疑人、被告人同时又是附带民事诉讼被告人,在刑事诉讼方面,犯罪嫌疑人、被告人委托的是辩护人;在民事诉讼方面,其委托的则是诉讼代理人,实践中,犯罪嫌疑人、被告人往往请同一个人担任辩护人和诉讼代理人。

【案例释义 5-7】

案情:被告人林某与被害人张某素不相识。某年 12 月 13 日下午 17 时,张某在菜市场买菜,发现林某不排队加塞,便将林某拉出队外。林某与张某争吵起来,并向张某小腹猛踢几脚。张某当即感到疼痛,回家后疼痛加剧,经医院诊断为肠穿孔。次日进行外科手术,证实是外伤性肠穿孔,距回肠 85 厘米处有 1.5 厘米×1.5 厘米穿孔,切除肠管 30 厘米。张某要求追究林某的法律责任。12 月 20 日,本案经公安机关侦查终结后移送人民检察院审查起诉。12 月 25 日,人民检察院告知张某可以委托诉讼代理人。因张某尚未出院,其堂兄擅自为之委托张某的朋友、邻县公安局干部刘某担任诉讼代理人。此案经人民法院审理,认为林某构成故意伤害罪,依法判处被告人林某拘役 5 个月,缓刑 1 年,赔偿张某经济损失 4850 元。

问题:请思考分析本案在委托刑事诉讼代理人方面存在哪些不妥之处?

简析:

(1) 根据我国 2012 年《刑事诉讼法》第 44 条第 1 款的规定,公诉案件中能够有权委托诉讼代理人的包括被害人、被害人的法定代理人和被害人的近亲属。我国刑事诉讼中的"近亲属"包括配偶、父、母、子、女、同胞兄弟姐妹。显然,堂兄不在近亲属的范围之内,所以,本案中张某的堂兄为之委托诉讼代理人是不符合法律规定的。

(2) 2012 年《刑事诉讼法》第 44 条第 2 款规定,人民检察院自收到移送审查起诉的案件材料之日起 3 日内应当告知被害人及其法定代理人或近亲属有权委托诉讼代理人。而本案中,人民检察院在第 5 日才告知,违背其法定的告知义务。

(3) 根据《刑诉法适用解释》第 47 条的规定,人民法院、人民检察院、公安机关、国家安全机关、监狱的现职人员不得被委托担任诉讼代理人,如果是被害人的近亲属或监护人,由被害人委托的,人民法院可以准许。本案中,在公安机关任职的刘某只是张某的好朋友,不是近亲属,因此,刘某不能被委托为诉讼代理人。

【巩固练习 5-14】 下列关于刑事诉讼中辩护人与诉讼代理人区别的表述,哪些选项是正确的?

A. 介入诉讼的时间不同
B. 可以担任辩护人和诉讼代理人的人员范围不同
C. 是否出席法庭不同
D. 承担的刑事诉讼职能不同

答案:A、D

【巩固练习 5-15】 在张某故意毁坏李某汽车案中,张某聘请赵律师为辩护人,李某聘请孙律师为诉讼代理人。关于该案辩护人和诉讼代理人,下列哪一选项是正确的?

A. 赵律师、孙律师均需自案件移送审查起诉之日起方可接受委托担任辩护人、诉讼代理人
B. 赵律师、孙律师均有权申请该案的审判人员和公诉人员回避
C. 赵律师可在审判中向张某发问,孙律师无权向张某发问
D. 张律师应以张某的意见作为辩护意见,孙律师应以李某的意见为代理意见

答案:B(辩护人与诉讼代理人的区别)

第六章

刑事证据与证明

本章导语

在刑事诉讼中,要实现刑事诉讼法的任务,做到准确惩罚犯罪,保障无罪的人不受刑事追究,首先就要正确地运用证据,查明案件事实。在整个刑事诉讼过程中,从立案、侦查、起诉到审判,每一个诉讼阶段和诉讼程序,都离不开证据的运用,如果在运用证据上出现差错,那就不可能对案件作出正确的处理。可以这么讲,刑事诉讼的整个过程,就是如何收集证据、运用证据、认定证据以证明案件事实的过程。那么,什么是刑事证据?刑事证据的种类有哪些?具备哪些属性才能作为认定犯罪事实的证据?在运用证据证明案件事实的过程中要遵循哪些基本原则?在刑事诉讼过程中如何收集、审查和运用证据?控辩双方收集和出示证据应遵循哪些基本准则?在刑事诉讼过程中由谁提出证据证明案件事实?运用证据需要证明的案件事实有哪些?证明案件事实需要达到何种标准,才能认定被告人的行为构成犯罪?这些内容就是刑事证据制度要研究解决的问题。我国 2012 年《刑事诉讼法》第 48、49、50、52、53、54~58、59~63 条,对刑事证据制度作了规定。

我国 1996 年《刑事诉讼法》仅用 8 个条文对证据制度进行了规定,已经远远不能满足刑事司法实践的需要。2012 年《刑事诉讼法》对证据制度作了重大修改,增加至 15 个条文,修改之处主要体现在以下六大方面:①完善证据的概念和种类。规定可以用于证明案件事实的材料都是证据;将"鉴定结论"改为"鉴定意见";增加电子数据等证据类型。②确立非法证据排除规则。规定通过刑讯、体罚、虐待等非法方法收集的犯罪嫌疑人、被告人供述和采用暴力、威胁等非法方法收集的证人证言、被害人陈述应当排除;违反法律规定收集的严重影响司法公正的物证、书证也应当排除;明确规定非法证据排除的阶段、程序、证明责任和证明标准等。③规定不得强迫任何人证明自己有罪,并且对与此相关的第 93 条既保留"应当如实回答"的规定,又增加侦查人员在讯问时应当告知犯罪嫌疑人如实供述自己罪行可以从宽处理的规定。④规定举证责任分配。公诉案件中被告人有罪的举证责任由公诉机关承担,自诉案件中被告人有罪的举证责任由自诉人承担。⑤解释"证据确实、充分"的证明标准。将其具体规定为:定罪量刑的事实都有证据证明;据以定案的证据均经法定程序查证属实;综合全案证据,对所认定事实已排除合理怀疑。⑥建立证人保护制度和证人补偿制度。

学习本章知识应重点掌握以下内容:①证据的法定种类;②书证与物证、视听资料的区别；③证据规则；④非法证据排除规则；⑤诉讼证明；⑥原始证据与传来证据、言辞证据与实物证据、直接证据与间接证据；⑦证据的关联性；⑧证明对象的范围；⑨证明责任的分担；⑩各个诉讼阶段的证明标准；⑪免证事项；⑫死刑案件的证据审查判断。

本章的知识内容体系如图 6-1 所示。

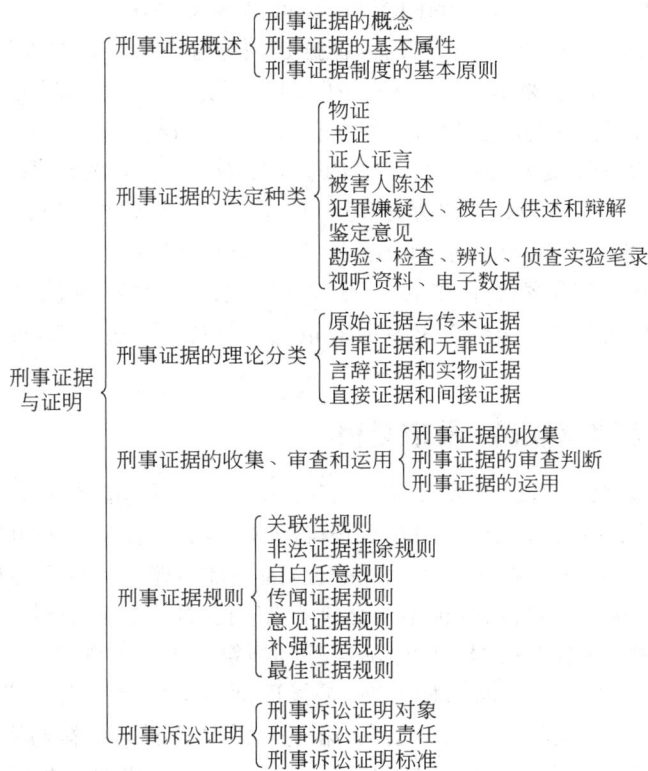

图 6-1　本章知识体系图示

第一节　刑事证据概述

一、刑事证据的概念

2012 年《刑事诉讼法》第 48 条第 1 款规定了证据的概念，根据该款规定，可以用于证明案件事实的材料都是证据。这一概念可以从以下两个层次来理解。

第一个层次是一般意义上的证据。即，可以用于证明案件事实且具有法律规定的证据形式的一切材料。在这个意义上，只要进入刑事诉讼之中，被公安司法机关和诉讼当事人用来证明案件事实的材料，只要具有法律规定的八种证据形式之一，都是证据。这里强调了证据的两个特征：一是可以证明案件事实，即与案件事实之间存在关联性；二是具有法律规定的证据形式。至于证据本身是真是假，都不影响其进入诉讼成为证据。

第二个层次是作为定案根据的证据。此类证据除了应具有关联性和法定形式之外，还应当具有客观真实性,即经过查证属实,能够被法院采纳作为定案根据的证据。

认定案件事实必须依靠证据,但什么是证据理论界存在分歧,实务界理解不一,归纳起来,主要有以下几种观点:①事实说,把证据界定为一种用来证明案件情况的事实;②根据说,把证据界定为证明案件事实的根据;③材料说,把证据界定为证明案件事实的材料;④折中说,即从证据所反映的内容看,证据是客观存在的事实。从证明关系看,证据是证明案件事实的凭据;从表现形式看,证据必须符合法律规定的表现形式。

1996 年《刑事诉讼法》采取的是"事实说",即"证明案件真实情况的一切事实,都是证据"。这一关于证据概念的界定,包含了"证据为真"的预设,使证据概念失去了中性的色彩,既导致证据的查证、质证、认证"无从谈起",又引起"虚假的证据"不是证据的逻辑矛盾。显然,这种关于证据概念的界定是不科学的,在实践中容易引起证据收集、审查、判断主体的困惑。2012 年《刑事诉讼法》对证据概念进行了调整,弃"事实说"取"材料说",即"可以用于证明案件事实的材料,都是证据"。这不仅从逻辑上解决了真证据、假证据的问题,而且将证据与"作为定案根据的证据"区别开来,使证据的概念具有层次性与合理性。

二、刑事证据的基本属性(基本特征)

(1) 证据的客观性是指证据必须是客观存在的事实,而不能是主观猜测、想象或捏造的东西。证据的客观性要求证据必须具有正确的来源,有查证属实的可能,如果没有正确的来源,如道听途说、匿名举报等由于无法查证,因此都不能作为证据使用。幻觉、意见和推测等主观性占主导地位的材料,也不得做证据使用。证人的猜测性、评论性、推断性的证言,不能作为证据使用,但根据一般生活经验判断符合事实的除外。

(2) 证据的关联性又称证据的相关性,是指证据与案件事实有无联系以及联系的紧密和强弱程度。证据的关联性有两个层次,第一个层次是证据材料与案件事实是否有关联以及这种关联是否具有确定性,这是判断是否具有证据资格的重要标准;第二个层次是这种联系的密切强弱程度,这是判断该证据证明力大小的重要标准。任何证据都会与案件有着或大或小的联系,如被告人的品格(如经常吃喝嫖赌)、先前的类似犯罪记录(如曾偷盗多次)虽然与案件有一定的关联,但对于证明本案主要事实并没有证明力,至多只能作为量刑因素。与案件事实没有相关性,一概不能采纳为证据。

【提示】 一般来说,如果证据与案件事实之间联系紧密,则该证据的证明力较强,在诉讼中所起的证明作用也较大。

【巩固练习 6-1】 2011 年 8 月 30 日,甲盗窃某银行金库存放的现金 200 余万元。2011 年 9 月 13 日,A 市公安机关将甲抓获。2011 年 11 月 17 日,因涉嫌盗窃,A 市检察院向 A 市中级人民法院提起公诉,指控甲涉嫌盗窃罪。问:A 市检察院指控被告人甲涉嫌盗窃某银行金库的以下材料中,哪些不具备证据的关联性特征?

A. 公安机关在甲住处搜查到的撬棍、切割机等犯罪工具

B. 甲在 10 年以前曾因盗窃他人财物被判处拘役

C. 甲吃、喝、嫖、赌,道德品质败坏

D. 甲的情妇证明,2011 年 8 月 28 日至 9 月 1 日,甲与其在 B 市旅游

答案：B、C

选项 B 属于甲在 10 年以前的类似行为，选项 C 属于甲的品格证据，这些与本案都没有直接联系，不具备证据的相关性。故只有选项 A、D 具备证据的相关性特征，因此选项 B、C 为正确答案。

（3）证据的合法性是指证据的提供、收集和审查的程序，以及证据的形式应合法。具体包括以下内容。

① 收集、运用证据的主体要合法（有权主体），即只有公安司法机关和部分诉讼参与人有权收集证据。

② 证据的收集程序要合法，对于非法收集的证据应当予以排除。

③ 证据的形式要合法。应该属于 2012 年《刑事诉讼法》第 8 条规定的八种证据形式；且证据的提出形式也应当符合法律的要求，如物证、书证必须附卷，不能附卷的要通过照相、录像等方式附卷；证人证言等应当以书面形式加以固定，并经核对无误后，由证人等签名盖章。

④ 证据必须经法定程序出示和查证。未经法庭查证属实的证据，不得作为定案的依据。如证人证言必须在法庭上经过公诉人、辩护人等双方询问、质证；物证必须当庭出示，让当事人辨认。未到庭的证人证言笔录、鉴定结论、勘验笔录等证据文书，应当当庭宣读，听取控辩双方的意见。

【巩固练习 6-2】 银行被盗，侦查机关将沈某确定为犯罪嫌疑人。在进行警犬辨认时，"功勋警犬"在发案银行四处闻了闻后，猛地扑向沈某。随后，侦查人员又对沈某进行心理测试，测试结论显示，只要犯罪嫌疑人说没偷，测谎仪就显示其撒谎。关于可否作为认定案件事实的根据，下列哪一个选项是正确的？

A. 警犬辨认和心理测试结论均可以　　　B. 警犬辨认可以，心理测试结论不可以

C. 警犬辨认不可以，心理测试结论可以　　D. 警犬辨认和心理测试结论均不可以

答案：D

本题考查证据形式的合法性问题。凡是不符合 2012 年《刑事诉讼法》第 48 条规定的八种证据法定形式的材料，都不能作为认定案件事实的根据，只能作为定案的线索材料。本题中所提到的"警犬辨认"和"心理测试结论"都无法归入 2012 年《刑事诉讼法》第 48 条规定的八种证据法定形式之中，因此，均不可以作为认定案件事实的根据。而且，《最高人民检察院关于 CPS 多道心理测试鉴定结论能否作为诉讼证据使用问题的批复》规定："CPS 多道心理测试（俗称测谎）鉴定结论与刑事诉讼法规定的鉴定结论不同，不属于刑事诉讼法规定的证据种类。人民检察院办理案件，可以使用 CPS 多道心理测试鉴定结论帮助审查、判断证据，但不能将 CPS 多道心理测试鉴定结论作为证据使用。"故选项 D 正确。

三、刑事证据制度的基本原则

刑事证据制度的基本原则是指运用刑事证据时应该遵循的原则。通常认为，刑事证据制度的基本原则包括证据裁判原则、自由心证原则与直接言辞原则。

（一）证据裁判原则

证据裁判原则是指对于案件事实的认定，必须有相应的证据予以证明。没有证据或者证据不充分，不能认定案件事实。

一般而言，证据裁判原则包括以下几个方面的含义：①认定案件事实必须依靠证据，没有证据不能认定案件事实，除非法律另有规定；②用于认定案件事实的证据必须具有证据资格；③用于定案的证据必须是法庭上查证属实的证据。

（二）自由心证原则

自由心证原则是指证据的取舍、证据的证明力大小以及对案件事实的认定等，法律不预先加以明确规定，而由裁判主体按照自己的良心、理性形成内心确信，以此作为对案件事实认定的一项证据原则。在刑事诉讼中，作为最终定案根据的证据一般要经历证据的发现、收集、质证、认证等过程，自由心证原则只适用于最终的裁判阶段。该原则包含两方面的内容。

（1）"自由判断"是指除法律另有规定外，证据及证明力由法官自由判断，法律不预先规定。法官判断证据的证明力时，不受任何外部的影响或法律上关于证明力的约束。但"自由"是相对的，它要受到整个法律体系中的一系列法律制度和规定的制约，法官应当在适用各种证据规则并慎重考虑庭审证据调查与辩论的基础上，依据自由心证对案件事实作出判断。

（2）"内心确信"是指法官通过对证据的判断所形成的内心信念，并且达到深信不疑的程度，由此判定事实。禁止法官根据尚有疑虑的主观感受判定事实。

我国《民事诉讼证据若干规定》第 64 条规定："审判人员应当依照法定程序全面客观地审核证据，依据法律的规定，遵循法官职业道德，运用逻辑推理和日常生活经验，对证据有无证明力和证明力大小独立进行判断，并公开判断的理由和结果。"该条表明自由心证原则在一定程度上得到了我国的认可。

（三）直接言辞原则

直接言辞原则是直接原则和言辞原则的合称，是指法官必须在法庭上亲自听取被告人、证人及其他诉讼参与人的陈述，案件事实和证据必须以口头方式向法庭提出，调查证据以口头辩论、质证、辨认方式进行。

1. 直接原则

直接原则又分为直接审理原则和直接采证原则。直接审理原则是指法官在审理案件时，公诉人、当事人及其他诉讼参与人除法律有特殊规定外，必须在场，否则审判活动无效；直接采证原则是指刑事程序中证据的调查与采取，应由法官亲自进行，只有以直接调查并经衡量、评判后采信的证据，才能作为判决依据。

2. 言辞原则

言辞原则是指法庭审理须以口头陈述的方式进行。原则上所有的证据都须以口头方式在法庭上提出，并在法庭上由控、辩双方以口头方式进行调查；与此相对，证人、被告人等在法庭以外以书面形式提供的证词，若不经由该证人或被告人等在法庭上以口头形式提出，一般应当为法庭审判所排除，只有在少数例外情况下才直接采纳为定案证据。证词要经控诉机关与被告人及其辩护人以口头方式进行质证。

【巩固练习6-3】 下列哪一个选项体现直接言辞原则的要求？

A. 法官亲自收集证据

B. 法官亲自在法庭上听取当事人、证人及其他诉讼参与人的口头陈述

C. 法庭审理尽可能不中断地进行

D. 法庭审理应当公开进行证据调查与辩论

答案：B

本题考查直接言辞原则。选项A体现的是职权原则的要求；选项C体现了集中审理原则的要求，选项D体现了审判公开原则的要求。只有选项B明确表达了直接言辞原则的含义，故本题的正确答案是B项。

第二节　刑事证据的法定种类

2012年《刑事诉讼法》第48条第2款规定了证据的种类。根据该款规定，证据包括以下八种。

一、物证

物证是指与案件相关联，可以用于证明案件情况和犯罪嫌疑人、被告人情况的实物或者痕迹。如作案工具、现场遗留物、赃物、血迹、精斑、脚印等。

【提示】 由于物证是哑巴证据，故它只能反映案件的某个环节或片段，因此，仅是间接证据。

【巩固练习6-4】 以下证据材料中，哪些属于物证？

A. 现场发现的凶器

B. 现场提取的犯罪嫌疑人的指纹

C. 公安机关查封扣押的假冒注册商标的产品

D. 犯罪嫌疑人遗留在现场的一本小说

答案：A、B、C、D

二、书证

书证属实物证据，是指能够以物质载体，所记载的内容或反映的思想来证明案件事实的文字、图案等资料。如合同、账本、书信的内容（不是笔迹）、医院的诊断证明（须单位出具）等。1996年《刑事诉讼法》把书证和物证放在同一项中规定，容易导致实践中对物证和书证的混淆。虽然二者都是实物证据，但它们对案件事实发挥证明作用的方式不同，况且实物证据除了物证、书证之外，还有勘验检查笔录、视听资料等，考虑到书证和物证在性质和证明案件事实的方式上有明显区别，并参考民事诉讼法、行政诉讼法的有关规定，

2012 年的《刑事诉讼法》将物证、书证分作两项加以规定。

【提示】 物证与书证的区别。

如果定罪时主要考虑"量"的问题,属于物证;如果定罪时主要考虑"质"的问题,则属书证。如,甲盗窃录像带、图书,成立盗窃罪,此时的录像带、图书是物证;乙在制作、贩卖、传播淫秽物品案件中,所缴获的录像带、图书则属书证,因为定本罪主要依据的是其淫秽内容(如果制作、贩卖、传播的量很大,同时也是物证)。

【案例释义 6-1】

案情: 某地发生一起入室抢劫案,侦查人员到现场进行勘查,发现现场物品十分凌乱,原本挂在墙上的挂钟掉在地上,玻璃罩摔碎了,时针指向 11,分针指向 4。侦查人员甲认为这个时钟是物证,可以证明犯罪现场发生了打斗的情况。侦查人员乙则认为时钟是书证,根据指针停摆时指的时间可以推断案发时间是晚上 11 点 20 分。两个人对此产生争议。

问题: 本案中的时钟应该属于我国《刑事诉讼法》规定的哪一种证据种类?

简析: 这个案件中的时钟,既可以以其存在状态和存在场所证明现场发生过打斗,也可以以其内容,即时针停摆时所指的时间证明案发时间。因此,在本案中它既是物证也是书证。

【巩固练习 6-5】 下列哪些证据属于书证?

A. 某强奸案,在犯罪嫌疑人住处收集的笔记本,其中记载其作案经过及对被害人的描述

B. 某贪污案件中的原始会计凭证和有关账册

C. 某故意伤害案,证人书写的书面证词

D. 某合同诈骗案件中当事人签订的合同

答案: A、B、D

三、证人证言

证人证言是指了解案件情况的人就其了解的案件情况所作的陈述。证人证言的表现形式除证人当庭口头作证外,还包括证人提供的书面证言,甚至以录音、录像等方式保存的证人证言等。

【提示】 在法庭上宣读的证言笔录,不是书证,是证人证言。

【巩固练习 6-6】 张某、李某共同抢劫被抓获。张某的下列哪一项陈述属于证人证言?

A. 我确实参加了抢劫银行

B. 李某逼我去抢的

C. 李某策划了整个抢劫,抢的钱他拿走了一大半

D. 李某在这次抢劫前还杀了赵某

答案: D

本题考查证人证言与犯罪嫌疑人、被告人的供述与辩解的区别。犯罪嫌疑人、被告人的供述是犯罪嫌疑人、被告人就有关案件的情况向侦查、检察和审判人员所作的陈述。证

人证言是证人就其了解的案件情况向公安司法机关所作的陈述。选项A中"我确实参加了抢劫银行",属于犯罪嫌疑人、被告人的供述,不应选。犯罪嫌疑人、被告人检举揭发同案共犯犯罪事实的,应当具体问题具体分析,选项B、C都是张某对同案共犯李某的共同犯罪的情况所作的检举,与本人罪责有关,属于犯罪嫌疑人、被告人的辩解,不是证人证言,选项B、C也不应选。李某在抢劫前还杀害赵某的事实与两人共同犯罪无关,不涉及张某的罪责,就该故意杀人案而言,张某处于证人地位,张某的检举属于证人证言,故选项D正确。

四、被害人陈述

被害人陈述是指直接受犯罪行为侵害的人,就案件的情况所作的陈述。

五、犯罪嫌疑人、被告人的供述和辩解

犯罪嫌疑人、被告人的供述和辩解是指犯罪嫌疑人、被告人就案件情况所作的陈述和辩解。供述和辩解两者统称"口供",其中,对自己犯罪情况承认的陈述称为供述;声称自己无罪或者罪轻的陈述称为辩解。

【注意】 仅有口供不能定案,没有口供也能定案(《刑事诉讼法》第53条)。

【提示】 供述与证人证言的区别。

在共同犯罪中,甲、乙入室盗窃后,甲发现女主人非常漂亮,又强奸了她。后甲、乙被捕。甲、乙(同案犯)之间互相证明对方的盗窃罪事实,都是供述;乙又揭发甲强奸女主人的犯罪事实,属证人证言(乙未强奸,只是旁观者),甲承认自己的强奸行为,是供述,此时可以认定甲构成强奸罪(既有供述,又有证言)。因此,犯罪嫌疑人、被告人对同案犯涉嫌的其他犯罪事实的揭发属于证人证言。

【案例释义6-2】

案情: 2000年2月5日,张某因婚外情与妻子刘某吵架。争执中,张某将其妻杀死,并碎尸、抛尸。这一过程被邻家一名10岁的小女孩看见,并把看到的一切如实告诉了父母。于是其父母领着她到公安局报了案。开庭审理时,对该女孩的陈述是否可以作为证据使用产生了分歧,一种意见认为,女孩能够将看到的情况真实表述出来,可以作为证人;另一种意见认为,该女孩年仅10岁,还不能作为证人。最后法庭采纳了该女孩的证言,经过核实认定了张某碎尸、移尸的具体情节。

问题: 法院采纳小女孩的陈述,作为认定犯罪事实的证据是否正确?

简析: 本案涉及证人资格的一个重要因素——年龄。我国2012年《刑事诉讼法》第60条规定:"凡是知道案件情况的人,都有作证的义务。生理上、精神上有缺陷或者年幼,不能辨别是非、不能正确表达的人,不能作证人。"根据该条的规定,取得证人资格的绝对条件是"知道案件情况",能够"辨别是非",能够"正确表达"。"年幼"只是丧失作证资格的相对条件。因此,年幼的人能否作为证人,关键要看其对客观事物是否能分清是非,是否能正确表达。在实践中必须对年幼人员的具体情况进行具体分析之后,才能确定其能否作为证人,而不能因其年幼就一律取消他们作证的资格。本案中的小女孩虽然年幼,但是她对于被告人的碎尸、移尸行为不但能够分辨而且还能向父母及公安机关清楚表达,因

此其具有相应的辨别和表达能力,其证言只要经过核实,可以作为定案的依据。

六、鉴定意见

鉴定意见是指有专门知识的鉴定人对案件中的专门性问题进行鉴定后提出的书面意见,如法医鉴定报告、指纹鉴定报告、血迹鉴定报告等。鉴定人针对案件中的专门性问题所出具的鉴定结果本身就存在错误的可能性,因此该鉴定结果与其他证据一样,不是最终结论,都需要对其进行质证和查证,仍然要经过司法机关结合全案情况和其他证据进行审查判断,查证属实之后,才能作为定案的根据。1996年《刑事诉讼法》将其称为"结论",容易导致司法实践中对此类证据审查判断产生困境。2012年《刑事诉讼法》将"鉴定结论"更改为"鉴定意见",更符合这种证据本身的性质和特点。

【提示】

(1) 需要由省级政府指定医院(不是省级医院)的三种鉴定:①精神病鉴定(较长,不记入办案期限);②人身伤害鉴定有争议的;③保外就医(执行阶段)。

(2) 鉴定结论应当告知犯罪嫌疑人和被害人。

【案例释义6-3】

案情:马某于2009年11月24日21时许,在某市北七家镇沟自头村一饭店内,因两人的孩子打架一事,与饭店老板娘李某(女,35岁)发生口角并发生撕扯。两天后,李某流产。2009年11月28日,解放军某医院出具诊断,证明李某是早孕后自然流产。李某称被马某踹其腹部导致流产,马某始终辩解没有踢打李某腹部。

2009年12月4日,市公安局物证鉴定所对李某所受损伤情况进行鉴定。2009年12月30日,鉴定人出具了《法医学人体损伤程度鉴定书》。鉴定意见为:李某2009年12月4日在法医门诊进行伤情鉴定时未见明显外伤,外伤与伤者伤情的因果关系无法认定。后被害人李某对此鉴定结论不予认可,要求重新鉴定。

2010年1月20日,该鉴定所再次对李某的伤情作出补充鉴定,同年1月28日鉴定所出具的鉴定意见为:根据现有材料,结合初次鉴定结论,伤者李某的伤情与外伤的因果关系无法认定。

由于被害人对前两份鉴定结论均表示有异议,2010年5月19日,华夏物证鉴定中心对李某身体所受损伤程度及外伤与伤情的因果关系进行鉴定。同年5月28日出具的鉴定意见为:被鉴定人李某的自然流产与他人打击的外伤之间存在因果关系;其损伤构成轻伤。被害人对于此份鉴定结论没有异议。

鉴于无法确定马某的行为与李某流产的因果关系,人民检察院决定对马某作存疑不起诉处理。

问题:

(1) 如何认识鉴定意见的真实性和客观性?

(2) 对同一专门性问题不同鉴定人得出不同意见的情形,司法机关该如何处理?

简析:鉴定意见发生冲突是一种常见现象。因为,鉴定意见是有专门知识的人解决案件中某些专门性的问题,是人对于事物的原因、性质等问题作出的分析和解释,要受制于认识的有限性。并且,司法鉴定是一项对科学技术依赖性非常高的活动,在鉴定过程中，由于技术的局限性导致鉴定结论不可能达到严密准确的程度；同时，检材是否充分、检材距离案发时间的远近、鉴定的环境等客观因素的干扰也可能导致鉴定人无法对问题作出科学的判断。所以，干扰因素使不同的鉴定者得出不同的意见或者同一鉴定者得出相反的意见都是有可能的。

本案中关于李某人身伤害情况的多份鉴定结论实质上是不同的鉴定人就案件中同一问题的不同认识，都不是对案件事实的结论性认识。因此，司法机关对这种认识进行审查时，应当全面审查鉴定人的资质、中立性、鉴定程序、规程、方法、检材、鉴定意见的形式、明确性、关联性等问题，对鉴定意见的真实性和客观性及其合法性进行全面判断，对确实不能得出唯一结论的，应当作出存疑处理。

七、勘验、检查、辨认、侦查实验笔录

（一）勘验、检查笔录

勘验、检查笔录是指办案人员对与犯罪有关的场所、物品、人身、尸体等进行现场勘验、检查所作的记录，是办案人员对案发现场的描绘和记载。

【提示】

（1）勘验的对象是现场、物品、尸体，检查的对象是活人的身体。

（2）勘验的方式：文字记录、绘图、照相、录像等。

（3）勘验、检查笔录与书证的区别在于制作主体不同。如对一案发现场，侦查人员的拍照是勘验笔录；路人的拍照在法庭上出示则构成书证。

（二）辨认笔录

辨认笔录是指侦查人员让被害人、犯罪嫌疑人或者证人对与犯罪有关的物品、文件、尸体、场所或者犯罪嫌疑人进行辨认所作的记录。辨认是司法实践中常见的侦查措施。随着流动人口和异地作案的增多，证人、被害人与犯罪嫌疑人互不相识的情形越来越多，刑事侦查中运用辨认措施的也越来越多。辨认结论的收集主要有两种途径，一种是通过照片辨认获得；另一种是通过对人的辨认取得，两者都须达到一定数量，所以可将前者称为照片辨认，后者称为列队辨认。这两种辨认方法各有优点，一般而言列队辨认能够提供更多的犯罪嫌疑人的行为信息，如犯罪嫌疑人的声音、走路姿势、举止等，这些信息能刺激证人的多个感觉器官；而照片辨认具有携带方便、操作容易、便于重复、减少证人辨认时的焦虑情绪等优点。

（三）侦查实验

侦查实验是在刑事诉讼中，为了确定与案件有关的某一事件或事实在某种条件下能否发生或者怎样发生，而按照原来的条件将该事件或事实加以重演或者进行实验的一种侦查行为。

辨认和侦查实验这些侦查活动是刑事司法实践中经常运用的侦查取证方法，但是对于通过它们所获取的证据，即辨认笔录以及侦查实验报告，应当属于何种证据种类，

1996 年《刑事诉讼法》并未将辨认笔录和侦查实验报告纳入法定证据形式,使得辨认结论如何审查、判断以及在刑事诉讼中如何运用等问题一直无章可循。实践中,这两种证据或者被作为书证加以使用,或者被归入勘验、检查笔录之中,但无论哪种归类都不太合适。2012 年《刑事诉讼法》将"勘验、检查笔录"修改为"勘验、检查、辨认、侦查实验等笔录",有助于消除公安机关、人民检察院关于这两种活动的不同认识和不同做法,使辨认笔录和侦查实验报告如同其他法定证据形式一样,能够在刑事诉讼中得到全面审查,真正发挥其应有的功能和作用。

问题思考:照片属于何种法定证据种类?

视情况而定:①固定大型物体的属物证;②路人拍下的案发现场属书证;③侦查人员拍下的案发现场属勘验笔录;④X 光片属视听资料,因为是通过特殊设备读取的。

【案例释义 6-4】

案情:新华网江苏频道 2010 年 7 月 21 日报道,5 月 22 日中午,(江苏)常州新北警方接到报案称新北区长江路段发生一起坠车事件,一名女子从一辆行驶中的面包车上坠下,脑部着地,最终不治身亡。驾车男子在逃逸七八个小时后主动向警方自首,并坚持说是女乘客自己不慎坠车。而后警方调查发现,驾车男子与坠车女子曾经是一对婚外恋情人。这起不同寻常的坠车事件,究竟是一起意外的交通事故,还是一起因感情纠葛引发的刑事案件?

案发现场没有目击证人,受害人已死无对证,面对扑朔迷离的案情,常州新北警方首次尝试侦查实验,再现犯罪现场,并结合前期的走访调查和监控资料,揭开了这一起坠车谜案。

警方侦查实验结果表明,面包车在正常行驶过程中,如果车门被乘客强行打开,驾驶员会在坠车前的五六百米范围内发现险情,并采取应急措施。按照同样的实验内容,警方又随机邀请另外两名驾驶员参与实验,实验结果全部相同。因此,受害人打开车门是不是威胁嫌疑人,虽不能确定,但嫌疑人没有停车、没有减速、没有采取相应的急救措施,至少应该存在过失行为。因此,新北警方在零口供情况下,以涉嫌过失致人死亡的罪名,将犯罪嫌疑人程某予以刑事拘留。

问题:侦查实验在刑事诉讼中认定案件事实的作用。

简析:2012 年《刑事诉讼法》修改前未将侦查实验结论纳入法定证据形式,因此关于侦查实验结论是否应当作为证据使用,实践中历来存在肯定说和否定说两种截然不同的认识。认为侦查实验结论不得作为证据使用的观点认为,侦查实验只是对案件事实的模仿,侦查实验结论只能是非常接近客观真实,但毕竟不是客观真实,因此只能对认定案件事实起到参考作用,而不能直接作为证据来使用。

实际上,尽管侦查实验与已经发生过的案件事实不可能完全一致,但侦查实验本质上是遵循事物运动的客观规律,在特定的客观物质条件下进行的,是以实验方式对已经发生的案件事实的重现或再现,具有鲜明的客观性,对于检验、查明犯罪嫌疑人、被告人供述的真伪、印证案件的其他证据,具有十分重要的作用。因此,只要侦查实验活动严格依法开展,其结论是可以作为刑事案件的证据来使用的。正是基于这样的考虑,2012 年《刑事诉讼法》第 48 条明确将侦查实验笔录规定为法定证据形式。

本案常州新北警方尝试侦查实验，再现犯罪现场，并结合前期的走访调查和监控资料，揭开坠车谜案，将作案人绳之以法的成功实践，就是侦查实验笔录有效发挥证据作用的成功案例。

八、视听资料、电子数据

（一）视听资料

视听资料是指以录音、录像、计算机等存储信息（QQ 聊天、博客、短信等）的内容，证明案件真实情况（犯罪过程）的资料等。

（二）电子数据

电子数据是指与案件事实有关的计算机等存储信息、博客、短信、电子邮件、网上聊天记录、电子签名、访问记录等电子形式的证据。

这里规定的两种证据，在内容上可能与前几项规定的证据有重合之处，如证人作证的录像、电子版的合同等。

随着计算机和互联网越来越深入到人们的学习、生活和工作之中，存储于计算机、移动硬盘、U 盘等电子设备中，对犯罪事实起证明作用的数据也越来越多地出现在刑事诉讼之中，这种以计算机语言编码而成的数据具有文字、图形、图像、动画、视频、音频等多种外在表现形式，与传统的存储于录音带、录像带上的以电磁方式记录的声音、图像有本质的区别。"物证、书证"、"视听资料"等传统的证据种类根本无法囊括这种新的证据形式。因此，2012 年《刑事诉讼法》增加规定了"电子数据"这种证据，从而解决了这种新的证据形式的合法性问题。

【提示】

（1）视听资料、电子数据产生于诉讼开始之前，在案发时形成。

（2）讯问犯罪嫌疑人、询问证人的录像带拿到法庭上播放，仍是犯罪嫌疑人口供、证人证言。此时的"视听资料"只是载体。这种所谓的"视听资料"是在诉讼过程中形成的；制作主体是审问人员。但是，当该资料用于证明讯问、询问、勘验程序是否合法时，则属于视听资料。

问题思考：如何完善刑事诉讼法对证据种类的规定方法？

随着社会的发展和科学技术的不断进步，新的证据形式也不断出现，从法律上对证据种类进行列举式的规定不能涵盖全部的证据外延，难免存在挂一漏万的可能。

为解决这一问题，有人认为，应当取消法律对证据种类的规定，主张只要对案件事实有证明作用，不论什么形式，都可以在诉讼中作为证据使用。但考虑到我国的立法习惯和法律的延续性，我们认为，在以后刑事诉讼法的进一步修正中，更为适宜的方法是在八种证据种类之后增加一个兜底条款，即"其他对案件事实起证明作用的证据"，以便在出现新的证据形式或者出现难以归类的证据形式时，因于法无据而束手无策。

【巩固练习 6-7】 关于证据种类，下列说法正确的是哪项？

A. 诈骗案件中记录诈骗过程的 QQ 聊天记录是书证

B. 犯罪嫌疑人抢劫银行的监控录像是物证

C. 犯罪嫌疑人用于诈骗的空头支票是书证

D. 侦查人员讯问嫌疑人时所作的录音,用于证明嫌疑人自己的罪行,该录音是视听资料

答案:C

表 6-1 给出了刑事诉讼、民事诉讼和行政诉讼证据种类的不同。

表 6-1　三大诉讼法中证据种类之比较

诉讼种类	刑 事 诉 讼	民 事 诉 讼	行 政 诉 讼
证据种类	(1) 物证 (2) 书证 (3) 证人证言 (4) 被害人陈述 (5) 犯罪嫌疑人、被告人供述和辩解 (6) 鉴定意见 (7) 勘验、检查、辨认、侦查实验等笔录 (8) 视听资料、电子数据	(1) 当事人的陈述 (2) 书证 (3) 物证 (4) 视听资料 (5) 电子数据 (6) 证人证言 (7) 鉴定意见 (8) 勘验笔录	(1) 书证 (2) 物证 (3) 视听资料 (4) 证人证言 (5) 当事人的陈述 (6) 鉴定意见 (7) 勘验笔录、现场笔录

【案例释义 6-5】

案情:徐某在 1993 年 10 月至 1995 年 12 月间,担任某县农业银行营业部的储蓄记账员。1994 年 6 月 30 日,徐某所在的银行进行利息结算。徐某利用操作员的身份,故意多结了 4000 元利息。同年 9 月,储户乙来取款时,徐某将该 4000 元利息补登在乙的存折上。然后,在计算机里对 4000 元利息进行抹账处理,并把它转存到储户丙的存折上(储户丙的存折是徐某从营业柜台上捡来的)。1994 年 9 月 19 日,徐某自己填写了一张取款凭条,将该 4000 元人民币取出。1995 年 6 月 30 日,徐某所在银行进行利息结算。7 月 1 日上午,当徐某对结息流水账进行查阅时,发现储户甲的利息结算总额多出了 64500 元。根据银行有关规定,发现此种情况时,应当在查出原因后向会计和行里领导汇报。但是,徐某却想把这笔钱拿出来据为己有。于是,徐某在计算机里对这笔钱进行了抹账处理。7 月 2 日下午,徐某又在计算机系统中把 64500 元转到储户丁的活期存折上。1 个月以后,徐某见银行并没有发现,便从 8 月 3 日开始,分五次陆续取出人民币 2 万元、1 万元、3 万元、4000 元和 500 元。计算机特殊维护系统在为徐某进行犯罪提供了空间的同时,也如实记录下了他的作案时间和经过。在银行计算机的特殊维护记录上,清楚地记载着:1995 年 7 月 1 日上午 11 点 10 分,修改储户甲的账户,将利息结数由原 738.19 元改为 737606.00 元;1995 年 7 月 1 日下午 6 点 53 分,将储户乙的利息由 4760.53 元修改为 760.53 元。1 分钟之后,他又将储户丙的 3.96 元利息修改为 4003.96 元;1995 年 7 月 2 日 11 点 27 分,他将多结算的利息 64500 元存到储户的丁的账户上,储户丁的账户上突然间增加 64500 元。

1996 年 10 月 28 日,某县人民法院公开开庭审理了此案,徐某对自己的犯罪行为供认不讳,法院以职务侵占罪当庭宣告判处其有期徒刑 2 年。宣判后,徐某表示服从,没有提出上诉。

问题:

(1) 认识电子证据的证明作用。

（2）认识电子证据作为一种新型的证据形式，在收集、运用等方面与一般证据的区别。

简析：本案中，能够支持公诉方指控意见的最主要证据就是银行计算机特殊维护系统中对徐某修改账户的记录。徐某利用其所掌握的计算机技术和窃取的密码，秘密进入计算机的特殊维护系统，非法进行抹账、转账。计算机系统对操作行为具有历史记录功能，对徐某每一次修改账户的时间、数额都如实记载下来，这是证明徐某犯罪行为的最直接和最有力的证据。在计算机技术飞速发展的现代社会，计算机和互联网正广泛运用于社会各行各业以及人们的学习和生活领域中，这就不可避免地会出现利用计算机和互联网进行犯罪的案件。本案就为我们提出这样的问题：电子数据是否具有证据能力，在现行法律中应属于哪一种类的证据？它能否成为定案根据？2012年《刑事诉讼法》将电子数据纳入法定证据形式，明确肯定了电子数据在刑事案件中所发挥的重要证明作用。

在实践中，要充分认识到电子证据作为一种新型的证据，在收集、运用等方面与一般证据都有所不同，因为电子证据的收集程序直接关系到电子证据的合法性，进而影响到电子数据是否具有证据能力。此外，审查判断电子证据的证据能力也是在诉讼证明中运用电子证据的重要问题。我国现有法律对此还没有具体规定。在刑事诉讼中审查判断电子证据应当着重审查电子证据的生成、储存是否真实、完整和可靠；电子证据的传递与收集方式是否科学准确，是否符合法律规定的程序；在计算机系统中的电子数据是否是原始数据，有无被篡改、删除；备份或复制的电子数据是否与原始数据相符合，在备份、复制或保存过程中有无被删改。这只是审查判断电子证据的一般要求，具体操作事项还需要在诉讼证明活动中不断实践并总结经验。

【案例释义 6-6】

案情：2009年，犯罪嫌疑人张某制作大量淫秽光盘，通过网络进行销售。2010年5月3日，A市公安机关以张某涉嫌制作淫秽物品牟利罪，对其立案侦查，并刑事拘留。经讯问，犯罪嫌疑人张某供认了全部犯罪事实。公安机关对全部讯问过程进行了同步录音录像，根据张某的供述制作了讯问笔录。侦查终结后，案件移送A市人民检察院审查起诉。A市人民检察院审查后，向A区法院提起公诉。庭审中，检察院指控犯罪嫌疑人张某涉嫌制作淫秽物品牟利罪的证据包括：

（1）公安机关制作的讯问笔录，以证明张某承认了犯罪事实；

（2）公安机关制作的同步录音录像，以证明讯问过程合法，无刑讯逼供等非法取证行为；

（3）公安机关扣押的张某制作淫秽光盘的计算机、刻录机等犯罪工具，以证明张某实施了犯罪行为；

（4）张某制作的淫秽光盘数张，以证明其包含大量宣扬色情的淫秽性的内容；

（5）某网站提供的张某网络销售记录，以证明张某进行营利销售的次数、数量和价格；

（6）张某的银行账户记录明细，以证明张某收到销售货款的时间、次数和金额。

问题：在本案中，以上证据分别属于何种法定证据？

简析：上述数据中，（1）为犯罪嫌疑人供述；（2）为视听资料；（3）为物证；（4）～（6）

为书证。

第三节　刑事证据的理论分类

刑事证据的理论分类是指通过对证据进行理论的研究,按照证据本身的不同特点,从不同角度在理论上将证据划分为不同的类别。

一、原始证据与传来证据

根据证据是直接来源于案件事实还是经过中间环节,可以将证据划分为原始证据与传来证据。

直接来源于案件事实、没有经过复制、转述等中间环节的证据,称为原始证据,即俗称的"第一手材料"。如物证的原物、书证的原件,犯罪嫌疑人、被告人的供述和辩解等都是原始证据。

间接来源于案件事实,经过了复制、转述等中间环节的证据,称为传来证据,也有学者称之为派生证据,即俗称"第二手材料"。常见的传来证据包括经核对无异的复印、摘抄件、物证的复制品和照片等。

【提示】　勘验、检查笔录虽然是对与案件有关的物品、场所、人身和尸体情况的一种固定和保全,但勘验检查笔录仍应属于原始证据,勘验、检查笔录的复印件才属于传来证据。

【巩固练习6-8】　下列证据中,属于原始证据的有哪些?

A. 犯罪嫌疑人在侦查阶段向侦查人员所作的有关犯罪过程的供述

B. 侦查人员在现场提取的犯罪嫌疑人的指纹

C. 被害人关于刘某抢劫其钱财的陈述

D. 沾有血迹的杀人凶器的照片

答案:A、B、C

二、有罪证据和无罪证据

根据证据的证明作用是肯定还是否定犯罪嫌疑人、被告人实施了犯罪行为,可以将证据划分为有罪证据和无罪证据,凡是能够证明犯罪事实存在和犯罪行为确系犯罪嫌疑人、被告人所为的证据,就是有罪证据;凡是能够证明犯罪事实不存在,或者能够证明犯罪嫌疑人、被告人没有实施犯罪行为的证据,就是无罪证据。

【提示】

(1) 有罪证据和无罪证据的划分不应和有利于被追诉人的证据和不利于被追诉人的证据混淆。如自首、立功等证据,虽然是有利于被追诉人的证据,但其本质仍然属于有罪证据。

(2) 有罪证据和无罪证据的划分,与该证据由哪一方收集和提供没有必然的联系,如犯罪嫌疑人、被告人既可能提供有罪证据,也可能提供无罪证据。

(3) 有罪证据和无罪证据并不必然对应着控诉证据和辩护证据,一般而言,无罪证据都是由犯罪嫌疑人、被告人及其辩护人提供的,但也不排除人民检察院提供无罪证据的可能性,有罪证据则既可以由人民检察院提供,也可能由辩方提供,如自首、立功的证据。

三、言辞证据和实物证据

根据证据形成的方法、表现形式、存在状况、提供方式以及运用程序的不同,可以把证据划分为言辞证据和实物证据。

(一)言辞证据

1. 言辞证据的概念

言辞证据又称人证或陈述性证据,是以人的陈述为存在和表现形式的证据。这种对于案情的陈述既可以是口头的,也可以是书面的。

2. 言辞证据的种类

言辞证据主要包括以下几类:证人证言,被害人陈述,犯罪嫌疑人、被告人供述和辩解,鉴定意见等。

3. 在认定言辞证据时应注意的问题

(1)鉴定意见应属于言辞证据。因为鉴定意见是鉴定人以书面形式对案件中的专门性问题发表的意见或看法,而且法律要求鉴定人出庭宣读其鉴定意见,接受控辩双方的质证,在普通法中,鉴定人又被称为专家证人,其所作的鉴定意见又称为专家证言,所以不应仅仅以鉴定意见是一种书面材料为由,将其划入实物证据的范畴。

(2)证人证言笔录、被害人陈述笔录、犯罪嫌疑人、被告人供述和辩解笔录也应属于言辞证据。虽然这些证据形式也都体现为书面的实物形式,但这种笔录是对言辞的一种固定方式,可以看作一种书面陈述,证人、被害人、被告人仍需要出庭接受交叉询问,即使证人、被害人不出庭,其证言和陈述笔录仍要以言辞而非展示的形式向法庭宣读,因此上述笔录也应属于言辞证据的范畴。不能简单以其是否具备实物形态作为判断言辞证据还是实物证据的标准。

(二)实物证据

1. 实物证据的概念

实物证据又称物证(广义的物证,与证据种类中的物证不是同一概念)或展示性证据,是以各种事物的实物形态、特性、存在状态以及记载的内容为其表现形式的证据。

2. 实物证据的种类

一般而言,物证、书证(总有一定的物质载体)、勘验、检查笔录(客观记载)、侦查实验笔录,视听资料、电子数据一般认为是实物证据(如录下盗窃的过程)。

问题思考:勘验、检查笔录是言辞证据还是实物证据?

在实物证据中,勘验、检查笔录是较为特殊的证据种类,有学者将其归入言辞证据的范畴,理由是勘验、检查笔录是办案人员就案件的现场、物品、尸体、人身等进行勘验和检查等主观活动后所作的记录。有的学者不同意这种划分方法,理由是:勘验、检查笔录是办案人员在勘验、检查过程中对所观察的情况的客观记载,而非主观判断,可以看作是对物证等证据的固定和保全的方式,因此应当归入实物证据之列。理论上一般认为应将其划入实物证据。

【提示】 仅以视听资料中间某人说的话作为证据,此时的视听资料是言辞证据,如偷录别人的谈话录音。

【巩固练习 6-9】 下列哪些选项属于实物证据?

A. 杀人案中现场勘验笔录

B. 贪污案中证明贪污数额的账册

C. 强奸案中证明被害人精神状态的鉴定意见

D. 伤害案中证明伤害发生过程情况的监控录像

答案:A、B、D

【巩固练习 6-10】 下列哪些选项属于言辞证据?

A. 鉴定意见　　　　　　　　　　B. 证人张某作出的书面证词

C. 公安机关制作的询问笔录　　　D. 公安机关制作的讯问笔录

答案:A、B、C、D

四、直接证据和间接证据

根据证据与案件主要事实之间的证明关系,可以将证据划分为直接证据和间接证据。

所谓主要事实是指犯罪事实是否存在以及犯罪行为是否为犯罪嫌疑人、被告人所为这两方面的事实。

所谓直接证据是指能够以直接而非推理的方式来证明案情的证据。比如,某证人出庭作证,声称他亲眼看见凶手用利刃杀了受害者,这就是直接证据。所谓间接证据,是指不能以直接方式,而必须以推理的方式证明案情,或者必须和其他证据结合才能证明主要事实的证据。比如,在凶杀案现场发现了血迹、指纹,在杀人现场发现的凶器、反映犯罪动机和目的的证据,都是间接证据,或者说是旁证。美国的"辛普森案"因没有目击证人,检察官只能使用警方搜集的血迹、手套、袜子和血液化验结果等间接证据来指控辛普森,这就是一个非常典型的"旁证案件"。

仅凭个别的间接证据,通常不能准确无误地推断被告人有罪。必须有一系列间接证据相互印证,构成严密的逻辑体系,排除被告不可能涉嫌犯罪的一切可能,才能准确地证实案情。此外,间接证据的搜集以及间接证据和案情事实之间的关系应当合情合理、协调一致。如果出现矛盾或漏洞,则表明间接证据不够可靠,不能作为定罪的确凿根据。比如,在"辛普森案"中,检方呈庭的间接证据之一是在杀人现场发现了被告人的血迹,可是,由于温纳特警长身携辛普森的血样,在凶杀案现场溜达了 3 个小时之久,致使这一间接证据的可信度大打折扣。

既然间接证据互相结合也可以证明案件的主要事实,因此,只要间接证据能够形成一个完整封闭的证据锁链,并且得出的结论是唯一的、排他的,也可以在没有直接证据的情况下作为定案的根据。

《刑诉法适用解释》第 105 条规定:"没有直接证据,但间接证据同时符合下列条件的,可以认定被告人有罪:(一)证据已经查证属实;(二)证据之间相互印证,不存在无法排除的矛盾和无法解释的疑问;(三)全案证据已经形成完整的证明体系;(四)根据证据认定案件事实足以排除合理怀疑,结论具有唯一性;(五)运用证据进行的推理符合逻辑和经验。"

问题思考一:传来证据与间接证据的区别。

传来证据与间接证据是有区别的,二者的含义并不相同。

原始证据与传来证据的划分标准是:证据是否直接来源于案件事实,传来证据仅指经过中间环节的传闻陈述,而不包括经过复制等其他中间环节的物证、书证等证据种类。

直接证据与间接证据的划分标准是证据能否单独证明案件的主要事实。比如,被害人临终前向医生陈述了自己被陈某杀害的整个过程,然后在法庭审理时,医生向法庭转述了该被害人陈述,由于该证据经过了中间的转述环节,因此是传来证据;而由于该证据包含了犯罪嫌疑人——陈某,以及犯罪行为——杀人这两个要素,构成主要事实,因此是直接证据而非间接证据。

将证据区分为原始证据与传来证据,有助于我们准确把握证据的证明力。一般而言,直接来源于案件事实的原始证据比间接来源于案件事实的传来证据更为可靠,经过中间环节少的传来证据比经过中间环节多的传来证据可靠。因此,在司法实践当中,办案人员应尽可能收集原始证据,只有在原始证据无法取得或收集确实有困难的情况下,才能用传来证据代替原始证据,在必须依靠传来证据认定案情的情况下,应注意对传来证据的审查判断,尽量运用经过中间环节少的传来证据。另外,在运用传来证据时,还要注意一个特殊规则:来源不明的材料不能作为证据使用。

问题思考二:

(1)言辞证据、实物证据与直接证据、间接证据之间的关系。

(2)原始证据、传来证据与直接证据、间接证据之间关系。

(3)运用直接证据或间接证据证明案情时 需要注意哪些问题?

直接证据分为两类:一类是肯定性的直接证据;另一类是否定性的直接证据。所谓肯定性的直接证据是指能够独立地、直接地证明犯罪事实存在,以及该犯罪行为是犯罪嫌疑人、被告人所为的证据,这两方面必须同时得到证明,缺一不可;而否定性的直接证据则是指能够独立地、直接地否定犯罪事实存在或者否定该犯罪行为是犯罪嫌疑人、被告人所为的证据,也就是说,否定性直接证据只需要证明主要事实中的任何一个不存在或不成立即可。例如,高某涉嫌纵火一案,公安机关调取的监控录像资料表明,大火是因电器短路引起的,该录像资料即为否定性的直接证据。

直接证据并不要求一定是真实的,如转述的证言,并非一定要查证属实后才能作为直接证据,查证属实只是这份证言成为定案根据的条件,而不是该证据成为直接证据的条件。

一般而言,言辞证据成为直接证据的可能性更大,而间接证据则往往是实物证据,但这并不是绝对的,比如一个证人仅就案发当日被告人的精神状况作证就是间接证据。所以在言辞证据、实物证据和直接证据、间接证据之间并不存在必然的对应关系。同样,原始证据、传来证据和直接证据、间接证据之间也不存在必然的对应关系,一份传来证据完全有可能成为直接证据,比如甲向法庭转述案发当时目击证人乙的证言,证明被告人李某向被害人连捅四刀,这份证言尽管是传来证据,但却可以直接证明案件主要事实,因此属于直接证据。

运用直接证据证明案情时,要注意直接证据能够"单独地、直接地"证明案件主要事实,并不是指仅凭一份直接证据就可定案,同样要注意收集其他直接证据或间接证据予以印证,最典型的如《刑事诉讼法》第46条的规定:"只有被告人供述,没有其他证据的,不能认定被告人有罪和处以刑罚。"而在运用间接证据证明案情时,除了上文已经提到的若干要点以外,还应遵循运用2012年间接证据定案的规则(《刑诉法适用解释》第105条的规定)。

【案例释义6-7】

案情: 1998年3月21日,某厂财务科保险柜内10万元现金被盗。其中有3扎(每扎100张)300张百元面额钞票是连号钞票。被盗前,有52张钞票从此300张钞票中零星抽出,用于支付。保险柜没有任何损伤和撬痕,只是在其右侧中部发现一枚完整的指纹。经鉴定,该指纹与犯罪嫌疑人汪某的左手指纹相同。进一步侦查发现:①汪某曾犯盗窃罪被判刑3年,半年前刚被释放;②汪某在该厂任临时工,据其交代并有财务科工人张某证实,案发前两天他曾去财务科领工资,并在保险柜前抽过烟;③从汪某去百货公司买东西支付的钱中发现3张票面百元的连号票,在失盗的300张钞票的连号区间内;④刘某、何某等人一致证明,汪某在案发那天到厂里看过露天电影。根据上述事实,公安机关拘留了汪某,但是汪某拒绝承认自己实施了盗窃。

问题:

(1) 本案中的证据有哪些?哪些是有罪证据,哪些是无罪证据?哪些是原始证据,哪些是传来证据?哪些直接证据,哪些是间接证据?

(2) 根据上述证据能否认定汪某是盗窃10万元现金的犯罪分子?

简析:

(1) 本案中的证据有:指纹,汪某的供述,张某的证明,3张百元钞票,刘某、何某等人的证明。其中指纹属于有罪证据、原始证据、间接证据;汪某的供述属于无罪证据、原始证据、间接证据;张某的证明属于有罪证据、传来证据、间接证据;3张百元钞票属于有罪证据、传来证据、间接证据;刘某、何某等人的证明属于有罪证据、原始证据、间接证据。

(2) 2012年《刑事诉讼法》对定罪处罚的证明标准是证据确实、充分。本案证据尚未达到证据确实充分的标准,因而不能认定汪某是盗窃该厂保险柜的犯罪分子。理由是:汪某虽有前科,但这与本案不具有关联性;虽然汪某用的钞票有3张连号,但是这3张钞票有可能属于事前抽出的52张里面的;汪某去厂里看电影并不能说明他作案;保险柜上的指纹既有可能是汪某作案时留下的,也有可能是汪某前两天领工资时接触保险柜留下的。综上所述,根据"疑罪从无"的精神,应认定汪某无罪。

【巩固练习6-11】 下列哪一种证据属于直接证据?

A. 韩某杀人案,证明被告人到过案发现场的证人证言

B. 马某盗窃案,被害人陈某关于犯罪给自己造成物质损害的陈述

C. 高某纵火案,表明大火是因电器短路引起的录像

D. 吴某投毒案,证明被告人指纹与现场提取的指纹一致的鉴定意见

答案：C

本题考查的是证据的分类。在本题中,韩某杀人案,证明被告人到过案发现场的证人证言并不能证明韩某有杀人行为,故不是直接证据;马某盗窃案,被害人陈某关于犯罪给自己造成物质损害的陈述,并未指向行为人是谁,故也不属于直接证据。高某纵火案,公安机关调取的监控录像资料表明,大火是因电器短路引起的,可排除被告人作案的可能,该录像资料即为否定性的直接证据。吴某投毒案,证明被告人指纹与现场提取的指纹一致的鉴定意见,同样无法证明被告人实施了投毒这一犯罪行为,故也属于间接证据。综上所述,本题选选项C。

【巩固练习6-12】 公安机关向与犯罪嫌疑人习某住同一单元的黄某了解情况时,黄某称一次醉酒后,习某曾说出自己因疏忽而导致董某死亡的事实。关于黄某的陈述,下列哪些选项是正确的?

A. 间接证据　　　　B. 传来证据　　　　C. 言辞证据　　　　D. 有罪证据

答案：B、C、D

第四节　刑事证据的收集、审查和运用

证据必须依法收集,是刑事诉讼活动实现控制犯罪与保障人权双重价值的必然要求。采用非法手段或者违反法律规定的程序收集证据,一方面容易导致证据失真形成冤假错案;另一方面也会给公民的基本权利造成侵害。2012年《刑事诉讼法》对证据的收集问题进行了较大的修改,主要体现在三个方面：①明确规定了不得强迫任何人证实自己有罪原则；②对行政机关在行政执法和查办案件过程中收集的证据材料的合法性及转化适用进行了规定；③确立了非法证据排除规则及其适用程序。

一、刑事证据的收集

（一）证据收集的原则

2012年《刑事诉讼法》第50条规定了证据收集的原则。根据此条规定,收集证据须遵循以下原则。

1. 证据收集应遵循客观、全面原则

按照此项原则的要求,无论是公安机关还是人民检察院,都不能只收集证实犯罪嫌疑人、被告人有罪、罪重的证据,还必须收集能够证实犯罪嫌疑人、被告人无罪、罪轻的证据；不仅要收集与定罪有关的证据,而且要收集证明各种量刑情节的证据。人民法院为核实证据,也有权收集、调取证据,其不仅要调查、收集对被告人不利的证据,更要调查、收集对被告人有利的证据。

2. 证据收集应遵循合法性原则

合法性原则有三个最基本的要求：①证据收集主体合法,即审判人员、检察人员和侦查人员是法定的证据收集主体；②收集证据的程序要合法。刑事诉讼法对各种证据收集

行为应遵循的程序进行了规定,违反这些程序收集的证据可能属于非法证据;③收集证据的手段合法。严禁以刑讯逼供、威胁、引诱、欺骗等非法方法收集证据,不得强迫任何人证实自己有罪。采用刑讯逼供、威胁、引诱、欺骗等方法收集证据,特别是收集口供,必然违背证据提供者的自由意志,由此获取的证据不仅虚假的可能性较大,而且严重侵犯证据提供者的人身权利和意志自由,属于野蛮、残忍、不人道、不文明的行为,应当被严格禁止。

3. 忠实于事实真相原则

在公、检、法三机关最重要的诉讼文书中,即提请批准逮捕书、起诉书、判决书,必须忠实于事实和证据,不得弄虚作假。

4. 及时原则

收集证据是一项时间性很强的工作。公安司法机关在受理案件后,只有及时主动地调查收集证据,才能提高办案效率,保证办案质量。

【案例释义 6-8】

案情: 在侦查一起盗窃案件时,因犯罪嫌疑人于某拒不供述所盗窃物品的下落,致使案件的侦查陷入僵局。侦查人员王某为了获取于某的供述,将于某推至讯问室外,将其铐在院子里的大树下不让其喝水和吃饭,当时室外气温−10℃左右,于某经受不住冻饿表示要进行交代。王某将于某解下带进屋内后,于某辩称他没有偷东西,并说其邻居可以作证。王某听后认定于某态度不老实,威胁要继续把他铐在院子里。于某害怕再受折磨,说出了盗窃的过程和赃物的下落。

问题: 本案的侦查人员在收集证据的过程中违反了哪些原则?

简析: 本案的侦查人员在收集证据的过程中既违反了客观、全面原则,也违反了合法性原则。对于犯罪嫌疑人于某所进行的辩解和提出的对自己有利的证据,侦查人员应当进行查证,而不应武断地认为于某认罪态度不老实而拒绝予以核实。侦查人员王某为了获取口供,对于某采取的"冻饿"方法,属于刑讯逼供行为,而后对于某说如果不老实交代就继续铐在院子里冻他,属于威胁方法,显然违背了收集证据的合法性原则。正确的做法应当是对嫌疑人提供的无罪证据进行调查核实。在犯罪嫌疑人不肯供述的情况下,也不能采取刑讯逼供或者威胁、引诱、欺骗等非法方法逼取口供。

问题思考: 我国刑事诉讼法是否确立了"沉默权"制度?

反对强迫自我归罪原则及沉默权制度是联合国《公民权利与政治权利国际公约》所明确规定的最低限度的刑事司法准则之一。其内容包含了以下几项要求:①被告人没有义务为追诉方向法庭提出任何可能使自己陷入不利境地的陈述和其他证据,追诉方不得采取刑讯逼供等非法手段取证。②被告人享有沉默权,不得因被告人沉默而作出对其不利的裁判。③犯罪嫌疑人、被告人有权在自愿的情况下,就案件事实作出有利或不利于自己的陈述。因此,基于该权利,任何犯罪嫌疑人、被告人没有协助追诉机关证明自己有罪的义务。虽然我国 2012 年《刑事诉讼法》第 50 条也规定了"不得强迫任何人证实自己有罪",但第 118 条同时保留了"针对侦查人员的提问,犯罪嫌疑人应当如实回答"的规定。因此,我国并没有完全确立反对强迫自我归罪原则,也没有赋予犯罪嫌疑人、被告人充分的沉默权。2012 年《刑事诉讼法》第 50 条"不得强迫任何人证实自己有罪"强调的仅仅是反对强迫自我归罪原则及沉默权制度的第一个方面的要求,即不得强迫任何人提供于己不利的证据。这一表述的实质是对之前有关"严禁刑讯逼供和以威胁、引诱、欺骗等非法方法收集证据"的进一步强化。不能因为这一条款就推论出我国刑事诉讼法规定了"沉默权制度"。

【知识扩展】"米兰达规则"

米兰达是一位美国公民,其于1963年因涉嫌对一名18岁、家住菲尼克斯的女性居民实施抢劫、绑架和强奸而被当地警察逮捕。他在警局接受了2个小时的讯问,并在一份自白书上签名,在其后进行的非常简短的审判中,法庭根据米兰达的供词而判其有罪。其后美国公民自由联盟接受了米兰达的委托进行了上诉,声称米兰达的供述是伪造的和受到胁迫的,其在被讯问前未知晓其有不被强迫自证其罪的特权,而且警察也未进行告知。1966年首席大法官沃伦在联邦最高法院作出裁决,确认米兰达在接受讯问以前有权知道自己应享有的宪法第五修正案所规定的权利,警察有义务将它告知嫌疑人,告知权利之后才能讯问,联邦最高法院将该案发回重审。随后,法院对米兰达的案子进行了重新开庭,重新选择了陪审员,重新调查了证据,而米兰达之前的"证言"不作为证据使用。但米兰达的女友出庭作证,提供了对其不利的证词以及其他证据。米兰达再次被判有罪,并入狱11年。1972年,米兰达获假释出狱。

美国联邦最高法院通过此案确立了一项规则,即被怀疑有罪的人在被讯问前,必须清楚地告知其:"你有保持沉默的权利,并且你所说的每一句话在法庭上都将作为对你不利的证据;你有权得到律师的帮助,并有权要求律师在场,如果你因贫困而请不起律师,我们将为你免费提供一位律师。"如果警察在审讯时没有预先作出以上警告,那么,被讯问人的供词一律不得作为证据进入司法程序,这就是美国刑事诉讼的"米兰达规则"。

(二)行政执法证据的转化适用

根据2012年《刑事诉讼法》第52条规定,行政机关在行政执法和查办案件过程中收集的物证、书证、视听资料、电子数据等证据材料,可以在刑事诉讼中作为证据使用。首先,物证、书证、视听资料、电子数据等,一般不会因为收集主体不同对案件事实的证明作用发生变化;其次,如果行政机关不及时收集这些证据材料,很可能会导致这些证据材料因各种主客观原因而发生变化或者灭失,难以在之后的侦查阶段收集到,因此,应当允许这些证据材料在刑事诉讼中作为证据来使用。但行政机关收集的涉嫌违法犯罪人的陈述、证人证言、受违法犯罪行为侵害者的陈述等言辞证据,不得在刑事诉讼中直接作为证据使用。

问题思考:行政机关在行政执法和查办案件过程中,违反法律规定所收集的证据,能否在刑事诉讼中作为证据使用?

行政合法性是行政执法的一项基本原则,行政机关在执法的过程中应当按照行政法律、法规的规定,合法收集证据、行使权力。行政相对人对于违法的具体行政行为有权提起行政诉讼,要求法院对行政行为的合法性进行审查。2002年7月,最高人民法院公布了《关于行政诉讼证据若干问题的规定》第57条规定:"下列证据材料不能作为定案依据:(一)严重违反法定程序收集的证据材料;(二)以偷拍、偷录、窃听等手段获取侵害他人合法权益的证据材料；（三）以利诱、欺诈、胁迫、暴力等不正当手段获取的证据材料……"第58条规定："以违反法律禁止性规定或者侵犯他人合法权益的方法取得的证据，不能作为认定案件事实的依据。"以上规定，确立了行政诉讼中的非法证据排除规则。同理，在刑事诉讼中，这些违法证据材料当然也不能在刑事诉讼中作为证据加以使用。对于行政机关提交的物证、书证、视听资料、电子数据，公安司法机关应认真审查其合法性，对于非法获取的证据材料，应根据本法规定的程序和规则决定是否排除。

（三）证据收集主体的保密义务

无论是公安司法机关在刑事诉讼中收集的证据，还是行政机关在行政执法和查办案件过程中收集的证据，只要其涉及国家秘密、商业秘密或者个人隐私，这些证据收集主体都负有保密义务，不得予以泄露或者传播。这里的"国家秘密"是指关系国家的安全和利益，依照法定程序确定，在一定时间内只限一定范围的人员知情的事项。"商业秘密"是指不为公众所知悉、能为权利人带来经济利益、具有实用性并经权利人采取保密措施的技术信息和经营信息。"个人隐私"是指公民个人生活中不愿为他人公开或知悉的秘密。只要证据中涉及上述秘密或隐私，在刑事诉讼中都属于保密的范围，因为其一旦被泄露或公开，将会给国家、企事业单位或公民个人的利益造成不应有的损害。如果办案机关或人员在刑事诉讼证据收集过程中，故意泄露或传播，给国家、企事业单位或公民个人的利益造成损害，根据刑事诉讼法和现行《国家赔偿法》的规定，被害人有权要求相关责任主体承担赔偿责任。

【案例释义 6-9】

案情：一起强奸案的被害人林女士在案发后到公安机关报案，侦查人员让林女士详细陈述了案件发生的全过程，并且对林女士被强奸的细节也进行了仔细询问。林女士作了陈述之后回家等待侦查结果。几天之后，林女士出门购物，发现周围的人对她指指点点，经过询问才发觉，她在公安局所作的陈述笔录不知何时被复印并且散发到社会上，致使很多人都知道她被强奸以及被强奸的细节。林女士经受不住这样的刺激，精神一度出现严重的抑郁倾向，住院接受了一段长时间的治疗。

问题：本案侦查人员的做法违背了刑事诉讼法规定的何种义务？被害人林女士该如何维护自己的权益？

简析：本案侦查人员将涉及被害人隐私的询问笔录传播于社会的行为，违背了刑事诉讼法所规定的证据保密义务，对被害人造成了巨大的心理伤害。根据刑事诉讼法和现行《国家赔偿法》的规定，被害人林女士有权要求公安机关对其所遭受的精神损害承担赔偿责任。

二、刑事证据的审查判断

由于法律所规定的各种证据具有不同特点，各自的审查判断方法也不尽相同。

1. 物证的审查判断

物证的审查判断：①通过鉴定、辨认、实验、印证以及科学仪器等技术方法，审查判断物证的来源是否客观真实,有无伪造或者其他原因而导致物证发生变形失真;②审查判断物证与案情之间有无必然的联系,能否证明本案的案情,具体能够证明案件中的哪些问题;③审查判断物证是原物还是复制品,物证与其他证据之间的关系,是否相互印证一致,有无矛盾;④查清物证的来源。

2. 书证的审查判断

书证的审查判断具体包括以下几点:①通过鉴定、比对、印证等方法审查书证的制作过程;②审查书证的内容是否符合事实,是否真实可靠,有无错误,是否违法;③书证与案情有无必然联系,能够证明案件中的哪些问题;④审查书证的收集过程和保管方法;⑤审查书证本身是公文书证还是非公文书证,是报道性书证还是处分性书证,是否经过公证等。

《死刑案件证据规定》第 9 条第 1 款规定,经勘验、检查、搜查提取、扣押的物证、书证,未附有勘验、检查笔录,搜查笔录,提取笔录,扣押清单,不能证明物证、书证来源的,不能作为定案的根据。

3. 证人证言的审查判断

(1) 证人证言的审查内容和判断方法包括:①审查证人证言的来源,是证人直接知悉的还是间接了解的;审查某些社会性因素,如证人的品质、与当事人的关系、与案件有无利害关系、是否受到外界的影响等。②审查证人在生理上、精神上有无缺陷;知悉、记忆和表达能力如何。③审查证人证言与其他证据是否协调一致,有无矛盾,如有矛盾要找出原因,进行查证。

(2) 不得作为定案根据的证人证言。《死刑案件证据规定》第 13 条规定了几种因未遵守证人证言的收集程序而不得将证人证言作为定案根据的情况:①询问证人没有个别进行而取得的证言;②没有经证人核对确认并签名(盖章)、按指印的书面证言;③询问聋哑人或者不通晓当地通用语言、文字的少数民族人员、外国人,应当提供翻译而未提供的。

4. 被害人陈述的审查判断

对被害人陈述的审查判断基本上适用证人证言的规定。但根据被害人陈述的基本特点,还应注意审查以下内容:①被害人陈述的形成与收集过程;②被害人与犯罪嫌疑人、被告人之间的关系;③被害人在告发或陈述前后有无反常表现;④被害人陈述是否合乎情理,与其他证据是否一致。

5. 犯罪嫌疑人、被告人供述和辩解的审查判断

(1) 需要审查的内容:①供述和辩解是在什么情况下作出的,出于何种动机目的,有无受外界影响;②供述和辩解的程序是否合法,有无刑讯逼供和以威胁、引诱、欺骗以及其他非法手段获取供述的情况;③供述后有无反复,如有反复要查明的原因;④供述的内容是否合乎情理,有无矛盾,供述和辩解同其他证据是否一致,有无矛盾。

(2) 不得作为定案根据的被告人供述(与上述不得作为定案根据的证人证言的情况相同)。

6. 鉴定意见的审查判断

（1）需要审查的内容：①审查鉴定人是否具有解决案件专门性问题的知识与经验；②审查提供鉴定的材料是否确实、充分；③审查鉴定使用的设备是否完好，采用的方法是否科学；④审查鉴定人进行鉴定时是否受到外界影响与干扰，有无徇私、受贿等故意作虚假鉴定的情况；⑤审查鉴定结论和其他证据之间是否一致，有无矛盾。

（2）不得作为定案根据的鉴定意见。《死刑案件证据规定》第24条规定了鉴定意见不能作为定案根据的情形：①鉴定机构不具备法定的资格和条件，或者鉴定事项超出本鉴定机构项目范围或者鉴定能力的；②鉴定人不具备法定的资格和条件、鉴定人不具有相关专业技术或者职称、鉴定人违反回避规定的；③鉴定程序、方法有错误的；④鉴定意见与证明对象没有关联的；⑤鉴定对象与送检材料、样本不一致的；⑥送检材料、样本来源不明或者确实被污染且不具备鉴定条件的；⑦违反有关鉴定特定标准的；⑧鉴定文书缺少签名、盖章的；⑨其他违反有关规定的情形。

7. 勘验、检查笔录的审查判断

（1）需要审查的内容：①笔录内容是否完整，文字记录、照相、绘图等是否齐全，每个部分内容是否具体详细；②勘验、检查人员的责任心和业务能力，有无发生差错的可能；③笔录内容是否真实、准确；④笔录是否符合法律要求；⑤与案件其他证据是否协调一致。

（2）不得作为定案根据的勘验、检查笔录。根据《死刑案件证据规定》第26条的规定，勘验、检查笔录存在明显不符合法律及有关规定的情形，并且不能作出合理解释或者说明的，不能作为证据使用；勘验、检查笔录存在勘验、检查没有见证人的，勘验、检查人员和见证人没有签名、盖章的，勘验、检查人员违反回避规定的等情形，应当结合案件其他证据，审查其真实性和关联性。

【巩固练习6-13】　关于辨认程序不符合有关规定，经补正或者作出合理解释后，辨认笔录可以作为证据使用的情形，下列哪一项是正确的？

A. 辨认前使辨认人见到辨认对象的

B. 供辨认的对象数量不符合规定的

C. 案卷中只有辨认笔录，没有被辨认对象的照片、录像等资料，无法熟悉辨认的真实情况的

D. 辨认活动没有个别进行的

答案：C（非法证据排除规则）

8. 视听资料的审查判断

（1）需要审查的内容：①视听资料的形成过程；②审查制作与播放视听资料的技术设备性能是否良好；③视听资料的收集过程是否合乎法定程序；④视听资料反映的背景情况是否真实；⑤视听资料与案件事实有无联系，能够证明案件中哪些问题；⑥必要时，应进行科学技术鉴定，以验证是否原版，是否有伪造、涂改或剪接等情况。

（2）不得作为定案根据的视听资料。《死刑案件证据规定》第28条规定，具有下列情形之一的视听资料，不能作为定案的根据：①视听资料经审查或者鉴定无法确定真伪的；

②对视听资料的制作和取得的时间、地点、方式等有异议,不能作出合理解释或者提供必要证明的。

三、刑事证据的运用

根据刑事诉讼法的有关规定和司法实践经验,运用证据认定案情应当注意以下几点。

(1) 重证据,重调查研究,不轻信口供。2012 年《刑事诉讼法》第 53 条第 1 款规定,对一切案件的判处都要重证据,重调查研究,不轻信口供。只有被告人供述,没有其他证据的,不能认定被告人有罪和处以刑罚;没有被告人供述,证据确实、充分的,可以认定被告人有罪和处以刑罚。

(2) 一切证据必须经过查证属实,才能作为认定案件事实的根据。任何证据材料未经法定程序查证属实,都不能作为定案的根据。审判人员必须在法庭上亲自审查核实各种证据,据以定案的所有证据都必须经过法庭调查核实,并且给予当事人及其辩护人、代理人充分发表意见的机会。所有证据必须经过法庭调查核实以后,才能作为定案的根据。

(3) 案件事实、情节清楚,并有相应的证据予以证明。2012 年《刑事诉讼法》第 53 条第 2 款规定,证据确实、充分,应当符合以下条件:定罪量刑的事实都有证据证明;据以定案的证据均经法定程序查证属实;综合全案证据,对所认定事实已排除合理怀疑。经法庭审理后,对于证据不足,不能认定被告人有罪的,应当作出证据不足,指控罪名不能成立的无罪判决。

(4) 必须忠实于事实真相。2012 年《刑事诉讼法》第 51 条规定,公安机关提请批准逮捕书、人民检察院起诉书、人民法院判决书,必须忠实于事实真相。故意隐瞒事实真相的,应当追究责任。

【巩固练习 6-14】 下列案件能够作出有罪认定的是哪一选项?

A. 甲供认自己强奸了乙,乙否认,该案没有其他证据

B. 甲指认乙强奸了自己,乙坚决否认,该案没有其他证据

C. 某单位资金 30 万元去向不明,会计说局长用了,局长说会计用了,该案没有其他证据

D. 甲、乙二人没有通谋,各自埋伏,几乎同时向丙开枪,后查明丙身中一弹,甲、乙对各自犯罪行为供认不讳,但收集到的证据无法查明这一枪到底是谁打中的

答案:D

本题考察刑事证据的运用规则,涉及口供的运用以及"孤证不能定案"的原则。在直接证据的运用中应遵循孤证不能定案的原则,依据 2012 年《刑事诉讼法》第 53 条的规定,选项 A 中只有甲的供述,没有其他证据,不能对甲作出有罪认定。选项 B 中只有被害人对乙的指认,没有其他证据,因此不能对乙作出有罪认定。选项 C 中,对于会计而言,只有局长的证言;对于局长而言,只有会计的证言,仅有孤证不能对会计和局长作出有罪认定。选项 D 中,不仅有甲乙的供述,而且甲乙同时开枪,被害人丙身中一弹,只是查不清楚这一枪是谁打中的,这种情况下,甲乙属于"同时犯",可以对该案作出有罪认定,故选项 D 是正确的。

第五节　刑事证据规则

刑事证据规则是指在刑事证据制度中,控辩双方收集和出示证据,法庭采纳和运用证据认定案件事实必须遵循的重要准则。

从内容上看,证据规则大体包括两类:一类是调整证据能力的规则,例如传闻证据规则、非法证据排除规则、意见证据规则、最佳证据规则等;另一类是调整证明力的规则,例如关联性规则、补强证据规则等。

一、关联性规则

关联性规则是指只有与案件事实有关的材料,才能作为证据使用。关联性是证据被采纳的首要条件。没有关联性的证据不具有可采性,但是有关联性的证据未必都具有可采性,仍有可能出于利益考虑,或者由于某种特殊规则而不具有可采性。(具体内容详见本章第一节第二个问题:刑事证据的基本属性)

二、非法证据排除规则

非法证据排除规则是指违反法定程序,以非法方法获取的证据,原则上不具有证据能力,不能为法庭采纳。此规则既包括非法言辞证据的排除,也包括非法实物证据的排除。

2010年6月发布的《排除非法证据规定》和《死刑案件证据规定》对我国的非法证据排除规则作了明确具体的规定,一方面,明确了非法证据排除的范围;另一方面,明确了非法取得的被告人审判前供述的排除程序。

2012年的《刑事诉讼法》吸收了《排除非法证据规定》的相关内容,在三个方面对非法证据排除规则的内容予以完善:①确定了非法证据的排除范围,即第54条的规定;②在第56、57、58条规定了非法证据排除的程序,包括启动、证明、处理;③第55条规定了对以非法方法收集证据的法律监督。

(一)非法证据排除的范围

2012年《刑事诉讼法》第54条规定,采用刑讯逼供等非法方法收集的犯罪嫌疑人、被告人供述和采用暴力、威胁等方法收集的证人证言、被害人陈述,应当予以排除。收集物证、书证不符合法定程序,可能严重影响司法公正的,应当予以补正或者作出合理解释;不能补正或者作出合理解释的,对该证据应当予以排除。在侦查、审查起诉、审判时发现有应当排除的证据的,应当依法予以排除,不得作为起诉意见、起诉决定和判决的依据。

(二)非法证据排除的程序

1. 启动方式

根据2012年《刑事诉讼法》第56条规定,非法证据排除程序的启动可以基于以下两种方式。

(1)审判人员主动启动非法证据排除程序,即在庭审过程中,审判人员认为可能存在以非法方法收集证据的,应当主动对证据收集的合法性进行法庭调查。

（2）人民法院基于申请而启动非法证据排除程序。申请主体包括当事人、被告人的辩护人、被害人的法定代理人。但上述主体的申请并不必然引起非法证据排除程序,只有在申请人提供非法证据的相关线索或者材料的情况下,法院才会启动该程序。这里的"提供非法证据的相关线索",是指提供侦查机关非法取证的具体行为发生的时间、地点、行为方式、行为人等;"提供相关材料",是指申请人提交能够证明非法取证行为存在的各种材料,如证人证言、非法取证行为发生后的身体健康状况检查报告、身体上的伤痕等。

2. 证明责任

根据 2012 年《刑事诉讼法》第 57 条规定,人民法院依职权或依申请启动非法证据的调查程序之后,人民检察院应承担证明证据收集合法的责任。人民检察院履行证明责任的方式为提交相关的证据材料或者提请通知侦查人员或其他人员出庭作证。有关侦查人员或者其他人员也可以要求出庭说明情况。一经人民法院通知,有关人员应当出庭。

3. 确认处理

2012 年《刑事诉讼法》第 58 条规定,对于经过法庭审理,确认或者不能排除存在《刑事诉讼法》第 54 条规定的以非法方法收集证据情形的,对有关证据应当予以排除。

【巩固练习6-15】　关于非法证据的排除,下列哪些说法是正确的?

A. 非法证据排除的程序,可以根据当事人申请而启动,也可以由法院依职权启动

B. 申请排除以非法方法收集的证据,应当提供相关线索或者材料

C. 检察院应当对证据收集的合法性加以证明

D. 只有确认存在《刑事诉讼法》第 54 条规定的以非法方法收集证据情形时,才可以对有关证据予以排除

答案：A、B、C

（三）排除非法证据的标准

根据 2012 年《刑事诉讼法》第 58 条规定,人民法院排除证据的标准是"确认或者不能排除以非法方法收集证据情形"。即人民法院确认该证据是非法取得的,或者人民法院认为存在非法取证合理怀疑的,就可以认定存在非法取证情形。

人民检察院对证据的合法性负有证明责任,应提供证据证明该证据是合法取得的,不存在非法取证情况。在法庭上,如果检察院提不出证据证明取证行为的合法性,法院应确认证据是非法取得并排除该证据;如果检察院提出一定的证据证明取证行为的合法性,法院则应当判断检察院的证明是否达到排除合理怀疑的程度,如果未达到这一标准,则法院应当认定不能排除（或者可能存在）非法取证情形并排除该证据。

（四）非法证据排除的结果

经过法庭审理后,如果检察机关不能证明证据收集的合法性,不能排除存在非法收集证据的情形,人民法院应当依法排除相关证据,不得作为对被告人进行定罪量刑的根据。

（五）对以非法方法收集证据的法律监督

2012 年《刑事诉讼法》第 55 条规定，人民检察院接到报案、控告、举报或者发现侦查人员以非法方法收集证据的，应当进行调查核对；对于确有以非法方法收集证据情形的，应当提出纠正意见；构成犯罪的，依法追究刑事责任。

【知识扩展】 美国的"非法证据排除规则"

1914 年，美国最高法院在威克斯诉美国案（Weeks *v.* United States，1914）中首次明确规定，联邦法院在审判时，必须把警方用非法搜查手段取得的证据排除在外，这是美国警方人人皆知的"排除规则"（Exclusionary Rule）。1961 年，最高法院在迈普诉俄亥俄州案（Mapp *v.* Ohio，1960）中规定，排除规则同样适用于各州法院。据此判例，警务人员若要进入民宅搜查，必须向法官宣誓担保，不但要以书面形式列举证据和理由，而且要详细说明搜查的地点、范围和时间。经法官审核批准，颁发许可证之后，才能进入民宅搜查。另外，警察只能在许可证规定的范围内行动，并应在搜查后向法庭提交所获证据报告。警察如果违法搜查，不但会受到警纪严惩，而且会造成所获证据在法庭审判时一概作废的严重后果。法官如果违规颁发搜查证，将面临被弹劾和遭到刑事起诉的危险。

【案例释义 6-10】

案情：2010 年 7 月 22 日，章国锡在办公室被宁波市鄞州区检察院反贪局的人带走，但他并未看到任何包含合法手续的文件。当天，章国锡被带到某小宾馆接受了一天一夜的轮番审讯。第二天，鄞州区检察院对章国锡受贿一案立案侦查，并于次日将章国锡刑事拘留。8 月 5 日，鄞州区检察院对章国锡进行逮捕。9 月 29 日，章国锡被异地羁押至嵊州看守所。1 个月之后，又被押回宁波看守所。

2011 年 3 月 25 日，宁波市鄞州区人民检察院向宁波市鄞州区人民法院提起公诉，指控犯罪嫌疑人章国锡自 2005 年至 2009 年期间，利用职务上的便利，多次非法收受他人贿赂共计 76000 元，构成受贿罪。

在多次延期后，鄞州区人民法院分别于 2011 年 4 月 11 日、5 月 11 日、6 月 20 日开庭审理了此案。

庭审中，章国锡的辩护律师称鄞州区检察院涉嫌非法取证，侦查机关对章国锡有罪口供的取得采取了刑讯逼供或变相刑讯逼供、诱供、欺骗等手段，被告人章国锡的有罪供述不能作为定案的证据。

法庭提取了 7 月 28 日载明章国锡体表伤痕的体检登记表，章国锡当庭指认伤痕是审讯人员造成的。

检察机关对此予以否认，并递交了一份侦查机关盖章和侦查人员签名的关于依法办案，没有刑讯逼供、诱供等违法情况的说明。

由于章国锡确实存在体表伤痕，法庭要求公诉方证明没有进行刑讯逼供，但是公诉方没有提供充分证明。

辩护人多次要求当庭公开播放审讯录像并以此质证。检方则以"审讯录像涉及机密问题，当庭播放不利于保密"为理由予以拒绝。

2011 年 7 月 11 日，鄞州区法院作出一审判决。在一审判决书中，法院认为，根据《排除非法证据规定》第7、11条等的规定,控方在法庭上提交的证据不足以证明侦查机关获取被告人章国锡审判前有罪供述的合法性,因此章国锡审判前的有罪供述不能作为定案的依据。

问题:为什么长期以来在我国刑事诉讼中非法取证现象屡禁不止?

简析:此案件被誉为"国内非法证据排除第一案"。在该案中,被告人及其辩护人在主张受到刑讯逼供后,提出了证据线索,在随后的法庭审理中,人民法院认为检察机关没有提供足够的证据证明在侦查阶段不存在刑讯逼供的情形,因此采纳了辩护方的主张,排除了被告人在侦查阶段所作的有罪供述,并在此基础上重新认定了案件事实,判决被告人犯受贿罪,免予刑事处罚。

1979年《刑事诉讼法》及1996年《刑事诉讼法》中都明确禁止采用刑讯逼供和其他以非法手段收集证据。但是,由于立法中没有明确规定采用刑讯逼供等非法手段取证的后果,因此在司法实践中,采用刑讯逼供以及其他非法方法得来的证据仍可以作为定案的依据,由此导致包括刑讯逼供在内的非法取证现象屡禁不止,饱受社会各界诟病。为从制度上遏制刑讯逼供和其他以非法手段收集证据的行为,实现惩治犯罪与尊重和保障人权并重、实体正义与程序正义并重,1996年《刑事诉讼法》中明确规定:"严禁刑讯逼供和以威胁、引诱、欺骗以及其他非法方法收集证据,不得强迫任何人证实自己有罪。"为了确保上述规定能够得到落实,2012年《刑事诉讼法》在总结实践经验的基础上,进一步规定:"采用刑讯逼供等非法方法收集的犯罪嫌疑人、被告人供述和采用暴力、威胁等非法方法收集的证人证言、被害人陈述,应当予以排除。收集物证、书证不符合法定程序,可能严重影响司法公正的,应当予以补正或者作出合理解释;不能补证或者作出合理解释的,对该证据应当予以排除。在侦查、审查起诉、审判时发现有应当排除的证据的,应当依法予以排除,不得作为起诉意见、提起起诉和判决的依据。"

在上述这起案件中,由于检察机关没有充分证明取证的合法性,因此人民法院依法排除了被告人在侦查阶段所作的供述,没有将其用作对被告人定罪量刑的依据。

【案例释义6-11】

案情:花园小区发生一起入室抢劫杀人案,犯罪现场破坏严重,未发现有价值的痕迹物证。经查,李某有重大犯罪嫌疑,其曾因抢劫被判有期徒刑12年,刚刚刑满释放,案发时小区保安曾见李某出入该小区。李某被东湖市公安局立案侦查并被逮捕羁押。审讯期间,在保安的指认下,李某不得不承认其在花园小区曾入室盗窃3000元,后经查证属实,但李某拒不承认抢劫杀人行为。审讯人员将李某带到公安局办案基地对其实施了捆绑、吊打、电击等行为,三天三夜不许吃饭、睡觉,只给少许水喝,并威胁不坦白交代抢劫杀人罪行,认罪态度不好,法院会判死刑。最终,李某按审讯人员的意思交代了抢劫杀人的事实。在此期间,侦查人员还对李某的住处进行了搜查,提取扣押了李某鞋子等物品,当场未出示搜查证。

案件经东湖市检察院审查起诉后,向东湖市中级人民法院提起公诉。庭审中,应李某辩护人的申请,法庭启动了排除非法证据程序。

问题:

(1)本案中哪些行为收集的证据属于非法证据?法院对这些证据该如何处理?

（2）本案负有排除非法证据义务的机关有哪些？

（3）东湖市中级人民法院应当如何判决本案？

简析：

（1）"审讯人员将李某带到公安局办案基地对其实施了捆绑、吊打、电击等行为，三天三夜不许吃饭、睡觉，只给少许水喝，并威胁不坦白交代抢劫杀人罪行，认罪态度不好法院会判死刑。最终，李某按审讯人员的意思交代了抢劫杀人的事实。"这是侦查人员通过刑讯逼供等方法获取的李某的供述，依据 2012 年《刑事诉讼法》第 54 条第 1 款规定，属于非法证据，依据该条款的规定，采用刑讯逼供等非法收集的犯罪嫌疑人、被告人供述，应该予以排除。"侦查人员还对李某的住处进行了搜查，提取扣押了李某的鞋子等物品，当场未出示搜查证。"侦查人员搜查扣押的李某的鞋子等物品，属于物证。依据 2012 年《刑事诉讼法》第 54 条第 1 款的规定，收集物证、书证不符合法定程序，可能严重影响司法公正的，应该予以补正或者作出合理解释；不能补正或者作出合理解释的，属于非法证据，应对该证据予以排除。

（2）依据 2012 年《刑事诉讼法》第 54 条第 2 款规定，在侦查、审查起诉、审判时发现应当排除的证据，应当依法予以排除，不得作为起诉意见、起诉决定和审判的依据。由此可见，本案负有排除非法证据义务的机关包括东湖市公安局、东湖市检察院和东湖市中级人民法院。

（3）对于李某的盗窃罪而言，有保安的指认，也有李某的供述，并经查证属实。因此，对李某的盗窃罪应作有罪判决。对李某的抢劫罪，只有通过刑讯逼供等非法方法收集的供述和违反法定程序收集的物证加以证明，未达到 2012 年《刑事诉讼法》第 53 条第 2 款规定的给被告人定罪的"证据确实、充分"的三个具体标准。因此，按照 2012 年《刑事诉讼法》第 195 条规定，应当作出证据不足、指控的犯罪不能成立的无罪判决。

三、自白任意规则

自白任意规则又称非任意自白排除规则，是指在刑事诉讼中，只有基于被追诉人自由意志而作出的自白（即承认有罪的供述），才具有可采性；违背当事人意愿或违反法定程序而强制作出的供述不是自白，而是逼供，不具有可采性，必须予以排除。

我国 2012 年《刑事诉讼法》第 50 条规定，严禁刑讯逼供和以威胁、引诱、欺骗以及其他非法方法收集证据，不得强迫任何人证实自己有罪。第 54 条规定，采用刑讯逼供等非法方法收集的犯罪嫌疑人、被告人供述和采用暴力、威胁等非法方法收集的证人证言、被害人陈述，应当予以排除。

【巩固练习 6-16】 下列哪一个选项表明我国基本确立了自白任意性规则？

A. 侦查人员在讯问犯罪嫌疑人的时候，可以对讯问过程进行录音或者录像

B. 不得强迫任何人证实自己有罪

C. 逮捕后应当立即将被逮捕人送交看守所羁押

D. 不得以连续拘传的方式变相拘禁犯罪嫌疑人、被告人

答案：B

四、传闻证据规则

传闻证据规则也称传闻证据排除规则，即法律排除传闻证据作为认定犯罪事实的根据的规则。根据这一规则，如无法定理由，任何人在庭审期间以外及庭审准备期间以外的陈述，不得作为认定被告人有罪的证据。

所谓传闻证据，主要包括两种形式：①书面传闻证据，即亲身感受了案件事实的证人在庭审期间之外所作的书面证人证言，及警察、检察人员所作的（证人）询问笔录；②言辞传闻证据，即证人并非就自己亲身感知的事实作证，而是向法庭转述他从别人那里听到的情况。

五、意见证据规则

意见证据规则是指证人只能陈述自己亲身感受和经历的事实，而不得陈述对该事实的意见或者结论。

关于普通证人的意见证据，《死刑案件证据规定》第 12 条第 3 款也作了规定，即证人的猜测性、评论性、推断性的证言，不能作为证据使用，但根据一般生活经验判断符合事实的除外。

【巩固练习 6-17】 "证人猜测性、评论性、推断性的证言，不能作为证据使用"，是下列哪一证据规则的要求？

A. 传闻证据规则　　　B. 意见证据规则　　　C. 补强证据规则　　　D. 最佳证据规则

答案：B

六、补强证据规则

补强证据是指用以增强另一证据证明力的证据。一开始收集到的对证实案情有重要意义的证据，称为"主证据"，而用以证明该证据真实性的其他证据，就称为"补强证据"。补强证据规则是指为了防止误认事实或发生其他危险性，而在运用某些证明力薄弱的证据认定案情时，必须有其他证据补强其证明力，才能被法庭采信为定案根据。一般来说，在刑事诉讼中需要补强的不仅包括被追诉人的供述，而且包括证人证言、被害人陈述等特定证据。

补强证据必须满足以下条件。

（1）补强证据必须具有证据能力。

（2）补强证据本身必须具有担保补强对象真实的能力。

（3）补强证据必须具有独立的来源，即补强证据与补强对象之间不能重叠，而必须独立于补强对象，具有独立的来源，否则就无法担保补强对象的真实性。例如，被告人在审前程序中所作的陈述就不能作为其当庭供述的补强证据。

我国 2012 年《刑事诉讼法》第 53 条规定，对一切案件的判处都要重证据，重调查研究，不轻信口供。只有被告人供述，没有其他证据的，不能认定被告人有罪和处以刑罚；没有被告人供述，证据确实、充分的，可以认定被告人有罪和处以刑罚。这一规定强调了不能把被告人的供述作为定罪和处罚的唯一证据，口供必须得到其他证据的补强才具有证明力。由此可见,我国 2012 年《刑事诉讼法》确立了口供需要补强的法则。

关于证人证言的补强,《死刑案件证据规定》第 37 条规定,对于有下列情形的证据应当慎重使用,有其他证据引证的,可以采信:①生理上、精神上有缺陷的被害人、证人和被告人,在对案件事实的认知和表达上存在一定困难,但尚未丧失正确认知、正确表达能力而作的陈述、证言和供述;②与被告人有亲属关系或者其他密切关系的证人所作的对该被告人有利的证言,或者与被告人有利害冲突的证人所作的对该被告人不利的证言。

【巩固练习 6-18】 关于补强证据,下列哪一说法是正确的?

A. 应当具有证据能力　　　　　　B. 可以和被补强证据来源相同

C. 对整个待证事实有证明作用　　D. 应当是物证或者书证

答案:A

七、最佳证据规则

最佳证据规则又称原始证据规则,是指以文字、符号、图形等方式记载的内容证明案情时,其原件才是最佳证据。该规则要求书证的提供者应尽量提供原件,如果提供副本、抄本、影印本等非原始材料,则必须提供充足理由加以说明,否则,该书证不具有可采性。

第六节　刑事诉讼证明

刑事证明是指国家公诉机关和诉讼当事人在法庭审理中,依照法律规定的程序和要求向审判机关提出证据,运用证据阐明系争事实,论证诉讼主张成立的活动。

刑事诉讼中的证明具有以下特征。

(1)刑事证明的主体是国家公诉机关和诉讼当事人。需要注意的是,公安机关和人民法院不是证明的主体。

(2)刑事证明的客体是诉讼中需要运用证据加以证明的事项。

(3)严格意义上的刑事证明只存在于审判阶段。侦查人员、检察人员在审前阶段对证据的收集审查活动属于"查明",而非"证明"。

(4)刑事证明受证明责任的影响或支配。

(5)刑事证明作为一种具体的诉讼行为,直接受各类诉讼法律的规范和调整。

一、证明对象

证明对象是证明主体运用一定的证明方法所要证明的一切法律要件事实。可见,证明对象必须与犯罪嫌疑人、被告人定罪量刑及保证程序公正有关,即必须是具有诉讼意义的事项。一般来说,刑事诉讼的证明对象包括实体法事实和程序法事实两个方面。

(一)实体法事实

实体法事实是直接决定案件处理结果的关键所在,解决的是被告人的行为是否构成犯罪,所犯何罪,罪重还是罪轻,应否处以刑罚,应处以何种刑罚的问题,因此是刑事诉讼中首要的证明对象。

根据《刑诉法适用解释》第64条第1款的规定,应当运用证据证明的案件事实包括:

(1) 被告人、被害人的身份;

(2) 被指控的犯罪是否存在;

(3) 被指控的犯罪是否为被告人所实施;

(4) 被告人有无刑事责任能力,有无罪过,实施犯罪的动机、目的;

(5) 实施犯罪的时间、地点、手段、后果以及案件起因等;

(6) 被告人在共同犯罪中的地位、作用;

(7) 被告人有无法定或酌定的从重、从轻、减轻、免除处罚情节;

(8) 有关附带民事诉讼、涉案财物处理的事实;

(9) 与定罪量刑有关的其他事实。

(二)程序法事实

程序法事实是对解决诉讼程序问题具有法律意义的事实。能够成为证明对象的程序法事实主要包括:

(1) 对犯罪嫌疑人、被告人采取强制措施的事实;

(2) 关于回避的事实;

(3) 关于诉讼进程是否超越法定期限的事实,及耽误诉讼期限是否有不能抗拒的原因或者其他正当理由的事实;

(4) 公安司法机关是否存在侵犯犯罪嫌疑人、被告人诉讼权利的事实;

(5) 有关管辖争议的事实;

(6) 与个人情况有关的事实,如关于罪犯"是否怀孕"的事实;

(7) 其他需要证明的程序性事实。

通过上述列举,在法律意义上的刑事案件事实,实际上就是一系列证明对象的有机合成体。刑事案件必须运用证据加以证明的案件事实,概括起来主要包括:①有关犯罪构成要件的事实,即司法实践中经常提到的所谓"七何"要素,即何人,何时,何地,基于何种动机、目的,采用何种方法、手段,实施何种犯罪行为,造成何种危害后果。②与犯罪行为轻重有关的各种量刑情节的事实,也就是作为从重、加重或者从轻、减轻、免除刑事处罚的理由的事实。③排除行为的违法性、可罚性的事实。④犯罪嫌疑人、被告人的个人情况和犯罪后的表现。⑤刑事诉讼程序事实等。

【提示】 证据事实不是证明对象。案件事实情况是证明对象,而证据事实是证明手段。

(三)免证事实

在法庭审理中,下列事实不必提出证据予以证明。

(1) 为一般人共同知晓的常识性事实。

(2) 人民法院生效裁判所确认的,并且未依审判监督程序重新审理的事实。法院生效裁判所确认的事实,法官可以直接引用该案的裁判所确认的事实作为依据,而无须另行举证证明。法律之所以如此规定,一是为了节省司法资源;二是为了维护法院判决的既判力。

（3）法律、法规的内容以及适用等属于审判人员履行职务所应当知晓的事实。司法理论中一直存在着"法官知法"的推定,因此,当事人对法律、法规的内容不负证明和列举义务。

（4）在法庭审理中不存在异议的程序事实。

（5）法律规定的推定事实。所谓法律推定是指根据法律的明确规定,从已知事实推定另一事实之存在。如刑事诉讼中的无罪推定原则,在公诉机关依法证明被告人犯罪成立前,推定其无罪。

（6）自然规律或者定律。

【提示】 在法庭审理中不存在异议的实体性事实仍然需要加以证明,只是对于不存在争议的程序性事实才可以免予证明。

表 6-2 是需要证明的事项、免证事项和死刑案件的证明对象与各种具体的情形。

表 6-2 证明对象

事　项	情　形
需要证明的事项	（1）实体法事实：包括定罪（犯罪构成四要件）与量刑（法定、酌定情节）的事实 （2）部分程序法事实：如回避（请客送礼的证明）、采取强制措施、期间的耽误、违反法定程序的事实等 **【提示】** 证据本身不是证明的对象,一个证据是真是假,需用其他证据来佐证
免证事项（《最高检刑诉规则》第334条）	（1）为一般人共同知晓的常识性事实（白糖不会毒死人,幼儿不会绑架） （2）已为生效裁决所确认的事实（等于推定客观存在）,但启动再审程序除外 （3）法律、法规的内容 （4）在法庭审理中不存在异议的程序事实,如回避、管辖 （5）法律规定的推定事实。如失踪4年,推年死亡,无须证明 **【注意】** 对于控辩双方没有争议的实体事实也需要证明,即即使犯罪人自愿认罪了,也需要证明
死刑案件的证明对象（《死刑案件证据规定》第5条）	办理死刑案件,对于以下事实的证明,必须达到证据确实、充分: （1）被指控的犯罪事实的发生 （2）被告人实施了犯罪行为,实施犯罪行为的时间、地点、手段、后果以及其他情节 （3）影响被告人定罪的身份情况、刑事责任能力、罪过形式 （4）是否共同犯罪及被告人在共同犯罪中的地位、作用 （5）对被告人从重处罚的事实

【案例释义 6-12】

案情： 2005年3月2日,张某之妻方某产下一女婴。经医院检查后,该女婴被确诊为先天性心脏病儿。在方某及女婴即将出院回家时,张某趁方某上厕所之机,将该女婴摔死,事后对其妻谎称是失手所致。人民检察院以张某涉嫌故意杀人罪对张某提起公诉。案内证据有：女婴出生证明及死亡证明,张某关于失手导致女婴死亡的供述。

问题： 人民检察院指控张某构成故意杀人罪,需要予以证明的事项（对象）主要有哪些?

简析： 本案中需要予以证明的事项主要有：该女婴的出生证明、身体健康情况证明、死亡证明、关于死亡原因的鉴定结论;张某的个人情况,包括张某的年龄、身份、住址、职业,否定张某是失手造成该女婴死亡的证据,张某杀害该女婴的原因和主观故意,杀害该女婴的地点、方式;张某之妻方某不在现场的证明等。另外,人民检察院对案件提起公诉后,在法庭上还应该证明对张某采取强制措施的情况和其他在法庭上必须加以证明的程序性事项。

【巩固练习 6-19】 关于吴某涉嫌故意泄露国家秘密罪,下列哪些选项属于需要运用证据加以证明的事实?

A. 吴某是否为国家机关工作人员

B. 是否存在为吴某所实施的被指控事实

C. 被指控事实是否情节严重

D. 是否具有法定或酌定从重、从轻、减轻及免除处罚的情节

答案:A、B、C、D

【巩固练习 6-20】 石某杀人后弃尸河中。在法庭审理中,对下列哪些事实不必提出证据证明?

A. 被弃尸的河流从案发村镇穿过的事实

B.《刑法》关于杀人罪的法律规定

C. 检察机关和石某都没有异议的案件基本事实

D. 石某的精神状态

答案:A、B

二、证明责任

(一)证明责任的概念

证明责任又称举证责任,是指对于被告人是否有罪以及犯罪情节轻重,应由谁提出证据并加以证实的责任。

(二)证明责任的主体

2012 年《刑事诉讼法》第 49 条规定,公诉案件中被告人有罪的举证责任由人民检察院承担,自诉案件中被告人有罪的举证责任由自诉人承担。由此可见,在我国刑事诉讼中,证明责任的分配规则如下。

(1)公诉案件中,人民检察院承担证明被告人有罪的责任,公安机关、被害人辅助履行证明责任。

(2)自诉案件中,自诉人应当对其控诉承担证明责任。

(3)在例外情况下,犯罪嫌疑人、被告人应当承担提出证据的责任。如国家工作人员对其财产或者支出明显超过合法收入,对差额巨大的部分负有说明其来源是合法的证明责任。如果国家工作人员不能说明其财产或者支出的来源是合法的,则对其超过合法收入之部分以巨额财产来源不明罪论处。

(4)人民法院不承担证明责任,但是人民法院负有调查、核实证据的责任。

【提示】 辩护人不是承担证明责任的主体。

【巩固练习6-21】 甲以乙诽谤自己向法院提起自诉,法庭审理中,甲、乙都向法庭申请调取新的证据。根据乙的申请,法院依法向证人丙调取了证据。下列哪一主体在该案中负有提出证据证明案件事实的责任?

A. 甲　　　　　B. 乙　　　　　C. 丙　　　　　D. 法院

答案:A(自诉案件中证明责任的分担)

三、证明标准

刑事诉讼中的证明标准是指法律规定的检察机关和当事人,运用证据证明案件事实需要达到的程度。依据2012年《刑事诉讼法》的有关规定和诉讼理论,我国刑事诉讼证明标准是:案件事实清楚,证据确实、充分。

(一)"案件事实清楚,证据确实、充分"的具体标准

"案件事实清楚,证据确实、充分"究竟是什么样的标准,理论上很难解释,司法实践中更是难以把握;究其原因,就在于这个标准较为抽象概括,从而给办案人员留下了过多自由裁量的空间。实践中证据是否确实、充分仍然由公安司法机关工作人员自行掌握,主观随意性较强,而且经常出现公、检、法三机关在认定证据是否已经达到确实、充分标准问题上的分歧。

因此,法律上有必要对什么是"案件事实清楚和证据确实、充分"进一步细化,使之具有可操作性,能够准确适用。2012年《刑事诉讼法》第53条正是基于这种现实需求对1996年《刑事诉讼法》的第46条进行了补充。

根据2012年《刑事诉讼法》第53条第2款的规定,证据确实、充分,应当符合以下条件:①定罪量刑的事实都有证据证明;②据以定案的证据均经法定程序查证属实;③综合全案证据,对所认定事实已排除合理怀疑。正确理解和掌握这些条件,需要在实践中把握以下七个要点。

(1)据以定案的每一个证据均已查明为客观存在的事实;

(2)据以定案的每一个证据都与案件事实存在客观联系;

(3)据以定案的每一个证据都符合法律规定的要求和形式;

(4)案内所有证据都指向同一犯罪事实;

(5)案内所有证据之间、证据与案件事实之间协调一致,排除矛盾;

(6)无罪证据得到合理排除;

(7)作为证明对象的每一部分内容都有相应的证据予以证明,全案事实清楚,能合理排除其他可能,得出结论唯一(有罪)。

问题思考:如何理解与把握"排除合理怀疑"这一证据的总体评价标准?

"排除合理怀疑"是指法官对被告人有罪不存在合理怀疑,或者说坚信被告人有罪。"排除合理怀疑"一词源自英美证据法,是英美法系要求陪审团或法官认定被告人有罪必须达到的心证程度。但即便是在英美国家,究竟应该如何解释"排除合理怀疑"一词的准确含义,至今也没有统一的认识。在我国刑事诉讼中引入排除合理怀疑标准,实际上就是要求司法人员在认定案件事实时,同时达到以下几项要求:①据以定案的证据之间不存

在无法合理解释的矛盾；②每一个证据对待证事实的证明作用都是同向的，即证据与待证事实之间不存在矛盾；③从案内所有的证据得出的结论是唯一的，排除其他合理的可能性。同时达到这几项要求就可以认为对案件事实的认定已经达到了排除合理怀疑的标准。

（二）刑事诉讼各阶段的证明标准

刑事诉讼各阶段的证明标准与处理见表6-3。

表6-3　刑事诉讼各阶段的证明标准与处理方法

阶　　段		证　明　标　准
各诉讼阶段的证明标准	立案	（1）确实发生了犯罪事实 （2）需要追究刑事责任 【提示】　立案时并不要求查明谁是犯罪嫌疑人，也不要求查清犯罪构成要件的各种细节
	逮捕	（1）证明发生了犯罪事实 （2）证明犯罪事实是犯罪嫌疑人实施的 （3）犯罪嫌疑人实施犯罪行为的证据已查证属实 以上三个条件必须同时具备
	侦查终结	犯罪事实清楚，证据确实、充分（《刑事诉讼法》第160、172、195条） 证据确实、充分，应当符合以下条件（《刑事诉讼法》第53条）： （1）定罪量刑的事实都有证据证明 （2）据以定案的证据均经法定程序查证属实 （3）综合全案证据，对所认定事实已排除合理怀疑（结论唯一）
	审查起诉	
	有罪判决	
阶　　段		处　　理
各诉讼阶段没有达到证明标准的处理	审查起诉	作出不起诉的决定（证据不足不起诉、存疑不起诉）（《刑事诉讼法》第171条）——疑罪从无
	一审程序	作出证据不足、指控的犯罪不能成立的无罪判决（《刑事诉讼法》第195条）——疑罪从无
	二审程序	如果发现原判决事实不清楚或者证据不足的，可以查清事实后改判也可以裁定撤销原判，发回原审人民法院重新审判（《刑事诉讼法》第225条）
	再审程序	或按一审处理、或按二审处理（《刑诉法适用解释》第312条）
	死刑复核程序	如果认为原判认定事实不清、证据不足，应当裁定撤销原判，发回重审（《刑诉法适用解释》第278条、《关于复核死刑案件若干问题的规定》第3、6、7条）
	【注】　我国并无彻底的疑罪从无原则。该原则在刑诉中主要体现在前两个阶段	

（三）死刑案件中认定被告人犯罪事实的证明标准

《死刑案件证据规定》第5条对死刑案件中认定被告人犯罪事实的证据确实、充分的标准作了具体解释。"办理死刑案件，对被告人犯罪事实的认定，必须达到证据确实、充分。证据确实、充分是指：①定罪量刑的事实都有证据证明；②每一个定案的证据均以法定程序查证属实；③证据与证据之间、证据与案件事实之间不存在矛盾或者矛盾得以合理排除；④共同犯罪案件中，被告人的地位、作用均已查清；⑤根据证据认定案件事实的过程符合逻辑和经验规则,由证据得出的结论唯一。"

【案例释义 6-13】

案情:2011 年 5 月 15 日,公安机关接到杨某报案,称其女儿杨某某被人杀死在家中。公安机关迅速审查并作出了立案决定,经初步调查,认为被害人杨某某之夫牛某有重大作案嫌疑,遂对其采取了强制措施并对本案展开了进一步调查。案件侦查终结后,市人民检察院向市中级人民法院以故意杀人罪对牛某提起公诉。本案主要证据如下。

(1)牛某在侦查机关的七次笔录均声称自己没有杀害杨某某。牛某称,自 14 日夜里至 15 日上午 9 时许自己和杨某某始终在一起,且离开家时杨某某还活着。

(2)证人吴某、张某、赵某(牛某与杨某某的好友)的证言证明:牛某与杨某某感情向来很好,但案发前一天的晚上,牛某与杨某某因打麻将发生了口角。

(3)证人肖某(杨某某之母)的证言证明:15 日早 9 点多,牛某从自己家的二楼下楼,肖某告诉牛某回来记得买袋米,牛某答应后出了门。

(4)鉴定机构出具的鉴定书证明。

① 根据对尸体温度的测量,推断被害人死亡时间为 5 月 15 日凌晨 2 时左右(此鉴定结论未经鉴定人签名、盖章)。

② 被害人杨某某是被人扼勒颈部并用单刃利器刺伤左颈部致机械性窒息合并失血性休克死亡。

③ 被害人阴擦拭检见大量精子,并检出 AB 型物质。该精子 DNA 基因型与牛某DNA 基因型不同。

(5)本案物证:弹簧刀一把。该单刃弹簧刀插入死者颈部 8cm,刀上未提取到指纹,凶器来源尚未查明。

市人民检察院认为:2011 年 5 月 14 日夜 22 时许,被告人牛某与其妻子杨某某在朋友吴某家因打麻将发生口角,后一同回到二人住处。第二天早上 9 时许,牛某离开住处回其父母家。10 时 30 分左右,杨某某父亲杨某上楼时发现杨某某被害。经法医鉴定:杨某某是被他人扼勒颈部并用单刃利器刺伤左颈部致机械性窒息合并失血性休克死亡,死亡时间约在 2011 年 5 月 15 日 2 时许。公安机关经过现场调查以及讯问牛某,同时根据法医对杨某某死亡时间的鉴定证实:杨某某被害时牛某始终在犯罪现场,实施了杀害杨某某的行为。

问题:根据现有法律、司法解释和证据理论,运用本案现有证据,请分析:

(1)能否认定牛某构成故意杀人罪?请说明理由。

(2)法院应作出何种判决?请说明理由。

简析:依据本案现有证据,不能认定牛某构成故意杀人罪。人民法院应当作出证据不足,指控的犯罪不能成立的无罪判决。理由如下。

首先,从被告人牛某是否具有作案动机的角度看,虽然证人吴某、张某、赵某的证言证明了牛某与被害人在案发前一天的晚上因打麻将发生了口角,但牛某与被害人杨某某的关系一直很好,作为一个有理智的正常人,牛某不会因为打麻将时发生口角就残忍地将妻子杀害。因此,现有证据认定被告人牛某杀害杨某某的动机事实不清,证据不足。

其次,公诉机关认定牛某杀害杨某某的关键证据就是关于杨某某死亡时间的鉴定结论。但是该鉴定结论存在以下问题：①虽然现有的两份鉴定结论都推定被害人死亡时间为15日凌晨2点左右，但是出具的鉴定结论未经鉴定人签名、盖章，因而不具有法律效力；②根据尸冷现象对死亡时间的推定是可能受到一系列外部因素（如尸表裸露情况、环境温度）的影响，因此对死亡时间的推定很可能存在误差；③关于杨某某死亡时间的鉴定结论属于间接证据，最多只能证明杨某某的死亡时间，而不能证明实施犯罪的行为人是何人。因此，仅仅依据这样一个可能存在误差的间接证据就认定牛某实施了杀害杨某某的行为严重违背了犯罪事实清楚，证据确实、充分的证明标准。

最后，从证据运用的角度来看，本案中没有能够证明牛某实施了犯罪行为的直接证据，现有证据均为间接证据。根据《死刑案件证据规定》第33条的规定，没有直接证据证明犯罪行为是被告人实施，但同时符合下列条件的可以认定被告人有罪：①据以定案的间接证据已经查证属实；②据以定案的间接证据之间相互印证，不存在无法排除的矛盾和无法解释的疑问；③据以定案的间接证据已经形成完整的证明体系；④依据间接证据认定的案件事实，结论是唯一的，足以排除一切合理怀疑；⑤运用间接证据进行的推理符合逻辑和经验判断。本案中，现有的间接证据之间尚不能形成完整的证据链条，依据间接证据认定的案件事实存在无法排除的矛盾和疑点，如，被害人体内的大量精子是何人、何时留下的，作案工具弹簧刀来自何处等问题都没有得到解决，尚不能排除本案是他人所为的一起强奸杀人案件。因此，在证明牛某实施了杀害杨某某的行为这一关键问题上，公诉方没有达到案件事实清楚，证据确实、充分的证明标准，不能认定牛某实施了故意杀人行为。

综上所述，依据现有证据认定的案件事实存在无法排除的矛盾和疑点。因此，法院应当依法作出证据不足、指控的犯罪不能成立的无罪判决。

第七章

强制措施

本章导语

当你发现一个人正在实施犯罪,你是否有权将其扭送至公安司法机关? 一个人正在准备犯罪、正在犯罪,或者在其住处发现犯罪工具,或者犯罪后企图逃跑,或者涉嫌犯罪身份不明,或者涉嫌重大犯罪等,公安、检察机关是否有权对其临时羁押? 如果有权羁押,应该羁押在何处、羁押多长时间? 羁押后是否应当立即进行讯问并通知其家属? 应当在何地点对涉嫌犯罪的人进行讯问? 假如临时性的羁押措施不能保障案件顺利侦查或审判,有关机关是否有权对犯罪嫌疑人采取更严厉的剥夺人身自由的强制措施? 再假如,一个人涉嫌犯罪,但如果对刑事诉讼的顺利进行不会构成妨碍,对其是否可在其住处予以监督呢?

上述问题大家非常关注,因为其涉及公民的人身权利,如果适用不当,势必会导致公民的合法权利被侵犯。因此,任何国家的刑事诉讼法都会对此作出规定,我国2012年《刑事诉讼法》第64~98条对强制措施的适用种类、适用主体、适用对象、适用条件、适用程序和救济措施等作了全面的规定。上述保障刑事诉讼能够顺利进行的对犯罪嫌疑人、被告人采取的限制或剥夺其人身自由的措施,就是刑事诉讼的强制措施。我国刑事诉讼中的强制措施有五种,按照强制力度从轻到重的顺序依次为:拘传、取保候审、监视居住、拘留、逮捕。另外,大家还需注意,强制措施是一种临时性措施,一旦影响诉讼顺利进行或继续犯罪的可能性丧失,就应该予以解除或者变更。2012年《刑事诉讼法》对强制措施作了较大修改:①完善与细化了逮捕的条件;②增强了审查批捕程序的公开性、公正性;③规范了拘留、逮捕的羁押场所;④完善了监视居住的条件与地点;⑤强化了取保候审措施的监管与执行;⑥适当延长了拘传的时间等。

学习本章知识应重点掌握以下内容:①强制措施的种类;②强制措施与其他相关处罚、措施的区别;③拘传的特点、适用程序;④取保候审的适用条件、方式,保证人的条件、义务,被取保候审人的义务;⑤监视居住的适用条件,被监视居住人的义务;⑥指定居所监视居住;⑦拘留的适用条件,刑事拘留与行政拘留、司法拘留的区别;⑧逮捕的适用条件、逮捕的程序;⑨羁押必要性审查;⑩强制措施的变更和解除。

本章的知识内容体系见图7-1。

强制措施 ┫

强制措施概述
- 概念与特点
- 刑事诉讼、民事诉讼、行政诉讼中强制措施之比较
- 适用强制措施的原则和需要考虑的因素
- 强制措施的适用机关

拘传、取保候审、监视居住

拘传
- 拘传的概念
- 拘传的适用对象
- 拘传与传唤的关系
- 拘传的适用程序
- 刑事诉讼中的拘传与民事诉讼中拘传的区别

取保候审
- 取保候审的决定机关、执行机关、适用情形和期限
- 取保候审的申请人
- 取保候审的保证方式
- 被取保候审人的义务及违反后果
- 取保候审的撤销或解除

监视居住
- 监视居住的决定机关、执行机关、适用情形、执行地点及期限
- 指定居所监视居住
- 被监视居住人应遵守的规定及违反规定的后果
- 监视居住的解除
- 对被监视居住人的监督、监控

拘留
- 刑事拘留的适用情形、决定者和执行者
- 特殊情形下的拘留
- 刑事拘留、司法拘留和行政拘留的区别
- 刑事拘留的程序
- 拘留的期限
- 公民的扭送

逮捕
- 公安机关逮捕的提请
  - 提请批准逮捕的期限及审查期限
  - 提请手续
- 逮捕的批准、决定、执行主体
- 逮捕的适用条件
- 逮捕的执行、逮捕后的羁押地点、讯问、通知和发现不当的处理
- 逮捕的审查和决定程序
- 公安机关对不批准逮捕的制约
- 对特殊犯罪嫌疑人逮捕的审批程序
- 逮捕的执行程序
- 羁押必要性的审查

逮捕的变更、撤销或解除

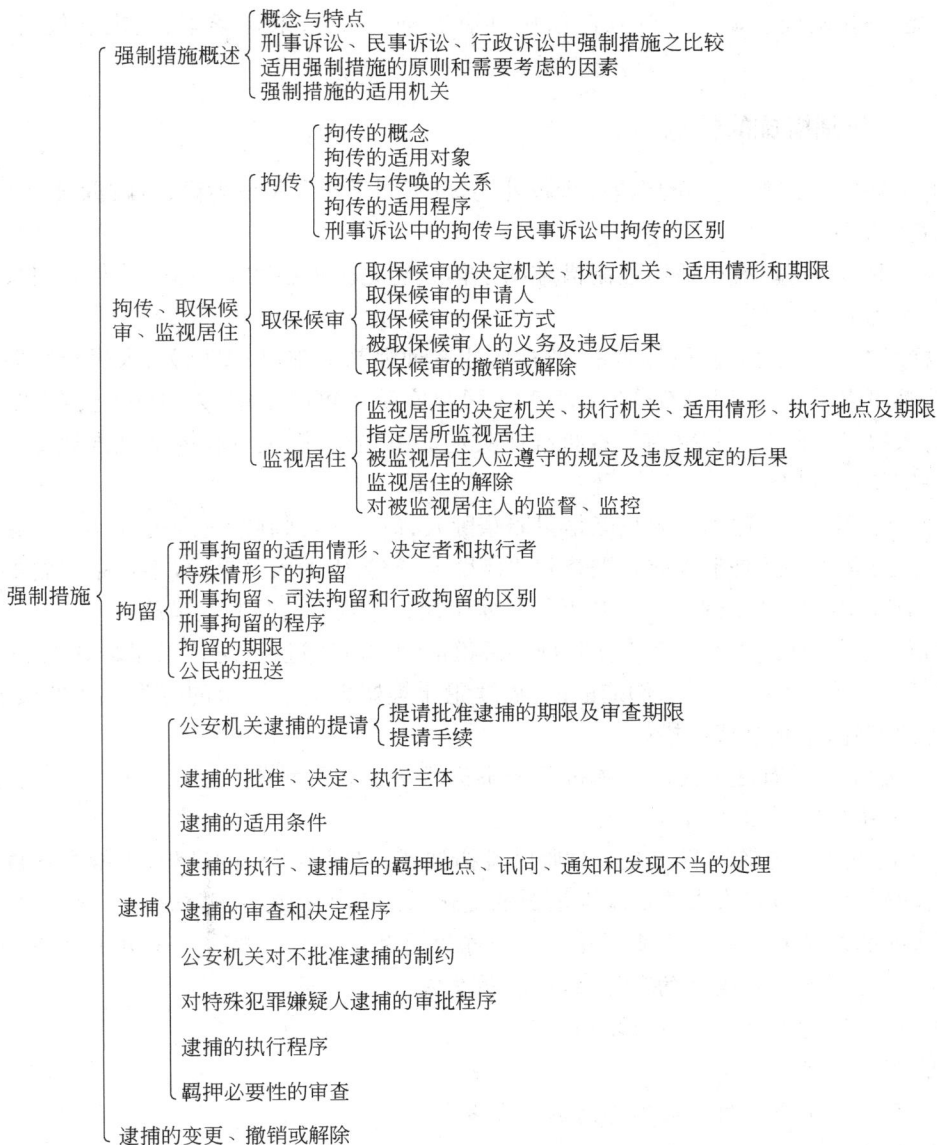

图 7-1 本章知识体系图示

第一节 强制措施概述

一、强制措施的概念与特点

（一）强制措施的概念

刑事诉讼中的强制措施是指公安机关、人民检察院和人民法院为了保证刑事诉讼的顺利进行,依法对刑事案件的犯罪嫌疑人、被告人的人身自由进行限制或者剥夺的各种强

制性方法。我国刑事诉讼中的强制措施共有五种：拘传、取保候审、监视居住、拘留和逮捕。

（二）强制措施的特点

刑事强制措施既不同于刑罚和行政处罚，也不同于妨害民事诉讼、行政诉讼的强制措施，其特点如下。

（1）主体特定。有权适用强制措施的主体只能是公安机关（包括其他侦查机关）、人民检察院和人民法院。

【提示】 其中，拘传、取保候审、监视居住三种强制措施，公安机关、人民检察院和人民法院都可以采用；拘留只有公安机关和人民检察院才可以采用，人民法院无权采用；逮捕只有人民检察院和人民法院有权批准或决定适用，公安机关只有提请批准逮捕权和对逮捕决定的执行权。

（2）对象唯一。适用对象只能是犯罪嫌疑人、被告人，强制措施的内容具有人身性。

（3）内容特定。是限制或者剥夺犯罪嫌疑人、被告人的人身自由，不包括对物的强制处分。对涉案财物的查封、搜查、扣押等仅属于侦查过程中的强制性措施。

（4）目的具有预防性。在于保障刑事诉讼活动的顺利进行，防止犯罪嫌疑人、被告人逃避侦查、起诉和审判，毁灭、伪造证据，继续犯罪等妨害刑事诉讼的行为。在性质上，它是预防性措施，不是惩戒性措施。

（5）适用上具有法定性。必须按照刑事诉讼法规定的种类、适用主体、适用对象、适用条件、适用程序予以适用。

（6）时间上具有临时性。是一种临时性措施，随着刑事诉讼的进程，可根据案件的进展和犯罪嫌疑人、被告人人身危险性情况的变化而予以变更或者解除。

【巩固练习 7-1】 关于刑事诉讼强制措施的适用对象，下列哪一个选项是正确的？

A. 只适用于公诉案件的犯罪嫌疑人、被告人

B. 可以适用于自诉案件的被告人

C. 可以适用于自诉人

D. 可以适用于单位犯罪案件的诉讼代表人

答案：B

强制措施既可以适用于公诉案件的犯罪嫌疑人、被告人，也可以适用于自诉案件的被告人。虽然法律规定作为被告单位的诉讼代表人接到出庭通知拒不到庭的，可以拘传，但是此种拘传的性质不属于刑事强制措施，应属于民事强制措施。因为诉讼代表人既不是犯罪嫌疑人也不是被告人，只是代表被告单位行使诉讼权利和履行诉讼义务的人。因此，如果犯罪单位的诉讼代表人拒不出庭，法院对其不能采用刑事拘传的强制措施。

二、刑事诉讼、民事诉讼、行政诉讼中强制措施之比较

具体内容见表 7-1。

表 7-1 刑事诉讼、民事诉讼、行政诉讼中强制措施之比较

项　　目	刑 事 诉 讼	民 事 诉 讼	行 政 诉 讼
适用主体不同	公、检、法	法院	法院
法律依据不同	刑事诉讼法	民事诉讼法	行政诉讼法
适用对象不同	犯罪嫌疑人、被告人或者现行犯、重大嫌疑分子	实施妨害诉讼行为的当事人、诉讼参加人及案外人	实施妨害诉讼行为的当事人、诉讼参加人及案外人
适用种类不同	拘传、取保候审、监视居住、刑事拘留和逮捕	拘传、训诫、责令退出法庭、罚款和司法拘留	训诫、责令具结悔过、罚款和司法拘留
适用目的不同	预防性和保障性	保证性和惩罚性	保证性和惩罚性
适用性质不同	临时性措施(可变更或解除)	保证性和惩罚性措施	保证性和惩罚性措施
适用阶段不同	适用于侦查、起诉和审判阶段(不适用于执行阶段)	审判、执行阶段	审判、执行阶段

问题思考：开庭中，被告人的母亲大闹法庭，殴打审判长，最后经过院长批准对其拘留，该拘留是不是刑事诉讼中的强制措施？

答案：不是，此处的拘留属于司法拘留，具有惩罚性而不具有预防性。

三、适用强制措施的原则和需要考虑的因素

具体内容见表 7-2。

表 7-2 适用强制措施的原则和需要考虑的因素

适用强制措施的原则	必要性原则	指只有在不适用强制措施不足以防止发生妨害刑事诉讼顺利进行的行为时，才可适用强制措施
	相当性原则(比例原则)	指适用何种强制措施，应当与犯罪嫌疑人、被告人的人身危险性程度和涉嫌犯罪的轻重程度相适应
需要考虑的因素	犯罪嫌疑人、被告人所实施的犯罪行为的性质和危害程度	
	犯罪嫌疑人、被告人的人身危险性大小	
	嫌疑人被告人是否有逃避侦查、起诉和审判或进行各种妨害刑事诉讼行为的可能性	
	公安司法机关对案件事实的调查情况和对证据的掌握情况	
	犯罪嫌疑人、被告人的个人情况,如身体健康状况,是否怀孕等	

四、强制措施的适用机关

具体内容见表 7-3。

表 7-3 强制措施的适用机关

强制措施的种类	决 定 机 关	执 行 机 关
拘传	公、检、法	公、检、法
取保候审	公、检、法	公安
监视居住	公、检、法	公安
拘留	公、检	公安
逮捕	检察院批准或决定,法院决定	公安

【说明】

（1）法院无刑事拘留权，只有司法拘留权。

（2）对公安机关侦查的案件，逮捕由检察院批准；检察院侦查的案件，逮捕由检察院决定，交公安机关执行；自诉案件，逮捕由法院决定；公诉案件在侦查和起诉阶段都未逮捕，在审判阶段法院认为有逮捕必要的，也可以决定逮捕。

第二节　拘传、取保候审、监视居住

一、拘传

（一）拘传的概念

拘传是指公安机关、人民检察院和人民法院对未被羁押的犯罪嫌疑人、被告人，依法强制其到案接受讯问的一种强制措施。

（二）拘传的适用对象

拘传只能适用于犯罪嫌疑人、被告人，对自诉人、被害人、附带民事诉讼的原告人和被告人，以及证人、鉴定人、翻译人员等诉讼参与人不能适用。

【提示】　对于已经被拘留、逮捕的犯罪嫌疑人、被告人，可以直接去看守所办理提审手续进行讯问，不需要经过拘传程序。

问题思考：证人如果拒不到庭，法院能否对该证人适用拘传？

答案：不能，虽然证人拒不出庭的，可以强制到庭，但是因为证人不属于强制措施的适用对象，因此强制证人到庭的措施不属于刑事强制措施。

【巩固练习7-2】　关于法院可以决定对什么人采取拘传这一刑事强制措施，下列哪一个选项是正确的？

A. 某公司涉嫌生产、销售伪劣产品罪，作为该公司诉讼代表人而拒不出庭的高某

B. 抢夺案中非在押的被告人陈某

C. 盗窃案中已被逮捕的犯罪嫌疑人卢某

D. 贿赂案中拒不出庭的证人李某

答案：B

（三）拘传与传唤的关系

传唤是指公安机关、人民检察院和人民法院使用传票通知有关人员在指定的时间自行到指定的地点接受讯问或询问的方法。

1. 拘传与传唤的相同之处

适用的主体都是国家的司法机关；适用的目的都是要求相关人员到案接受讯问或询问。

2. 拘传和传唤的区别

（1）性质不同。拘传是刑事诉讼法所规定的一种强制措施，因而具有一定的强制性，

当被适用的对象不予配合时,可以采取强制性的手段,迫使其服从;传唤只具有通知的性质,不属于强制措施,因而不具有强制力。

（2）适用对象不同。拘传的适用对象只限于犯罪嫌疑人、被告人;传唤的适用对象除了犯罪嫌疑人、被告人外,还包括案件中的其他当事人,如被害人、自诉人等。

（3）适用要求不同。拘传作为一种强制措施,在适用时有着较为严格的程序要求,必须按照刑事诉讼法的相关规定执行;传唤不是强制措施,因而可以本着灵活、方便的精神适用。

【提示】 在刑事诉讼中,拘传不以传唤为前提。经传唤,没有正当理由不到案的,可以拘传,也可以根据案件情况,不经传唤直接进行拘传。但在民事诉讼中传唤是必经程序,必须经两次传唤,才可以拘传。

（四）拘传的适用程序

根据法律规定,公安机关、人民检察院和人民法院在刑事诉讼过程中,根据案件情况,都有权对犯罪嫌疑人、被告人实施拘传。适用拘传需要注意以下一些问题。

1. 决定机关

有权决定适用拘传的机关包括公安机关、检察机关和人民法院。

【提示】 其他行使侦查权的机关也有权适用拘传的强制措施,如国家安全机关、军队保卫部门等。

2. 执行机关

人民法院、人民检察院和公安机关都有执行拘传的权力。

3. 拘传程序

（1）拘传手续的办理。首先由经办人提出申请,填写《呈请拘传报告书》并经本部门负责人审核后,由县级以上公安局局长、人民检察院检察长、人民法院院长批准,公、检机关拘传犯罪嫌疑人,应当出示拘传证;法院拘传被告人,应当出示拘传票。

（2）拘传的执行。执行拘传时,应当向被拘传人出示《拘传证》。执行拘传的司法人员不得少于两人。对于抗拒拘传的,可以使用诸如警棍、警绳、手铐等戒具,强制其到案。

（3）拘传的地点。拘传的地点应当在被拘传人所在的市、县以内。

（4）拘传的时间。犯罪嫌疑人、被告人到案后,应当责令其在《拘传证》上填写到案时间,然后立即对其进行讯问。根据2012年《刑事诉讼法》第117条的规定,传唤、拘传持续的时间不得超过12小时,如果在12小时内讯问不能结束,要立即放回,如果需要,可再次拘传。两次拘传之间的间隔时间法律没有明文规定,但不得以连续传唤、拘传的形式变相拘禁犯罪嫌疑人。传唤、拘传犯罪嫌疑人,应当保证犯罪嫌疑人的饮食和必要的休息时间。案情重大、复杂,需要采取拘留、逮捕措施的,传唤、拘传持续的时间不得超过24小时。

（5）拘传的结果。讯问结束后,如果被拘传人符合其他强制措施,如拘留、逮捕条件的,应当依法采取其他强制措施。如果不需要采取其他强制措施的,应当将其放回,恢复其人身自由。

【巩固练习7-3】 关于拘传,下列哪些说法是正确的?

A. 对在现场发现的犯罪嫌疑人,经出示工作证件可以口头拘传,并在笔录中注明

B. 拘传持续的时间不得超过12小时

C. 案情特别重大、复杂,需要采取拘留、逮捕措施的,拘传持续的时间不得超过24小时

D. 对于被拘传的犯罪嫌疑人,可以连续讯问24小时

答案:B、C

(五)刑事诉讼中的拘传与民事诉讼中的拘传的区别

具体内容见表7-4。

表7-4 刑事诉讼中的拘传与民事诉讼中的拘传的区别

名 称	是否以传唤为前提	适 用 对 象
刑诉拘传	不以传唤的适用为前提	未被羁押的犯罪嫌疑人、被告人
民诉拘传	必须是经过两次传票传唤,被传唤人无正当理由拒不到庭,才可以适用拘传	①必须到庭的被告人;②必须到庭的,给国家、集体或他人造成损害的未成年人的法定代理人

【案例释义7-1】

案情: 2005年8月10日上午,汪某正在某商场联系业务时,北京某区派出所民警张某等三人来到汪某所在的商场,让汪某在一张空白的传票上签字,用手铐将汪某带到派出所,汪某未反抗。汪某被带到派出所后,民警说有事主报案称,汪某骗了他人的钱财,民警询问汪某是否有此事,汪某否认。民警和联防队员用警棍殴打汪某。其间汪某要求小便,被拒绝,汪某无奈就在被询问地小便。民警强迫汪某脱下衣服,联防队员用脚踩着衣服将地上的尿擦干。直到第二天上午,才允许汪某吃喝。8月11日上午11时,民警告知汪某,传唤结束,将汪某放走。当汪某走出派出所不到10米处,一民警又拿着传票追上汪某要其签字,进行第二次传唤。汪某又被带回审讯室。此次传唤民警要求汪某回答"第一次传唤是否合法,民警是否殴打汪某,手续是否齐全"等问题。汪某都违心做了回答。2006年9月22日,汪某向某区人民法院提起行政诉讼。

问题:

(1)派出所对汪某的传唤是刑事强制措施吗?

(2)派出所对汪某的传唤合法吗?

(3)汪某是否有权提起行政诉讼,请求赔偿?法院应否受理立案?

简析:

(1)本案派出所对汪某采取的传唤,实质上是行政传唤,并不属于刑事强制措施。派出所不能行使刑事侦查权。按照我国法律、法规规定,公安机关的主要职能有两个:其一是行政职能,其依据是《治安管理处罚法》;其二是刑事侦查职能,依据是《刑事诉讼法》。如公安机关行使行政职能,则派出所只能作出罚款及警告的处罚,其处罚过程中的传唤属于行政行为。而刑事职能,则只能由公安分局以上机关行使,派出所不享有此权。所以派出所不能行使侦查权,其对汪某传唤的行为属于行政行为,不是刑事强制措施。

(2)派出所对汪某的两次传唤均违法。派出所采取传唤措施,必须依法进行。即要对有违法嫌疑的人在法定期限内予以传唤。派出所在无其他旁证的情况下,仅凭他人的报案,显然证据不足,所以第一次传唤是违法的。第二次传唤是在刚刚解除第一次传唤几

分钟内采取的,已构成连续传唤、变相拘禁汪某,且第二次传唤期间被讯问的内容与汪某违法无关,只是确认第一次传唤是否合法。这种在限制人身自由情况下让汪某确认公安机关行为合法的做法更是违法的。

(3)根据《国家赔偿法》的规定,行政机关实施的与行政职权有关的,以暴力等形式殴打、伤害行为属职务行为,国家对此应承担赔偿责任。既然派出所对王某的非法传唤、殴伤行为属于行政行为,汪某就有权按行政诉讼对其侵权行为向法院提起行政诉讼,并有权在行政诉讼中一并提起赔偿要求。

【巩固练习7-4】 公安机关对张某涉嫌盗窃案立案侦查,并对张某作出了取保候审的决定,侦查终结后将案件移送人民检察院审查起诉。人民检察院审查起诉过程中,认为张某符合逮捕的条件,遂将张某拘传到人民检察院接受了24小时的讯问,后直接对张某作出了逮捕决定。关于本案,以下哪些说法错误?

A. 人民检察院不能未经传唤,直接拘传

B. 该拘传的决定应由公安机关作出

C. 该拘传决定应由公安机关执行

D. 人民检察院拘传的时间不能超出12小时

答案:A、B、C、D

二、取保候审

取保候审是指刑事诉讼过程中,公安机关、人民检察院、人民法院责令犯罪嫌疑人、被告人提出保证人或者缴纳保证金,保证犯罪嫌疑人、被告人不逃避或妨碍侦查、起诉和审判,并随传随到的一种强制措施。

(一)取保候审的决定机关、执行机关、适用情形和期限

具体内容见表7-5。

表7-5　取保候审的决定机关、执行机关、适用情形和期限

决定机关	公、检、法	
执行机关	公安机关和国家安全机关	
适用情形 (《刑事诉讼法》第65条)	(1) 可能判处管制、拘役或者独立适用附加刑的 (2) 可能判处有期徒刑以上刑罚,采取取保候审不致发生社会危险性的 (3) 患有严重疾病、生活不能自理,怀孕或者正在哺乳自己婴儿(1周岁以下)的妇女,采取取保候审不致发生社会危险性的 (4) 被拘留的人需要逮捕,而逮捕的证据又不足的 (5) 提请批准逮捕后,检察机关不批准逮捕,需要复议、复核的 (6) 检察机关决定不起诉,需要复议、复核的 (7) 羁押期限届满,案件尚未办结,需要采取取保候审的(不超期羁押) (8) 持有有效护照和出入证件,可能出境逃避侦查,但不需要逮捕的(可能出境的)	
	【提示】 注意与逮捕适用条件的区别:不符合逮捕条件,或不适宜逮捕的,就可以取保	
期限	各阶段期限	12个月
	计算方法	①同一阶段,连续计算;不同阶段,分别计算;②同一阶段,即使交了两次保证金,也要连续计算;③公、检、法(一、二审)不同阶段的,期限重新计算(手续重新办理);④在取保候审期间,不得中断对案件的侦查、起诉和审理

【巩固练习 7-5】 王某因涉嫌受贿被刑事拘留后,在侦查中发现其已有 5 个月身孕。以下说法正确的是:

A. 对王某应当作出逮捕的决定　　　B. 对王某可以作出逮捕的决定

C. 对王某应当作出取保候审的决定　　D. 对王某可以作出取保候审的决定

答案:B、D

(二)取保候审的申请人

犯罪嫌疑人、被告人及其法定代理人、近亲属或者辩护人有权申请取保候审或变更强制措施为取保候审。人民法院、人民检察院和公安机关收到申请后,应当在 3 日以内作出决定;不同意变更强制措施的,应当告知申请人,并说明不同意的理由。

(三)取保候审的保证方式

2012 年《刑事诉讼法》第 66 条规定:"人民法院、人民检察院和公安机关决定对犯罪嫌疑人、被告人取保候审,应当责令犯罪嫌疑人、被告人提出保证人或者交纳保证金。"因此,取保候审有两种保证方式:一种是保证人保证;另一种是保证金保证。对同一犯罪嫌疑人、被告人决定取保候审的,不能同时适用两种方式。

1. 保证人保证

保证人保证又称人保,是指公安机关、人民检察院、人民法院责令犯罪嫌疑人、被告人提出保证人并出具保证书,保证被保证人在取保候审期间不逃避和妨碍侦查、起诉和审判,并随传随到的保证方式。

2. 保证金保证

保证金保证又称财产保,是指公安机关、人民检察院、人民法院责令犯罪嫌疑人、被告人交纳保证金并出具保证书,保证被保证人在取保候审期间不逃避和妨碍侦查、起诉和审判,并随传随到的保证方式。

两种保证方式的具体内容见表 7-6。

表 7-6　取保候审的保证方式

保证金保证	保证金的数额	人民币 1000 元以上
	保证金的形式	只能是人民币,不能是外币或者物
	确定保证金数额应考虑的因素	①保证诉讼活动正常进行的需要;②被取保候审人的社会危险性;③案件的性质、情节;④可能判处刑罚的轻重;⑤被取保候审人的经济状况等(《刑事诉讼法》第 70 条)
	保证金的收取与管理	①保证金由县级以上执行机关统一收取和管理;②没收保证金的决定、退还保证金的决定、对保证人的罚款决定等,应当由县级以上执行机关作出;③县级以上执行机关应当在其指定的银行设立取保候审保证金专户,委托银行代为收取和保管保证金;④保证金应存入执行机关指定银行的专门账户
	保证金的退还	犯罪嫌疑人、被告人在取保候审期间未违反《刑事诉讼法》第 69 条规定的,取保候审结束的时候,凭解除取保候审的通知或者有关法律文书到银行领取退还的保证金(《刑事诉讼法》第 71 条)

	人数	1~2 名
保证人保证	保证人保证的适用情形	① 符合取保候审条件 ② 无力交纳保证金的 ③ 未成年人或者具有其他不宜收取保证金的情形
	保证人的条件	① 与本案案情无牵连 ② 有能力履行保证义务 ③ 享有政治权利(中国籍),人身自由未受到限制 ④ 有固定的住处和收入(《刑事诉讼法》第67条)
	保证人的义务	① 监督义务。监督被保证人遵守《刑事诉讼法》第69条的规定 ② 报告义务。发现被保证人可能发生或者已经发生违反《刑事诉讼法》第69条规定的行为时,应当及时向执行机关报告(《刑事诉讼法》第68条)
	保证人的责任	① 行政责任:罚款1000~20000元(对罚款和没收保证金不服的,都可向执行机关的上一级机关申请复核。但不能对刑事司法行为提起诉讼) ② 刑事责任:窝藏罪或包庇罪等 ③ 民事责任:如果取保候审的被告人同时也是附带民事诉讼的被告人,保证人还应当承担连带赔偿责任,但应当以其保证前附带民事诉讼原告人提起的诉讼请求数额为限

【提示】 两种方式不能够同时对同一个人采用

【案例释义 7-2】

案情:张某因涉嫌故意伤害他人而被立案侦查。在侦查阶段,公安机关认为没有必要逮捕张某,但为了保障侦查的顺利进行,遂决定对其取保候审,确定保证金额为 10 万元,公安机关要求其交到侦查人员手中。后张某对保证金的数额提出异议,认为保证金数额过高,遂与公安机关的办案人员进行交涉。

问题:本案中,公安机关的做法符合法律规定吗?

简析:根据 2012 年《刑事诉讼法》之规定,取保候审的决定机关应当综合考虑保证诉讼活动正常进行的需要,案件的性质、情节,被取保候审人的社会危险性、可能判处刑罚的轻重和经济状况等情况,确定保证金的数额。本案中,公安机关确定 10 万元的保证金数额明显偏高,存在不合理之处。另外,本案中公安机关侦查人员直接收取保证金的行为也不合法,保证金应存入执行机关指定银行的专门账户,委托银行代为收取和保管。

(四) 被取保候审人的义务及违反后果

2012 年《刑事诉讼法》第 69 条规定了被取保候审人的义务与违反义务的处理,具体内容见表 7-7。

表 7-7 被取保候审人的义务及违反后果

一般义务(都应遵守)	① 未经执行机关批准不得离开所居住的市、县 ② 住址、工作单位和联系方式发生变动的,在 24 小时以内向执行机关报告 ③ 在传讯的时候及时到案 ④ 不得以任何形式干扰证人作证 ⑤ 不得毁灭、伪造证据或串供

续表

特定义务(根据其涉嫌犯罪,可责令遵守一项或者多项)	① 不得进入特定的场所 ② 不得与特定的人员会见或者通信 ③ 不得从事特定的活动 ④ 将护照等出入境证件、驾驶证件交执行机关保存	【目的】 防止被取保候审人干扰证人作证,毁灭、伪造证据或者串供等行为的发生,保证随传随到
违反规定的后果	(1) 已交纳保证金的,没收部分或者全部保证金,并且区别情形,责令犯罪嫌疑人、被告人具结悔过、重新交纳保证金、提出保证人,或者监视居住,予以逮捕。对违反取保候审规定,需要予以逮捕的,可以对犯罪嫌疑人、被告人先行拘留 (2) 取保期间重新犯罪的:①暂扣保证金;②故意犯罪的,法院决定没收保证金;过失犯罪的,执行机关暂扣,再由法院决定是否没收	

【案例释义7-3】

案情: 徐某,男,40岁。2009年3月,徐某因涉嫌盗窃,被天津市某区公安局拘留。之后,徐某申请取保候审,并提出让其堂兄刘某作为保证人,刘某也到公安机关申请为徐某作保证人。公安机关在审查案情及徐、刘的个人情况之后认为,徐某盗窃涉案数额不大,且是初犯,主观恶性不深,采取取保候审不致发生社会危险,可以考虑采取取保候审。但徐某本人经济情况较差,无力提供保证金,而刘某在京工作,有固定住处及稳定收入,基于上述考虑,公安机关遂决定同意刘某作为保证人,令其填写"保证书",并将徐某释放。但在以后的侦查过程中,徐某不仅经多次传唤拒不到案,而且采取变换住址等方式逃避侦查和审判,公安机关要求保证人刘某将徐某找回,刘某明知徐某去向,却声称不知,拒不将其找回。

问题:

(1) 本案中,刘某是否具备保证人的条件?

(2) 被取保候审人和保证人在取保候审期间必须遵守的义务有哪些?

(3) 公安机关对徐某和刘某该如何处理?

简析:

(1) 取保候审的保证人必须具备一定条件,同时,在取保候审期间也必须履行一定的义务、遵守相关的规定,否则,取保候审很难发挥其应有的效果与作用。本案中,刘某的个人情况完全具备保证人的基本条件,因此公安机关允许刘某作保证人是适当的。

(2) 在取保候审期间,犯罪嫌疑人必须遵守2012年《刑事诉讼法》第69条规定的义务,而保证人的义务便是监督犯罪嫌疑人遵守该规定,一旦发现犯罪嫌疑人有违反相关规定的行为,应及时报告执行机关,保证人未及时报告的,对保证人处以罚款,构成犯罪的,依法追究刑事责任。

(3) 因徐某在取保候审期间多次经传讯不到案,公安机关有权变更强制措施,可以对其逮捕;保证人刘某发现被取保候审人有违反相关规定的行为,但故意不报告执行机关,公安机关对刘某可以处以罚款。

【案例释义7-4】

案情: 2012年4月15日,媒体曝光江西弋阳县龟峰明胶有限公司用皮革加工工业明胶,出售给其他企业用于制作药用胶囊。随后,弋阳县有关部门立即对该厂进行停产整顿,原材料和产品被查封,并进行相关调查。后经质监部门检测,其他企业利用该公司工业明胶制作的药用胶囊大部分铬超标。

2012年4月18日,弋阳龟峰明胶有限公司董事长李明元被刑事拘留,分管生产的负责人被取保候审,另有5名相关人员被公安机关严密控制。

问题:如果该案诉讼持续到2013年1月1日后,公安司法机关是否可以责令被取保候审者在取保候审期间不得从事药业生产活动?

简析:本案中,江西弋阳龟峰明胶有限公司分管生产的负责人被取保候审。如果此案诉讼过程持续到2013年1月1日,那么公安司法机关可以依据2012年《刑事诉讼法》第69条第2款的规定,责令该负责人在取保候审期间不得从事药业生产活动。

2012年《刑事诉讼法》新增加了对取保候审期间犯罪嫌疑人、被告人的特定义务,其中就包括不得从事特定的活动,目的在于进一步完善取保候审内涵,切实发挥其保障刑事诉讼顺利进行的功能。在实践中也有助于防止被取保候审人继续实施违法犯罪行为或干扰刑事诉讼的顺利进行。此项规定实施后,如何对犯罪嫌疑人、被告人进入特定场所、与特定人员会见或通信、从事特定活动等进行实时监督,将成为实践中亟须解决的现实问题。

【巩固练习7-6】 关于被法院决定取保候审的被告人在取保候审期间应当遵守的法定义务,下列哪些选项是正确的?

A. 未经法院批准不得离开所居住的市、县

B. 未经公安机关批准不得会见他人

C. 在传讯的时候及时到案

D. 不得以任何形式干扰证人作证

答案:C、D

【巩固练习7-7】 被取保候审人高某在取保候审期间涉嫌重新犯罪,被公安机关立案侦查。关于保证金的处理,下列哪些选项是错误的?

A. 由正在审查起诉的检察院暂扣其交纳的保证金

B. 由取保候审的执行机关暂扣其交纳的保证金

C. 由正在审查起诉的检察院没收其交纳的保证金

D. 由取保候审的执行机关没收其交纳的保证金

答案:A、C、D

本题考察取保候审保证金的暂扣与没收主体。本题中,被取保候审人高某在取保候审期间涉嫌重新犯罪,尚未得到人民法院判决确定,因此司法机关不能没收其保证金,只能由取保候审的执行机关暂扣保证金。依据2012年《刑事诉讼法》第65条第2款的规定,取保候审由公安机关执行。故符合题意的答案为选项A、C、D。

(五) 取保候审的撤销或解除

(1) 犯罪嫌疑人有下列违反取保候审规定的行为,人民检察院应当对犯罪嫌疑人予以逮捕。

① 故意实施新的犯罪的;

② 企图自杀、逃跑,逃避侦查、审查起诉的;

③ 实施毁灭、伪造证据，串供或者干扰证人作证，足以影响侦查、审查起诉工作正常进行的；

④ 对被害人、证人、举报人、控告人及其他人员实施打击报复的。

（2）犯罪嫌疑人有下列违反取保候审规定的行为，人民检察院可以对犯罪嫌疑人予以逮捕。

① 未经批准，擅自离开所居住的市、县，造成严重后果，或者两次未经批准，擅自离开所居住的市、县的；

② 经传讯不到案，造成严重后果，或者经两次传讯不到案的；

③ 住址、工作单位和联系方式发生变动，未在 24 小时以内向公安机关报告，造成严重后果的；

④ 违反规定进入特定场所、与特定人员会见或者通信、从事特定活动，严重妨碍诉讼程序正常进行的。

需要对上述犯罪嫌疑人予以逮捕的，可以先行拘留；已交纳保证金的，同时书面通知公安机关没收保证金。

三、监视居住

监视居住是指公安机关、人民检察院、人民法院在刑事诉讼过程中责令犯罪嫌疑人、被告人在一定期限内不得离开指定区域，并对其活动予以监视和控制的一种强制措施。

2012 年刑事诉讼法单独规定了监视居住的适用条件和范围，从而将监视居住与取保候审分离，以解决之前监视居住定位不清的问题。

（一）监视居住的决定机关、执行机关、适用情形、执行地点及期限

具体内容见表 7-8。

表 7-8　监视居住的决定机关、执行机关、适用情形、执行地点及期限

决定机关	公、检、法
执行机关	公安机关、国家安全机关
适用情形	对符合逮捕条件，有下列情形之一的犯罪嫌疑人、被告人，可以监视居住： ① 患有严重疾病、生活不能自理的 ② 怀孕或者正在哺乳自己婴儿的妇女 ③ 是生活不能自理的人的唯一扶养人 ④ 因为案件的特殊情况或者办理案件的需要，采取监视居住措施更为适宜的 ⑤ 羁押期限届满，案件尚未办结，需要采取监视居住措施的 ⑥ 对于符合取保候审条件，但犯罪嫌疑人、被告人不能提出保证人，也不交纳保证金的，也可以监视居住（《刑事诉讼法》第 72 条）
期限	6 个月（计算方法与取保候审相同）
执行地点	①犯罪嫌疑人、被告人的住处；②指定的居所

【提示】　在监视居住适用条件与范围上，要求被监视居住的对象必须"符合逮捕条件"，这是因为监视居住本身就是逮捕的一种变通执行方式，即罪该逮捕，但因为特殊原因（疾病、生活等）而变通逮捕的执行方式。

【案例释义 7-5】

案情：在审判过程中，某县人民法院认为被告人刘某可能判处管制、拘役刑罚，又发现刘某是其病重老母亲的唯一扶养人，于是要求公安机关对被告人适用监视居住措施。公安机关作出监视居住决定后交付法院执行。

问题：本案中有哪些做法不符合 2012 年《刑事诉讼法》的规定？

简析：

（1）根据刑事诉讼法的规定，适用监视居住，首先要符合逮捕的条件。本案中被告人的犯罪情节及危害程度不够逮捕条件，因此对其不应适用监视居住措施，而应适用取保候审措施。人民法院要求公安机关对被告人适用监视居住措施是不正确的。

（2）根据 2012 年《刑事诉讼法》第 72 条第 1、3 款的规定，公安机关、人民检察院和人民法院都有监视居住决定权，但执行权只有公安机关。公安机关作出决定后交法院执行不符合法律规定。

【巩固练习 7-8】 在符合逮捕条件时，对下列哪些人员可以适用监视居住措施？

A. 患有严重疾病、生活不能自理　　　　B. 正在哺乳自己的婴儿

C. 是生活不能自理的人的唯一抚养人　　D. 聋哑人

答案：A、B、C

（二）指定居所监视居住

根据 2012 年《刑事诉讼法》第 73 条第 1 款的规定，监视居住主要有两种执行场所：住处和在指定的居所。对于被监视居住的犯罪嫌疑人、被告人，一般应当在其住处执行。对于在指定的居所执行监视居住的，本款规定限于两种情形：一是没有固定住所的，也就是犯罪嫌疑人、被告人在办案机关所在地的市、县内没有固定住所的；二是涉嫌危害国家安全犯罪、恐怖活动犯罪、特别重大贿赂犯罪，在住处执行可能有碍侦查的。关于指定居所监视居住的内容见表 7-9。

表 7-9　指定居所监视居住的具体内容

适用条件	① 符合监视居住的适用条件 ② 涉嫌《刑事诉讼法》第 73 条规定的三种犯罪 ③ 在住处执行可能有碍侦查 ④ 要经上一级检察机关或者公安机关批准
执行地点	① 对于无固定住处的，可以在指定的居所执行 ② 对于涉嫌危害国家安全犯罪、恐怖活动犯罪、特别重大贿赂犯罪，在住处执行可能有碍侦查的，经上一级人民检察院或者公安机关批准，也可以在指定的居所执行。但是，不得指定在羁押场所、专门的办案场所执行（《刑事诉讼法》第 73 条）
通知义务	指定居所监视居住的，除无法通知的以外，应当在执行监视居住后 24 小时以内，通知被监视居住人的家属（《刑事诉讼法》第 73 条）
刑期折抵	指定居所监视居住的期限应当折抵刑期： ① 被判处管制的，监视居住一日折抵刑期一日 ② 被判处拘役、有期徒刑的，监视居住两日折抵刑期一日（《刑事诉讼法》第 74 条）
	【提示】　取保候审、住所监视居住都不能折抵刑期

【提示】

(1) 立法理由。指定居所监视居住的立法,主要是考虑该类犯罪在其住处执行可能有碍侦查,规定经上一级司法机关批准,可以在指定的居所执行,以保证案件的侦查。

(2) 指定居所监视居住的地点不在犯罪嫌疑人、被告人的住所,在限制人身自由的程度上类似于《刑法》中的管制,因此规定指定居所监视居住的期限应当折抵刑期。

(三) 被监视居住人应遵守的规定及违反规定的后果

具体见表7-10。

表7-10 被监视居住人应遵守的规定及违反规定的后果

被监视居住人应遵守的规定	① 未经执行机关批准不得离开执行监视居住的处所 ② 未经执行机关批准不得会见他人或通信(他人是指共同居住的家庭成员和聘请的律师以外的其他人) ③ 在传讯的时候及时到案 ④ 不得以任何形式干扰证人作证 ⑤ 不得毁灭、伪造证据或者串供 ⑥ 将护照等出入境证件、身份证件、驾驶证件交执行机关保存(《刑事诉讼法》第75条)
违反规定的后果	被监视居住的犯罪嫌疑人、被告人违反前款规定,情节严重的,可以予以逮捕;需要予以逮捕的,可以对犯罪嫌疑人、被告人先行拘留(《刑事诉讼法》第75条)

【知识扩展】 需要交由执行机关保存的被监视居住的犯罪嫌疑人、被告人的证件范围

2012年《刑事诉讼法》第75条的规定,被监视居住的犯罪嫌疑人、被告人需要将护照等出入境证件、身份证件、驾驶证件交执行机关保存。需要注意的是,本款中的身份证件不局限于身份证,在司法实践中,有效身份证件还包括其他证件,如工作证、居民身份证、居民户口簿、临时身份证、军官证、护照、港澳同胞回乡证、港澳居民来往内地通行证、中华人民共和国居民来往港澳通行证、台湾居民来往大陆通行证、大陆居民往来台湾通行证、外国人居留证、外国人出入境证、外交官证、领事官证、海员证等。这些身份证件在监视居住中如有助于监控犯罪嫌疑人、被告人履行义务,执行机关可根据案件情况要求其提交保存。其中,居民身份证是最常用的有效身份证件,其他证件不需要交执行机关保存,执行机关不得任意扩大范围,扣留不必要的身份证件。

【案例释义7-6】

案情: 郑某因涉嫌重大受贿而被检察机关立案侦查。由于郑某害怕受到法律的惩罚,而致脑中风、半身瘫痪、行动不便、生活不能自理。因此,检察机关决定对其监视居住。为了能够保障案件侦查的顺利进行,防止郑某的家属妨碍有关赃款和证据的查找,经上一级检察机关批准,决定将执行监视居住的地点定于郊区的疗养院,并勒令其将护照等出入境证件、身份证件、驾驶证件交执行机关保存。

问题: 本案中郑某符合指定居所监视居住的条件吗?

简析: 在本案中,郑某已经符合逮捕的条件而且具有逮捕的必要,但是由于其患有脑中风且生活不能自理,执行逮捕有困难,因此可以监视居住。由于本案属于重大受贿案件,而且在家执行可能有碍于侦查,所以决定在郊区的疗养院执行监视居住是符合法律规定的。按照有关规定,郑某应当严格遵守有关义务,其中包括将护照等出入境证件、身份证件、驾驶证件交执行机关保存。

【案例释义 7-7】

案情: 被告人柳某,某县委办公室主任,兼任城建指挥部总指挥。2009—2011年期间,柳某利用职权大肆索贿、受贿财物总价值近20万元。案发后,县人民检察院依法将柳某受贿案报送市人民检察院提起公诉。市人民检察院在侦查、起诉阶段依法对柳某采取了监视居住的强制措施,但市中级人民法院在审理该案过程中发现柳某多次跑到本案行贿人家中,威胁、利诱行贿人推翻供词。为了防止柳某的串供活动,保证刑事诉讼的正常进行,市中级人民法院决定对柳某直接作出逮捕决定。

问题: 按照2012年《刑事诉讼法》的规定,法院对柳某作出逮捕决定是否正确?

简析: 被监视居住的犯罪嫌疑人、被告人应当遵守2012年《刑事诉讼法》第75条的各项规定,违反其中任何一项,情节严重的,即应依法予以逮捕。本案中,市人民检察院依法对柳某采取了监视居住的强制措施,但在监视居住期间,柳某违反规定,到案件行贿人家中活动,威胁、利诱行贿人推翻供词,其行为已违反了2012年《刑事诉讼法》第75条的规定,采取监视居住的方法已不足以防止发生社会危险性,因此,人民法院对被告人柳某作出逮捕的决定是适当的。

(四)监视居住的解除

对于发现不应当追究刑事责任或者监视居住期限届满的,应当及时解除监视居住。解除监视居住,应当及时通知被监视居住人和有关单位。

监视居住的解除分为两种情形:一是对于发现不应当追究刑事责任的,应立即解除监视居住;二是监视居住期限届满的,应及时解除监视居住。撤销监视居住措施后,人民法院、人民检察院和公安机关有义务及时通知被监视居住人和有关单位。

(五)对被监视居住人的监督、监控

为保证监视居住义务的严格遵守,执行机关可以对被监视居住的犯罪嫌疑人、被告人,采取电子监控、不定期检查等监视方法进行监督。"可以",也就是说这些措施不是必需的,具体由办案机关裁量决定。

此外,在侦查期间,为防止串供、妨碍侦查,可以对被监视居住的犯罪嫌疑人的通信进行监控,防止其借助通信进行妨碍侦查的行为。

【巩固练习 7-9】 李某因交通肇事罪被追究刑事责任。该案在审查起诉期间,检察院对李某适用监视居住。在监视居住期间,对李某的下列处理,正确的是:

A. 李某欲离开其住所,前往邻县的一个朋友家参加婚礼,必须得到公安机关的批准

B. 李某欲与其大学同学通信,必须得到检察院的批准

C. 李某为了毁灭证据,将一位目击证人打成重伤,公安机关应当决定将其逮捕

D. 公安机关对李某可以采取电子监控、不定期检查等监视方法对其遵守监视居住规定的情况进行监督

答案: A、B

第三节　拘　留

刑事诉讼强制措施中的拘留是指公安机关、人民检察院等侦查机关对直接受理的案件,在侦查过程中,遇有紧急情况下,依法临时剥夺某些现行犯或者重大嫌疑分子的人身自由的一种强制措施。

一、刑事拘留的适用情形、决定者和执行者

根据 2012 年《刑事诉讼法》第 80 条的规定,公安机关对于现行犯或者重大嫌疑分子,如果有表 7-11 中情形之一的,可以先行拘留。

除了公安机关依法拥有决定拘留和执行拘留的权限以外,人民检察院直接受理的案件,对于符合表 7-11 中第 4、5 项规定作出拘留决定的,由公安机关执行,人民检察院可以协助公安机关执行。

此外,根据 2012 年《刑事诉讼法》第 69、75 条规定,对于违反取保候审、监视居住规定,需要予以逮捕的,可以对犯罪嫌疑人、被告人先行拘留。

表 7-11　刑事拘留的适用情形、决定者和执行者

适用情形	如果有下列情形之一,可以先行拘留:(现行犯或者重大嫌疑分子) ① 正在预备犯罪、实行犯罪或者在犯罪后即时被发觉的 ② 被害人或者在场亲眼看见的指认他犯罪的 ③ 在身边或者住处发现有犯罪证据的 ④ 犯罪后企图自杀、逃跑或者在逃的(检察院也可以决定先行拘留) ⑤ 有毁灭、伪造证据或者串供可能的(检察院也可以决定先行拘留) ⑥ 不讲真实姓名、住址,身份不明的 ⑦ 有流窜作案、多次作案、结伙作案重大嫌疑的(《刑事诉讼法》第 61 条) ⑧ 违反取保候审、监视居住期间的规定,需要予以逮捕的
决定者	公安机关、人民检察院
执行者	公安机关

【提示】

(1) 人民法院对拘留既无决定权,也无执行权。

(2) "流窜作案"是指跨市、县管辖范围连续作案,或者在居住地作案后跑到外市、县继续作案;"多次作案"是指 3 次以上作案;"结伙作案"是指两人以上共同作案。

(3) 检察机关决定拘留的案件范围必须限定于检察院自侦的案件范围内。如张某滥用职权案,在取保候审期间企图自杀,就应由检察机关决定拘留;而张某的故意杀人案,在取保候审期间企图自杀,则只能由公安机关决定拘留,否则就违反了立案管辖的规定。

【案例释义 7-8】

案情:2008 年 12 月 4 日,沈阳市某区公安分局对辖区内的酒店、旅馆等单位进行突击检查。在某酒店的房间里抓获了一对正在嫖宿的青年男女,该男青年一见公安人员进入房间检查马上准备跳窗逃走,被公安干警及时制服。公安人员对该男女进行了讯问。该女青年承认自己是该市某区的无业青年,名字是胡某,并出示了身份证。该男青年开始

时对公安人员声称自己是从福建来的商人,当被公安人员问及为何是北方口音时,他马上又改称自己是河北人,公安人员要求其出示身份证,其称所有身份证件均在火车站被偷了。经搜查,在其包内发现匕首以及几张不同的身份证件。公安机关见其可疑,遂将其带回公安分局。

问题:公安人员是否可以拘留本案中的男青年?

简析:本案中,公安人员可以对男青年采取拘留措施。公安机关对于不讲真实姓名、住址,身份不明的现行犯或者重大嫌疑分子,可以先行拘留。男青年先称自己是福建商人,后又改口为河北人,其包内又有几张不同的身份证件,故男青年符合"不讲真实姓名、住址,身份不明"的拘留条件,对其予以拘留是正确的。

【巩固练习7-10】 在侦查中,下列哪些情形,检察院有权对犯罪嫌疑人决定拘留?

A. 张某刑讯逼供案,在场的人指认他犯罪

B. 姚某徇私枉法案,在取保候审期间企图自杀

C. 王某贪污案,在取保候审期间毁灭证据并串供

D. 高某受贿案,在其家中发现赃款、赃物

答案:B、C

二、特殊情形下的拘留

特殊情形的拘留,主要指对各级人大代表的拘留、异地拘留和违反取保候审、监视居住规定的拘留。对各级人大代表的拘留,在程序上除了遵守一般的法定程序外,还须经过法定的特别程序,即要经本级人大主席团或常委会许可。具体内容见表7-12。

表7-12 特殊情形下的拘留

对各级人大代表的拘留程序	拘留本级人大代表	直接向本级"人大"主席团或常委会报告或者报请许可
	拘留上级人大代表	层报该代表所属"人大"的同级检察院报告或者报请许可
	拘留下级人大代表	可以直接向该代表所属的"人大"主席团或者常务委员会报告或者报请许可,也可以委托该代表所属的人民代表大会同级的人民检察院报告或者报请许可
	拘留乡、民族乡、镇的人大代表	由县级检察院报告乡、民族乡、镇的"人大"主席团或者常务委员会
	拘留担任两级以上人大代表	分别按照上述规定报告或者报请
	拘留办案单位所在省、市、县(区)以外的其他地区人大代表	应当委托该代表所属的"人大"同级的检察院报告或者报请许可;担任两级以上"人大"代表的,应当分别委托该代表所属的"人大"同级的检察院报告或者报请许可
	现行犯	向该代表所属的"人大"主席团或者常务委员会报告
	其他情形	向该代表所属的"人大"主席团(开会期间)或者常务委员会报请许可(闭会期间)
异地拘留	应当通知被拘留人所在地的公安机关,被拘留人所在地的公安机关应当予以配合 **【提示】** 异地拘留的,可以先抓回来后拘留。但要注意拘传不可以这么做	
违反取保候审、监视居住规定的拘留	需要予以逮捕的,可以对犯罪嫌疑人、被告人先行拘留	

三、刑事拘留、司法拘留和行政拘留的区别

具体内容见表 7-13。

表 7-13　刑事拘留、司法拘留和行政拘留的区别

种类 区别	刑事拘留（公、检）	司法拘留（法）	行政拘留（公）
法律性质	保障性的强制措施，无惩罚性	保障性强制措施，无惩罚性	行政制裁方法，惩罚性
法律依据	刑事诉讼法	三大诉讼法	治安处罚法等
适用对象	现行犯或者重大嫌疑分子	妨害诉讼行为的人	违法，但不构成犯罪的人
羁押期限	一般 14 日，最长 37 日	15 日以下	15 日以下
法律后果	先行拘留一日，折抵刑期一日	与判决结果无关，可提前释放	处罚违法者
羁押地点	看守所	行政拘留所	行政拘留所

四、刑事拘留的程序（《刑事诉讼法》第 83、84 条）

具体内容见表 7-14。

表 7-14　刑事拘留的程序

要求	公安机关拘留人的时候，必须出示拘留证
拘留后送交羁押地点和时间	拘留后，应当立即将被拘留人送看守所羁押，至迟不得超过 24 小时
通知	除无法通知或者涉嫌危害国家安全犯罪、恐怖活动犯罪通知可能有碍侦查的情形以外，应当在拘留后 24 小时以内，通知被拘留人的家属。有碍侦查的情形消失以后，应当立即通知被拘留人的家属（《刑事诉讼法》第 83 条）
讯问	公安机关对被拘留的人，应当在拘留后的 24 小时以内进行讯问。在发现不应当拘留的时候，必须立即释放，发给释放证明

【说明】

（1）可以不通知的情形限定为无法通知或者危害国家安全犯罪、恐怖活动犯罪，不能扩大解释。

（2）"有碍侦查的情形"一般包括：其同伙闻讯后有可能逃跑、隐匿或者毁灭证据的；有可能互相串通、订立攻守同盟的；或者其他犯罪同伙有待查证的；其他对侦查的顺利进行有所妨碍的情形。

（3）"无法通知"一般是指犯罪嫌疑人不能或者不愿提供正确、清楚的电话或者地址等联系方式。如有些犯罪嫌疑人不愿提供身份和住址，对此专门机关也难以查明的。

（4）拘留后应当通知被拘留人的家属而不是其所在的单位。

（5）在能够通知的情形下，可以不通知家属的案件仅限于涉嫌危害国家安全犯罪、恐怖活动犯罪。

（6）羁押后讯问的地点，只能在看守所内进行，这样规定有助于遏制刑讯逼供等非法取证行为的发生。

（7）法律规定拘留后 24 小时内的讯问义务，主要是从保障被拘留人的权利出发的。

拘留是在紧急情形下采取的一种临时限制其人身自由的强制措施,是公安机关可以自己决定并执行的限制人身自由的强制措施。为保证拘留的正确性,防止情况紧急错抓犯罪嫌疑人,侵犯公民的权利,有必要及时进行讯问,查明案情。

【案例释义7-9】

案情:张某父母早亡,无其他亲属,从小在孤儿院长大,18岁开始在社区一家工厂工作。工作期间,结识同事王某(是某一犯罪团伙成员)。在王某的介绍下,张某参与到这一犯罪团伙。在实施一起抢劫案时,张某被公安机关当场抓获并拘留,但由于拘留发生在周五夜间,而周六、周日恰巧公安机关统一安排外出郊游,办案人员将其关在派出所"过周末",并于周一将张某送看守所。

问题:本案中,办案人员的做法是否合法?

简析:办案人员在周五夜间将张某拘留,而周一才将其送看守所的做法是不合法的。因为根据2012年《刑事诉讼法》的规定,拘留后,应当立即将被拘留人送看守所羁押,至迟不得超过24小时。

【案例释义7-10】

案情:某市国家机关工作人员乔某因涉嫌受贿,在工作单位被检察人员带走,并予以拘留。乔某的妻子发现丈夫夜不归宿,多方打听未果,后到丈夫的单位询问,才得知乔某被检察机关叫去了,说是"协助调查相关事务"。她赶紧到检察机关去找,才知道丈夫是被拘留了。

问题:侦查机关将乔某刑事拘留后,没有通知其家属的做法正确吗?

简析:2012年《刑事诉讼法》综合考虑惩治犯罪和保障人权的需要,规范了拘留后的家属通知,严格限制采取强制措施后不通知家属的例外情形,将拘留后因有碍侦查不通知家属的情形,仅限于涉嫌危害国家安全犯罪、恐怖活动犯罪,其他的情况都需要在24小时以内通知家属。即便是这两种犯罪,如果不是有碍侦查,或者有碍侦查的情形消失后,也必须立即通知家属。通知家属的内容中应包含采取强制措施的原因、羁押的场所等。

在乔某受贿案中,侦查机关对犯罪嫌疑人采取刑事拘留措施后,检察机关没有将乔某被拘留的原因、羁押的场所等内容在被拘留后24小时内通知其家属的做法是违反刑事诉讼法及相关法规规定的,严重侵害了乔某的诉讼权利和其他合法权利。

【巩固练习7-11】 甲涉嫌黑社会性质组织犯罪,10月5日上午10时被刑事拘留。下列哪一处置是违法的?

A. 甲于当月6日上午10时前被送至看守所羁押

B. 甲涉嫌黑社会性质组织犯罪,因考虑通知家属有碍进一步侦查,决定暂不通知

C. 甲在当月6日被送至看守所之前,公安机关对其进行了讯问

D. 讯问后,发现甲依法需要逮捕,当月8日提请检察院审批

答案:B

【巩固练习7-12】 下述哪些做法不符合《刑事诉讼法》的有关规定?

A. 由于情况紧急,公安机关未使用拘留证即拘留了犯罪嫌疑人赵某

B. 公安机关拘留犯罪嫌疑人钱某后,在24小时内通知了其单位,但未通知其家属

C. 公安机关以涉嫌重大走私犯罪通知可能有碍侦查为由,在拘留犯罪嫌疑人孙某

　　后,未通知其家属

　　D. 公安机关拘留犯罪嫌疑人李某后,在公安机关讯问室对李某进行了36个小时的讯问

　　答案:A、B、C、D

五、拘留的期限

具体内容见表7-15。

表7-15　拘留的期限

公安机关拘留期限 (《刑事诉讼法》第89条)	① 3+7=10(拘留后3天内要报请批捕,检察院7天内作出决定;故一般不会超过10天) ② 3+4+7=14;案件重大复杂的,报请批捕时间可延长1~4日;其他同 ③ 30+7=37;"流窜作案、多次作案、结伙作案"案件,报请批捕的时间可延长至30天(只有公安有权拘留)
	【推知】　公安机关拘留羁押期限最长可达37日
检察院拘留的期限 (《刑事诉讼法》第165条)	人民检察院对直接受理的案件中被拘留的人,认为需要逮捕的,应当在14日以内作出决定;在特殊情况下,决定逮捕的时间可以延长1~3日(最长17日)。对不需要逮捕的,应当立即释放;对需要继续侦查,并且符合取保候审、监视居住条件的,依法取保候审或者监视居住

【提示】　拘留后的最长羁押期限是37日的仅限于流窜作案、多次作案、结伙作案的重大嫌疑分子

　　【注意】　拘留期限过后,为侦查羁押期限(从逮捕时起算)。

六、公民的扭送

1. 扭送的性质

扭送是指公民强制将有法定紧急情形的违法犯罪嫌疑人押送公安司法机关处理的活动。

公民扭送并不是刑事诉讼法规定的一种强制措施,它是法律赋予公民与犯罪作斗争的一种手段。其实施主体是任何公民,而不是专门机关。因此,要注意扭送与拘留的区别。例如,张某杀人,现场围观群众将张某扭送到公安机关,该行为是否属于刑事强制措施? 回答:不属于。

2. 扭送的对象

根据2012年《刑事诉讼法》第82条规定,对于有下列情形的人,任何公民都可以将其立即扭送公安机关、人民检察院或者人民法院处理:①正在实行犯罪或者在犯罪后即时被发觉的;②通缉在案的;③越狱逃跑的;④正在被追捕的。

第四节　逮　　捕

　　逮捕是指公安机关、人民检察院和人民法院为了防止犯罪嫌疑人、被告人实施妨碍刑事诉讼的行为,逃避侦查、起诉、审判或者发生社会危险性,而依法暂时剥夺其人身自由的

一种强制措施。

一、公安机关逮捕的提请

依据我国法律规定,公安机关只有逮捕的执行权,没有逮捕的决定权或者批准权,当公安机关认为犯罪嫌疑人依法应当逮捕的时候,应当向人民检察院申请批准逮捕,由人民检察院审查、决定是否批准逮捕犯罪嫌疑人。

(一)提请批准逮捕的期限及审查期限

2012年《刑事诉讼法》第89条对不同情形下提请批准逮捕的期限及审查期限作了以下规定。

(1)一般案件提请逮捕的期限。公安机关对被拘留的人,认为需要逮捕的,应当在拘留后的3日以内,提请人民检察院审查批准。在特殊情况下,提请审查批准的时间可以延长1~4日。

(2)三类特殊案件提请逮捕的期限。对于流窜作案、多次作案、结伙作案的重大嫌疑分子,提请审查批准的时间可以延长至30日。

(3)人民检察院审查逮捕的期限。人民检察院应当自接到公安机关提请批准逮捕书后的7日以内,作出批准逮捕或者不批准逮捕的决定。

(4)逮捕的变更。人民检察院不批准逮捕的,公安机关应当在接到通知后立即释放被拘留的人,并且将执行情况及时通知。对于需要继续侦查,并且符合取保候审、监视居住条件的,依法取保候审或者监视居住。

(二)提请手续

根据2012年《刑事诉讼法》第85条的规定,公安机关认为需要逮捕犯罪嫌疑人时,应当制作《提请批准逮捕书》,连同案卷材料、证据,一并移送同级人民检察院审查批准逮捕。

【案例释义7-11】

案情:3月10日,犯罪嫌疑人甲因生活琐事与被害人乙发生争执,并殴打乙致重伤。3月11日,A区公安局作出刑事拘留决定并于当日对甲执行拘留。拘留后,经讯问,甲对犯罪事实供认不讳。A区公安局遂于3月13日将甲送看守所羁押。3月25日,A区公安局提请A区人民检察院批准逮捕甲。

问题:A区公安局的行为有什么不当之处?

简析:

(1)A区公安局于3月13日才将甲送看守所羁押,超出了法定期限。拘留后,应当立即将被拘留人送看守所羁押,至迟不得超过24小时。

(2)A区公安局3月25日才提请检察院批准逮捕甲,超出了法定期限。公安机关对被拘留的人,认为需要逮捕的,应当在拘留后的3日以内,提请人民检察院审查批准。在特殊情况下,提请审查批准的时间可以延长1~4日。本案案情不属于2012年《刑事诉讼法》第89条第2款规定的,提请审查批准逮捕时间可以延长至30日的情形,即"流窜作案、多次作案、结伙作案的"。

二、逮捕的批准、决定、执行主体

（1）逮捕应由人民检察院批准或者决定，或者由人民法院决定，由公安机关执行。

（2）公安机关或者其他侦查机关报捕的案件由人民检察院批准；省级（不含省级）以下检察机关自行侦查的案件，需要逮捕犯罪嫌疑人的，报上一级人民检察院审查决定。

（3）人民法院决定逮捕的案件，主要针对以下三种情况。

① 公诉案件在侦查和审查起诉阶段，没有逮捕被告人，而到法院审判阶段，法院认为确有逮捕必要的；

② 自诉案件中，需要逮捕被告人的；

③ 诉讼参与人严重违反法庭秩序，构成犯罪的。

三、逮捕的适用条件

（一）可以逮捕的情形

根据 2012 年《刑事诉讼法》第 79 条第 3 款的规定，被取保候审、监视居住的犯罪嫌疑人、被告人违反取保候审、监视居住规定，情节严重的，可以批准或者决定逮捕。注意："情节严重的"是适用可以逮捕的法定要件。比如，可能实施新的犯罪；可能毁灭、伪造证据，干扰证人作证或者串供；可能对被害人、举报人、控告人实施打击报复；可能自杀或者逃跑等情形。

（二）应当逮捕的适用情形

根据 2012 年《刑事诉讼法》第 79 条第 1、2 款的规定，应当逮捕的适用情形包括以下三种情况。

（1）对有证据证明有犯罪事实，可能判处徒刑以上刑罚的犯罪嫌疑人、被告人，采取取保候审尚不足以防止发生下列社会危险性的。例如，可能实施新的犯罪的；有危害国家安全、公共安全或者社会秩序的现实危险的；可能毁灭、伪造证据，干扰证人作证或者串供的；可能对被害人、举报人、控告人实施打击报复的；可能自杀或者逃跑的。

（2）有证据证明有犯罪事实，可能判处十年有期徒刑以上刑罚的。

（3）有证据证明有犯罪事实，可能判处徒刑以上刑罚，曾经故意犯罪或者身份不明的犯罪嫌疑人、被告人。

对于上述三种情形的逮捕，批准或决定机关没有自由裁量权，只要符合法定条件就应当对犯罪嫌疑人、被告人予以逮捕。

【提示】 羁押是拘留或逮捕的状态。

【案例释义 7-12】

案情：有一抢劫银行的犯罪团伙在一次抢劫时落网，有证据证明在一年间，该团伙曾四次对本市辖区内的银行实施抢劫。公安机关将其主犯甲、乙、丙、丁四人提请人民检察院审查批捕。在审查批捕的过程中，办案人员得知甲曾在看守所自杀两次均未遂；乙扬言要对举报其犯罪的某一银行的工作人员进行报复；丙在实施抢劫的过程中将银行保安人员残忍杀害;丁曾因盗窃罪被判有期徒刑三年,在案发后突发脑溢血,半身瘫痪。

问题:根据上述情况,人民检察院对这四人是否应当作出批准逮捕决定?

简析:根据案情,甲、乙二人属于应当判处有期徒刑以上刑罚的犯罪嫌疑人。甲符合2012年《刑事诉讼法》第79条规定的"可能自杀"的情形;乙符合2012年《刑事诉讼法》第79条规定中的"可能对举报人实施打击报复"的情形。甲、乙均属于采取取保候审尚不足以防止发生社会危险性的行为,应当予以逮捕。丙符合2012年《刑事诉讼法》第79条规定中的"有证据证明有犯罪事实,可能判处十年有期徒刑以上刑罚"的情形,应当予以逮捕。丁符合2012年《刑事诉讼法》第79条"有证据证明有犯罪事实,可能判处有期徒刑以上刑罚,曾经故意犯罪"的条件,应当逮捕,但其在案发后突发脑溢血,全身瘫痪,属于"患有严重疾病、生活不能自理"的情形,根据2012年《刑事诉讼法》第79条第1款第1项规定,可以对其适用监视居住。

【巩固练习7-13】 公安局长王某涉嫌非法拘禁罪被立案侦查,在决定是否逮捕王某时,应当具备下列哪些条件?

A. 有证据证明王某实施了非法拘禁犯罪

B. 王某可能被判处有期徒刑以上的刑罚

C. 王某具有很大的社会危害性

D. 王某在境外有住宅

答案:A、B、C(逮捕的适用条件)

【巩固练习7-14】 逮捕条件中"有证据证明有犯罪事实"是指同时具备下列哪些情形?

A. 有证据证明犯罪事实已经发生

B. 有证据证明的犯罪事实应当是主要犯罪事实

C. 有证据证明犯罪事实是犯罪嫌疑人实施的

D. 证明犯罪嫌疑人实施犯罪的证据已有查证属实的

答案:A、C、D(逮捕的证据要件)

四、逮捕的执行、逮捕后的羁押地点、讯问、通知和发现不当的处理

(1)执行逮捕时,应将逮捕证向被逮捕的人出示,并向其宣布对其实行逮捕。被逮捕人应在《逮捕证》上签名并按指印。拒绝签名和按指印的,执行逮捕的人员应当予以注明。

(2)逮捕后的羁押地点和讯问。

逮捕后,应当立即将被逮捕人送看守所羁押。人民法院、人民检察院对于各自决定逮捕的人,公安机关对于经人民检察院批准逮捕的人,都必须在逮捕后的24小时以内进行讯问。这同监视居住、拘留后的24小时讯问义务相同。这样规定,有利于及时收集证据、查明同案犯等,有利于防止错捕,及时释放无辜。

(3)逮捕后的通知。

逮捕犯罪嫌疑人、被告人后,除无法通知的情况以外,应在逮捕后24小时以内通知被逮捕人的家属。通知的原则是:谁办案、谁讯问、谁通知。"无法通知"一般是指犯罪嫌疑人不能或者不愿提供正确、清楚的电话或者地址等联系方式,对此专门机关也难以查明的

情形。

【提示】 拘留与逮捕在通知家属上的区别。

采取强制措施因涉及限制公民人身自由,及时通知家属是尊重和保障人权的重要体现。但有些情况无法通知,有些案件通知后可能有碍侦查。对此2012年《刑事诉讼法》作了区分处理:在拘留中,"除无法通知或者涉嫌危害国家安全犯罪、恐怖活动犯罪通知可能有碍侦查的情形"可以暂时不通知家属,但增加一个限制条件,有碍侦查的情形消失以后,应当立即通知被拘留人的家属;在适用指定居所监视居住、逮捕中,除无法通知的情形外,必须在24小时以内通知家属,没有对于特殊犯罪可以暂时不通知家属的规定。这主要是因为,在指定居所监视居住或者逮捕时,案件一般已经没有了拘留时的紧急情形,妨碍侦查的情形相对减少,因此,不需要规定"可能有碍侦查的情形"。

【案例释义 7-13】

案情:王某涉嫌抢劫罪被某地公安机关逮捕,逮捕后4日内拒不说出自己的真实姓名与住址,公安机关通过人口信息网和相关手段等也无法查明其真实身份和住址。逮捕后的第5日上午,王某才说出自己的真实姓名与住址。公安机关于当天下午通知了其家属。

问题:本案中公安机关的做法是否合法?

简析:在本案中,公安机关在逮捕后的第5日告知其家属是合法的。根据2012年《刑事诉讼法》的规定,除无法通知的以外,在逮捕后24小时以内,通知被逮捕人的家属。但本案中的犯罪嫌疑人被捕后,不讲其真实姓名和住址,且公安机关无法查明其真实身份,属于无法通知的情形。

(4) 逮捕后发现不当的处理。

人民法院、人民检察院和公安机关如果发现对犯罪嫌疑人、被告人采取强制措施不当的,应当及时撤销或者变更。公安机关释放被逮捕的人或者变更逮捕措施的,应当书面通知原批准逮捕的人民检察院或作出逮捕决定的人民法院。

五、逮捕的审查和决定程序

(一)人民检察院对公安机关提请逮捕的审查和处理

对公安机关提请的逮捕,检察机关经审查应当分别作出以下决定。

(1) 对于符合逮捕条件的,作出批准逮捕的决定,制作《批准逮捕决定书》;

(2) 对于不符合逮捕条件的,作出不批准逮捕的决定,制作《不批准逮捕决定书》,说明不批准逮捕的理由,需要补充侦查的,应当同时通知公安机关。

【提示】 此阶段检察院只有两个选择,要么批准逮捕,要么不批准逮捕,不能直接退回补充侦查。

(二)人民检察院审查批捕时的讯问和意见听取

根据2012年《刑事诉讼法》第86条的规定,人民检察院审查批准逮捕,可以根据案件情况决定是否有必要讯问犯罪嫌疑人、询问证人和听取辩护律师的意见。

（1）应当讯问犯罪嫌疑人的情形。有下列情形之一的,必须讯问犯罪嫌疑人。

① 对是否符合逮捕条件有疑问的;

② 犯罪嫌疑人要求向检察人员当面陈述的;

③ 侦查活动可能有重大违法行为的。

作此规定,既尊重了犯罪嫌疑人逮捕活动的参与权,也有助于检察机关依法履行侦查监督职责。

（2）可以询问证人等诉讼参与人。

（3）听取辩护律师的意见。人民检察院可以根据案件具体情况决定是否听取辩护律师的意见,只要辩护律师提出要求的,人民检察院就必须听取辩护律师的意见。

【案例释义 7-14】

案情: 顾某涉嫌诈骗罪被公安机关拘留,3 日后提请人民检察院批准逮捕。顾某认为自己无罪,纯属被冤枉。在审查批准逮捕过程中,顾某请求与审查批捕人员见面,陈述事实。而办案人员认为,案件事实清楚,没有必要听取顾某的陈述,就作出了批准逮捕的决定。

问题: 本案中办案人员的做法是否合法?

简析: 本案中办案人员的做法是不合法的。根据 2012 年《刑事诉讼法》第 86 条的规定,人民检察院审查批准逮捕时,犯罪嫌疑人要求向检察人员当面陈述的,应当讯问犯罪嫌疑人。本案中,顾某提出了与审查批捕人员见面陈述的要求,审查批捕人员应当听取其陈述。

（三）人民检察院决定逮捕的程序

（1）人民检察院对直接受理的案件中被拘留的人,认为需要逮捕的,应当在 14 日以内作出决定。在特殊情况下,决定逮捕的时间可以延长 1～3 日。对不需要逮捕的,应当立即释放;对于需要继续侦查,并且符合取保候审、监视居住条件的,依法取保候审或者监视居住。

（2）人民检察院对于公安机关移送起诉的案件认为需要逮捕,人民检察院决定逮捕的,由检察长签发决定逮捕通知书,通知公安机关执行。

（四）人民法院决定逮捕的程序

（1）对于直接受理的自诉案件,认为需要逮捕被告人时,由办案人员提交法院院长决定;对于重大、疑难、复杂案件的被告人的逮捕,提交审判委员会讨论决定。

（2）对于检察机关提起公诉时未予逮捕的被告人,人民法院认为符合逮捕条件应逮捕的,也可以决定逮捕。

根据 2012 年《刑事诉讼法》第 269 条的规定,在未成年人刑事案件诉讼程序中,人民法院决定逮捕,应当讯问未成年被告人,听取辩护律师的意见。

【案例释义 7-15】

案情: 2003 年 10 月 8 日,某市凤城区派出所接到报案,称在该派出所附近有人拦路抢劫。派出所干警迅速出动,根据当事人的指认,当场将又欲抢劫的李某抓获。派出所所长签发了拘留证对李某实施了拘留,并于当晚对李某进行了讯问。公安机关认为李某不仅有当晚抢劫的事实,还有多次抢劫的作案嫌疑,遂于 2003 年 10 月 13 日提请人民检察院审查批准逮捕。人民检察院经审查后认为证据不足,于 10 月 22 日决定不批准逮捕并作出了补充侦查的决定。公安机关接到补充侦查的决定后,马上对被关押的李某进行讯问并收集了其他证据。当公安机关再次提请审查批捕时,人民检察院于 4 日后作出了批准逮捕的决定。公安机关在接到决定后立即向李某出示了逮捕证,并通知了李某的家属。

在李某被关押期间,公安机关对其犯罪情况继续侦查;而此时,李某患上了急性肝炎,呕吐不止,李某的家属为其申请取保候审,公安机关同意了其家属的申请,并要其作为担保人,在交纳了 2000 元的保证金后李某被取保候审,住院接受治疗。

问题:公安、检察机关对李某采取强制措施的程序中存在哪些不合法之处?

简析:

(1)拘留证签发主体不合法。拘留证必须由县级以上公安机关负责人签发,而本案中的《拘留证》是由派出所所长签发的,签发主体不合法。

(2)人民检察院在审查批捕时不能作出补充侦查的决定。人民检察院在审查批准逮捕时只能作出批准逮捕或不批准逮捕的决定,在作出不批准逮捕决定时,不能作出补充侦查的决定,但可另行通知公安机关。

(3)人民检察院审查批准逮捕的期限不合法。人民检察院对公安机关提请的审查批准逮捕的期间最长为 7 日,本案审查逮捕的期限为 9 天,超过了法定期限。

(4)公安机关在接到不批准逮捕的决定后没有立即释放犯罪嫌疑人不合法。公安机关在接到不批准逮捕的决定后应立即释放犯罪嫌疑人,而不能继续关押。

(5)公安机关对取保候审同时采用"人保"和"财保"不合法。根据 2012 年《刑事诉讼法》第 53 条的规定,对犯罪嫌疑人、被告人适用取保候审,公安司法机关只能责令犯罪嫌疑人、被告人提出保证人或交纳保证金,两者只能选择其一,而不能同时采用。本案中,公安机关既要犯罪嫌疑人家属作保证人,又让其交纳保证金的做法是违法的。

六、公安机关对不批准逮捕的制约

对于不批准逮捕,公安机关有权要求复议、复核。公安机关如果认为人民检察院不批准逮捕的决定有错误,依法有权向作出该决定的人民检察院提出申请再次审查和批准,法律上称为复议。人民检察院依法应当进行复议,并将复议结果通知公安机关,但复议期间必须将被拘留的人立即释放。

公安机关对于人民检察院未能接受其意见,未变更不批准逮捕决定的,依法有权向复议机关的上一级人民检察院提出申请,要求再次审查和批准,法律上称为复核。该上级人民检察院应当立即组织人员进行复核,作出是否变更的决定,并通知下级人民检察院和公安机关予以执行。对复核后的结果,公安机关和下级人民检察院即使不同意,但由于是最后决定,依法也必须立即执行。具体内容见表 7-16。

表 7-16 逮捕的审查、决定与制约程序

审查批捕的程序	讯问犯罪嫌疑人	检察院审查批准逮捕,可以讯问犯罪嫌疑人;有下列情形之一的,应当讯问犯罪嫌疑人:①对是否符合逮捕条件有疑问的;②犯罪嫌疑人要求向检察人员当面陈述的;③侦查活动可能有重大违法行为的;④未成年犯罪嫌疑人(《刑事诉讼法》第86、269条)
	听取诉讼参与人的意见	人民检察院审查批准逮捕,可以询问证人等诉讼参与人,听取辩护律师的意见;辩护律师提出要求的,应当听取辩护律师的意见(《刑事诉讼法》第86条)
检察院审查批捕的期限	① 已经被拘留的:7 日 ② 没有被拘留的:15 日,最长不得超过 20 日	
公安机关对不批捕的制约程序	① 向原决定机关申请复议(必经程序) ② 向上一级检察院机关申请复核,但必须将已被拘留的人立即释放或变更强制措施(《刑事诉讼法》第90条)	
羁押必要性审查	犯罪嫌疑人、被告人被逮捕后,人民检察院仍应当对羁押的必要性进行审查。对于不需要继续羁押的,应当建议予以释放或者变更强制措施。有关机关应当在 10 日内将处理情况通知人民检察院(《刑事诉讼法》第93条)	

七、对特殊犯罪嫌疑人逮捕的审批程序

(一)对各级人大代表的审查批捕程序

参见拘留部分相关内容,与拘留的审批程序相同。

(二)对外国人、无国籍人的审查批捕程序

(1)外国人、无国籍人涉嫌危害国家安全犯罪的案件或者涉及国与国之间政治、外交关系的案件以及在适用法律上确有疑难的案件,认为需要逮捕犯罪嫌疑人的,按照 2012 年《刑事诉讼法》第 19、20 条的规定,分别由基层人民检察院或者分、州、市人民检察院审查并提出意见,层报最高人民检察院审查。最高人民检察院经审查认为需要逮捕的,经征求外交部的意见后,作出批准逮捕的批复,经审查认为不需要逮捕的,作出不批准逮捕的批复。基层人民检察院或者分、州、市人民检察院根据最高人民检察院的批复,依法作出批准或者不批准逮捕的决定。层报过程中,上级人民检察院经审查认为不需要逮捕的,应当作出不批准逮捕的批复,报送的人民检察院根据批复依法作出不批准逮捕的决定。

(2)外国人、无国籍人涉嫌上述规定以外的其他犯罪案件,决定批准逮捕的人民检察院应当在作出批准逮捕决定后 48 小时以内报上一级人民检察院备案,同时向同级人民政府外事部门通报。上一级人民检察院对备案材料经审查发现错误的,应当依法及时纠正。

【提示】 外国人、无国籍人犯罪,经审查认为不需要逮捕的,可以直接作出不批准逮捕的决定,而不需要层报省级检察院或最高人民检察院。

【巩固练习7-15】 甲、乙、丙三人实施信用证诈骗。侦查过程中,某地级市公安机关向该市检察院提请批准逮捕甲、乙、丙三人。其中,甲是省、市两级人民代表大会代表;乙是自由职业者;丙是无国籍人士。在审查批捕过程中,检察院查明乙已怀有两个月身孕。

请回答(1)~(3)题。

(1)在人民代表大会闭会期间,检察机关决定对甲批准逮捕。下列哪个选项是正

确的?

A. 只需报请省人民代表大会常务委员会许可

B. 应当在市人大常委会许可后,再报省人大常委会许可

C. 应当分别报请省、市两级人民代表大会常务委员会许可

D. 等待人大常委会许可期间,应当先取保候审

答案:C

本题考查对人大代表的批捕程序。依据《最高检刑诉规则》第 93 条的规定,人民检察院对担任两级以上的人民代表大会代表的犯罪嫌疑人批准或者决定逮捕,应当分别报请两级人民代表大会常务委员会许可。因而,正确答案为选项 C。

(2) 关于检察院对乙审查批捕,下列哪个选项是正确的?

A. 可以对乙作出批准逮捕的决定

B. 可以直接建议公安机关对乙取保候审

C. 对证据有疑问的,可以决定另行侦查

D. 认为需要补充侦查的,应当作出不批准逮捕的决定,同时通知公安机关

答案:A、D

本题考查检察院的批捕程序。根据 2012 年《刑事诉讼法》第 88 条和《六机关规定》第 27 条的规定,选项 B、C 错误,选项 A、D 正确。

(3) 关于检察院对丙审查批捕,下列哪个选项是正确的?

A. 市检察院认为不需要逮捕的,可以自行作出决定

B. 市检察院认为需要逮捕的,报省检察院审查

C. 省检察院征求同级政府外事部门的意见后,决定批准逮捕

D. 省检察院批准逮捕的,应同时报最高人民检察院备案

答案:A、B、C、D

本题考查对无国籍人的逮捕程序。依据《最高检刑诉规则》第 94 条的规定,可以得出选项 A、B、C、D 均正确。

八、逮捕的执行程序

(1) 逮捕犯罪嫌疑人,一律由县级以上公安机关负责人签发逮捕证,并向犯罪嫌疑人出示。

(2) 执行逮捕的侦查人员不得少于两人。

(3) 在异地逮捕犯罪嫌疑人,应当通知当地公安机关,当地公安机关应当予以配合。

【巩固练习 7-16】 在审判阶段,法院认为被告人甲某有毁灭证据的可能,遂决定逮捕甲某。关于该案的逮捕程序,下列哪一项是正确的?

A. 法院可以自行执行逮捕

B. 异地执行逮捕的,可以由当地公安机关负责执行

C. 执行逮捕后,应当由公安机关负责对甲某进行讯问

D. 执行逮捕后,应当由公安机关负责通知被逮捕人的家属或所在单位

答案:C

本题考察逮捕的执行程序。逮捕的执行机关是公安机关,故选项 A 错误。公安机关在异地执行拘留、逮捕时,应当通知当地公安机关配合,但不能由其负责执行,故选项 B 错误。无论是由谁批准、决定还是执行,都必须在逮捕后的 24 小时以内进行讯问。据此,选项 C 的表述是正确的。法院决定逮捕的,由法院负责通知被逮捕人的家属。除无法通知的以外,应当在逮捕后 24 小时以内通知被逮捕人的家属。2012 年《刑事诉讼法》没有要求通知被逮捕人所在单位,故选项 D 的表述错误。

八、羁押必要性的审查

根据 2012 年《刑事诉讼法》第 93 条的规定,犯罪嫌疑人、被告人被逮捕后,人民检察院仍应当对羁押的必要性进行审查,以确保羁押的合法性。理解逮捕的必要性,要结合 2012 年《刑事诉讼法》第 79 条规定的逮捕的条件。有的犯罪嫌疑人、被告人在被逮捕后,可能出现两种情况:一是人民检察院发现案件不符合第 79 条规定条件,不应当逮捕或无逮捕必要的;二是发现犯罪嫌疑人、被告人原先符合逮捕的条件,而现在条件发生了变化,更适宜取保候审、监视居住。如出现上述情形,人民检察院就应综合考虑被逮捕人的社会危害性、人身危险性等因素,判断有无逮捕的必要性。

经审查后,对于不需要继续羁押的,检察机关应当建议予以释放或者变更为监视居住、取保候审等强制措施。这里的表述是"建议",而非"通知"。有关机关应当在 10 日内将处理情况通知人民检察院,具体是否予以释放以及具体变更为监视居住、取保候审等强制措施,有关机关有决定权。

【案例释义 7-16】

案情: 张某是某国有企业采购科科长(女)。某日,某市某区人民检察院接到举报,内容为举报张某在任职期间多次收受他人贿赂。区人民检察院经过初查后,认为张某有涉嫌受贿罪重大嫌疑,遂决定对其采取刑事拘留。在拘留期间,张某交代了其涉嫌受贿的全部行为,即在逢年过节期间收受相关企业采购员礼品卡 12 张和现金 5000 元,折合人民币共计约 13000 元。区人民检察院核实证据后,作出逮捕决定。区人民检察院对张某进行提审时,张某表示,家有年已九旬且多病、靠其照顾的老母和年仅 10 岁的儿子,因担心老人和小孩受不了刺激,故其丈夫对其母和儿子谎称其去外地培训了。提审期间,张某因痛悔其所涉罪行,数次痛哭并晕倒。区人民检察院认为张某认罪悔罪态度良好,且已全部退赃,故将逮捕变更为取保候审。

问题: 区人民检察院将逮捕措施变更为取保候审是否适当?

简析: 本案中,张某因其涉嫌犯罪可能被判处徒刑以上刑罚,从法律条文规定本身来讲,区人民检察院对其采取逮捕措施并无不当。但随着对案件事实的全面掌握,特别是考虑到张某认罪悔罪的态度及其所涉嫌犯罪的情节、后果,对其采取取保候审足以防止其发生社会危险性,且不会妨碍刑事诉讼的顺利进行,因此,区人民检察院将逮捕措施变更为取保候审是适当的。这就是 2012 年《刑事诉讼法》关于检察机关的羁押必要性审查义务的司法实践。

检察机关的羁押必要性审查义务是逮捕后对羁押的审查,这种逮捕既包括检察机关自侦案件中的决定逮捕,也包括公安机关的提请批捕。这种对羁押的审查内容主要指的是对继续羁押的必要性进行全面检查和评判,与审查羁押的合法性、有效性审查不同。

第五节　逮捕的变更、撤销或解除

一、法律规定

（一）2012年《刑事诉讼法》

第94条："人民法院、人民检察院和公安机关如果发现对犯罪嫌疑人、被告人采取强制措施不当的，应当及时撤销或者变更。公安机关释放被逮捕的人或者变更逮捕措施的，应当通知原批准的人民检察院。"

第95条："犯罪嫌疑人、被告人及其法定代理人、近亲属或者辩护人有权申请变更强制措施。人民法院、人民检察院和公安机关收到申请后，应当在3日以内作出决定；不同意变更强制措施的，应当告知申请人，并说明不同意的理由。"

第96条："犯罪嫌疑人、被告人被羁押的案件，不能在本法规定的侦查羁押、审查起诉、一审、二审期限内办结的，对犯罪嫌疑人、被告人应当予以释放；需要继续查证、审理的，对犯罪嫌疑人、被告人可以取保候审或者监视居住。"

第97条："人民法院、人民检察院或者公安机关对被采取强制措施法定期限届满的犯罪嫌疑人、被告人，应当予以释放、解除取保候审、监视居住或者依法变更强制措施。犯罪嫌疑人、被告人及其法定代理人、近亲属或者辩护人对于人民法院、人民检察院或者公安机关采取强制措施法定期限届满的，有权要求解除强制措施。"

（二）"两高解释"

对逮捕的变更、撤销或解除的解释见《刑诉法适用解释》第133、134、137条，以及《最高检刑诉规则》第147、148条。

二、内容图示

具体内容见表7-17。

表7-17　逮捕的变更、撤销或解除

可以变更或解除逮捕的情形	① 患有严重疾病的 ② 正在怀孕或哺乳自己婴儿的妇女 ③ 案件不能在法律规定的期限内办结的
应当变更、撤销逮捕或者释放的情形	① 第一审人民法院判处管制或者宣告缓刑以及单独适用附加刑，判决尚未发生法律效力的 ② 第二审人民法院审理期间，被告人被羁押的时间已到第一审人民法院对其判处的刑期的 ③ 因进行司法鉴定而尚未审结的案件，法律规定的期限届满的 ④ 一审法院判决被告人无罪、免除刑事处罚的，如果被告人在押，在宣判后应当立即释放 ⑤ 人民法院裁定准许自诉人撤诉或者当事人自行和解的案件，被告人被采取强制措施的，应当立即予以解除

应当变更为逮捕的情形	① 已经取保候审或者监视居住的犯罪嫌疑人、被告人,违反刑事诉讼法规定的义务,不逮捕可能发生社会危险的 ② 应当逮捕但因为患有严重疾病,或者是正在怀孕、哺乳自己婴儿的妇女而未予逮捕的犯罪嫌疑人、被告人,疾病痊愈或者哺乳期已满的 【提示】 决定变更强制措施,予以逮捕的,应当通知负责执行取保候审或者监视居住的公安机关
申请变更强制措施的主体和处理程序	犯罪嫌疑人、被告人及其法定代理人、近亲属或者辩护人有权申请变更强制措施。法院、检察院和公安机关收到申请后,应当在 3 日以内作出决定;不同意变更强制措施的,应当告知申请人,并说明不同意的理由
申请解除强制措施的主体	犯罪嫌疑人、被告人及其法定代理人、近亲属或者辩护人对于法院、检察院或者公安机关采取强制措施法定期限届满的,有权要求解除强制措施

【案例释义 7-17】

案情:犯罪嫌疑人赵某因涉嫌盗窃罪被逮捕,其辩护律师向公安机关提出取保候审的申请,公安机关在其提出申请 5 日后作出了不同意的决定,没有说明理由。

问题:本案是否存在程序违法?

简析:本案存在两处程序违法:一是公安机关在辩护律师提出申请 5 日后才作出不同意的决定,超出了法定期间。按照 2012 年《刑事诉讼法》第 95 条规定,公安机关收到申请后,应当在 3 日以内作出决定。二是公安机关未说明不同意的理由违法。按照同条的规定,公安机关不同意变更强制措施的,应当告知申请人,并说明不同意的理由。

【巩固练习 7-17】 甲因涉嫌盗窃被逮捕。经其辩护人申请,公安机关同意对甲取保候审。公安机关应当如何办理变更手续?

A. 报请原批准机关审批
B. 报请原批准机关备案
C. 自主决定并通知原批准机关
D. 要求原批准机关撤销逮捕决定

答案:C(逮捕变更为取保候审的条件)

【巩固练习 7-18】 关于应当变更为取保候审、监视居住或解除强制措施,下列哪一项是正确的?

A. 甲被逮捕后发现患有严重疾病
B. 乙被逮捕后经检查正在怀孕
C. 丙被逮捕后侦查羁押期限届满仍须继续查证
D. 丁被逮捕后一审法院判处有期徒刑 1 年缓刑 2 年,判处尚未发生效力

答案:D(强制措施的变更、解除)

第八章

刑事附带民事诉讼

本章导语

当犯罪分子严重侵犯某人的人身或财产权益时，这种行为不仅危害了社会秩序，同时也对公民、法人或其他组织的人身或者财产权利造成了严重的损害。因此，不仅国家有权动用刑罚权追究其刑事责任，作为遭受物质损失的被害人也有权让侵权行为人承担相应的民事赔偿责任。那么，谁有权提起赔偿请求？由谁赔偿？赔偿范围包括哪些损失？对精神损害的赔偿请求能获得法律支持吗？法院如何审理这种类型的案件？这种追究犯罪行为人刑事责任，同时附带解决因犯罪行为所造成的物质损失赔偿问题的诉讼制度，就是刑事附带民事诉讼制度。我国2012年《刑事诉讼法》第99～102条规定了此项诉讼制度的内容。此项制度的设立，有利于及时维护被害人的权益，有利于节约诉讼成本，提高诉讼效率。

学习本章知识应重点掌握的内容有：①附带民事诉讼的当事人；②附带民事诉讼的赔偿范围；③附带民事诉讼的审理程序。2012年《刑事诉讼法》增加规定了以下内容：①增加规定了被害人死亡或者丧失行为能力的，被害人的法定代理人、近亲属有权提起附带民事诉讼；②增加规定了附带民事诉讼的原告人或者人民检察院可以依照民事诉讼法的规定，申请人民法院采取保全措施；③增加规定了人民法院审理附带民事诉讼案件可以进行调解，或者根据物质损失情况作出判决、裁定。

本章的知识内容体系见图8-1。

附带民事诉讼是指司法机关在刑事诉讼过程中，在解决被告人刑事责任的同时，附带解决因被告人的犯罪行为所造成的物质损失的赔偿问题而进行的诉讼活动。

附带民事诉讼虽然规定在刑事诉讼中，但由于其解决的不是刑事责任的问题，而是民事赔偿问题，因此其性质仍然属于特殊的民事诉讼，除应当遵守《刑事诉讼法》、《刑法》的规定之外，还应当适用《民法通则》和《民事诉讼法》的有关规定（如诉讼原则、证据、先予执行、保全、撤诉、反诉等）。此外，最高人民法院2000年12月公布施行的《关于刑事附带民事诉讼范围问题的规定》也是司法实践中的重要依据。这种民事诉讼之所以规定在刑事诉讼中，是因为这种赔偿是由犯罪行为引起的，赔偿请求又是在刑事诉讼过程中提起的，因而，由审判刑事案件的审判组织一并审理，有利于节约诉讼成本、提高诉讼效率，有利于及时维护被害人的权益。

```
                              ┌ 附带民事诉讼成立的前提是刑事诉讼已经
              附带民事诉讼的成立条件 ┤ 成立
                              └ 被害人的物质损失必须是由被告人的犯罪
                                行为所造成的，二者之间存在因果关系
              附带民事诉讼当事人 ┤ 附带民事诉讼原告人
                              └ 附带民事诉讼被告人
                              ┌ 提起期间
  刑事附带民事诉讼 ┤ 附带民事诉讼的提起 ┤ 提起方式
                              └ 起诉条件
              附带民事诉讼的审理程序 ┤ 附带民事诉讼的第一审程序
                                 └ 附带民事诉讼的二审与审判监督程序
                              ┌ 立法宗旨
              附带民事诉讼的财产保全 ┤ 附带民事诉讼中财产保全措施的启动途径
                                 │ 适用诉中财产保全措施的条件
                                 └ 适用诉前财产保全措施的条件
```

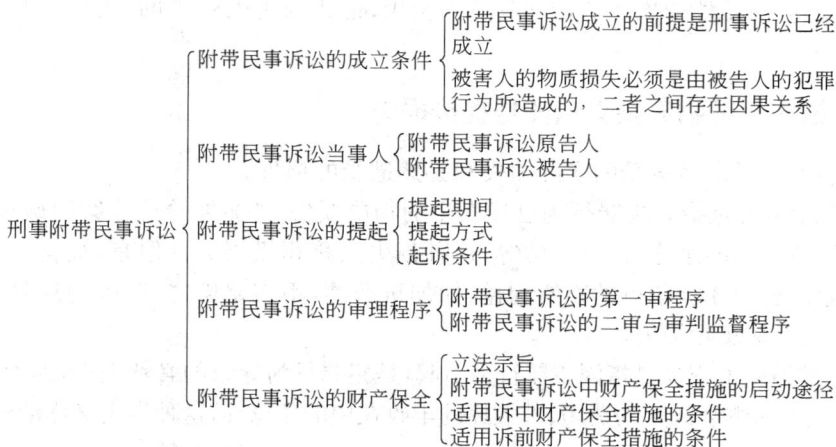

图 8-1　本章知识体系图示

第一节　附带民事诉讼的成立条件

一、前提条件：刑事诉讼已经成立

附带民事诉讼的成立不是以法院判定被告人有罪为前提，而是以行为人被公安司法机关进行刑事追诉为前提。只要刑事诉讼立案了，因其行为遭受损失的人就可以提起附带民事诉讼，即使被告人的行为最终没有被人民法院生效裁判确定为有罪，也不影响附带民事诉讼的提起和进行。

【提示】　下面是两种处理附带民事诉讼请求的特殊情况。

（1）如果在侦查和起诉阶段，刑事部分作了撤销案件或者不起诉的处理决定，就意味着刑事诉讼不存在了，附带民事诉讼也就失去了存在的前提，被害人只能向法院提起独立的民事赔偿之诉。

（2）案件到了审判阶段，被害人可以提起附带民事诉讼，如果法院经过审理就刑事部分终止审理或者作出无罪判决，附带民事部分不受影响，仍然成立。法院应当依法作出赔偿损失的附带民事判决。

二、因果关系：被害人的物质损失必须是由被告人的犯罪行为所造成的

（一）被害人遭受的必须是物质损失

"物质损失"包括以下两种情况。

（1）因财物被犯罪分子毁坏而遭受物质损失的，如，撬门入室盗窃，门被损坏；醉驾追尾，致前车毁损等损失。

（2）犯罪行为侵害被害人的人身权利造成的物质损失，如因被故意伤害而支付的医疗费、护理费、交通费，为治疗和康复支付的合理费用，以及因误工减少的收入。造成被害

人残疾的,还应当赔偿残疾生活辅助具费等费用;造成被害人死亡的,还应当赔偿丧葬费等费用。

（二）被害人的物质损失只能是直接损失

直接损失包括已经遭受的实际损失和必然遭受的损失。

（1）实际损失是指因犯罪行为已经发生的物质损失,如犯罪分子作案时破坏的门窗、车辆、物品,被害人的医疗费、营养费等,这种损失又称积极损失。但是,被害人今后可能得到的或通过努力才能争得的物质利益,如加班费等,不在赔偿之列,因为这是不确定的物质损失,也不是实际损失。

（2）必然遭受的损失是指因犯罪行为引起,是犯罪行为导致的必然损失,如因伤残减少的劳动收入、今后继续医疗的费用、被毁坏的丰收在望的庄稼等,这种损失又称消极损失。

（三）被害人遭受的物质损失与被告人的犯罪行为之间必须存在因果关系

被害人的物质损失必须是由被告人的犯罪行为直接引起的。

（四）不属于附带民事诉讼赔偿范围的情形

（1）精神损失。《刑诉法适用解释》第138条第2款明确规定:"因受到犯罪侵犯,提起附带民事诉讼或者单独提起民事诉讼要求赔偿精神损失的,人民法院不予受理。"

（2）犯罪分子非法占有、处置被害人财产而使其遭受物质损失的,人民法院应当依法予以追缴或者责令退赔,被害人不能提起附带民事诉讼。被追缴、退赔的情况,人民法院可以作为量刑情节予以考虑。对于经过追缴或者退赔仍不能弥补损失的,被害人向人民法院民事审判庭另行提起民事诉讼的,人民法院可以受理。

（3）引起犯罪行为的民事纠纷。比如,陈某借给王某5万元钱,索要未果,二人发生争斗,王某将陈某殴打致重伤,陈某可以对王某提起附带民事诉讼,要求其赔偿因住院所支付的各项费用,但不能就之前的民事借款纠纷提起附带民事诉讼要求其偿还,而只能另行提起民事诉讼。

（4）不是犯罪行为直接造成的间接损失,不能提起附带民事诉讼。如,陆某与张某发生纠纷,张某到陆某家中将陆某打成重伤,陆某之母因受惊吓和刺激住院。陆某母亲住院就不是张某的犯罪行为直接造成的,而是间接引起的,因此不能提起附带民事诉讼。

（5）《刑诉法适用解释》第140条规定:"国家机关工作人员在行使职权时,侵犯他人人身、财产权利构成犯罪,被害人或者其法定代理人、近亲属提起附带民事诉讼的,人民法院不予受理,但应当告知其可以依法申请国家赔偿。"

【案例释义8-1】

案情: 在一起故意杀人案中,被害人甲的母亲因为孩子被杀导致心脏病发作,入院治疗花费了两万元。在审判中,被害人的父亲提出附带民事诉讼赔偿请求,要求被告人赔偿因抢救被害人甲而支付的医疗费、交通费以及办理后事的丧葬费、死亡赔偿金以及甲的母亲住院花费的医疗费和护工费。最终法院判决被告人需承担抢救被害人而支付的医疗费、交通费,办理后事的丧葬费,同时判决被告人按当地的平均工资水平支付死亡赔偿金,但驳回了被害人母亲的医疗费和护工费的诉讼请求。

问题：

(1) 本案中，被害人的父亲是否有权提起附带民事诉讼?

(2) 法院驳回被害人母亲的诉讼请求正确吗?

简析：本案涉及附带民事诉讼的提起主体和赔偿范围问题。根据刑事诉讼法的规定，被害人死亡的，其近亲属有权提起附带民事诉讼。故本案被害人的父亲有权提起附带民事诉讼赔偿请求。附带民事诉讼的赔偿范围限于被告人的犯罪行为给被害人造成的物质损失，而且只能是物质损失中的直接损失，包括已经遭受的实际损失和必然遭受的损失。本案中，被害人母亲虽然因为孩子被害而突发心脏病而入院治疗，但由此支付的费用并非犯罪行为直接造成的，因此不属于附带民事诉讼的赔偿范围。法院对案件的处理是正确的。

【案例释义 8-2】

案情：被告人周浦是某省的农民，被害人周详是被告人的父亲，周详在"文革"期间不幸丧妻后，一直和周浦及二儿子周希生活在一起，两个儿子长大成人后，大儿子周浦一直留在周详的身边，二儿子考上了大学离开农村到大城市工作。周详因多年的积蓄而存下了一笔 30 万元的存款和其他家产共计 50 万元。周浦看到父亲逐渐变老，欲独霸家产。在 1998 年 5 月 15 日，用鼠药将其父毒死，并伪造了一份其父死于心脏病的医生证明。因为周浦行动诡秘，所以当时没有人产生怀疑。其弟周希回来后，他告诉其弟说，父亲没有留下家产，后自己独占 50 万元的遗产。1999 年 6 月的一天，周希在整理父亲的遗物时，发现了一张纸条，上面写明了遗产的数额和分配的方式。周希立即对父亲的死因产生了怀疑，于是向公安机关报案。经侦查，1999 年 9 月，人民检察院向人民法院就周浦故意杀人案提起诉讼，周希提起附带民事诉讼，请求剥夺周浦的继承权，由自己继承全部遗产，并赔偿因周浦杀害父亲给自己造成的精神损失费 5 万元。

问题：周希提起的附带民事诉讼请求的范围能获得法院支持吗?

简析：2012 年《刑事诉讼法》对人民法院进行刑事案件附带民事诉讼判决的范围进一步作出明确的规定。该法第 101 条规定，人民法院可以根据物质损失情况作出判决、裁定。据此，本案中，对周希的诉讼请求，法院不能予以支持。因为，被告人周浦的行为致使周希未分到遗产，并没有造成其应分得遗产的灭失等物质损失，不能认为是犯罪行为造成的物质损失。此外，依据 2000 年 12 月 4 日最高人民法院《关于刑事附带民事诉讼范围问题的规定》，对于周希因犯罪行为遭受精神损失而提起附带民事诉讼的，人民法院不予受理。

本案中，周希要想通过法律维护自己的权益，可以生效的刑事判决为依据，根据继承法关于"继承人杀害被继承人的，丧失继承权"的规定，单独提起民事诉讼，请求剥夺罪犯周浦的继承权。

【巩固练习 8-1】 以下关于附带民事赔偿范围的各种说法，不正确的是：

A. 张三在入户盗窃过程中，将李四家的防盗门砸坏，并窃取金银首饰若干，李四可以就修理防盗门的费用和所丢失的金银首饰提起附带民事诉讼

B. 甲向法院起诉其丈夫乙犯有重婚罪，甲可以在附带诉讼中请求法院判决离婚并分割财产

C. 甲在讨债过程中被债务人乙打成重伤,甲可以在法院对乙的刑事审判中,要求法院判令乙偿还此债务,并赔偿治伤所花去的医疗费

D. 在某强制侮辱、猥亵妇女案中,被害人王某在案发后精神恍惚住院治疗花去医疗费 3000 元,在审判中可以请求法院判令被告人予以赔偿

答案:A、B、C

选项 A 中,修理防盗门的费用是财物被毁的损失,属于附带民事诉讼赔偿范围,可以提起附带民事诉讼;但丢失的金银首饰属于赃物,由法院予以追缴,不能提起附带民事诉讼。选项 B 中的"离婚及分割财产"不是由于被告人的犯罪行为造成的物质损失,因此,不能提起附带民事诉讼。选项 C 中,就治伤住院所支付的各项费用可以提起附带民事诉讼,要求其赔;但不能就之前的民事借款纠纷提起附带民事诉讼要求其偿还,而只能另行提起民事诉讼。选项 D 中,被害人的精神疾病,是由犯罪行为造成的,因住院治疗花去医疗费属于物质损失,可以提起附带民事诉讼。

【巩固练习 8-2】 甲因遭受强奸住院治疗一个多月,出院后仍长期精神恍惚,后经多方医治才恢复正常。在诉讼过程中,甲提起附带民事诉讼。下列哪些赔偿要求具有法律依据?

A. 甲因住院支付的费用

B. 甲住院期间的陪护费用

C. 甲住院期间的误工费用

D. 甲治疗精神恍惚支付的费用

答案:A、B、C、D(附带民事诉讼的赔偿范围)

问题思考:我国《刑事诉讼法》及相关司法解释确立的附带民事诉讼赔偿范围存在的问题。

最高人民法院 2000 年 12 月公布施行的《关于刑事附带民事诉讼范围问题的规定》规定,在附带民事诉讼中,只有两种情形才能获得赔偿:①人身权利受到犯罪侵害而遭受物质损失的;②财物被犯罪分子毁坏而遭受物质损失的。而且,依据该司法解释规定,被害人遭受的物质损失只能是直接损失,包括已经遭受的实际损失和必然遭受的损失。依据《最高人民法院关于人民法院是否受理刑事案件被害人提起精神损害赔偿民事诉讼问题的批复》的规定,对于被害人因犯罪行为而遭受的精神损害提起的附带民事诉讼,或者在该刑事案件审结以后,被害人另行提起精神损害赔偿民事诉讼的,人民法院不予受理;此外,按照《最高人民法院关于确定民事侵权精神损害赔偿责任若干问题的解释》规定,死亡赔偿金属于精神抚慰金的一种形式,因而不属于《刑事诉讼法》的赔偿范围。《最高人民法院关于审理人身损害赔偿案件适用法律若干问题的解释》第 17 条规定,被害人死亡的,还应当赔偿"死亡补偿金",依此为依据,在司法实践中,有的法院将"死亡赔偿金"解释为"死亡补偿金",支持了被害人的诉讼请求,但也有许多法院不予支持;还有,犯罪分子非法占有、处置被害人财产而使其遭受物质损失的,人民法院应当依法予以追缴或者责令退赔,被害人也不能提起附带民事诉讼。由此可见,我国的附带民事诉讼对被害人的民事救济限制在最狭隘的范围内。

2012 年的《刑事诉讼法》仍延续上述规定。2009 年《侵权责任法》通过之后,无论是权利的保障范围还是权利的救济手段都作了较为完整的规定,并将死亡赔偿金纳入物质损

害的范围之内,在法律位阶上统一了死亡赔偿金的性质。附带民事诉讼作为对民事权益的救济,应当与民事责任救济的步伐保持一致。因此,理应将死亡赔偿金纳入附带民事诉讼的赔偿范围。对此,国外的一些做法对我国将来的立法修改与完善,具有一定的参考价值。例如,《法国刑事诉讼法》第 3 条第 2 款规定:"民事诉讼应包括作为起诉对象的罪行所造成的物质的、肉体的和精神的全部损失。"《德国刑事诉讼法》也规定,将因"侮辱和伤害身体"而遭受的损失包括在附带民事诉讼的请求范围之内。

第二节 附带民事诉讼当事人

附带民事诉讼当事人包括附带民事诉讼原告人和附带民事诉讼被告人。

一、附带民事诉讼原告人

附带民事诉讼原告人是指在刑事诉讼中,因被告人的犯罪行为遭受物质损失,并在刑事诉讼过程中提出赔偿请求的人。附带民事诉讼的原告人包括因犯罪行为而遭受物质损失的被害人、被害人的法定代理人、近亲属以及人民检察院。

首先是因犯罪行为而遭受物质损失的被害人。这里的"被害人",既包括自然人,也包括单位。在伤害罪、杀人罪等以人身权利为侵害对象的犯罪中,被害人只能是自然人,但在盗窃、抢劫、贪污等以财产权利为侵害对象的犯罪中,被害人则包括企事业单位、机关、团体等法人和其他组织,这些受害的单位也有权就其因犯罪行为而遭受的物质损失提出附带民事诉讼赔偿请求。

在被害人死亡或被害人是未成年人或精神病患者等无行为能力人或者限制行为能力人时,他们的法定代理人、近亲属和作为被害人的法定继承人,为挽回经济损失,也有权提起附带民事诉讼,要求获得赔偿。

如果是国家财产、集体财产遭受损失的,人民检察院提起公诉时,可以提起附带民事诉讼。对此类案件,人民检察院是可以提起附带民事诉讼而不是必须提起。当检察机关提起附带民事诉讼时,它既是公诉机关,又是附带民事诉讼原告人,享有附带民事诉讼原告人的诉讼权利,承担附带民事诉讼原告人的诉讼义务。

【提示】 国家、集体财产遭受损失的,且受损失的单位未提起的,检察院才可以提起,而不是必须提起。提起后,不得调解。

【案例释义 8-3】

案情:李某夫妇是某市个体户,因不同意女儿李琳与农村打工青年何庆恋爱,多次责骂女儿,不让女儿出门,并让儿子李运找朋友将何庆毒打一顿,扬言如果再找李琳就要他小命。一日,李琳借故出门找到何庆后,两人抱头痛哭,觉得走投无路,今生无缘做夫妻,就一起自杀。当晚两人留下遗书,双双卧轨身亡。何庆父母料理完儿子后事,悲痛欲绝。但想到儿子不能白死,却又不知道去何处告状,遂去某律师事务所询问。值班的见习律师小华告诉何庆父母,此案是暴力干涉婚姻自由案,属于自诉案件。但因被害人已死亡,自诉人不存在,因此无法提起刑事诉讼。但其儿子死后的丧葬等费用,可以通过提起民事诉讼的方式,要求李某夫妇及其儿子赔偿。

问题：小华的答复是否正确？

简析：小华的答复不完全正确。

(1) 在本案的定性上，小华的答复是符合法律规定的。李某夫妇及其儿子的行为已构成暴力干涉婚姻自由罪，且造成严重后果，应承担刑事法律责任。

(2) 在本案的起诉主体上，小华的答复不正确。暴力干涉婚姻自由罪属于自诉案件范围，但是否必须由被害人本人才能提起诉讼呢？这要视情况而定。我国 2012 年《刑事诉讼法》第 112 条规定，对于自诉案件，被害人有权向人民法院直接起诉。被害人死亡或者丧失行为能力的，被害人的法定代理人、近亲属有权向人民法院起诉。人民法院应当依法受理。由此可见，在自诉案件中，首先应由被害人行使起诉权。其次在被害人死亡或者丧失行为能力的情况下，其法定代理人、近亲属也有权向人民法院起诉。因此，在本案中，何庆的父母有权作为自诉人向法院起诉李某夫妇及其儿子犯暴力干涉婚姻自由罪，并提起附带民事诉讼，要求被告人赔偿丧葬等费用。因此，小华关于因自诉人死亡，无法提起刑事诉讼和只能通过民事诉讼要求赔偿的答复缺乏法律依据，因此是不正确的。

二、附带民事诉讼被告人

附带民事诉讼被告人是指在刑事诉讼中，对犯罪行为所造成的物质损失负有赔偿责任的人。附带民事诉讼的被告人包括以下几种。

(1) 刑事被告人(包括公民、法人和其他组织)及没有被追究刑事责任的共同致害人。

(2) 未成年刑事被告人的监护人。

(3) 已被执行死刑的罪犯的遗产继承人。

(4) 共同犯罪案件中，案件审结前已死亡的被告人的继承人。

(5) 被告人被取保候审时的保证人。被告人在取保候审期间逃匿，如果保证人与该被告人串通，协助其逃匿以及明知藏匿地点而拒绝向司法机关提供的；如果取保候审的被告人同时也是附带民事诉讼的被告人，保证人应当承担连带赔偿责任，但应当以其保证前附带民事诉讼原告人提起的诉讼请求数额为限。

(6) 其他对刑事被告人行为依法应当承担民事责任的单位和个人。

【提示】

(1) 附带民事诉讼被告人的亲友自愿代为赔偿的，应当准许，但其亲属并不是附带民事诉讼被告人。这与刑事责任中的责任自负原则有所不同。

(2) 对于以上第(3)、(4)项，如果该遗产继承人声明放弃继承，则不得继续以其为被告人。

(3)《刑诉法适用解释》第 146 条规定："共同犯罪案件，同案犯在逃的，不应列为附带民事诉讼被告人。逃跑的同案犯到案后，被害人或者其法定代理人、近亲属可以对其提起附带民事诉讼，但已经从其他共同犯罪人处获得足额赔偿的除外。"

【案例释义 8-4】

案情：被告人张某、李某与王某是同一工厂的职工。2001 年 1 月 26 日晚，被告人张某和李某喝完酒后醉醺醺地来到大街上。张某被一过路青年蔡某无意间踩了一脚，尽管蔡某连忙对被告人张某道歉，张某却不依不饶，揪住蔡某的衣领对其拳打脚踢，被告人李某也加入其中,引来了不少围观的群众。正当此时,王某也来到现场,见状不分青红皂白上去帮忙。被告人张某、李某将蔡某按倒在地,掐住蔡某的喉部,并用随身所带的匕首连刺蔡某的腿部及背部。后蔡某被送医院抢救得以脱险,住院达一个月之久。在此期间,被害人蔡某共花去医药费、护理费等费用合计人民币 28624 元。张某、李某、王某在被检察机关批准逮捕后,被害人蔡某向检察院提出要求三人赔偿其住院期间所花去的全部费用、家中养鸡场因无人照料而遭到的损失以及其在精神方面遭受的巨大痛苦,共计人民币 22 万元。经审查后,检察院认为王某的行为情节轻微,依照《刑法》的规定不需要判处刑罚。于是,决定对王某不起诉,只将张某和李某两人作为刑事诉讼被告人向人民法院提起了诉讼。

问题:

(1) 本案作为公诉案件,附带民事诉讼是否可以由检察院提起?

(2) 对于被害人蔡某的赔偿请求,法院应当如何处理?

(3) 本案刑事附带民事赔偿责任应当由谁承担?

简析:

(1) 本案不可以由检察院提起附带民事诉讼。根据 2012 年《刑事诉讼法》和《刑诉法适用解释》的规定,人民检察院只能对国家或者集体财产遭受的损失且受损单位未提起附带民事诉讼的情形下,可以提起附带民事诉讼。而在本案中,并非国家或者集体的财产受到损失,因此检察机关不能以自己的名义提起附带民事诉讼。

(2) 根据 2012 年《刑事诉讼法》的规定,附带民事诉讼的赔偿范围不包括精神损失。因此,对于被害人蔡某提出的因犯罪行为遭受的巨大精神痛苦而提出的赔偿请求,法院应当不予受理。

(3) 在本案件中,由被告人张某、李某和王某共同承担附带民事赔偿责任。如果其亲属自愿代为承担,应当准许。

第三节　附带民事诉讼的提起

一、提起期间

(1) 附带民事诉讼应当在刑事案件立案以后,第一审判决宣告以前提起。

(2) 有权提起附带民事诉讼的人在第一审判决宣告以前没有提起的,不得再提起附带民事诉讼,但可以在刑事判决生效后另行提起民事诉讼。

(3) 在侦查、审查起诉阶段,有权提起附带民事诉讼的人向公安机关、人民检察院提出赔偿要求,经公安机关、人民检察院记录在案的,刑事案件起诉后,人民法院应当按附带民事诉讼案件受理。

(4) 经公安机关、人民检察院调解,当事人双方达成协议并已给付,被害人又坚持向法院提起附带民事诉讼的,人民法院也可以受理。

(5) 如果是国家财产、集体财产遭受损失,人民检察院在提起公诉的时候,可以提起附带民事诉讼。

（6）自诉案件的被害人，在提起自诉时即可向人民法院提起附带民事诉讼请求。

【巩固练习8-3】 在罗某放火案中，钱某、孙某和吴某3家房屋均被烧毁。一审时，钱某和孙某提起要求罗某赔偿损失的附带民事诉讼，吴某未主张。一审判决宣告后，吴某欲让罗某赔偿财产损失。下列哪一说法是正确的？

A. 吴某可另行提起附带民事诉讼

B. 吴某不得再提起附带民事诉讼，可在刑事判决生效后另行提起民事诉讼

C. 吴某可提出上诉，请求法院在二审程序中判令罗某予以赔偿

D. 吴某既可另行提起附带民事诉讼，也可单独提起民事诉讼

答案：B（附带民事诉讼的提起）

二、提起方式

（1）提起附带民事诉讼一般应当提交附带民事起诉状。

（2）书写诉状确有困难的，可以口头起诉。审判人员应当对原告人的口头诉讼请求详细询问，并制作笔录，向原告人宣读；原告人确认无误后，应当签名或者盖章。

三、起诉条件

（1）提起附带民事诉讼的原告人、法定代理人要符合法定条件；

（2）有明确的被告人；

（3）有请求赔偿的具体要求和事实根据；

（4）属于人民法院受理附带民事诉讼的范围。

第四节　附带民事诉讼的审理程序

一、附带民事诉讼的第一审程序

附带民事诉讼应当同刑事案件一并审判，只有为了防止刑事案件审判的过分迟延，才可以在刑事案件审判后，由同一审判组织继续审理附带民事诉讼。根据最高人民法院有关司法解释，在审理刑事附带民事案件过程中还应当遵守以下特殊规定。

（1）起诉状副本送达或通知。《刑诉法适用解释》第150条规定："人民法院受理附带民事诉讼后，应当在五日内将附带民事起诉状副本送达附带民事诉讼被告人及其法定代理人，或者将口头起诉的内容及时通知附带民事诉讼被告人及其法定代理人，并制作笔录。人民法院送达附带民事起诉状副本时，应当根据刑事案件的审理期限，确定被告人及其法定代理人提交附带民事答辩状的时间。"

（2）按撤诉处理或缺席判决情形。附带民事诉讼的原告人经人民法院传唤，无正当理由拒不到庭，或者未经法庭许可中途退庭的，应当按撤诉处理。刑事被告人以外的附带民事诉讼被告人经传唤，无正当理由拒不到庭，或者未经法庭许可中途退庭的，附带民事部分可以缺席判决。

（3）证明责任。附带民事诉讼当事人对自己提出的主张，有责任提供证据。

（4）调解及效力。《刑诉法适用解释》第153条规定："人民法院审理附带民事诉讼案件，可以根据自愿、合法的原则进行调解。经调解达成协议的，应当制作调解书。调解书经双方当事人签收后，即具有法律效力。调解达成协议并即时履行完毕的，可以不制作调解书，但应当制作笔录，经双方当事人、审判人员、书记员签名或者盖章后即发生法律效力。"

（5）调解不能达成协议的处理。人民法院认定公诉案件被告人的行为不构成犯罪的，对已经提起的附带民事诉讼，经调解不能达成协议的，应当一并作出刑事附带民事判决。人民法院准许人民检察院撤回起诉的公诉案件，对已经提起的附带民事诉讼，可以进行调解；不宜调解或者经调解不能达成协议的，应当裁定驳回起诉，并告知附带民事诉讼原告人可以另行提起民事诉讼。

《刑诉法适用解释》第154条规定："调解未达成协议或者调解书签收前当事人反悔的，附带民事诉讼应当同刑事诉讼一并判决。"

（6）量刑情节。被告人已经赔偿被害人物质损失的，人民法院可以作为量刑情节予以考虑。

（7）中止或者终结执行的情形。人民法院审理附带民事诉讼案件，依法判决后，查明被告人确实没有财产可供执行的，应当裁定中止或者终结执行。

（8）诉讼费。人民法院审理刑事附带民事诉讼案件，不收取诉讼费。

（9）上诉、抗诉期限。对附带民事判决或者裁定的上诉、抗诉期限，应当按照刑事部分的上诉、抗诉期限确定。附带民事部分另行审判的，上诉期限也应当按照《刑事诉讼法》规定的期限确定。

【提示】 注意附带民事判决或者裁定与民事诉讼判决或者裁定的上诉、抗诉期限的区别。

【巩固练习8-4】 关于附带民事诉讼，下列哪一个选项是正确的？

A. 在侦查、审查起诉阶段，被害人提出赔偿要求记录在案的，公安机关、检察院可以对民事赔偿部分进行调解

B. 在侦查、审查起诉阶段，经调解当事人达成协议并已给付，被害人又向法院提起附带民事诉讼的，法院不再受理

C. 法院审理刑事附带民事诉讼案件，可以进行调解

D. 附带民事诉讼经调解达成协议并当庭执行完毕的，无须制作调解书，也不需记入笔录

答案：A、C（附带民事诉讼中的调解）

【巩固练习8-5】 关于法院审理附带民事诉讼案件，下列哪些选项是正确的？

A. 犯罪分子非法处置被告人财产而使其遭受物质损失的，被害人可以提起附带民事诉讼

B. 因财物被犯罪分子毁坏而遭受物质损失的，被害人可以提起附带民事诉讼

C. 依法判决后，查明被告人确实没有财产可供执行的，应当裁定中止或者终结执行

D. 被告人已经赔偿被害人物质损失的，法院可以作为量刑情节予以考虑

答案：B、C、D

本题考察附带民事诉讼的审理程序。依据最高人民法院《关于刑事附带民事诉讼范围问题的规定》第 5 条的规定，犯罪分子非法处置被害人财产而使其遭受物质损失的，人民法院应当依法予以追缴或者责令退赔。经过追缴或者退赔仍不能弥补损失的，被害人可以向人民法院民事审判庭另行提起民事诉讼，但是，被害人不能就此提起附带民事诉讼。故选项 A 错误。依据该《规定》，选项 B、C、D 正确。

【巩固练习 8-6】 某县检察院以涉嫌故意伤害罪对 16 岁的马某提起公诉，被害人刘某提起附带民事诉讼。对此，下列哪些选项是正确的？

A. 在审理该案时，法院只能适用《刑法》、《刑事诉讼法》等有关的刑事法律

B. 在审查起诉阶段，马某、刘某已就赔偿达成协议且按照协议给付了刘某 5 万元，法院可以受理刘某提起的附带民事诉讼

C. 法院受理附带民事诉讼后，应当将附带民事起诉状副本送达马某，或者将口头起诉的内容通知马某

D. 法院可以决定查封或者扣押被告人马某的财产

答案：B、D(附带民事诉讼程序)

二、附带民事诉讼的二审与审判监督程序

根据最高人民法院的有关司法解释，在审理刑事附带民事案件二审和再审程序中，应当遵守以下特殊规定。

(1) 对附带民事判决或者裁定上诉、抗诉期限。应当按照刑事部分上诉、抗诉的期限确定。如果原审附带民事部分是另行审判的，上诉期限应当按照刑事诉讼法规定的期限执行。

(2) 只有附带民事诉讼部分上诉的处理。第一审刑事部分的判决，在上诉期满后即发生法律效力。应当送监执行的第一审刑事被告人是第二审附带民事诉讼被告人的，在第二审附带民事诉讼案件审结前，可以暂缓送监执行。

(3) 审查原则及处理。审理附带民事诉讼的上诉、抗诉案件，应当对全案进行审查。如果第一审判决的刑事部分并无不当，第二审人民法院只需就附带民事诉讼部分作出处理。如果第一审判决附带民事部分事实清楚，适用法律正确的，应当以刑事附带民事裁定维持原判，驳回上诉、抗诉。

(4) 对均有错误的处理。第二审人民法院审理刑事附带民事上诉、抗诉案件，刑事部分和附带民事部分均有错误需依法改判的，应当一并改判。

(5) 对刑事部分提出上诉、抗诉的处理。附带民事诉讼部分已经发生法律效力的案件，如果发现第一审判决或者裁定中的民事部分确有错误，应当对民事部分按照审判监督程序予以纠正。

(6) 对附带民事诉讼部分提出上诉、抗诉的处理。刑事部分已经发生法律效力的案件，如果发现第一审判决或者裁定中的刑事部分确有错误，应当对刑事部分按照审判监督程序进行再审，并将附带民事诉讼部分与刑事部分一并审理。

(7) 对增加独立的诉讼请求或提出反诉的处理。第二审人民法院可以就新增加的诉讼请求或者反诉进行调解，调解不成的告知当事人另行起诉。

(8) 对自诉案件再审的处理。按照审判监督程序进行再审的刑事自诉案件，应当依

法作出判决、裁定;附带民事部分可以调解结案。

【案例释义 8-5】

案情:张某与王某因口角发生扭打,张某将王某打成重伤。检察院以故意伤害罪向法院提起公诉,被害人王某同时向法院提起附带民事诉讼。

问题:

(1)如果一审宣判后,张某对刑事部分不服提出上诉,王某对民事部分不服提出上诉,第二审法院在审理中发现本案的刑事部分和附带民事部分认定事实都没有错误,但适用法律有错误,应当如何处理?

(2)如果一审宣判后,检察院对本案刑事部分提起了抗诉,本案的附带民事部分没有上诉。第二审法院在审理中发现本案民事部分有错误,二审法院对民事部分应如何处理?

(3)如果一审宣判后,本案的刑事部分既没有上诉也没有抗诉,王某对本案附带民事部分提起了上诉,在刑事部分已经发生法律效力的情况下,二审法院在审理中发现本案的刑事部分有错误,二审法院应如何处理?

(4)如果一审宣判后,王某对附带民事部分判决的上诉中增加了独立的诉讼请求,张某在二审中也对民事部分提出了反诉,二审法院应当如何处理?

(5)如果在一审程序中,法院审查王某提起的附带民事诉讼请求后,认为不符合提起附带民事诉讼的条件,法院应当如何处理?

(6)如果法院受理了附带民事诉讼,根据我国《刑事诉讼法》及司法解释相关规定,对一审过程中附带民事诉讼的调解,法院应当如何处理?

简析:

(1)第二审人民法院应当在二审判决中一并改判。

(2)第二审人民法院应当对民事部分按审判监督程序予以纠正。

(3)第二审人民法院应当对刑事部分按照审判监督程序进行再审,并将附带民事诉讼部分与刑事部分一并审理。

(4)第二审人民法院可以根据当事人自愿的原则就新增加的诉讼请求或者反诉进行调解,调解不成的,告知当事人另行起诉。

(5)人民法院经审查认为不符合提起附带民事诉讼条件规定的,应当裁定驳回起诉。

(6)第一,调解应当在自愿、合法的基础上进行,经调解达成协议的,审判人员应当及时制作调解书,调解书经双方当事人签收后即发生法律效力。第二,调解达成协议并当庭执行完毕的,可以不制作调解书,但应记入笔录,经双方当事人、审判人员、书记员签名或盖章即发生法律效力。第三,经调解无法达成协议或者调解书签收前当事人反悔的,附带民事诉讼应当同刑事诉讼一并解决。

第五节　附带民事诉讼的财产保全

2012 年《刑事诉讼法》第 100 条规定:"人民法院在必要的时候,可以采取保全措施,查封、扣押或者冻结被告人的财产。附带民事诉讼原告人或者人民检察院可以申请人民法院采取保全措施。人民法院采取保全措施,适用民事诉讼法的有关规定。"

一、立法宗旨

附带民事诉讼在本质上是一种民事诉讼，为防止被告人及其家属在法院判决之前转移、隐匿、毁灭财产导致被害人无法得到赔偿和实践中附带民事判决执行难的问题，人民法院有必要对被告人与案件有关的财产采取保全措施，以保证之后的判决能够得到顺利执行。

二、附带民事诉讼中财产保全措施的启动途径

附带民事诉讼中的财产保全措施可以基于以下两种途径启动。

（1）法院依附带民事诉讼原告人或者人民检察院的申请，而对被告人的财产采取保全措施。这些申请不限于审判阶段，原因在于在刑事诉讼中，公安机关和人民检察院在侦查、起诉阶段只能查封、扣押、冻结与犯罪有关的赃款、赃物，无权针对犯罪嫌疑人的合法财产采取保全措施。财产保全既要防止申请人滥用此项权利给财产所有人造成不该有的损失，同时也要防止被告人及其家属在侦查、起诉阶段转移、隐匿、毁灭财产导致被害人无法得到赔偿。

（2）法院依职权主动对被告人的财产采取查封、扣押、冻结措施。从诉讼阶段上来看，法院依职权主动采取保全措施，只能发生在附带民事诉讼立案之后，即在审判阶段人民法院如果发现被告人有转移、隐匿财产的行为或者意图，应及时采取查封、扣押、冻结措施，无须诉讼当事人提出申请。

三、适用诉中财产保全措施的条件

（1）财产保全仅限于请求的范围，而且是与本案有关的财物。

（2）根据各种主客观因素判断，将来的判决不能执行或者难以执行，比如当事人有隐匿、转移、毁损财物的行为或者可能有这种行为。

（3）诉讼中的财产保全必须发生在附带民事诉讼受理之后，生效判决作出之前。

（4）附带民事诉讼原告人申请采取财产保全措施的，人民法院可以要求其提供担保，提供担保的数额应当相当于请求保全的数额；申请人不提供担保的，法院可以驳回申请。

四、适用诉前财产保全措施的条件

原告人或人民检察院既可以申请诉前财产保全，也可以申请诉后财产保全。诉前财产保全只能依申请适用，且同时必须符合以下条件。

（1）情况紧急，不立即采取相应的保全措施，可能使申请人的合法权益受到难以弥补的损失；

（2）由利害关系人提出诉前财产保全申请；

（3）在附带民事诉讼中，有权提起附带民事诉讼的主体均有权提出诉前财产保全申请；

（4）申请人应提供担保（人民检察院除外），不提供担保的，法院驳回申请；

（5）申请人在法院采取保全措施后 15 日内必须起诉，否则人民法院应当取消财产保

全措施。

【巩固练习8-7】 关于附带民事诉讼案件诉讼程序中的保全措施,下列哪一个说法是正确的?

A. 法院应当采取保全措施

B. 附带民事诉讼原告人和检察院都可以申请法院采取保全措施

C. 采取保全措施,不受《民事诉讼法》规定的限制

D. 财产保全的范围不限于犯罪嫌疑人、被告人的财产或与本案有关的财产

答案:B

问题思考:如果人民检察院申请采取保全措施,是否也应当提供担保?

从完全保护被申请人财产的合法利益角度而言,人民检察院似乎也应当提供担保,但是,由于人民检察院的财产属于国家所有,其提起附带民事诉讼也是基于公益目的,即维护国家、集体的财产,故检察院的财产不宜成为担保物。同时,尽管检察院在附带民事诉讼中扮演的是一方当事人的角色,但从根本上其仍是行使职权的行为,故在申请财产保全时应尽审慎义务,不应滥用此项权利。我们认为,一旦人民检察院错误申请保全给被申请人造成财产损失的,则应当适用《国家赔偿法》的规定,由检察院承担赔偿责任。同理,如果人民法院依职权采取财产保全措施错误的,也应当由人民法院承担赔偿责任。

【案例释义8-6】

案情:某县公安机关经侦查发现:2008年1月10日晚10点,刘某(1986年出生)与蔡某(1991年出生)在某小区内,伺机抢走刚下班回家的孙某背包一个,内装有手机一部(价值800元)、现金300元。为了尽快侦破案件,公安机关对犯罪嫌疑人进行拘传后,侦查人员立即同时对两名犯罪嫌疑人在同一房间进行讯问。经过3个昼夜的连续讯问,两人主动交代了犯罪事实。案件侦查终结后,移送至县人民检察院审查起诉。检察院经审查认为犯罪事实清楚,证据确实、充分,依法应当追究犯罪嫌疑人的刑事责任,遂向县人民法院提起公诉。

2008年5月,某县人民法院依法对此案进行了审理。在一审期间,被害人孙某提起附带民事诉讼。刘某委托身为一审法院人民陪审员的同父异母的姐姐担任自己的辩护人,蔡某则表示不委托辩护人,法庭都予以允许。经审理,县人民法院作出了判决。在上诉期内,被害人孙某以"对被告人判刑太轻"为由提出上诉。市中级人民法院组成合议庭,对刘某的犯罪事实进行了审理。

问题:

(1) 请指出侦查机关讯问程序中的不合法之处。

(2) 本案一审及二审程序中有哪些不当之处?

(3) 根据我国《刑事诉讼法》及相关司法解释的规定,若在一审程序中需要对附带民事诉讼进行调解,法院应如何处理?

(4) 若一审宣判后,本案的刑事部分既没有上诉也没有抗诉,孙某对本案附带民事部分提起了上诉,在刑事部分已经发生法律效力的情况下,二审法院发现本案刑事部分有错误,二审法院应如何处理?

简析:

(1) 侦查人员同时对两名犯罪嫌疑人在同一房间进行讯问有违法律规定。根据我国 2012 年《刑事诉讼法》的规定,讯问犯罪嫌疑人应当个别进行。

公安机关对两名犯罪嫌疑人进行拘传后,对其连续进行 3 个昼夜的讯问有违法律规定。根据我国 2012 年《刑事诉讼法》的规定,拘传持续的时间不得超过 12 小时,案情特别重大、复杂,需要采取拘留、逮捕措施的,传唤、拘传持续的时间不得超过 24 小时,不得以连续传唤、拘传的形式变相拘禁犯罪嫌疑人。

(2) 法院允许蔡某不委托辩护人的做法是错误的。蔡某是未成年人,如果没有委托辩护人,法院应当通知法律援助机构指派律师为其提供辩护。

被害人孙某在法定期限内以"对被告人判刑太轻"为由提出上诉是错误的。根据法律规定,被害人没有上诉权,若不服第一审判决,只能自收到判决书后 5 日以内请求人民检察院提出抗诉。

(3) 若在一审程序中对附带民事诉讼需要进行调解,法院应作出如下处理:①调解应当在自愿、合法的基础上进行,经调解达成协议的,审判人员应当及时制作调解书,调解书经双方当事人签收后即发生法律效力。②调解达成协议并当庭执行完毕的,可以不制作调解书,但应记入笔录,经双方当事人、审判人员、书记员签名或盖章即发生法律效力。③经调解无法达成协议或者调解书签收前当事人反悔的,附带民事诉讼应当同刑事诉讼一并判决。

(4) 第二审人民法院应当对刑事部分按照审判监督程序进行再审,并将附带民事诉讼部分同刑事部分一并审理。

第九章

期间、送达

本章导语

　　刑事诉讼活动事关当事人,特别是犯罪嫌疑人、被告人的人身权益,因此,任何国家的刑事诉讼法律都会对完成某项诉讼活动的时间作出明确规定。诉讼法律文书的送达也事关诉讼参与人诉讼权利的保障,因此,同样应对其送达的程序和方式作出明确规定。我国2012年《刑事诉讼法》第103~106条对公安司法机关及诉讼参与人进行各种刑事诉讼活动的期限作出了明确的规定。刑事诉讼中的期间是指公安司法机关和诉讼参与人进行刑事诉讼,完成某项诉讼活动所必须遵守的时间限制。期间有法定期间和指定期间两种;刑事诉讼中的送达是指公安司法机关,按照法定的程序和方式,将有关诉讼文件送交收件人的一种诉讼活动。期间的规定,有利于保证刑事诉讼活动的顺利进行、及时惩罚犯罪和保护当事人的合法权益。送达是衔接当事人等与专门机关、办案人员的纽带,是办理刑事案件不可缺少的一项诉讼活动。

　　本章的重点内容包括:①立法对各种法定期间的规定;②特殊情况的期间计算,如节假日期间的计算方法;③期间恢复的条件;④留置送达。

　　本章的知识内容体系见图9-1。

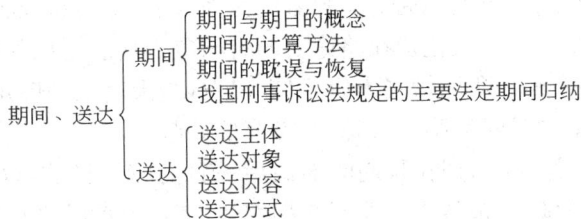

期间、送达 $\begin{cases} 期间 \begin{cases} 期间与期日的概念 \\ 期间的计算方法 \\ 期间的耽误与恢复 \\ 我国刑事诉讼法规定的主要法定期间归纳 \end{cases} \\ 送达 \begin{cases} 送达主体 \\ 送达对象 \\ 送达内容 \\ 送达方式 \end{cases} \end{cases}$

图9-1　本章知识体系图示

第一节　期　　间

一、期间与期日的概念

　　刑事诉讼中期间,是公、检、法机关进行刑事诉讼以及诉讼参与人参加刑事诉讼,完成某项诉讼活动应当遵守的时间期限。刑事诉讼期间分为法定期间和指定期间,前者是指由法律明确规定的期间;后者则是指由公安司法机关指定的期间。

在刑事诉讼中,与期间相对应的还有期日(见表 9-1)。期日是公安司法机关与诉讼参与人共同进行某项诉讼活动的特定时间。刑事诉讼法对期日未作具体规定,期日是一个特定的单位时间,如某日、某时。期日只规定开始的时间,在诉讼实践中,由公、检、法机关根据案件的具体情况予以指定。比如,开庭审判日期的确定就属于期日,由法院根据案件具体情况予以指定,为各方共同遵循。

表 9-1　期间与期日的比较

区　别	期　间	期　日
含义不同	时间段,即指一定期限内的时间	时间点,即一个特定的时间单位
约束对象不同	公安司法机关和诉讼参与人各自单独进行某项诉讼活动的时间,如拘留期限	公安司法机关和诉讼参与人共同进行某项刑事诉讼活动的时间,如开庭日期
可否变更不同	原则上由法律规定,不得任意变更	由公安司法机关指定,特殊情况可以另行指定期日
起止时间不同	期间在具体案件中一旦确定开始时间,终止的时间也随之确定	期日只规定开始的时间,不规定终止的时间,以诉讼行为的开始为开始,以诉讼行为的实行完毕为结束
诉讼行为的实施时间不同	期间开始后不要求立即实施诉讼行为,只要是在期间届满之前,任何时候实施都是有效的	期日开始后,必须立即实施某项诉讼行为或开始某项诉讼活动

二、期间的计算方法

(1) 我国刑事诉讼的期间以时、日、月为计算单位("分"不计算),期间开始的时和日不计算在期间以内。如,某人 7 月 12 日上午 8:40 被拘传,何时结束? 答:上午 9 时加 12 个小时,即当晚 9:00(不是 8:40)。

(2) 法定期间不包括路途上的时间。上诉状或者其他诉讼文件在期间届满前已经交邮的,应当以交邮的时间即当地邮局盖印邮戳的时间为准,上诉状或者其他文件在期满前已经交邮的,不算过期。当事人花费在路途上的时间应当从法定期间内扣除。如,北京市公安局要拘留一个在广州的犯罪嫌疑人甲,早上出发,当天晚上到广州,第二天晚上 10 点把甲带到北京,则拘留的时间从第二天晚 10 点开始算起。

(3) 以月、日为计算标准的期间,期间的最后一日为节假日的,以节假日后的第一日为期满日期,但犯罪嫌疑人、被告人或罪犯在押期间,应当至期满之日为止,不得因节假日而延长。如,某被告人是 7 月 10 号收到的判决书,他的上诉期限最后一天是哪一天? 答:从 11 日起算,加 10 天,即 20 号;如果最后一天是周六,则上诉期最后一天是 22 号。再如,某人 3 月 1 号被逮捕,侦查羁押期限一般不超过两个月,几号放人? 答:5 月 1 号放人。(放人的遇节假日,不得顺延)

【提示】　如果节假日在期间的开始或中间,则均应计算在期间内。

(4) 期间的重新计算。

① 取保候审、监视居住期限的重新计算。公、检机关已对犯罪嫌疑人取保候审、监视居住,案件起诉到法院后,法院对于符合取保候审、监视居住条件的,应当依法对被告人重

新办理取保候审、监视居住手续。取保候审、监视居住的期限重新计算。

② 侦查羁押期限的重新计算。侦查过程中,发现犯罪嫌疑人另有重要罪行的,自发现之日起依照《刑事诉讼法》第 154 条的规定,侦查羁押期限重新计算。

犯罪嫌疑人不讲真实姓名、住址,身份不明的,应当对其身份进行调查,侦查羁押期限自查清其身份之日起计算。

③ 审查起诉期限的重新计算。对于补充侦查的案件,应当在 1 个月以内补充侦查完毕。补充侦查以两次为限。补充侦查完毕移送人民检察院后,人民检察院重新计算审查起诉期限。

人民检察院审查起诉的案件,改变管辖的,从改变后的人民检察院收到案件之日起计算审查起诉期限。

④ 审理期限的重新计算。人民检察院补充侦查的案件,补充侦查完毕移送人民法院后,人民法院重新计算审理期限。

简易程序转为普通程序,审理期限从决定变更之日起重新计算。

第二审人民法院发回原审人民法院重新审判的案件,原审人民法院从收到发回的案件之日起,重新计算审理期限。

⑤ 指定管辖的审理期限。指定管辖案件的审理期限,自被指定管辖的人民法院收到指定管辖决定书和有关案卷、证据材料之日起计算。(《刑诉法适用解释》第 172 条)。

【巩固练习 9-1】 根据《刑事诉讼法》及有关司法解释的规定,下列哪一项办案期限是不能重新计算的?

A. 补充侦查完毕后的审查起诉期限

B. 发现犯罪嫌疑人另有重要罪行后的侦查羁押期限

C. 处理当事人回避申请后的法庭审理期限

D. 检察院补充侦查完毕移送法院继续审理的审理期限

答案:C(期间的重新计算)

(5) 不计入办案的期间。

① 犯罪嫌疑人不讲真实姓名、住址、身份不明的,侦查羁押期限自查清其身份之日起计算,即查清其身份的时间不计入侦查羁押期限,但是不得停止对其犯罪行为的侦查取证。

② 当事人和辩护人申请调查新证据,审判人员若同意该申请,并宣布延期审理的,其延期审理的时间不得超过一个月,延期审理的时间不计入审理期限。

③ 对犯罪嫌疑人、被告人作精神病鉴定的期间不计入办案期限。

④ 被告人拒绝辩护后,另行委托、指定辩护人或者辩护律师的,自案件宣布延期审理之日起至第十日止,准备辩护时间不计入审理期限。

⑤ 中止审理的期间不计入审理期限。

【巩固练习 9-2】 关于期间的计算,下列哪一个说法是正确的?

A. 因被告人脱逃而中止审理的期间,计入审理期限

B. 法院对提起公诉案件进行审查的期限,不计入审理期限

C. 被告人要求法院另行通知指派辩护律师,自合议庭同意延期审理之日起至第10日止准备辩护的时间,计入审理期限

D. 因当事人和辩护人申请调取新的证据而延期审理期限,不计入审理期限

答案：D（期间的计算）

三、期间的耽误与恢复

期间的耽误是指司法机关或诉讼参与人没有在法定期限内完成应当进行的诉讼行为。

期间的恢复是指当事人由于不能抗拒的原因或者有其他正当理由而耽误的期限,没有在法定期限内完成应当进行的诉讼行为的,在障碍消除后 5 日以内,可以申请继续进行应当在期满以前完成的诉讼活动的一种补救措施。

根据 2012 年《刑事诉讼法》第 104 条的规定,期间的恢复必须具备以下条件。

（1）原因要件：法定期间的耽误必须是由于不可抗拒的原因所导致或者具备其他正当的理由。不可抗拒的原因,例如地震、洪水、台风等自然灾害或车祸、突患严重疾病等情况。

（2）主体要件：只有当事人有权提出恢复期间的申请,其他诉讼参与人,包括法定代理人等都无权提出期间恢复的申请。

（3）程序要件：期间恢复的申请应经人民法院批准。当事人只有申请权,是否可以恢复期间,必须由人民法院作出裁定。人民法院查证属实后,应当准许。

（4）时间要件：必须在障碍或原因消除后的 5 日以内提出申请。

【巩固练习 9-3】 在我国刑事诉讼中,特殊情形下导致期限耽误的,可以申请继续进行应当在期满以前完成的诉讼活动。对于提出恢复诉讼期间申请的,应当具备下列哪些条件。

A. 只有当事人才可以提出

B. 必须是由于不可抗拒的原因

C. 应当在障碍消除后五日以内提出申请

D. 应当由人民法院裁定是否准许

答案：A、C、D

四、我国刑事诉讼法规定的主要法定期间归纳

我国刑事诉讼法规定的刑事诉讼期间分散于刑事诉讼的各个环节,多且杂乱,较难记忆,为帮助学习者系统比较记忆,特将我国刑事诉讼法规定的诉讼期间,按刑事诉讼进行的阶段顺序依次归纳为表 9-2～表 9-11。

表 9-2　逮捕后的侦查羁押期限

主体	情　形	期　　限	批 准 主 体
公、检机关	一般	两个月	无须批准
	案情复杂、期限届满不能终结	延长 1 个月	上一级人民检察院
	① 交通十分不便的边远地区的重大复杂案件 ② 流窜作案的重大复杂案件 ③ 犯罪涉及面广,取证困难的重大复杂案件 ④ 重大的犯罪集团案件	再延长两个月	省、自治区、直辖市人民检察院批准或者决定
	可能判处 10 年有期徒刑以上刑罚	再延长两个月	省、自治区、直辖市人民检察院批准或者决定
	特殊原因,在较长时间内不宜交付审判的特别重大复杂的案件	无期限	由最高人民检察院报请全国人民代表大会常务委员会批准延期审理

【提示】

（1）起算。侦查羁押期限从逮捕后开始起算,不包括拘留羁押期限;

（2）另有重要罪行的自发现之日起重新计算;（由公安机关决定,不再经检察院批准。须报检察院备案）

（3）身份不明的应当对其身份进行调查,侦查羁押期限自查清其身份之日起计算,但是不得停止对其犯罪行为的侦查取证。对于犯罪事实清楚,证据确实、充分,确实无法查明其身份的,也可以按其自报的姓名起诉、审判;（《刑事诉讼法》第158条）

（4）有明确规定的最长羁押期间:①拘留37天;②侦查羁押期限7个月。

表 9-3　审查起诉期限

主　体	诉 讼 行 为	完成诉讼行为期限
检察院	告知犯罪嫌疑人有权委托辩护人	自收到审查起诉材料之日起3日内
	作出起诉或者不起诉的决定	对于公安机关移送起诉的案件1个月内
		重大、复杂的案件,可以延长半个月
	补充侦查（两次为限）	每次补充侦查应当完成的期限应在1个月内

表 9-4　对不起诉决定的申诉期间

主　体	诉 讼 行 为	完成诉讼行为的期间
被害人	对于人民检察院作出的不起诉决定不服,向上一级人民检察院提出申诉	在收到判决书后7日内
被不起诉人	对于人民法院因"犯罪情节轻微,依照《刑法》规定不需要判处刑罚或者免除刑罚"而作出的不起诉决定不服,向人民检察院提出申诉	在接到决定书后7日内

表 9-5　审前程序期间

主体	诉 讼 行 为	完成诉讼行为的期间
人民法院	送达起诉状副本给被告人及其辩护人	应当在开庭前10日
	送达开庭传票、通知书（开庭的时间、地点）给人民检察院、当事人、辩护人、诉讼代理人、证人、鉴定人、翻译人员	至迟在开庭前3日
	对于公开审理的案件,先期公布案由、被告人姓名、开庭的时间和地点	在开庭前3日
	当庭宣告判决的,将判决书送达当事人和提起公诉的人民检察院	应该在宣告判决后5日内

表 9-6　一审程序期间

主体	诉 讼 行 为	完成诉讼行为的期间
人民法院	审理公诉案件,受理后的宣判	应当在2个月内
	审理公诉案件,受理后的最迟宣判期限	3个月
	对于可能判处死刑案件受理后的宣判	经上一级人民法院批准可以延长3个月
	附带民事诉讼案件受理后的宣判	
	交通十分不便的边远地区的重大复杂案件;重大的犯罪集团案件;流窜作案的重大复杂案件,犯罪涉及面广,取证困难的重大复杂案件,受理后的宣判	

主体	诉 讼 行 为	完成诉讼行为的期间
人民法院	在上述期限内,因特殊情况仍不能宣判,还需要延长的,报请最高人民法院批准	
	受理自诉案件后,告知诉讼当事人诉讼权利的期限	自受理之日起 3 日内
	适用普通程序审理的被告人未被羁押的自诉案件的宣判	应当在受理后 6 个月内
	适用普通程序审理的被告人被羁押的自诉案件的宣判	适用《刑事诉讼法》第 202 条第 1、2 款的规定
	适用简易程序审理案件的审结期限	应当在受理后 20 日内
	对可能判处有期徒刑三年以上刑罚的自诉案件的审结期限	可以延长至一个半月

表 9-7　上诉、抗诉、提请抗诉期间

主　体	诉 讼 行 为	完成诉讼行为的期间
被告人、自诉案件和附带民事诉讼当事人	不服判决的上诉	从接到判决的第二日起 10 日内
人民检察院	不服判决的抗诉	从接到判决的第二日起 10 日内
当事人	不服裁定的上诉	从接到裁定的第二日起 5 日内
人民检察院	不服裁定的抗诉	从接到裁定的第二日起 5 日内
被害人	不服一审判决,请求人民检察院提起抗诉	自收到判决书后的 5 日内
人民检察院	对被害人请求抗诉,作出决定的期限	应当在接到被害人请求后 5 日内

表 9-8　二审程序期间

主体	诉讼行为或诉讼内容		完成诉讼行为的期间
原审人民法院	上诉人通过原审法院提出上诉,原审法院将上诉状、证据一并移送上一级人民法院,同时将上诉状副本送交同级检察院和对方当事人的期间		原审法院应在 3 日内送交。(送交上诉状的期限)
二审人民法院	上诉人直接向二审人民法院提出上诉的,二审人民法院将上诉状副本交原审人民法院送交同级人民检察院和对方当事人		二审人民法院应在 3 日内交原审人民法院(送交上诉状的期限)
	通知人民检察院查阅案卷		应当在决定开庭审理后及时通知(通知阅卷时间)
人民检察院	二审人民法院同级的人民检察院的阅卷期限 【提示】 查阅案卷的时间不计入审理期限		1 个月内(查阅完案卷的期间)
二审人民法院	普通案件	案件审结	应当在两个月内
	特殊案件	对于可能判处死刑案件的审结	经省,自治区,直辖市人民检察院批准或者决定,可以延长两个月
		附带民事诉讼案件的审结	
		交通十分不便的边远地区的重大复杂案件的审结	
		重大的犯罪集团案件的审结	
		流窜作案的重大复杂案件的审结	
		犯罪涉及面广、取证困难的重大复杂案件的审结	
		因特殊原因还需要延长的	报请最高人民法院批准延长
最高人民法院	受理上诉、抗诉案件		由最高人民法院决定审理期限

表 9-9　审判监督程序期间

表 9-9　审判监督程序期间

主　体	诉讼行为	完成诉讼行为的期间
人民法院	审结案件	应当在作出提审、再审决定或者接受抗诉之日起 3 个月内
	指令再审决定	指令下级人民法院再审的,应自接受抗诉之日起 1 个月内作出决定

表 9-10　追诉时效期限(《刑法》第 87 条)

主　体	情　　形	法定期限	结　果
公、检、法	法定最高刑为不满 5 年有期徒刑的	经过 5 年	不再追诉
	法定最高刑为 5 年以上不满 10 年有期徒刑的	经过 10 年	不再追诉
	法定最高刑为 10 年以上有期徒刑的	经过 15 年	不再追诉
	法定最高刑为无期徒刑、死刑	经过 20 年	不再追诉
最高人民检察院	如果经过 20 年认为必须追究的,必须报最高人民检察院批准		
在人民法院、人民检察院、公安机关采取强制措施以后,逃避侦查或者审判的,不受追诉期限的限制			

表 9-11　暂予监外执行、减刑、假释不当的提出纠正意见的期间

主　体	诉 讼 行 为	完成诉讼行为的期间
人民检察院	认为暂予监外执行不当的,向批准机关提出书面意见	应在接到通知之日起 1 个月内提出
	认为人民法院减刑、假释不当,向人民法院提出书面纠正意见	应在收到裁定书副本后 20 日内提出

第二节　送　　达

具体内容见表 9-12。

表 9-12　送达

送达主体		公安、司法机关
送达对象		诉讼参与人
		有关机关
送达内容		诉讼文书
送达方式	直接送达	送达传票、通知书等直接交给收件人本人(或成年亲属或单位)
	留置送达 程序	收件人本人或代收人拒绝接收或拒绝签名、盖章的时候(前提条件),送达人可以邀请他的邻居或者其他见证人到场,说明情况,把文件留在他的住处,在送达证上记明拒绝的事由、送达的日期,由送达人签名,即认为已经送达
	留置送达 例外	对于法院调解书的送达,不能采取留置送达的方式。收件人拒绝接受视为调解无
	转交送达	即由单位转交收件人。通常适用于军人、正在服刑或者被劳动教养的人
【提示】　诉讼参与人向公安、司法机关递交或相互之间传递诉讼文书,不属于法定意义上的送达		

【案例释义 9-1】

案情:胡某因盗窃被公安机关依法逮捕。公安人员在向胡家送达逮捕通知书时,胡某的父母拒绝在上面签字,称他们已断绝了父子、母子关系。公安人员无奈,只好将逮捕通知书又拿回了公安机关。最后,胡某被人民法院一审判处有期徒刑 6 年。胡某在 1998 年 9 月 21 日收到判决书,直到 10 月 3 日才提出上诉,人民法院认为胡某的上诉已过了上诉期限而不予受理。

问题: 本案中公安人员和人民法院的做法有哪些违反法律之处?

简析:

(1)公安人员违反法律之处:向胡某的父母送达逮捕通知书,胡某的父母拒绝签字时,公安人员应当采用留置送达的方式,而不应将逮捕通知书又拿回公安机关。

(2)人民法院违反法律之处:胡某在 9 月 21 日拿到判决书,他应于次日起 10 日内提起上诉。按正常时间 10 月 1 日应为最后一日,但 10 月 1 日是我国的国庆节假日,我国 1998 年之前的国庆节假日为两天,从 1999 年开始国庆节假日为 3 天。按照规定,期间最后一日是节假日的,顺延至节假日后的第一个工作日,节假日后的第一个工作日应为 10 月 4 日。所以胡某的上诉并未超过上诉法定期限,因此,人民法院应当受理胡某的上诉。

第十章

立 案

本章导语

　　立案阶段是每一个刑事案件必经的诉讼阶段，是一项具有中国特色的诉讼程序和制度。立案是指公安机关、人民检察院、人民法院对于报案、控告、举报、自首等方面的材料，依照管辖范围进行审查，以判明是否确有犯罪事实存在、应否追究刑事责任，并依法决定是否作为刑事案件进行侦查或审判的一种诉讼活动。立案标志着刑事追诉活动的开始。正确、及时地启动立案程序，有利于迅速揭露犯罪、证实犯罪和惩罚犯罪，并有效地保护公民的合法权益不受侵犯。公安司法机关的立案条件是有犯罪事实存在，依法需要追究刑事责任。人民检察院作为国家的专门法律监督机关，有权对立案活动实行法律监督。2012年《刑事诉讼法》第107～112条规定了立案程序的内容。

　　本章的重点内容包括：①报案、控告、举报的区别；②立案的条件；③立案的监督。

　　本章的知识内容体系见图 10-1。

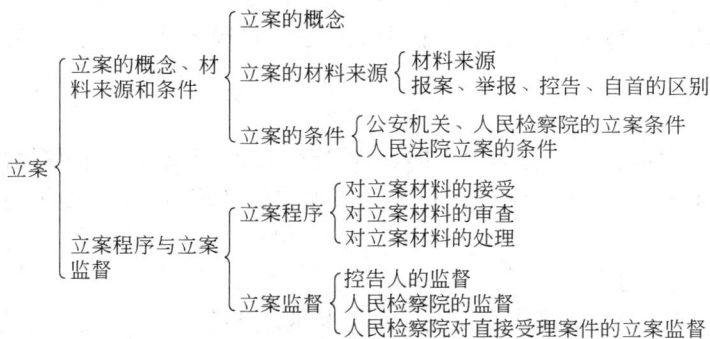

图 10-1　本章知识体系图示

第一节　立案的概念、材料来源和条件

一、立案的概念

　　刑事诉讼中的立案是指公安机关、人民检察院发现犯罪事实或者犯罪嫌疑人，或者公、检、法机关对于报案、控告、举报、自首等材料，依照各自的管辖范围进行审查，并决定

是否作为刑事案件进行侦查和提交审判的诉讼活动。

二、立案的材料来源

（一）材料来源

（1）公安机关或者检察院等侦查机关自行发现的犯罪事实或者获得的犯罪线索

作为国家治安保卫机关，公安机关在其日常管理工作中，尤其是在执勤、巡逻等治安防范活动中，常常会发现一些犯罪迹象或犯罪线索。对此，公安机关应当主动予以追查，以确定是否有犯罪事实发生；人民检察院是我国宪法规定的法律监督机关，对于国家工作人员利用职权实施的犯罪活动，人民检察院应当积极主动地进行立案侦查。

【提示】 刑事公诉案件的立案主体不包括法院，法院不告不理。

（2）单位和个人的报案或者举报

报案是单位和个人以及被害人发现有犯罪事实发生，但尚不知犯罪嫌疑人为何人时，向公、检、法机关告发的行为。如第三人在路边看到甲持刀杀死了乙，然后向派出所报告，属报案；举报是单位和个人对其发现的犯罪事实或者犯罪嫌疑人向公、检、法机关进行告发、揭露的行为。如第三人看到同事乙贪污单位钱款，然后向公安司法机关报告，属举报。从司法实践的情况看，报案、举报是立案材料的最主要来源。

（3）被害人的控告和自诉人的起诉

指被害人（包括自诉人和被害单位）就其人身权利、财产权利遭受不法侵害的事实以及犯罪嫌疑人的有关情况，向公安司法机关揭露和告发，要求依法追究其刑事责任的诉讼行为。被害人作为遭受犯罪行为直接侵害的对象，具有揭露犯罪、追究犯罪的强烈愿望和积极主动性，并且因为被害人与犯罪嫌疑人有过接触，能够提供较为详细、具体的有关犯罪事实和犯罪嫌疑人的情况。因此，被害人的报案或者控告也是立案材料的主要来源。

【提示】

① 被害人死亡或者丧失行为能力的，其法定代理人、近亲属也有权提出控告；

② 如果被害人告发、揭露的只是有关犯罪事实的情况，而无法提供有关犯罪人的信息，则为报案。

（4）犯罪人的自首

自首是指犯罪人作案以后自动投案，如实供述自己的罪行，并接受公安司法机关的审查和裁判的行为。

（二）报案、举报、控告、自首的区别

具体区别见表 10-1。

表 10-1 报案、举报、控告、自首的区别

行　为	主　体	内容范围
报案	单位和个人（含被害人）	发现犯罪事实，但不知犯罪嫌疑人是谁，或不认识犯罪嫌疑人

行　　为	主　体	内　容　范　围
举报	当事人以外的其他知情人	犯罪事实＋犯罪嫌疑人（熟人）
控告（含自诉人的起诉）	被害人及其近亲属或其诉讼代理人	犯罪事实＋犯罪嫌疑人
自首	犯罪人	本人的犯罪事实

【案例释义 10-1】

案情： 路某与卢某是邻居,平时关系不错。路某在某国有银行任信贷科长,与其妻两人月收入 5000 元左右。家里供养年幼的女儿和年老的父母,但家里却有成套的红木家具和高档家用电器,并有两辆豪华摩托车,日常的吃、穿、用也很奢侈。卢某一直怀疑路某有不正当收入,但碍于情面未去举报。后因两家小孩打架,引起大人不睦。于是卢某便去公安局举报路某巨额财产来源不明的问题,并提供了路某夫妇收入及家庭开支情况等材料。公安机关对卢某的举报材料非常重视,派了两名侦查人员进行调查。通过向路某夫妇单位、同事、邻居和亲友的调查,了解到路某夫妇的收入等情况与卢某举报的情况基本相符,但开支远远超过收入。与此同时侦查人员还了解到,路某有修理家用电器的特长,十年来一直担任一家家用电器修理店的技术顾问,常在周末去店里修理电器,解决疑难问题,收入颇丰。因怕单位领导知道,路某一直未对外声张。同事和邻居也不知道此事。鉴于路某的具体情况,公安机关最后未予立案。

问题：

(1) 卢某的举报是否属诬告?

(2) 该案由公安机关进行立案审查是否正确?

简析：

(1) 卢某的举报不是诬告,而是错告。举报、报案和控告是一种最常见的立案材料来源,在审查举报、控告材料时,要严格掌握规定和界限。只要不是故意捏造事实,伪造证据,即使举报、控告的事实有出入,甚至是错告的,也不应以诬告陷害罪论处。本案中卢某的举报即属于这种情况。经审查,卢某所提供的情况与调查的实际情况基本相符合。卢某既没有捏造事实,也没有伪造证据,只是因不了解情况而错告。因此,不应以诬告陷害罪论处。

(2) 路某作为国有银行的工作人员,被人举报犯巨额财产来源不明罪,这涉及立案管辖的问题。卢某到公安机关举报,接到举报后,公安机关应按照立案管辖的规定进行审查。根据《刑诉法适用解释》的规定,国家工作人员犯巨额财产来源不明罪,应属于检察机关立案管辖范围。因此,本案的路某虽经调查未被立案,但由公安机关进行立案审查缺乏法律依据,因此在程序上是不正确的。

【巩固练习 10-1】 国家机关工作人员李某多次利用职务之便向境外间谍机构提供涉及国家机密的情报,同事赵某发现其行迹后决定写信揭发李某。关于赵某行为的性质,下列哪一个选项是正确的?

　　A. 控告　　　　　　B. 告诉　　　　　C. 举报　　　　　D. 报案

　　答案： C

【巩固练习 10-2】 甲的汽车被盗。第二日,甲发现乙开的是自己的汽车(虽然汽车换了汽车号牌仍可认出),遂前去拦车。在询问时,乙突然将车开走,甲追了一段路未追上,遂向公安机关陈述了这一事实,要求公安机关追究乙的法律责任。甲这一行为的法律性质是什么?

A. 报案   B. 控告   C. 举报   D. 扭送

答案:B

三、立案的条件

(一) 公安机关、人民检察院的立案条件

立案条件即公诉案件的立案条件。根据 2012 年《刑事诉讼法》第 110 条的规定,公诉案件的立案应当具备以下两个条件。

(1) 事实条件:有犯罪事实存在

对此要从两个方面来理解,一方面是要有一定的证据表明的确发生了犯罪,而不是毫无根据的捕风捉影;另一方面,在立案阶段,并不要求查清包括犯罪嫌疑人在内的主要犯罪事实,只要能够初步确定是犯罪行为,而不是一般的违法或者民事侵权行为即可。

(2) 法律条件:需要追究刑事责任

主要查明有无 2012 年《刑事诉讼法》第 15 条规定的不应追究刑事责任的情形,如果没有该条规定的情形,就可以立案。

(二) 人民法院立案的条件

法院的立案实际上就是自诉案件的立案,由于法院立案以后不经过侦查和审查起诉程序,而是直接进入审判程序,所以法院的立案条件比公安机关和人民检察院的立案条件要严格一些,除应当具备上述两个条件以外,还应当具备下列条件。

(1) 案件属于自诉案件的范围;

(2) 案件属于该人民法院管辖;

(3) 被害人及符合法定条件的其他人向法院提出告诉。如果被害人死亡、丧失行为能力或者因受强制、威吓等原因无法告诉,或者是限制行为能力人以及由于年老、患病、盲、聋、哑等原因不能亲自告诉,其法定代理人、近亲属代为告诉的,人民法院应当依法受理;

(4) 有明确的被告人、具体的诉讼请求和能证明被告人犯罪事实的证据。

【案例释义 10-2】

案情:2008 年 7 月 13 日凌晨 4 时许,犯罪嫌疑人莫宗壮、庞成贵伙同庞成添到被害人龙女士位于佛山市顺德区伦敦街一处住宅车库附近,莫宗壮驾驶摩托车在附近接应,庞成贵和庞成添则戴上白色手套,并各持一个铁制钻头守候在被害人住宅车库两旁。5 时15 分许,庞成贵、庞成添见被害人龙女士驾驶小汽车从车库出来,庞成添走到汽车驾驶室旁,庞成贵走到汽车副驾驶室旁,分别用铁制钻头砸碎两边的汽车玻璃,抢走龙女士放在副驾驶室的一个装有 80360 元现金和票据的手袋。

两人得手后,立即朝摩托车接应的地方跑去。莫宗壮即启动摩托车搭载庞成添和庞成贵逃跑。龙女士见劫匪骑的是摩托车,随后驾驶汽车追赶,欲取回被抢财物。当追至小区北面的绿化带,被害人驾驶汽车将摩托车连同摩托车上的三人同时撞倒。莫宗壮、庞成贵被撞倒后爬起逃跑并分别躲藏,庞成添则当场死亡。

公安民警接到报案后赶到现场先后抓获莫宗壮、庞成贵,并在现场缴获被抢赃物以及作案工具。根据本案相关证据,公安机关未对龙女士致死庞成添的行为进行追究。

问题: 公安机关对龙女士致死庞成添的行为没有立案,是否符合法律规定?

简析: 公安机关的决定是符合法律规定的。

按照《刑事诉讼法》的规定,对于是否决定立案,要看是否符合两项条件:事实条件(认为有犯罪事实)和法律条件(根据刑事法律的有关规定,其行为已经构成犯罪,需要追究刑事责任)。

按照《刑法》第20条第3款的规定,龙女士致死庞成添的行为,不属于防卫过当,不负刑事责任。在本案中,两名犯罪嫌疑人虽然已经犯罪得手,但仍在被害人的视线范围内,属于犯罪行为仍在进行的阶段,此时被害人为保护自己的正当合法利益,用车追赶并撞击犯罪嫌疑人,即使造成了犯罪嫌疑人伤亡,按照《刑法》第20条第3款的规定,也不属于防卫过当,属于无限防卫权的情形,属于正当防卫。按照2012年《刑事诉讼法》第15条的规定,具有本条规定情形之一的,不追究刑事责任,已经追究的,应当撤销案件,或者不起诉,或者终止审理,或者宣告无罪。因此,公安机关对于龙女士的正当防卫行为的认定以及不予追究其刑事责任的决定是正确的。

第二节 立案程序与立案监督

一、立案程序

(一)对立案材料的接受

(1)公安机关、人民检察院或者人民法院对于报案、控告、举报,都应当接受。

(2)对于不属于自己管辖的,应当移送主管机关处理,并且通知报案人、控告人、举报人;对于不属于自己管辖而又必须采取紧急措施的,应当先采取紧急措施,然后移送主管机关。

(3)报案、控告和举报可以用书面或口头形式提出。接受口头报案、控告和举报的工作人员,应当写成笔录,经宣读无误后,由报案人、控告人、举报人及其近亲属签名。报案人、控告人、举报人如果不愿公开自己的姓名和报案、控告、举报的行为,应当为他们保守秘密。

(二)对立案材料的审查

在举报线索的初查过程中,可以进行询问、查询、勘验、鉴定、调取证据材料等不限制被查对象人身、财产权利的措施。但不得对被查对象采取强制措施,不得查封、扣押、冻结被查对象的财产。

【提示】 在立案之前,只能采取一般性的调查措施,如询问证人、现场勘查等,只有到立案后,在侦查过程中才能采取强制性的侦查行为,如逮捕、搜查、强制解剖尸体等。

(三) 对立案材料的处理

2012 年《刑事诉讼法》第 110 条规定:"人民法院、人民检察院或者公安机关对于报案、控告、举报和自首的材料,应当按照管辖范围,迅速进行审查,认为有犯罪事实需要追究刑事责任的,应当立案;认为没有犯罪事实,或者犯罪事实显著轻微,不需要追究刑事责任的,不予立案,并且将不立案的原因通知控告人。控告人如果不服,可以申请复议。"

(1) 立案。公安机关、人民检察院、人民法院经过对立案材料的审查,认为符合立案条件,即"有犯罪事实需要追究刑事责任的",应当作出立案的决定。

(2) 不立案。接受立案材料的公安司法机关,经审查,如果认为不符合立案条件,即没有犯罪事实发生或犯罪事实显著轻微,不需要追究刑事责任,满足其中一项条件,公安司法机关即应不予以立案。

如果案件材料来源于控告人提出的控告,公安机关决定不立案的,应当制作《不予立案通知书》送达控告人。并告知控告人如果不服,可以申请复议。这里复议的机关是原作出不予立案决定的公安机关。

【强调】
(1) 公、检、法机关对立案材料进行审查后的处理方式为立案或不立案。
(2) 无论是立案还是不立案都必须是书面决定。
(3) 不立案的决定应当告知控告人。

二、立案监督

立案监督是指有监督权的机关和公民依法对立案活动进行监督或者审核的诉讼活动。

(一) 控告人的监督

依据刑事诉讼法的规定,控告人如果对不立案的决定不服,可以申请复议。

【提示】 控告人是向作出不立案决定的机关申请复议,而不是向上一级机关申请复议。

(二) 人民检察院的监督

1. 不立案监督的材料来源

2012 年《刑事诉讼法》第 111 条规定了人民检察院对公安机关不立案的监督。根据该条规定,不立案监督的材料来源主要包括:①人民检察院自行发现公安机关对应当立案侦查的案件而不立案侦查的;②被害人认为公安机关对应当立案侦查的案件而不立案侦查,向人民检察院提出的。不立案监督的规定加强和完善了人民检察院刑事法律监督的职能,对于惩罚犯罪和保障人权、保证国家法律的统一具有积极意义。

2．不立案监督的步骤

根据2012年《刑事诉讼法》第111条的规定，不立案监督的步骤主要包括以下内容。

（1）要求说明不立案的理由。人民检察院要求公安机关说明不立案的理由。公安机关应当将说明情况书面答复人民检察院。

（2）理由不成立的，通知公安机关立案。对于公安机关所作的说明，如果人民检察院认为其不立案理由不能成立，应当通知公安机关立案。公安机关在收到通知立案书后，应当立案。

最高人民检察院和公安部于2010年7月26日联合下发的《关于刑事立案监督有关问题的规定（试行）》（2010年10月1日起试行），也对刑事立案监督的有关问题作了规定。

【巩固练习10-3】 被害人向检察院投诉，公安机关对于他遭受犯罪侵害的线索应当立案侦查而未立案侦查。检察院的下列哪些做法是正确的？

A．公安机关尚未作出不立案决定的，移送公安机关处理

B．不属于被投诉的公安机关管辖的，应当告知投诉人有管辖权的机关并建议向该机关控告

C．公安机关应当立案而作出不立案决定的，经检察长批准，应当要求公安机关书面说明不立案的理由

D．认为犯罪情节显著轻微不需追究刑事责任的，应当要求公安机关向被害人说明不立案的理由

答案：A、B、C（立案监督）

【巩固练习10-4】 辛某到县公安机关报案称其被陈某强奸，公安机关传讯了陈某，陈某称他与辛某是恋爱关系。公安机关遂作出不立案决定，并向辛某送达了不立案通知。如辛某对不立案决定不服而采取的下列哪一项措施不符合法律规定？

A．向该公安机关申请复议　　　　B．要求县检察院撤销该不立案决定

C．请求该县检察院进行立案监督　　D．向该县法院提起自诉

答案：B

本题考查立案监督被害人的诉讼权利。依据2012年《刑事诉讼法》第110条的规定，A选项符合法律的规定。依据2012年《刑事诉讼法》第111条的规定，C选项符合法律的规定，而B项不符合法律的规定。依据2012年《刑事诉讼法》第204条的规定，被害人有证据证明对被告人侵犯自己人身、财产权利的行为应当依法追究刑事责任，而公安机关或者人民检察院不予追究被告人刑事责任的案件，被害人辛某可直接向人民法院提起自诉。故D选项也符合法律的规定。因此，符合题意的答案为B选项。

（三）人民检察院对直接受理案件的立案监督

对于人民检察院直接受理的案件应否实行监督，如何实行监督，《刑事诉讼法》没有明确规定；但根据《最高检刑诉规则》的规定，人民检察院审查逮捕部门或者审查起诉部门发现本院侦查部门对应当立案侦查的案件不报请立案侦查的，应当建议立案侦查；建议不被采纳的，应当报请检察长决定。

【案例释义 10-3】

案情： 张娜自幼家贫,父母早亡,因经常挨饿养成偷窃恶习,但大都因生活所迫而为,每次都只偷少许钱物,以解饥饿之需。1996 年 10 月张娜与李维结婚,次年育有一女。李维好逸恶劳,且没有正式工作,家庭生活难以为继。2003 年 9 月 2 日是女儿开学的日子,由于家中无钱给孩子买文具,张娜于 9 月 1 日到邻居张成家的小卖店(与张成居所前后相连)偷窃。物品包括:书包、文具盒、橡皮、铅笔刀、练习本两个。此后,在李维的指使和迫于生计压力下,张娜又分别于 2003 年 10 月、11 月、12 月三次到张成的店中偷窃练习本四个、香烟一条和现金 300 元。最后一次偷窃时被张成就地逮住,并送到派出所。到派出所后,张娜对自己的偷窃事实供认不讳。不久,张娜就被放了回来。张成觉得奇怪,到派出所询问,民警对其说:“她偷窃的数额没有达到立案标准,按法律规定要 1000 元以上才能立案,你可以自己去起诉她。”张成听后不服。

问题：

(1) 派出所民警接到报案后,应该如何处理?

(2) 民警给的不立案理由是否符合法律规定?

(3) 对派出所的不立案决定,张成有哪些法律上的救济措施?

简析：

(1) 派出所民警接到报案后,应该开始立案程序,具体包括以下方面。

① 对立案材料的接受。公安机关接到报案后,应立即接受。在明确告知报案人诬告的法律责任后,接待报案人,并制作笔录。对于报案人请求保密的,应当在刑事诉讼过程中为其保密。

② 对立案材料的审查。公安机关在接受报案材料后,应根据管辖范围和立案条件对材料进行审查,如不属于自己管辖,而又需立即采取紧急措施的,先采取措施再移送有关主管部门;属于自己管辖的,应对是否符合立案条件进行立即审查,以确定是否应当立案。

③ 对立案材料的处理。经过审查后,认为有犯罪事实且需要追究刑事责任的,由承办人将制作好的《立案报告书》或《立案报告表》连同有关证据材料报送本机关主管领导批准后,予以立案;如经过审查后,认为没有犯罪事实或犯罪事实显著轻微,不需要追究刑事责任的,承办人应当制作《不立案决定书》,写明案件的材料来源、不立案的理由和法律依据,经主管机关或主管部门的领导批准后,作出不立案决定。

本案中民警接到被害人的报案后,应对被害人进行询问、对犯罪嫌疑人进行讯问,并根据被害人的陈述和犯罪嫌疑人的供述,根据盗窃罪的立案标准,确定是否需要追究刑事责任,并作出立案与否的决定。

(2) 本案中,公安机关不予立案的说法及做法不符合法律规定。对于立案与否有两个标准,即事实条件(认为有犯罪事实)和法律条件(需要追究刑事责任)。对本案中张娜的犯罪事实是否应予立案,关键要看其盗窃的犯罪事实及情节是否达到了我国《刑法》规定的盗窃罪的立案标准。《刑法》第 264 条规定:盗窃公私财物,数额较大的,或者多次盗窃、入户盗窃、携带凶器盗窃、扒窃的,处三年以下有期徒刑、拘役或者管制,并处或者单处罚金;按照最高人民法院、最高人民检察院《关于办理盗窃刑事案件适用法律若干问题的解释》(2013 年 4 月 4 日起施行)第 3 条的规定,张娜盗窃财物价值总额虽未达立案追诉标准,但符合"入户盗窃"立案标准,因此应当予以立案。

(3)根据 2012 年《刑事诉讼法》第 111、112、204 条的规定,对于公安机关的不立案决定,张成可以有三条救济途径:其一,在收到《不立案通知书》的 7 日内向公安机关申请复议,复议机关应在 10 日内予以答复;其二,向人民检察院提出申诉,由控告申诉部门受理,启动对公安机关的立案监督程序;其三,可以不经申诉直接向人民法院提起刑事自诉。

第十一章

侦　查

本章导语

公、检机关经过对立案材料的审查,作出立案决定后,侦查机关如何展开工作? 侦查机关应采用何种侦查行为或措施收集证据、查获犯罪嫌疑人? 查获犯罪嫌疑人后,侦查人员应在何地点、何时间讯问犯罪嫌疑人? 应采用何种方式、步骤和方法讯问犯罪嫌疑人? 在侦查阶段犯罪嫌疑人自何时起,有权委托辩护人? 辩护人在此阶段享有哪些诉讼权利? 侦查人员如何询问证人、被害人? 对哪些案件可以采用技术侦查手段和秘密侦查措施? 各种侦查行为或强制措施的行使主体、适用条件和程序要求是什么? 案件侦查终结后该如何处理? 是否应当听取辩护人的意见? 犯罪嫌疑人被捕后,羁押的期限是多长? 案件侦查终结移送检察机关,经检察机关审查后发现,案件的某些事实没有搞清楚,或者证据不充分,或者遗漏了某罪行、遗漏了同案犯罪嫌疑人等情形,该如何处理? 谁有权监督侦查工作? 如何监督? 犯罪嫌疑人或公民的合法权益被侦查人员侵犯了,如何救济? 解决上述问题的法律制度,就是我国刑事诉讼中的刑事侦查制度。我国 2012 年《刑事诉讼法》第 113～166 条对刑事侦查程序的内容作出了规定。

侦查程序主要是为侦查机关查获犯罪嫌疑人而设置的程序,是刑事诉讼程序中收集证据、查明犯罪事实和查获犯罪嫌疑人的独立诉讼阶段,这也是侦查的主要任务。因此,侦查工作直接关系能否保证下一步刑事诉讼的顺利进行,能否保障惩罚犯罪目的的实现。同时,如侦查行为或措施行使不当,会直接侵犯公民的人身权益或其他合法权益,侦查工作必须严格依照法定程序进行。因此,侦查在刑事诉讼中具有十分重要的地位。近年来,犯罪呈智能化、复杂化、高科技化的趋势,侦查的措施、手段应当加以丰富与完善。对此,2012 年《刑事诉讼法》增加了技术侦查措施和生物样本采集,完善了询问证人的方式和地点,延长了传唤、拘传以及检察机关自侦案件拘留的期限,增加了对侦查活动违法的申诉、控告及处理程序,增加了讯问录音、录像制度以及侦查终结听取辩护意见等。

学习本章需重点掌握的内容包括:①讯问犯罪嫌疑人;②询问证人;③检查、搜查、扣押、鉴定;④技术侦查;⑤通缉;⑥对非法侦查的救济;⑦侦查羁押期限;⑧补充侦查。

本章的知识内容体系见图 11-1。

依据 2012 年《刑事诉讼法》第 106 条第 1 项的规定,侦查是指公安机关、人民检察院在办理刑事案件过程中,依照法律进行的专门调查工作和有关的强制性措施。

$$
侦查
\begin{cases}
侦查行为
\begin{cases}
讯问犯罪嫌疑人和询问证人、被害人 \\
勘验、检查 \\
搜查和查封、扣押物证、书证 \\
鉴定 \\
技术侦查措施 \\
辨认 \\
通缉
\end{cases} \\
侦查终结与侦查羁押期限
\begin{cases}
侦查终结的条件和处理 \\
侦查羁押期限
\end{cases} \\
补充侦查
\begin{cases}
审查起诉阶段的补充侦查 \\
法庭审理阶段的补充侦查
\end{cases} \\
侦查监督
\begin{cases}
人民检察院对侦查的监督 \\
对非法侦查的救济
\end{cases}
\end{cases}
$$

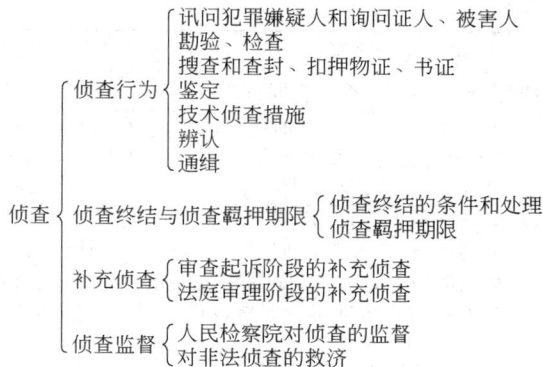

图 11-1　本章知识体系图示

强制性措施与强制措施不同,前者包括对物的强制,如搜查、查封、扣押物证、书证,后者是指对人的强制,如取保候审、拘留、逮捕等。

第一节　侦　查　行　为

2012 年《刑事诉讼法》规定的侦查行为主要有:讯问犯罪嫌疑人;询问证人、被害人;勘验、检查;搜查;查封、扣押物证、书证;鉴定;辨认和通缉等。

【提示】　2012 年的《刑事诉讼法》增加了一种专门的侦查手段:技术侦查措施。

一、讯问犯罪嫌疑人和询问证人、被害人

讯问犯罪嫌疑人是指侦查人员依照法定程序以言辞方式向犯罪嫌疑人查问案件事实的一种侦查行为。

询问证人、被害人是指侦查人员依照法定程序以言辞方式向证人、被害人调查了解案件情况的一种侦查行为。讯问犯罪嫌疑人与询问证人(被害人)的具体内容见表 11-1。

表 11-1　讯问犯罪嫌疑人与询问证人(被害人)(《刑事诉讼法》第 116～121 条、第 270 条)

种类区别	讯问犯罪嫌疑人	询问证人(被害人)
时间	在讯问犯罪嫌疑人时,传唤、拘传持续的时间一般为 12 小时,案情特别重大、复杂,需要采取拘留、逮捕措施的,不得超过 24 小时	无时长规定
地点	被羁押的:应当在看守所内进行讯问	现场(应当出示工作证件)
	未被羁押的:现场(需出示工作证件,才可以口头传唤);指定地点和住处(需出示工作证件);单位(不需出示工作证件)(《刑事诉讼法》第 116、117 条)	单位、住处(不得另行指定其他地点)或证人提出的地点(应当出示检察院或公安机关的证明文件)
		必要的时候,也可通知证人到人民检察院或者公安机关提供证言

种类区别		讯问犯罪嫌疑人	询问证人(被害人)
步骤与方法		应当首先讯问犯罪嫌疑人是否有犯罪行为	为了保证证人如实提供证据,询问证人时,应当告知他应当如实地提供证据、证言和有意作伪证或者隐匿罪证要负的法律责任
		如果犯罪嫌疑人承认有犯罪行为,即让其陈述有罪的情节;如果犯罪嫌疑人否认有犯罪事实,则让其作无罪辩解,然后根据其陈述,向其提出问题	
		犯罪嫌疑人对侦查人员的提问,应当如实回答。但是对与本案无关的问题,有权拒绝回答。侦查人员在讯问犯罪嫌疑人的时候,应当告知如实供述自己罪行可以从宽处理的法律规定(《刑事诉讼法》第118条)	让证人连续陈述。对证人的叙述,应当制作笔录,交证人核对或者向他宣读,无误后都要签字
		同步录音录像(《刑事诉讼法》第121条): ① 侦查人员在讯问犯罪嫌疑人的时候,可以对讯问过程进行录音或者录像;对于可能判处无期徒刑、死刑的案件或者其他重大犯罪案件,应当对讯问过程进行录音或者录像 ② 录音或者录像应当全程进行,保持完整性	询问证人应当个别进行
		对同案犯罪嫌疑人进行讯问,应当个别进行	【提示】 ① 除上述地点外,不能指定其他地点 ② 询问被害人的程序,适用询问证人的程序
		讯问犯罪嫌疑人必须制作讯问笔录。此外,应当将笔录交犯罪嫌疑人核对,无误后都要签名	
讯(询)问特殊对象的要求		聋哑人:应当有通晓聋、哑手势的人参加	
		未成年人:应当通知法定代理人或者合适的成年人在场(《刑事诉讼法》第270条)	
		女性未成年人:应当有女工作人员在场(《刑事诉讼法》第270条)	
讯(询)问主体和人数	主体	公安机关或者人民检察院的侦查人员(相同)	
	人数	不得少于两人(相同)	
禁止性规定		严禁刑讯逼供(证),也不准诱供(证)、骗供(证)、指名问供(证)	

【提示】 注意讯问犯罪嫌疑人与询问证人地点的区别。

(1)犯罪嫌疑人被送交看守所羁押以后,侦查人员对其进行讯问,应当在看守所内进行。

(2)对不需要逮捕、拘留的犯罪嫌疑人,可以传唤到犯罪嫌疑人所在市、县内的指定地点或者到其住处进行讯问。

(3)侦查人员询问证人,可以选择四种地点:①可以在现场进行;②也可以到证人所在单位、住处;③或者证人提出的地点进行;④在必要的时候,可以通知证人到人民检察院或者公安机关提供证言。除此以外,询问证人不能另行指定其他地点。

(4)并非任何案件询问证人都有以上四种地方可供选择,要视案件性质而定。如检察机关自侦案件,对证人询问可供选择的地点有:现场,证人的住处、单位,证人提出的地点或者检察院,而不能到公安机关提供证言。

【案例释义 11-1】

案情:某地公安机关将逮捕的盗窃案犯罪嫌疑人卢某送看守所羁押。卢某在看守所不积极配合办案人员的讯问,使侦查工作陷入僵局。办案人员石某决定,以寻找作案工具为由,将卢某从看守所"提押出来",并将其关在刑警中队办公室内进行了讯问。期间,石某通过灯光照射、皮带抽打等方式促使卢某"如实供述"了所有待查的犯罪事实。

问题:如此"提外审"合法吗?

简析:如此"提外审"不合法。根据2012年《刑事诉讼法》的规定,犯罪嫌疑人在看守所羁押后,对犯罪嫌疑人的讯问只能在看守所内进行,不能在看守所外的其他任何地点进行讯问。在本案中,以寻找作案工具为由规避法律,并且实施刑讯逼供行为更是违法的。

【案例释义 11-2】

案情:侦查人员刘某在讯问一起可能判处死刑案件的犯罪嫌疑人李某时,发现李某对故意杀人的情况时而承认,时而不承认。考虑到讯问过程实行了录像,刘某找到摄录的人员,说服其将录像关停10分钟。刘某随即打了李某一番耳光,还将一个鞭炮在其头上炸响……,李某吓得小便失禁。在重新开始摄录后,李某老老实实交代了自己的罪行。事后,摄录人员答应帮忙做些技术处理……

问题:侦查人员刘某的做法合法吗?

简析:侦查人员刘某的做法是违法的。根据2012年《刑事诉讼法》的规定,讯问全程录音、录像应是同步于讯问过程的,而不是先行于讯问或者在实施刑讯逼供后再重演讯问过程。从摄录技术识别和非法证据排除规则等方面入手,预防和惩治这种规避法律的做法刻不容缓。

【案例释义 11-3】

案情:2004年2月23日中午1时20分,云南大学生命科学学院生物技术专业4名学生被发现死在该校学生公寓6栋317室里。法医鉴定表明,4人是被钝器打击致死,死亡时间大约在2月16日至18日。从现场遮盖死者的报纸上提取了一枚犯罪嫌疑人的指纹,经鉴定是死者同宿舍的马加爵所留,且马加爵现处于下落不明的状态,遂认定马加爵为重大嫌疑人并展开调查。为尽快破案,公安部发布了A级通缉令,悬赏20万元,通缉在逃的马加爵。3月15日晚7时左右,三亚一电焊工陈贤壮在去三亚河西岸第一市场买菜时,发现疑似马加爵的男子并向公安机关举报,公安机关抓捕后立即予以关押。

3月17日晚上8点左右,侦查人员对马加爵进行了第一次审讯。

侦查人员:"根据法律对你进行讯问,要如实回答问题,不得隐瞒,知不知道?"

马加爵:"嗯"。

侦查人员:"你叫什么名字?"

马加爵:"马加爵。"

侦查人员:"你在哪儿上学还是在哪儿打工?"

马加爵:"在云南大学上学。"

侦查人员:"云南大学的哪个系?"

马加爵:"生物技术系。"

侦查人员:"你住在什么地方?"

马加爵:"6号楼317室。"

侦查人员:"为什么要杀人?"

马加爵:"因为有一次打牌时吵架。"

侦查人员:"为什么会吵架?"

马加爵:"其实我(打牌)根本没作弊。"

侦查人员:"就是他们说你作弊了,后来唐学理说你经常作弊,是不是啊?"

马加爵:"嗯,我根本没作弊,就和他们吵起来了。"

······

最后,询问完毕,侦查人员让马加爵在讯问笔录上签名。

问题: 本案侦查人员在讯问马加爵的过程中存在哪些不妥之处?

简析: 根据 2012 年《刑事诉讼法》的规定,本案中侦查人员的讯问存在以下问题。

(1) 马加爵是在 3 月 15 日晚 7 时左右被抓捕羁押的,按照刑事诉讼法的规定应在 24 小时内进行讯问,即在 3 月 16 日晚 7 时左右之前进行讯问,但在本案中,侦查人员却到 3 月 17 日晚 8 时左右才讯问,违反讯问的时间规定。

(2) 按照 2012 年《刑事诉讼法》的规定,侦查人员在讯问时,应首先讯问犯罪嫌疑人是否有犯罪行为,让他自己陈述有罪的情节或无罪的辩解,然后再讯问其他事项;在本案中,侦查人员没有遵循这一要求。另外,侦查人员在讯问时,不得采用刑讯逼供、诱供、威胁、欺骗或其他非法方法进行;在本案中,侦查人员在讯问马加爵本人的相关情况后,直接提问"为什么要杀人"、"就是他们说你作弊了,后来唐学理说你经常作弊,是不是啊?"是典型的诱供。

(3) 没有告知犯罪嫌疑人相关的诉讼权利。如可以聘请律师为其提供法律帮助的权利,申请回避的权利等。侦查人员在讯问时应当告知犯罪嫌疑人在侦查阶段享有的权利,而在本案中,侦查人员没有履行告知的义务。

【案例释义 11-4】

案情: 被告人杜大维,原是某市公安局下属分局的副局长。

2003 年 6 月 1 日上午 7 时许,被告人杜大维与其妻、儿一起开着敞篷吉普去郊游。路途中多次严重违规超车、超速。当车开到一个岔路口时,杜大维强行上道,险些与一辆正常行驶的工程车相撞,杜大维大怒,驱车超过工程车并将其强行拦下。杜大维之妻下车对工程车上的两名驾驶员进行辱骂,工程车上的一名驾驶员下车打了她两个耳光。杜大维见此情形,从吉普车上拿出手枪推弹上膛,举枪正欲向殴打其妻的驾驶员射击时,工程车上的另一名驾驶员从其车上扔出一把大扳手,正中杜大维头部,杜大维当即倒地,不省人事。路人及其妻立即将其抬上车,送往附近医院,但因伤势较重,杜大维不治死亡。案件发生后,公安机关积极开展调查取证工作。由于人手不够,与杜大维同一个分局的干警赵某、张某被派去到现场参加调查。为了工作方便,干警把事发时三个围观的农民开车带到一个加油站进行询问。下面是公安干警对农民的询问。

民警:"我们是公安局的,依法对你们三人进行调查。你们要如实交代当天我们副局长是如何死的,知道吗?"

农民:"好的。"

民警:"当天你们三人都是在现场吗?"

农民:"是的,打架全过程我们都看到了。"

民警:"他们为何打架?"

农民："这个不清楚。""后来听那个女的说，工程车抢道，所以下车去要说他们一下。"

民警："两个驾驶员不听，就下车打人，是不是？有一个人下来打了那个女的，另一个人是不是也要下车来打人？"

农民："还没下来，突然那个死的人也下来打，但打不过那个开车的，然后马上就回去取了枪。"

民警："他拿枪时，枪口是朝上的？要朝天鸣枪示警对吧？"

农民："这倒不清楚。我们仨看到他拿出枪，用手在枪上推了一下，大约是上子弹，然后枪口从下朝上动，还没动到上面（即朝天）就被另一个司机扔出的大扳手打倒。"

民警："那两个人有没有要跑？"

农民："这倒没看到。"

民警："好，今天就调查到这里，下次再来找你们。你们不要把今天的事对人乱讲，可知道？"

农民："好的。"

民警："三人谁把字签一下。"

其中一个农民签了字，其余两人没签。

问题： 根据我国《刑事诉讼法》的规定，本案中，询问证人是否存在程序问题？

简析： 根据我国 2012 年《刑事诉讼法》的规定，本案中，询问证人存在以下程序问题。

（1）询问主体错误。本案中的两名干警是与当事人有利害关系的人，应该回避而未回避；而且两名干警在本案中并非是在执行侦查任务，因此，不属于侦查人员。

（2）询问地点错误。本案中的地点是在加油站，既不是证人的单位、住处，证人指定的地点，也不是公安机关；且干警也未出示有关的证件。

（3）询问方式错误。其一，本案有三名证人，按规定应分别进行询问，但干警却一起询问，此做法不当；其二，侦查人员询问证人应当避免诱导性的询问，在本案中，干警存在多处的诱导，直接影响了证据的真实性。

（4）没有履行告知法律责任。按法律规定，侦查人员在询问开始时，应告知证人有如实作证的义务和虚假作证的法律后果，本案中干警没有履行这一告知义务。

（5）笔录错误。所有参加询问的证人都应分别签名，本案中只有一名证人签名是不当的。

【巩固练习 11-1】 家住 D 县的贾某因涉嫌诈骗被公安机关立案侦查。侦查期间，公安机关决定对其进行讯问。以下关于讯问地点的说法，哪些是正确的？

A. 如贾某未被羁押，公安机关可以到贾某的住处进行讯问

B. 如贾某未被羁押，公安机关可以传唤贾某到位于 D 县的某宾馆进行讯问

C. 如贾某已被羁押，公安机关应当到看守所进行讯问

D. 如贾某已被羁押，公安机关可以将贾某提押到公安机关的办公地点进行讯问

答案： A、B、C（讯问犯罪嫌疑人的程序）

【巩固练习 11-2】 在一起受贿案件的侦查过程中，侦查人员获悉，犯罪嫌疑人接受财物时，他家的保姆赵某曾经在场，遂决定对赵某进行调查。本案中，办案机关的下列哪种做法是错误的？

A. 到赵某的住处进行询问　　　　　　B. 到赵某所属的家政公司进行询问

C. 通知赵某到检察机关提供证言   D. 通知赵某到公安机关提供证言

答案：D(询问证人的程序)

本题考察询问证人的地点。本案是一起受贿案件,由人民检察院负责侦查,公安机关不是办案机关,因此,不能通知证人到公安机关提供证言,D选项的做法错误。依据2012年《刑事诉讼法》第122条第1款和《六机关规定》第17条的规定,A、B、C三选项中的做法正确。本题的正确答案为D选项。

【巩固练习11-3】 关于询问被害人,下列选项正确的是：

A. 侦查人员可以在现场进行询问

B. 侦查人员可以在指定的地点进行询问

C. 侦查人员可以通知被害人到侦查机关接受询问

D. 询问笔录应当交被害人核对,如记载有遗漏或者差错,被害人可以提出补充或者改正

答案：A、C、D(询问被害人的程序)

二、勘验、检查

勘验、检查是侦查人员对于与犯罪有关的场所、物品、尸体、人身进行勘查和检验的一种侦查行为。

【提示】 勘验和检查的性质是相同的,只是对象有所不同。勘验的对象是无生命的物体,如场所、物品和尸体;而检查的对象是活人的身体,如人身。

勘验、检查包括现场勘验、物证检验、尸体检验、人身检查。从广义上说还应包括侦查实验。

(1) 现场勘验是侦查人员对刑事案件的犯罪现场进行勘察和检验的一种侦查活动。

(2) 物证检验是指对在侦查活动中收集到的物品或者痕迹进行检查、验证,以确定该物证与案件事实之间的关系的一种侦查活动。

(3) 尸体检验是指由侦查机关指派或聘请的法医或医师对非正常死亡的尸体进行尸表检验或者尸体解剖的一种侦查活动。

(4) 人身检查是指为了确定被害人、犯罪嫌疑人的某些特征、伤害情况或者生理状态,依法对其身体进行检验、查看的侦查行为。

(5) 侦查实验是指侦查人员为了确定与案件有关的某一事实,在某种特定情境下能否发生或者是怎样发生的,而按当时的情况和条件进行实验的一种侦查活动。

勘验、检查的具体内容和程序规定见表11-2。

表11-2   勘验、检查(《刑事诉讼法》第126~133条)

主体	侦查人员,检查妇女的身体只能是女工作人员或医师
对象	① 勘验的对象：场所、物品、尸体
	② 检查的对象：活人的身体,包括犯罪嫌疑人、被害人
是否需要令状	勘验、检查均需要勘查证
是否需要见证人	勘验、检查均需见证人在场

强制权限	① 对被害人不能强制检查,对犯罪嫌疑人可以强制检查
	② 对于死因不明的尸体,公安机关有权决定解剖,并且通知死者家属到场

种类和程序	现场勘验	① 侦查人员进行现场勘验时,必须持有公安机关或人民检察院的证明文件 ② 现场勘验在必要时可以指派或聘请具有专门知识的人在侦查人员的主持下进行 ③ 为了保证勘验的客观公正性,应邀请两名与案件无关的见证人在场 ④ 现场勘验的情况应制成笔录,侦查人员、参加勘验的其他人员和见证人都应当在笔录上签名或盖章。对于重大案件、特别重大案件的现场,应当录像
	物证检验	应当制作笔录。参加检验的人员和见证人均应签名或者盖章
	尸体检验	① 检验尸体应当在侦查人员的主持下,由法医或者医师进行 ② 检验尸体的情况,应当制作笔录,并由侦查人员、法医或医师签名或者盖章
	人身检查	① 为了确定被害人、犯罪嫌疑人的某些特征、伤害情况或者生理状态,可以对人身进行检查,可以提取指纹信息,采集血液、尿液等生物样本。必要时,可以指派、聘请法医或者医师进行人身检查 ② 采集血液等生物样本应当由医师进行。犯罪嫌疑人如果拒绝检查,侦查人员认为必要的时候,可以强制检查。对被害人则不可以强制检查,必须征得本人同意方可。比如,为确定强奸案中被害人甲受到暴力伤害的情况,侦查人员拟对她进行人身检查。如果甲拒绝检查,不得对她进行强制检查;如果甲同意则可以进行人身检查 ③ 检查妇女的身体,应当由女工作人员或者医师进行 ④ 人身检查应制作笔录,详细记载检查情况和结果,并由侦查人员、进行检查的法医或医师以及见证人签名或盖章
	复验、复查	检察院审查案件的时候,对公安机关的勘验、检查,认为需要复验、复查时,可要求公安机关复验、复查,并且可以派检察人员参加。复验、复查可以退回公安机关进行,也可以由人民检察院自己进行

侦查实验	批准主体	公安机关负责人或检察长
	实施主体	侦查人员
	程序	应当写成笔录,由参加实验的人签名或者盖章;要禁止一切造成危险、侮辱人格或有伤风化的行为

【知识扩展】 如何理性评价 DNA 鉴定?

DNA 鉴定是应用分子生物学的方法对涉及法庭科学领域的人体生物性检材(包括血液、唾液、骨骼、精液、毛发、指/趾甲等)进行 DNA 比对,从而得出二者是否相同或者是否有血缘关系的技术和方法。当前,多数人称 DNA 鉴定是目前法庭科学领域中最尖端、最准确的一项技术,也有专家称,只要不能达到 100%,就有可能使人"厄运当头",因此值得警惕和防范其中的风险。实际上,DNA 鉴定只解决送检的检材和样本在概率上是否同一,仍属于技术判断问题,不解决嫌疑人是否实施了犯罪的事实问题。由于存在办案人员栽赃陷害、罪犯伪造证据、鉴定过程差错等可能性,很多人认为,DNA 鉴定在作为证据使用时不是绝对准确无误的。一些案例表明,同卵双胞胎具有完全相同的 DNA 序列。在美国、德国和中国等国家,都陆续出现了一些同卵双胞胎犯罪,但 DNA 基因组相一致的案例。警方无法根据 DNA 结果确定犯罪分子到底是同卵双胞胎"兄弟"中的哪一个。在同卵双胞胎或多胞胎实施的犯罪案件中,如果对同卵生的因素考虑不足,而且故意排斥其他证据的印证,就可能会因错误地运用 DNA 证据而导致冤假错案。因此,应理性看待DNA 鉴定的功用和效力。

问题思考:哪些情形可以开展侦查实验?

侦查实验是一种特殊的侦查行为。在司法实践中,侦查实验在判断是自杀、意外事故还是他杀等刑事案件中发挥着无可代替的作用。总体而言,在以下情况,侦查人员可以进行侦查实验:①确定在一定条件下能否听到或者看到;②确定在一定时间内能否完成某一行为;③确定在什么条件下能够发生某种现象;④确定在某种条件下某种行为和某种痕迹是否吻合一致;⑤确定在某种条件下使用某种工具可能或者不可能留下某种痕迹;⑥确定某种痕迹在什么条件下会发生变异;⑦确定某种事件是怎样发生的。

【案例释义 11-5】

案情:1998 年元月 19 日晚,江某与其友吴某、贾某、何某等人酒后到某酒店卡拉 OK娱乐。21 时许,吴某、何某在洗手间与赵某发生纠纷,吴某立即返回卡拉 OK 包房,叫贾某等人前去帮忙,并随手拿刀冲入赵某的包房,向赵某连刺四刀(后抢救无效死亡),同时对赵某包房内的其他人吼道:"全部跪下,不准动!"之后,吴某对跪在地上的人拳脚相加,并对行动缓慢的顾某、叶某、何某、庞某 4 人一阵乱捅,4 人受重伤倒地,江某等人趁乱逃跑。在逃跑过程中,江某打电话给在公安局的朋友丁某说:"我捅了一个娄子,在某酒店KTV 的某某包房里,你快去帮忙摆平。"丁某接电话后,一人打车来到包房,他立即让酒店老板赶走其他无关人员,并嘱咐他亲自在门口看守,保护现场。他首先对 4 位受伤人员进行询问:他们为何挨打,对方有多少人。在看到有人受伤太重时,就叫老板打电话叫救护车,自己开始进行勘验检查。由于手段有限,又没有其他人帮忙,把伤员送走后,就草草作了笔录,让老板和一名服务人员在笔录上签字;同时让老板把包房收拾一下,继续营业。回到警局后,丁某让先前有事外出,现已返回的和自己一同值班的另一位民警在笔录上签字。后来,4 位伤员中有两人因伤势过重死亡;由于在打斗过程中,人比较多,现场破坏严重,丁某勘验检查又不仔细,所以笔录记载粗糙、混乱,遗漏许多有价值的案件信息,致使作案人长期外逃。

问题:本案在勘验检查中存在哪些问题?

简析:本案中进行的是现场勘验,在程序上存在的主要问题如下。

(1) 违反了回避的规定。按照 2012 年《刑事诉讼法》第 28 条的规定,在本案中江某与丁某有朋友关系,可能影响公正处理案件,因此丁某应该回避,不能参加侦查活动。

(2) 缺少必要的见证人。进行勘验应当邀请两名与案件无关的公民作为见证人,丁某没有邀请,且让酒店老板在外看守,违反了规定。

(3) 勘验检查的顺序错误。对于有伤员的,应先把受伤人员及时送往医院抢救;其次应对发现人或报案人、现场保护人进行询问,了解情况,这些必要的程序,丁某都没有进行。

(4) 勘验检查笔录的签名错误。笔录应由参加勘验的人员和见证人签名,其他人不能在笔录上代替签名;在本案中丁某让实际上没有参与勘验的老板及其伙计、另一位干警签名是错误的。

【巩固练习11-4】 关于勘验、检查,下列哪些说法是正确的?

A. 侦查人员执行勘验、检查,必须持有检察院或者公安机关的证明文件

B. 为了发现犯罪的证据,如果犯罪嫌疑人、被害人拒绝检查的,可以强制检查

C. 在必要的时候,可以指派或者聘请具有专门知识的人,在侦查人员的主持下进行勘验、检查

D. 勘验和检查的对象是相同的

答案:A、C

【巩固练习11-5】 甲突然死在家中,死因不明,需要进行尸体解剖才能确定死因。以下说法错误的是:

A. 公安机关有权决定解剖

B. 人民检察院有权决定解剖

C. 解剖尸体应当通知甲的家属到场

D. 在侦查人员的主持下,可以指派有关病理专家对尸体进行解剖

答案:B

【巩固练习11-6】 侦查人员为了确定某些特征、伤害情况或者生理状态,可以对下列哪种人进行人身检查?

A. 证人   B. 被害人   C. 被告人   D. 辩护人

答案:B

三、搜查和查封、扣押物证、书证

(一)搜查和查封、扣押物证、书证的概念

搜查是指侦查人员对犯罪嫌疑人以及可能隐藏罪犯或者罪证的人的身体、物品、住处和其他有关地方进行搜索、检查的一种侦查行为。

查封、扣押物证、书证是指侦查机关依法对与案件有关的物品、文件进行强制扣留或者冻结的一种侦查行为。

(二)搜查和查封、扣押物证、书证的主体、对象和程序

搜查和查封、扣押物证、书证的主体、对象和程序要求见表11-3。

【说明】

(1)在侦查、审查起诉中犯罪嫌疑人死亡,对犯罪嫌疑人的存款、汇款、债券、股票、基金份额等财产应当依法予以没收或者返还被害人,可以申请人民法院裁定通知冻结犯罪嫌疑人存款、汇款、债券、股票、基金份额等财产的有关单位上缴国库或返还被害人。

(2)公安机关、人民检察院尽管有权对犯罪嫌疑人的存款、汇款查询冻结,但无权对存款、汇款直接作出没收等处理决定。

表 11-3　搜查与查封、扣押物证、书证(《刑事诉讼法》第 134～143 条)

区别　　种类	搜查	查封、扣押物证、书证
主体	侦查人员(两名);搜查妇女的身体,应当由女工作人员进行	侦查人员(两名)
对象	犯罪嫌疑人以及可能隐藏罪犯或者罪证的人的身体、物品、住处和其他有关地方	① 查封(不动产)、扣押(动产)的对象:可用以证明犯罪嫌疑人有罪或者无罪的各种物品、文件(证据或违禁品) ② 查询、冻结的对象:犯罪嫌疑人的存款、汇款、债券、股票、基金份额等财产。(扣划存款只能在裁判生效后进行;也不得重复冻结;如,甲账户里存有 20 万元,公安机关已冻结 8 万元,检察机关只能在 12 万内冻结,超出构成重复) ③ 对邮件、电报的扣押。经公安机关或者人民检察院批准后通知邮电机关检交扣押。侦查人员个人无权决定
是否需要令状	原则上需要搜查证;但是侦查人员在执行逮捕、拘留时,遇有紧急情况,不另用搜查证也可进行搜查	① 不需要扣押证(一般是在拘留、逮捕、搜查过程中进行) ② 扣押犯罪嫌疑人的邮件、电报(在邮局中的,尚未发出的),需经公安机关或检察院批准
程序要求	① 搜查的时候,应当有被搜查人或其家属、邻居或其他见证人在场 ② 制作搜查笔录	① 扣押应有见证人在场 ② 不得扣划存款、汇款;不得重复冻结 ③ 应当制作两份清单

注:任何一种侦查行为,都应制作笔录。

不同的侦查行为对见证人有不同的要求,具体内容见表 11-4。

表 11-4　侦查行为中对见证人的不同要求

概念	见证人是指根据《刑事诉讼法》的规定,应办案人员要求对诉讼中的一些法律行为进行见证的人
搜查	搜查时应当有被搜查人或者他的家属、邻居或者其他见证人在场。见证人应当在搜查笔录上签名或者盖章
查封、扣押	查封、扣押财物、文件时,应当会同在场见证人和被查封、扣押财物、文件持有人查点清楚,当场开列清单一式两份,由侦查人员、见证人和持有人签名或者盖章
勘验	人民检察院在勘验时,应当邀请两名与案件无关的见证人在场,并在勘验笔录上签名或者盖章
辨认	辨认犯罪嫌疑人或者物品时,可以有见证人在场,并在辨认笔录上签名或者盖章
留置送达	送达人可以邀请被送达人的邻居或者其他见证人到场,说明情况,把文件留在被送达人的住处,在送达证上记明拒绝的事由、送达的日期,由送达人、被送达人的邻居或者其他见证人签名,即认为已经送达

一般而言,言辞证据的搜集过程,不要求有见证人在场,而实物证据的搜集过程,则有此要求。

【提示】 由于见证人只是对诉讼过程是否合法进行监督或证明的人,其了解的不是案件情况,因此,见证人不是证人。

侦查行为中对证件也有不同的要求,具体内容见表 11-5。

表 11-5　侦查行为中对证件的不同要求

需要证件才能实施的行为	紧急情况下,无须搜查证可以实施的行为	不需要专门出示证件可以实施的行为
传唤、拘传、拘留、逮捕、勘验、检查、搜查、通缉,讯问犯罪嫌疑人,询问证人	搜查、拘留	查封、扣押物证、书证

（三）查封、扣押后的处理

对查封、扣押后的财物、文件,要妥善保管或者封存,不得使用、调换或者损毁。

对查封、扣押财物、文件、邮件、电报或者冻结存款、汇款、债券、股票、基金份额等财产,经查明确实与案件无关的,应当在 3 日以内解除查封、扣押、冻结,予以退还。

依据 2012 年《刑事诉讼法》第 115 条规定,对于司法机关及其工作人员对与案件无关的财物采取查封、扣押、冻结措施的,应当解除查封、扣押、冻结,不解除或者贪污、挪用、私分、调换、违反规定使用查封、扣押、冻结的财物的,当事人和辩护人、诉讼代理人、利害关系人有权向该机关申诉或者控告,受理申诉或者控告的机关应当及时处理。对处理不服的,可以向同级人民检察院申诉;人民检察院直接受理的案件,可以向上一级人民检察院申诉。人民检察院对申诉应当及时进行审查,情况属实的,通知有关机关予以纠正。

问题思考:检查与搜查妇女身体的要求有哪些区别?

检查妇女的身体应当由女工作人员或者医师进行。注意,此处"医师"无性别要求。搜查妇女的身体应当由女工作人员进行。注意,此处没有"医师"。之所以有如此的区别,是因为检查妇女的身体可能需要运用医学知识,因此可以由医师进行,但搜查仅仅是为了获得藏于身体之中的某一证据,不需要医学知识,因此没有必要让医师参加,而只能由女工作人员进行。

【案例释义 11-6】

案情:2000 年 1 月 11 日,宁夏某市机械厂家属楼内吴某、张某夫妇被杀,4 万元现金被盗。公安机关接到报案后,立即进行立案、侦查。经现场勘验发现和提取了大量物证。经过大量艰苦细致的调查工作,彭某有作案嫌疑,侦查焦点集中在了彭某身上。根据调查,彭某有下列情况:彭某现离婚独居,有流氓、盗窃前科;与吴某在一个车间工作,两人关系甚密;1 月 10 日吴某曾向彭某借过摩托车,彭某可能知道吴某有 4 万元现金的情况;案发后,彭某花钱大方,抽名烟、喝好酒、衣着档次明显提高,近期又添置了许多家用电器和家具等。据线人反映,1 月 13 日晚 7 时许,彭某要去电影院看电影,为此,干警决定对其家进行突击秘密搜查。干警夜间从窗户进入彭家,查看到全新的家具和家用电器,除此之外,他们还从厨房角落的一个罐中搜到 100 元和 50 元面额的连号新币近万元,在其家卧室的床底下,发现一袋旧衣服,从床下的灰尘来看,有新近移动的痕迹。干警正欲继续搜查,线人报告,电影已放完,彭某正在回家的路上,于是干警先行撤退。由于已经有所收获,但可能其家里还藏有凶器和其他相关作案物品,第二天,申请到搜查证后,于晚 8 时左右,公安干警一行四人来到彭某家中。彭某一看到警察极为紧张,但很快又恢复了平静。

干警对他说:"现有证据表明,你涉嫌一起杀人案,我们依法对你家进行搜查,这是搜查令。"出示搜查令后,干警开始进行全面搜查。干警在厨房里先把装钱的罐子搬了出来,把床下的衣服拿出后,看到一件深色的外套上有类似血迹的硬块。另外,还搜查到可能用于作案的攀缘用的绳索、爪钩,撬门用的刮刀等,对搜查到的上述物品均予以扣押。根据搜查到的物品,干警决定对彭某进行刑事拘留,并就搜查的物品进行了登记,所有干警签名后,交彭某过目。因为彭某已被拘留,就没有让其持有扣押单。到看守所后,干警让彭某在搜查笔录上签了名。由于公安干警的办案经费紧张,经公安局领导批示,为尽早查清案件,暂时从搜查到的钱款中挪用 1 万元作为办案经费。公安干警还将通过银行查到的彭某存款两万多元予以冻结,并划到公安局的专用账号中。

问题:

(1) 本案在搜查程序上是否符合法律规定?

(2) 本案在查询冻结犯罪嫌疑人存款程序上是否符合法律规定?

简析:

(1) 根据 2012 年《刑事诉讼法》第 134~138 条的规定,本案在程序上主要存在以下问题。

① 违反公开性的要求。搜查除必要时,应尽量在白天进行;本案中,侦查人员在没有必要的情况下,选择了晚上进行秘密搜查,不符合法律的规定。

② 违反了有关人员在场的要求。搜查时应当有被搜查人和其他见证人在场,本案中,侦查人员乘彭某不在家秘密潜入其家中进行搜查,并且也没有其他任何见证人,是违反法律规定的。

③ 笔录制作不规范。搜查完毕,需要扣押的,应制作扣押清单,并由搜查人员和当事人及见证人签名或盖章,扣押单应由被搜查人持有一份。但在本案中,彭某并没有当场签名,其签名是后补的;扣押清单也没有让其持有。

(2) 根据 2012 年《刑事诉讼法》第 142、143 条和《人民检察院扣押、冻结款物管理规定》,① 查询冻结犯罪嫌疑人的存款,应当取得县级以上人民检察院检察长或公安机关负责人的批准,并填写《查询犯罪嫌疑人存款通知书》《协助查询存款通知书》通知有关的金融机构、邮电机关执行。需要冻结犯罪嫌疑人存款的,也应办理相应的手续。如果是查询、冻结归侨、侨眷的存款,应征求当地侨务、统战部门的意见,并要报请地级检察机关或公安机关批准。本案中,侦查机关在没有履行法定手续的前提下,查询、冻结犯罪嫌疑人的存款是错误的。② 对于冻结的存款,侦查机关不得扣划。本案中,对冻结的彭某的存款,公安机关予以划拨到公安机关的专用账号是违反法律规定的。

【巩固练习 11-7】 侦查机关因侦查案件需要对有关地方进行搜查的时候,必须依据法定程序和方式,下述说法中正确的是:

A. 进行搜查的搜查人员不得少于两人

B. 搜查的情况应当写成笔录

C. 在执行逮捕时,不另用搜查证也可以搜查

D. 在执行拘留时进行搜查遇有紧急情况,可以不另用搜查证

答案: A、B、D

【巩固练习 11-8】 公安机关在侦查林某贩毒案时,对林某的住处进行了搜查,并对搜查过程中所获取的毒品及其他有关物品进行扣押。有关本案的扣押,下列说法哪些是

正确的?

    A. 进行扣押时,应当出示扣押证

    B. 进行扣押时,不必出示扣押证

    C. 扣押物品时应当制作扣押物品清单

    D. 公安机关在侦查过程中,如果发现其中被扣押的物品与本案无关时,应当在 5 日
以内返还物品持有人

    答案:B、C

【巩固练习 11-9】 甲公司向公安机关报案,称高某利用职务便利侵占本公司公款
320 万元。侦查机关在侦查中发现,高某有存款 380 万元,利用侵占的公款购买的汽车
1 部和住房 1 套,还发现高某私藏军用子弹 120 发。公安机关对于上述财物、物品所做的
下列哪些处理是错误的?

    A. 扣押汽车 1 部   B. 查封住房 1 套

    C. 扣押子弹 120 发   D. 冻结存款 380 万元

    答案:D(查封、扣押的范围)

【巩固练习 11-10】 关于查封、扣押措施,下列选项正确的是:(不定选)

    A. 查封、扣押犯罪嫌疑人与案件有关的各种财物、文件只能在勘验、搜查中实施

    B. 根据侦查犯罪的需要,可以依照规定扣押犯罪嫌疑人的存款、汇款、债券、股票、基
金份额等财产

    C. 侦查人员认为需要扣押犯罪嫌疑人的邮件、电报的时候,可通知邮电机关将有关
的邮件、电报检交扣押

    D. 对于查封、扣押的财物、文件、邮件、电报,经查明确实与案件无关的,应当在 3 日
以内解除查封、扣押,予以退还

    答案:D(查封、扣押、冻结的程序)

四、鉴定

    鉴定是指公安机关、人民检察院为了查明案情,指派或者聘请具有专门知识的人对案
件中的某些专门性问题进行鉴别和判断的一种侦查活动。

    鉴定主要包括以下种类:法医鉴定、司法精神病鉴定、毒性鉴定、刑事科学技术鉴定、
会计鉴定和一般技术鉴定等。

    【提示】

    (1) 鉴定解决的专门性问题只能是事实问题,而不能是法律问题;

    (2) 鉴定人可以是侦查机关内部工作人员,也可以是从社会鉴定机构聘请的人员;

    (3) 鉴定人必须具有专门性知识,并与本案或本案当事人没有利害关系;

    (4) 对于自侦案件的鉴定应由检察长批准,由人民检察院技术部门有鉴定资格的人
员进行。人民检察院在聘请其他有鉴定资格的人员进行鉴定时,应征得鉴定人所在单位
的同意。

（一）鉴定机构

根据 2005 年全国人大常委会《关于司法鉴定管理问题的决定》的规定,鉴定机构分为以下两类。

（1）国家专门机关设立的鉴定机构。侦查机关可以根据侦查工作的需要设立,但不得面向社会接受委托从事司法鉴定业务。

【提示】 法院和司法行政部门不得设立鉴定机构。

（2）社会鉴定机构。各鉴定机构之间没有隶属关系;鉴定机构接受委托从事司法鉴定业务,不受地域范围的限制。

【说明】 因为法院行使审判权,如果其自身可以设立鉴定机构,则有违其中立立场。司法行政部门是社会鉴定机构的监督管理机关,其自身也不宜设立鉴定机构。

【巩固练习 11-11】 甲因琐事与乙发生争执,甲被乙打成轻伤。甲向法院提起自诉需要对伤情进行鉴定。对此,应当由下列哪类鉴定机构进行鉴定?

A. 公安机关设立的鉴定机构　　　　B. 省级人民政府指定医院

C. 司法行政部门设立的鉴定机构　　D. 司法行政部门登记设立的鉴定机构

答案：D

（二）鉴定人的资格和权利、义务

（1）鉴定人条件。①具有与所申请从事的司法鉴定业务相关的高级专业技术职称;②具有与所申请从事的司法鉴定业务相关工作 10 年以上的经历,具有较强的专业技能。

【提示】 具备之一即可。

（2）资格禁止。因故意犯罪或者职务过失犯罪受过刑事处罚的,受过开除公职处分的,以及被撤销鉴定人登记的人员,不得从事司法鉴定业务。

（3）鉴定人的权利。有权了解与鉴定有关的案件材料;执业不受地域范围的限制。

（4）鉴定人的义务包括：①鉴定人应当在一个鉴定机构中从事司法鉴定业务;②出庭作证与回避的义务;③鉴定人应当独立进行鉴定,对鉴定意见负责并在鉴定书上签名或者盖章。多人参加的鉴定,对鉴定有不同意见的,应当注明。

【巩固练习 11-12】 在刑事诉讼中,下列哪些材料不得作为鉴定结论使用?

A. 材料甲,是被害人到医院就诊时医生出具的诊断证明

B. 材料乙,盖有某鉴定机构公章,但签名人是被撤销鉴定人登记的人员

C. 材料丙,由具有专门知识但因职务过失犯罪受过刑事处罚的张某作出

D. 材料丁,经依法登记的司法鉴定机构指定的鉴定人王某作出

答案：A、B、C

本题考查鉴定意见的认定。医院的诊断证明,未经指派或聘请,都不得作为鉴定意见使用,只能作为书证(如果是医院出具的)或者证人证言(如果是医生个人出具的)而使用。诊断证明与鉴定意见在制作的主体、程序及表现形式等方面有本质区别。故 A 项符合题意。依据《全国人大常委会关于司法鉴定管理问题的决定》第 4 条的规定,B、C 两项中的鉴定人分别是被撤销鉴定人登记的人员、职务过失犯罪受过刑事处罚的人员,故材料乙、

丙均不能作为鉴定意见使用。D 项中的材料丁由经依法登记的司法鉴定机构指定的鉴定人王某作出,符合《刑事诉讼法》和《全国人大常委会关于司法鉴定管理问题的决定》的规定,可作为鉴定意见使用。故本题的答案为 A、B、C 三项。

【注意】 《刑事诉讼法》已将"鉴定结论"改为"鉴定意见"。

(三)鉴定程序

(1)鉴定程序的启动。鉴定程序启动后,鉴定人员可以指派也可以聘请。指派由公安机关或者检察院,指派其内部的刑事技术鉴定部门具有鉴定资格的专业人员进行鉴定。聘请由公安机关或者检察院聘请其他部门的专业人员进行鉴定。聘请的鉴定人应当是具有某项专业知识,而且与本案和本案当事人没有利害关系,能够保证客观、公正地进行鉴定的人。

【提示】 当事人无权启动鉴定程序,只能申请重新或补充鉴定。

(2)侦查机关的义务。应当为鉴定人进行鉴定提供必要条件,及时向鉴定人送交有关检材和对比样本等原始材料,介绍与鉴定有关的情况,并且明确提出要求鉴定解决的问题,但是不得暗示或者强迫鉴定人作出某种鉴定意见。

(3)鉴定意见的制作。鉴定人进行鉴定后,应当写出鉴定意见,并且签名。鉴定意见应当对侦查人员提出的问题作出明确的回答,并说明其科学或者技术上的根据。在实践中,鉴定意见一般用鉴定书的形式制作。

(4)侦查人员的审查、补充与重新鉴定。对鉴定人作出的鉴定意见应当进行审查,如果有疑问,可以要求鉴定人作补充鉴定。必要时,也可以另行指派或者聘请鉴定人重新鉴定。

(5)鉴定意见的告知。用作证据的鉴定意见,人民检察院办案部门应当告知犯罪嫌疑人、被害人;被害人死亡或者没有诉讼行为能力的,应当告知其法定代理人、近亲属或诉讼代理人。告知犯罪嫌疑人、被害人或被害人的法定代理人、近亲属、诉讼代理人鉴定意见,可以只告知其意见部分,不告知鉴定过程等其他内容。

(6)鉴定期间的计算。对犯罪嫌疑人作精神病鉴定的期间不计入办案期限。其他鉴定要计入办案期限。

【案例释义 11-7】

案情: 某纺织厂工人张某和赵某,因对厂长李某不满,某日晚用棍棒将李某打伤。随后李某被警察送到就近的体检站进行治疗,并出具诊断书作为鉴定意见。公安机关对该案侦查终结后以故意伤害罪移送检察机关审查起诉。检察机关在审查中,赵某和张某对犯罪事实供认不讳,但张某的辩护人对作为鉴定意见的体检站的诊断书提出质疑,要求进行重新鉴定,并要求对张某进行精神病鉴定。公安机关根据辩护人的要求,委托市人民政府指定的一所著名医院对李某的伤情进行重新鉴定,医院安排周某(大学教授)和他的一位实习医生进行鉴定。周某在基本的鉴定工作完成之后,因工作需要出国访问去了。最后,李某伤情鉴定由实习学生完成,其签名后,加盖了医院公章。张某的精神病鉴定申请被检察机关否决,理由是办案期限快到,申请时间太晚。随后,检察机关委托公安机关对张某的精神状况进行了调查,得出没有精神问题的结论,据此,检察机关对此案提起公诉。

问题：本案在鉴定程序方面是否存在问题？如存在,存在哪些问题？

简析：根据我国 2012 年《刑事诉讼法》第 144～147 条的规定,本案在鉴定程序方面存在以下问题。

(1) 选择鉴定人的程序不当。聘请外单位鉴定人的,应填写《委托鉴定登记表》,并由县以上的侦查机关颁发聘请书;在本案中公安机关没有履行这一程序,直接采用了体检站的结论。

(2) 鉴定意见的形式不当。鉴定意见的内容包括:绪言(案情简介、鉴定机关、需要鉴定的问题、鉴定的材料情况、鉴定的时间和地点)、检验(主要反映检验采用的步骤、过程及通过检验所发现的特征和获取的有关数据)、论证(对检验中发现的特征和数据进行判断,分析性质和原因,阐明依据)和结论,而本案采用体检站的诊断书只有结论,没有其他的分析和过程,所以不能作为鉴定意见。

(3) 签名不合规范。按规定对鉴定意见的签名应由鉴定人进行,共同鉴定的,应共同签名;本案中,周某作为主要的鉴定人却没有签名,是不符合法律规定的。

(4) 检察机关拒绝精神病鉴定的申请是错误的。按法律规定,对犯罪嫌疑人作精神病鉴定的,不计入办案期限;本案中检察机关以时间不足为由拒绝对张某作精神病的鉴定,而只对其作了精神方面的调查是错误的。

【巩固练习 11-13】 某伤害案,提取的血迹经 DNA 鉴定,是来自被害人身上的血。对于这一鉴定意见,侦查机关应当告知哪些诉讼参与人？

A. 犯罪嫌疑人   B. 被害人

C. 犯罪嫌疑人聘请的律师   D. 被害人的近亲属

答案：A、B

五、技术侦查措施

技术侦查措施是指侦查机关运用技术装备调查罪犯和案件证据的一种秘密侦查措施,包括电话监听、卫星定位、电子信息监控、控制下交付、诱惑侦查等技术手段以查获犯罪的侦查方法。

下面介绍关于技术侦查措施的具体内容和程序要求。

1. 适用的案件范围

(1) 公安机关在立案后,对于危害国家安全犯罪、恐怖活动犯罪、黑社会性质的组织犯罪、重大毒品犯罪或者其他严重危害社会的犯罪案件,根据侦查犯罪的需要,经过严格的批准手续,可以采取技术侦查措施。

(2) 人民检察院在立案后,对于重大的贪污、贿赂犯罪案件(10 万元以上)以及利用职权实施的严重侵犯公民人身权利的重大犯罪案件,根据侦查犯罪的需要,经过严格的批准手续,可以采取技术侦查措施,按照规定交有关机关执行(公安、国家安全机关执行)。

(3) 追捕被通缉或者被批准、决定逮捕的在逃的犯罪嫌疑人、被告人,经过批准,可以采取追捕所必需的技术侦查措施(如卫星定位)。(《刑事诉讼法》第 148 条)

2. 审批机关和执行机关

技术侦查的审批机关是检察机关;执行机关是公安机关。

3. 秘密侦查的种类

(1)隐匿身份的侦查。即俗称的使用"卧底"、"特情"、"线人"、"耳目"等侦查手段。为了查明案情,在必要的时候,经公安机关负责人决定,可以由有关人员隐匿其身份实施侦查。

(2)控制下交付。对涉及给付毒品等违禁品或者财物的犯罪活动,公安机关根据侦查犯罪的需要,可以依照规定实施控制下交付。(《刑事诉讼法》第 151 条)

【提示】 批准、决定应当根据侦查犯罪的需要,确定采取技术侦查措施的种类和适用对象。

4. 禁止情形

不得诱使他人犯罪,不得采用可能危害公共安全或者发生重大人身危险的方法。

5. 适用期限

(1)批准决定自签发之日起三个月内有效。对于不需要继续采取技术侦查措施的,应当及时解除。

(2)对于复杂、疑难案件,期限届满仍有必要继续采取技术侦查措施的,经过批准,有效期可以延长,每次不得超过三个月。(《刑事诉讼法》第 149 条)

【提示】 采取技术侦查措施,必须严格按照批准的措施种类、对象和期限执行。(《刑事诉讼法》第 150 条)

6. 所获取信息的处理

(1)保密。侦查人员对于采取技术侦查措施过程中知悉的国家秘密、商业秘密和个人隐私,应当保密。公安机关依法采取技术侦查措施,有关单位和个人应当配合,并对有关情况予以保密。(《刑事诉讼法》第 150 条)

(2)用途。采取技术侦查措施获取的材料,只能用于对犯罪的侦查、起诉和审判,不得用于其他用途。

(3)对于采取技术侦查措施获取的与案件无关的材料,必须及时销毁。

7. 证据运用及人身保护

依照《刑事诉讼法》规定采取侦查措施所收集的材料在刑事诉讼中可以作为证据使用。如果使用该证据可能危及特定人员的人身安全,或者可能产生其他严重后果的,应当采取不暴露有关人员身份、技术方法等保护措施,必要的时候可以由审判人员在庭外对证据进行核实。(《刑事诉讼法》第 152 条)

【案例释义 11-8】

案情: 某区公安机关为打击毒品犯罪,指派侦查员张某化名李某,假扮一无业人员,与某贩毒集团取得联系,取得了该贩毒集团首要分子王某、孙某的信任。但由于近年来公安机关打击力度比较大,该贩毒集团决定暂时放弃贩毒计划。为完成领导交付的任务,张某以自己和公安机关关系很熟且熟悉毒品销售途径为由,不断劝说王某、孙某从境外购买毒品。王某从境外购买毒品后,张某又积极联系赵某购买该批毒品。而后,王某、孙某和赵某达成了买卖协议,约定于某年 6 月 1 日在某饭店一手交钱、一手交货。张某将该笔毒品的交易信息及时告知了公安机关,公安机关提前在毒品交易地点布置警力,并当场抓获王某,但孙某、赵某持枪拒捕后成功逃跑。公安机关遂依法决定通缉孙某、赵某。为抓获赵某、孙某,公安机关对其主要近亲属的电话进行24小时监控。一年后,赵某用尾号为1234的手机与其胞弟通话,其胞弟劝其自首未果。公安机关监听到该电话后,遂对该尾号为1234的手机号码进行 GPS 定位,后根据该手机的位置将赵某成功抓获。但孙某始终未能抓获。

问题:

(1)公安机关指派张某打入贩毒集团内部的行为是否符合法律规定?

(2)张某劝说王某、孙某购买并销售毒品的行为是否符合法律规定?

(3)公安机关对赵某近亲属及赵某所使用的手机进行监听和 GPS 定位是否符合法律规定?

简析:

(1)符合法律规定。为了查明案情,公安机关可以由特定人员隐匿真实身份实施侦查。

(2)不符合法律规定。隐匿身份的侦查行为中,不得诱使他人犯罪。

(3)不符合法律规定。技术侦查只能对犯罪嫌疑人和被告人实施,不能对其他诉讼参与人或案外人适用。

【案例释义 11-9】

案情:某地检察机关在侦查一起重大贿赂案件过程中,对犯罪嫌疑人上官某某采取了电子监控措施。在监控过程中,无意中摄录了犯罪嫌疑人与他人有关性生活的内容。由于内容比较"劲爆",办案人员甲将其拷贝带回家,并告诉妻子来龙去脉。

问题:甲的这一做法是否合法?

简析:按照2012年《刑事诉讼法》第150条的规定,技术侦查获取的与犯罪无关的材料应及时销毁,获取的个人隐私材料应当保密。该案中,办案人员甲没有销毁在办案中获取的个人隐私材料,并且拷贝回家,而且告诉他人,这些都是违法行为。

【案例释义 11-10】

案情:某地公安机关为侦破一起系列强奸杀人案件,派遣漂亮女侦查员化装成性感女郎在案发现场逗留。因为保护措施不力,女侦查员被犯罪嫌疑人强奸并杀害。

问题:该地公安机关的侦查方法合法吗?

简析:根据2012年《刑事诉讼法》第151条的规定,秘密侦查不得诱使他人犯罪,不得采用可能危害公共安全或者发生重大人身危险的方法。对于系列强奸杀人犯罪嫌疑人,派遣女侦查员化装成性感女郎实施提供机会型诱惑侦查,具有重大的人身危险,而且可能诱使他人犯罪。因此,该地公安机关的侦查方法不符合法律规定。

【巩固练习 11-14】 关于技术侦查,下列哪些说法是正确的?

A. 适用于严重危害社会的犯罪案件

B. 必须在立案后实施

C. 公安机关和检察院都有权决定并实施

D. 获得的材料需要经过转化才能在法庭上使用

答案：A、B(技术侦查)

六、辨认

辨认是指侦查人员为了查明案情,在必要时让被害人、证人以及犯罪嫌疑人对与犯罪有关的物品、文件、场所或者犯罪嫌疑人进行辨认的一种侦查行为。

(1) 辨认的决定权。公安机关进行辨认要经负责侦查的部门负责人审查决定;人民检察院对犯罪嫌疑人进行辨认,应当经检察长批准。

(2) 辨认的组织者。不得少于两名侦查人员。

(3) 辨认人。证人、被害人、犯罪嫌疑人等。

(4) 辨认对象数量(混杂辨认)。①公安机关侦查的案件:辨认犯罪嫌疑人/7 人(不少于);辨认照片/10 张(不少于);②检察机关自侦案件:辨认犯罪嫌疑人/5 人;辨认照片/5 张。(不少于)

(5) 单独辨认规则。几名辨认人对同一被辨认人或者同一物品进行辨认时,应当由每名辨认人单独进行。

(6) 见证人规则。辨认在必要的时候,可以有见证人在场。

(7) 不得暗示规则。在辨认前,应当向辨认人详细询问被辨认人或者被辨认物的具体特征,禁止辨认人见到被辨认人或者被辨认物,并应当告知辨认人有意作假辨认应负的法律责任。

(8) 保密规则。公安机关侦查的案件,辨认人不愿意公开进行的,侦查人员应当为其保密。

(9) 制作笔录。对于辨认的情况,应当制作笔录,由主持和参加辨认的侦查人员、辨认人、见证人签名或盖章。

【提示】 在勘验、检查,查封、扣押物证、书证,搜查,辨认 4 种侦查行为中有两个共同性规则:①可以有见证人在场;②都要形成笔录。

【巩固练习 11-15】 公安机关抓获一起抢夺案犯罪嫌疑人黄某和王某。王某声称被错抓,公安机关决定组织对王某进行辨认。关于公安机关的做法,下列哪些选项是正确的?

A. 让两名被害人一同对王某进行辨认　　B. 让黄某单独对王某进行辨认

C. 在辨认时没有安排见证人在场　　D. 将王某混在其他 5 名被辨认对象当中

答案：B、C

七、通缉

通缉是指公安机关通令缉拿应当逮捕而在逃的犯罪嫌疑人的一种侦查行为。

(1) 通缉令的发布主体为:①公安机关;②人民检察院自侦案件,应当逮捕的犯罪嫌疑人如果在逃,或者已被逮捕的犯罪嫌疑人脱逃的,经检察长批准,可以作出通缉的决定,然后交给公安机关发布通缉令。

(2) 发布范围。自己管辖的地区内;超出范围,报请有权决定的上级机关发布;全国范围内,公安部发布。

（3）通缉对象。只能是依法应当逮捕而在逃的犯罪嫌疑人，包括已被捕而在羁押期间逃跑的犯罪嫌疑人。

（4）通缉令的内容。写明被通缉人的姓名、性别、年龄、籍贯、衣着和体貌特征，并应附上照片。

（5）撤销。已经归案、死亡或者通缉的原因已经消失，发布机关应当在原发布范围内立即通知撤销通缉令。

【巩固练习 11-16】 甲省乙市检察院决定逮捕受贿案的犯罪嫌疑人田某，但田某已潜逃至甲省丙市。关于对田某的通缉，下列哪一项是正确的？

A. 甲省乙市检察院可以决定通缉   B. 甲省丙市检察院可以发布通缉令

C. 甲省检察院可以决定通缉   D. 甲省检察院可以发布通缉令

答案：C

第二节　侦查终结与侦查羁押期限

一、侦查终结的条件和处理

侦查终结是侦查机关对于自己立案侦查的案件，经过一系列的侦查活动，根据已经查明的事实、证据，依照法律规定，认为足以对案件作出起诉、不起诉或者撤销案件的结论，决定不再进行侦查，并对犯罪嫌疑人作出处理的一种诉讼活动。2012 年《刑事诉讼法》第159～161 条规定了侦查终结的条件、程序要求和处理。基本内容见表 11-6。

表 11-6　侦查终结

程序要求	侦查机关在案件侦查终结前，辩护律师提出要求的，侦查机关应当听取辩护律师的意见，并记录在案。辩护律师提出书面意见的，应当附卷
终结条件	① 经侦查，认为犯罪嫌疑人有罪，符合犯罪事实清楚，证据确实充分的标准
	② 在侦查中，发现犯罪嫌疑人无罪或符合《刑事诉讼法》第 15 条规定情形之一的
	③ 法律手续完备
公安机关侦查终结后的处理	① 移送起诉：公安机关侦查终结的案件，应当做到犯罪事实清楚，证据确实、充分，并且写出起诉意见书，连同案卷材料、证据一并移送同级检察院审查决定；同时将案件移送情况告知犯罪嫌疑人及其辩护律师
	② 撤销案件：发现不应对犯罪嫌疑人追究刑事责任的，犯罪嫌疑人已被逮捕的，应当立即释放，发给释放证明，并且通知原批准逮捕的人民检察院
人民检察院侦查终结后的处理	移送审查 · 写出侦查终结报告，制作起诉意见书，移送本院审查起诉部门审查起诉。经审查，犯罪事实清楚，证据确实、充分，犯罪性质和罪名认定正确，法律手续完备，依法应当追究犯罪嫌疑人刑事责任的，提起公诉
	移送审查 · 犯罪情节轻微，经审查，依照《刑法》规定不需要判处刑罚或免除刑罚的案件，制作不起诉意见书，移送本院审查起诉部门审查
	撤销案件 · 具有下列情形之一，写出撤销案件意见书，经侦查部门负责人审核，报请检察长或者检察委员会决定撤销案件： ① 具有《刑事诉讼法》第 15 条规定情形之一的 ② 没有犯罪事实，或者依照《刑法》规定不负刑事责任和不认为是犯罪的 ③ 虽有犯罪事实，但不是犯罪嫌疑人所为的

【巩固练习 11-17】 关于侦查程序中的辩护权保障和情况告知,下列哪一选项是正确的?

A. 辩护律师提出要求的,侦查机关可以听取辩护律师的意见,并记录在案

B. 辩护律师提出书面意见的,可以附卷

C. 侦查终结移送审查起诉时,将案件移送情况告知犯罪嫌疑人或者其辩护律师

D. 侦查终结移送审查起诉时,将案件移送情况告知犯罪嫌疑人及其辩护律师

答案:D(侦查程序中的辩护权保障和情况告知)

二、侦查羁押期限

(一)侦查羁押期限

我国 2012 年《刑事诉讼法》第 154~158 条规定了各种情形的侦查羁押期限,具体情形、期限及批准主体见本书第九章第一节。

(二)侦查羁押期限的重新计算

具体内容见本书第九章第一节。

【案例释义 11-11】

案情:封志和王治国父子因生意发生争执,进而升级为暴力冲突。2001 年 5 月 11 日,王国庆持刀和其父王治国到封志家门前叫骂,并向屋内冲打,封志在屋内用猎枪击中王国庆头部。王治国急跑去报案。后王国庆不治身亡。封家为保住其子,经商议后,让封志的叔叔封巩来替其顶罪,其后封巩到公安机关自首。公安机关对王治国、附近的邻居等进行了调查询问,对封家叔侄也进行了讯问;扣押了猎枪,并就弹道进行了鉴定。据此,公安机关对封巩予以逮捕,并宣告侦查终结,向人民检察院移送了起诉意见书。

问题:

(1)本案是否达到了侦查终结的条件?

(2)结合本案,侦查终结后案件的处理程序是怎样的?

(3)如果检察机关认为案件不符合侦查终结的条件,该如何处理?

简析:

(1)根据 2012 年《刑事诉讼法》第 160 条的规定,侦查终结必须要符合三个条件:①案件事实清楚。案件事实清楚,包括犯罪嫌疑人有罪或者无罪的全部事实、情节已经查清,有关犯罪的时间、地点、行为手段、行为过程以及行为结果等都已经查清,有关犯罪线索也全部查清。②证据确实、充分。要求通过侦查获得的证据能够足以证明所认定有罪或无罪的事实。犯罪嫌疑人的罪行的所有情节都得到证实,或者犯罪嫌疑得到澄清。③法律手续完备。只有具备以上三个条件,才能侦查终结。

根据以上的条件规定,本案并没有达到侦查终结的条件。本案并没有从证据上认定是封巩实施了杀人行为,而只是仅仅根据犯罪嫌疑人的供述来认定,是典型的口供主义。本案不符合事实清楚的要求,也不符合证据确实、充分的要求。

(2)公安机关侦查终结的案件,如果认为案件事实清楚,证据确实、充分,依法应当追

究刑事责任的,应当制作《起诉意见书》,连同案卷材料、证据一并移送同级人民检察院审查决定;同时将案件移送情况告知犯罪嫌疑人及其辩护律师。

公安机关在侦查过程中,发现犯罪嫌疑人的行为不构成犯罪,或者依法不应追究刑事责任的,应当作出撤销案件的处理决定。犯罪嫌疑人已被逮捕的,应当立即释放,发给释放证明,并通知原批准逮捕的人民检察院。

在案件的侦查过程中,如果被害人依法提起附带民事诉讼的,应记录在案;如果案件是移送人民检察院审查起诉的,应在起诉意见书中予以注明。如果案件被撤销的,应及时告诉被害人另行向人民法院提起民事诉讼。

在本案中,事实上是封志实施了犯罪行为,应当对封志实施逮捕,并对其提起公诉,同时应追究封巩包庇罪的刑事责任。

(3) 根据 2012 年《刑事诉讼法》第 171 条的规定,人民检察院认为公安机关侦查终结的案件事实不清、证据不足的,可以作出退回补充侦查的决定,并指明需要侦查的内容。

经过补充侦查后,人民检察院仍认为事实不清,或者证据不足,可以再次退回补充侦查,或者可以直接决定不起诉。

补充侦查以两次为限,对于补充侦查的案件应当在一个月内完成补充侦查;经过两次补充侦查后,人民检察院仍认为事实不清或证据不足,不符合起诉条件的,应当作出不起诉的决定。

【巩固练习 11-18】 黄某住甲市 A 区,因涉嫌诈骗罪被甲市检察院批准逮捕。由于案情复杂,期限届满侦查不能终结,侦查机关报请有关检察机关批准延长一个月。其后,由于该案重大复杂,涉及面广,取证困难,侦查机关报请有关检察机关批准后,又延长了两个月。但是,延长两个月后,仍不能侦查终结,且根据已查明的犯罪事实,对黄某可能判处无期徒刑,侦查机关第三次报请检察院批准再延长两个月。在报请延长手续问题上,下列哪一个选项是错误的?

A. 第一次延长,须经甲市检察院批准

B. 第二次延长,须经甲市检察院的上一级检察院批准

C. 第二次延长,须经甲市所属的省检察院批准

D. 第三次延长,须经甲市所属的省检察院批准

答案:A(侦查羁押期限及延长期间的程序)

第三节　补 充 侦 查

补充侦查是指公安机关或者人民检察院依照法定程序,在原有侦查工作的基础上作进一步调查、补充证据的一种诉讼活动。补充侦查并不是每个案件都必须进行的活动,只适用于事实不清,证据不足或者遗漏罪行、遗漏同案犯罪嫌疑人的案件。

根据 2012 年《刑事诉讼法》第 88、171 和 198 条的规定,补充侦查在程序上有三种:即审查批捕时的补充侦查、审查起诉时的补充侦查和法庭审理时的补充侦查。这里介绍审查起诉阶段的补充侦查和法庭审理阶段的补充侦查。

一、审查起诉阶段的补充侦查

1. 补充侦查的形式

（1）可以退回公安机关补充侦查；

（2）也可以自行侦查，必要时可以要求公安机关提供协助。

2. 补充侦查的期限和次数

对于补充侦查的案件，应当在1个月以内补充侦查完毕，补充侦查以两次为限。这既指退回公安机关补充侦查的案件，也包括人民检察院自侦案件中决定退回补充侦查的案件。如果人民检察院只是自行补充侦查，要求在审查期限内侦查完毕。

【提示】 改变管辖前后退回补充侦查的次数总共不得超过两次。补充侦查完毕，移送人民检察院后，人民检察院重新计算审查起诉期限。

3. 补充侦查后的处理

（1）经过第一次补充侦查的案件，人民检察院仍然认为证据不足，不符合起诉条件的，可以作出不起诉决定。

（2）对于第二次补充侦查的案件，人民检察院仍然认为证据不足，不符合起诉条件的，应当作出不起诉的决定。

二、法庭审理阶段的补充侦查

1. 补充侦查的形式

法庭审理阶段的补充侦查由人民检察院进行，由人民检察院自行侦查，必要时可以要求公安机关提供协助。在法庭审判过程中，检查人员发现提起公诉的案件需要补充侦查，提出延期审理建议的，合议庭应当同意。

合议庭在案件审理过程中，发现被告人可能有自首、立功等法定量刑情节，而起诉和移送的证据材料中没有这方面的证据材料的，应当建议人民检察院补充侦查。人民检察院应当审查有关材料，并作出是否退回补充侦查的决定。人民检察院不同意的，可以要求人民法院就起诉指控的犯罪事实依法作出裁判。

【提示】 法庭审理阶段补充侦查的决定权在人民检察院手上，人民法院只有建议权。

2. 补充侦查的期限

（1）庭审过程中补充侦查的，人民检察院应当在1个月以内补充侦查完毕，以两次为限。

（2）补充侦查完毕，移送法院后，人民法院重新计算第一审期限。

（3）补充侦查期限届满，未提请人民法院恢复审理的，人民法院应当决定按人民检察院撤诉处理。

【巩固练习11-19】 关于补充侦查，下列哪些选项是正确的？

A. 检察院审查公安机关报请批准逮捕的案件，发现证据不足的，可以决定退回补充侦查

B. 检察院在审查起诉时，认为事实不清，证据不足的，可以退回公安机关补充侦查

C. 法院对提起公诉的案件进行审查后,对主要事实不清、证据不足的,可退回检察院补充侦查

D. 合议庭在案件审理过程中,发现被告人可能有自首、立功等法定量刑情节,而起诉和移送的证据材料中没有这方面的证据材料,应当建议检察院补充侦查

答案:B、D

本题考察补充侦查的程序。依据《六机关规定》第27条的规定,人民检察院审查公安机关提请批准逮捕的案件,应当作出批准或者不批准逮捕的决定,对报请批准逮捕的案件不另行侦查。故 A 选项表述错误。依据 2012 年《刑事诉讼法》第 171 条第 2 款的规定,人民检察院审查案件,对于需要补充侦查的,可以退回公安机关补充侦查,也可以自行侦查。B 选项表述正确。依据 2012 年《刑事诉讼法》第 195 条的规定,案件证据不足,不能认定被告人有罪的,法院应当作出证据不足、指控的犯罪不能成立的无罪判决。法院无权将案件依职权退回检察院补充侦查,C 选项表述错误,依据《刑诉法适用解释》第 226 条的规定,"合议庭在案件审理过程中,发现被告人可能有自首、立功等法定量刑情节,而起诉和移送的证据材料中没有这方面的证据材料的,应当建议人民检察院补充侦查。"故 D 选项表述正确。本题的正确答案为 B、D 两项。

【巩固练习 11-20】 对于公诉人向法院提出的补充侦查延期审理的建议,法院应当如何处理?

A. 应当同意

B. 可以同意,也可以不同意

C. 可以同意延期审理,但限期延期审理的次数只能一次

D. 不应当同意

答案:A

第四节　侦查监督

一、人民检察院对侦查的监督

1. 监督的概念

人民检察院依法对侦查机关的侦查活动是否合法进行的监督。

2. 监督主体

监督的主体是人民检察院。

3. 监督内容

监督的内容包括以下方面。

(1) 采用刑讯逼供以及其他非法方法收集犯罪嫌疑人供述的。

(2) 采用暴力、威胁等非法方法收集证人证言、被害人陈述,或者以暴力、威胁等方法阻止证人作证或者指使他人作伪证的。

(3) 伪造、隐匿、销毁、调换、私自涂改证据,或者帮助当事人毁灭、伪造证据的。

(4) 徇私舞弊,放纵、包庇犯罪分子的。

（5）故意制造冤、假、错案的。

（6）在侦查活动中利用职务之便牟取非法利益的。

（7）非法拘禁他人或者以其他方法非法剥夺他人人身自由的。

（8）非法搜查他人身体、住宅，或者非法侵入他人住宅的。

（9）非法采取技术侦查措施的。

（10）在侦查过程中不应当撤案而撤案的。

（11）对与案件无关的财物采取查封、扣押、冻结措施，或者应当解除查封、扣押、冻结不解除的。

（12）贪污、挪用、私分、调换、违反规定使用查封、扣押、冻结的财物及其孳息的。

（13）应当退还取保候审保证金不退还的。

（14）违反《刑事诉讼法》关于决定、执行、变更、撤销强制措施规定的。

（15）侦查人员应当回避而不回避的。

（16）应当依法告知犯罪嫌疑人诉讼权利而不告知，影响犯罪嫌疑人行使诉讼权利的。

（17）阻碍当事人、辩护人、诉讼代理人依法行使诉讼权利的。

（18）讯问犯罪嫌疑人依法应当录音或者录像而没有录音或者录像的。

（19）对犯罪嫌疑人拘留、逮捕、指定居所监视居住后依法应当通知家属而未通知的。

（20）在侦查中有其他违反《刑事诉讼法》有关规定的行为的。

4. 监督途径

（1）通过审查逮捕、审查起诉。

（2）派员参加公安机关对于重大案件的讨论和其他侦查活动，发现违法行为。

（3）接受控告。

（4）认为可能存在《刑事诉讼法》第54条规定的以非法方法收集证据情形的。

5. 监督措施

（1）应当通知公安机关纠正。

（2）发现后，应当及时通知公安机关予以纠正。

（3）应当受理，并及时审查、依法处理。

（4）可以要求其对证据收集的合法性作出说明。

二、对非法侦查的救济

（1）申请主体是当事人、辩护人、诉讼代理人、利害关系人。

（2）救济形式是申诉或者控告。

（3）申请救济的情形包括以下几种。

① 采取强制措施法定期限届满，不予以释放、解除或者变更的；

② 应当退还取保候审保证金不退还的；

③ 对与案件无关的财物采取查封、扣押、冻结措施的；

④ 应当解除查封、扣押、冻结不解除的；

⑤ 贪污、挪用、私分、调换、违反规定使用查封、扣押、冻结的财物的。

（4）处理程序。

① 受理申诉或者控告的机关应当及时处理。对处理不服的，可以向同级人民检察院申诉。

② 人民检察院直接受理的案件，可以向上一级人民检察院申诉。人民检察院对申诉应当及时进行审查，情况属实的，通知有关机关予以纠正。

第十二章

审查起诉与提起公诉

本章导语

刑事诉讼过程就好比产品的生产流水线,侦查是备料准备阶段,只有把生产产品需要的材料准备充分、扎实,才能为下一步的生产打下良好的基础。那么,备料充分以后,是否就应马上开工正式生产呢? 不行! 对重大产品的生产而言,还应对其准备过程进行严格的审查,以发现其存在的缺陷及不足。生产流水线的产品就像刑事诉讼的案件,因而,也需要由有关机关对侦查终结的案件进行严格的审查,为下一步程序的顺利进行、实现刑事诉讼的目的打下坚实的基础。这种审查在刑事诉讼中就称为"审查起诉"程序。那么审查哪些内容呢? 首先,应审查犯罪嫌疑人的犯罪事实是否已经查清,证据是否已达到确实、充分的标准;其次,要对侦查活动的合法性进行审查。如何审查? 按照什么步骤和方法进行审查? 审查完毕以后针对不同情况该如何处理? 在多长时间内审查完毕? 这些内容,就是《刑事诉讼法》规定的审查起诉程序要解决的问题。2012 年《刑事诉讼法》第 167～177 条对此作了规定。2012 年《刑事诉讼法》增补了针对没有犯罪事实的法定不起诉的情形;完善了审查起诉的程序,明确了必须听取辩护人、被害人及其诉讼代理人的意见;严格规范对非法收集证据的审查;在提起公诉时要求将案卷材料、证据移送人民法院。

学习本章需重点掌握的内容包括:①审查起诉的期限;②审查起诉的内容、程序;③提起公诉的条件;④不起诉的条件以及对不起诉的监督、救济;⑤自诉的程序。

本章的知识内容体系见图 12-1。

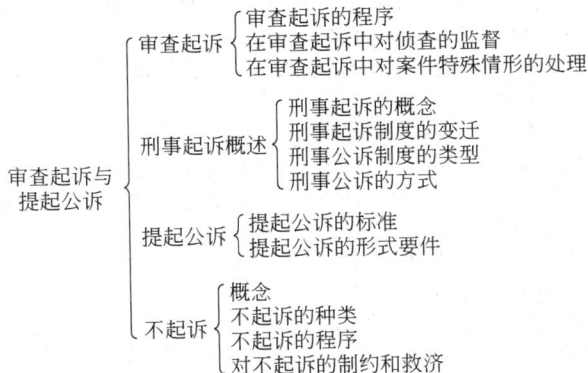

```
                        ┌ 审查起诉的程序
              审查起诉 ┤ 在审查起诉中对侦查的监督
                        └ 在审查起诉中对案件特殊情形的处理

                        ┌ 刑事起诉的概念
              刑事起诉概述┤ 刑事起诉制度的变迁
                        │ 刑事公诉制度的类型
审查起诉与              └ 刑事公诉的方式
提起公诉
              提起公诉 ┤ 提起公诉的标准
                        └ 提起公诉的形式要件

                        ┌ 概念
              不起诉   ┤ 不起诉的种类
                        │ 不起诉的程序
                        └ 对不起诉的制约和救济
```

图 12-1 本章知识体系图示

第一节 审 查 起 诉

审查起诉是指人民检察院为了确定经侦查终结的刑事案件是否应当提起公诉,而对侦查机关确认的犯罪事实和证据、犯罪性质和罪名进行审查核实,并作出处理决定的一项诉讼活动。

一、审查起诉的程序(《刑事诉讼法》第 167～170 条)

审查起诉的程度具体见表 12-1。

表 12-1　审查起诉的程序

审查主体		人民检察院
案件范围		公安机关和人民检察院自侦部门侦查终结的案件
启动期限		对于公安机关移送审查起诉的案件,应当在 7 日内进行审查。该期限计入人民检察院审查起诉期限
受理条件(程序性审查)		① 案件是否属于本院管辖 ② 起诉意见书以及案卷材料是否齐备;案卷装订、移送是否符合有关规定和要求等 ③ 对作为证据使用的实物是否随案移送,移送的实物与物品清单是否相符 ④ 犯罪嫌疑人是否在案及采取强制措施的情况
程序性审查后的处理		① 具备受理条件的,进入下一阶段——审查起诉阶段 ② 不符合有关规定、要求或者有遗漏的,应当要求公安机关按照要求制作后移送或者在 3 日内补送 ③ 犯罪嫌疑人在逃的,要求保证到案后移送审查起诉;共同犯罪的部分犯罪嫌疑人在逃的,要求保证到案后另案移送审查起诉
审查内容(《刑事诉讼法》第 168 条、《最高检刑诉规则》第 363 条)	实体性内容	① 犯罪嫌疑人身份状况是否清楚,包括姓名、性别、国籍、出生年月日、职业和单位等;单位犯罪的,单位的相关情况是否清楚 ② 犯罪事实、情节是否清楚;实施犯罪的时间、地点、手段、犯罪事实、危害后果是否明确 ③ 认定犯罪性质和罪名的意见是否正确;有无法定的从重、从轻、减轻或者免除处罚的情节及酌定从重、从轻情节;共同犯罪案件的犯罪嫌疑人在犯罪活动中的责任的认定是否恰当 ④ 证明犯罪事实的证据材料包括采取技术侦查措施的决定书及证据材料是否随案移送;证明相关财产系违法所得的证据材料是否随案移送;不宜移送的证据的清单、复制件、照片或者其他证明文件是否随案移送 ⑤ 证据是否确实、充分,是否依法收集,有无应当排除非法证据的情形 ⑥ 有无遗漏罪行和其他应当追究刑事责任的人 ⑦ 是否属于不应当追究刑事责任的
	程序性内容	① 侦查的各种法律手续和诉讼文书是否完备 ② 有无附带民事诉讼;对于国家财产、集体财产遭受损失的,是否需要由人民检察院提起附带民事诉讼 ③ 采取的强制措施是否适当,对于已经逮捕的犯罪嫌疑人,有无继续羁押的必要 ④ 侦查活动是否合法 ⑤ 涉案款物是否查封、扣押、冻结并妥善保管,清单是否齐备;对被害人合法财产的返还和对违禁品或者不宜长期保存的物品的处理是否妥当,移送的证明文件是否完备

管辖(起诉与审判管辖对应)	① 检察院受理同级公安机关移送审查起诉的案件,经审查认为属于上级法院管辖的第一审案件时,应当写出审查报告,连同案卷材料报送上一级检察院,同时通知移送审查起诉的公安机关;认为属于同级其他法院管辖的第一审案件时,应当写出审查报告,连同案卷材料移送有管辖权的检察院或者报送共同的上级检察院指定管辖,同时通知移送审查起诉的公安机关 ② 上级检察院受理同级公安机关移送审查起诉的案件,认为属于下级法院管辖时,可以直接交下级检察院审查,由下级检察院向同级法院提起公诉,同时通知移送审查起诉的公安机关
步骤与方法	审阅案卷材料→讯问犯罪嫌疑人、听取辩护人、被害人及其诉讼代理人的意见→审核证据→认为需要补充侦查的,提出书面意见,连同案卷材料一并退回公安机关补充侦查→提出起诉或者不起诉以及是否需要提起附带民事诉讼的意见 【必经步骤】 ①讯问犯罪嫌疑人(主动);②听取辩护人、被害人及其诉讼代理人的意见,并记录在案;③辩护人、被害人及其诉讼代理人提出书面意见的,应当附卷(《刑事诉讼法》第170条)
审查起诉期限	1个月为限;重大复杂的,延长半个月。补充侦查的,期限应重新计算;中止审查时应暂停计算;改变管辖的,从改变后的检察院收到案件之日起,重新计算审查起诉期限
审查起诉后的处理	① 补充侦查的方式包括退回公安机关补充侦查与检察院自行侦查两种方式。公安机关或者人民检察院应当在一个月以内补充侦查完毕,补充侦查以两次为限。补充侦查完毕移送人民检察院后,人民检察院重新计算审查起诉期限 ② 对于两次补充侦查的案件,人民检察院仍然认为证据不足,不符合起诉条件的,人民检察院应当作出不起诉的决定 ③ 案件事实清楚,证据确实、充分的,提起公诉或不起诉

问题思考:2012年《刑事诉讼法》第170条规定必须听取辩护人、被害人及其诉讼代理人意见的意义和理由。

简析:1996年《刑事诉讼法》第139条规定:"人民检察院审查案件,应当讯问犯罪嫌疑人,听取被害人和犯罪嫌疑人、被害人委托的人的意见。"2012年《刑事诉讼法》第170条对本条作了修改,将"被害人和犯罪嫌疑人、被害人委托的人"明确为"辩护人、被害人及其诉讼代理人",这样的说法更加准确。另外,本条增加了对于辩护人、被害人、诉讼代理人的意见检察机关应如何处理的规定,一方面强调应当听取辩护人、诉讼代理人的意见;另一方面要求将听取的意见记录在案,并且将书面意见附卷。

这样修改的理由是为了确保人民检察院在审查案件时能够切实在讯问犯罪嫌疑人,听取辩护人、被害人及其诉讼代理人的意见的基础上作出处理决定,保障案件审查的公正性和准确性,避免检察机关先入为主认为嫌疑人有罪。另外,听取被害人和其诉讼代理人关于附带民事诉讼的提起、赔偿要求等意见,也使得检察机关当面了解被害方的诉求,挽回被害人的经济损失,保障其合法权益。此外,实践中,对辩护人、被害人及其诉讼代理人的意见的记载,做法不一,修改之后将意见记录在案,书面意见附卷,更有利于保护犯罪嫌疑人、被害人的合法权益。

问题思考:张某,某刑事案件犯罪嫌疑人;刘某是其辩护律师;何某,该刑事案件的被害人;李某,何某委托的诉讼代理人;王某,本案的证人。人民检察院在对该案件审查起诉的时候依照法律规定,除应当讯问张某外,还应当听取哪些人的意见?

答案：刘某、何某、李某。

【案例释义 12-1】

案情：小闫，男，24 岁，包工头。2011 年 7 月 15 日，小闫因没有钱给手下工人发工资，遂来到甲租赁站以假名字骗租架子管 700 根，管卡子 1100 个，后将架子管和管卡子卖掉，得赃款约 31000 元。2011 年 11 月 25 日，由于甲租赁站催小闫还租赁物品并声称要报警，小闫遂到乙租赁站，又以假身份骗租架子管 700 根，管卡子 1100 个。后将骗取的架子管和管卡子还给甲租赁站。经鉴定，小闫骗取的甲、乙租赁站的物品价值都是人民币 41225 元。公安机关以小闫涉嫌犯诈骗罪向检察机关移送审查起诉，移送犯罪事实两起，分别是小闫诈骗甲租赁站的犯罪事实和小闫诈骗乙租赁站的犯罪事实。检察机关在审查案件时听取了小闫的辩护人和乙租赁站的诉讼代理人的意见。小闫的辩护人认为小闫在案发前已经归还了甲租赁站的物品，对于小闫骗租甲租赁站物品的行为应不认为是犯罪。乙租赁站的诉讼代理人认为小闫在案发前还给甲租赁站的物品是乙租赁站的，公安机关应将其追回，还给乙租赁站。检察机关承办人老李和小马将上述意见记录在案。后小闫的辩护人和乙租赁站的诉讼代理人分别向检察机关提交了书面意见，小马将书面意见附卷。

本案中老李和小马将小闫的辩护人和乙租赁站的诉讼代理人的意见记录在案，将书面意见附卷就是在执行 2012 年《刑事诉讼法》第 170 条的规定。

【巩固练习 12-1】 对于公安机关移送审查起诉的案件，人民检察院认为按照管辖规定应当由上一级人民检察院起诉的，应当怎样处理？

A. 不予受理，将案件退回公安机关　　B. 受理，审查并作出是否起诉的决定

C. 将案件移送上一级人民检察院　　D. 报请上一级人民检察院决定是否受理

答案：C

【巩固练习 12-2】 关于在审查起诉阶段，犯罪嫌疑人死亡，但对犯罪嫌疑人的存款、汇款应当依法没收的，下列哪一个选项是正确的？

A. 由检察院依法作出不起诉的决定，并没收犯罪嫌疑人存款上缴国库，或返还被害人

B. 由检察院作出撤销案件的决定，并没收犯罪嫌疑人的存款上缴国库，或返还被害人

C. 由检察院作出不起诉的决定，并申请法院裁定通知冻结犯罪嫌疑人的存款、汇款的金融机构上缴国库或返还被害人

D. 由检察院作出撤销案件的决定，并申请法院裁定通知冻结犯罪嫌疑人的存款、汇款的金融机构上缴国库或者返还被害人

答案：C（审查起诉的程序）

二、在审查起诉中对侦查的监督

具体内容见表 12-2。

表 12-2　在审查起诉中对侦查的监督

发现侦查人员以非法方法收集证据的	① 检察院审查案件,可以要求公安机关提供法庭审判所必需的证据材料;认为可能存在《刑事诉讼法》第 54 条规定的以非法方法收集证据情形的,可以要求其对证据收集的合法性作出说明(《刑事诉讼法》第 171 条) ② 检察院接到报案、控告、举报或者发现侦查人员以非法方法收集证据的,应当进行调查核实。对于确有以非法方法收集证据情形的,应当提出纠正意见;构成犯罪的,依法追究刑事责任(《刑事诉讼法》第 55 条) ③ 应当提出纠正意见,同时应当要求侦查机关重新调查取证,必要时检察院也可以自行调查取证(《最高检刑诉规则》第 265 条第 2 款)
发现侦查人员在侦查活动中有违法行为的(《最高检刑诉规则》第 383 条、第 389 条)	① 人民检察院根据需要可以派员参加公安机关对于重大案件的讨论和其他侦查活动,发现违法行为,应当及时通知纠正 ② 发现侦查人员在侦查活动中的违法行为情节严重,构成犯罪的,应当移送本院侦查部门审查,并报告检察长。侦查部门审查后应当提出是否立案侦查的意见,报请检察长决定。对于不属于检察院管辖的,应当移送有管辖权的机关处理

三、在审查起诉中对案件特殊情形的处理

具体内容见表 12-3。

表 12-3　在审查起诉中对案件特殊情形的处理

特 殊 情 形	处　　理
发现无违法犯罪行为	应当书面说明理由并将案卷退回公安机关处理
犯罪并非犯罪嫌疑人所为的	应当书面说明理由将案卷退回公安机关并建议重新侦查。如果犯罪嫌疑人已经被逮捕,应当撤销逮捕决定,通知公安机关立即释放
	对于本院侦查部门移送审查起诉的案件,发现具有上述情形之一的,应当退回本院侦查部门,建议作出撤销案件的处理
公安机关移送的案件遗漏同案犯的	应当建议公安机关补充移送审查起诉;对于犯罪事实清楚,证据确实、充分的(即符合起诉条件的),检察院也可以直接提起公诉(《最高检刑诉规则》第 280 条) 【对比记忆】　检察院发现应当逮捕而公安机关未提请批准逮捕的犯罪嫌疑人:应当建议公安机关提请批准逮捕。如果公安机关不提请批准逮捕的理由不能成立,人民检察院也可以直接作出逮捕决定,送达公安机关执行(《最高检刑诉规则》第 103 条)
发现新罪的	对已经退回公安机关二次补充侦查的案件,在审查起诉中又发现新的犯罪事实应当移送公安机关立案侦查;对已经查清的犯罪事实,应当提起公诉
需要对公安机关的勘验、检查进行复验、复查的	应当要求公安机关复验、复查,也可以自行复验、复查
犯罪嫌疑人逃跑,或丧失诉讼行为能力的	可以中止审查

【巩固练习 12-3】　关于检察院审查起诉,下列哪一个选项是正确的?

A. 认为需要对公安机关的勘验、检查进行复验、复查的,可以自行复验、复查

B. 发现侦查人员以非法方法收集证据的,应当自行调查取证

C. 对已经退回公安机关二次补充侦查的案件,在审查起诉中又有新的犯罪事实的,应当将已侦查的案件和新发现的犯罪一并移送公安机关立案侦查

D. 共同犯罪中部分犯罪嫌疑人潜逃的,应当中止对全案的审查,待潜逃犯罪嫌疑人归案后重新开始审查起诉

答案:A(审查起诉的程序)

【巩固练习12-4】 某市检察院在审查甲杀人案中,发现遗漏了依法应当移送审查起诉的同案犯罪嫌疑人乙。对此检察院应该如何处理?

A. 应当建议公安机关对乙提请批准逮捕

B. 应当建议公安机关对乙补充移送审查起诉

C. 如果符合逮捕条件,可以直接决定逮捕乙

D. 如果符合起诉条件,可以直接将甲与乙一并提起公诉

答案:B、C、D(审查起诉)

第二节 刑事起诉概述

一、刑事起诉的概念

刑事起诉是指享有控诉权的国家机关和公民,依法向法院提起诉讼,请求法院对指控的内容进行审判,以确定被告人刑事责任并依法予以刑事制裁的诉讼活动。刑事起诉按照刑事追诉权主体的不同,可以分为公诉与自诉。公诉是指依法享有刑事追诉权的国家专门机关,代表国家向法院起诉,要求审判机关追究被告人刑事责任的活动。自诉是指刑事被害人及其法定代理人、近亲属等,以个人的名义向法院起诉,要求保护被害人的合法权益,追究被告人刑事责任的诉讼活动。

二、刑事起诉制度的变迁

在原始社会,无所谓国家,也就没有由国家专门机关提起的公诉。奴隶社会,虽然有了国家,出现了刑事诉讼,也存在着诉讼职能意义上的控诉行为,但控诉的主体是被害人,因此只能称为私诉。及至封建社会,控诉职能虽然基本上改由国家承担,但其主体却是由行使审判权的裁判官兼任,因而控诉活动与审判活动是融为一体的。只有到了近现代社会,随着检察机关的产生,控诉职能才真正从审判职能中独立出来,由检察机关专门行使,公诉形式才真正出现,并逐渐取代自诉,成为当今世界各国刑事起诉的最主要方式。

对刑事案件起诉制度的变迁与国家对犯罪的认识有关,随着社会的发展与进步,国家的统治者认识到,犯罪行为不仅侵犯了个人的权益,同时也对统治基础、社会秩序形成了破坏,因此对严重的犯罪国家必须要予以追诉。从公诉运作的方式和步骤看,公诉可分为三个阶段:审查起诉、提起公诉和法庭公诉。前两个阶段的基本内容是,代表国家行使公诉权的机关对侦查终结的案件予以审查后,如认为被告人的行为构成犯罪,应当受到刑事惩罚,就将案件起诉至法院,请求法院予以审判。而法庭公诉则是指公诉机关对提起公诉的案件,在法院开庭后,检察院派员以国家公诉人的身份出席法庭控诉被告人的活动,是审查起诉与提起公诉活动的继续和延伸。

在我国,人民检察院是行使国家公诉权的专门机关,其他任何机关、团体和个人都不

能行使这项权力。从广义上讲,人民检察院公诉活动的内容,包括对公安机关侦查终结移送的案件或者自行侦查终结的案件从事实和法律上进行全面审查;根据审查情况,作出起诉或不起诉的决定,并制作相应的法律文书即起诉书。至于出庭支持公诉则是提起公诉活动在人民法院审判阶段的延伸。

三、刑事公诉制度的类型

现代各国的刑事公诉制度主要分为两种类型:一种是刑事公诉独占主义,即刑事案件的起诉权被国家垄断,排除被害人自诉;另一种是刑事公诉兼自诉制度,即较为严重犯罪案件的起诉权由检察机关代表国家行使,而少数轻微的刑事案件允许公民自诉。对于符合起诉条件的刑事公诉案件是否必须向审判机关起诉的问题,存在两种不同的原则:一是起诉法定主义,即只要被告人的行为符合法定起诉条件,公诉机关不享有自由裁量的权力,必须起诉,而不论具体情节如何;二是起诉便宜主义,即被告人的行为在具备起诉条件时,是否起诉由检察官根据被告人及其行为的具体情况,以及刑事政策等因素自由裁量。现代刑事诉讼普遍强调起诉法定主义与起诉便宜主义的二元并存、相互补充的起诉原则。

我国刑事诉讼实行以公诉为主、自诉为辅的犯罪追诉机制,即在对刑事犯罪实行国家追诉的同时,兼采被害人追诉主义。绝大多数刑事案件由人民检察院代表国家向人民法院提起公诉,只有部分刑事案件由被害人及其法定代理人、近亲属直接向人民法院提起自诉,由人民法院直接受理。

【巩固练习12-5】 关于我国刑事起诉制度,下列哪些选项是正确的?

A. 实行公诉为主、自诉为辅的犯罪追诉机制

B. 公诉为主表明公诉机关可主动干预自诉

C. 实行的起诉原则为起诉法定主义为主,兼采起诉便宜主义

D. 起诉法定为主要求凡构成犯罪的必须起诉

答案:A、C

本题考查我国的刑事起诉制度。我国刑事诉讼实行以公诉为主、自诉为辅的犯罪追诉机制,即在对刑事犯罪实行国家追诉的同时,兼采被害人追诉主义,故A选项正确。在起诉原则上,我国采用以起诉法定主义为主,兼采起诉便宜主义,检察官的起诉裁量权受到严格限制,故C选项正确。B选项的错误在于,公诉不能主动干预自诉。起诉法定主义是指,只要被告人的行为符合法定起诉条件,公诉机关不享有自由裁量的权力,必须起诉,而不论具体情节。而不是D选项中所述的"起诉法定为主要求凡构成犯罪的必须起诉",故D选项错误。因此,本题正确答案为A、C两项。

四、刑事公诉的方式

现代各国具有代表性的公诉方式主要有两种:一种是英美等普通法系国家所采取的"起诉状一本主义";另一种是以法国、德国为代表的大陆法系国家所采取的"案卷移送主义"。

所谓起诉状一本主义是指检察官在起诉时,只将具有法定事项和格式的起诉书提交

有管辖权的法院的诉讼原则，即在决定对被告人提起诉讼后，检察官只能向法院提交一份记载一定事项的起诉书，用以表明起诉主张。该起诉书只要求写明被告人的姓名、年龄、职业、住址和足以确认其身份的一些情况以及公诉事实、罪名和适用的处罚条文即可，不得在起诉书中记载可能使法官产生不利于被告人的偏见之材料，更不得随卷移送任何证据材料和证物。实行这种提起公诉的方式，意在使法官在开庭前无卷可阅，无证据材料可看，因而也就了解不到证明案件事实是否存在的诉讼材料，这就使得法庭公诉的重心定位于法庭调查阶段。所以，起诉状一本主义的优势在于：①有利于防止法官"先入为主"，以至于产生不利于被告人的偏见，从而为实现公正审判提供了程序保障。②贯彻直接言辞主义。法官事先没有接触证据的机会，就不得不将证据调查交给控、辩双方进行言辞性的举证、质证。

第二次世界大战后的日本是"起诉状一本主义"制度的代表国家。根据《日本刑事诉讼法》第256条规定："（一）提起公诉时应当提出起诉书。（二）起诉书应当记载下列事项：①被告人的姓名或其他足以特定被告人的事项；②公诉事实；③罪名。"公诉事实应记载犯罪时间、地点和方法等事实；罪名必须记载适用的处罚条文，以便被告进行防御。由此可见，起诉书只能记载法定事项。第256条第6款还特别规定："起诉书不得添附可能使法官对案件产生预断的文书及其他物件，或引用该文书等的内容。"违反起诉书一本主义时，起诉书无效，作出驳回公诉判决。

而在大陆法系国家中，提起公诉采用的则是另一种被称为"案卷移送"的制度，即检察机关在向管辖法院提起公诉时，不仅要提交指控被告人犯罪事实的起诉书，而且要随案向法院移交在侦查、审查起诉阶段所制作的卷宗材料以及获取的证据材料。比如《德国刑事诉讼法》第173条第一项规定："依法院要求，检察院应当向法院移送迄今为止由它掌握的案件材料、证据。"之所以要求公诉机关在提起公诉时要随案移送全部的卷宗材料和证据材料，主要是为了便于法官在开庭之前就能阅览这些材料，并根据阅卷情况，设想一下开庭审判中要注意的问题及大体的审判思路，必要时还可以自行收集、调取自己认为必须而控方没有移送的其他证据。而法官开展如此烦琐、细致的庭前调查活动的目的是为了实现法官对法庭审理过程的主导权和控制权。因为法官要使其主宰下的法庭审判过程有条不紊地开展，就必须在开庭之前做到胸有成竹，对案件的基本情况及其争议焦点有一个清楚的了解。所以，在法庭审理过程中，提出与调查证据的任务通常由法官来行使，检察官仅起次要作用。法庭公诉的重心一般是放在法庭辩论阶段。

第三节　提　起　公　诉

2012年《刑事诉讼法》第172条规定，人民检察院认为犯罪嫌疑人的犯罪事实已经查清，证据确实、充分，依法应当追究刑事责任的，应当作出起诉决定，按照审判管辖的规定，向人民法院提起公诉，并将案卷材料、证据移送人民法院。

一、提起公诉的标准

根据2012年《刑事诉讼法》第174条和《最高检刑诉规则》第390条的规定，提起公诉的标准主要包括以下方面。

（1）事实标准，即犯罪事实已经查清。犯罪事实清楚是提起公诉的首要条件，具有下列情形之一的，可以确认犯罪事实已经查清：①属于单一罪行的案件，查清的事实足以定罪量刑或者与定罪量刑有关的事实已经查清，不影响定罪量刑的事实无法查清的；②属于数个罪行的案件，部分罪行已经查清并符合起诉条件，其他罪行无法查清的；③无法查清作案工具、赃物去向，但有其他证据足以对被告人定罪量刑的；④证人证言、犯罪嫌疑人供述和辩解、被害人陈述的内容中主要情节一致，只有个别情节不一致且不影响定罪的。

（2）证据标准，即证据确实、充分。“证据确实”是对证据质的要求，“证据充分”是对证据量的要求。证据确实与充分是相互联系、不可分割的两个方面。二者互为条件，共同构成人民检察院提起公诉的必要条件之一。

（3）法律标准，即依法应当追究刑事责任。犯罪嫌疑人的行为虽然已构成犯罪，但具有依法不应追究刑事责任的情形，同样不应对其提起公诉。

以上三个条件必须同时具备，缺一不可。

二、提起公诉的形式要件

（1）制作起诉书；

（2）按照审判管辖要求提起公诉；

（3）将案卷材料、证据移送人民法院。

【案例释义12-2】

案情：小温，女，23岁，大学毕业，是某县检察院的书记员，在公诉处工作。小温在公诉处与检察员老程一个办案组。2012年3月15日，他们组的一个诈骗案已经审查完毕，起诉书等法律文书已经制作完毕，并加盖了检察院印章。这天下午，小温抱着该案共计7本卷宗去复印。经过了近两个小时，小温将要移送法院的作为本案有罪、加重情节、减轻情节的各种证据材料共约200页A4纸复印完毕。之后，小温将整理好的证据目录、证人名单一起装订妥当。第二天一上班，小温将起诉书等法律文书及装订好的证据材料一起移送本县法院。

问题：

（1）理解2012年《刑事诉讼法》第172条规定的理由和意义。

（2）2013年后，小温将案件移送人民法院时还需要复印各种证据材料吗？

简析：为防止法官预断，强化公正审判，1996年《刑事诉讼法》取消了1979年《刑事诉讼法》中的“全卷移送”，规定人民检察院作出起诉决定向人民法院提起公诉时，需要移送的是有明确的指控犯罪事实的起诉书以及证据目录、证人名单和主要证据复印件或者照片。这一修改被社会各界称为“半个起诉书一本主义”、“主要证据复印件主义”。2012年《刑事诉讼法》实施后情况发生了很大变化。2012年《刑事诉讼法》删去了起诉书中需附有证据目录、证人名单和主要证据复印件或者照片的规定，要求检察院在提起公诉时，一并将案卷材料、证据移送人民法院，要求人民法院对于起诉书中有明确的指控犯罪事实的，就应当决定开庭审判。也就是说，2013年后的庭前审查是形式审查，不再审查证据等材料。这样修改的理由主要包括以下四点。

(1) 缓解辩护律师阅卷难问题。根据1996年《刑事诉讼法》规定,即使在开庭审判前辩护律师仍然难以查阅到控方掌握的全部证据。2012年《刑事诉讼法》的规定可以使辩护律师能够在庭审前到法院查阅全部案卷材料,有利于解决"阅卷难"的问题。

(2) 解决先审后定问题。1996年《刑事诉讼法》希望改变"法官先入为主、先定后审"等问题,然而实践表明,这一立法初衷并未因起诉方式的改变而得以实现。许多法官畏于根据庭审情况当庭裁判,而是待庭审结束后,在仔细研读控辩双方在法庭上提交的证据、检察院庭后移送的证据与其他案卷材料等全部案卷材料的基础上,才作出裁判。2012年《刑事诉讼法》的规定使得法官在庭审前了解案情,有利于其排除非法证据,并根据庭审情况及时作出裁判。

(3) 考虑司法的诉讼成本。在"主要证据复印件主义"下,许多中西部地区的检察机关反映,某些案件案卷材料太多,导致复印费用过高,难以承受。

(4) 解决对"主要证据"的认识差异。如何判断"主要证据",各地检察机关与人民法院等在实践中的把握不统一;检、法关系好的地方,检察院移送给法院的证据就多些;检、法关系不好的地方,检察院移送的证据就少些。有些检察机关在庭审前故意不提交主要证据复印件,等待在庭审中进行诉讼突袭,以达到让辩护律师"哑口无言"的效果。全国人大法工委在起诉书一本主义和案卷移送主义之间经过权衡,认为如此修改尊重了刑事审判的发展规律。

2013年后,小温在将案件移送人民法院时不再需要复印各种证据材料。

第四节 不 起 诉

一、不起诉的概念

根据2012年《刑事诉讼法》第173条和《最高检刑诉规则》第401条之规定,不起诉是指人民检察院对公安机关侦查终结移送起诉的案件或者对自行侦查终结的案件,经过审查后,认为犯罪嫌疑人没有犯罪事实,或者具有2012年《刑事诉讼法》第15条规定的不追究刑事责任的情形,或者犯罪嫌疑人犯罪情节轻微依法不需要判处刑罚或免除刑罚,或者经过补充侦查,仍然证据不足,不符合起诉条件,或对未成年人涉嫌《刑法》分则第四章、第五章、第六章规定的犯罪,可能判处一年有期徒刑以下刑罚,符合起诉条件,但有悔罪表现的,而作出的不将案件移送人民法院进行审判的决定。不起诉是人民检察院审查案件的结果之一,具有终止诉讼的法律效力。

二、不起诉的种类

(一) 法定不起诉

法定不起诉又称为绝对不起诉,是指犯罪嫌疑人没有犯罪事实,或者具有2012年《刑事诉讼法》第15条规定的不追究刑事责任情形之一的,人民检察院应当作出的不起诉决定。(《刑事诉讼法》第173条第1款)

这里规定的"应当作出不起诉决定",实际包括两类情形：犯罪嫌疑人没有犯罪事实和 2012 年《刑事诉讼法》第 15 条规定的情形之一。如果具有《刑事诉讼法》第 15 条规定的情形之一或犯罪嫌疑人没有犯罪事实，人民检察院只能依法作出不起诉决定，没有自由裁量的余地。

【案例释义 12-3】

案情： 2011 年 3 月，老赵因为其经营的养猪场需要水源，于是打算将其养猪场附近政府封堵的废弃的金矿洞打开，引矿洞内积水到养猪场。老赵找到好朋友老李、老杜二人帮忙，二人表示同意。老赵遂从家中拿一把铁锤、两把铁钎子作为工具，带着老李、老杜来到矿洞，先将封堵矿洞的干石墙搬开，后用铁锤、铁钎子凿水泥浇筑的石墙，将石墙毁坏但未凿通，后案发。价格认证中心认定：涉案财产水泥浆砌墙鉴定价格为人民币 5658 元。公安局以三名犯罪嫌疑人涉嫌故意毁坏财物罪向人民检察院移送审查起诉。人民检察院在审查案件过程中发现，本案毁坏财物的价格是根据被毁坏的墙体长度和宽度乘以墙体每米的单价算出来的，可是侦查案卷里并没有现场勘验检查笔录，也就是说没有毁坏墙体长度和宽度的勘测记录。后公安机关解释说由于案发在夜晚，当时办案人员只是拿皮尺大概测量了一下毁坏墙体的长度，并没有作现场勘验。在检察机关要求下，公安机关到现场作了勘验笔录，这次勘测的长度比办案人员最初认定的长度少了 1/4，也就导致本案毁坏财物金额少于 5000 元，达不到故意毁坏财物罪数额较大的标准，在这种情况下检察机关认为没有犯罪事实发生，对老马等三人依法作出不起诉决定。

问题： 检察机关的决定符合法律规定吗？

简析： 根据 2012 年《刑事诉讼法》第 173 条第 1 款的规定，对于犯罪嫌疑人没有犯罪事实的，人民检察院应当作出不起诉决定。这里的没有犯罪事实既包括犯罪行为非犯罪嫌疑人所为，也包括该案所涉行为依法不构成犯罪。上述案例中，在检察机关发现证据出现变化，犯罪嫌疑人的行为没有达到故意毁坏财物罪数额较大的标准，认为没有犯罪事实发生，从而作出不起诉决定是符合法律规定的。在 2012 年《刑事诉讼法》实施以前，对于公安机关移送的没有犯罪事实的案件，实践中的做法一般是由检察机关将案件退回公安机关处理，由其根据关于"不应对犯罪嫌疑人追究刑事责任的，应当撤销案件"的规定，作撤案处理。但是实践中公安机关出于种种考虑，常常对此类情况不予撤案，这样犯罪嫌疑人的诉讼法律地位处于未决状态，有可能随时再受公安机关追诉，不利于对犯罪嫌疑人权利的保护。在本案中，既然犯罪嫌疑人的行为没有达到故意毁坏财物罪的数额较大标准，即没有犯罪事实发生，人民检察院只能作出不起诉的决定。因此，检察机关的决定符合法律规定。

【巩固练习 12-6】 某市检察院审理市公安局移送审查起诉的下列案件中，具有何种情形时应当作出不起诉决定？

A. 犯罪嫌疑人甲，犯罪已过追诉时效期限

B. 犯罪嫌疑人乙，为犯罪准备工具、制造条件

C. 犯罪嫌疑人丙已死亡

D. 犯罪嫌疑人丁为聋哑人

答案： A、C（法定不起诉的情形）

（二）酌定不起诉

根据《最高检刑诉规则》第 406 条之规定,酌定不起诉又称为相对不起诉,是指人民检察院认为犯罪嫌疑人的犯罪情节轻微,依照《刑法》规定不需要判处刑罚或者免除刑罚的案件,可以作出不起诉决定。

1. 酌定不起诉的适用条件

酌定不起诉必须同时具备两个条件:一是犯罪嫌疑人实施的行为符合犯罪构成要件,已经构成犯罪;二是犯罪行为情节轻微,依照《刑法》规定不需要判处刑罚或者免除刑罚。

在具备《刑法》规定的免除刑罚的情形下,人民检察院要根据犯罪嫌疑人的年龄、犯罪动机和目的、手段、危害后果等情节以及一贯表现进行综合考虑,在确实认为作出不起诉的决定更为有利时,才可以作出不起诉决定。

【提示】

（1）即使符合《刑法》规定的免除刑罚的情形,也必须同时具备犯罪情节轻微这一条件,才可以作出酌定不起诉的处理。

（2）由于对酌定不起诉,检察官拥有较大的自由裁量权,为了防止滥用裁量权,因此,《刑事诉讼法》规定应由检察委员会决定。

（3）酌定不起诉只是对案件作出不起诉的程序处理,所以,检察机关仍有可能撤销不起诉决定而重新起诉,被害人也可以直接向人民法院提起自诉。

2. 决定主体

作出酌定不起诉须经检察委员会讨论决定。

（三）存疑不起诉

存疑不起诉又称为证据不足不起诉,是指检察机关对于经过补充侦查的案件,仍然认为证据不足,不符合起诉条件的,经检察委员会讨论决定,可以作出不起诉决定。

补充侦查的案件应在 1 个月内补充侦查完毕,补充侦查以两次为限。第一次补充侦查后,如果人民检察院仍认为证据不足不符合起诉的,可以作出不起诉决定,也可以第二次退回补充侦查。第二次补充侦查后仍不具备起诉条件的,只能做不起诉处理。

根据《最高检刑诉规则》第 404 条的规定,案件经过两次补充侦查,具有下列情形之一,仍不能确定犯罪嫌疑人构成犯罪和需要追究刑事责任的,属于证据不足,不符合起诉条件。

（1）犯罪构成要件事实缺乏必要的证据予以证明的;

（2）据以定罪的证据存在疑问,无法查证属实的;

（3）据以定罪的证据之间、证据与案件事实之间的矛盾不能合理排除的;

（4）根据证据得出的结论具有其他可能性,不能排除合理怀疑的;

（5）根据证据认定案件事实不符合逻辑和经验法则,得出的结论明显不符合常理的。

【提示】 人民检察院根据上述情形作出不起诉决定后,如果发现了新的证据,证明案件符合起诉条件时,可以提起公诉,人民法院应当予以受理。

【案例释义 12-4】

案情:曹老太太,65 岁,文盲。2011 年曹老太太经人介绍加入了释迦教组织。该组织宣传世界末日即将到来,如果想逃避灾难,只能加入释迦教。入教每人需交 5000 元的入教费。曹老太太对此深信不疑,遂先后为自己及家人交纳入教费共计六万余元。释迦教非法组织任命曹老太太为某地区负责人,负责发展信徒并代收入教费。曹老太太本着为他人祈福消灾的目的,发展了自己的 5 名佛友,共收入教费 25000 元并上交给释迦教上级组织。2011 年 4 月案发,曹老太太被公安机关以诈骗罪移送审查起诉,检察机关承办人王检察官在审查案件过程中,发现曹老太太并没有非法占有的目的,且由于曹老太太对释迦教非法组织宣扬的东西深信不疑,她在发展佛友时,只是传达她自己深信的东西,并没有虚构事实和隐瞒真相。为此,王检察官先后两次将案件退补,要求公安机关查证曹老太太主观上是否具有非法占有的目的,公安机关补充侦查的证据均没有对曹老太太的非法占有目的之证据予以补强。检察院经研究对曹老太太作出不起诉决定。

问题:检察院对曹老太太作出不起诉决定符合法律规定吗?

简析:1996 年《刑事诉讼法》第 140 条第 4 款规定:"对于补充侦查的案件,人民检察院仍然认为证据不足,不符合起诉条件的,可以作出不起诉的决定。"2012 年《刑事诉讼法》第 173 条第 4 款规定"对于二次补充侦查的案件,人民检察院仍然认为证据不足,不符合起诉条件的,应当作出不起诉的决定。"通过对比可以看出,2012 年《刑事诉讼法》对于补充侦查的次数作了限制,即必须是"二次补充侦查的案件"。另外,将原规定的"可以作出不起诉决定"明确为"应当作出不起诉决定"。王检察官对本案二次退补后,证据依然不足,遂对该案提出作存疑不起诉建议。该案经法院检察委员会研究,决定对该案作出不起诉决定是符合法律规定的。

2012 年《刑事诉讼法》第 173 条第 4 款的规定,明确了二次补充侦查后仍不符合起诉条件的案件的法律后果,即案件经二次补充侦查后,人民检察院仍然认为证据不足,不符合起诉条件的,应当作出不起诉的决定。按照原规定,经补充侦查"仍然认为证据不足,不符合起诉条件的",无论何种情况,都是可以不起诉。现在对经二次补充侦查,仍然认为证据不足,不符合起诉条件的,人民检察院是"应当"作出不起诉的决定。这就在一定程度上避免了"不起诉决定"作出的随意性。

表 12-4 是三类不起诉之比较。

表 12-4　三类不起诉之比较

种类 区别	法定不起诉	酌定不起诉	证据不足不起诉
适用对象	没有犯罪事实(既没有违法,更不构成犯罪),或具有《刑事诉讼法》第 15 条规定的情形	犯罪情节轻微,依《刑法》规定不需要判处刑罚或免除刑罚的。包括:国外犯罪受过刑事处罚;聋哑人或盲人;犯罪预备、犯罪中止;从犯、胁从犯;自首立功等	对于事实不清、证据不足的案件退回补侦,仍然证据不足的,不符合起诉条件(第一次补侦后可以不起诉;第二次补侦后,应当不起诉)
有无裁量权	无	有	第一次有,第二次无

种类 区别	法定不起诉	酌定不起诉	证据不足不起诉
决定主体	检察长(应当不起诉)	检察委员会(可以不起诉)	检察委员会(可不起/应不起)
能否再起诉	不能	不能	能(需有新证据)
被害人申诉(向上一级检察院)	可以	可以	可以
被不起诉人可否申诉(向决定不起诉的检察院)	不可以	可以(表明仍有罪,故申诉)	不可以

【巩固练习 12-7】 下列哪一个案件,不起诉决定由检察长决定?

A. 犯罪嫌疑人甲涉嫌故意伤害罪,经鉴定,被害人受到的伤害为轻微伤

B. 犯罪嫌疑人乙涉嫌故意伤害罪,经鉴定,被害人受到的伤害为轻伤,但情节轻微,且被害人希望不追究乙刑事责任

C. 犯罪嫌疑人丙涉嫌非法侵入住宅罪,经查明,丙是因为受到野猪追赶被迫闯入被害人住宅,属于紧急避险

D. 犯罪嫌疑人丁涉嫌偷税罪,案件经过一次退回补充侦查,仍事实不清,证据不足

答案:A、C(不起诉的决定主体)

(四) 附条件不起诉

附条件不起诉又称暂缓起诉,是指检察机关对一些应当负刑事责任的未成年犯罪嫌疑人,规定一定的期限、设定一定条件进行考察,期限届满,对符合条件的犯罪嫌疑人依法决定不起诉的诉讼制度。2012 年《刑事诉讼法》在"未成年人犯罪案件诉讼程序"一章中确立了"附条件不起诉"制度。

1. 适用范围和条件

对于未成年人涉嫌《刑法》分则第四章、第五章、第六章规定的犯罪,可能判处 1 年有期徒刑以下刑罚,符合起诉条件,但有悔罪表现的,人民检察院可以作出附条件不起诉的决定。

2. 适用程序

人民检察院在作出附条件不起诉的决定以前,应当听取公安机关、被害人的意见。

3. 监督考察

在附条件不起诉的考验期内,由人民检察院对被附条件不起诉的未成年犯罪嫌疑人进行监督考察。未成年犯罪嫌疑人的监护人,应当对未成年犯罪嫌疑人加强管教,配合人民检察院做好监督考察工作。附条件不起诉的考验期为 6 个月以上 1 年以下,从人民检察院作出附条件不起诉的决定之日起计算。

被附条件不起诉的未成年犯罪嫌疑人,应当遵守下列规定:①遵守法律法规,服从监督;②按照考察机关的规定报告自己的活动情况;③离开所居住的市、县或者迁居,应当报经考察机关批准;④按照考察机关的要求接受矫治和教育。

4. 处理结果

被附条件不起诉的未成年犯罪嫌疑人,在考验期内有下列情形之一的,人民检察院应当撤销附条件不起诉的决定,提起公诉。

(1) 实施新的犯罪或者发现决定附条件不起诉以前还有其他犯罪需要追诉的。

(2) 违反治安管理规定或者考察机关有关附条件不起诉的监督管理规定,情节严重的。

被附条件不起诉的未成年犯罪嫌疑人,在考验期内没有上述情形,考验期满的,人民检察院应当作出不起诉的决定。

5. 救济程序

对附条件不起诉的决定,公安机关要求复议、提请复核或者被害人申诉的,适用 2012 年《刑事诉讼法》第 175 条和第 176 条的规定。

未成年犯罪嫌疑人及其法定代理人对人民检察院决定附条件不起诉有异议的,人民检察院应当作出起诉的决定。

【巩固练习 12-8】 下列关于附条件不起诉的说法,不正确的有:

A. 甲(17 岁)涉嫌盗窃,经查,该犯罪已过追诉时效期限,检察院可以对其作出附条件不起诉的决定

B. 乙(19 岁),两年前涉嫌故意伤害(轻伤),可能判处一年以下有期徒刑,有悔罪表现,可以对其作出附条件不起诉决定

C. 丙(17 岁),涉嫌危害国家安全罪,可能判处一年以下有期徒刑,可以对其作出附条件不起诉决定

D. 丁(17 岁),涉嫌诈骗,经补充侦查仍然证据不足,可以对其作出附条件不起诉决定

答案:A、C、D

三、不起诉的程序

(一) 不起诉的决定书的宣布和送达

不起诉的决定书,应当公开宣布;不起诉决定书自公开宣布之日起生效。

检察院应当将不起诉决定书送达下列机关和人员。

(1) 被不起诉人和他所在的单位。如果被不起诉人在押,应当立即释放。

(2) 对公安机关移送起诉的案件,不起诉决定书还应当送达公安机关。

(3) 对于有被害人的案件,不起诉决定书还应当送达被害人。

(二) 解除查封、扣押、冻结

人民检察院决定不起诉的案件,应当同时对侦查中查封、扣押、冻结的财物解除查封、扣押、冻结。

（三）移送有关主管机关处理

人民检察院对不起诉的案件，对被不起诉人需要给予行政处罚、行政处分或者需要没收其违法所得的，人民检察院应当提出检察意见，移送有关主管机关处理。有关主管机关应当将处理结果及时通知人民检察院。

四、对不起诉的制约和救济

（一）公安机关的制约

（1）如果公安机关认为人民检察院的不起诉决定有错误，可以要求复议。

（2）如果意见不被接受，可以向上一级人民检察院提请复核。

（二）被害人的救济

（1）对于有被害人的案件，如果被害人对不起诉决定（包括四种不起诉决定）不服，可以自收到不起诉决定书后 7 日以内直接向作出不起诉决定的上一级人民检察院申诉，请求提起公诉。

（2）对于上一级人民检察院维持不起诉决定的，被害人可以向人民法院起诉；被害人也可以不经申诉，直接向人民法院起诉。

（3）被害人又申诉又起诉的，人民检察院应终止复查，向人民法院移送材料。

【巩固练习 12-9】 被害人对于检察院作出不起诉决定不服而在 7 日内提出申诉时，下列哪一种说法是正确的？

A. 由作出决定的检察院受理被害人的申诉

B. 由与作出决定的检察院相对应的法院受理被害人的申诉

C. 被害人提出申诉同时又向法院起诉的，法院应裁定驳回起诉

D. 被害人提出申诉后又撤回的，仍可向法院起诉

答案：D（不起诉的申诉程序）

【巩固练习 12-10】 甲涉嫌过失致人重伤。在审查起诉阶段，检察院认为证据不足，遂作出不起诉决定，如果被害人对不起诉决定不服，依法可以采取下列哪些诉讼行为？

A. 可以向上一级检察院提起申诉

B. 可以直接向法院起诉

C. 向法院起诉后，可以与被告人自行和解

D. 向法院起诉后，可以请求法院调解

答案：A、B、C（被害人对不起诉决定的救济途径）

（三）被不起诉人的救济

对于人民检察院认为犯罪嫌疑人犯罪情节轻微，依照 2012 年《刑事诉讼法》第 173 条第 2 款作出的酌定不起诉决定（仅此一种不起诉），被不起诉人如果不服，可以自收到不起诉决定书后 7 日以内向作出不起诉决定的人民检察院申诉。人民检察院应当作出复查决

定,通知被不起诉人,同时抄送公安机关。

【提示】 被不起诉人是向作出不起诉决定的人民检察院申诉,而不是上级人民检察院。被害人可以针对四种不起诉决定向上一级人民检察院申诉,而被不起诉人只能对酌定不起诉向作出决定的原检察院申诉。

【巩固练习12-11】 甲因涉嫌盗窃被逮捕。该案经人民检察院审查起诉,认为甲犯罪事实清楚、证据充分,但依照《刑法》规定可以免除刑罚。遂依据2012年《刑事诉讼法》第173条第2款规定作出不起诉决定。问:下列哪些说法是正确的?

A. 该不起诉决定应当由检察长决定作出

B. 该不起诉决定应当由检察委员会决定作出

C. 甲有权在法定期限内向作出不起诉决定的人民检察院申诉

D. 甲有权在法定期限内向上一级人民检察院申诉

答案:B、C

【巩固练习12-12】 某看守所干警甲,因涉嫌虐待被监管人乙被立案侦查。在审查起诉期间,A地基层检察院认为甲情节显著轻微,不构成犯罪,遂作出不起诉处理。关于该决定,下列哪一选项是正确的?

A. 公安机关有权申请复议复核

B. 甲有权向原决定检察院申诉

C. 乙有权向上一级检察院申诉

D. 申诉后,上级检察院维持不起诉决定的,乙可以向该地的中级法院提起自诉

答案:C

本题考查不起诉的救济程序、管辖问题。依据2012年《刑事诉讼法》第175条的规定,公安机关有权申请复议复核的不起诉决定仅限于"公安机关移送起诉的案件"。根据《六机关规定》第2条的规定,监管人员殴打、体罚、虐待被监管人罪不是公安机关立案侦查的案件,由人民检察院管辖。因此,本题中公安机关无权申请复议复核。故A项错误。2012年《刑事诉讼法》第177条规定,被不起诉人只能对酌定不起诉决定向原检察院申诉。本题中的不起诉决定属法定不起诉,因此,被不起诉人甲无权申诉。故B选项错误。2012年《刑事诉讼法》第176条规定,对于有被害人的案件,决定不起诉的,被害人可以向作出不起诉决定的上一级人民检察院申诉,请求提起公诉。故C选项正确。D项错误的理由在于,本案不属于中级人民法院管辖的案件范围,因而不能向中级人民法院提起自诉,被害人乙申诉后,上级检察院维持不起诉决定的,乙可以向该地的基层法院提起自诉。

第十三章

刑事审判概述

本章导语

　　刑事审判在整个刑事诉讼过程中,应居于中心地位,是整个刑事诉讼中具有决定意义的一个诉讼阶段,它决定着案件的最终处理结果,决定着国家刑罚权的实现。刑事审判作为审判的一种,有其特殊的原则、制度和程序。本章主要对与审判有关的基本概念、基本模式、审级制度、审判组织、基本任务和特征,应该遵循的基本原则和人民陪审员制度作系统阐述,为后续内容的学习打下基础。我国 2012 年《刑事诉讼法》第 178～180 条对审判组织的种类、审判组织的组成以及各类审判组织审理的案件范围进行了明确规定;《刑诉法适用解释》和《最高检刑诉规则》也对本章的主要问题作了具体规定。学习本章知识应该重点掌握的内容包括:①公开审判原则;②辩论原则;③合议制、人民陪审制、审判委员会。

　　本章的知识内容体系见图 13-1。

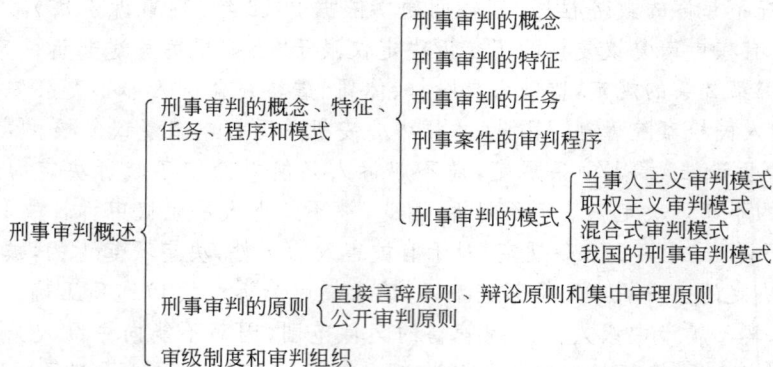

```
                                      ┌── 刑事审判的概念
                                      │
                   刑事审判的概念、特征、├── 刑事审判的特征
                   任务、程序和模式    ├── 刑事审判的任务
                                      ├── 刑事案件的审判程序
                                      │              ┌ 当事人主义审判模式
                                      └── 刑事审判的模式│ 职权主义审判模式
刑事审判概述       ┤                                  │ 混合式审判模式
                                                     └ 我国的刑事审判模式
                   刑事审判的原则 ┤ 直接言辞原则、辩论原则和集中审理原则
                                 └ 公开审判原则
                   审级制度和审判组织
```

图 13-1　本章知识体系图示

第一节　刑事审判的概念、特征、任务、程序和模式

一、刑事审判的概念

　　审判是解决冲突的最权威手段,也是社会正义的最后一道防线。

　　一般认为,现代社会中的审判是原告与被告在公开的法庭上各自提出自己的主张和证据进行争辩,法官站在第三者的位置上,基于国家权力对该争执作出裁判的一种程序。审判的构成要素包括:①客观上存在着一个双方甚至多方当事人之间的冲突或纠纷;②利益主张不同的冲突双方(或多方)把该争执交由一个与冲突各方无关的权威性的第三者处理;③在这种双方抗辩、第三者居间的"三方组合"格局中,按一定程序解决该纠纷;④权威性的第三者对案件的结果有最终的独自决定权。就刑事案件的审判而言,它与其他类型的审判的最大区别在于,前者有一个专门的代表国家的官方机构即检察机关充任"原告"一方(单就公诉案件而言),犯罪受害人一般不能以原告的身份直接向法院提起刑事诉讼。

在我国,刑事审判是指人民法院在控辩双方和其他诉讼参与人的参加下,依照法定的程序对于被提交审判的刑事案件进行审理并作出裁判的活动。刑事审判活动由审理和裁判两部分活动所组成。

二、刑事审判的特征

法院行使刑事审判权具有以下几个基本特征。

1. 审判程序启动的被动性

裁判者的被动性首先体现在司法程序的启动方面。其基本要求是,法院的所有司法活动只能在有人提出申请以后才能进行。没有当事者的起诉、上诉或者申诉,法院不会主动受理任何一起案件。同时,法院一旦受理当事者的控告或者起诉,其裁判范围就必须局限于起诉书所明确载明的被告人和被控告的事实,而绝不能超出起诉的范围而主动审理未经指控的人或者事实。法院如果超出这一限制,而主动按照控方未曾指控的罪名给被告人定罪,就与司法程序的被动特征和"不告不理原则"直接发生冲突。

2. 独立性

独立性是指人民法院依法独立行使审判权。无论是法院还是法官,在从事司法裁判活动时都必须在证据采纳、事实认定以及法律适用等方面保持独立自主性,不受来自司法机构外部或内部的任何压力、障碍或影响。之所以强调司法独立是因为司法机构在进行司法裁判活动时,极容易受到其他国家机构的干预,同时也是因为法官很难摆脱外部对其职业所施加的影响和控制。

3. 中立性

中立性是指法院在审判中相对于控辩双方保持中立的诉讼地位。

4. 亲历性

所谓亲历性,也就是裁判者要亲自经历裁判的全过程。亲历性有两个最基本的要求:一是直接审理;二是以口头的方式进行审理。前者要求裁判者在裁判过程中必须亲自在场,亲自审查证据材料;后者则要求裁判者必须以口头方式进行裁判活动,听取控辩双方以口头方式提交的各类证据。亲历性一般要求:①裁判者必须始终在场,而不能随意更换;②裁判活动不能随意中断;③裁判者对所有提供言辞证据的人,包括证人、鉴定人、被害人、被告人等,都必须当面听取其口头陈述,听取控辩双方就其陈述所进行的质证和辩论。

5. 公开性

公开性是指司法裁判的全过程一般应当向社会公众开放,允许公众在场旁听,允许新闻媒介采访和报道。公开审判包括两大基本内容,即整个法庭裁判过程的公开和法院裁判结论的公开。采用公开的形式通常被视为司法裁判的基本特征,但考虑到司法裁判过程可能还涉及其他更加重要的价值和利益,因此必须为这种公开性设定若干必要的例外,以防止这些利益和价值可能因审判公开而受到消极的影响。

6. 公正性

公正是诉讼的终极目标,是诉讼的生命。审判应依照公正的程序进行,进而最大限度地实现实体上的公正。审判的公正性也源自于裁判者的独立性与中立性。

7. 终局性

终局性是指在法院作出生效裁判之后,非依法律明确规定,不得启动对该案件的再审程序;控辩双方之间的利益争端一旦由裁判者以生效裁判的形式加以解决,一般就不得再将这一争端纳入司法裁判的范围。"终局性"是对司法裁判活动在终结环节上的要求,也就是要求裁判活动必须具有终结性,也就是具有"定纷止争"的效力。在刑事诉讼中,司法裁判的终结性一般又被称为"一事不再理"或者"禁止就同一行为实施双重追诉"。"一事不再理"是大陆法国家实行的一项诉讼原则,要求刑事追诉机构和司法裁判机构,对于任一已经过生效裁判的案件,一般不再重新启动追诉或裁判程序。为此,对生效裁判的再审一般被视为一种例外。在大陆法国家的学者看来,一事不再理原则的贯彻可以维护法律的安定性,防止因为再审的随意开启而破坏法律实施的稳定性和安全性。"禁止双重追诉"又可称为"免受双重危险",是英美刑事诉讼中的一项重要诉讼原则。具体而言,对个人的刑事追诉一旦进行完毕,不论裁决结论如何,都不能使其重新陷入被追诉的境地,否则个人就会因同一行为反复承受国家的追诉或审查,其权益处于不确定状态。而这恰恰是对个人权益甚至人格尊严的不尊重,是非正义和不公正的。

【案例释义 13-1】

案情:广西某地区法官私自接受了原告的请求,决定"帮助"他讨回欠款。1999 年 5 月 13 日,法官与原告一起找到被告,在向被告"了解情况"后制作了谈话笔录,临走时还向被告发出警告:必须还清欠款,否则既可以"按民事处理",也可以"按刑事处理"。第二天,法官又来到被告家里,将一份民事判决书送达被告。该判决书明确判定被告"败诉"。在被告当场提出质疑之后,法官又向他补送了一份起诉书。

问题:在该案中,法官的做法违反了哪些法定程序?

简析:一是法官与原告共同向被告展开调查,进行"单方面接触",违法了司法的中立性;二是法官没有经过送达起诉书、立案、开庭、评议、宣判等法定程序,擅自作出了不利于被告的判决,法官违反了诉讼程序造成了严重的程序不公正。

法律程序本身必须具有哪些内在品质呢?从古罗马时代以来,人类就认为所有法律程序都必须至少符合两项基本原则:一是"任何人不得担任自己案件的法官";二是"法官必须同时听取控辩双方的意见"。这两项"自然正义原则"被认为是不证自明的司法裁判定律。根据第一项原则,法官要维持公正的形象,至少要做到以下几点:与案件或当事人不存在任何不适当的利害关系；不对案件存有先入为主的预断；不对任何一方有所偏袒。这样，法官才能保持为公正裁判所必需的中立性和超然性，也只有这样，当事人以及社会公众才不会对其是否出于公心存有怀疑。在该案中，法官本应保持中立的形象，却肆无忌惮地与原告进行"单方面接触"，并公开与原告一起，策划出让被告无法防备和抵御的"突袭性裁判"；法官明明知道判决会对被告产生不利的影响，却避开整个司法程序，在被告不能作出辩解的情况下，炮制出一份所谓的"民事判决书"。

三、刑事审判的任务

刑事审判的任务是依照法律规定的程序，查清案件事实，并且根据已经查明的案件事实和证据，依据有关实体法和程序法的规定，对于被告人是否犯有罪行、犯有何种罪行、应否应受到刑罚处罚以及给予何种处罚作出裁判。

四、刑事案件的审判程序

我国《刑事诉讼法》规定了五种刑事案件的审判程序。

（1）第一审程序。第一审程序指人民法院依据审判管辖的规定，对于人民检察院提起公诉或者自诉人提起自诉的刑事案件进行初次审理并且作出裁判的程序。依据起诉主体的不同，第一审程序分为公诉案件的第一审程序和自诉案件的第一审程序，其中公诉案件的第一审程序包括普通程序和简易程序。

（2）第二审程序。第二审程序指第二审人民法院对上诉、抗诉案件进行审理并且作出裁判的程序。

（3）特殊案件的复核和核准程序。具体有死刑复核程序、人民法院依法在法定刑以下判处刑罚的案件的复核程序，以及适用特殊情况假释的核准程序。

（4）审判监督程序。审判监督程序指对已经发生法律效力的判决或者裁定，发现在认定事实上或者适用法律上确有错误的，依法进行重新审判的程序。按照审判监督程序重新审判的案件，如果原来是第一审的案件，应当按照第一审程序进行审判；如果原来是第二审的案件，或者是上级人民法院提审的案件，应当按照第二审程序进行审判。

（5）2012 年《刑事诉讼法》增加了"特别程序"一编，规定了"未成年人刑事案件诉讼程序"、"当事人和解的公诉案件诉讼程序"、"犯罪嫌疑人、被告人逃匿、死亡案件违法所得的没收程序"和"依法不负刑事责任的精神病人的强制医疗程序"。

五、刑事审判的模式

刑事审判模式是指控、辩、审三方在刑事审判程序中的诉讼地位和相互关系，以及与之相适应的审判程序组合方式。

现代刑事审判模式大体上分为当事人主义审判模式和职权主义审判模式两类，前者主要实行于英美法系国家，后者主要实行于大陆法系国家。两种审判模式各有所长，长期以来，相互之间取长补短，同时也出现了兼采当事人主义和职权主义审判模式优点的混合式审判模式。

（一）当事人主义审判模式

当事人主义审判模式又称对抗制审判模式、抗辩式审判模式，是指法官（陪审团）居于中立且被动的裁判者地位，法庭审判的进行由控方的举证和辩方的反驳共同推进和控制的审判模式。

当事人的积极性和法官的消极性是当事人主义审判模式最重要的特点。

与职权主义审判模式相比，当事人主义审判模式有以下三个基本特点。

（1）法官消极中立。表现为：一是法官开庭前不接触证据材料，避免其产生预断；二是法官不主动出示证据，询问证人，调查证据，尤其不参与证据的收集。法官在审判中主要是主持审判的进行，根据双方提出的证据对案件事实作出判断、依法判决。法官的消极性和中立性，增强了审判程序本身的形式公正性。法官之所以要"消极、被动"，是为了不与控辩双方的积极、主动性活动相冲突，而且这样有助于法官冷静地思考，准确地判断。英美国家有一句民谚，叫"动口的法官不动脑"，说的就是这个道理。而所谓"消极、被动"，是说法官和陪审团不能干预法庭的证据调查过程，既不能单独提出证据，也不能过于主动地询问证人。法官只能传唤诉讼双方请来的证人。同样，要由律师轮流质询证人，而不是由法官来质询，以免影响他辩护的效果。法官的事情就是听取证词，只有在需要澄清任何被忽略的或不清楚的问题时，在需要促使律师行为得体且符合法律规范时，在需要排除与案情无关的事情和制止重复时，在需要通过巧妙的插话以确保法官明白律师阐述的问题以便作出估价时，以及最后在需要断定事情所在时，法官才能亲自询问证人。

（2）控辩双方积极主动和平等对抗。由于法官消极中立，控辩双方都会积极主动举证、质证、相互辩论，使法官形成客观中立的判断。当事人主义审判模式下，控辩双方的平等对抗得以充分实现，表现为控辩双方都有权收集、提供证据，以证明自己的主张，反驳对方的主张，平等辩论、交叉询问使审判程序充满"诉讼竞赛"的气氛。

（3）控辩双方分享对审判程序的控制权。尽管法官主持审判，但控辩双方对审判程序也分享一定的控制权，表现为：一是事实和证据的调查范围、深度取决于双方，只要不违反规则，法官不能主动干预；二是控辩双方可在庭前交易。法官只要查明协议是完全自愿、没有误解的情况下达成的，通常会尊重双方的选择。

对当事人主义审判模式的特征，有人以英美国家的刑事审判为例打了一个形象化的比喻：如果审判可以被比作一种对抗式的体育比赛（如足球赛等），那么法官是裁判员，其职责是保证"比赛"按规则进行，并随时裁处"犯规"行为和最后宣布"比赛结果"；律师（包括辩护律师，也包括公诉律师，因为英美国家的检察机关有时也聘请律师代为公诉）则是教练兼队员，他一方面要指导己方"队员"——证人们——的行动；一方面也亲自参加"比赛"。虽然"裁判"在比赛场上享有极大的权威，但决定比赛胜负的是双方队员而不是"裁判"。此外，还可以用一句更简练的话来概括对抗式审判的特点，那就是"沉默的法官，争斗的当事人"。

（4）实行陪审团制度。即在开庭之前由随机抽出的 12 名普通公民组成一个陪审团参与案件审理。其职责是根据法庭审理的情况，认定检察官对被告人的犯罪指控是否成立，并最终决定被告人是否有罪。而职业法官只能在陪审团作出有罪判决之后，对被告人判处相应的刑罚。

（二）职权主义审判模式

职权主义审判模式又称"审问式"审判模式,是指法庭审判以法官为中心,法官在审判程序中居于主导和控制地位,限制控辩双方积极性的审判模式。职权主义审判模式的主要特点是法官的中心地位和在事实认定与证据调查中的积极性。其基本理念是"职权调查"和"实体真实"。换句话讲,这种审判强调法官负有查明案件客观真相的责任,法官为此可依职权积极主动地收集、调查一切有助于查明案情的证据,而不受控辩双方所提供的证据材料的限制。

职权主义审判模式具有以下基本特征。

（1）法官在审判程序中居于中心地位,主导审判的进行。法官既是仲裁者,又是一个积极的事实调查者,行使调查权、审判决策权、指挥权。具体表现为三方面:一是公诉机关庭前移送卷宗,以便法官庭前初步了解案件事实和制订庭审计划;二是法官可以主动审问、询问被告人、证人等,主动调查核实证据等;三是法官决定案件的审理范围、审理方式、证人出庭、进程安排等。因此,大陆法系中的法官是审判过程中最忙的人,始终扮演着法庭审理过程中的主角。

（2）控辩双方的积极性受到抑制,在法庭审判中处于消极被动地位。公诉人不需主动向辩方出击,被告人在庭审中主要是法官的审问对象。控辩双方需要发问或出示证据要征得法官同意,并须在法官讯问和示证结束后。控辩双方都处于被动、消极、补充的地位。

（3）法官完全掌握程序控制权。尽管控辩双方有审判程序的参与权,但必须服从法官的安排和指挥。

（4）采用"混合陪审制"。大陆法系国家的审判虽然也允许普通公民作为陪审员参与法庭的审判,陪审员是与职业法官一道组成一个混合审判庭,而且,陪审员与职业法官之间没有职能上的区分,二者共同行使定罪权和量刑权,但实践中,陪审员常常是惟法官是从,所谓的陪审实际上只是一种"陪衬"而已。

（三）混合式审判模式

混合式审判模式又称"折中主义"审判模式。这一模式兼采当事人主义模式和职权主义模式的长处而形成,主要代表国家是日本和意大利。

当事人主义审判模式和职权主义审判模式都存在着不足和缺陷。职权主义审判模式的最大问题是,法官在开庭审判之前就已看过警察、检察官的调查案卷,对于哪些问题比较清楚,哪些问题应在庭审中重点调查,在开庭之前就已计划好了,因此不是一个开放式的审判。赫尔曼曾经打过一个比方,说案卷中实际上放着警察、检察官的"眼镜",法官不过是把警察、检察官的"眼镜"戴在了自己的眼睛上,用警察、检察官的"眼镜"来看问题的。心理学告诉我们,一个人看什么、听什么与照相是不同的,人往往是带着主观色彩的。这样一来,法官就被改变了,一半是警察、检察官,一半是法官。在此情况下,法官要保持不偏不倚公平地对待控辩双方,几乎是不可能的。因而,该模式会使法官的中立公正形象受到损害,还可能使被告人的权利得不到充分保证。当事人主义审判模式则误入了另一个极端,法官完全依赖于当事人去查明真相,自己袖手旁观"坐山观虎斗",很难完全把握案件事实,难以发现案件实体真实,审判效率低下,且庭审进程极易被各自怀有不同用心的当事人引向歧途和迷乱。

由此观之,两大法系国家的刑事审判模式都存在着自身难以克服的弊病和缺陷。其症结主要是,在对法官权力与控辩双方权利的关系的处理上,均采取了偏于一极的做法,要么是法官完全消极被动,实行法官抑制主义,要么是法官过度扩张自己的活动,实行法官全能主义。理想审判模式的构建必须是在吸收、综合二者的基础上进行制度创新,简单来说,就是抽取对抗式审判中的交叉询问制度,以控辩双方为主展开证据的提出和调查活动,在二者互动式的对抗与调查中,逐步揭示案件真相,同时又抛弃对抗式审判中法官过于被动的做法,合理借鉴职权主义审判模式中的相关制度,赋予法官一定范围内的证据调查权,对被当事人所故意避开或忽略的一些事项进行补充调查,甚至赋予法官在特定情况下可以主动调取某些证据,并将其纳入庭审调查范围的权力,从而既发挥控辩双方活动的积极性,又使法官不失去对法庭审判进程的控制,并能在发现问题时及时予以矫正和完善,充分兼顾诉讼民主性与查明真相的客观需要。两大法系在第二次世界大战以后出现了相互借鉴吸收的趋势,现在,纯粹的当事人主义审判模式和职权主义审判模式已不复存在,两大法系均出现了综合两者优点的审判模式,即混合式的模式。

混合式模式的特征如下:

(1) 保留了法官主动依职权进行调查证据的权力,仍注重发挥法官在调查案件事实方面的能动性。

(2) 大力借鉴对抗制的因素,在诉讼中注重发挥控辩双方的积极性,注重控诉与辩护双方平等对抗。

(四) 我国的刑事审判模式

1. 1979 年模式的特点

中国内地传统的刑事审判理念类同于大陆法系,把法院的审判视为惩治犯罪,稳定社会秩序的最后一个司法环节,是完成政治任务的工具和手段,法官自然应当完全掌握这一程序的控制和主导权,而不能任由控辩双方尤其是辩护方牵着鼻子走,我国 1979 年《刑事诉讼法》确立的刑事审判模式体现出超职权主义的特点。在开庭审判之前,根据我国1979 年《刑事诉讼法》第 108、109 和 126 条的规定,法官要对检察机关移送过来的起诉书及全部案卷材料进行深入细致的审查和判断,不仅从程序上把握刑事指控的证据是否充分,能不能支持起诉主张的合理性,而且还要从实质上确定起诉所依赖的证据是否真实可靠,查清案件的真实情况。并在此基础上,对案件作出初步的法律评断和相应的处理。具体而言,当确认有充分、确凿的证据证明犯罪事实清楚时,便决定开庭审判,而当认为不构成犯罪时,便退回检察机关补充侦查或要求检察机关撤回起诉。而根据诉讼常识,确定被告人的行为是否构成犯罪的活动,理应属于法庭审判中解决的核心问题,但在传统审判体制中却被挪到庭前阶段去处理,这就使法官的庭前活动具有实质审判的性质。为了配合这种实质审判活动的顺利进行,1979 年《刑事诉讼法》还规定,法官在开庭审判前有权开展极其广泛多样的庭外调查活动,如讯问被告人、询问证人、被害人以及在必要时进行勘验、检查、搜查、扣押和鉴定活动等。正是由于庭前活动的中心化、实质化,才导致了我国公开的法庭审判活动的形式化和边缘化。由于法官通常是在确定被告人有罪的情况下才开庭审判的,带有了较强的预断,因此必然有意无意地把法庭审理过程变成证明或推演这种预断的形式,法官几乎包揽了所有证据的提出与调查活动,而这些证据大多是检察官庭前移送过来的不利于被告人的书面证据,法官很少传唤证人出庭作证,一般只是"摘录式"地宣读一下侦查、控诉人员收集的证人证言笔录了事。换言之,法官几乎代行了控方的公诉职能,检察官无须也几乎不可能充分开展活动,法官成了实质意义上的"第一公诉人",而且,法官不自觉地站到了辩护方的对立面,这就使审判原本应以在控辩双方之间存在的横向对抗关系为主,转化为以法官与辩护方之间的纵向对抗关系为主。面对怀有预断且同时以公诉人面目出现的法官,辩护方的活动不仅难以充分开展,而且效力较低。实践中,处处受限的辩护律师只好把精力和希望放在法庭辩论阶段,但由于法官早已"成竹在胸",以至于无论多么精彩激烈的法庭辩论,都免不了徒具"表演"意义的命运,即此辩论只作欣赏,不作评判依据。

通过上述分析,我国1979年的刑事审判模式主要有以下四个特点。

(1)法官完全主导和控制审判程序。

(2)审判程序以法官积极主动的证据调查为中心。

(3)被告人诉讼主体地位弱化,成为法官的诉讼客体。

(4)法官代替检察官行使控诉职能。

2. 1996年模式的特点

1996年的《刑事诉讼法》在借鉴英美法系对抗式审判相关做法的基础上,对传统的刑事审判制度进行了较大的改革,基本上确立了控辩对抗的格局,一定程度上吸收了英美法系当事人主义的对抗性因素,并适当保留了职权主义的某些特征,学界一般称其为"控辩式"。按照1996年《刑事诉讼法》的规定,法官庭前审查的内容基本限于程序性内容而不能再对被告人是否有罪,证据是否确实、充分等实体问题进行审查;1996年《刑事诉讼法》还理顺了控诉方、辩护方与法官之间的职能关系;改变了法庭调查的顺序和方式,由原来的法官出示证据并主导证据的调查改为由控辩双方各自向法庭出示证据,并以控辩双方为主进行法庭调查,而且控辩双方由原来只能在法庭辩论阶段进行辩论改为在法庭调查每一项证据时都可以发表意见并展开相互辩论,如此等等。这些措施无疑大大强化了控辩双方在刑事审判过程中的参与积极性和参与效力,相应削弱了法官对法庭审判过程的职权干预范围。

我国1996年的刑事审判模式的特点主要体现在以下几个方面。

(1)法官庭前审查由实质性审查改为程序性审查,开庭前公诉机关不再向法院移送全部卷宗材料,而只移送主要证据的复印件或照片以及证据目录、证人名单。只要复核程序要件,法官必须开始审判程序。

(2)强化了控方的举证责任和辩方的辩护职能,弱化了法官的调查功能。

(3)扩大了辩护方的权力范围,强化了庭审的对抗性。表现在辩护方有权收集和当庭提出证据,控辩双方可以在法庭调查阶段就进行辩论,控辩双方的积极活动对审判程序和裁判结果的影响有所增强。但是,这些改革还只是初步的,只是弱化了超职权主义而已,职权主义色彩仍然相当严重,平等对抗机制还有待进一步形成。

3. 2012 年模式的特点

2012 年再次修正后的《刑事诉讼法》对我国的刑事审判模式做了进一步的完善,特别是进一步强化了辩护方的权利。表现在辩护律师介入诉讼的时间,从公诉案件的审查起诉之日起提前至侦查阶段的犯罪嫌疑人被第一次询问或采取强制措施之日起。同时,强化了律师的各项权利,例如,律师的阅卷范围扩大到自人民检察院对案件审查起诉之日起,辩护律师可以查阅、摘抄、复制本案的案卷材料;其他辩护人经人民法院、人们检察院许可,也可以查阅、摘抄、复制上述材料。辩方权利的进一步提升,强化了庭审过程中的对抗性。

【知识扩展】

为了使大家能更为具体地理解当代"当事人主义"、"职权主义"和我国刑事审判模式的区别,下面我们以中、德、美三国的法官就同一案例,分别依照各国的刑事诉讼程序进行的庭审演示来说明各自刑事审判模式的特点,以及对我们的启示。

2010 年 6 月 25 日至 28 日,陕西省法官协会在西安市举行了中、德、美三国庭审演示讨论会,中、德、美三国的法官就同一案例,分别依照各国的刑事诉讼程序进行庭审演示。

(一)基本案情

安静怡(女)与艾建力(男)是夫妻关系,二人的婚姻不太和谐,经常发生争吵。安静怡 2000 年 10 月 15 日午后开车回家,到家后,看见丈夫和一陌生女子慌张从卧室走出,艾建力试图挡住安静怡看向卫生间的视线。安静怡瞥见一位陌生女人站在卫生间的池子前洗手,安静怡予以质问,并欲进入卫生间,艾建力站在过道挡住,于是安静怡把他推开。之后,二人进入客厅发生厮打,当安静怡拿起电话准备报警时,艾建力抢过电话,并用电话击打安静怡的头部,在两人争抢过程中,安静怡仰面倒下,头部撞在桌子上,她拿起电话,拨通了报警热线。之后,艾建力把安静怡拉起并拖往楼梯门口,试图让安静怡离开。二人继续在楼梯口厮打,随后有人看见一个女人从他们所住的房间跑下了楼。接着又看见安静怡从楼梯摔了下去,邻居纷纷聚拢过来查看。之后警察赶到,并叫救护车将安静怡送至医院救治。警察在现场向几个邻居作了调查笔录。其中两个邻居目击安静怡摔下楼梯。其他邻居告诉警察,他们多次听到艾建力家里发生争吵的声音。医院出具的诊断显示:安静怡右胳膊和腿开放性骨折,身体多处挫伤和撕裂伤。医生建议她到妇联组织求助或接受心理医生的辅导。自 2000 年 6 月到 2001 年 3 月 30 日之间安静怡接受过 5 次心理辅导。2001 年 3 月 8 日安静怡的伤情被法医鉴定为重伤。(注:案情经过编者简化。)

侦查机关开始立案侦查,并于 2001 年 5 月 10 日向检察机关移送起诉,2001 年 6 月 2 日,检察院向法院提起公诉。

(二)庭审演示基本情况比较

经过 6 月 25 日(中国)、6 月 26 日(德国)、6 月 27 日(美国)三天的模拟庭审,三国法官根据各国的法律,分别审理了这起"家庭暴力"案件,作出了三种不同的判决,体现了各自不同的刑事审判的价值取向。

在庭审中，三个国家在刑事诉讼模式及价值取向、在庭前准备、庭审方式和庭审规则等方面显现出一定的差异性。

中国庭审历时两个多小时，在一种极其严肃的气氛中进行，通过公诉人宣读起诉书，被告人就公诉人所指控的事实进行陈述，公诉人和辩护人分别出示证据并相互质证，法庭辩论等程序，最后经合议庭三名法官合议后作最后判决。庭审焦点在于妻子是否被丈夫推下楼梯，审判充分表现了法官如何正确认定证据的情况。体现出我国法院在刑事审判方式上经过吸收借鉴当事人主义审判模式的新特点，如注重保护包括被告人在内的所有当事人的诉讼权利、公诉人和辩护人平等对抗、充分举证、质证等方面。

德国的审判充分体现了大陆法系"讯问式"的审理模式，属于典型的"职权主义"。法庭由一名法官和两名陪审员组成。陪审员从德国的公民中随机选出。首席法官主持整个法庭审判程序，其作用类似于我国的审判长。在庭审就座上就表现出与中国的不同，被告人没有被单独置于法官对面，而与自己的辩护律师在一起，而被丈夫施暴的妻子则成为"证人"，指控丈夫。庭审前律师要与被告会面，并告知他享有"沉默权"，妻子作为受害人还要到法院指定的心理专家处接受检查。庭审中，专家证人成为庭审的一个焦点，控、辩双方以及法官对专家证人进行了很长时间的询问。妻子作为受害人还当庭演示了丈夫推其下楼的"真实"场景，为法官提供了有力证据。后经合议庭评议，投票结果 2∶1，认为被告人有罪。

与中国、德国不同，在美国的庭审中，法官在审判中处于中立的地位，只决定法律上的裁判，因而看起来更像一个消极的仲裁人。

在美国的演示法庭上，法官居中而坐，而"法官助理"则作为法官的助手坐在其右侧，在法庭上负责证人宣誓等事务，记录工作则是由法官助理右侧的"书记官"完成，并且要做到"逐字记录"。法官左侧的座位空着，那是为证人出庭所准备的。尤为引人注目的是，在控辩双方的对面，坐着由事件发生社区 12 名普通公民组成的陪审团，由他们来认定案件事实并通过投票方式决定被告是否有罪，法官再根据陪审团的认定具体量刑或宣告当庭释放。

"庭审"开始后，法官解释了审前事项，这时公诉人进行了开场陈述。他离开了自己的座位走到陪审团面前，像讲故事一样，向陪审团讲述了他在起诉本案时所认定的事实，即妻子回家后遇到丈夫和一个陌生的女人在她家里，由此发生争执，丈夫打了妻子，并将她从楼梯上推了下去，造成重伤。他指控被告（丈夫）犯有"二级家庭殴击罪"。此后，律师以同样的方式讲述被告所说的情况，即妻子因头痛被女同事送回家，妻子无理取闹，最后自己摔下楼梯。在律师陈述后，法官特别对陪审团强调"他们所讲的只是'陈述'，并不是'证据'"。

交叉询问是美国庭审中的一大特点。询问中，双方都极力想使证人的证言有利于自己的陈述，一些看似与本案无关的询问其实是他们为证人设下的"圈套"。例如，律师曾问一名女证人"你是否是一位爱管闲事的人"，证人回答："不是"，于是律师推断，因为她是个不爱管闲事的人，所以她不可能去看别人夫妻吵架的事，进而以此认定该证人的证言不实。因此,控辩双方在对方提问中不断提出反对,要求法官制止,以免对陪审团产生误导。

询问过后,应控辩双方的要求,法官提前对陪审团作出"指导",即解释公诉人所指控罪名以及有关法律名词。此后,控辩双方作最后陈述。

陈述中,公诉人对被告所述的事实提出质疑,指出其"漏洞",试图以事实说服陪审团支持他的指控。而辩护律师也就"事实"作了被告无罪的陈述。根据双方所提供的证据以及证人的证言,由 12 人组成的陪审团就此进行了评议,最终举手表决的结果为 6∶6。法官在得知这一结果后宣布,公诉人所指控罪名未能成立,检察机关可重新就此案另行起诉。

(三)庭审演示反映出不同特点及给我们的启示

从三国的庭审来看,相对中国极其严肃的法庭气氛而言,德国和美国的庭审氛围则显得活泼、幽默、自由、宽松,更有一种鲜活生动之感。但从庭审时间来看,中国历时两个多小时,德国庭审用了 4 个多小时,而美国历时近一天。

从庭审演示的情况看,三国的庭审各具特色,反映了不同国家不同的法律制度、诉讼价值,折射出不同的法律文化。其中许多制度值得我们借鉴。

1. 关于陪审制度

在这次庭审演示中,最引人注目的是美国的陪审团制度。12 位来自案件发生社区的公民组成的陪审团,负责对被告人罪与非罪的裁判。根据美国陪审团制度,这 12 位陪审团成员都是从案件发生的社区公民中经过严格的选拔,以确保他们对这个案件能够客观公正、不带感情色彩地作出裁决。在庭上,法官给陪审团讲解了案件的基本情况,并介绍此案适用的部分法律以及案件的审判程序,并且强调:"庭审中你们要察言观色,完全进行自己的判断。"、"我只是法律的裁决者,你们才是事实的裁决者。"在检察官和律师对案件进行陈述后,法官又再次向陪审团强调,"他们所讲的是'陈述',而不是'证据'"。显然,让既没有专业法律知识,也不从事法律工作的人来作出被告有罪或无罪的判断,这是美国法律对法院裁判权的分流。

与美国的陪审团制度不同,德国采用的是参审制度。这种参审制度类似于我们国家的人民陪审制度,但德国的陪审员是采取抽签的方式从德国公民中选出个案的陪审员,而且在德国把陪审作为公民的一项义务。

因为陪审团制度是以实施判例法为前提预设,故而我们国家不宜采用陪审团制度。而德国相对完善的参审制却有一定的借鉴意义。

2. 关于沉默权

在这次模拟审判演示上,美国和德国刑事案件被告人享有的"沉默权"给大家留下了深刻的印象。沉默权的内在精神是"任何人不得被强迫提供对自己不利的证言",这也是美国宪法的一个基本原则。著名的"米兰达规则"就是要求警察在逮捕犯罪嫌疑人时,必须告知"你有权保持沉默,你所说的话在法庭上都可能作为对你不利的证据"。美国法律认为,如果没有告知这个权利,那么嫌疑人在警察的高压态势下,尽管可能没有被采取强迫手段,也很难保证其供词是完全真实可信的。

德国法律也有关于沉默权的规定,并在实践中普遍应用。但在我国,现行法律对犯罪嫌疑人、被告人是否享有沉默权规定不明确,这是法学界探讨的热门话题。在司法实务中口供依然是重要的证据。

3. 关于辩诉交易

在德国和美国的庭审演示中,有一个有趣的现象就是被告人和律师交谈时,律师都会告诉他:"你如果承认自己有罪,可以减轻处罚。"这在美国称为辩诉交易。辩诉交易意味着检察机关与被告人之间可以达成这样的协议:只要被告人承认有罪,甚至不用开庭,就可以减轻刑罚。当然被告人不能受到强迫而与公诉方达成"交易"。辩诉交易使大多数案件用不着开庭审理,从而节省了大量的社会资源。据美国法官介绍,美国90%的案件是通过这种辩诉交易而完成的,这一点值得我们借鉴。在我们国家,虽然没有实行辩诉交易制度,但已通过的2012年《刑事诉讼法》扩大了简易程序审理案件的范围。

4. 关于交叉询问制度

交叉询问是德国和美国法律规定的对人证的重要质证方式。这种质证方式在一定程度上反映、体现出该国的诉讼模式。在美国的庭审演示中,由公诉人和辩护人对人证进行了精彩的交叉询问。在询问中对方不断地提出"反对"意见而由法官裁定是否可以继续询问。案件在控辩双方不断的交叉询问中把庭审不断推向深入,并使案件事实逐渐清晰,进而由此而影响陪审团。虽然德国的刑事诉讼法也规定了交叉询问制度,但据德国法官介绍,在司法实践中很少采用交叉询问的方式,几乎都是采用法官询问方式查明案件事实。从这次德国的庭审演示中可以看到,对证据的质证几乎都由法官主宰,法官不断地向人证提出问题从而达到查明案件事实的目的,与美国完全的由当事人主宰庭审的当事人主义模式相比,德国的庭审演示给我们清晰地展示了职权主义的审判模式。

在我国的法庭调查中,法官在必要时也可随时发问。

5. 关于审判模式

通过庭审演示,我们可以清晰地看到,德国采用的是职权主义审判模式,而美国则采取典型的当事人主义审判模式,以前我国在审判方式上推行的是德国式的大陆法系的一些做法。近些年随着司法改革,借鉴和吸收了英美法系的一些优点,目前我们在审判方式上正处于两者之间的过渡阶段但倾向于大陆法系。我国和德国法官既要对案件事实的认定负责,又要对适用的法律负责。而美国的陪审团制度在认定案件时,由陪审团认定案件事实并判定被告人是否有罪,法官只能根据陪审团的认定来具体量刑或宣告当庭释放,事实上美国的法官更像一个消极的仲裁人;美国法庭的控辩双方处于完全平等的地位,都有权向被告人、证人直接发问和进行交叉询问。而我国和德国的法庭,控辩双方须经首席法官或审判长许可才可发问。

总体上看,大陆法系的法庭审判崇尚实体真实,而英美法系更崇尚程序公正。因此,有人戏说,对于当事人而言,"有罪的人愿意在美国法庭接受审判,无罪的人愿意在德国法庭接受审判。"因此正如前所述,大陆法系与英美法系的庭审模式各有所长,各有所短。我国现在的审判改革正趋向于追求两者的结合点。

第二节　刑事审判的原则

一、直接言辞原则、辩论原则和集中审理原则

直接言辞原则的含义及内容见本书第六章第一节,辩论原则和集中审理原则的含义和内容见表13-1。

表 13-1　辩论原则和集中审理原则

辩论原则	含义	指在法庭审理中起诉方和被告方应以公开的、口头的、对抗性方式进行辩论,未经充分的辩论,不得进行裁判
	内容	① 辩论的主体是控辩双方和其他当事人 ② 辩论的方式,首先应当是口头的;其次是通过反诘进行交叉辩论 ③ 辩论的内容是证据问题、事实问题和法律适用问题 ④ 法院裁判的作出应以充分的辩论为必经程序
集中审理原则(不中断审理原则)	含义	指法院开庭审理案件,应在不更换审判人员的条件下连续进行,不得中断审理的诉讼原则
	内容	① 一个案件组成一个审判庭进行审判,而且在案件审理期间不得再审理其他案件 ② 法庭成员不可更换,法庭成员(包括法官和陪审员)必须始终在场参加审理,否则要重新审判 ③ 集中证据调查与法庭辩论。证据调查必须在法庭成员与控辩双手以及有关诉讼参与人均在场的情况下进行,证据调查与辩论应在法庭内集中完成 ④ 庭审不间断并迅速作出裁判
	体现	① 合议庭成员不得更换的规定 ② 合议庭评议案件时限的规定 ③ 裁判文书制作期限的规定 (《关于人民法院合议庭工作的若干规定》)

【巩固练习 13-1】　下列哪一个选项体现直接言辞原则的要求?

A. 法官亲自收集证据

B. 法官亲自在法庭上听取当事人、证人及其他诉讼参与人的口头陈述

C. 法庭审理尽可能不中断地进行

D. 法庭审理应当公开进行证据调查与辩论

答案:B

本题考查直接言辞原则。选项 A 体现的是职权原则的要求;选项 C 体现了集中审理原则的要求;选项 D 体现了审判公开原则的要求。只有选项 B 明确表达了直接言辞原则的含义,故本题的正确答案是 B 项。

【巩固练习 13-2】　下列哪些选项体现了集中审理原则的要求?

A. 案件一旦开始审理就不能更换法官

B. 法庭审理应不中断地进行

C. 更换法官或者庭审中断时间较长的,应当重新进行审理

D. 法庭审理应当公开进行

答案:A、B、C(集中审理原则)

二、公开审判原则(《刑事诉讼法》第183、274条)

具体内容见表13-2。

表13-2　公开审判原则

含义	指人民法院的审理活动(过程和结果)向当事人和社会公开,但也有例外
审判公开的内容	① 审判信息的公开,即在开庭3日以前应当向社会公开所审案件的案由、时间、地点、当事人姓名 ② 审理过程的公开,即法庭审理的全过程(不包括合议庭评议)应当公开,允许新闻记者采访报道,允许群众旁听 ③ 审判结果的公开,即公开宣告判决
应当不公开审理的情形	① 涉及国家秘密的案件 ② 涉及个人隐私的案件(仅指男女关系之类。重婚罪是否公开,仍要看是否涉及个人隐私) ③ 审判的时候(开庭审理时)被告人不满十八周岁的案件
可以不公开审理的情形	当事人提出的确属涉及商业秘密的案件
不公开审理的要求	① 不公开审理的案件,应当在开庭审判时,说明不公开审理的理由 ② 不公开审理的案件只是不向社会公开,即不允许新闻记者采访、报告,不允许群众旁听 ③ 未成年刑事被告人的年龄计算以审判的时间为准 ④ 共同犯罪案件中只要有一个被告人符合不公开审理的情形,整个案件都不应当公开审理 ⑤ 不公开审理的案件,任何公民包括与审理该案无关的法院工作人员和被告人的近亲属都不得旁听。但是,在审判的时候被告人不满十八周岁的案件中,经未成年人被告人及其法定代理人同意,未成年被告人所在学校和未成年人保护组织可以派代表到场

【案例释义 13-2】

案情:尹某为一名软件工程师,2009年5月与张某合作成立一家公司,双方约定尹某出技术、张某出资金,各占公司股份的50%。2012年4月,尹某向公安机关举报,说姜某独资的另一家公司盗取了尹某与张某合作公司新开发的软件,并以姜某独资公司的名义在市场上出售。公安机关经侦查,认为姜某涉嫌构成侵犯商业秘密罪,向该区人民检察院移送起诉。区人民检察院经审查认为姜某构成该罪,向本区人民法院提起公诉。尹某以本案涉及商业秘密为由,向法院递交了请求不公开审理的申请书。

问题:法院是否可以决定不公开审理本案?

简析:1996年《刑事诉讼法》第152条规定:"人民法院审判第一审案件应当公开进行。但是有关国家秘密或者个人隐私的案件,不公开审理。十四岁以上不满十六岁未成年人犯罪的案件,一律不公开审理。十六岁以上不满十八岁未成年人犯罪的案件,一般也不公开审理。对于不公开审理的案件,应当当庭宣布不公开审理的理由。"2012年《刑事诉讼法》183条第1款将1996年《刑事诉讼法》第152条修改为:"人民法院审判第一审案件应当公开进行。但是有关国家秘密或者个人隐私的案件,不公开审理;涉及商业秘密的案件,当事人申请不公开审理的,可以不公开审理。"从条文比较可以看出新法对旧法作了两处改动：①删去原第 2 款关于未成年人犯罪案件不公开审理的有关规定，将未成年人不公开审理的相关规定移至本法第五编特别程序未成年人刑事案件诉讼程序章第 274 条，规定审判时被告人不满 18 周岁的案件，一律不公开审理。②增加规定涉及商业秘密的案件，依当事人申请可以不公开审理。

上述案件，如果在 2012 年《刑事诉讼法》实施前开庭审理，则因为于法无据，尹某的申请难以得到法院的支持。因为公开审判是原则，不公开审理是例外，刑事诉讼法没有明确规定的，法院不能擅自决定审理方式。但是，如果该案在 2013 年以后审判，则因为刑事诉讼法有明确规定，既然被害人提出了要求，经审查，如案件确实涉及商业秘密，法院为了避免给权利人尹某造成不可挽回的损失，可以作出不公开审理的决定，对该案不进行公开审理。

【巩固练习 13-3】 最高人民法院《关于人民法院合议庭工作的若干规定》规定，合议庭组成人员确定后，除因回避或者其他特殊情况不能继续参加案件审理外，不得在案件审理过程中更换。这一规定体现的是下列哪一项审判原则？

A. 公开审判原则　　B. 言辞审理原则　　C. 集中审理原则　　D. 辩论原则

答案：C

第三节　审级制度和审判组织

一、审级制度

我国的审级制度是两审终审制。两审终审制是指一个案件最多经过两级人民法院审判即告终结的制度。我国的两审终审制有以下三种例外，具体内容见表 13-3。

表 13-3　审级制度——两审终审制

含义	① 一个案件最多经过两级人民法院审判即告终结 ② 一审的裁判不立即生效；上诉期内无上诉和抗诉的，才生效 ③ 二审的裁判是终审的裁判，立即生效；不得上诉和提出二审抗诉 **【注意】** 两级审判不等于两次审理，如，可能发回重审
例外	① 一审终审：最高人民法院审理的第一审案件，其判决、裁定一经作出，立即发生法律效力 ② 判处死刑的案件包括死刑缓期两年执行，必须依法经过死刑复核程序核准后，判处死刑的裁判才发生法律效力，交付执行 ③ 法定刑以下判处刑罚的案件，必须经最高人民法院的核准后，其判决、裁定才发生法律效力并交付执行

【巩固练习 13-4】 关于两审终审制度，下列哪一个选项是正确的？

A. 一个案件只有经过两级法院审理裁判才能生效

B. 经过两级法院审判所作的裁判都是生效裁判

C. 一个案件经过两级法院审判后对所作的裁判不能上诉

D. 一个案件经过两级法院审判后当事人就不能对判决、裁定提出异议

答案：C(两审终审制)

二、审判组织

（一）审判组织的概念

审判组织是指人民法院审判案件的组织形式。

（二）审判组织的种类

根据《刑事诉讼法》和《人民法院组织法》的规定，人民法院审判刑事案件的组织形式有三种，即独任制、合议制和审判委员会。

1. 独任制

独任制顾名思义是指由审判员一人组成的审判组织形式。

独任审判员有权审理案件的范围。由于独任制人员构成简单，独任审判员不适宜审理重大、疑难案件或者当事人争议较大等复杂的刑事案件。根据 2012 年《刑事诉讼法》第178 条的规定，独任审判仅适用于基层人民法院的简易程序，普通程序和其他审判程序均不能适用。

【提示】 独任审判由一名审判员进行审理，不能由人民陪审员进行。

2. 合议制

1）合议制的含义。合议制是一种集体审判的制度，即案件的审判，由审判人员数人组成合议庭进行。合议制是人民法院审判案件的基本组织形式。除基层人民法院适用简易程序审判案件可以采用独任制外，人民法院审判刑事案件均须采用合议庭的组织形式。

2）合议庭的组成方式和成员确定

合议庭在我国是指由审判员或者由审判员和人民陪审员组成审判集体，并由其对具体案件进行审判。合议庭的成员人数应当是单数。合议庭的组成方式和成员确定见表 13-4。

表 13-4　合议庭的组成方式和人员的确定

合议庭的组成方式	审判第一审案件	基层、中级法院	由 3 人组成：或者审判员，或者审判员和陪审员	组成人员特点：起点都是 3 人，人员必须单数
		高级、最高法院	由 3～7 人组成：或者审判员，或者审判员和陪审员	
	审判第二审案件	中级以上法院	由审判员 3～5 人组成，不包括陪审员	
	复核死刑案件	由审判员 3 人组成，不包括陪审员		
	重审、再审案件	应当另行组成合议庭进行审理		
	审理减刑、假释案件	应当依法组成合议庭		
	特别程序	没收违法所得程序、强制医疗程序均应组成合议庭审理		
合议庭成员的确定	① 合议庭由审判员、助理审判员或者人民陪审员随机组成。人民陪审员参加合议庭的，应当从人民陪审员名单中随机抽取确定 ② 合议庭由院长或者庭长指定审判员 1 人担任审判长，没有审判员时可以指定助理审判员担任审判长。院长或者庭长参加审判案件的时候，自己担任审判长（谁职位高谁担任）。人民陪审员不得担任审判长 ③ 合议庭组成人员确定后，除因回避或者其他特殊情况，不能继续参加案件审理的之外，不得在案件审理过程中更换。更换合议庭成员，应当报请院长或者庭长决定			

3）合议庭的审理活动规则

（1）依法不开庭审理的案件，合议庭全体成员均应当阅卷，必要时提交书面阅卷意见。

（2）开庭审理时，合议庭全体成员应当共同参加，不得缺席、中途退庭或者从事与该庭审无关的活动。合议庭成员未参加庭审、中途退庭或者从事与该庭审无关的活动，当事人提出异议的，应当纠正。合议庭仍不纠正的，当事人可以要求休庭，并将有关情况记入庭审笔录。

（3）除提交审判委员会讨论的案件外，合议庭对评议意见一致或者形成多数意见的案件，依法作出判决或者裁定。下列案件可以由审判长提请院长或者庭长决定组织相关审判人员共同讨论，合议庭成员应当参加：

① 重大、疑难、复杂或者新类型的案件；

② 合议庭在事实认定或法律适用上有重大分歧的案件；

③ 合议庭意见与本院或上级法院以往同类型案件的裁判不一致的案件；

④ 当事人反映强烈的群体性纠纷案件；

⑤ 经审判长提请且院长或者庭长认为确有必要讨论的其他案件。

上述案件的讨论意见供合议庭参考，不影响合议庭依法作出裁判

（4）各级人民法院的院长、副院长、庭长、副庭长应当参加合议庭审理案件，并逐步增加审理案件的数量。

（5）合议庭全体成员平等参与案件的审理、评议和裁判，依法履行审判职责（陪审员不能担任审判长）。

（6）合议庭组成人员存在违法审判行为的，应按规定追究相应责任。有下列情形之一的，合议庭成员不承担责任。

① 因对法律理解和认识上的偏差而导致案件被改判或者发回重审的；

② 因对案件事实和证据认识上的偏差而导致案件被改判或者发回重审的；

③ 因新的证据而导致案件被改判或者发回重审的；

④ 因法律修订或者政策调整而导致案件被改判或者发回重审的；

⑤ 因裁判所依据的其他法律文书被撤销或变更而导致案件被改判或者发回重审的；

⑥ 其他依法履行审判职责不应当承担责任的情形。

【巩固练习 13-5】 根据最高人民法院关于进一步加强合议庭职责的若干规定，关于合议庭，下列哪些说法是正确的？

A. 合议庭是法院的基本审判组织，由审判员和人民陪审员随机组成

B. 合议庭成员因对案件事实和证据认识上的偏差而导致案件被改判或者发回重审的不承担责任

C. 合议庭成员因法律修订或者政策调整而导致案件被改判或者发回重审的不承担责任

D. 开庭审理时，合议庭成员从事与该庭审无关的活动，当事人提出异议，合议庭不纠正的，当事人可以要求延期审理，并将有关情况记入庭审笔录

答案：B、C（合议庭）

【巩固练习13-6】 关于合议庭的组成及活动原则,下列哪些选项是正确的?

A. 在审判员不能参加合议庭时,经院长指定,助理审判员可以临时代行审判员职务担任审判长

B. 开庭审理和评议案件,必须由同一合议庭进行

C. 合议庭成员如有意见分歧,应当按照三分之二以上多数作出决定

D. 经审判委员会讨论决定的案件,合议庭有不同意见时,可以建议院长提交审判委员会复议

答案:B、D(合议庭的组成及活动原则)

4)合议庭的评议规则

具体内容见表13-5。

表13-5　合议庭的评议规则

评议的原则	合议庭全体成员均应当参加案件评议。评议案件时,合议庭成员应当针对案件的证据采信、事实认定、法律适用、裁判结果以及诉讼程序等问题充分发表意见。必要时,合议庭成员还可提交书面评议意见
	秘密评议
	合议庭成员平等、独立评议;同一合议庭原则(开庭审理和评议案件的合议庭必须同一)
	少数服从多数原则
	合议庭全体成员均应参加评议
	评议时发表意见不受追究
	评议笔录合议庭成员全部签名原则(不含书记员)
	【提示】 评议笔录、法庭笔录、裁判文书签名的区别:法庭笔录书记员、审判长签名;裁判文书:合议庭全部成员、书记员签名
评议的顺序	① 由承办法官介绍案件涉及的相关法律、审查判断证据的有关规则 ② 由陪审员及合议庭其他成员充分发表意见 ③ 审判长最后发表意见并总结合议庭意见
评议意见的提交形式	口头或者书面
陪审员要求合议庭将案件提请院长决定,是否提交审判委员会讨论决定的,应当说明理由;陪审员提出的要求及理由应当写入评议笔录	

5)合议庭(包括独任庭)与审判委员会的关系

审判委员会是人民法院内部对审判工作实行集体领导的组织形式。审判委员会的任务是总结审判经验、讨论重大或者疑难的案件和其他有关审判工作的问题。具体内容如表13-6所示。

由此可见,审判委员会讨论案件在范围上仅限于上述表格中的案件,审判委员会审理案件的范围受到严格的限制。同时,在程序上必须由合议庭提请院长决定,才可提交审判委员会讨论。因此,从严格的意义上讲,审判委员会不是法院的审判组织形式,而是人民法院内部对审判工作总结经验、进行指导的组织机构。审判委员会应尊重合议庭独立的审判职权。但经审判委员会讨论的案件中,对于审判委员会所作的决定,合议庭应当执行。

表 13-6　合议庭与审判委员会

提交审委员会讨论决定的案件	条件	只有当合议庭认为难以作出决定时
	案件性质	疑难、复杂、重大的案件
	案件范围	① 拟判处死刑的 ② 合议庭成员意见有重大分歧的 ③ 人民检察院抗诉的 ④ 在社会上有重大影响的 ⑤ 其他需要由审判委员会讨论决定的
	提交审判委员会讨论的程序	① 合议庭认为难以作出决定→提请院长决定→提交审判委员会讨论 ② 对于合议庭提请院长决定提交审判委员会讨论决定的案件，院长认为不必要的，可以建议合议庭复议一次
审判委员会与合议庭的关系		审判委员会的决定，合议庭应当执行 合议庭有不同意见的，可以建议院长提交审判委员会复议

三、关于人民陪审员制度的特别规定

2004 年 8 月通过并于 2005 年 5 月施行的全国人民代表大会常务委员会《关于完善人民陪审员制度的决定》和最高人民法院 2010 年 1 月 12 日公布的《关于人民陪审员参加审判活动若干问题的规定》，对人民陪审员制度作出了系统的规定，其基本内容归纳如表 13-7 所示。

表 13-7　人民陪审员制度的特别规定

适用程序	适用于一审程序（独任庭除外），不论法院级别和案件类型（即使是最高人民法院审理的一审死刑案件，也可以适用陪审员制度）
适用陪审制度的案件范围	人民法院审判下列第一审案件，由人民陪审员和法官组成合议庭进行，适用简易程序审理案件和法律另有规定的案件除外： ① 社会影响较大的刑事、民事、行政案件 ② 刑事案件被告人、民事案件原告或者被告、行政案件原告申请由人民陪审员参加合议庭审判的案件。人民法院征得这些当事人同意，由人民陪审员和法官共同组成合议庭审判案件的，视为申请 ③ 涉及群众利益的案件 ④ 涉及公共利益的案件 ⑤ 人民群众广泛关注的案件 ⑥ 其他社会影响较大的案件
人民陪审员的产生程序	符合担任人民陪审员条件的公民，可以由其所在单位或者户籍所在地的基层组织向基层人民法院推荐，或者本人提出申请，由基层人民法院会同同级人民政府司法行政机关进行审查，并由基层人民法院院长提出人民陪审员人选，提请同级人民代表大会常务委员会任命
人民陪审员的权利	除不得担任审判长外，与法官有同等权利。人民陪审员参加合议庭评议案件时，有权对事实认定、法律适用独立发表意见，并独立行使表决权
人民陪审员的任职条件	① 拥护中华人民共和国宪法 ② 年满 23 周岁 ③ 品行良好、公道正派 ④ 身体健康 ⑤ 担任人民陪审员，一般应当具有大学专科以上文化程度

不得担任陪审员的人员	① 因犯罪受过刑事处罚的 ② 被开除公职的 ③ 人大常委会的组成人员,公检法、国家安全机关、司法行政机关的工作人员和职业律师等
确定程序	基层人民法院:应当在本级法院的人民陪审员名单中随机抽取确定;其他法院:在其所在城市的基层人民法院的人民陪审员名单中随机抽取确定
任期	5年
所占比例	人民陪审员和法官组成合议庭审判案件时,合议庭中人民陪审员所占的人数比例应当不少于1/3
费用	① 人民陪审员因参加审判活动而支出的交通、就餐等费用,由人民法院给予补助 ② 有工作单位的参加审判活动期间,所在单位不得克扣或者变相克扣其工资、奖金及其他福利待遇 ③ 无固定收入的参加审判活动期间,由人民法院参照当地职工上年度平均货币工资水平,按实际工作日给予补助 ④ 补助和所必需的开支,列入人民法院和司法行政机关业务经费,由同级政府财政予以保障
职务免除	人民陪审员有下列情形之一的,免除其人民陪审员职务: ① 本人申请辞去人民陪审员职务的 ② 无正当理由,拒绝参加审判活动,影响审判工作正常进行的 ③ 具有《关于完善人民陪审员制度的决定》第5条、第6条所列情形之一的 ④ 违反与审判工作有关的法律及相关规定,徇私舞弊,造成错误裁判或者其他严重后果的。人民陪审员有第4项所列行为,构成犯罪的,依法追究刑事责任
免除职务程序	经所在基层人民法院会同同级人民政府司法行政机关查证属实的,应当由基层人民法院院长提请同级人民代表大会常务委员会免除其人民陪审员职务

【案例释义 13-3】

案情:1997 年 2 月 27 日,四川省巴县某村王某(女,22 岁)向县公安局报案,控告她的邻居李某多次对她进行强奸。县人民法院受理人民检察院的起诉后,由审判员宋某担任审判长,和人民陪审员花某、林某组成合议庭,对案件进行了审理。在两名陪审员没有参加评议的情况下,合议庭以审判长个人的意见对案件作出了判决。

问题:县人民法院的做法是否正确?理由是什么?

简析:不正确。理由如下:合议庭评议是判决的必经程序,在两名陪审员没有参加评议的情况下,以审判长个人的意见对案件作出判决是错误的。参加评议既是合议庭成员的权利,也是他们的职责,任何人不得取代,合议庭成员包括陪审员应当参加评议。评议后按照少数服从多数的原则作出相应处理,不能以审判长个人意见作出判决。

问题思考:阻碍我国人民陪审员制度发挥作用、使陪审制度流于形式的因素有哪些?

长期以来阻碍我国人民陪审员制度发挥作用的因素主要有以下几个。

(1)承办人制度。根据现行的制度,真正对案件审理结局负责的是担任审判长的承办法官。对于案件,该法官主持法庭审判,在庭审结束后起草结案报告,决定是否向审判委员会汇报,甚至直接起草判决书。遇有案件发生错判的情况,一般也由其承担主要责任。但是,实行承办人制度所造成的消极后果是,合议制几乎完全被架空了。在此情况下,不论陪同在审判长左右的是审判员,还是人民陪审员,都可能成为名存实亡的摆设。真正负责审判案件的其实只有承办人一个人。

（2）院长、庭长审批案件制度。在我国很多地方的法院,院长、业务庭庭长即使不参加案件的审判,也有权对合议庭审理结束的案件进行审批。这种情况一旦发生,合议庭的审理过程就被置于无足轻重的地位。

（3）审判委员会制度。我国各级法院的审判委员会有权对案件进行实体性讨论并作出最后决定,对于审判委员会的决定,合议庭以及任何法官都必须服从。人民陪审员无权参加审判委员会会议,因此,人民陪审员的意见也就无关紧要了。

（4）上级法院对下级法院的内部指导制度。这种行政式的上下级法院之间的事先沟通和交流一旦进行,下级法院的判决中所体现的往往是上级法院的判决意见。人民陪审员以及合议庭的意见都变得无足轻重了。

（5）随意性的定期宣判。长期以来,各级法院对绝大多数案件,都采取了定期宣判的做法。由于实行"定期宣判",法庭审理过程与裁判结论的产生往往存有较大的时间间隔,裁判结论的形成受制于一系列外部因素的影响甚至干预。事实证明,定期宣判不仅是造成审判流于形式、名存实亡的"罪魁祸首",而且也是司法腐败赖以滋生的"制度温床"。一旦实行中国式的定期审判,人民陪审员就不可能再有效地行使其本来应当拥有的司法裁判权。

应当承认,在我国人民陪审员参加审判活动,仅具有一定的象征意义,象征着国家的司法裁判活动有社会公众的参与。但是通过审视其他国家陪审制度的形成过程和运行现状,都想通过吸收民众参与行使司法权,也就是通过司法的社会化,来弥补法官过于职业化甚至专业化所带来的缺陷。但就我国而言,当前首先应当抛弃的是司法的行政化甚至专横化,促成司法的职业化。将来在条件成熟的时候,再逐步推进司法的社会化,这应当是中国司法制度发展的应然路径。

【巩固练习 13-7】 关于人民陪审员,下列哪些选项是正确的?

A. 各级法院审判第一审刑事案件,均可吸收人民陪审员作为合议庭成员参与审判

B. 一审刑事案件被告人有权申请由人民陪审员参加合议庭审判

C. 执业律师不得担任人民陪审员

D. 高级人民法院审判案件依法应当由人民陪审员参加合议庭审判,在其所在城市的中级人民法院的人民陪审员名单中随机抽取

答案：A、B、C

本题全面考查人民陪审员制度。依据 2012 年《刑事诉讼法》178 条第 1、2 款规定,A 选项表述正确。根据《全国人民代表大会常务委员会关于完善人民陪审员制度的决定》(以下简称《决定》)第 2 条的规定,B 选项表述正确。《决定》第 5 条规定："人民代表大会常务委员会的组成人员,人民法院、人民检察院、公安机关、国家安全机关、司法行政机关的工作人员和执业律师等人员,不得担任人民陪审员。"因此,C 选项表述正确。《决定》第 14 条规定："基层人民法院审判案件依法应当由人民陪审员参加合议庭审判的,应当在人民陪审员名单中随机抽取确定。中级人民法院、高级人民法院审判案件依法应当由人民陪审员参加合议庭审判的,在其所在城市的基层人民法院的人民陪审员名单中随

机抽取确定。"因此,D 选项表述错误。本题正确答案为 A、B、C 三项。

【巩固练习 13-8】 陪审员王某参加一起案件的审判。辩护人当庭提出被告人有正当防卫和自首情节,公诉人予以否定,提请合议庭不予采信,审判长没有就此进行调查。王某对审判长没有征询合议庭其他成员意见就决定不予调查,在评议时提出异议,但审判长不同意。对此,关于王某可以行使的权力,下列哪一个选项是正确的?

A. 要求合议庭将案件提请院长决定是否展开调查

B. 要求合议庭将案件提交审判委员会讨论决定

C. 提请院长决定是否提交审判委员会讨论决定

D. 要求合议庭提请院长决定是否提交审判委员会讨论决定

答案:D

【巩固练习 13-9】 下列关于人民陪审员的哪些表述是错误的?

A. 人民陪审员不得担任审判长

B. 人民陪审员有权参加法院所有的审判活动

C. 人民陪审员参加中级人民法院审判活动的,应当从本院的人民陪审员名单中随机抽取确定

D. 合议庭评议案件时,对于法律适用问题,人民陪审员应当接受法官的指导

答案:B、C、D(人民陪审员制度)

【巩固练习 13-10】 张某是某基层法院陪审员,可以参与审判下列哪些案件?

A. 所在区基层法院适用简易程序审理的案件

B. 所在市中级法院审理的一审案件

C. 所在市中级法院审理的二审案件

D. 所在省高级法院审理的一审案件

答案:A、B、D(人民陪审员制度)

第十四章

第一审程序

本章导语

公诉机关对刑事公诉案件审查以后，如果认为已经达到了提起诉讼的标准，就要向法院提起公诉；或者个人权益遭受侵害的被害人直接向法院提起自诉，刑事案件就进入了审判阶段。法院对公诉或自诉案件该如何处理呢？法院接到案件以后是否需要对其进行审查？对公诉或自诉案件如何进行审查？审查以后该如何处理？如决定开庭审判，应做好哪些相关准备工作？刑事案件审判程序要经过几个阶段？在审理过程中遇到特殊情况该如何处理？对一些符合条件的案件的审理是否可以简化审理程序？最后，法院对刑事案件审理后该如何裁判？上诉问题就是我国刑事诉讼第一审程序的内容。我国 2012 年《刑事诉讼法》第 183～215 条对上述内容作了比较全面的规定。第一审程序是人民法院对刑事案件进行初次审判所应遵循的法定程序。我国第一审程序在整个审判程序体系中居于最基础、最核心的地位。第一审程序按照程序繁简不同，可分为普通程序与简易程序；按照审理案件性质不同，又可分为公诉案件第一审程序与自诉案件的第一审程序。公诉案件的第一审普通程序包括庭前审查、开庭前的准备和法庭审判三个诉讼阶段，法庭审判又分为开庭、法庭调查、法庭辩论、被告人最后陈述、评议和宣判六个环节。人民法院审判自诉案件，除法律另有规定的以外，应当参照公诉案件的审判程序进行。但是，由于自诉案件主要是侵害公民人身或财产权益的轻微刑事案件，在第一审程序的适用上存在一些特殊要求，因此，刑事诉讼法对自诉案件的审理又作了专门的规定。简易程序是相对普通程序而言的，它是指基层人民法院审判第一审刑事案件所适用的相对简化的程序。对于基层人民法院管辖的案件，在符合法定条件时，都可以适用简易程序。与 1996 年《刑事诉讼法》相比，2012 年《刑事诉讼法》主要对以下内容进行了修订：①公诉案件的庭前审查、庭前准备；②证人、鉴定人与警察出庭作证制度；③中止审理与审理期限；④自诉案件的审理期限；⑤简易程序的适用范围、审判组织、审理程序和审理期限等。学习本章知识需重点掌握的内容有：①公诉案件的庭前审查；②审判程序；③人民法院对不同案件的裁判；④单位犯罪案件的审理程序；⑤法庭秩序；⑥延期审理、中止审理；⑦简易程序的适用范围与特点；⑧自诉案件第一审程序的特点；⑨量刑程序；⑩适用裁定的情形。

本章的内容知识体系见图 14-1。

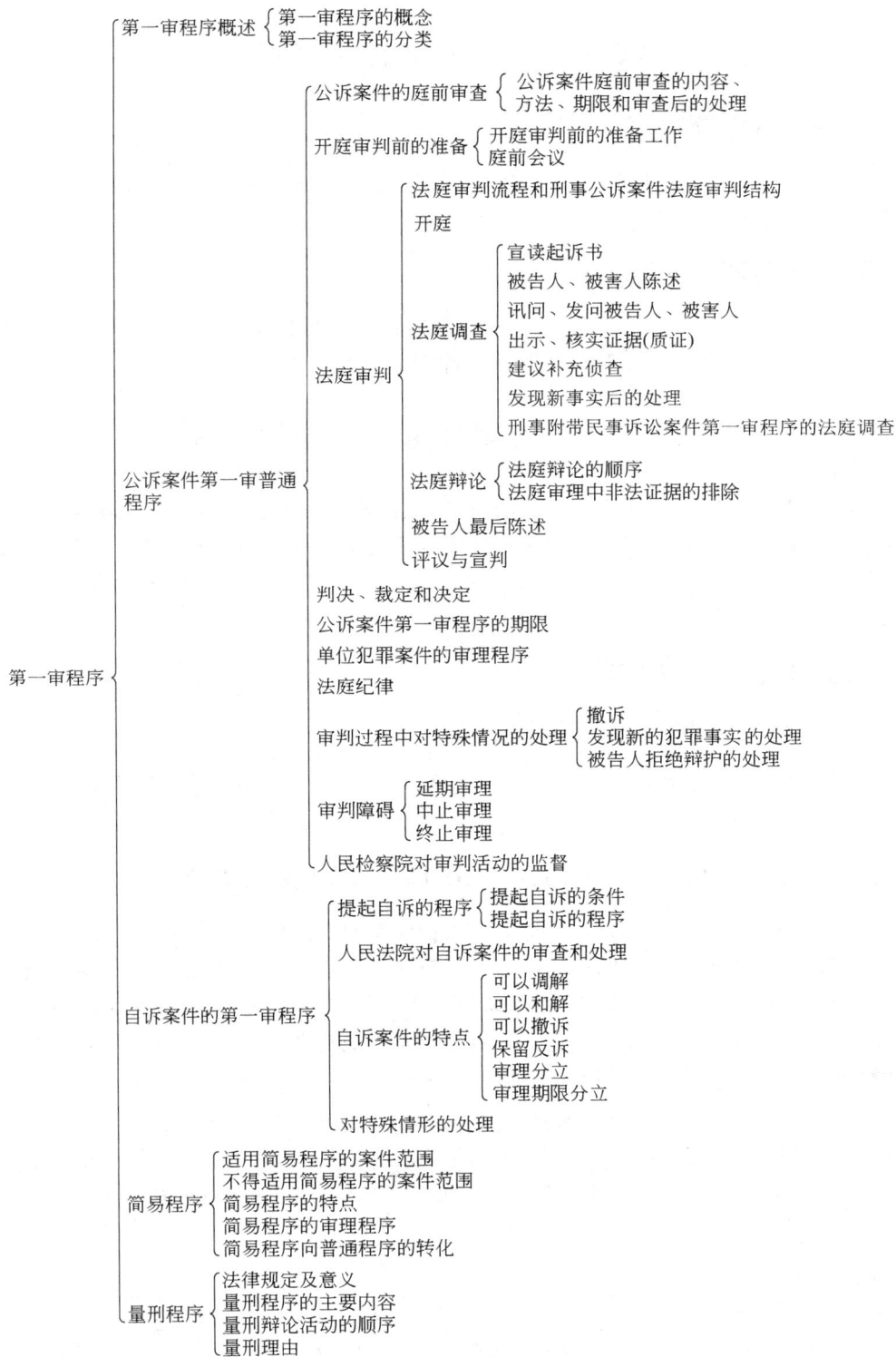

图 14-1　本章知识体系图示

第一节　第一审程序概述

一、第一审程序的概念

第一审程序是指人民法院对人民检察院提起公诉、自诉人提起自诉的案件进行初次审判时应当遵循的步骤、方式和方法。

二、第一审程序的分类

第一审程序按照程序繁简不同,可分为普通程序与简易程序;按照审理案件性质不同,又可分为公诉案件第一审程序与自诉案件的第一审程序。

第二节　公诉案件第一审普通程序

公诉案件第一审普通程序是指人民法院对人民检察院提起公诉的案件进行初次审判时应遵循的步骤、方式和方法。公诉案件的第一审普通程序包括庭前审查、开庭前的准备和法庭审判三个诉讼阶段,法庭审判又分为开庭、法庭调查、法庭辩论、被告人最后陈述、评议和宣判六个环节。

一、公诉案件的庭前审查

(一)公诉案件的庭前审查的概念

公诉案件的庭前审查是指人民法院对人民检察院提起公诉的案件进行庭前审查,以决定是否开庭审判的活动。

(二)公诉案件庭前审查的内容、方法、期限和审查后的处理

2012 年《刑事诉讼法》第 181 条规定:"人民法院对提起公诉的案件审查后,对于起诉书中有明确的指控犯罪事实的,应当决定开庭审判。"可见,我国公诉案件的庭前审查只是一种程序性审查,而非实体性审查,并不解决被告人的定罪量刑问题,只要起诉书中有明确的指控犯罪事实和提起公诉的具体罪名,并属于本院管辖,法院就应开庭审判。而事实是否清楚,证据是否充分,罪名是否正确均不在审查之列。具体内容见表 14-1。

表 14-1　公诉案件庭前审查的内容、方法、期限和审查后的处理

审查内容	主要是对起诉书中有无明确的指控犯罪事实进行审查(《刑事诉讼法》第 181 条)。起诉书指控的犯罪事实主要包括:起诉书指控的被告人的身份,实施犯罪的时间、地点、手段,犯罪事实、危害后果和罪名以及其他可能影响定罪量刑的情节等;这种犯罪事实必须是依据《刑法》规定应予刑事处罚的	
审查方法	阅卷;程序性审查	
期限	按照普通程序审理的公诉案件	决定是否受理,应当在 7 日内审查完毕
	检察院建议按简易程序审理的公诉案件	决定是否受理,应当在 3 日内审查完毕
	【提示】　人民法院对提起公诉的案件进行审查的期限,计入法院的审理期限	

続表

	情　形	処理方法
処理	起诉书中有明确的指控犯罪事实的	应当决定开庭审判(《刑事诉讼法》第181条)
	不属于本院管辖或被告人不在案的	决定退回人民检察院
	法院认为检察院起诉移送的有关材料不符合规定的条件	法院向检察院提出书面意见要求补充提供的,检察院应自收到通知之日起3日内补送(不补也要审)
	宣告被告人无罪后,检察院依据新的事实、证据材料重新起诉的	应当依法受理
	检察院撤诉的案件,没有新的事实、证据,检察院重新起诉的(如,被害人不断申诉)	不予受理(一事不再理)
	有《刑事诉讼法》第15条第2～6项情形之一的	① 应当裁定终止审理或不受理(自诉案,没有告诉的) ② 如属于第1项,审理后应宣判无罪
	身份不明的,但符合"事实清楚、证据确实充分"条件的	应当依法受理(按自报名或编号)

【知识扩展】　我国第一审程序庭前审查范围之变迁

我国对公诉案件第一审程序庭前审查的范围经历了一个"否定之否定"的过程。1979年《刑事诉讼法》第108条规定:"人民法院对提起公诉的案件进行审查后,对于犯罪事实清楚、证据充分的,应当决定开庭审判;对于主要事实不清、证据不足的,可以退回人民检察院补充侦查;对于不需要判刑的,可以要求人民检察院撤回起诉。"也就是说,人民法院在开庭审理之前,就必须对全部事实和证据进行实体性审查,并根据犯罪事实是否清楚、证据是否充分决定是否开庭审判。这不仅导致法官先入为主,形成不利于被告人的预断和偏见,从而忽视辩护意见和主张,有损被告人的权利保障,而且,导致法官先定后审,使开庭审判流于形式,致使审判公开原则、辩护原则、直接言辞原则等无法得到切实的贯彻。

为了消除人民法院庭前进行实质性审查带来的弊端,更好地保障被告人的辩护权,并促进庭审的实质化,为此,1996年《刑事诉讼法》第150条规定:"人民法院对提起公诉的案件进行审查后,对于起诉书中有明确的指控犯罪事实并且附有证据目录、证人名单和主要证据复印件或者照片的,应当决定开庭审判。"此条规定确立了我国起诉卷宗移送的"复印件主义",即人民法院在庭前不再对全部案卷材料和证据进行审查,而是仅限于起诉书、证据目录、证人名单、主要证据的复印件和照片,只要具备上述材料,人民法院即应决定开庭审判。这使人民法院庭前审查的范围较之以往受到了较大的限制,实质性审查受到削弱,这无疑是避免法官对案件先入为主、在开审之前就形成主观预断,对保障辩护权和促进庭审的实质化具有一定的积极意义。然而,1996年的改革并未完全达到预期的效果,表现在:①人民检察院移送主要证据照片或复印件的范围由自己掌握;②实践中法官仍然会想尽办法在庭前或庭后全面阅卷、审查证据,庭前预断并没有得到彻底的排除;③辩护律师的阅卷权受到了限制。辩护律师在法院所能看到的只能是检察院移送的起诉书、证据目录、证人名单和主要证据复印件及照片,看不到能全面反映犯罪事实的材料。在审查起诉阶段辩护律师看不到犯罪事实材料,到了审判阶段辩护律师仍然看不到全部犯罪事实材料;④法官审理案件、主持庭审困难。由于不能在庭前对案件情况、证据情况、争议问题进行较为充分的了解,因此导致法官主持法庭审判存在诸多难题。

2012 年《刑事诉讼法》,总结 1996 年《刑事诉讼法》修改后的司法实践情况,对存在的上述问题有针对性地加以解决,首先,在第 172 条中规定,人民检察院向人民法院提起公诉时,应当"将案卷材料、证据移送人民法院",删去了起诉书需附有证据目录、证人名单和主要证据复印件或者照片的要求。其次,在第 181 条规定,人民法院对提起公诉的案件进行审查后,对于起诉书中有明确的指控犯罪事实的,应当决定开庭审判。第 181 条和第 172 条的规定共同构成了对 1996 年《刑事诉讼法》规定的案卷移送制度的重大修改,对庭审方式又作了进一步的改革完善。但我们要注意:这次修改不是简单地退回到 1979 年《刑事诉讼法》的规定,1979 年《刑事诉讼法》规定的庭前审查是实质审查,而此次规定的庭前审查是形式审查,即检察机关提起公诉的案件只要符合形式上的起诉标准,人民法院就应当开庭审判,庭审中由公诉机关承担举证责任并承担举证不利或不能的法律后果,人民法院通过庭审作出裁判,没有必要在开庭前对案件的证据情况进行审查。因此,2012 年《刑事诉讼法》对庭前审查范围的修改不是对 1996 年《刑事诉讼法》规定的简单否定,更不是退回到 1979 年的实质审查,而是辩证法上的"否定之否定"。

【案例释义 14-1】

案情:李某因涉嫌故意伤害而被某县公安机关立案侦查,后移送某县人民检察院审查起诉。某县人民检察院经过审查,认为犯罪嫌疑人李某犯罪事实清楚,证据确实、充分,依法应当追究刑事责任,遂向某县人民法院提起公诉。某县人民法院经审查认为,某县人民检察院的起诉书中有明确的有关李某实施故意伤害犯罪的事实,于是决定对该案开庭审判。对此,有人提出异议,认为 2012 年《刑事诉讼法》已恢复全卷移送制度,人民法院在审查公诉、确定是否开庭时,应当对全部卷宗材料和证据进行审查,并据此决定是否开庭。

问题:县人民法院决定开庭审判的做法正确吗?

简析:2012 年《刑事诉讼法》第 181 条明确规定,人民法院对提起公诉的案件进行审查后,对于起诉书中有明确的指控犯罪事实的,应当决定开庭审判。据此,人民法院审查公诉并不涉及其他案卷材料和证据,不对证据进行实质性的审查,也不以其他卷宗材料和证据是否齐备作为是否开庭的标准。在本案中,某县人民法院对某县人民检察院的起诉书进行审查,认为其中有明确的有关李某实施故意伤害犯罪的事实,就可以决定开庭审判。因此,县人民法院决定开庭审判的做法是正确的。

【巩固练习 14-1】 法院对公诉案件进行审查后,应当根据不同情况作出处理。据此,下列哪一个选项是正确的?

A. 对于不属于本院管辖的,应当通知检察院撤回起诉

B. 对于被告人不在案的,应当决定退回检察院

C. 法院裁定准许撤诉的案件,没有新的事实、证据检察院重新起诉的,应当裁定驳回起诉

D. 法院作出了证据不足、指控的犯罪不能成立的无罪判决的案件,检察院依据新的事实、证据材料重新起诉的,法院应当根据禁止重复追诉原则不予受理

答案:B

本题考查法院对公诉案件庭前审查后的处理。本题中,对于 A 选项所述的情形,应

当决定退回人民检察院,故不应选择;对于 B 选项所述情形,应当决定退回检察院,故该表述正确;对于 C 选项所述情形,人民法院应当不予受理,故不应选择;对于 D 选项所述情形,人民法院应当依法受理,因此本题正确答案为 B 选项。

二、开庭审判前的准备

为了保证法庭审判的顺利进行,开庭前必须做好必要的准备工作。根据 2012 年《刑事诉讼法》第 182 条和《刑诉法适用解释》第 182 条的规定,对于决定开庭审理的案件,人民法院在庭审前需要做的准备工作如下。

(一)开庭审判前的准备工作

具体内容见表 14-2。

表 14-2　开庭审判前的准备工作

准 备 内 容	通知或送达对象	目　　的	通知或送达时间
确定合议庭的组成人员		审判	
送达起诉书副本	被告人及其辩护人	便于及时了解指控的性质和罪名以及案件有关情况,做好辩护的准备	开庭 10 日前
召集庭前会议:审判人员可以召集公诉人、当事人和辩护人、诉讼代理人,对回避、出庭证人名单、非法证据排除等与审判相关的问题,了解情况,听取意见	公诉人、当事人和辩护人、诉讼代理人	提高审判效率	在开庭以前
通知开庭的时间、地点	人民检察院	做好准备,准时出庭	开庭 3 日前
先期公布案由、被告人姓名、开庭时间和地点(公开审判的案件)	社会	审判公开:便于公民旁听、记者报道和社会监督	
用传票和通知书,传唤当事人,通知辩护人、诉讼代理人、证人、鉴定人和翻译人员等有关人员出庭	当事人或其他诉讼参与人	做好准备,准时出庭	
通知被告人、辩护人提供证据	被告人、辩护人	诉讼	开庭 5 日前

上述活动情形应当写入笔录,由审判人员和书记员签名。

问题思考:2012 年《刑事诉讼法》规定将起诉书副本直接送达辩护人的意义。

1996 年《刑事诉讼法》规定,在开庭前的准备过程中,人民法院只需要将起诉书副本送达被告人,而在我国司法实践中,许多被告人在审判阶段往往处于被羁押的状态,他们虽然获得了起诉书副本,但因不具有相应的法律专业知识,所以不能为自己充分行使辩护权做好相应的准备;辩护人具备法律专业知识,但因得不到起诉书副本,意味着辩护人不能够了解指控的事实和证据,这显然不利于辩护人针对指控进行辩护的准备工作。因此,2012 年《刑事诉讼法》规定将起诉书副本直接送达辩护人,有助于辩护人了解案件事实和有关情况,更好地为被告人进行辩护。

（二）庭前会议

1．召开庭前会议的情形

根据《刑诉法适用解释》第 183 条的规定，案件具有下列情形之一的，审判人员可以召开庭前会议：①当事人及其辩护人、诉讼代理人申请排除非法证据的；②证据材料较多、案情重大复杂的；③社会影响重大的；④需要召开庭前会议的其他情形。召开庭前会议，根据案件情况可以通知被告人参加。

2．庭前会议的内容

根据《刑诉法适用解释》第 184 条的规定，召开庭前会议，审判人员可以就下列问题向控辩双方了解情况，听取意见：①是否对案件管辖有异议；②是否申请有关人员回避；③是否申请调取在侦查、审查起诉期间，公安机关、人民检察院收集但未随案移送的证明被告人无罪或者罪轻的证据材料；④是否提供新的证据；⑤是否对出庭证人、鉴定人、有专门知识的人的名单有异议；⑥是否申请排除非法证据；⑦是否申请不公开审理；⑧与审判相关的其他问题。

审判人员可以询问控辩双方对证据材料有无异议，对有异议的证据，应当在庭审时重点调查；无异议的，庭审时举证、质证可以简化。被害人或者其法定代理人、近亲属提起附带民事诉讼的，可以调解。庭前会议情况应当制作笔录。

【说明】

（1）与非法证据排除规则的确立相配套，2012 年《刑事诉讼法》第 182 条要求审判人员在开庭之前召集控辩双方对非法证据排除等问题加以解决，正是在程序上为排除非法证据所做的必要的制度设计。考虑到庭前准备是在正式开庭审判之前，在这一阶段对非法证据加以排除较之于庭审阶段显然更为有利。

（2）与证人作证制度的完善相适应，确保证人出庭作证。针对司法实践中证人普遍不出庭作证的问题，2012 年《刑事诉讼法》第 182 条要求审判人员在开庭之前召集控辩双方对证人名单有关的问题进行解决，对于后续的通知和督促证人出庭作证具有积极意义。

【案例释义 14-2】

案情： 某县人民法院对被告人陈某涉嫌盗窃一案依法作出开庭审判的决定。在开庭审判前，被告人陈某提出在侦查过程中曾被侦查人员刑讯，其因受不了刑讯的痛苦而向侦查人员作了有罪供述。为此，被告人陈某要求某县人民法院依法排除该有罪供述。于是，负责办理该案的法官张某、齐某某与周某在庭前召集了公诉人、被告人及其辩护人等各方，对此问题进行处理。被告人陈某向法官出示了自己的胸部和背部因受侦查人员殴打而导致的伤口和疤痕，其辩护人袁某某表达了该有罪供述是非法取得，应依法排除的法律意见。公诉人则向法官提供侦查阶段讯问犯罪嫌疑人的录像和书面笔录，以及实施讯问的侦查人员就讯问情况所作的陈述，提出侦查人员未实施刑讯，该证据为合法取得，法院应予采纳的意见。办案法官依法了解了相关情况，并认真听取了控辩双方的意见。

问题： 2012 年《刑事诉讼法》增设庭前会议程序，在开庭之前召集控辩双方解决非法证据排除问题的意义。

简析：2012 年《刑事诉讼法》第 183 条增设了一项新的程序，即审判人员庭前召集控辩双方对于审判有关的问题进行处理。在本案中，被告人陈某提出自己所作有罪供述是侦查人员刑讯获得，应当排除。为此，审判人员在庭前召集被告人、辩护人以及公诉人双方对此问题进行了处理。这对于确保法庭审判不受非法证据的影响，提高审判质量和审判效率具有积极的意义。

三、法庭审判

法庭审判由合议庭的审判长或者独任审判员主持。法庭审判程序可分为开庭、法庭调查、法庭辩论、被告人最后陈述、评议和宣判六个阶段。另外，《最高人民法院、最高人民检察院、公安部、国家安全部、司法部关于规范量刑程序若干问题的意见（试行）》，将审理分为定罪和量刑两个相对独立的程序。法庭审理中，对与定罪量刑有关的事实、证据都应当进行调查、辩论。

（一）法庭审判流程和刑事公诉案件法庭审判结构

1. 法庭审判流程

开庭→法庭调查→法庭辩论→被告人最后陈述→评议→宣判

2. 刑事公诉案件法庭审判结构图（见图 14-2）

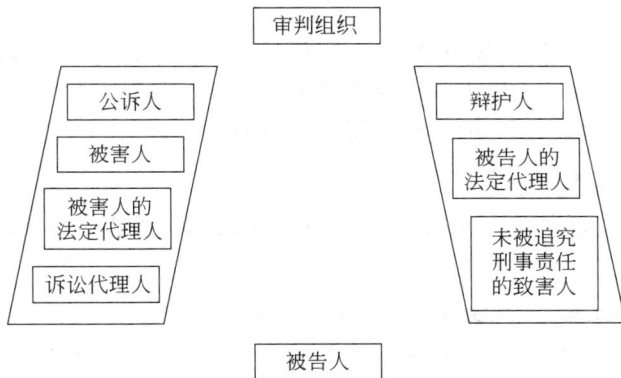

图 14-2　刑事公诉案件法庭审判结构图

（二）开庭

1. 应由书记员进行的工作

根据《刑诉法适用解释》第 189 条的规定，开庭审理前，书记员应当依次进行下列工作。

（1）受审判长委托，查明公诉人、当事人、证人及其他诉讼参与人是否到庭；

（2）宣读法庭规则；

（3）请公诉人及相关诉讼参与人入庭；

（4）请审判长、审判员（人民陪审员）入庭；

（5）审判人员就座后，向审判长报告开庭前的准备工作已经就绪。

2．应由审判长进行的工作

（1）审判长宣布开庭，传被告人到庭后，应当查明被告人的情况。

（2）审判长宣布案件的来源、起诉的案由、附带民事诉讼原告人和被告人的姓名及是否公开审理。

（3）审判长宣布合议庭组成人员、书记员、公诉人、辩护人、鉴定人和翻译人员的名单。

（4）审判长应当告知当事人、法定代理人在法庭审判过程中依法享有的诉讼权利。

（5）审判长分别询问当事人、法定代理人是否申请回避，申请何人回避和申请的理由。同意或者驳回申请的决定及复议决定，由审判长宣布，并说明理由。

【提示】

（1）应注意审判长和书记员在开庭工作上的分工。开庭后，最先到庭的是书记员，由其宣读法庭纪律，请审判人员出庭。然后只做一件事——庭审记录；其他的工作均由审判长办理（如查明当事人的情况，宣布合议庭组成人员和告知诉讼权利）。

（2）根据2012年《刑事诉讼法》第185条的规定，开庭时，当事人是否到庭应当由审判长查明，不能由书记员查明。

（三）法庭调查

法庭调查分为以下四步进行。

1．宣读起诉书

法庭调查开始后，应当首先由公诉人宣读起诉书。有附带民事诉讼的，再由附带民事诉讼的原告人或者其诉讼代理人宣读附带民事起诉状。起诉书指控的被告人的犯罪事实为两起以上的，法庭调查时，一般应当就每一起犯罪事实分别进行调查。

2．被告人、被害人陈述

在公诉人宣读完起诉书后，在审判长主持下，被告人、被害人有权就起诉书指控的犯罪分别进行陈述。

3．讯问、发问被告人、被害人

（1）公诉人讯问被告人。在审判长主持下，公诉人可以就起诉书中所指控的犯罪事实讯问被告人，讯问被告人应当避免诱导性讯问以及其他不当讯问。

（2）被害人及其诉讼代理人经审判长准许，可以就公诉人讯问的情况进行补充性发问。附带民事诉讼的原告人及其法定代理人或者诉讼代理人经审判长许可，可以就附带民事诉讼部分的事实向被告人发问。

被告人的辩护人及法定代理人或者诉讼代理人可以在控诉一方就某一具体问题讯问完毕后向被告人发问。通过发问，揭示有利于被告人的事实和情节，以达到辩护的目的。

（3）控辩双方经审判长准许，可以向被害人、附带民事诉讼原告人发问。起诉书指控的被告人的犯罪事实为两起以上的，一般应当就每一起犯罪事实分别进行讯问与发问。审判长对于控辩双方讯问、发问的内容与本案无关或者讯问、发问的方式不当的，应当制止。对于控辩双方认为对方讯问或发问的方式不当并提出异议的，审判长应当判明情况予以支持或者驳回。

（4）审判人员讯问、发问被告人、被害人及附带民事诉讼原告人、被告人。审判长主持讯问、发问被告人时，对于共同犯罪案件中的被告人，应当分别安排对被告人进行讯问、发问，以免被告人相互影响，作虚假口供。合议庭认为必要时，可以传唤共同被告人同时到庭对质。

4. 出示、核实证据（质证）

（1）询问证人、鉴定人和证人、鉴定人出庭作证，强制证人出庭及其例外。

第一，公诉人、当事人或者辩护人、诉讼代理人对证人证言有异议，且该证人证言对案件定罪量刑有重大影响，人民法院认为证人有必要出庭作证的，证人应当出庭作证。人民警察就其执行职务时目击的犯罪情况作为证人出庭作证，适用前述规定。"对定罪量刑有重大影响"，是指证人证言真实与否，直接关系到案件中有罪与无罪、此罪与彼罪以及量刑轻重的裁判。

第二，公诉人、当事人或者辩护人、诉讼代理人对鉴定意见有异议的，人民法院认为鉴定人有必要出庭的，鉴定人应当出庭作证。经人民法院通知，鉴定人拒不出庭作证的，鉴定意见不得作为定案的依据。

第三，经人民法院依法通知，证人没有正当理由不出庭作证的，人民法院可以强制其到庭，但是被告人的配偶、父母、子女除外。证人没有正当理由拒绝出庭或者出庭后拒绝作证的，予以训诫，情节严重的，经院长批准，处以10日以下的拘留。被处罚人对拘留决定不服的，可以向上一级人民法院申请复议，复议期间不停止执行。（关于证人和鉴定人出庭作证制度的具体内容见本书第一章第四节相关内容。）

【说明】　证人、鉴定人出庭作证的意义和强制证人出庭例外规定的目的。

证人出庭作证不仅有利于对证人证言进行审查核实，有助于查明案件事实真相，而且是确保被告人充分行使质证权，实现程序公正的必要前提。因此，证人出庭十分必要。然而，从诉讼效率的角度来看，所有的证人一律出庭不仅给证人带来负担，同时也会导致审判拖沓、冗长，给司法机关和当事人增加负担。此外，考虑到我国司法实践中证人普遍不愿意出庭作证的现实，过于激进地要求全部证人出庭作证，也不可行。因此，立法将证人出庭的范围进行了必要的限制，即其证言对定罪量刑有重大影响，且控辩双方存在异议或是人民法院认为有必要的。

与证人证言相类似，鉴定意见也是司法实践中常用的证据，而在我国司法实践中，鉴定人往往只向法庭提供一份书面意见，却并不出庭作证，这就使控辩双方无法对鉴定意见的科学性、准确性进行充分质证，影响人民法院认证。针对这一问题，2012年《刑事诉讼法》第187条第3款规定了鉴定人出庭作证的范围以及拒不出庭作证的后果。

强制证人出庭的例外规定，既是对我国古代"亲亲相隐"制度中的合理精神的继承，也是对国外有关拒绝作证特权制度的借鉴，其目的在于维护家庭伦理秩序，确保家庭关系的稳定与和谐。当然，如果被告人的配偶、父母、子女自愿出庭作证的，也应许可。

【提示】　证人具有下列情形之一，无法出庭作证的，人民法院可以准许其不出庭。

①在庭审期间身患严重疾病或者行动极为不便的；②居所远离开庭地点且交通极为不便的；③身处国外短期无法回国的；④有其他客观原因，确实无法出庭的。具有上述规定情形的，可以通过视频等方式作证。（《刑诉法适用解释》第206条）

第四,证人到庭后,审判人员应当先核实证人的身份、与当事人以及本案的关系,告知证人应当如实地提供证言,如有意作伪证或者隐匿罪证要负的法律责任。证人作证前,应当在如实作证的保证书上签名。

第五,公诉人、辩护人向证人发问的顺序由审判长决定。向证人发问,应当先由提请传唤的一方进行;发问完毕后,对方经审判长准许,也可以发问。

第六,询问证人应当遵循以下规则。

① 发问的内容应当与案件的事实相关;

② 不得以引诱方式提问;

③ 不得威胁证人;

④ 不得损害证人的人格尊严。

上述规定也适用于对被告人、被害人、附带民事诉讼原告人和被告人、鉴定人的讯问、发问或者询问。

第七,向证人发问应当分别进行。证人经控辩双方发问或者审判人员询问后,审判长应当告其退庭。证人不得旁听对本案的审理。

（2）出示、宣读证据。公诉人、辩护人应当向法庭出示物证,让当事人辨认,对未到庭的证人的证言笔录、鉴定人的鉴定意见、勘验笔录和其他作为证据的文书,应当当庭宣读。

当庭出示的物证、书证、视听资料等证据,应当先由出示证据的一方就所出示的证据的来源、特征和证明的案件事实等作必要的说明。然后由另一方进行辨认并发表意见。

【巩固练习14-2】 在法庭审理中,控方向法庭出示被告人实施抢劫时所持的匕首。关于该匕首,应当履行的法庭调查程序,下列哪些选项是正确的?

A. 让被害人辨认   B. 让被告人辨认

C. 听取辩护人意见   D. 听取诉讼代理人意见

答案：A、B、C、D

本题考查审判中对物证的调查程序。依据2012年《刑事诉讼法》第90条的规定："公诉人、辩护人应当向法庭出示物证,让当事人辨认……审判人员应当听取公诉人、当事人和辩护人、诉讼代理人的意见。"同时,依据2012年《刑事诉讼法》第106条规定："当事人是指被害人、自诉人、犯罪嫌疑人、被告人、附带民事诉讼的原告人和被告人。"所以,本题中,控方向法庭出示被告人实施抢劫时所持的匕首,应当让当事人包括被害人和被告人辨认,应当听取辩护人和诉讼代理人的意见。故A、B、C、D四项都应选。

问题思考：在法庭调查中对公诉人出示新证据如何处理?

公诉人要求出示开庭前送交人民法院的证据目录以外的证据,辩护方提出异议的,审判长如认为该证据确有出示的必要,可以准许出示。如果辩护方提出对新的证据要作必要准备时,可以宣布休庭,并根据具体情况确定辩护方作必要准备的时间,确定的时间期满后,应当继续开庭审理。

（3）合议庭调查核实证据。

第一,法庭审理过程中,合议庭对证据有疑问的,可以宣布休庭,对证据进行调查核实。人民法院调查核实证据时,可以进行勘验、检查、查封、扣押、鉴定和查询、冻结。必要时可以通知检察人员、辩护人到场。

第二,人民法院对公诉案件依法调查、核实证据时,发现对认定案件事实有重要作用的新的证据材料,应当告知检察人员和辩护人,必要时也可以直接提取,复制后移送检察人员和辩护人,但人民法院不能进行搜查和讯问。

(4)调取新证据。当事人和辩护人申请通知新的证人到庭、调取新的证据,申请重新鉴定或者勘验的,应当提供证人的姓名、证据的存放地点,说明所要证明的案件事实,要求重新鉴定或者勘验的理由。审判人员根据具体情况,认为可能影响案件事实认定的,应当同意该申请,并宣布延期审理,但延期审理的时间不得超过1个月,延期审理的时间不计入审限;不同意的应当告知理由并继续审理。

(5)公诉人、当事人和辩护人、诉讼代理人可以申请法庭通知有专门知识的人出庭,就鉴定人作出的鉴定意见予以解释并提出意见。

法庭对于上述申请,应当作出是否同意的决定。

5. 建议补充侦查

合议庭在案件审理过程中,发现被告人可能有自首、立功等法定量刑情节,而起诉书和移送的证据材料中没有这方面的证据材料的,应当建议人民检察院补充侦查。

6. 发现新事实后的处理

人民法院在审理中发现新的事实,可能影响定罪的,应当建议人民检察院补充或者变更起诉;人民检察院不同意的,人民法院应当就起诉指控的犯罪事实,按照有关规定依法作出裁判。

7. 刑事附带民事诉讼案件第一审程序的法庭调查

2007年司法考试试卷四第三题全面考查了刑事附带民事诉讼案件第一审程序的法庭调查程序,具体如下。

被告人甲、乙共同将被害人丙杀害。一审程序中,在公诉人对被告人甲、乙同时进行讯问后,经审判长许可,丙的父亲丁以刑事附带民事诉讼原告的身份,就犯罪及财产损失事实向甲、乙发问。丙所居住社区的物业管理人员戊旁听了案件审理,并应控方要求就丙的被害情况向法庭作证,先后回答了辩护人、公诉人及审判长的发问。庭审中,合议庭对戊的证言及其他证据发现疑问,遂宣布休庭,就被害人死亡时间及原因进一步调查核实。法庭调查中,公诉人发现被告人乙尚有遗漏的犯罪事实,当庭提出要求撤回起诉,法庭审查后作出同意撤回起诉的决定。重新起诉后,甲、乙分别被判处死刑并赔偿原告损失10万元。

简析:

(1)公诉人对被告人甲、乙同时讯问违反了分别进行讯问的原则,只有合议庭认为有必要时,才可以传唤共同被告人同时到庭对质。

(2)附带民事诉讼原告不能就有关犯罪事实向被告人发问。在审判长主持下,公诉人可以就起诉书中指控的犯罪事实讯问被告人;被害人及其诉讼代理人经审判长准许,可以就公诉人讯问的情况进行补充性发问;附带民事诉讼的原告人及其法定代理人或者诉讼代理人经审判长准许,可以就附带民事诉讼部分的事实向被告人发问;经审判长准许,被告人的辩护人及法定代理人或者诉讼代理人可以在控诉一方就某一具体问题讯问完毕后向被告人发问。

（3）戊作为证人不能旁听案件的审理。

（4）戊作为控方证人，控辩双方向其发问的顺序错误，应当先由提请传唤的一方进行；发问完毕后，对方经审判长准许，也可以发问。

（5）公诉人在庭审中发现有漏罪的只能追加起诉，不能撤回起诉。《最高检刑诉规则》第461条规定，变更、追加或者撤回起诉应当报经检察长或者检察委员会决定，并以书面方式在人民法院宣告判决前向人民法院提出，公诉人不能当庭自行决定。

（6）法院对检察机关撤回起诉的要求应以裁定而不能以决定的方式作出。

（四）法庭辩论

法庭辩论是指控辩双方在法庭调查结束后，就定罪、量刑的事实、证据和适用法律等问题发表的意见。通过法庭辩论，控辩双方能够充分表明己方的主张和观点，阐明理由和根据，不仅体现了当事人和诉讼参与人对程序的有效参与，同时，对于法庭查明案情、作出公正的裁判也具有重要意义。

1. 法庭辩论的顺序

根据《刑诉法适用解释》第229条的规定，法庭辩论应当在审判长的主持下，按照下列顺序进行。

（1）公诉人发言。公诉人的首轮发言被称为发表公诉词。

（2）被害人及其诉讼代理人发言。

（3）被告人自行辩护。

（4）辩护人辩护。

（5）控辩双方进行辩论。

如果有附带民事诉讼，附带民事诉讼部分的辩论应当在刑事诉讼部分的辩论结束后进行。其辩论顺序是：先由附带民事诉讼原告人及其诉讼代理人发言，然后由被告人及其诉讼代理人答辩。

在法庭辩论过程中，如果合议庭发现新的事实，认为有必要进行调查时，审判长可以宣布暂停辩论，恢复法庭调查，待该事实查清后继续法庭辩论。

【巩固练习14-3】 在审理一起团伙犯罪案时，因涉及多个罪名和多名被告人、被害人，审判长为保障庭审秩序，提高效率，在法庭调查前告知控辩双方注意事项。下列哪些做法是错误的？

A. 公诉人和被告人仅就刑事部分进行辩论，被害人和被告人仅就附带民事部分进行辩论

B. 控辩双方仅在法庭辩论环节就证据的合法性、相关问题进行辩论

C. 控辩双方可就证据问题、事实问题、程序问题以及法律适用问题进行辩论

D. 为保证控方和每名辩护人都有发言时间，控方和辩方发表辩论意见时间不超过30分钟

答案：A、B、D（法庭辩论）

2. 法庭审理中非法证据的排除

根据《最高检刑诉规则》第446、447条的规定。

（1）在法庭审理过程中,被告人及其辩护人提出被告人庭前供述系非法取得,审判人员认为需要进行法庭调查的,公诉人可以根据讯问笔录、羁押记录、出入看守所的健康检查记录、看守管教人员的谈话记录以及侦查机关对讯问过程合法性的说明等,对庭前讯问被告人的合法性进行证明,可以要求法庭播放讯问录音、录像,必要时可以申请法庭通知侦查人员或者其他人员出庭说明情况。

（2）审判人员认为可能存在《刑事诉讼法》第 54 条规定的以非法方法收集其他证据的情形,需要进行法庭调查的,公诉人可以参照前款规定对证据收集的合法性进行证明。

（3）公诉人不能当庭证明证据收集的合法性,需要调查核实的,可以建议法庭休庭或者延期审理。

（4）在法庭审理期间,人民检察院可以要求侦查机关对证据收集的合法性进行说明或者提供相关证明材料,必要时可以自行调查核实。

（5）公诉人对证据收集的合法性进行证明后,法庭仍有疑问的,可以建议法庭休庭,由人民法院对相关证据进行调查核实。人民法院调查核实证据,通知人民检察院派员到场的,人民检察院可以派员到场。

（五）被告人最后陈述

1. 权利的法定性与专属性

审判长在宣布辩论终结后,被告人有最后陈述的权利。被告人最后陈述不仅是法庭审判的一个独立环节,而且也是法律赋予被告人的一项重要诉讼权利。合议庭应当保障被告人充分行使最后陈述的权利。另外,这项权利具有专属性,不可由他人代替行使。

2. 在最后陈述中发生情况的处理

（1）对陈述可以制止的情形。如果被告人在最后陈述中多次重复自己的意见,审判长可以制止。

（2）对陈述应当制止的情形。如果陈述内容是蔑视法庭、公诉人,损害他人及社会公共利益或者与本案无关的应当制止;在公开审理的案件中,被告人最后陈述的内容涉及国家秘密或者个人隐私的,也应当制止。

（3）未成年被告人最后陈述后,其法定代理人可以进行补充陈述。

（4）被告人在最后陈述中提出了新的事实、证据,合议庭认为可能影响正确裁判的,应当恢复法庭调查。

（5）如果被告人提出新的辩解理由,合议庭认为确有必要的,可以恢复法庭辩论。

【巩固练习14-4】 按照我国《刑事诉讼法》的规定,关于法庭审理活动先后顺序的排列,下列哪一个选项的组合是正确的?

①宣读勘验笔录;②公诉人发表公诉词;③讯问被告人;④询问证人、鉴定人;⑤出示物证;⑥被告人最后陈述。

A. ②③⑤④①⑥　　B. ③④⑤①②⑥　　C. ②④⑤①⑥③　　D. ③④①⑤②⑥

答案:B

本题考查法庭审判程序的先后顺序。整个法庭审判的顺序依次为开庭、法庭调查、法庭辩论、被告人最后陈述、评议和宣判。本题中的"①宣读勘验笔录;③询问被告人;

④询问证人、鉴定人；⑤出示证物"均属于法庭调查的活动,法庭调查的总体原则是先调查人证、再调查物证,最后宣读有关笔录,故顺序为:③④⑤①;"②公诉人发表公诉词"属于法庭辩论活动,因此在法庭调查之后,被告人最后陈述之前,所以最终的顺序为:③④⑤①②⑥。因此,B为正确选项。学习者最容易出错的地方是把"公诉词"与"起诉书"混淆,一定要注意:起诉书是在法庭调查之初,由出庭公诉人宣读的公文;而公诉词则是在法庭辩论开始时,由出庭公诉人所进行的综合性演讲。

(六) 评议与判决

1. 评议

根据 2012 年《刑事诉讼法》第 195 条的规定,在被告人最后陈述以后,合议庭将休庭评议。评议是合议庭组成人员在法庭审理活动的基础上,对案件事实、证据和法律适用进行讨论、分析、判断,并依法作出裁判的诉讼活动。合议庭的评议活动不对外公开。评议时,如果意见有分歧,应当按多数人的意见作出决定,但是少数人的意见应当写入笔录,评议笔录由合议庭组成人员签名。

2. 判决

合议庭评议之后,可以根据已经查明的事实、证据和有关的法律规定,分别作出判决。

(1) 宣告判决的方式。宣告判决一律公开进行。不公开审理的案件,宣告判决也应公开。宣告判决主要有以下两种方式。

① 当庭宣告判决。当庭宣判是在合议庭评议之后,立即恢复开庭,由审判长宣告判决结果。当庭宣告判决的,应当在 5 日以内将判决书送达当事人和提起公诉的人民检察院。当庭宣告判决较为符合刑事审判集中审理的原则,也有利于发挥法庭审判的法制宣传教育作用,但对审判人员的专业素质和业务能力要求较高。

② 定期宣告判决。定期宣判是指合议庭休庭评议之后,没有立即恢复开庭,而是另行确定日期宣告判决。定期宣判往往适用于案件比较疑难、复杂,休庭后未能立即作出决定,甚至需要提请院长决定提交审判委员会讨论的案件。定期宣告判决的,应当在宣告后立即将判决书送达当事人和提起公诉的人民检察院。判决书应当同时送达辩护人、诉讼代理人,以便于他们对当事人提供法律帮助。

(2) 裁判的种类。根据《刑诉法适用解释》第 241 条的规定,对第一审公诉案件,人民法院审理后,应当按照下列情形分别作出判决、裁定。

① 起诉指控的事实清楚,证据确实、充分,依据法律认定指控被告人的罪名成立的,应当作出有罪判决;

② 起诉指控的事实清楚,证据确实、充分,指控的罪名与审理认定的罪名不一致的,应当按照审理认定的罪名作出有罪判决;

③ 案件事实清楚,证据确实、充分,依据法律认定被告人无罪的,应当判决宣告被告人无罪;

④ 证据不足,不能认定被告人有罪的,应当以证据不足、指控的犯罪不能成立,判决宣告被告人无罪;

⑤ 案件部分事实清楚,证据确实、充分的,应当作出有罪或者无罪的判决;对事实不

清、证据不足部分,不予认定;

⑥ 被告人因不满16周岁,不予刑事处罚的,应当判决宣告被告人不负刑事责任;

⑦ 被告人是精神病人,在不能辨认或者不能控制自己行为时造成危害结果,不予刑事处罚的,应当判决宣告被告人不负刑事责任;

⑧ 犯罪已过追诉时效期限且不是必须追诉,或者经特赦令免除刑罚的,应当裁定终止审理;

⑨ 被告人死亡的,应当裁定终止审理;根据已查明的案件事实和认定的证据,能够确认无罪的,应当判决宣告被告人无罪。

具有前述第②项规定情形的,人民法院应当在判决前听取控辩双方的意见,保障被告人、辩护人充分行使辩护权。必要时,可以重新开庭,组织控辩双方围绕被告人的行为构成何罪进行辩论。

【巩固练习14-5】 检察院以涉嫌盗窃罪对赵某提起公诉。经审理,法院认为证明指控事实的证据间存在矛盾且无法排除,同时查明赵某年龄认定有误,该案发生时赵某未满16周岁。关于本案,法院应当采取下列哪一种做法?

A. 将案件退回检察院

B. 终止审理

C. 作证据不足、指控的犯罪不能成立的无罪判决

D. 判决宣告赵某不负刑事责任

答案:C

本题考查法院的裁判方式。根据《刑诉法适用解释》第241条的规定,选项A、B均于法无据,不当选。本案中,法院认为证明指控事实的证据间存在矛盾且无法排除,同时查明赵某年龄认定有误,该案发生时赵某未满16周岁,因为作出被告人不负刑事责任的判决也应建立在"事实清楚,证据确实、充分"基础上,法院应优先考虑"证据间存在矛盾且无法排除",而不是"该案发生时赵某未满16周岁",所以,法院应作证据不足、指控的犯罪不能成立的无罪判决,而不是判决宣告赵某不负刑事责任,故选项C正确,选项D错误。

四、判决、裁定和决定

(一) 判决

判决是人民法院就案件的实体问题所作的决定。从程序上说,它标志着案件审理的结束。

(1) 判决解决的问题。判决专门用来解决实体问题,即定罪量刑问题。因此,需要在刑事审判中作出是否有罪、是否判刑以及如何判刑的处理时一律适用判决。

(2) 判决的形式。判决必须以书面的形式作出,不允许有口头判决。

(3) 判决的种类。判决分为有罪判决和无罪判决。其中,有罪判决又分为有罪处刑判决和有罪免刑判决,无罪判决又分为依据法律和现有证据认定被告人无罪的判决和证据不足、指控犯罪不能成立的无罪判决。

(4) 判决只有人民法院才可以作出。

(5) 判决书的内容。根据最高人民法院审判委员会通过的《法院行使诉讼文书样式（样本）》的规定，判决书的内容见图 14-3。

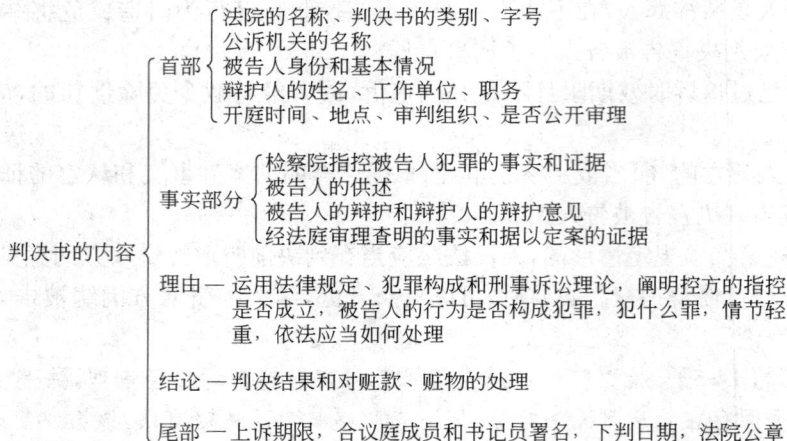

```
                    ┌ 法院的名称、判决书的类别、字号
                    │ 公诉机关的名称
              首部 ┤ 被告人身份和基本情况
                    │ 辩护人的姓名、工作单位、职务
                    └ 开庭时间、地点、审判组织、是否公开审理

                    ┌ 检察院指控被告人犯罪的事实和证据
              事实部分│ 被告人的供述
                    ┤ 被告人的辩护和辩护人的辩护意见
                    └ 经法庭审理查明的事实和据以定案的证据
判决书的内容
              理由 ─ 运用法律规定、犯罪构成和刑事诉讼理论，阐明控方的指控
                    是否成立，被告人的行为是否构成犯罪，犯什么罪，情节轻
                    重，依法应当如何处理

              结论 ─ 判决结果和对赃款、赃物的处理

              尾部 ─ 上诉期限，合议庭成员和书记员署名，下判日期，法院公章
```

图 14-3　判决书的主要内容

（二）裁定

裁定是人民法院在审理案件或者判决执行的过程中，对有关诉讼程序和部分实体问题所作的一种处理。

（1）裁定解决的问题。裁定主要用来解决程序问题，也解决部分实体问题。人民法院用裁定处理的刑事程序问题主要有：诉讼期限的延展；中止审理；维持原判或者发回重新审判；驳回起诉；核准死刑等。人民法院用裁定处理的实体问题主要针对执行中的诉讼，例如减刑、假释等。

（2）裁定只有人民法院才可以作出。

（3）裁定可以是口头的。

（4）裁定与判决的区别见表 14-3。

（三）决定

决定是用于解决诉讼程序问题的一种法院裁判形式。决定用于解决诉讼程序问题。例如对回避申请决定是否同意；对当事人、辩护人提出的通知新的证人到庭、调取新的物证、重新鉴定或者勘验的申请，应由法庭作出是否同意的决定等。

（1）决定可以由人民法院作出，也可以由公安机关、人民检察院作出。并且，公安机关和人民检察院只能用决定来处理案件。

（2）人民法院适用决定只能用来解决程序问题，不能用来解决实体问题。

（3）人民法院的决定可以书面作出，也可以口头作出。

（4）人民法院的决定一经作出立即生效，不能上诉或抗诉，但《刑事诉讼法》规定了对于某些决定可以申请复议。

（四）判决、裁定、决定之比较

具体内容见表14-3。

表 14-3　判决、裁定、决定之比较

项　目	判　决	裁　定		决　定
适用主体	法院	法院		侦查、检察、审判、执行机关
适用对象	实体问题	程序问题	终止审理、中止审理、维持原判、撤销原判发回重审、驳回公诉或自诉、核准死刑	程序问题：如回避、是否立案、有关强制措施、实施各种侦查行为、撤销案件、延长羁押期限、起诉或不起诉、开庭审判、延期审理、抗诉、提起再审程序等
		实体问题	减刑、假释、撤销缓刑、减免罚金	
适用阶段	审判阶段	审判、执行阶段		侦查、审查起诉、审判、执行阶段
表现形式	书面形式	书面、口头形式		书面、口头形式
排他性	一个案件只有一个生效判决，但可以有多个判决	一个案件可有多个裁定		一个案件可有多项决定
法律效力	不服未生效的判决，可以上诉或抗诉	部分未生效的裁定，可以上诉或抗诉		一经作出立即生效，不得上诉或抗诉，部分决定可申请复议一次（如回避、司法拘留、罚款）
上诉、抗诉期限	10 日	5 日		不准上诉、抗诉

【巩固练习 14-6】　关于刑事判决与裁定的区别，下列哪一选项是正确的？

A. 判决解决案件的实体问题，裁定解决案件的程序问题

B. 一案中只能有一个判决，裁定可以有若干个

C. 判决只能以书面形式表现，裁定只以口头作出

D. 不服判决与不服裁定的上诉、抗诉期限不同

答案：D(刑事判决与裁定的区别)

【巩固练习 14-7】　法院在刑事案件的审理过程中，根据对案件的不同处理需要使用判决、裁定和决定。请根据有关法律规定及刑事诉讼原理，回答(1)～(3)题。

(1) 关于判决、裁定、决定的适用对象，下列选项正确的是：

A. 判决不适用于解决案件的程序问题　　B. 裁定不适用于解决案件的实体问题

C. 决定只适用于解决案件的程序问题　　D. 解决案件的程序问题只能用决定

答案：A、C

(2) 关于一个案件中适用判决、裁定、决定的数量，下列选项正确的是：

A. 在一个案件中，可以有多个判决

B. 在一个案件中，可以有多个裁定

C. 在一个案件中，可以有多个决定

D. 在一个案件中，可以只有决定，而没有判决或裁定

答案：A、B、C、D

（3）关于判决、裁定、决定的效力，下列选项正确的是：

A. 判决只有经过法定上诉、抗诉期限才能发生法律效力

B. 裁定一经作出立即发生法律效力

C. 有些决定可以申请复议，复议期间不影响决定的效力

D. 法院减刑、假释裁定的法律效力并不最终确定，检察院认为不当而提出纠正意见的，法院应当重新组成合议庭进行审理，作出最终裁定

答案：C、D

五、公诉案件第一审程序的期限

1. 审理期限

根据 2012 年《刑事诉讼法》第 202 条的规定，第一审的审理期限分为以下两种情况。

（1）一般期限

一般情况下，人民法院审理公诉案件，应当在受理后两个月以内宣判，至迟不得超过三个月。

【巩固练习 14-8】 下列哪一段时间应计入一审案件审理期限？

A. 需要延长审理期限的案件，办理报请高级法院批准手续的时间

B. 当事人申请重新鉴定，经法院同意延期审理的时间

C. 检察院补充侦查完毕后重新移送法院的案件，法院收到案件之日以前补充侦查的时间

D. 法院改变管辖的案件，自改变管辖决定作出至改变后的法院收到案件之日的时间

答案：A（审理期限的计算）

（2）延长期限

关于第一审期限的延长。具体有以下两种情况。

① 延长三个月。这主要针对三类案件：第一类是可能判处死刑的案件，这主要基于对死刑判决的慎重；第二类是附带民事诉讼的案件，因为司法实践中当事人对于附带民事诉讼赔偿是有争议的，需要较长时间处理；第三类是具有 2012 年《刑事诉讼法》第 156 条规定情形之一的案件，具体是指交通十分不便的边远地区的重大复杂案件，重大的犯罪集团案件，流窜作案的重大复杂案件，犯罪涉及面广、取证困难的重大复杂案件。属于这三类案件的，可以在之前三个月的基础上延长三个月。实践中，某些案件重大、复杂，很难在较短的期限内审结。为了确保办案质量，2012 年《刑事诉讼法》对审限作了更宽松、更灵活的规定。

② 因特殊情况需要延长的。此类案件应报最高人民法院，由最高人民法院批准延长。

2. 审理期限的重新计算

关于第一审期限的重新计算。具体有两类案件，一类是人民法院改变管辖的案件，对于此类案件，从改变后的人民法院收到案件之日起计算审理期限；另一类是人民检察院补充侦查的案件，对于这类案件，补充侦查完毕移送人民法院后，人民法院重新计算审理

期限。

【案例释义 14-3】

案情：2011 年 3 月,徐某因涉嫌诈骗金某被市公安局刑事拘留。在侦查过程中,公安局又接到易某控告徐某诈骗的证据。经调查核实,徐某共诈骗金某、易某等人民币五百余万元。市检察院对市公安局移送的徐某诈骗案进行审查、进一步补充完善证据后,向市中级法院提起公诉。2011 年 9 月 11 日,法院受理该案。因涉案金额特别巨大,来往账目众多、涉及多地作案,情节复杂,至同年 10 月 21 日,中级法院仍然难以宣判。故向省高级人民法院请示再延长审限一个月。

问题：2012 年《刑事诉讼法》对审限延长的立法宗旨。

简析：上述案例是按照 1996 年《刑事诉讼法》第 168 条第 1 款规定的审限,报请省高级人民法院批准再延长审限一个月。

2012 年《刑事诉讼法》与 1996 年《刑事诉讼法》相比,成倍地延长了案件审理的期限。在实践中适用 2012 年《刑事诉讼法》第 202 条时需要注意以下问题。

(1) 一审法院的基本审限由原来的 1 个月修改规定为两个月,本院有权延长的期限由原来的半个月修改为 1 个月(1+2=3 个月)。

(2) 中级法院对于可能判处死刑的案件,报请高级人民法院批准可以再延长 3 个月(3+3=6 个月)。

(3) 基层人民法院和中级人民法院审理的附带民事诉讼的案件,报请其上一级人民法院批准可以再延长 3 个月(3+3=6 个月)。对于基层人民法院来说,只要报请其上一级的中级人民法院批准即可延长,而不必报高级人民法院批准。

(4) 具有 2012 年《刑事诉讼法》第 156 条规定情形之一的案件,报经上一级人民法院批准可以再延长 3 个月(3+3=6 个月)。

(5) 各级人民法院审理第一审刑事案件,因特殊情况在 6 个月内仍然无法结案,需要延长的,要报最高人民法院批准。

六、单位犯罪案件的审理程序

《刑诉法适用解释》第 278~288 条就单位犯罪案件的审理程序作了以下特别规定,除此之外的其他程序,适用刑事诉讼法的一般规定。具体内容见表 14-4。

表 14-4　单位犯罪案件的审理程序

管辖		由犯罪地的人民法院管辖。如果由被告单位住所地的人民法院管辖更为适宜的,可以由被告单位住所地的人民法院管辖
诉讼代表人	确定	① 应当是单位的法定代表人或主要负责人 ② 被告单位的诉讼代表人与被指控为单位犯罪直接负责的主管人员是同一人的(成为被告人),人民法院应当要求人民检察院另行确定被告单位的其他负责人作为诉讼代表人出庭
	义务	① 接到通知应出庭 ② 拒不出庭,可适用拘传(性质上不是强制措施,因为他不是被告人)
	权利	行使被告人的诉讼权利

财产保全	人民法院为了保证判决的执行,根据案件具体情况,可以先行查封、扣押、冻结被告单位的财产或者由被告单位提供担保
审理障碍	被告单位被注销或者宣告破产,但单位犯罪直接负责的主管人员和其他直接责任人员应当负刑事责任的,应当继续审理
起诉处理	对应当认定为单位犯罪的案件,人民检察院只作为自然人犯罪起诉的,人民法院应当建议人民检察院对犯罪单位补充起诉。人民检察院仍以自然人犯罪起诉的,人民法院应当依法审理,按照单位犯罪中的直接负责的主管人员或者其他直接责任人员追究刑事责任,并援引《刑法》分则关于追究单位犯罪中,直接负责的主管人员和其他直接责任人员刑事责任的条款

七、法庭纪律

(一)应当遵守的法庭纪律

法庭审理过程中,诉讼参与人、旁听人员应当遵守以下纪律:①服从法庭指挥,遵守法庭礼仪;②不得鼓掌、喧哗、哄闹、随意走动;③不得对庭审活动进行录音、录像、摄影,或者通过发送邮件、博客、微博客等方式传播庭审情况,但经人民法院许可的新闻记者除外;④旁听人员不得发言、提问;⑤不得实施其他扰乱法庭秩序的行为。

(二)违反法庭纪律的处理及救济

具体内容见表14-5。

表14-5 违反法庭纪律的处理及救济

情节或情形	处 理	决定主体与决定方式
情节较轻的	"应当"警告制止并进行训诫	审判长,口头
不听制止的	"可以"指令法警强行带出法庭	审判长,口头
情节严重的	"可以"对行为人处1000元以下的罚款或者15日以下的拘留	审判长报经院长批准后,书面
未经许可录音、录像、摄影或者通过邮件、博客、微博客等方式传播庭审情况的	"可以"暂扣存储介质或者相关设备	审判长,口头
聚众哄闹、冲击法庭或者侮辱、诽谤、威胁、殴打司法工作人员或者诉讼参与人,严重扰乱法庭秩序,构成犯罪的	"应当"依法追究刑事责任,但必须作为一个新的案件,重新立案、侦查、起诉和审判	
担任辩护人、诉讼代理人的律师严重扰乱法庭秩序,被强行带出法庭或者被处以罚款、拘留的	(1)人民法院"应当"通报司法行政机关,并可以建议依法给予相应处罚 (2)被告人自行辩护的,庭审继续进行;被告人要求另行委托辩护人,或者被告人属于应当提供法律援助情形的,应当宣布休庭	
对罚款、拘留的决定不服的,可以直接向上一级人民法院申请复议,也可以通过决定罚款、拘留的人民法院向上一级人民法院申请复议。复议期间,不停止决定的执行		

【巩固练习14-9】 在某案件的法庭审理中,旁听的被害人亲属甲对辩护律师的辩护发言多次表示不满,并站起来指责律师,经审判长多次警告制止无效。法院对甲可以作下列何种处理?

A. 由审判长责令甲具结悔过

B. 由审判长决定将甲强行带出法庭

C. 经法院院长批准对甲处以 500 元罚款

D. 经法院院长批准对甲处以 20 日拘留

答案：B、C

八、审判过程中对特殊情况的处理

（一）撤诉

在人民法院宣告判决前，人民检察院发现具有下列情形之一的，可以撤回起诉：

（1）不存在犯罪事实的；

（2）犯罪事实并非被告人所为的；

（3）情节显著轻微、危害不大，不认为是犯罪；

（4）证据不足或证据发生变化，不符合起诉条件的；

（5）被告人因未达到刑事责任年龄，不负刑事责任的；

（6）法律、司法解释发生变化导致不应当追究被告人刑事责任的；

（7）其他不应当追究被告人刑事责任的。

对于撤回起诉的案件，人民检察院应当在撤回起诉后 30 日以内作出不起诉决定。需要重新侦查的，应当在作出不起诉决定后将案卷材料退回公安机关，建议公安机关重新侦查并书面说明理由。对于撤回起诉的案件，没有新的事实或者新的证据，人民检察院不得再行起诉。

（二）发现新的犯罪事实的处理

审判期间，人民法院发现新的事实可能影响定罪的，可以建议人民检察院补充或者变更起诉；人民检察院不同意或者在 7 日内未回复意见的，人民法院应当就起诉指控的犯罪事实，依法作出裁判。

（三）被告人拒绝辩护的处理

根据《刑诉法适用解释》第 254 条的规定，被告人当庭拒绝辩护人辩护，要求另行委托辩护人或者指派律师的，合议庭应当准许。被告人拒绝辩护人辩护后，没有辩护人的，应当宣布休庭；仍有辩护人的，庭审可以继续进行。

有多名被告人的案件，部分被告人拒绝辩护人辩护后，没有辩护人的，根据案件情况，可以对该被告人另案处理，对其他被告人的庭审继续进行。

重新开庭后，被告人再次当庭拒绝辩护人辩护的，可以准许，但被告人不得再次另行委托辩护人或者要求另行指派律师，由其自行辩护。

被告人属于应当提供法律援助的情形，重新开庭后再次当庭拒绝辩护人辩护的，不予准许。

《刑诉法适用解释》第 255 条规定，法庭审理过程中，辩护人拒绝为被告人辩护的，应当准许;是否继续庭审,参照适用前条的规定。

《刑诉法适用解释》第 256 条规定,依照前两条规定另行委托辩护人或者指派律师的,自案件宣布休庭之日起至第 15 日止,由辩护人准备辩护,但被告人及其辩护人自愿缩短时间的除外。

八、审判障碍

(一)延期审理

延期审理是指在法庭审判的过程中,遇有足以影响审判进行的情形时,法庭决定将案件的审理推迟,待影响审判进行的原因消失后,再行开庭审理。

根据 2012 年《刑事诉讼法》第 198 条、《刑诉法适用解释》第 222 条和《最高检刑诉规则》第 455 条的规定,可以延期审理的情形如下。

(1)需要通知新的证人到庭,调取新的物证,重新鉴定或者勘验。

(2)公诉人可以建议法庭延期审理的情形。法庭审理过程中遇有下列情形之一的,公诉人可以建议法庭延期审理。

① 发现事实不清、证据不足,或者遗漏罪行、遗漏同案犯罪嫌疑人,需要补充侦查或者补充提供证据的;

② 被告人揭发他人犯罪行为或者提供重要线索,需要补充侦查进行查证的;

③ 发现遗漏罪行或者遗漏同案犯罪嫌疑人,虽不需要补充侦查和补充提供证据,但需要补充、追加或者变更起诉的;

④ 申请人民法院通知证人、鉴定人出庭作证或者有专门知识的人出庭提出意见的;

⑤ 需要调取新的证据,重新鉴定或者勘验的;

⑥ 公诉人出示、宣读开庭前移送人民法院的证据以外的证据,或者补充、变更起诉,需要给予被告人、辩护人必要时间进行辩护准备的;

⑦ 被告人、辩护人向法庭出示公诉人不掌握的与定罪量刑有关的证据,需要调查核实的;

⑧ 公诉人对证据收集的合法性进行证明,需要调查核实的。

在人民法院开庭审理前发现具有上述情形之一的,人民检察院可以建议人民法院延期审理。同时,根据《最高检刑诉规则》第 471 条规定,转为普通程序审理的案件,公诉人需要为出席法庭进行准备的,可以建议人民法院延期审理。

(3)由于申请回避而不能进行审判。

(4)对于辩护人当庭拒绝为被告人进行辩护以及被告人当庭拒绝辩护人为其辩护,被告人要求另行委托辩护人或者要求人民法院通知法律援助机构为其另行指派辩护律师,合议庭同意的,应当宣布延期审理。

延期审理的开庭日期,可以当庭确定,也可以另行确定。当庭确定的,应公开宣布下次开庭的时间。当庭不能确定的,可以另行确定并通知公诉人、当事人和其他诉讼参与人。

《刑诉法适用解释》第 173 条规定:"申请上级人民法院批准延长审理期限,应当在期限届满 15 日前层报。有权决定的人民法院不同意延长的,应当在审理期限届满 5 日前作出决定。因特殊情况申请最高人民法院批准延长审理期限,最高人民法院经审查,予以批准的,可以延长审理期限一个月至三个月。期限届满案件仍然不能审结的,可以再次提出申请。"

【说明】

(1)最高人民法院研究室《关于人民检察院提出延期审理的案件,人民法院如何计算审理期限的答复》(法研〔2004〕43号),进一步明确,检察院对公诉案件需要补充侦查或者补充提供证据的,提出建议的案件的审理期限应从人民法院收到人民检察院提请恢复法庭审理通知书的次日起,重新计算新的审理期限,原经过的审理时间,不再计入新的审理期限内。

(2)由于申请回避而不能进行审判,法院决定延期审理的,计入审理期限。此种情形,由于立法上并未将其规定为例外,因而应适用一般性原则,即计入审理期限。

(3)检察机关提出延期审理建议,但又不属于需要补充侦查情形的,如果法院决定延期审理的,计入审理期限。

(4)《最高检刑诉规则》第455条规定了八种公诉人可以建议法庭延期审理的情形。对于这些情形,因需要补充侦查而延期审理,2012年《刑事诉讼法》第202条已明确规定不计入审理期限。但对除此之外的其他情形,由于立法上并无特殊规定,因而应适用于一般性原则,即计入审理期限。

(5)《刑诉法适用解释》第223条规定,审判期间,公诉人发现案件需要补充侦查,建议延期审理的,合议庭应当同意,但建议延期审理不得超过两次。

(二)中止审理

1. 中止审理的概念

中止审理是指人民法院在审判案件的过程中,因发生某种情况影响了审判的正常进行,而决定暂停审理,待影响案件正常审理的情形消失后,再行开庭审理。

2. 可以中止审理的情形

2012年《刑事诉讼法》第200条规定:在审判过程中,有下列情形之一,致使案件在较长时间内无法继续审理的,可以中止审理:

(1)被告人患有严重疾病,无法出庭的;

(2)被告人脱逃的;

(3)自诉人患有严重疾病,无法出庭,未委托诉讼代理人出庭的;

(4)由于不能抗拒的原因。

中止审理的原因消失后,应当恢复审理。中止审理的期间不计入审理期限。

《刑诉法适用解释》第257条规定:"有多名被告人的案件,部分被告人具有《刑事诉讼法》第200条第1款规定情形的,人民法院可以对全案中止审理;根据案件情况,也可以对该部分被告人中止审理,对其他被告人继续审理。对中止审理的部分被告人,可以根据案件情况另案处理。"

【提示】 对被告人脱逃,致使案件在较长时间内无法继续审理的情形,2012年《刑事诉讼法》新增第200条规定,人民法院可以对案件中止审理,待被告人到案后恢复审理。

这条新增规定,仅适用于审判程序已经启动的案件。换句话说,对尚未进入审判程序的案件,如自诉人起诉的案件被告人不在案,因为法院还未受理,故并不适用中止审理的规定。

【立法宗旨】 2012 年《刑事诉讼法》增设中止审理制度的理由。

2012 年《刑事诉讼法》增设了中止审理制度。这是因为,在司法实践中,常常会出现某些情形,导致审判无法顺利进行。例如,当事人身患精神病或者其他严重疾病,在短时间内很难出庭;又如,案件起诉到人民法院之后,被告人脱逃,而我国因不实行缺席审判制度而无法对被告人进行审判。在此情形下,由于导致审判无法进行的情形何时能够消失很难确定,因此,刑事诉讼法规定的延期审理制度无法适用。此时,对案件如何处理就成为问题。

针对上述问题,2012 年《刑事诉讼法》第 200 条对适用中止审理的情形作出了规定。特别是第 1 款第 3 项明确规定:自诉人患有严重疾病,未委托诉讼代理人出庭的,人民法院可以中止审理。这一修改更加符合法理,因为自诉人与被告人不同,自诉人因病不能出庭时,其可授权诉讼代理人代为进行相应的诉讼行为,甚至对其权利、义务进行处分,这是由代理关系的性质决定的。

【案例释义 14-4】

案情: 妇女王某在买西瓜后将一手包遗忘在瓜摊上,卖西瓜的鲁某拿了手包翻看。早已觊觎的朱某凑上去,两人一起到堆放西瓜的小亭内翻看手包,发现包内竟有价值达 10 万余元的财物(现金、存单、金手镯、金项链、金戒指等)。鲁某、朱某二人忙将手包隐匿,当王某来摊前询问朱某是否见过该手包时,朱某答称没有。之后,鲁某、朱某二人将手包内的钱物瓜分。无奈,王某于当日向公安机关报案。公安机关认为这种侵占案是告诉才处理的案件,只能自诉,不能公诉,告诉王某直接到法院起诉。王某便去当地基层人民法院起诉。这时,鲁某、朱某二人已外逃。

问题: 人民法院该如何处理?

简析: 人民法院可以中止审理。本案中,鲁某、朱某二人将王某的"遗忘物"(手包内 10 万余元的财物)占为己有,在王某前来寻找时谎称没有见过手包,并于事后予以瓜分,已涉嫌侵占罪,属人民法院直接受理的案件。被害人王某依法向人民法院起诉并被受理后,被告人鲁某、朱某脱逃,案件无法按照正常的审判程序继续审理,故人民法院只能中止审理活动。中止审理只是暂时中断对案件的正常审理活动,一旦影响案件审判活动顺利进行的情形消失后,诉讼即恢复进行,这与永久性地终止审理是有本质区别的。

【案例释义 14-5】

案情: 某县人民法院依法开庭对被告人孙某合同诈骗一案进行审理。在庭审过程中,被告人孙某突发心脏病,被紧急送往县人民医院救治,后被告人孙某虽脱离生命危险,但需长期卧床治疗。县人民法院据此作出了中止审理的裁定。三个月后,被告人孙某病情好转出院,能够出庭。某县人民法院随即恢复审理,依法对该案进行了审理和判决。

问题: 县人民法院对该案作出中止审理的裁定正确吗?

简析: 在审判过程中,被告人是必须到庭的主体,这是因为我国不实行缺席审判制度。在本案中,被告人孙某在庭审过程中突发严重疾病,并需要住院治疗。在此情形下,对于其何时能够痊愈,或者身体康复到能够出庭的状态,很难事先准确预测,对此情形,人民法院作出中止审理的裁定是正确的,人民法院只能待其能够出庭时再恢复庭审。

（三）终止审理

终止审理是指人民法院在审判案件的过程中,遇有法律规定的情形致使审判不应当或者不需要继续进行时终结案件的诉讼活动。终止审理的法定情形是指 2012 年《刑事诉讼法》第 15 条第 2～6 项所规定的内容。

【巩固练习 14-10】 下列哪些选项属于法院应当终止审理的情形?

A. 张某涉嫌销售赃物一案,经审理认为情节显著轻微危害不大

B. 赵某涉嫌抢劫一案,赵某在第一审开庭审理前发病猝死

C. 李某以遭受遗弃为由提起自诉,法院审查后不予立案

D. 王某以遭受虐待为由提起自诉,后又撤回自诉

答案：B、D

延期审理、中止审理和终止审理的具体区别见表 14-6。

表 14-6 延期审理、中止审理、终止审理之比较

区别点 ＼ 种类	延 期 审 理	中 止 审 理	终 止 审 理
情形	需调取新证据;补充侦查;回避;拒绝辩护;变更、追加起诉的 **【提示】** 可以预见再次开庭时间的,一般用延期审理;不能预见再次开庭时间的,一般用中止审理	① 被告人患有严重疾病,无法出庭的 ② 被告人脱逃 ③ 自诉人患有严重疾病,无法出庭,未委托诉讼代理人出庭 ④ 由于不能抗拒的原因 ⑤ 简易程序转普通程序	主要指《刑事诉讼法》第 15 条,第 2～6 项的情形
是否需要申请	需要	不需要	不需要
裁决方式	决定	裁定 **【例外】** 简易程序转为普通程序用决定	裁定
适用阶段	法庭审理过程中	法院受理案件后至作出判决前	—
停止原因	诉讼自身出现了障碍,障碍消失有赖于某种诉讼活动的完成	出现了不能抗拒的特殊情况	一般是审理中出现不应当或者不需要继续进行的情形
期间的计算	① 申请回避的期间计入审限 ② 调取新证据、拒绝辩护的期间不计入审限 ③ 补充侦查、变更、追加起诉的,重新计算审限	① 情形①～④不计入审限 ② 简易程序转为普通程序的,重新计算审限	—
法律后果	只暂停诉讼活动,不能停止法庭审理以外的诉讼活动	暂停一切诉讼活动,一旦中止原因消失,即恢复审理	诉讼即告终结,不再恢复

十、人民检察院对审判活动的监督

2012 年《刑事诉讼法》第 203 条规定,人民检察院发现人民法院审理案件违反法律规

定的诉讼程序,有权向人民法院提出纠正意见。

【提示】 人民检察院对违反法定程序的庭审活动提出纠正意见,应当由人民检察院在庭审后提出。

【说明】

(1) 对于人民法院曾以"证据不足,不能认定被告人有罪"为由,而作出证据不足、指控的犯罪不能成立的无罪判决的案件,人民检察院依据新的事实、证据材料重新起诉,人民法院受理后,经过法庭审理,在依法作出判决时,对于前案作出的无罪判决,不予撤销。

(2) 学习者经常混淆上述无罪判决和不负刑事责任的判决这两种裁判的形式,我们可以通过一个例子来说明二者的区别所在。比如,张某有确实、充分的证据证明自己案发时不在犯罪现场,或者没有作案时间,其不可能实施指控的犯罪行为,则因其"没有实施该行为"(即事实上无罪)而只能作出无罪判决;如果控方证据无法达到证明其有罪的证明标准,则因为在法律上被告人"没有实施该行为"(即法律上的无罪),也只能作出证据不足的无罪判决。如果张某的确实施了指控的杀人行为,但因其年龄只有 13 岁,未达到承担刑事责任的年龄,或者张某的确实施了杀人行为,但却是精神病人,在这两种情况下,被告人都"实施了指控的犯罪行为",只是由于年龄和精神状态的原因而不能判决有罪并承担刑事责任,因而只能作出不负刑事责任的判决。简而言之,无罪判决和不负刑事责任判决的区别关键就在于,前者适用于被告人没有实施犯罪行为,而后者适用于虽实施了指控的犯罪行为,但依法不负刑事责任。

第三节　自诉案件的第一审程序

一、提起自诉的程序

(一)提起自诉的条件

1. 有适格的自诉人

自诉人是本案的被害人、法定代理人或者符合条件的其他人。后者主要是指自诉案件的被害人如果死亡、丧失行为能力或者因受强制、威吓等原因无法告诉,或者是限制行为能力人以及由于年老、患病、盲、聋、哑等原因不能亲自告诉,其法定代理人、近亲属代为告诉的,人民法院应当依法受理。不过,被害人不能告诉,由其法定代理人、近亲属代为告诉的,代为告诉人应当提供与被害人关系的证明和被害人不能告诉的原因的证明。

2. 属于自诉案件的范围

属于 2012 年《刑事诉讼法》第 204 条、《刑诉法适用解释》第 1 条规定的案件,包括:

(1) 告诉才处理的案件;

(2) 被害人有证据证明的轻微刑事案件;

(3) 公诉转自诉案件。

3. 属于受诉人民法院管辖

自诉人应当依据刑事诉讼法关于级别管辖和地区管辖的规定,向有管辖权的人民法院提起自诉。

4．有明确的被告人、具体的诉讼请求和能证明被告人犯罪事实的证据

人民法院对于自诉案件进行审查后，对于缺乏罪证的案件，如果自诉人提不出补充证据，应当说服自诉人撤回自诉，或者裁定驳回自诉。

（二）提起自诉的程序

（1）提起自诉，应当向人民法院提交自诉状。

（2）提起附带民事诉讼的，还应当提交刑事附带民事自诉状。

（3）自诉人书写自诉状确有困难的，可以口头告诉。

（4）对于自诉案件，除因证据不足而撤诉的以外，自诉人撤诉后，就同一事实又告诉的，人民法院应当说服自诉人撤回起诉，或者裁定驳回起诉。

（5）自诉人经说服撤回起诉或者被驳回起诉后，又提出了新的足以证明被告人有罪的证据，再次提起自诉的，人民法院应当受理。

（6）人民法院接到自诉人的刑事自诉状或接受自诉人的口头告诉后，应当指定审判人员认真审查，在收到自诉状或口头告诉第 2 日起，15 日内作出是否立案的决定，并书面通知自诉人。

二、人民法院对自诉案件的审查和处理

（一）自诉案件庭前审查和处理

人民法院对自诉案件审查后，须按照下列情形分别处理：①犯罪事实清楚，有足够证据的案件，应当开庭审判；②缺乏罪证的自诉案件，如果自诉人提不出补充证据，应当说服自诉人撤回自诉，或者裁定驳回。这是因为，从无罪推定原则、证明的难易程度等方面考量，在自诉案件中，自诉人应当承担证明责任，其应提供充分的证据证明被告人有罪，否则将承担不利的诉讼后果。

（二）庭审中按撤诉处理的情形

自诉人经两次依法传唤，无正当理由拒不到庭的，或者未经法庭许可中途退庭的，按撤诉处理。在自诉案件中，自诉人依法承担控诉职能，如果自诉人无故不到庭或者中途退庭，从自诉人的角度来看，可以理解为其放弃指控；而从客观后果来看，控方缺位自然也使庭审无法继续进行。

（三）庭审中对证据的调查核实

在法庭审理过程中，审判人员对证据有疑问的，可以进行调查核实。根据 2012 年《刑事诉讼法》第 191 条的规定，人民法院可以采用勘验、检查、查封、扣押、鉴定、查询、冻结等措施，这与公诉案件第一审程序的规定是一致的。

三、自诉案件的特点

自诉案件可以调解、和解与撤诉，自诉案件在审理期限上也具有特殊性。我国 2012 年

《刑事诉讼法》第 206 条规定了自诉案件的调解、和解与撤诉以及自诉案件的审理期限。

（一）可以调解

根据本条的规定，人民法院对告诉才处理的案件和被害人有证据证明的轻微刑事案件，可以进行调解。所谓调解是指在人民法院审判人员的主持下，自诉人与被告人相互协商，并达成协议、解决纠纷的活动。调解结案对于彻底化解自诉人与被告人之间的纠纷，修复二者之间的关系，提高诉讼效率，具有积极的意义。

【提示】 公诉转自诉的案件，即"被害人有证据证明对被告人侵犯自己人身、财产权利的行为应当依法追究刑事责任，而公安机关或者人民检察院不予追究被告人刑事责任的案件"。此类案件可能属于严重侵害公民人身、财产权利的犯罪案件，原本属于公诉案件，因此，不适用调解，但自诉人在宣判前可以同被告人自行和解或者撤回自诉。

调解应当在自愿、合法，不损害国家、集体和其他公民利益的前提下进行。调解达成协议的，人民法院应当制作刑事自诉案件调解书，由审判人员和书记员署名，并加盖人民法院印章。调解书经双方当事人签收后即发生法律效力。调解没有达成协议或者调解书签收前当事人反悔的，人民法院应当进行判决。

【巩固练习 14-11】 张某以侮辱罪对王某提起自诉。一审中，经调解双方达成协议，但在送达调解书时，张某反悔，拒绝签收。关于本案，下列哪一个选项是正确的？

A. 调节协议一经达成，即发生法律效力

B. 调解书经审判人员和书记员签名，并加盖法院印章后，即发生法律效力

C. 无论当事人是否签收，调解书一经送达，即发生法律效力

D. 本案中调解书并未生效，人民法院应当进行判决

答案：D

本题考察自诉案件中调解的效力。本题中张某与王某虽然达成了调解协议，但是送达调解书时，张某反悔拒绝签收，这就意味着调解书并未生效，人民法院应当进行判决。故本题的正确答案为 D 选项。

（二）可以和解

除了调解之外，自诉人在宣告判决前，还可以同被告人自行和解。所谓和解是指自诉人与被告人双方协商，达成一致意见、解决纠纷的活动。

（三）可以撤诉

自诉人可以放弃追究被告人刑事责任，提出撤诉。对于自诉人要求撤诉的，人民法院应当进行审查，如果自诉人确是自愿撤诉的，应予准许；如果自诉人是被强迫、威吓等原因撤诉的，应当不予准许。

【案例释义 14-6】

案情：小田与小于是同村男、女青年，两人自幼性情相合，长大后自由恋爱。小于的父亲老于嫌小田家穷，不同意这桩婚事。经无数次的言语相阻未果后，老于操起了棍棒强加干涉，并致小田轻微伤。小田通过中间人向老于表示，只要老于能同意他与小于的婚

事,虽然挨打,也可以忍受。但老于态度坚决,固执己见。无奈之下,小田于 2011 年 4 月 8 日将老于告至县法院。法院受理后,认为这是自诉案件,依法可以调解,便做老于和小田的思想工作,小田表示只要老于不再强加干涉,就愿意撤诉,而老于就是想不通,不同意自己的闺女嫁给小田。法院发现调解不成,于是决定开庭审理,庭审中小田和聘请的作为代理人的乡人民调解员老张一同出庭。在庭审中,老张从情、理、法多角度给老于讲道理,休庭后继续做老于的工作,终于说服老于,双方达成和解,2011 年 8 月 23 日,小田以书面形式向法院撤回自诉。该案从法院受理到小田撤诉,前后一共历时 4 个半月。

问题:

(1) 人民法院可以对该案进行庭前调解吗?

(2) 小田在宣告判决前可以同被告人自行和解或者撤回自诉吗?

(3) 该案的审理期限符合法律的规定吗?

简析:上述案例中的老于涉嫌《刑法》第 257 条规定的暴力干涉婚姻自由罪,从整个案情来看,属于告诉才处理的案件,该类案件,也属于自诉案件。依据 2012 年《刑事诉讼法》第 206 条的规定,这类案件人民法院可以进行庭前调解,自诉人在宣告判决前也可以同被告人自行和解或者撤回自诉。本案中,当自诉人小田以老于暴力干涉他与小于婚姻自由为由将老于起诉至县法院时,法院依法对他们进行庭前调解,但调解不成。开庭审理后,宣判前,老于经过法庭审理以及老张的反复工作,思想发生了转变,同意不再干涉小于与小田的恋爱关系,小田与老于达成了和解,小田撤诉,都符合 2012 年《刑事诉讼法》的规定。

需要注意的是,1996 年《刑事诉讼法》没有对自诉案件的审理期限作出规定,实践中有的地方对自诉案件的处理久拖不决,影响了法律的严肃性,也不利于当事人的权利保障。2012 年《刑事诉讼法》在第 206 条第 2 款增加了关于人民法院审理自诉案件的期限的规定,即被告人被羁押的,适用公诉案件的审理期限;未被羁押的,应当在受理后 6 个月内宣判,更好地完善了诉讼程序,促使司法机关依法办案。因此,该案的审理期限符合法律规定。

公诉和自诉案件撤诉的异同点见表 14-7。

表 14-7　公诉和自诉案件撤诉的异同点

共同点	撤诉时间		判决宣判之前
	撤诉审查		法院均应进行审查,并作出是否准许的裁定
	法律效力		将来均可以再行起诉
不同点	审查标准	公诉案件	是否不构成犯罪:凡是不构成犯罪的,允许撤诉;凡是构成犯罪的,不允许撤诉
		自诉案件	是否确属自愿:凡属自愿的,应当准许;不是出于自愿的,应当不予准许
	再行起诉的条件	公诉案件	公诉案件,只有在发现新事实、证据时,人民检察院才可以重新起诉,否则法院不予受理
		自诉案件	自诉案件,只有因证据不足而撤诉的这一情形,才允许自诉人在撤诉后就同一事实再行告诉,否则人民法院不予受理

【说明】　不构成犯罪的标准是:不存在犯罪事实、犯罪事实并非被告人所为或者不应当追究被告人刑事责任的。

（四）保留反诉

2012 年《刑事诉讼法》第 207 条规定："自诉案件的被告人在诉讼过程中,可以对自诉人提起反诉。反诉适用自诉的规定。"

反诉是指在自诉案件审理过程中,自诉案件的被告作为被害人向受理自诉案件的人民法院控告自诉人犯有与本案有关联的犯罪行为,要求人民法院追究其刑事责任的诉讼。

1. 反诉案件的范围

根据该条的规定,对于告诉才处理的案件和被害人有证据证明的轻微刑事案件,被告人或者其法定代理人在诉讼过程中,可以对自诉人提起反诉。

【提示】 对被害人有证据证明对被告人侵犯自己人身、财产权利的行为应当依法追究刑事责任,而公安机关或者人民检察院不予追究,被害人依法向人民法院提起自诉的案件不能提起反诉。

2. 反诉必须符合的条件

(1) 反诉的对象必须是本案自诉人。

(2) 反诉的内容必须是与本案有关的行为。

(3) 反诉的案件必须是告诉才处理的案件和被害人有证据证明的轻微刑事案件。

(4) 反诉应在诉讼过程中,即最迟在自诉案件宣告判决以前提出。

3. 对反诉的审理

反诉案件适用自诉案件的规定,并且应当与自诉案件一并审理。原自诉人撤诉的,不影响反诉案件的继续审理。虽然反诉以自诉的存在为前提,但反诉本质上是一个独立的诉讼。如果原自诉人撤诉的,不影响反诉案件的继续审理。反诉案件的审理适用自诉案件的规定,并应当与自诉案件一并审理。

【案例释义 14-7 】

案情:王某与刘某因生活琐事发生殴斗。殴斗中,王某将刘某打成轻伤,刘某也将王某打成重伤。而后,刘某以故意伤害罪向人民法院提起自诉,要求追究王某的刑事责任。人民法院受理此案后,王某以被刘某打成重伤为由向法院提出反诉。

问题:

(1) 人民法院是否可以受理刘某的自诉?

(2) 人民法院是否可以受理王某提出的反诉?

(3) 人民法院受理案件后,能否由审判员独任审理该案?

(4) 在案件审理过程中,刘某能否撤回自诉请求?

简析:

(1) 可以。故意伤害案(轻伤)属于"被害人有证据证明的轻微刑事案件",属于自诉案件的受案范围。

(2) 不可以。反诉的案件也必须属于自诉案件受案范围,刘某伤害王某致重伤的行为应当由公安机关立案侦查,通过公诉程序解决。

(3) 可以。自诉案件属于基层法院受理的案件。如果本案同时符合 2012 年《刑事诉论法》第 208 条规定条件的,可以适用简易程序,由审判员独任审理。

（4）可以。人民法院应当对自诉人撤回自诉予以认真审查,经人民法院审查确属自愿的,应当准许;经审查认为自诉人是被强迫、威吓等,不是出于自愿的,人民法院应当不予准许。

4. 第二审程序中提起反诉的处理

在第二审程序中,自诉案件的当事人提出反诉的,第二审人民法院应当告知其另行起诉。

（五）审理分立

自诉案件具有可分性的特点,表现在以下两个方面。

（1）自诉人明知有其他共同侵害人,但只对部分侵害人提起自诉的,人民法院应当受理,并视为自诉人对其他侵害人放弃告诉权利。判决宣告后自诉人又对其他共同侵害人就同一事实提起自诉的,人民法院不再受理。

（2）共同被害人中只有部分人告诉的,人民法院应当通知其他被害人参加诉讼。被通知人接到通知后表示不参加诉讼或者不出庭的,即视为放弃告诉权利。第一审宣判后,在第一审中没有参加诉讼或者不出庭的被害人就同一事实又提起自诉的,人民法院不予受理。但另行提起民事诉讼的,不受限制。

【巩固练习 14-12】 刘某致王某和李某轻伤,王某将案件起诉到法院,李某接到法院通知后表示不想追究刘某的责任,没有参与诉讼。一审宣判后,李某反悔,就同一事实向法院提起自诉。法院应当如何处理?

A. 受理李某的自诉

B. 在李某和刘某之间进行调解

C. 告知李某在当事人上诉时向第二审法院提出其主张

D. 不受理李某的自诉

答案:D

李某接到法院通知后表示不想追究刘某的责任,没有参加诉讼。这就意味着李某放弃了告诉的权利。

【巩固练习 14-13】 关于自诉案件的和解和调解,下列哪些说法是正确的?

A. 和解和调解适用于自诉案件

B. 和解和调解都适用于告诉才处理和被害人有证据证明的轻微案件

C. 和解和调解应当制作调解书、和解协议,由审判人员和书记员署名并加盖法院印章

D. 对于当事人已经签收调解书或法院裁定准许自诉人撤诉的案件,被告人被羁押的,应当予以解除

答案:B、D(自诉案件审理程序的特点)

（六）审理期限分立

自诉案件的审理期限根据被告人是否被羁押而有所不同。被告人被羁押的,适用

2012 年《刑事诉讼法》第 202 条第 1 款、第 2 款的规定(适用人民法院审理公诉案件第一审的期限规定),即应当在受理后两个月以内宣判,至迟不得超过三个月。如果具有第 156 条规定情形之一的,经上一级人民法院批准,可以延长三个月。因特殊情况还需要延长的,报请最高人民法院批准。人民法院改变管辖的案件,从改变后的人民法院收到案件之日起重新计算审理期限。被告人未被羁押的,应当在受理后六个月以内宣判。

较之于被告人未被羁押的案件,立法对被告人被羁押案件的审理期限作了更为严格的限制。立法如此规定的目的在于,对被告人被羁押的案件,严格限制其审理期限,避免案件久拖不决,将被告人的人身自由侵害降到最低。

四、对特殊情形的处理

(1) 被告人实施了两个以上的犯罪行为,且分别属于公诉案件和自诉案件的,人民法院可以在审理公诉案件时,对自诉案件一并审理。

(2) 在自诉案件审理过程中,被告人下落不明的,应当中止审理。被告人归案后,应当恢复审理,必要时,应当对被告人依法采取强制措施。

人民法院对于依法宣告无罪的自诉案件,其附带民事诉讼部分应当依法进行调解或者一并作出判决。

【巩固练习 14-14】 某法院在审理张某自诉伤害案中,发现被告人还实施过抢劫。对此,下列哪一种做法是正确的?

A. 继续审理伤害案,将抢劫案移送有管辖权的公安机关

B. 鉴于伤害案属于可以公诉的案件,将伤害案与抢劫案一并移送有管辖权的公安机关

C. 继续审理伤害案,建议检察院对抢劫案予以起诉

D. 对伤害案延期审理,待检察院对抢劫案起诉后一并予以审理。

答案:A(自诉案件审理程序、立案管辖)

【巩固练习 14-15】 马某涉嫌盗窃罪,法院决定开庭审理时,马某的母亲也到该院递交自诉状,对马某长期虐待自己的行为提起自诉。下列哪一个选项是正确的?

A. 应当先审理盗窃案件   B. 应当先审理虐待案件

C. 应当一并审理这两个案件   D. 可以一并审理这两个案件

答案:D(自诉案件和公诉案件交叉的一并审理)

第四节　简　易　程　序

一、适用简易程序的案件范围

根据 2012 年《刑事诉讼法》第 208 条的规定,适用简易程序的案件范围如下。

(1) 案件事实清楚、证据充分。简易程序较之于普通程序更为简化,这使得简易程序在查明案件事实真相方面的功能有所减弱。为了不至于因适用简化的程序导致错误地认定事实,立法限定适用简易程序的案件必须是事实清楚、证据充分,这样,即使适用简易程序也能够查清事实,作出正确的裁判,确保审判质量。

（2）被告人承认自己所犯罪行，对指控的犯罪事实没有异议。适用简易程序的案件须为被告人认罪的案件，如果被告人不认罪或者对指控的犯罪事实有异议，就意味着控辩双方的分歧较大，势必要求法院作深入、全面、细致的调查，而不适宜适用简易程序。

（3）被告人对适用简易程序没有异议。由于程序的简化将导致被告人程序性权利被缩减，因此，在适用简易程序之前须征得被告人的同意。

此外，对符合上述条件的案件适用简易程序，在程序上有两种方式：一是人民法院可以自行决定适用简易程序审理；二是人民检察院在提起公诉时，建议人民法院适用简易程序。

问题思考：2012年《刑事诉讼法》为什么扩大了适用简易程序审理案件的范围？

1996年《刑事诉讼法》第174条规定了三类可以适用简易程序审理的案件，但在司法实践中，有很多案件虽然事实清楚、证据充分，而且被告人承认有罪，控辩双方争议不大，无须严格的法庭调查和法庭辩论即可查明真相，却由于可能判处的刑罚在三年有期徒刑以上，而无法适用简易程序。而对这类案件按照普通程序进行审理，不仅没有必要，反而会导致诉讼拖沓、冗长，既增加了当事人等的讼累，也使得国家司法资源被浪费。

正因如此，2012年《刑事诉讼法》第208条对简易程序适用的案件范围进行了扩大。根据该条的规定，适用简易程序的案件必须是基层人民法院管辖的案件。这意味着，简易程序的适用范围已经突破了1996年《刑事诉讼法》规定的可能判处三年有期徒刑以下刑罚的限制，扩大到无期徒刑（不含）以下的所有案件。这势必将大大增加通过简易程序审理的案件数量，进一步提高诉讼效率。

问题思考：在适用简易程序之前是否必须征得被告人的同意？

1996年《刑事诉讼法》对被告人的程序选择权并未涉及，是否适用简易程序，完全取决于人民法院和人民检察院。然而，由于简易程序相对简化，其对被告人的权利保障较之于普通程序明显不足，因此，是否适用简易程序对于被告人具有重要影响。在此情形下，应当赋予被告人适当的程序选择权，由其自己决定是否放弃部分程序性保障，以获得案件的快速处理。对此，2003年最高人民法院、最高人民检察院、司法部联合发布的《关于适用简易程序审理公诉案件的若干意见》进行了弥补，第3、4条规定，人民法院决定适用简易程序之前须征得被告人、辩护人的同意。2012年《刑事诉讼法》吸收了这一规定，目的即在于保障被告人的合法权益。

【案例释义 14-8】

案情：被告人刘某与自诉人周某某是邻居，两家素有嫌隙。2011年6月1日，被告人刘某将自行车放在两家门前的过道中，被自诉人周某某的儿子撞倒。被告人刘某气愤之余冲到周家理论，与自诉人周某某发生厮打，并将其打伤，经医学鉴定为轻伤。周某某遂向某县人民法院提起自诉，要求追究刘某故意伤害罪的刑事责任。某县人民法院经过审查认为案件事实清楚、证据充分，可以适用简易程序进行审理，遂向被告人刘某询问其是否承认自诉人所指控的犯罪事实以及其是否同意适用简易程序，但被告人刘某表示，不承认周某某指控的犯罪事实，不同意适用简易程序。

问题：此案应否适用简易程序审理？

简析：2012年《刑事诉讼法》对简易程序适用的案件范围进行了比较大的调整。根据 1996 年《刑事诉讼法》,告诉才处理的案件以及被告人有证据证明的轻微刑事案件这两类自诉案件,均可以适用简易程序进行审理。而根据 2012 年《刑事诉讼法》第 208 条的规定,对于上述两类自诉案件适用简易程序同时还须具备以下条件,即案件事实清楚、证据充分;被告人承认自己所犯罪行,对指控的犯罪事实没有异议的;被告人对适用简易程序没有异议的。此外,还要符合第 209 条的规定,本案属于被害人有证据证明的轻微刑事案件,按照 1996 年《刑事诉讼法》,该案可以适用简易程序审理;而根据 2012 年《刑事诉讼法》,由于被告人否认指控事实,不同意适用简易程序,因此,不得适用简易程序审理。

【案例释义 14-9】

案情: 石某,男,76 岁。小王,女 18 岁,自幼父母双亡,后随奶奶改嫁至石某家,称呼石某为爷爷。2007 年冬,小王的奶奶外出办年货,小王还未起床。石某窜至小王卧室内用威胁、引诱等方式奸淫了小王。小王当时刚满 13 岁。后石某多次以告诉小王学校老师等言语相威胁,强行与小王发生性关系,5 年间共计发生五十余次,每次发生关系后石某都在日历上有明确记录。2011 年小王已经长大成人,一天,小王将石某强奸她的情况告诉了奶奶,后小王奶奶带小王到派出所告发石某强奸的罪行。石某对奸淫小王的犯罪事实供认不讳。公安机关将本案移送起诉后,检察机关鉴于本案事实清楚,证据确实充分,石某认罪,遂向人民法院建议适用简易程序审理此案,派检察员出庭支持公诉。法院受理后,对本案进行不公开审理。

问题:

(1) 按照 2012 年《刑事诉讼法》的规定,此案是否可适用简易程序?

(2) 法院应采用何种庭审组织审理此案?

简析:

(1) 本案中石某涉嫌强奸,事实清楚,证据充分。按照《刑法》第 236 条的规定,量刑应在 3 年以上,不符合 1996 年《刑事诉讼法》第 174 条规定的可以适用简易程序的情形。但是,如果按照 2012 年《刑事诉讼法》第 208 条的规定,该案石某若既认罪又同意适用简易程序审理,则可以适用简易程序。

(2) 2012 年《刑事诉讼法》第 210 条规定,"对可能判处三年有期徒刑以下刑罚的,可以组成合议庭进行审判,也可以由审判员一人独任审判",这需要由人民法院根据案件的具体情况,在确保案件质量的前提下确定采用何种庭审方式。"对可能判处的有期徒刑超过三年的,应当组成合议庭进行审判",对这类案件,为确保公正审判,体现慎重原则,因而规定要组成合议庭,上述强奸案,即属于此类。该案在适用简易程序审理时,必须组成合议庭而不能由审判员 1 人独任审判。当然,合议庭可以由 3 名审判员也可以由 1 名审判员和 2 名人民陪审员组成。

二、不得适用简易程序的案件范围

根据 2012 年《刑事诉讼法》第 209 条的规定,有下列情形之一的,不适用简易程序。

(1) 被告人是盲、聋、哑人,或者是尚未完全丧失辨认或者控制自己行为能力的精神病人。如果被告人身体上有残疾,包括盲、聋、哑等,或者患有精神疾病,将导致被告人的辨认能力或行为能力受到一定的影响而减弱或欠缺,影响其参加诉讼的效果。为了更好地保护其合法权益,立法将涉及此类被告人的案件列入不适用简易程序审理的案件范围,其目的即在于通过适用更为严格和规范的普通程序,给予此类被告人更多的程序性保护,维护其合法权益。

（2）有重大社会影响。对于有重大社会影响的案件,不应适用简易程序审理。这是因为,此类案件往往受到社会关注较多,如果出现裁判不当,将会造成比较大的负面的社会反响,为了慎重起见,对此类案件应当适用普通程序进行审理。所谓"有重大社会影响的",主要可以考虑以下因素:被告人的身份、地位和人数,是否为国家机关工作人员,是否为共同犯罪;犯罪的性质是否特殊;犯罪的手段情节是否恶劣;犯罪的后果是否严重;犯罪涉及的地域范围是否广泛;犯罪涉及的时间长短;网络与媒体对犯罪的反应等。

（3）共同犯罪案件中部分被告人不认罪或者对适用简易程序有异议。共同犯罪案件中,多名同案共犯的犯罪行为与刑事责任具有相互牵连的关系,合并审理更易查清事实、分清责任。在部分被告人认罪并同意适用简易程序,部分被告人不认罪或者不同意适用简易程序的,为兼顾后者的程序性权利,宜对整个案件适用普通程序进行审理。

（4）其他不宜适用简易程序审理的。

【提示】　2012年《刑事诉讼法》从两个方面对适用简易程序的条件作了限定,其目的在于确保案件的审判质量。一方面,第208条从正面限定,适用简易程序须符合三个条件;另一方面,第209条从反面限定,明确列举了不适用简易程序的四种情形。

【案例释义14-10】

案情：被告人吴某因盗窃而被单位开除。为了报复、泄愤,吴某多次向该单位的上级主管机关投寄举报信,信中捏造厂长王某某贪污、受贿的事实。与此同时,吴某还多次在本单位职工中间口头宣扬王某某贪污、受贿,搞不正之风,严重影响了王某某的正常工作和生活。王某某遂向某县人民法院提起了自诉,要求追究被告人吴某诽谤罪的刑事责任。某县人民法院经过审查,认为本案事实清楚、证据充分,被告人吴某对自诉人指控事实也表示承认,并同意适用简易程序对案件进行审理,遂准备适用简易程序审理该案件。然而,某县人民法院经进一步调查获知,被告人吴某有精神病史,长期处于不能完全辨认和控制自己行为能力的状态。最终,某县人民法院按照普通程序对该案进行了审判。

问题：对该案能否适用简易程序进行审理?

简析：2012年《刑事诉讼法》第209条对不适用简易程序的案件范围作了比较明确的规定,其中第一种不能适用的情形,即为被告人是盲、聋、哑人,或者是尚未完全丧失辨认或者控制自己行为能力的精神病人。可见,被告人为尚未完全丧失辨认或者控制自己行为能力的精神病人的案件,不能适用简易程序审理,而应适用普通程序。这主要是为了对弱势群体给予更完备的程序保障。本案中,被告人吴某因患精神病,不能完全辨认和控制自己的行为能力。因此,对该案不应适用简易程序审理,而应按照普通程序进行审理。

【巩固练习14-16】　下列哪一情形不得适用简易程序?

A. 未成年人案件　　　　　　　　　　B. 共同犯罪案件

C. 有重大社会影响的案件　　　　　　D. 被告人没有辩护人的案件

答案：C(简易程序的适用范围)

三、简易程序的特点

（1）只能适用于刑事案件的第一审程序。简易程序不适用于第二审程序、死刑复核程序和审判监督程序。

（2）仅适用于基层人民法院。

（3）简易程序是对第一审普通程序的相对简化，主要体现在以下几个方面。

① 审理组织简化。适用简易程序审理案件，对可能判处 3 年有期徒刑以下刑罚的，可以组成合议庭进行审判，也可以由审判员一人独任审判；对可能判处有期徒刑超过 3 年的，应当组成合议庭进行审判。

② 可以不受普通程序中关于送达期限、法庭调查、法庭辩论程序规定的限制。

③ 辩护人可以不出庭，但应当在开庭审判前将书面辩护意见送交人民法院。

④ 简化法庭调查和法庭辩论程序，被告人自愿认罪，并对起诉书所指控的犯罪事实无异议的，法庭可以直接作出有罪判决。

【提示】 适用简易程序审理案件不能简化的两个程序：①被告人最后陈述这一程序不能简化；②适用简易程序审理公诉案件，人民检察院应当派员出席法庭。因为无控诉就无审判，因此，人民检察院必须出庭支持公诉。

【案例释义 14-11】

案情：张某，男，39 岁。2011 年 8 月 22 日 14 时许，驾驶小型方向盘式拖拉机在某村桥头，由东向西行驶，与驾驶小型轿车由西向东行驶的邢某发生交通事故，造成两车受损。经区交通支队事故科民警现场对张某进行呼吸式酒精检测结果为 200mS/100ml，经该市公安局司法鉴定中心对张某体内血液进行酒精检测，张某所送血液中检测出酒精含量为 418.2mg/100ml，张某属于醉酒驾车，其行为触犯《刑法》第 133 之一条，涉嫌危险驾驶罪。对于张某涉嫌危险驾驶罪案，区检察院经审查认为，符合 1996 年《刑事诉讼法》第 174 条的规定，故于 2011 年 9 月 2 日向区法院提起公诉时，建议法院对此案适用简易程序审理。区法院经审查，征求张某意见后决定对该案适用简易程序审理，并于 9 月 5 日向张某及其辩护人李律师送达检察院的起诉书，由于案情简单，法院决定于 9 月 8 日对本案进行公开审理。法院书记员小李在 9 月 6 日上午通过打电话告知李律师开庭时间及地点。法院开庭审理后于 2011 年 9 月 10 日作出判决。

问题：假如该案在 2013 年以后审理，法院决定 9 月 8 日对该案审理，9 月 6 日才电话通知辩护律师合适吗？

简析：简易程序设置的初衷是为了简化办案程序，提高办案效率，因此，这个程序必须体现出一个"简"字，否则就失去了意义。由于适用简易程序审理的案件相对来说案情简单、事实清楚、证据较充分，被告人认罪且被告人同意适用简易程序审理，因而审理中对讯问被告人、询问证人、鉴定人、出示证据、法庭辩论程序不一定都要按普通程序进行，在保证查清案件事实的基础上，依照法律规定，该简化的就简化。当然，适用简易程序审理案件，也应切实保障被告人的诉讼权利，尤其是被告人充分陈述自己意见的权利。被告人陈述自己意见的权利，要体现在诉讼的全过程中，特别是要保障被告人的最后陈述权，这既是被告人进行辩护的权利，又是被告人全面认识自己行为性质和后果的一个机会，法庭也可以借以掌握被告人是否真诚悔罪等心理态度。

根据《刑事诉讼法》送达期限的规定,人民法院决定开庭审判后,应当将人民检察院的起诉书副本至迟在开庭10日以前送达被告人及其辩护人。刑事诉讼法规定简易程序审理不受普通程序送达期限的限制,目的是为了进一步简化办案程序,提高诉讼效率。

上述案例中,区法院决定适用简易程序审理张某涉嫌危险驾驶罪案件后,依据2012年《刑事诉讼法》第213条的规定,适用简易程序审理案件,开庭审理时不必按照普通程序讯问被告人、询问证人、鉴定人、出示证据、法庭辩论等程序规定的限制。开庭审理前也不受普通程序中"送达期限"规定的限制。因此,该案如果在2013年以后审理,法院决定9月8日审理该案,9月6日电话通知辩护律师完全合适。

四、简易程序的审理程序

(一) 简易程序的启动

1. 自诉案件简易程序的启动
对于自诉案件,由人民法院决定是否适用简易程序。

2. 公诉案件简易程序的启动
对于公诉案件,简易程序的启动权由人民检察院和人民法院共同行使。

(1) 人民检察院建议适用简易程序的情形。人民检察院在审查起诉中,对于案件事实清楚、证据充分,被告人承认自己所犯罪行,对起诉书指控的犯罪事实没有异议,被告人对适用简易程序没有异议的案件,经检察长决定,适用简易程序的,应当向人民法院提出建议。

(2) 人民法院建议适用简易程序的情形。对于人民检察院没有建议适用简易程序的公诉案件,人民法院经审查认为可以适用简易程序审理的,应当征求人民检察院与被告人、辩护人的意见。人民检察院可以同意,也可以不同意适用简易程序审理。

(二) 简易程序的审判程序

(1) 适用简易程序审理公诉案件,人民检察院应当派员出席法庭。

(2) 适用简易程序审理案件,宣读起诉书后,审判人员应当询问被告人对起诉书指控的犯罪事实的意见;向被告人告知适用简易程序审理的法律规定,确认被告人是否同意适用简易程序审理。

(3) 适用简易程序审理案件,被告人可以就起诉书指控的犯罪进行陈述和辩护。经审判人员许可,被告人及其辩护人可以同公诉人、自诉人及其诉讼代理人互相辩论。

(4) 适用简易程序审理案件,不受刑事诉讼法中普通程序关于送达期限、讯问被告人、询问证人,鉴定人、出示证据、法庭辩论程序规定的限制。但在判决宣告前应当听取被告人的最后陈述意见。

问题思考一:为什么2012年《刑事诉讼法》延长了适用简易程序审理案件的审理期限?

1996年《刑事诉讼法》第178条规定,适用简易程序审理案件,人民法院应当在受理后 20 日以内结案。这一规定相对于审理公诉案件的期限，在时间上确实体现了简易程序简易审理的原则。但是，根据 1996 年《刑事诉讼法》的规定，简易程序的适用范围仅限于依法可能判处 3 年以下有期徒刑、拘役、管制、单处罚金的公诉案件和告诉才处理的案件，以及被害人起诉的有证据证明的轻微刑事案件三大类。2012 年《刑事诉讼法》扩大了适用简易程序审理的案件范围，扩大到 3 年以上有期徒刑刑罚的案件，即除无期徒刑和死刑外的所有有期徒刑的案件，包括 15 年有期徒刑、数罪并罚 20 年、25 年有期徒刑的所有案件。而可能判处超过 3 年有期徒刑的案件，涉及对被告人人身自由较长时间的剥夺，应当格外慎重。即使符合适用简易程序的条件，为保证办案质量，也不宜匆忙审结，因此，2012 年《刑事诉讼法》第 214 条规定："对于可能判处的有期徒刑超过三年的，可以延长至一个半月。"对这类案件规定了短于普通程序长于轻罪适用简易程序的审理期限，既考虑了案件审判质量，避免错案发生，又能提高审判效率、节省办案时间。

问题思考二："适用简易程序审理公诉案件，人民检察院应当派员出席法庭"体现了什么立法宗旨？

1996 年《刑事诉讼法》第 153 条规定："人民法院审判公诉案件，人民检察院应当派员出席法庭支持公诉，但是依照本法第 175 条的规定适用简易程序的，人民检察院可以不派员出席法庭。"因此，基层法院适用简易程序审理的公诉案件，考虑检察机关公诉力量不足等因素，对于占基层检察院近一半的案件，检察院基本不派员出席法庭支持公诉。

但是，公诉是检察院的法定职责，其含义既包括提起公诉，也包括支持公诉以及抗诉。1996 年修改《刑事诉讼法》时，主要是考虑适用简易程序的案件范围不是很大，便于节省诉讼资源，所以规定检察院可以不派员出庭。但是近些年，随着各界对法律监督尤其是诉讼监督工作重要性的认识不断加深，人们发现公诉人不出庭的做法在实践中出现了以下问题。

（1）人民检察院无法监督法院的庭审过程，不能发挥检察监督职能。

（2）公诉人不能掌握法庭审理过程中出现的各种情况，比如发现了新的证据、被害人给予谅解等。

（3）由于不了解庭审情况，有时对适用简易程序审理案件的判决的监督流于形式。

基于司法实践中存在的上述问题，加之 2012 年《刑事诉讼法》将适用简易程序审理的案件范围进一步扩大，即基层人民法院管辖的所有案件，只要符合法定条件的都可以适用简易程序审理，而这些案件中有些可能是案情比较重大，有些可能对被告人判处较长刑期。因此，2012 年《刑事诉讼法》第 184 条明确规定："适用简易程序审理公诉案件，人民检察院应当派员出席法庭。"

【巩固练习 14-17】 关于简易程序下列哪些选项是正确的？

A. 自诉案件都可以适用简易程序

B. 即使适用简易程序，被告人最后陈述也不能取消

C. 被告人委托辩护人的，辩护人应当出庭

D. 经审判员准许，被告人可以同公诉人进行辩论

答案：B、D(简易程序审理的特点)

五、简易程序向普通程序的转化

（一）转化的法定事由

适用简易程序审理的案件,在法庭审理过程中,发现不宜适用简易程序情形的应当决定中止审理,并按照公诉案件或者自诉案件的第一审普通程序重新审理。由于人民法院确定适用简易程序总是在开庭审判之前,这就可能导致一开始认为符合简易程序适用条件的案件,经过审理,并不适于适用简易程序。"不宜适用简易程序"的情形包括:

(1) 经审理发现不符合第 208 条规定条件的;

(2) 在审理过程中出现第 209 条情形的;

(3) 公诉案件被告人的行为不构成犯罪的;

(4) 公诉案件被告人当庭翻供,对于起诉指控的犯罪事实予以否认的;

(5) 事实不清或者证据不充分的;

(6) 其他依法不应当或者不宜适用简易程序的。

（二）审理期限的重新计算

由简易程序转为普通程序审理的案件,审理期限应当从决定转为普通程序之日起计算。

（三）转化后的程序要求

对于自诉案件,即告诉才处理的案件和被害人有证据证明的轻微刑事案件,按照自诉案件审理程序审理,并且由简易程序向普通程序转化时,原起诉仍然有效,自诉人不必另行提起诉讼,只要人民法院将适用第一审普通程序审判的决定通知自诉人即可。

【提示】 简易程序在必要时可变更为普通程序,但是,一经确定为适用普通程序审理的案件,不得再转换为适用简易程序。

【巩固练习 14-18】 关于适用简易程序审理刑事案件变更为适用普通程序,下列哪些说法是正确的?

A. 法院可以决定直接变更为普通程序审理,不需要将案件退回检察院

B. 对于自诉案件变更为普通程序的,按照自诉案件程序审理

C. 自诉案件由简易程序转化为普通程序时原起诉仍然有效,自诉人不必另行起诉

D. 在适用普通程序后又发现可适用简易程序时,可以再次变更为简易程序

答案:A、B、C(简易程序转为普通程序)

第五节　量　刑　程　序

一、法律规定及意义

为进一步规范量刑活动,促进量刑公开和公正,最高人民法院、最高人民检察院、公安部、国家安全部、司法部于 2010 年 10 月 1 日起试行《关于规范量刑程序若干问题的意见

（试行）》。该意见主要用于规范调查取证、提起公诉、律师辩护、法律援助和法庭审理等工作，强化量刑事实的调查取证工作，引入量刑建议，强化律师辩护工作，建立相对独立的量刑程序，强化裁判说理，增强量刑的公开性和透明度。

2012年《刑事诉讼法》第193条第1款规定："法庭审理过程中，对与定罪、量刑有关的事实、证据都应当进行调查、辩论。"

《刑诉法适用解释》第230条规定："人民检察院可以提出量刑建议并说明理由，量刑建议一般应当具有一定的幅度。当事人及其辩护人、诉讼代理人可以对量刑提出意见并说明理由。"

《刑诉法适用解释》第231条规定："对被告人认罪的案件，法庭辩论时，可以引导控辩双方主要围绕量刑和其他有争议的问题进行。对被告人不认罪或者辩护人作无罪辩护的案件，法庭辩论时，可以引导控辩双方先辩论定罪问题，后辩论量刑问题。"

根据上述规定，在法庭审理过程中，不仅要对与定罪有关的事实、证据进行调查和辩论，而且也要对与量刑有关的事实、证据进行调查和辩论。前者是确定有罪与无罪、此罪与彼罪的依据；后者则是量刑轻重的依据。从我国1996年《刑事诉讼法》的规定来看，定罪与量刑程序是合而为一、不加区分的。然而，在司法实践中，往往会出现这样的问题，即被告人及其辩护人原本针对指控提出无罪辩护，其辩护内容均围绕着"无罪"展开，而并不涉及罪行轻重，但法院最后裁判确定被告人有罪，而此时因审判结束，被告人及其辩护人已没有机会再就其"罪轻"提出相应的辩护主张和证据，这显然不利于保护被告人的合法权益。近年来，这一问题引发了理论界和司法实务部门的广泛关注。针对这一问题，最高人民法院、最高人民检察院、公安部、国家安全部、司法部于2010年10月1日起试行了《关于规范量刑程序若干问题的意见（试行）》，专门对量刑程序予以明确规范。2012年《刑事诉讼法》在吸收之前量刑规范化改革成果的基础上，在第193条第1款进一步对量刑程序作了明确规定。

二、量刑程序的主要内容

根据2012年《刑事诉讼法》、《人民法院量刑程序指导意见（试行）》和《刑诉法适用解释》的规定，人民法院审理刑事案件，应当将量刑纳入法庭审理程序。在法庭调查、法庭辩论等阶段，应当保障量刑活动的相对独立性。适用普通程序审理的案件，在法庭调查过程中，可以根据案件具体情况先调查犯罪事实，后调查量刑事实；在法庭辩论过程中，也可以先辩论定罪问题，后辩论量刑问题。

根据《刑诉法适用解释》第225条的规定，人民法院除应当审查被告人是否具有法定量刑情节外，还应当根据案件情况审查以下影响量刑的情节：①案件起因；②被害人有无过错及过错程度，是否对矛盾激化负有责任及责任大小；③被告人的近亲属是否协助抓获被告人；④被告人平时表现，有无悔罪态度；⑤退赃、退赔及赔偿情况；⑥被告人是否取得被害人或者其近亲属谅解；⑦影响量刑的其他情节。

三、量刑辩论活动的顺序

公诉人、自诉人及其诉讼代理人发表量刑建议→被害人（或者附带民事诉讼原告人）

及其诉讼代理人发表量刑意见→被告人及其辩护人进行答辩并发表量刑意见。

四、量刑理由

人民法院的刑事裁判文书中应当说明量刑理由。量刑理由主要包括：①已经查明的量刑事实及其对量刑的作用；②是否采纳公诉人、当事人和辩护人、诉讼代理人发表的量刑建议、意见的理由；③人民法院量刑的理由和法律依据。

【案例释义 14-12】

案情：某县人民法院依法开庭对被告人李某故意伤害案进行了审理。由于被告人李某自愿认罪，合议庭在核实相关犯罪事实之后，主要针对量刑事实、情节和刑罚适用问题进行了举证、质证和辩论。审判人员首先指出，在犯罪事实调查阶段已经查明，被告人李某是案发后主动自首，并告知公诉人、当事人和辩护人、诉讼代理人对这一法定量刑情节不必再重复举证和质证。随后，公诉人表示没有新的量刑事实和证据。而辩护人指出，被告人及其家人已经赔偿被害人医疗费用和相关损失共计 10 万元，并出示了相应的发票和收据。被害人的诉讼代理人对此表示认可。随后，控辩双方就被告人李某的量刑问题展开了辩论。公诉人主张，被告人李某出于报复心理，故意伤害他人身体致人重伤，造成被害人 10 级残疾，鉴于其有自首情节，依法应当判处有期徒刑四年。而辩护人则提出，被告人李某虽是故意伤害，但案发后不仅能主动自首，自愿认罪，而且与其家人主动承担了被害人的全部医疗费用，并赔偿了相关损失，应当对其从轻、减轻处罚。最后，由被告人李某作了最后陈述。合议庭经退庭评议，依法判决被告人李某的行为构成故意伤害罪，依法判处有期徒刑两年零六个月。

简析：2012 年《刑事诉讼法》第 193 条第 1 款明确规定，除了定罪的事实与证据以外，法庭审理过程中，对量刑有关的事实、证据也应当进行调查和辩论。刑事案件发生后，对于被害人、自诉人、犯罪嫌疑人及其亲属来说，犯罪嫌疑人是否构成犯罪，是此罪还是彼罪固然重要，但是，当定罪确定以后他们更为关心的是量刑。而在过去的很多年中，法庭审理对于量刑情节的关注往往不够，以至于同案不同判的现象在不同地区甚至同一法院不同的合议庭时有发生。在本案中，由于被告人李某自愿认罪，法庭审理便主要集中在了对有关量刑的事实、证据进行调查和辩论，最终被告人获得比较公正的处罚。应当说，加强对有关量刑的事实、证据进行调查和辩论，对于更全面地保障被告人的实体权益，不受错误或不当的量刑，是十分有益的。

【巩固练习 14-19】 关于量刑程序，下列哪些说法是正确的？

A. 检察院可以在公诉意见书中提出量刑建议

B. 合议庭在评议前应向到庭旁听的人发放调查问卷了解他们对量刑的意见

C. 简易程序审理的案件，被告人自愿承认指控的犯罪事实和罪名且知悉认罪法律后果的，法庭审理可以直接围绕量刑问题进行

D. 辩护人无权委托有关方面制作涉及未成年人的社会调查报告

答案：A、C

第十五章

第二审程序

本章导语

我国实行两审终审制,人民法院对刑事案件一般须经过两级人民法院的审判才告终结,第二审人民法院所作的判决和裁定才是发生法律效力的判决和裁定,当事人不得再对其提出上诉,检察机关也不得再对其提出抗诉。当然,这种两审终审制有其适用的范围,也有其法定的例外,如对于地方各级人民法院所作的普通刑事案件的裁判,当事人没有提出上诉,检察机关也没有提出抗诉的,该裁判在超过法定的上诉或抗诉期间之后即发生法律效力,而不需再经过上级人民法院的二审程序;再如,最高人民法院的第一审裁判在依法宣布和送达后,立即发生法律效力,当事人不得再对其提出上诉,检察机关也不得提出抗诉;又如,死刑案件虽经二级审理,仍需经最高人民法院(死刑立即执行案件)或高级人民法院(死刑缓期执行案件)核准才发生法律效力。第二审程序就是第一审人民法院的上一级人民法院对第一审人民法院的上诉案件或抗诉案件进行审理所应遵循的法定程序。作为整个刑事审判程序的重要组成部分,第二审程序使得第一审人民法院的判决受到上级人民法院的司法审查,能使当事人尤其是被告人获得司法救济,因而,二审程序是上一级人民法院实行审级监督的有效途径,另外也是人民检察院对审判进行监督的主要方式,因此,它在刑事诉讼中起着非常重要的作用。本章内容涉及的条文是 2012 年《刑事诉讼法》第 216～234 条的规定。与 1996 年《刑事诉讼法》相比,2012 年《刑事诉讼法》主要针对目前司法实践中比较突出的问题,在以下五个方面进行了修订:①进一步明确了第二审开庭审理适用的案件范围;②对第二审适用发回重审进行了限制;③对上诉不加刑原则作了更为严格的规定;④对二审的审理期限作了适当的延长;⑤完善了对查封、扣押、冻结财物及其孳息的处理方式。

学习本章知识需要重点掌握的内容包括:①提起上诉、抗诉的主体;②上诉、抗诉的期限;③上诉、抗诉的方式和程序;④上诉不加刑原则及内容;⑤对上诉、抗诉案件审理后的处理;⑥对附带民事诉讼案件的处理;⑦死刑案件第二审的特殊规定;⑧扣押、冻结在案财物的处理;⑨在法定刑以下判处刑罚的核准程序。

本章的知识内容体系见图 15-1。

相对于人民法院的第一审程序而言,第二审程序往往被称为"普通救济程序",它是指第一审人民法院的上一级人民法院,对于不服第一审人民法院尚未发生法律效力的判决或裁定而提出上诉或抗诉的案件进行审理时所适用的诉讼程序。

```
                    ┌ 上诉、抗诉与请求抗诉权的主体
                    │ 上诉、抗诉的期限
        第二审程序的提起┤ 上诉、抗诉的理由
                    │ 上诉、抗诉的提起
                    └ 上诉与抗诉的撤回
                    ┌ 第二审程序的审判原则┤ 全面审查原则
                    │                 └ 上诉不加刑原则
                    │ 第二审案件的审判方式
第二审程序┤          │ 第二审案件的审理程序┤ 非死刑案件的审理程序
        │ 第二审程序的审判┤                 └ 死刑案件二审开庭审理程序的特殊规定
        │          │ 对上诉、抗诉案件审理后的处理
        │          │ 附带民事诉讼上诉、抗诉案件的审理
        │          │ 对自诉案件的处理
        │          └ 对查封、扣押、冻结在案财物的处理
        └ 在法定刑以下判处刑罚的核准程序
```

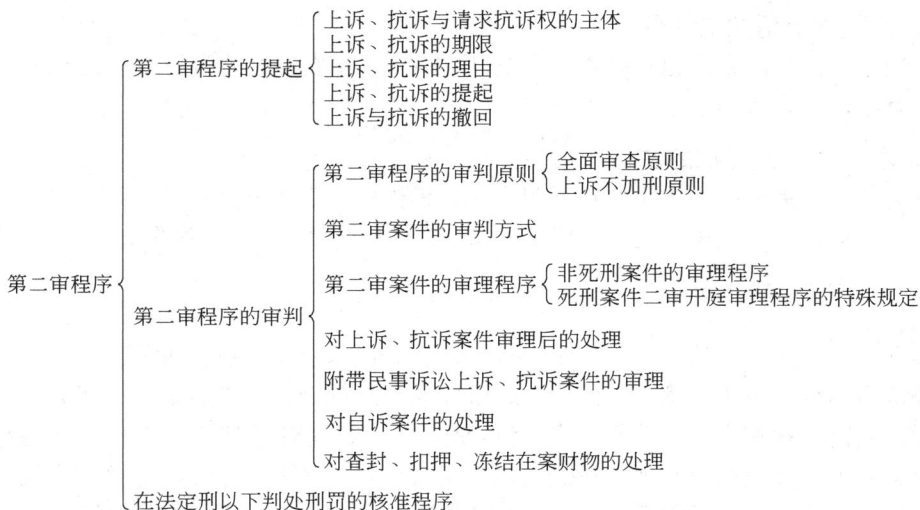

图 15-1　本章知识体系图示

　　对这一概念,需要从两个方面把握理解:①第二审程序并非刑事案件的必经程序,只有经过上诉或抗诉之后才能引起第二审程序,如果没有上诉或抗诉,第一审裁判则在上诉、抗诉期满后生效;②第二审程序与第二次审理不是同一概念。比如,某甲因被指控犯贪污案,被某区法院判处有期徒刑 10 年,某甲不服该判决上诉至该市中级人民法院,中级人民法院认为一审判决事实不清、证据不足而发回重审。该区法院对此案的审理显然是第二次审理,但却应按照第一审程序进行审理,所作出的裁判仍然是一审的裁判,仍然可以对其上诉或抗诉。再如,对一审判决、裁定在法定期限内因没有提起上诉、抗诉而发生法律效力的案件,在交付执行后,一审法院院长发现在认定事实上或者在适用法律上确有错误,提交本院审判委员会讨论后决定再审,虽然对该案的审理是第二次审理,即再审,但根据刑事诉讼法的规定,仍须依照第一审程序进行审理,而不是第二审程序。

第一节　第二审程序的提起

一、上诉、抗诉与请求抗诉权的主体

(一)上诉权的主体

　　根据 2012 年《刑事诉讼法》第 216 条的规定,享有上诉权的主体主要有三类。

1. 享有独立上诉权的主体

　　享有独立上诉权的这类主体包括被告人、自诉人和他们的法定代理人。上述主体如果不服地方各级人民法院第一审的判决、裁定,有权用书状或者口头方式向上一级人民法院上诉。立法强调,对被告人的上诉权,不得以任何借口加以剥夺。

2. 无独立上诉权的主体

无独立上诉权的主体包括被害人及其法定代理人、被告人的辩护人和近亲属。这类主体只有经过被告人同意才可以上诉。

3. 享有部分上诉权的主体

享有部分上诉权的主体主要包括附带民事诉讼的当事人和他们的法定代理人。这类主体可以对地方各级人民法院第一审的判决、裁定中的附带民事诉讼部分提出上诉。

（二）抗诉权的主体

根据 2012 年《刑事诉讼法》第 217 条的规定，人民检察院享有抗诉权。地方各级人民检察院认为本级人民法院第一审的判决、裁定确有错误的时候，有权向上一级人民法院提出抗诉。人民检察院对一审裁判提出抗诉，是人民检察院对审判活动进行法律监督的重要途径。人民检察院抗诉必须具备法定的理由，即"第一审的判决、裁定确有错误"，这通常是指以下情形：①原判决事实不清楚或者证据不足的；②原判决认定事实没有错误，但适用法律有错误，或者量刑不当的；③严重违反法律规定的诉讼程序的等。当然，这里的"确有错误"，只是检察机关的一种主观认识，是否如此还有待第二审程序审理查明。

（三）请求抗诉权的主体

根据 2012 年《刑事诉讼法》第 218 条的规定，被害人及其法定代理人享有请求人民检察院抗诉的权利。我国立法虽然肯定了公诉案件的被害人具有当事人的地位，但并未赋予其上诉权，而是仅仅赋予其请求抗诉的权利。据此，被害人对于第一审判决不服的，只能向人民检察院请求抗诉，而是否提起抗诉，则要取决于人民检察院的意志。因此，从法律效果上看，请求抗诉并不具有必然启动二审的效力，这主要是为了避免被害人出于报复心理，滥用上诉权。

被害人及其法定代理人在行使请求抗诉权时，需注意以下两方面问题：①只能针对原审判决，不能针对原审裁定；②请求抗诉的期限是自收到判决书后 5 日以内。

对于被害人及其法定代理人的抗诉，人民检察院应当及时处理，即在 5 日以内，作出是否抗诉的决定并且答复请求人。

【巩固练习 15-1】 关于法定代理人对法院一审判决、裁定的上诉权，下列哪一种说法是错误的？

A. 自诉人高某的法定代理人有独立上诉权

B. 被告人李某的法定代理人有独立上诉权

C. 被害人方某的法定代理人有独立上诉权

D. 附带民事诉讼当事人吴某的法定代理人对附带民事部分有独立上诉权

答案：C（上诉权的行使主体）

二、上诉、抗诉的期限

为了防止诉讼拖延，及时纠正错误的裁判，同时保证正确裁判能够得到及时执行，我国刑事诉讼法对上诉、抗诉的期限作出了必要的限制,以督促上诉权人、抗诉权人及时行使权利。

根据 2012 年《刑事诉讼法》第 219 条的规定,对判决不服,提出上诉和抗诉的期限为 10 日;对裁定不服,提出上诉和抗诉的期限为 5 日。这是因为,判决用于解决定罪和量刑等实体问题,相对复杂,因而对此决定是否上诉、抗诉往往需要更多的时间。上述期限均从接到判决书、裁定书的第 2 日起算。

对于地方各级人民法院所作的第一审裁判,如果在上述期限届满,没有提出上诉、抗诉的,除死刑复核案件需要复核外,都将发生法律效力。

【案例释义 15-1】

案情:被告人蒋某,原是国家电力监督委员会某局副局长,因在任职期间多次利用职权非法收受他人钱物,为他人谋取利益,后被知情人举报案发。此案经人民检察院侦查并提起公诉,人民法院依法审理,2012 年 8 月 6 日,蒋某因受贿罪一审被判处有期徒刑 12 年。蒋某于 2012 年 8 月 9 日收到法院的一审判决书。蒋某收到一审判决书后,认为量刑过重,遂委托其兄代为上诉。其兄于 8 月 19 日在其所居住地的邮电局将上诉状寄去二审人民法院。二审人民法院于 8 月 24 日接到了蒋某的上诉状,认为蒋某的上诉已经超过了法定期限,于是裁定驳回上诉。

问题:本案中,蒋某的上诉超过了法定期限吗?二审人民法院的做法正确吗?

简析:本案二审人民法院的做法是不符合我国《刑事诉讼法》规定的。根据我国 2012 年《刑事诉讼法》第 103 条规定,上诉状或者其他文件在期满前已经交邮的,不算过期。第 219 条规定:"不服判决的上诉和抗诉的期限为 10 日,不服裁定的上诉和抗诉的期限为 5 日,从接到判决书、裁定书的第 2 日起算。"根据这两条规定进行分析,本案被告人蒋某是在 8 月 9 日收到一审判决书的,上诉期限的起算日期应当为 8 月 10 日,终止日期应为 8 月 20 日。蒋某的兄长于 8 月 19 日将上诉状通过邮局寄出,根据法律规定,诉讼文书在期满前已经交邮的,应属于在上诉期内提起上诉,不算过期,因而,二审人民法院从自己接到上诉状的日期(8 月 24 日)认定上诉超过了法定期限,作出裁定驳回上诉的做法是错误的,该裁定侵犯了蒋某依法享有的诉讼权利。

据此,二审人民法院应撤回裁定,受理蒋某的上诉,启动二审程序。

三、上诉、抗诉的理由

立法对于上诉的理由没有任何限制,换言之,只要上诉权人在法定期限内提出上诉,上诉即可成立,无论其上诉理由是否合法、是否充分。但抗诉必须是人民检察院认为原裁判确有错误。

四、上诉、抗诉的提起

(一)上诉的提起

根据 2012 年《刑事诉讼法》第 220 条的规定,被告人、自诉人、附带民事诉讼的原告人和被告人可以通过以下两种途径提起上诉:一是通过原审人民法院提出上诉,在此情形下,原审人民法院应当在 3 日以内将上诉状连同案卷、证据移送上一级人民法院,同时将上诉状副本送交同级人民检察院和对方当事人;二是直接向第二审人民法院提出上诉,在此情形下,第二审人民法院应当在 3 日以内将上诉状交原审人民法院送交同级人民检察院和对方当事人。

无论通过哪种方式提起上诉,都要保障同级人民检察院和对方当事人获知上诉的情况,以便于其准备和参加诉讼。

(二) 抗诉的提起

根据 2012 年《刑事诉讼法》第 221 条第 1 款的规定,地方各级人民检察院对同级人民法院第一审判决、裁定的抗诉,应当通过原审人民法院提出抗诉书,并且将抗诉书抄送上一级人民检察院。地方各级人民检察院不能直接向第二审人民法院提出抗诉书。原审人民法院接到抗诉书以后,应当将抗诉书连同案卷、证据移送上一级人民法院,并且将抗诉书副本送交当事人。

上诉和抗诉的提起具体见表 15-1。

表 15-1　上诉、抗诉的提起

项目	上　诉	抗　诉
主体	① 独立的上诉主体:被告人、自诉人及其法定代理人、附带民事诉讼当事人及其法定代理人仅对附带民事诉讼部分的判决享有独立的上诉权 ② 非独立的上诉主体:被告人的辩护人和近亲属,经被告人同意,可以提出上诉(上诉人仍是被告人) 【提示】 公诉案件的被害人及其法定代理人没有上诉权	① 抗诉主体:提起公诉的检察机关 ② 申请抗诉的主体:公诉案件的被害人及其法定代理人有申请抗诉权 ③ 出庭支持抗诉的主体:二审法院的同级检察院 【提示】 只能针对判决,对裁定只能在生效后申诉
理由	无需理由(不服即可)	检察机关认为在事实、量刑、证据等方面确有错误 【提示】 最高检察院认为最高人民法院的一审判决确有错误的,只能按审判监督程序提起再审
形式	书面或者口头	书面
途径	通过原审人民法院或二审法院均可	抗诉书只能向原审法院提交
效力	在法定期限内提出上诉、抗诉的,则一审裁判不生效。如,甲乙共同犯罪,一审判决后,甲提出上诉,乙未上诉,一审判决超过法院的上诉期限后,对甲、乙都不生效,因为是同一个判决	
期限	判决　　10 天	
	裁定　　5 天	
	附带民事诉讼的期限计算　　① 一并审理的按照刑事诉讼上诉期限计算——10 天、5 天 ② 分开审理的也按照刑事诉讼上诉期限计算——10 天、5 天	

五、上诉与抗诉的撤回

上诉与抗诉的撤回见表 15-2。

表 15-2　上诉与抗诉的撤回

撤回上诉、抗诉的时间	应 否 审 查	上诉、抗诉撤回后原裁判的生效时间
上诉、抗诉期限内撤回	不需要审查、应当准许	在上诉、抗诉期满之日起生效
上诉、抗诉期满后撤回	应由二审法院审查（如果认为原判决认定事实和适用法律正确，量刑适当，应当裁定准许撤回上诉；认为原判决事实不清，证据不足或者无罪判为有罪，轻罪重判的，应当不准许撤回上诉，按照第二审程序审理。）被判处死刑立即执行的被告人提出上诉，在第二审开庭后宣告裁判前申请撤回上诉的，应当不予准许，继续按照上诉案件审理	准许撤回上诉的，第一审裁判应当自第二审人民法院裁定书送达原上诉人或者抗诉的检察机关之日起生效

第二节　第二审程序的审判

一、第二审程序的审判原则

（一）全面审查原则

我国 2012 年《刑事诉讼法》第 222 条规定了第二审实行全面审查的原则。具体要求如下。

（1）既要对第一审裁判认定的事实是否正确进行审查，又要对其适用法律是否正确进行审查。

（2）既要对上诉或抗诉的部分进行审查，又要对未上诉或抗诉的部分进行审查，即不受上诉或者抗诉范围的限制。

（3）共同犯罪案件，只有部分被告人提出上诉的，或者自诉人只对部分被告人的判决提出上诉，或者人民检察院只就第一审人民法院对部分被告人的判决提出抗诉的，第二审人民法院应当对全案进行审查，一并处理。（《刑诉法适用解释》第 311 条）

（4）共同犯罪案件，如果提出上诉的被告人死亡，其他被告人没有提出上诉的，第二审人民法院仍应当对全案进行审查。死亡的被告人不构成犯罪的，应当宣告其无罪；审查后认为构成犯罪的，应当宣布终止审理。对其他同案被告人仍应当作出判决或者裁定。（《刑诉法适用解释》第 312 条）

（5）审理附带民事诉讼的上诉、抗诉案件，应当对全案进行审查。如果第一审判决的刑事部分并无不当，第二审人民法院只需就附带民事诉讼部分作出处理。如果第一审判决附带民事部分事实清楚，适用法律正确的，应当以刑事附带民事裁定维持原判，驳回上诉、抗诉。

（6）既要审查实体问题，又要审查程序问题。

（二）上诉不加刑原则

1．上诉不加刑原则的含义

上诉不加刑原则是指第二审人民法院审判只有被告人一方上诉的案件时，不得对被告人改判重于原判刑罚的一项原则。该原则旨在保护被告人的上诉权，防止因上诉而招致不利的后果。2012年《刑事诉讼法》第226条第1款规定，第二审人民法院审理被告人或他的法定代理人、辩护人、近亲属上诉的案件，不得加重被告人的刑罚。第二审人民法院发回原审人民法院重新审判的案件，除有新的犯罪事实，人民检察院补充起诉的以外，原审人民法院也不得加重被告人的刑罚。

2．上诉不加刑原则的适用范围

上诉不加刑原则适用于被告人及其法定代理人、辩护人、近亲属提起的上诉案件。一审判决后，被告人上诉，检察院或自诉人对刑事部分并无意见，但附带民事诉讼的原告人对附带民事部分的判决提起上诉，二审法院也不得加刑。如果是人民检察院提出抗诉的或者自诉案件的自诉人提出上诉的，第二审人民法院对案件进行判决时，不受该原则的限制；既有被告人一方上诉，又有人民检察院提出抗诉或者自诉人提出上诉的，同样不受上诉不加刑原则的限制。

3．上诉不加刑原则的适用

具体内容见表15-3。

表15-3　上诉不加刑原则的适用

情　　形	适　　用
对原判认定事实清楚、证据充分，只是认定的罪名不当的案件	在不加重原判刑罚的情况下，可以改变罪名
对被告人实行数罪并罚的案件	既不加重决定执行的刑罚，也不能加重数罪中某罪的刑罚
对被告人判处拘役或者有期徒刑宣告缓刑的案件	不得撤销原判决宣告的缓刑或者延长缓刑考验期
对事实清楚、证据充分，但判处的刑罚畸轻，或者应当适用附加刑而没有适用的案件	不得直接加重被告人的刑罚或者适用附加刑，也不得以事实不清或者证据不足发回第一审人民法院重新审理。必须依法改判的，应当在第二审判决、裁定生效后，按照审判监督程序重新审判（不能以加刑为目的发回重审）
第二审人民法院发回原审人民法院重新审判的案件	除有新的犯罪事实，人民检察院补充起诉的以外，原审人民法院也不得加重被告人的刑罚
共同犯罪案件，只有部分被告人提出上诉的案件	既不能加重提出上诉的被告人的刑罚，也不能加重其他同案被告人的刑罚
原判没有宣告禁止令的案件	不得增加宣告
原判宣告禁止令的案件	不得增加内容、延长期限
原判对被告人判处死刑缓期执行没有限制减刑的案件	不得限制减刑
人民检察院只对部分被告人的判决提出抗诉，或者自诉人只对部分被告人的判决提出上诉的案件	第二审人民法院不得对其他同案被告人加重刑罚

问题思考：如何防止上诉不加刑原则被以"合法"的形式规避？

在以往的司法实践中，司法机关常常借助于以下两种形式来规避该原则的适用：一是将案件发回原审法院重新审判，由原审人民法院加重被告人的刑罚；二是尽管在第二审中按照上诉不加刑原则的要求不加重被告人的刑罚，但在判决生效后，有的司法机关按照审判监督程序提起再审，通过再审加重被告人的刑罚。这两种做法无疑均与上诉不加刑原则的精神背道而驰。针对此种以"合法"的形式规避上诉不加刑原则的做法，2012年《刑事诉讼法》第226条增加规定，除有法定情形以外，原审人民法院对发回重审的案件也不得加重被告人的刑罚。这一规定显然有助于防止上述第一种规避的方式，对于确保被告人的上诉权并强化审级监督具有积极意义。但对于后一种规避方式，刑事诉讼法与相关司法解释还应进一步修改，予以防止。

【案例释义 15-2】

案情：张某与李某发生口角，用刀将李某捅成轻伤。李某向该县人民法院提起自诉，同时提出附带民事诉讼，请求法院判处被告人张某赔偿其住院治疗费3万元。县法院一审判决张某故意伤害罪成立，判处有期徒刑两年，并赔偿李某住院治疗费1万元。被告人张某认为判处刑罚过重，向上一级人民法院提起上诉，李某对刑事部分判决没有意见，但认为附带民事部分判决过轻，因而对附带民事部分的判决向上一级人民法院提出上诉。

问题：

（1）自诉人李某的妻子如果不服一审刑事判决，可否向上一级人民法院提出上诉？该县检察院如果认为一审刑事判决过轻，可否提出抗诉？

（2）二审法院能否加重被告人张某的刑罚？

（3）被告人张某和自诉人李某的上诉都不是针对事实认定，二审法院能否以事实不清，证据不足为由将本案发回重审？

（4）如果在二审中张某指出，李某在打斗过程中也打伤了自己，并以此为由对李某提出反诉，二审法院应当如何处理？

答案：

（1）按照2012年《刑事诉讼法》第180条的规定，自诉人可以向上一级人民法院提出上诉。被告人的辩护人和近亲属也可以经被告人本人同意，提出上诉，即自诉人的近亲属没有独立上诉的权利。李某的妻子是自诉人的近亲属，因此，自诉人李某的妻子没有独立的上诉权。本案是自诉案件，该县人民检察院无权就一审判决提出抗诉。但判决生效后，检察院如果认为该生效裁判确有错误，可以按照审判监督程序提起再审。

（2）二审法院不能加重被告人张某的刑罚。因为本案刑事部分只有被告人一方上诉，李某仅是对附带民事部分判决不服。因此，应当遵循上诉不加刑原则，不得加重被告人的刑罚。

（3）根据二审程序的全面审查原则，即使上诉和抗诉不是针对原审事实认定，但二审人民法院在审理中发现原判决存在事实不清或证据不足的，二审法院仍然可以以事实不清为由发回重审，不受上诉、抗诉范围的限制。

（4）如果二审中张某对刑事部分提出反诉，二审法院不能调解，只能告诉张某另行起诉。这一点与二审中对附带民事诉讼提出反诉不同，后者可先行调解，调解不成，告知其另行起诉。

【案例释义 15-3】

案情：被告人姜某某先后三次潜入某县数码电脑城，盗窃笔记本电脑三台，经物价部门鉴定，价值1.8万元。某县人民法院以盗窃罪判处被告人姜某某有期徒刑5年，并处罚金1万元。姜某某不服，向某市中级人民法院提出上诉。某县人民检察院没有提出抗诉。某市中级人民法院对该案进行了二审，认为原判决关于上诉人姜某某实施盗窃事实的认定没有错误，但上诉人姜某某是累犯，按照法律规定应当重处，但原审人民法院未予重处，属于量刑畸轻。因此，改判被告人姜某某有期徒刑七年。

问题：二审法院能加重上诉人姜某某的刑罚吗？

简析：2012年《刑事诉讼法》第226条规定了上诉不加刑原则。根据该原则，在只有被告人一方上诉时，第二审法院不得以任何形式加重被告人的刑罚。在本案中，虽然某市中级人民法院认为第一审判决量刑畸轻，但由于受上诉不加刑这一法定原则的限制，该院不得加重上诉人的刑罚。

【案例释义 15-4】

案情：2001年12月9日，被告人费某被某县人民法院以走私假币罪判处有期徒刑7年。费某认为一审判决量刑过重，于12月12日提出上诉，市中级人民法院依法受理。二审法院对案件进行全面审查，发现费某走私假币数量较大且为多次走私，犯罪情节严重，在11月17日缉私警察对其进行追捕时，费某曾采用暴力反抗，将其中一名警察打伤。依照《刑法》第157条的规定，对以暴力、威胁方法抗拒缉私的，应当以走私假币罪和妨害公务罪论处，实行数罪并罚。鉴于一审法院对事实认定不清，定性不准，市中级人民法院裁定撤销原判，发回原审法院重审。原审法院对案件进行重新审判时，人民检察院对被告人费某涉嫌犯妨害公务罪进行补充起诉。

问题：对二审法院发回重审的案件，原审人民法院是否可以通过改判加重被告人的刑罚？

简析：为切实保障上诉人的上诉权，2012年《刑事诉讼法》明确规定了上诉不加刑原则的适用范围。第226条规定："第二审人民法院发回原审人民法院重新审判的案件，除有新的犯罪事实，人民检察院补充起诉的以外，原审人民法院也不得加重被告人的刑罚。"据此，原审人民法院对二审法院发回重审的案件，除非发生"案件出现新的犯罪事实且人民检察院补充起诉"这种特定的、也是唯一的情形，应当严格遵守上诉不加刑原则，一律不得加重被告人的刑罚。但如果案件出现了新的犯罪事实且人民检察院补充起诉，则属于案件中出现了新的起诉，是新的起诉并入了正在进行的上诉审程序，对于新的起诉当然不存在上诉不加刑的问题，但对于上诉人先前上诉所针对的犯罪事实则应当坚持上诉不加刑原则。

本案中，人民检察院对被告人费某涉嫌妨害公务罪进行补充起诉后，原审人民法院对这一新的犯罪事实进行审理和判决，不受上诉不加刑原则的限制，但对费某涉嫌走私假币罪的犯罪事实进行重新审判时，应当遵守上诉不加刑原则。原审人民法院对费某以妨害公务罪和走私假币罪数罪并罚时，可以超出原判仅针对费某走私假币罪的刑罚，决定实际执行的刑罚。

【巩固练习 15-2】 甲、乙涉嫌共同抢夺。经审理,一审法院判处甲有期徒刑三年、乙有期徒刑两年。检察院以对甲量刑过轻为由提起抗诉。甲、乙均没有上诉。关于本案二审程序,下列哪一个选项是正确的?

    A. 二审法院仅就甲的量刑问题进行审查

    B. 二审法院可以不开庭审理

    C. 乙可以参加法庭调查

    D. 如果改判,二审法院可以加重乙的刑罚

    答案:C

    本题考查第二审的全面审查原则、上诉不加刑原则。依据 2012 年《刑事诉讼法》第 222 条的规定,第二审人民法院应当就第一审判决认定的事实和适用法律进行全面审查,不受上诉或者抗诉范围的限制,共同犯罪的案件只有部分被告人上诉的,应当对全案进行审查,一并处理。因此,A 选项表述错误。依据 2012 年《刑事诉讼法》第 223 第 1 款第 3 项的规定,对人民检察院抗诉的案件,第二审人民法院应当开庭审理。因此,B 选项表述错误。依据《刑诉法适用解释》第 323 条的规定,同案审理的案件,未提出上诉、人民检察院也未对其判决提出抗诉的被告人要求出庭的,应当准许。出庭的被告人可以参加法庭调查和辩论。因此 C 选项表述正确。依据《刑诉法适用解释》第 325 条的规定,"第二审人民法院审理被告人或者其法定代理人、辩护人、近亲属提出上诉的案件,不得加重被告人的刑罚;人民检察院只对部分被告人的判决提出抗诉的,第二审人民法院不得对其他同案被告人加重刑罚;⋯⋯"二审法院可以加重甲的刑罚,但是不可以加重乙的刑罚,故 D 选项表述错误。本题的正确答案为 C 选项。

    【巩固练习 15-3】 某法院判决赵某犯诈骗罪判处有期徒刑四年,犯盗窃罪判处有期徒刑九年,合并执行有期徒刑十一年。赵某提出上诉。中级法院经审理认为,判处刑罚不当,犯诈骗罪当处有期徒刑五年,犯盗窃罪应处有期徒刑八年。根据上诉不加刑原则,下列哪一做法是正确的?

    A. 以事实不清、证据不足为由发回原审法院重新审理

    B. 直接改判两罪刑罚,分别为五年和八年,合并执行十二年

    C. 直接改判两罪刑罚,分别为五年和八年,合并执行仍为十一年

    D. 维持一审判决

    答案:D(上诉不加刑原则)

二、第二审案件的审判方式

    根据 2012 年《刑事诉讼法》第 223 条的规定,第二审的审判方式有两种:开庭审理和不开庭审理。人民法院对于下列案件,应当组成合议庭,开庭审理。

    (1)被告人、自诉人及其法定代理人对第一审判决认定的事实、证据提出异议,可能影响定罪量刑的上诉案件;

    (2)被告人被判处死刑的上诉案件;

    (3)人民检察院抗诉的案件;

    (4)其他应当开庭审理的案件。

对于符合上述要求的案件,第二审人民法院不享有裁量权,只能采用开庭审理的方式。

【提示】

(1) 第一类情形需要达到"可能影响定罪量刑的"程度,否则不开庭审理。

(2) 第四类情形是指如果不开庭审理,可能无法查清一审认定的事实和适用法律是否正确的情形。

第二审人民法院决定不开庭审理的,必须进行以下工作:一是讯问被告人,即使采用不开庭审理的方式,人民法院也不应该剥夺被告人参与审判的权利和机会;二是听取其他当事人、辩护人、诉讼代理人的意见。

问题思考:部分上诉案件必须开庭审理的理由。

在裁判生效以前,对于当事人而言,第二审是在第一审裁判错误的情况下享有的唯一的救济途径,而对人民法院而言,也是上级人民法院对下级人民法院进行监督的有效途径,因此,二审不开庭审理的弊端是显而易见的。2012 年《刑事诉讼法》第 223 条第 1 款在保留对抗诉案件开庭审理规定的基础上,进一步对上诉案件应当开庭审理的范围作了明确规定。第一类案件涉及对影响定罪量刑的案件事实和证据有异议。此类案件非经严格的审判程序对相关证据进行调查和辩论等,可能很难查清,这与对法律适用、量刑轻重有异议的案件有所不同,后者即使不开庭也可以对法律适用是否正确进行审查。第二类案件涉及死刑判决。死刑是最严厉的刑罚,涉及生命权的剥夺,死刑判决一旦出现错误,其后果难以挽回。我国立法和司法对死刑案件一直持慎重态度。为了避免第一审死刑裁判可能存在的错误,第二审必须以开庭的方式对其事实认定与法律适用进行全面、严格的审查。

【案例释义 15-5】

案情:某县人民法院经一审审理,判决被告人马某犯抢劫罪,处有期徒刑两年。对此,被告人马某的父亲向某市中级人民法院提出了上诉。被告人马某的父亲指出,马某未到法定年龄,不应当承担刑事责任。他提出,马某的户口本虽显示马某已经年满十四周岁,但这并非其真实年龄,而是当年为了让其提前入学而填报的虚假信息。为了证明所言属实,马某的父亲向第二审人民法院提供了某县人民法院出具的马某的出生证明。

问题:对该案二审法院应否开庭审理?

简析:依据 2012 年《刑事诉讼法》第 223 条的规定,被告人、自诉人及其法定代理人对第一审判决认定的事实、证据提出异议,可能影响定罪量刑的上诉案件,第二审人民法院应当开庭审判。在本案中,被告人马某的父亲对第一审判决认定的被告人马某的实际年龄及相关证据提出了异议,并且该事实直接影响到马某是否应当承担刑事责任,因此,第二审人民法院应当开庭审理。

【案例释义 15-6】

案情:吴某是某股份有限公司的总经理,该公司是其妻的家族产业,并且其妻为现任董事长。该公司后勤人员卢某找到吴某,声称发现了吴某的外遇行为,若吴某不给他好处,他就将此事告诉其妻。吴某素来与其秘书关系暧昧,料想若其妻知道此事定与他离婚,他也将因此身败名裂,于是答应了卢某索要人民币 5 万元的要求。可是,卢某生性贪娄,又先后向吴某索要了 8 万元人民币,并将此事告诉了其在报社工作的表弟黄某,黄某以此为要挟向吴某索要了人民币 6 万元。当黄某再三索要时,吴某忍无可忍,向公安机关控告了卢某、黄某的敲诈勒索行为。卢某与黄某被逮捕。一审法院以敲诈勒索罪判处卢某有期徒刑 9 年,判处黄某有期徒刑 7 年。卢某认为一审量刑畸重,遂授权其辩护律师孙某提起上诉。黄某也委托其叔叔以同样理由代为上诉。二审法院审查后决定对案件不开庭审理。对此,卢某的辩护律师孙某提出异议。

问题:对本案是否可以不开庭审理?

简析:2012 年《刑事诉讼法》第 223 条对第二审人民法院开庭审理的案件范围作出了较为明确的界定。有些人认为只要被告人提出上诉的二审案件,二审法院都应当开庭审判,实际上,这种认识是不全面的。根据 2012 年《刑事诉讼法》第 223 条第 1 款第 1 项的规定,法院对第二审刑事案件是否开庭审理取决于案件是否具备以下两个条件:①上诉人是否对第一审认定的事实、证据提出异议;②这种异议是否可能影响到对被告人的定罪或量刑。也就是说,法院不仅要对上诉人对事实、证据的异议进行全面审查,而且还要判断这种异议对被告人定罪量刑是否有影响。二审法院如认为上诉人对事实、证据提出的异议可能影响到一审裁判对被告人的定罪量刑,就必须组成合议庭,对案件进行开庭审理。但如果上诉人对案件的事实、证据没有异议或者虽提出异议,但经二审法院审查其异议对定罪量刑没有影响,二审法院就可以决定不开庭审理。

本案中,卢某、黄某对一审法院认定其犯敲诈勒索罪的事实和证据并无异议,只是认为一审法院的量刑过重。可见,本案不符合二审法院应当开庭审理的基本条件。因此,二审法院审查后决定对案件不开庭审理的做法并无不当。

【巩固练习15-4】 某市中级人民法院对张某(21 岁)被控强奸一案进行了公开审理,判处张某死刑立即执行。张某认为量刑过重,提出上诉。二审法院的哪种做法是正确的?

A. 应当公开开庭审理   B. 可以不开庭审理

C. 应当裁定撤销原判、发回重审   D. 应当提审

答案:C

本题考查第二审的审理和裁决方式、公开审判原则。2012 年《刑事诉讼法》第 223 条规定,"第二审人民法院对下列案件,应当组成合议庭、开庭审理:……(二)被告人被判处死刑的上诉案件;……"由此看来,本案"应当开庭审理",B 选项的说法不正确。但是,依据 2012 年《刑事诉讼法》第 183 条规定,人民法院审判第一审案件应当公开进行。但是有关国家秘密或者个人隐私的案件,不公开审理,因本案是强奸案涉及个人隐私,故应当不公开审理。A 选项中的"应当公开开庭审理"的说法错误。

依据 2012 年《刑事诉讼法》第 227 条规定:"第二审人民法院发现第一审人民法院的审理有下列违反法律规定的诉讼程序的情形之一的,应当裁定撤销原判,发回原审人民法院重新审判:(一)违反本法有关公开审判规定的;(二)违反回避制度的;(三)剥夺或者限制了当事人的法定诉讼权利,可能影响公正审判的;(四)审判组织的组成不合法的;(五)其他违反法律规定的诉讼程序,可能影响公正审判的。"本案的一审法院对此案进行了"公开审判",这属于 2012 年《刑事诉讼法》第 227 条所规定的违反法定程序的情形之一,应当裁定撤销原判,发回重审,因此 C 选项正确,D 选项错误。本题的正确答案为

C 选项。

三、第二审案件的审理程序

（一）非死刑案件的审理程序

根据 2012 年《刑事诉讼法》第 223、224 和 232 条的规定，非死刑案件的审理程序归纳见表 15-4。

表 15-4　非列刑案件的审理程序

审理方式	应当开庭审理的情形	① 检察院抗诉的案件 ② 被告人、自诉人及其法定代理人对第一审认定的事实、证据提出异议，可能影响定罪量刑的上诉案件 ③ 被告人被判处死刑（立即执行）的上诉案件 ④ 其他应当开庭审理的案件
	不开庭审理的	第二审法院决定不开庭审理的，应当讯问被告人，听取其他当事人、辩护人、诉讼代理人的意见（调查、询问式的审理方式）
地点		二审法院所在地、案件发生地、原审人民法院所在地均可
检察院出庭、阅卷		① 检察院提出抗诉的案件或二审法院开庭审理的公诉案件，同级检察院都应当派员出席法庭 ② 第二审法院应当在决定开庭审理后及时通知检察院查阅案卷。检察院应当在一个月以内查阅完毕。检察院查阅案卷的时间不计入审理期限
共同犯罪案件的二审		共同犯罪案件，没有提出上诉的和检察院没有对其判决提出抗诉的第一审被告人，可以参加法庭调查、法庭辩论
自诉案件的二审		① 二审的反诉：二审中就刑事部分反诉的，人民法院应当告知其另行起诉 ② 二审的调解、和解：对第二审自诉案件，必要时可以进行调解，当事人也可以自行和解。调解结案的，应当制作调解书，第一审判决、裁定视为自动撤销；当事人自行和解的，由人民法院裁定准许撤回自诉，并撤销第一审判决或者裁定
审理期限		① 第二审法院受理上诉、抗诉案件，应当在两个月以内审结。对于可能判处死刑的案件或者附带民事诉讼的案件，以及有《刑事诉讼法》第 156 条规定情形之一的，经省、自治区、直辖市高级法院批准或者决定，可以延长两个月；因特殊情况还需要延长的，报请最高法院批准 ② 最高法院受理上诉、抗诉案件的审理期限，由最高法院决定 【公式】　2 个月＋2 个月（死刑案件、附带民事诉讼的案件、《刑事诉讼法》第 156 条情形之一）＋n

问题思考：2012 年《刑事诉讼法》为什么延长了审理上诉、抗诉案件的期限？

1996 年《刑事诉讼法》第 196 条规定，第二审人民法院受理上诉、抗诉案件，应当在一个月以内审结，至迟不得超过一个半月。有该法第 126 条规定情形之一的（即属于 2012 年《刑事诉讼法》第 156 条规定情形之一的），经省、自治区、直辖市高级人民法院批准或者决定，可以再延长一个月。然而，从司法实践来看，上述审限并不能满足实际办案的需要，特别是一些重大、疑难复杂案件、当事人争议较大的案件以及社会影响广泛的案件，很难在上述期限内审结。例如，安徽戴庆成强奸留守妇女 116 人案，河南杨新海连环杀害 65 人、强奸 23 人案等。对于这些案件，不宜强调"从重从快"，而应通过法定程序依法查明事实，确保作出公正的裁判。为保障一审、二审的审判质量，在这类案件中适当延长审理期限是必要的。全国人大常委会法制工作委员会征集了社会各界意见。多数意见认为,不宜因为审理期限而影响案件质量。对一些重大、疑难、复杂案件的审理期限,有条件地适当延长是可以的。为了顺应实际需要,确保办案质量,2012年《刑事诉讼法》延长了第二审的审理期限。根据第232条的规定,第二审人民法院受理上诉、抗诉案件,应当在两个月以内审结。对于可能判处死刑的案件或者附带民事诉讼的案件,以及有第156条规定情形之一的,经省、自治区、直辖市高级人民法院批注或者决定,可以延长两个月。因特殊情况还需要延长的,报请最高人民法院批准。

【案例释义 15-7】

案情: 李某平日倚仗当地派出所的所长是其叔父,横行霸道。2007年7月,该县调来新任派出所所长季某。同年8月22日,李某在超市偷钱包被当场抓住后,季某对李某实施了拘留。李某非常恼火,于9月2日趁季某下班回家时,持木棍从后猛击季某背部一下,季某经抢救无效死亡。事后李某声称没有杀害季某的意图,只想吓唬他一下。2008年1月16日,一审法院以故意杀人罪判处李某死刑,并就季某妻子提出的附带民事诉讼判处李某赔偿人民币1万元。季妻认为赔偿数额过少,当庭提出上诉。李某未提出上诉。二审法院经过审查,认为第一审判决附带民事部分事实清楚,适用法律正确。但是,通过调查发现季某患有心脏病,是因被击打后一时激愤导致死亡,遂认定李某的行为不构成故意杀人罪,应为故意伤害致人死亡。由于两个月的审限即将届满,二审法院考虑将案件发回重审。

问题:

(1) 只有附带民事诉讼当事人上诉的,第二审人民法院应对案件如何审查?

(2) 本案如按照2012年《刑事诉讼法》的规定进行审理,二审法院还能够发回重审吗?

简析:

(1) 根据2012年《刑事诉讼法》第222条和《刑诉法适用解释》第313条的规定,审理附带民事诉讼的上诉案件,二审法院应当对全案进行审查。本案中,虽然附带民事诉讼原告人季妻以赔偿数额过少为由提出上诉,李某未提出上诉,但是二审法院不能仅就附带民事诉讼部分进行审查,还应当全面审查李某涉嫌犯罪的刑事案件。

(2) 1996年《刑事诉讼法》第196条规定,第二审人民法院受理上诉、抗诉案件,应当在一个月以内审结,至迟不得超过一个半月。有该法第126条规定情形之一的,经省、自治区、直辖市高级人民法院批准或者决定,可以再延长一个月。本案即属此种情形。二审法院对附带民事诉讼及刑事诉讼进行全案审查后,受制于审限不得再延长的规定,只能作出将案件发回重审的处理,以争得办案时间。

按照2012年《刑事诉讼法》第232条的规定,对于附带民事诉讼的二审案件,经高级人民法院批准或者决定后,在原两个月的基础上,审限可以延长两个月;因特殊情况还需要延长的,还可以报请最高人民法院批准。据此,从2013年1月1日起,凡二审中有附带民事诉讼的案件,二审法院可以根据案件的具体情况作出相应决定。假如本案件在2013年以后上诉,如果不属于必须发回重审的案件,由于新《刑事诉讼法》延长了审限,二审法院就可以自己审理,不必出于无奈发回重审。

（二）死刑案件二审开庭审理程序的特殊规定

1. 加强了检察院的抗诉责任

《关于死刑第二审案件开庭审理程序若干问题的规定（试行）》第 8 条规定，人民检察院办理死刑上诉、抗诉案件，应当在开庭前对案卷材料进行全面审查，重点围绕抗诉或者上诉的理由，审查第一审判决认定案件事实、适用法律是否正确，证据是否确实、充分，量刑是否适当，审判活动是否合法，并进行下列工作。

（1）应当讯问被告人，听取被告人的上诉理由或者辩解；

（2）必要时听取辩护人的意见；

（3）核查主要证据，必要时询问证人；

（4）对鉴定结论有疑问的，可以重新鉴定或者补充鉴定；

（5）根据案件情况，可以听取被害人的意见。

2. 加强了法院的审判责任

第二审人民法院开庭审理死刑上诉、抗诉案件，应当由审判员 3～5 人组成合议庭，对于疑难、复杂、重大的死刑案件，应当由院长或者庭长担任审判长。

3. 加强了证人、鉴定人、被害人出庭作证的责任

第二审人民法院开庭审理死刑上诉、抗诉案件，具有下列情形之一的，应当通知证人、鉴定人、被害人出庭作证。

（1）人民检察院、被告人及其辩护人对鉴定意见有异议、鉴定程序违反规定或者鉴定意见明显存在疑点的；

（2）人民检察院、被告人及其辩护人对证人证言、被害人陈述有异议，该证人证言或者被害人陈述对定罪量刑有重大影响的；

（3）合议庭认为其他有必要出庭作证的。

4. 突出审判的重点——有异议的事实和新证据

法庭调查的重点是对原审判决提出异议的事实、证据以及提交新的证据等。对于人民检察院、被告人及其辩护人没有异议的事实、证据和情节，可以不在庭审时调查。

【巩固练习 15-5】 检察院办理死刑上诉、抗诉案件，应当在开庭前对案卷材料进行全面审查，并进行相关工作。依照有关规定，下列哪些工作是应当进行的？

A. 应当讯问被告人，听取被告人的上诉理由或者辩解

B. 根据案件情况，必要时应当听取辩护人的意见

C. 对鉴定结论有疑问的，可以重新鉴定或者补充鉴定

D. 有被害人的，必须听取被害人的意见

答案：A、B、C

本题考查死刑二审开庭的诉讼程序。根据《关于死刑第二审案件开庭审理程序若干问题的规定（试行）》第 8 条的规定，本题正确选项为 A、B、C，D 选项错误。

四、对上诉、抗诉案件审理后的处理

根据 2012 年《刑事诉讼法》第 225 条和《刑诉法适用解释》第 328、329 条的规定,第二审人民法院对不服第一审判决的上诉、抗诉案件,经过审理后,应当分别作出处理见表 15-5。

表 15-5　对上诉、抗诉案件审理后的处理

处　　理	情　　形
裁定驳回上诉、抗诉,维持原判	事实清楚,证据充分,适用法律正确,量刑适当 【说明】　对于只有被告人一方上诉而没有人民检察院提出抗诉或者自诉人提出上诉的案件,如果第二审人民法院发现原判决认定事实没有错误,但是量刑畸轻时,既不能根据 2012 年《刑事诉讼法》第 225 条的规定予以改判,从而加重被告人的刑罚,也不得以事实不清或者证据不足为由发回重审;必须依法改判的,应当在第二审判决、裁定生效后,按照审判监督程序重新审判 【提示】　维持原判的方式一律用裁定
应当改判	事实清楚,证据充分,适用法律或者量刑不当的
可以改判	事实不清,证据不足的,可以在查清事实后改判,也可以发回原审人民法院重审。原审人民法院对于依此规定发回重新审判的案件作出判决后,被告人提出上诉或者人民检察院提出抗诉的,第二审人民法院应当依法作出判决或者裁定,不得再发回原审人民法院重新审判。(《刑事诉讼法》第 225 条第 2 款) 【提示】　凡是改判,一律用判决
应当裁定撤销原判,发回重审(凡是撤销原判,发回重审的,一律用裁定)	违反本法有关公开审判的规定的(应公开而未公开,不应公开而公开)
	违反回避制度的
	剥夺或者限制了当事人的法定诉讼权利,可能影响公正审判的
	审判组织的组成不合法的
	其他违反法律规定的诉讼程序,可能影响公正审判的
可以裁定撤销原判,发回重审	原判决事实不清楚或者证据不足的,可以裁定撤销原判,发回原审人民法院重新审判

【提示】

(1) 二审中,只要发现存在违反公开审判制度、回避制度和审判组织制度情形的,不论程度如何一律发回重审;但剥夺或限制当事人的法定诉讼权利或者有其他违反法律规定的诉讼程序,则要达到一定的程度,才需要发回重审,如程度较轻,且并未发生审判不公正的结果,则可由二审法院根据情况裁量不发回重审。比如,被告人未在庭审笔录上签名的,让被告人补签即可,不需要发回重审。

(2) 对 2012 年《刑事诉讼法》第 225 条第 2 款规定的情形只能发回重审一次,如果发回重审的案件作出判决后被再次上诉、抗诉到第二审人民法院,第二审人民法院发现该案仍然事实不清或者证据不足的,必须作出判决或裁定,而不能再次发回重审。

(3) 发回重审的案件,按第一审程序进行审理,对其判决、裁定仍可上诉、抗诉,发回重审的案件,应当另行组成合议庭审理。

(4) 第二审人民法院发回原审人民法院重新审判的案件,原审人民法院从收到发回的案件之日起,重新计算审理期限。

问题思考：2012 年《刑事诉讼法》第 225 条第 2 款规定之目的。

1996 年《刑事诉讼法》第 189 条规定了第二审法院对上诉案件与抗诉案件进行处理的三种方式。其中第 3 项规定，原判决事实不清或者证据不足的，可以在查清事实后改判；也可以裁定撤销原判，发回原审人民法院重新审判。原审法院重新审判后，又被上诉或抗诉至二审法院，二审法院如何处理，立法没有明确规定，导致实践中某些事实不清或者证据不足的案件再次被发回重审，被第二次发回重审的案件，仍有可能再次被上诉或抗诉，形成判决→上诉或抗诉→发回→再次判决→再次上诉或抗诉→第三次判决→第三次上诉或抗诉→……的恶性循环、程序倒流现象，这种怪相不仅使案件久拖不决，诉讼效率低下，增添了当事人的讼累，更为重要的是使被告人饱受煎熬，无罪推定和疑罪从无原则的精神被司法践踏。针对于此，2012 年《刑事诉讼法》第 225 条第 2 款明确规定，原审人民法院对发回重新审判的案件作出判决后，被告人提出上诉或者人民检察院提出抗诉的，第二审人民法院应当依法作出判决或者裁定，不得再发回原审人民法院重新审判，即当二审法院依法发回重审的案件在原审法院再次审理后，控辩双方又提出上诉或抗诉的，二审法院也不得再次赋予原审法院自我纠正的机会，而是必须依据查明的事实和证据径直作出判决。这一规定显然与无罪推定原则的要求更为一致，有利于维护被告人的合法权益。同时，这也有助于减轻当事人等的讼累，体现二审程序的终结性，完善了我国的二审终审制。

【案例释义 15-8】

案情：中国法律信息网报道，2001 年 3 月 24 日，陕西省榆林市横山县党岔镇枣湾村村民高怀堂被人打伤，弃于国道旁，入院抢救十几天后死亡。由于高怀堂与同村的贺家此前有些积怨，再加上死者家属的报案，自 2001 年 4 月 26 日起，贺家有 9 个人以犯罪嫌疑人的身份陆续被逮捕。此后的 9 年中，榆林市中级人民法院先后作出 4 次判决，以"故意杀人罪"判处朱继峰等 9 人死缓、无期以及不等的有期徒刑。而陕西省高级人民法院则以"事实不清，证据不足"为由，4 次发回重审。被当做主犯的朱继峰在榆林市中级人民法院前两次的开庭中被判死缓，而后则改判无期。由于尚未结案，直至 2012 年朱继峰仍被羁押在榆林市榆阳区看守所。

问题：1996 年《刑事诉讼法》没有限定案件发回重审次数可能导致的恶果是什么？

简析：本案中，如果继续沿用 1996 年《刑事诉讼法》第 189 条的规定，陕西省高级人民法院可以仍旧以"事实不清、证据不足"为由将朱继峰等 9 人第 5 次、第 6 次甚至无休止地发回重审，朱继峰等人将可能因"尚未结案"而继续长期处于羁押状态，却又无法终结诉讼。这说明，不对二审人民法院发回重审的次数作出严格限制，二审人民法院就可以对上诉案件无限制地发回重审，同样，原审人民法院也可以无限制的作出同样的判决，从而使一起刑事案件在一、二审法院之间像打乒乓球一样你来我往，这样无论往返多少个回合都是合法的，于是导致诉讼期限被"合法地"无限期拉长了，这不仅影响到刑事案件审判工作的效率，而且也易形成超期羁押，导致严重侵犯公民人身自由等合法权益的恶果。

【案例释义 15-9】

案情：某县人民法院以故意伤害罪判处被告人孙某有期徒刑五年。孙某不服此判决，向某市中级人民法院提出上诉。第二审人民法院对案件进行了开庭审理，发现原审存在以下问题：第一，公诉人指控上诉人孙某持铁管猛击被害人头部造成重伤，但并未提交该凶器；第二，公诉人指控上诉人孙某与同村村民夏某某共同实施了对被害人的侵害行为，但夏某某尚未归案，缺少同案共犯的证词；第三，被害人称二犯罪人对其实施侵害时，头上均戴有头盔，不能确定用铁管打击自己头部的人为上诉人孙某。据此，第二审人民法院以事实不清、证据不足为由，将案件发回某县人民法院重审。某县人民法院重审后再次以故意伤害罪判处孙某有期徒刑五年。孙某不服，再次上诉。某市中级人民法院再次对该案件进行了审理，发现同案共犯夏某某已经归案，并指认用铁管猛击被害人头部的人是上诉人孙某，但遭到孙某的否认；作为凶器的铁管已经找到，但因被扔入河中数月，铁管上已经无法提取血迹和指纹等证据。

问题：按照2012年《刑事诉讼法》的规定，某市中级人民法院再次对该案件进行审理后，该如何处理？

简析：1996年《刑事诉讼法》对二审后发回重审的次数没有限定。依据2012年《刑事诉讼法》第225条第2款的规定，在本案中，经过某市中级人民法院对该案再次审理，但根据现有证据仍不能确定用铁管打击被害人头部致其重伤者就是被告人孙某，因此，该案属于"事实不清楚或者证据不足"的案件，第二审人民法院对此应进行判决，可以作出无罪判决，但不能再次发回重审。

【巩固练习15-6】 第二审法院在审查一审裁判时，发现下列哪些情形，应当裁定撤销原判，发回原审法院重新审判？

A. 第一审程序为提高效率，没有让被告人作最后陈述，被告人也无异议

B. 参与第一审程序的陪审员是本案的目击证人

C. 对涉及国家秘密的案件进行了公开审理

D. 没有告知被告人可以申请回避

答案：A、B、C、D(二审程序中发现一审程序违法的处理)

五、附带民事诉讼上诉、抗诉案件的审理

（1）附带民事诉讼案件，只有附带民事诉讼的当事人和他们的法定代理人提出上诉的，第一审刑事部分的判决，在上诉期满后即发生法律效力。应当送监执行的第一审刑事被告人是第二审附带民事诉讼被告人的，在第二审附带民事诉讼案件审结前，可以暂缓送监执行。

（2）审理附带民事诉讼上诉案件，如果发现刑事和附带民事诉讼部分均有错误需依法改判的，应当一并改判。

（3）第二审人民法院审理对刑事部分提出上诉、抗诉，附带民事诉讼部分已经发生法律效力的案件，如果发现第一审判决或者裁定中的民事部分确有错误，应当对民事部分按照审判监督程序予以纠正。

（4）第二审人民法院审理对附带民事诉讼部分提出上诉、抗诉，刑事部分已经发生法律效力的案件，如果发现第一审判决或者裁定中的刑事部分确有错误，应当对刑事部分按照审判监督程序进行再审，并将附带民事诉讼部分与刑事部分一并审理。

（5）对附带民事部分提出上诉的案件，原告一方仅要求增加赔偿数额，第二审人民法

院可以依法进行调解,调解不成,应当依法作出判决或者裁定。

(6) 在第二审案件附带民事部分审理中,第一审民事原告人增加独立的诉讼请求或者第一审民事被告人提出反诉的,第二审人民法院可以根据当事人自愿的原则就新增加的诉讼请求或者反诉进行调解,调解不成的,告知当事人另行起诉。

六、对自诉案件的处理

(1) 对第二审自诉案件,必要时可以进行调解,当事人也可以自行和解。

(2) 自诉案件的二审,对于调解结案的,应当制作调解书,第一审判决、裁定视为自动撤销;当事人自行和解的,由人民法院裁定准许撤回自诉,并撤销第一审判决或者裁定。

(3) 第二审人民法院对于调解或者当事人自行和解的自诉案件,被告人采取强制措施的,应当立即予以解除。

(4) 在第二审程序中,自诉案件的当事人提出反诉的,第二审法院应当告知其另行起诉。

【巩固练习 15-7】 某县人民法院对张某诉李某侮辱一案作出一审判决后,张某不服,提起上诉,二审法院的下列处理方式正确的是:

A. 张某与李某在二审程序中达成和解,人民法院应当准许

B. 人民法院可以主持对该案进行调解

C. 人民法院以调解结案的,还应同时撤销一审判决或裁定

D. 张某和李某达成和解,人民法院还应同时撤销一审判决或裁定

答案:A、B、D

七、对查封、扣押、冻结在案财物的处理

2012 年《刑事诉讼法》第 234 条规定了对查封、扣押、冻结的犯罪嫌疑人、被告人的财物和孳息的处理。相对于 1996 年的《刑事诉讼法》,2012 年《刑事诉讼法》新增了:①"查封财物及其孳息"的规定;②公、检、法机关对查封、扣押、冻结犯罪嫌疑人、被告人的财物及其孳息"制作清单,随案移送";③人民法院在判决中"对查封、扣押、冻结的财物及其孳息作出处理";④"有关机关应根据判决对被查封、扣押、冻结的财物及其孳息进行处理"。具体内容如下。

(一) 关于查封、扣押、冻结的财物及其孳息的保管、返还和处理

首先,对于上述财物和孳息,应当妥善保管。妥善保管,是指任何单位和个人不得挪用或者自行处理,同时具有注意义务,防止其受到不必要的损失。

其次,对被害人的合法财产应当及时返还。这里的"及时"是指在查明或证明有关财物及其孳息是被害人的合法财产后,应迅速返还。

最后,对违禁品或者不宜长期保存的物品,应当依照国家有关规定处理。违禁品是国家禁止持有、经营、流通的违禁品,如毒品、淫秽物品等。不宜长期保存的物品是因易腐烂、变质等原因,不宜长时间保存的物品。

（二）关于查封、扣押、冻结的财物及其孳息随案移送

为了保障诉讼顺利进行，尤其便于证据查证，对于上述财物及其孳息中作为证据使用的实物，应当随着诉讼的进程随案移送。不宜移送的，应当将其清单、照片或者其他证明文件随案移送。这里的"不宜移送"是指因物理原因无法移送，或者一旦移送容易发生毁损等情形。对于贵重物品，应当在拍照或者录像后当场密封，由办案人员、见证人和物品持有人在密封材料上签名或者盖章，根据办案需要及时委托具有资质的部门出具鉴定报告；启封时应当有见证人或者持有人在场并且签名或者盖章。（参见 2006 年最高人民检察院《人民检察院扣押、冻结款物工作规定》）

（三）关于人民法院判决对查封、扣押、冻结的财物及其孳息的处理

人民法院的判决除了对被告人定罪量刑问题进行裁判以外，还应同时对查封、扣押、冻结的财物及其孳息进行处理。按照《刑诉法适用解释》第 365 条的规定，对查封、扣押、冻结的财物及其孳息，应当在判决书中写明名称、金额、数量、存放地点及其处理方式等。涉案财物较多，不宜在判决主文中详细列明的，可以附清单。涉案财物未随案移送的，应当在判决书中写明，并写明由查封、扣押、冻结机关负责处理。

明确由人民法院在判决中对查封、扣押、冻结的财物及其孳息作出处理，能够促进上述财物及其孳息的妥善保管和随案移送等工作，也有利于公安司法机关之间相互制约。

（四）关于有关机关根据判决对被查封、扣押、冻结的财物及其孳息的处理

在人民法院作出的判决生效以后，对查封、扣押、冻结的财物及其孳息，控制或管理上述财物及其孳息的有关机关应当根据判决进行处理。对于其中属于赃款、赃物及其孳息的，一般应当上缴国库，但依法应当返还被害人的，应当及时返还被害人。

（五）关于违反上述规定的法律责任

对于司法工作人员贪污、挪用或者私自处理上述财物及其孳息的，可以根据具体情形分别作出以下处理：一是构成犯罪的，依法追究刑事责任；二是不构成犯罪的，依据监察部门的有关规定、公务员条例等给予纪律处分。

问题思考：如何理解对犯罪嫌疑人、被告人的财物及其孳息的处理与"尊重和保障人权"的关系？

"尊重和保障人权"不仅写入了我国宪法，而且也写入了 2012 年的《刑事诉讼法》。尊重和保障人权，不应仅仅注重对生命权、自由权的保护，也应关注对合法财产权的保护。贪污、挪用或者私自处理查封、扣押、冻结犯罪嫌疑人、被告人财物及其孳息的行为，不仅侵害公民的合法财产，损害公安司法机关的权威，而且容易在社会上引发许多负面效应。因此，在《刑事诉讼法》中明确尊重和保障当事人的合法财产权也是尊重和保障人权的重要内容之一。

【案例释义 15-10】

案情：2002 年 9 月，人民检察院对黄某、孙某、汪某合伙盗窃案向人民法院提起公诉，与此同时，有关机关依法将盗窃所得赃款、赃物进行扣押，并冻结了三人的银行账户。一审人民法院经过审理，分别判处黄某、孙某、汪某有期徒刑 7 年、4 年和 3 年。被告人黄某提出上诉，二审法院经过阅卷和听取有关当事人的意见，裁定驳回上诉，维持原判。判决生效后，由一审法院对扣押冻结财物进行处理，在返还被害人财产时发现部分财物缺失。经查，负责审判本案的审判员庄某因赌博缺少赌资，将扣押在案的两万元人民币挪用。人民检察院经过自行侦查，以挪用公款罪对庄某提起公诉，人民法院依法判处庄某有期徒刑 5 年。

问题：参与办案的司法人员违法处理被扣押、冻结的在案财物，需承担何种法律责任？

简析：关于查封、扣押、冻结在案的涉案款物的处理，2012 年《刑事诉讼法》在保留 1996 年《刑事诉讼法》第 198 条规定的基础上，增加规定了：①人民法院的判决义务；②查封、扣押、冻结款物的相关机关在判决前随案移送的义务；③判决后的处理义务。根据 2012 年《刑事诉讼法》第 234 条的规定，人民法院作出的判决，应当对查封、扣押、冻结的财物及其孳息作出处理，有关机关应当根据判决对查封、扣押、冻结的财物及其孳息进行处理。

本案中，人民法院对于扣押、冻结在案的被告人的财物及其孳息，应当妥善保管并依法判决，根据情况采取保管、返还、没收、上缴等不同的处理方式。对扣押、冻结在案的财物，如果参与办案的司法人员有贪污、挪用或者私自处理被扣押、冻结的在案财物及其孳息的，应当依法根据具体情形追究其刑事责任或给予相应的纪律处分。

【巩固练习 15-8】 关于刑事诉讼中扣押、冻结在案财物的处理，下列哪些选项是正确的？

A. 张三盗窃李四电视机一台，公安机关在侦查过程中将电视机发还李四

B. 王五被控贩卖毒品，作为证据使用的海洛因应当随案移送当庭出示质证

C. 马六被控受贿金条若干，未随案移送，判决生效后，根据法院通知该金条由查封、扣押检察机关上缴国库

D. 牛七涉嫌受贿罪，在侦查期间自杀身亡，检察机关应当通知金融机构将冻结的牛七的存款、汇款上缴国库

答案：A、C

本题考查对扣押、冻结在案财物的处理问题。根据 2012 年《刑事诉讼法》第 234 条第 1 款的规定，A 项正确。对违禁品依照国家有关规定不移送原物，B 项中的毒品属于违禁品，因此 B 项错误。依据 2012 年《刑事诉讼法》第 234 条第 3 款的规定，C 项正确。根据《六机关规定》第 37 条的规定，对于 D 项的情形，对于犯罪嫌疑人、被告人死亡，依照《刑法》规定应当追缴其违法所得及其他涉案财产的，适用刑事诉讼法第五编第三章规定的程序，由人民检察院向人民法院提出没收违法所得的申请，所以 D 项错误。本题的正确答案为 A、C 两项。

第三节　在法定刑以下判处刑罚的核准程序

《刑法》第 63 条第 2 款规定："犯罪分子虽然不具有本法规定的减轻处罚情节，但是根据案件的特殊情况，经最高人民法院核准，也可以在法定刑以下判处刑罚。"《刑事诉讼法》虽未对"法定刑以下判处刑罚"案件的核准程序作出规定，但《刑诉法适用解释》第 336 条规定"法定刑以下判处刑罚"的案件应当层报最高人民法院核准。《刑诉法适用解释》第 336、338、339、340 条对"法定刑以下判处刑罚"案件核准制度的复核性质、重审程序、审理期限等内容进行了修改和完善。

（1）报请最高人民法院核准在法定刑以下判处刑罚的案件，应当按照下列情形分别处理。

① 被告人未上诉、人民检察院未抗诉的，在上诉、抗诉期满后 3 日内报请上一级人民法院复核。上一级人民法院同意原判的，应当书面层报最高人民法院核准；不同意的，应当裁定发回重新审判，或者改变管辖按照第一审程序重新审理。原判是基层人民法院作出的，高级人民法院可以指定中级人民法院按照第一审程序重新审理。

② 被告人上诉或者人民检察院抗诉的，应当依照第二审程序审理。第二审维持原判，或者改判后仍在法定刑以下判处刑罚的，应当依照前项规定层报最高人民法院核准。

（2）对在法定刑以下判处刑罚的案件，最高人民法院予以核准的，应当作出核准裁定书；不予核准的，应当作出不核准裁定书，并撤销原判决、裁定，发回原审人民法院重新审判或者指定其他下级人民法院重新审判。

（3）依照《刑诉法适用解释》第 336、338 条规定发回第二审人民法院重新审判的案件，第二审人民法院可以直接改判；必须通过开庭查清事实、核实证据或者纠正原审程序违法的，应当开庭审理。

（4）报请最高人民法院核准因罪犯具有特殊情况，不受执行刑期限制的假释案件，应当按照下列情形分别处理。

① 中级人民法院依法作出假释裁定后，应当报请高级人民法院复核。高级人民法院同意的，应当书面报请最高人民法院核准；不同意的，应当裁定撤销中级人民法院的假释裁定。

② 对因罪犯具有特殊情况，不受执行刑期限制的假释案件，最高人民法院予以核准的，应当作出核准裁定书；不予核准的，应当作出不核准裁定书，并撤销原裁定。

（5）复核法定刑以下判处刑罚案件的其他问题。

下述问题，《刑事诉讼法》和相关司法解释均无规定，只是编者的建议。

① 审判组织。可参照死刑案件复核审判组织的形式，也应由审判员三人组成合议庭进行。

② 是否应当讯问被告人及辩护律师可否参与。由于复核阶段不能直接改判，也不作事实审查，原则上无须讯问被告人，也不主动听取辩护律师意见，但为了提高案件质量，取

得更好的效果,对于辩护律师要求当面反映意见的,可以在办公场所听取其意见,并制作笔录;辩护律师提出书面意见的,应当附卷。

③ 复核结果是否送达当事人。为保障当事人及其近亲属的知情权,上一级人民法院和最高人民法院的裁定书,应当送达当事人。必要时,可以送达当事人的辩护人、诉讼代理人及被告人的近亲属。

第十六章
死刑复核程序

本章导语

　　死刑复核程序是指拥有死刑复核权的人民法院对判处死刑的案件进行审查核准的一种特殊程序。死刑判决涉及公民生命权的剥夺，一旦出现错误，其后果将难以挽回，为此，我国刑事诉讼法设立了死刑复核程序，旨在通过对死刑案件进行复核避免可能出现的错误，确保死刑判决的正确性，这也是我国长期以来奉行的"少杀、慎杀"的刑事政策在刑事诉讼领域的体现。本章的内容涉及 2012 年《刑事诉讼法》第 235～240 条的规定。2012 年《刑事诉讼法》对死刑复核程序主要从三个方面进行了修改：①进一步明确，最高人民法院对于不核准死刑的案件，可以发回重新审判或提审改判；②在死刑复核程序中增加讯问被告人和听取辩护人意见的环节，强化辩方的程序参与；③增加规定，在复核死刑案件过程中，最高人民检察院可以向最高人民法院提出意见，强化检察监督。

　　学习本章知识需重点掌握的内容有：①判处死刑立即执行案件的核准权；②判处死刑立即执行案件的报请复核；③判处死刑立即执行案件的复核和复核后的处理；④判处死刑缓期两年执行案件的复核和复核后的处理；⑤死刑缓期执行限制减刑案件的审理程序。

　　本章的知识内容体系见图 16-1。

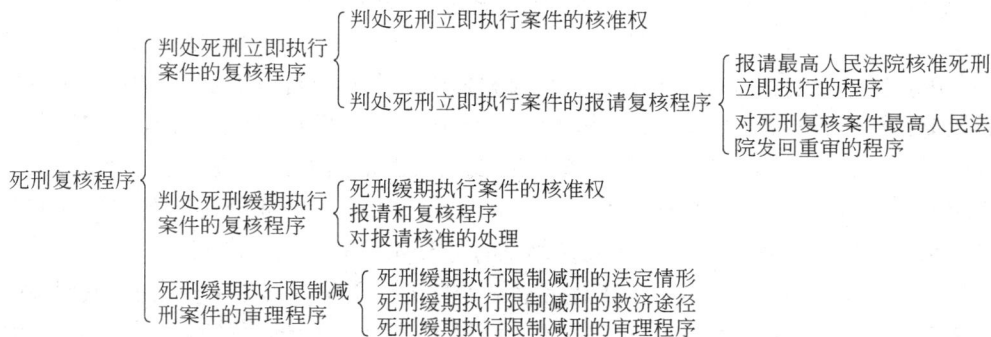

```
                          ┌ 判处死刑立即执行案件的核准权
         ┌ 判处死刑立即执行 ┤
         │ 案件的复核程序   │                          ┌ 报请最高人民法院核准死刑
         │                 └ 判处死刑立即执行案件的报请复核 ┤ 立即执行的程序
         │                                            └ 对死刑复核案件最高人民法
         │                                              院发回重审的程序
死刑复核程序 ┤
         │ 判处死刑缓期执行   ┌ 死刑缓期执行案件的核准权
         ├ 案件的复核程序    ┤ 报请和复核程序
         │                 └ 对报请核准的处理
         │ 死刑缓期执行限制减  ┌ 死刑缓期执行限制减刑的法定情形
         └ 刑案件的审理程序   ┤ 死刑缓期执行限制减刑的救济途径
                           └ 死刑缓期执行限制减刑的审理程序
```

图 16-1　本章知识体系

　　死刑复核程序是指人民法院对判处死刑的案件进行复查核准所遵循的一种特殊审判程序，包括对判处死刑立即执行案件的复核程序和对判处死刑缓期两年执行案件的复核程序。死刑立即执行案件除依法由最高人民法院判决的以外，都应当报请最高人民法院核准;死刑缓期执行的,由高级人民法院核准。死刑复核是所有判处死刑(包括死缓)案件的必经程序。死刑案件只有经过复核程序才发生法律效力。

【提示】 死刑复核程序并非死刑案件的第三审程序。因为死刑复核程序的启动既不需要检察机关提起公诉或者抗诉,也不需要当事人提起自诉或上诉,只要一审判决后法定的上诉、抗诉期限内被告人没有提出上诉、人民检察院也没有提起抗诉,或者二审判决后,人民法院就应当自动将案件报送高级人民法院或最高人民法院核准。

第一节　判处死刑立即执行案件的复核程序

一、判处死刑立即执行案件的核准权

根据 2012 年《刑事诉讼法》第 235 条的规定,死刑立即执行案件的核准权,由最高人民法院行使。据此,死刑立即执行案件除依法由最高人民法院判决的以外,应当报请最高人民法院核准。

我国死刑案件核准权的归属经历了一个不断变迁的过程。我国 1979 年《刑事诉讼法》第 144 条规定,死刑案件由最高人民法院核准。但由于社会治安形势日益严峻,1980 年 2 月全国人大常委会通过决定,在当年下放部分案件的死刑复核权。1981 年 6 月,全国人大常委会通过《关于死刑案件核准问题的决定》延长了下放的期限:“对犯有杀人、抢劫、强奸、爆炸、放火、投毒、决水和破坏交通、电力等设备的罪行,由省、自治区、直辖市高级人民法院终审判决死刑的,或者中级人民法院一审判决死刑,被告人不上诉,经高级人民法院核准的,以及高级人民法院一审判决死刑,被告人不上诉的,都不必报最高人民法院核准。”在此基础上,1983 年修改的《人民法院组织法》第 13 条规定:“死刑案件除由最高人民法院判决的以外,应当报请最高人民法院核准。杀人、强奸、抢劫、爆炸以及其他严重危害公共安全和社会治安判处死刑的案件的核准权,最高人民法院在必要的时候,得授权省、自治区、直辖市的高级人民法院行使。”此后,随着毒品犯罪的迅猛发展,最高人民法院又于 1991 年 6 月 6 日、1993 年 8 月 18 日、1993 年 8 月 19 日和 1997 年 6 月 23 日,分别授权云南、广东、广西、四川、甘肃和贵州六个省、自治区的高级法院,对毒品犯罪的死刑案件行使核准权。1996 年和 1997 年全国人大先后对《刑事诉讼法》和《刑法》作了修改,修改后的两法仍然规定,死刑案件的核准权由最高人民法院行使。然而,最高人民法院于 1997 年 9 月 26 日依据《关于授权高级人民法院核准部分死刑案件的通知》,仍规定高级人民法院和解放军军事法院继续享有部分死刑案件的核准权。

尽管死刑核准权的下放,对于在特定背景下打击严重犯罪起到了一定的积极作用,但也带来很多问题,其中突出的是,死刑案件的第二审程序与死刑复核程序往往合二为一,对死刑案件缺乏真正有效的监督。同时,各地高级法院掌握的死刑标准也不统一,导致同案不同判。此外,个别的高级法院在死刑案件事实、证据上把关不严,一些地方陆续出现冤假错案,引起社会各界的高度关注。针对上述问题,2006 年 10 月全国人大常委会第二十四次会议表决通过了《关于修改人民法院组织法的决定》,将《人民法院组织法》第 13 条修改为:“死刑除依法由最高人民法院判决的以外,应当报请最高人民法院核准。”

该规定自 2007 年 1 月 1 日开始施行。至此,下放了 27 年的死刑案件核准权重新回归最高人民法院。

二、判处死刑立即执行案件的报请复核程序

(一)报请最高人民法院核准死刑立即执行的程序

2012 年《刑事诉讼法》第 236 条和《刑诉法适用解释》第 344 条规定了报请最高人民法院核准死刑案件的程序。对于应报请最高人民法院核准的判处死刑立即执行的案件,按照表 16-1 所示情形处理。

表 16-1 报请最高人民法院核准死刑立即执行的程序

核准法院	最高法院(除依法由最高法院判决的以外)
报请程序《刑事诉讼法》第 236 条	① 中级人民法院判处死刑的第一审案件,被告人不上诉、人民检察院不抗诉的,在上诉、抗诉期满后 10 日内报请高级人民法院复核。高级人民法院同意判处死刑的,应当在依法作出裁定后 10 日内报请最高人民法院核准 【提示】 高级人民法院有权在死刑复核过程中否决中级人民法院的一审死刑判决。否决的方法有两种:一是提审改判;二是撤销原判,发回重新审判 ② 中级人民法院判处死刑的第一审案件,被告人提出上诉或者人民检察院提出抗诉,高级人民法院终审裁定维持死刑判决的,应当在作出裁定后 10 日内报请最高人民法院核准 ③ 高级人民法院判处死刑的第一审案件,被告人不上诉、人民检察院不抗诉的,在上诉、抗诉期满后 10 日内报请最高人民法院核准 ④ 判处死刑缓期两年执行的罪犯,在死刑缓期执行期间,如果故意犯罪,查证属实,应当执行死刑的,由高级人民法院报请最高人民法院核准
报送材料和要求	① 应当报送全案的诉讼案卷、证据、报请复核的报告、死刑案件综合报告和第一、二审裁判文书等材料 ② 自动上报(10 日内)、逐级上报、一案一报
复核庭组成	3 名审判员
讯问、提审被告人	必须提审、讯问被告人(《刑事诉讼法》第 240 条第 1 款、《刑诉法适用解释》第 350 条)
律师和最高检察院的参与	① 死刑复核期间辩护律师提出要求的,应当听取辩护律师的意见 ② 最高人民检察院可以向最高人民法院提出意见。最高人民法院应当将死刑复核结果通报最高人民检察院(《刑事诉讼法》第 240 条第 2 款)
应当审查的内容(全面审查原则)	① 复核死刑(或死缓)案件,应当全面审查以下内容 • 被告人的年龄,被告人有无刑事责任能力、是否系怀孕的妇女 • 原判认定的事实是否清楚,证据是否确实、充分 • 犯罪情节、后果及危害程度 • 原判适用法律是否正确,是否必须判处死刑,是否必须立即执行 • 有无法定、酌定从重、从轻或者减轻处罚情节 • 诉讼程序是否合法 • 应当审查的其他情况(《刑诉法适用解释》第 348 条) ② 共同犯罪案件中,部分被告人被判处死刑的,最高人民法院复核时,应当对全案进行审查,但不影响对其他被告人已经发生法律效力的判决、裁定的执行;发现对其他被告人已经发生法律效力的判决、裁定确有错误时,可以指令原审法院再审(全案审查、分别生效)

处理（《刑事诉讼法》第239条和《刑诉法适用解释》第350～353条）	（1）核准死刑 ① 直接核准：原判事实清楚、适用法律正确、量刑适当、诉讼程序合法的，裁定予以核准 ② 纠正后核准：原判判处被告人死刑并无不当，但具体认定的某一事实或者引用的法律条款等不完全准确、规范的，可以在纠正后作出核准死刑的判决或者裁定 （2）裁定不予核准，撤销原判，发回重新审判（四种情形） ① 原判事实不清、证据不足的，应当裁定不予核准，并撤销原判，发回重新审判 ② 复核期间出现新的影响定罪量刑的事实、证据的，应当裁定不予核准，并撤销原判，发回重新审判 ③ 原判认定事实正确，但依法不应当判处死刑的，应当裁定不予核准，并撤销原判，发回重新审判 ④ 原审违反法定诉讼程序，可能影响公正审判的，应当裁定不予核准，并撤销原判，发回重新审判 （3）或发回重审，或改判，或核准 ① 对一人有两罪以上被判处死刑的数罪并罚案件，最高人民法院复核后，认为其中部分犯罪的死刑判决、裁定事实不清、证据不足的，应当对全案裁定不予核准，并撤销原判，发回重新审判；认为其中部分犯罪的死刑判决、裁定认定事实正确，但依法不应当判处死刑的，可以改判，并对其他应当判处死刑的犯罪作出核准死刑的判决 ② 对有两名以上被告人被判处死刑的案件，最高人民法院复核后，认为其中部分被告人的死刑判决、裁定事实不清、证据不足的，应当对全案裁定不予核准，并撤销原判，发回重新审判；认为其中部分被告人的死刑判决、裁定认定事实正确，但依法不应当判处死刑的，可以改判，并对其他应当判处死刑的被告人作出核准死刑的判决 （4）可以直接改判。对于原判认定事实正确，但依法不应当判处死刑的，可以裁定不予核准，撤销原判，予以改判

【提示】 最高人民法院依法核准或者不予核准死刑的，裁判文书应当引用相关法律和司法解释条文，并说明理由。

问题思考：2012年《刑事诉讼法》强化辩方的死刑复核程序的参与权和检察监督的意义。

1996年《刑事诉讼法》对死刑案件进行复核的具体程序并没有进行全面、细致的规定，被告人及其辩护人的参与也缺乏应有的立法保障，这导致从主体上来看，死刑复核程序在很大程度上是一个人民法院单方面的审查程序；而从审查方式上来看，则主要依赖于书面的卷宗，这不仅不利于被告人及其辩护人向最高法院提出辩护主张和证据，维护其合法权益，而且也不利于最高人民法院审查并发现原判决在认定事实和适用法律方面的错误，从而使死刑复核程序的应有功能大打折扣。为此，2007年最高人民法院、最高人民检察院、公安部、司法部《关于进一步严格依法办案确保办理死刑案件质量的意见》第40条规定："死刑案件复核期间，被告人委托的辩护人提出听取意见要求的，应当听取辩护人的意见，并制作笔录附卷。辩护人提出书面意见的，应当附卷。"第42条规定："高级人民法院复核死刑案件，应当讯问被告人。最高人民法院复核死刑案件，原则上应当讯问被告人。"在上述司法解释的基础上，2012年《刑事诉讼法》第240条第1款规定，最高人民法院复核死刑案件，应当讯问被告人，辩护律师提出要求的，应当听取辩护律师的意见。这一规定显然有助于加强辩护方的参与性,有利于维护被告人的合法权益,同时也有助于人民法院全面了解案件事实和证据,对死刑判决更好地进行审查和复核。

人民检察院依法对刑事诉讼实行监督,是我国刑事诉讼法的基本原则之一。人民检察院对死刑复核程序进行监督,是检察监督的题中应有之义。然而,我国1996年《刑事诉讼法》并未就人民检察院何时以及以何种方式对死刑复核程序进行监督作出明确的规定,对此不足,相关司法解释进行了弥补。2007年最高人民法院、最高人民检察院、公安部、司法部《关于进一步严格依法办案确保办理死刑案件质量的意见》第34条规定:"审判委员会讨论案件,同级人民检察院检察长、受检察长委托的副检察长均可列席会议。"第44条规定:"人民检察院按照法律规定加强对办理死刑案件的法律监督。"在此基础上,2012年《刑事诉讼法》第240条第2款规定:"在复核死刑案件的过程中,最高人民检察院可以向最高人民法院提出意见;在复核死刑案件之后,最高人民法院应当将复核的结果通报最高人民检察院。"这无疑有利于人民检察院从过程和结果两方面对最高人民法院的复核程序进行监督,有助于确保死刑判决的公正性。

【案例释义 16-1】

案情:葛某,是某村农民。2001年11月,葛某开始与同村女青年华某谈恋爱。由于葛某平日游手好闲,做人不踏实,家庭条件也不好,华某的父母坚决反对这门婚事,甚至以死相逼,华某迫于父母的压力提出与葛某分手。葛某苦苦哀求,但华某心意已决。后来,葛某又找到华某要求其与自己私奔,被华某严辞拒绝,并说不希望他再来骚扰。葛某由爱变恨。后听闻村里要来文艺演出,葛某知道华某会前去观看,便买好了炸药,并在节目开始后将炸药引爆。结果华某被当场炸死,葛某与本村多人被炸伤。一审法院以爆炸罪判处葛某死刑,葛某未提出上诉。高级人民法院在依法复核该死刑案件时,认为案件事实非常清楚,便未对被告人葛某进行讯问,直接复核了死刑。

问题:按照2012年《刑事诉讼法》的规定,高级人民法院在复核该死刑案件时,没有讯问被告人正确吗?

简析:根据《刑诉法适用解释》第344条的规定,中级人民法院判处死刑的第一审案件,被告人未上诉、人民检察院未抗诉的,在上诉、抗诉期满后10日内报请高级人民法院复核。高级人民法院同意判处死刑的,应当在作出裁定后10日内报请最高人民法院核准;……高级人民法院复核死刑案件,应当讯问被告人。本案中,高级人民法院在复核葛某案时,并未讯问被告人葛某听取其意见,违反了这一规定,属于程序违法。按照2012年《刑事诉讼法》第239条和《刑诉法适用解释》第350条之规定,原审违反法定诉讼程序,可能影响公正审判的,应当裁定不予核准,并撤销原判,发回重新审判。

2012年《刑事诉讼法》关于复核死刑案件应当讯问被告人的硬性规定,有利于进一步核实犯罪事实,作出正确的裁定。同时,讯问被告人也可以给被告人辩护的机会,有利于保障其合法的诉讼权利。

【案例释义 16-2】

案情:网易新闻中心报道,2012年1月18日,浙江省高级人民法院对被告人吴英集资诈骗一案进行二审宣判,裁定驳回被告人吴英的上诉,维持对被告人吴英的死刑判决,依法报请最高人民法院复核。吴英的辩护律师张雁峰对外表示,对宣判结果很出乎意料。

　　新华网北京 4 月 20 日电,最高人民法院受理被告人吴英集资诈骗死刑复核案后,依法组成合议庭,审查了全部卷宗材料,提讯了被告人吴英,现已复核完毕。最高人民法院认为,被告人吴英集资诈骗数额特别巨大,给受害人造成重大损失,同时严重破坏了国家金融管理秩序,危害特别严重,应依法惩处。吴英归案后,如实供述所犯罪行,并供述了其贿赂多名公务人员的事实,综合全案考虑,对吴英判处死刑,可不立即执行。4 月 20 日,最高人民法院依法裁定不核准吴英死刑,将案件发回浙江省高级人民法院重新审判。

　　问题:吴英的辩护律师如提出要求反映意见,最高人民法院合议庭应当如何处理?

　　简析:2012 年《刑事诉讼法》240 条明确规定:"最高人民法院复核死刑案件,⋯⋯辩护律师提出要求的,应当听取辩护律师的意见。"《刑诉法适用解释》第 356 条规定:"死刑复核期间,辩护律师要求当面反映意见的,最高人民法院有关合议庭应当在办公场所听取其意见,并制作笔录;辩护律师提出书面意见的,应当附卷。"吴英涉嫌集资诈骗被判处死刑一案进入死刑复核程序后,吴英的辩护律师要求对案件发表辩护意见,最高人民法院应当充分保障辩护律师的这一权利,不仅应当认真倾听其关于案件的全部意见,而且对于其中合理的意见还应当予以采纳。实践中,关于辩护律师在死刑复核程序中应当依照何种程序向最高人民法院提出意见,尚待进一步明确和规范。

　　【案例释义 16-3】

　　案情:被告人陈某某被指控多次向马某、罗某等人贩卖毒品,兰州中级人民法院一审判处陈某某死刑,剥夺政治权利终身,并处没收个人全部财产。一审宣判后陈某某提出上诉,甘肃省高级人民法院维持原判并向最高人民法院报请死刑复核。7 月 7 日下午,被告人陈某某在法警的押解下被带上兰州市中级法院智能法庭被告席,最高人民法院法官对陈某某进行了远程视频提审。其提审过程如下:通过远程提审系统,远在北京的最高法院法官在大屏幕上和被告人陈某某进行了"面对面"的实时讯问:"我们是最高法院刑庭的法官,今天在北京通过远程视频对你进行提审。你听清楚了吗?"被告人:"听清楚了。""被告人,你叫什么名字?"被告人:"我叫陈某某。"⋯⋯审判法官对有关案件事实逐一进行调查核实,并仔细倾听被告人的每一句陈述和辩解。书记员进行同步记录。为防止不当讯问和被告人翻供,承办人员对人犯的讯问全程录音录像,并制作成光盘保存。全程仅用 51 分钟。

　　问题:最高人民法院复核死刑案件,可以通过远程视频系统提审被告人吗?

　　简析:依据 2012 年《刑事诉讼法》的规定,最高人民法院复核死刑案件,可以根据需要对被告人进行讯问。在本案中,最高人民法院通过远程视频系统提审被告人,节约了司法成本,提高了办案效率。当然,远程视频系统提讯应保证被告人供述的自愿性和真实性,防止周围存在不当干扰。

　　【案例释义 16-4】

　　案情:毛某,某幼儿园的教师,性格开朗,并且贤良淑德。其丈夫樊某是某齿轮厂的工人,有酗酒的恶习,经常与所谓的"哥们儿"吃喝到半夜。毛某每次劝说樊某都遭到责骂。一次,樊某与厂里的同事在家中喝酒,毛某对樊某进行规劝,樊某觉得丢了自己的面子,对毛某进行毒打。在随后将近一年的时间里,樊某逢喝酒必打毛某,致使毛某多次受伤住院。毛某提出与樊某离婚,樊某不同意,并表示若毛某敢走就杀她全家。毛某实在忍无可忍,某日趁樊某熟睡用斧头将其砍死。某中级人民法院以故意杀人罪判处毛某死刑。被告人没有提出上诉,随后案件逐级报送至最高人民法院核准。最高人民法院经审查认为毛某的犯罪情节较轻,系属因长期家庭暴力而杀人,主观恶性不是十分严重,原审法院量刑过重,遂依法改判毛某无期徒刑。

问题: 最高人民法院可以改判毛某无期徒刑吗?

简析: 本案中,被告人毛某虽故意杀人,但犯罪情节较轻,主观恶性不深,且被害人具有一定的过错,属于不应当判处死刑立即执行的情形。根据2012年《刑事诉讼法》第239条规定,最高人民法院复核死刑案件时,对于不核准死刑的,可以发回重新审判或者予以改判。对于原判认定事实正确,但依法不应当判处死刑的,可以裁定不予核准,撤销原判,予以改判。可见,享有死刑核准权的最高人民法院可以根据不同的情况,依法作出适当的裁判。因此,在本案中最高人民法院在复核全案事实、情节和证据后,可以依法直接对毛某改判无期徒刑。而且,最高人民法院、高级人民法院不同意判处死刑而改判的判决是终审判决,不需要再行报核。

【案例释义16-5】

案情: 某市中级人民法院以故意杀人罪判处被告人刘某死刑、剥夺政治权利终身。刘某上诉至某省高级人民法院,某省高级人民法院二审裁定驳回上诉,维持原判。该案被依法提交最高人民法院进行死刑复核。最高人民法院经过审查,发现被告人刘某所供述的作案经过与证人陈某某所述不完全相符。刘某供述为,被害人李某将其打倒,其单腿跪地准备爬起,右手持刀挥舞自卫时刺中李某。而陈某某则陈述看到刘某与李某面对面直立扭打,刘某右手持刀刺中李某。据此,最高人民法院认为,原死刑判决事实不清、证据不足,遂作出不核准死刑的裁定,并撤销原判,发回重审。

问题: 最高人民法院裁定不核准死刑并发回重审的裁定符合法律规定吗?

简析: 根据2012年《刑事诉讼法》第239条的规定,对于不核准死刑的,最高人民法院可以发回重审或予以改判。在刘某故意杀人案中,被告人供述与证人证言指向同一事实,但二者内容存在矛盾,且不能合理排除。因此,最高人民法院作出不予核准,并将该案发回重审的裁定符合法律规定。

【巩固练习16-1】 关于死刑复核程序,下列哪些选项是正确的?

A. 赵某因故意杀人罪和贩毒罪分别被判处死刑,最高法院对案件进行复核时,认为赵某贩毒罪的死刑判决认定事实和适用法律正确、量刑适当、程序合法,但故意杀人罪的死刑判决事实不清、证据不足,遂对全案裁定不予核准,撤销原判,发回重审

B. 钱某因绑架罪和抢劫罪分别被判处死刑,最高法院在对案件进行复核时,发现钱某绑架罪的死刑判决认定事实和适用法律正确、量刑适当、诉讼程序合法,抢劫罪的死刑判决认定事实清楚,但依法不应当判处死刑,遂对绑架罪作出核准死刑的判决,对抢劫罪的死刑判决予以改判

C. 孙某伙同李某持枪抢劫银行被分别判处死刑,最高法院进行复核时发现孙某的死刑判决认定事实和适用法律正确、量刑适当、程序合法,李某的死刑判决认定事实不清、证据不足,遂对全案裁定不予核准

D. 周某伙同吴某劫持航空器致人重伤被分别判处死刑,最高法院在复核时发现周某的死刑判决认定事实和适用法律正确、量刑适当、程序合法,吴某的死刑判决认定事实清楚,但依法不应当判处死刑,遂对周某作出核准死刑的判决,对吴某的死刑判决予以改判

答案：A、B、C、D(死刑立即执行判决的复核程序)

【巩固练习16-2】　关于死刑复核程序,下列哪一个选项是正确的?

A. 最高法院复核死刑案件,可以不讯问被告人

B. 最高法院复核死刑案件,应当听取辩护律师的意见

C. 在复核死刑案件过程中,最高检察院应当向最高法院提出意见

D. 最高法院应当将死刑复核结果通报最高检察院

答案：D(死刑复核程序)

(二)对死刑复核案件最高人民法院发回重审的程序规定

根据《刑诉法适用解释》第353条的规定,最高人民法院裁定不予核准死刑的,根据案件情况,可以发回第二审人民法院或者第一审人民法院重新审判。

高级人民法院依照复核程序审理后报请最高人民法院核准死刑的案件,最高人民法院裁定不予核准死刑,发回高级人民法院重新审判的,高级人民法院可以提审或者发回第一审人民法院重新审判。

1. 审理方式

根据《刑诉法适用解释》第353条第2款的规定,第一审人民法院重新审判的,应当开庭审理。第二审人民法院重新审判的,可以直接改判;必须通过开庭查清事实、核实证据或者纠正原审程序违法的,应当开庭审理。

2. 发回重审的审判组织

最高人民法院裁定不予核准死刑,发回重新审判的案件,原审人民法院应当另行组成合议庭审理,但是《刑诉法适用解释》第350条第4、5项规定的案件除外。即对于复核期间出现新的影响定罪量刑的事实、证据以及原判认定事实正确,但依法不应当判处死刑,裁定不予核准,并撤销原判,发回重新审判的案件,原审人民法院可以不另行组成合议庭进行审理。除此之外,其余发回重审的案件,原审人民法院必须另行组成合议庭审理。

【巩固练习16-3】　最高人民法院复核死刑案件时,裁定不予核准,发回重审的案件,应当如何处理?

A. 既可以发回二审法院重新审判,也可以发回一审法院重新审判

B. 发回二审法院重新审判的案件,除法律另有规定外,二审法院可以不经开庭直接改判

C. 发回一审法院重新审判的案件,一审法院应当开庭审理

D. 最高人民法院复核后认为原判认定事实正确,但依法不应当判处死刑的,裁定不予核准,并撤销原判,发回重新审判的案件,重新审判的法院应当另行组成合议庭进行审理

答案：A、B、C

本题考查最高人民法院复核死刑案件之后的发回重审程序。最高人民法院《关于复核死刑案件若干问题的规定》(以下简称《规定》)第4条规定："最高人民法院复核后认为原判认定事实正确,但依法不应当判处死刑的,裁定不予核准,并撤销原判,发回重新审判。"该《规定》第8条第1款规定："最高人民法院裁定不予核准死刑的,根据案件具体情形可以发回第二审人民法院或者第一审人民法院重新审判。"因此,A选项表述正确。该《规定》第9条规定："发回第二审人民法院重新审判的案件,第二审人民法院可以直接改判;必须通过开庭审理查清事实、核实证据的,或者必须通过开庭审理纠正原审程序违法的,应当开庭审理。"故B选项表述正确。该《规定》第10条规定："发回第一审人民法院重新审判的案件,第一审人民法院应当开庭审理。"故C选项表述正确。该《规定》第11条规定："依照本规定第三条、第五条、第六条、第七条发回重新审判的案件,原审人民法院应当另行组成合议庭进行审理。"可见,D项的情形虽然应当"裁定不予核准,并撤销原判,发回重新审判",但是,原审法院不需要另行组成合议庭进行审判,D选项表述错误。本题的正确答案为A、B、C三项。

第二节　判处死刑缓期执行案件的复核程序

一、死刑缓期执行案件的核准权

根据2012年《刑事诉讼法》第237条的规定,对于中级人民法院判处死刑缓期两年执行的案件,核准权属于高级人民法院,应当报请高级人民法院核准。在我国,死刑包括死刑立即执行与死刑缓期两年执行,相应的,死刑核准权也包括死刑立即执行的核准权和死刑缓期两年执行的核准权。如前所述,我国立法将死刑立即执行的核准权赋予最高人民法院行使,在此情形下,将中级人民法院判处死刑缓期两年执行案件的核准权赋予高级人民法院行使,将有助于合理分担最高人民法院与高级人民法院的工作负担,特别是保障最高人民法院集中优势资源对最严重的死刑立即执行案件进行复核。

二、报请和复核程序

(1) 中级人民法院判处死刑缓期执行的第一审案件,被告人未上诉、人民检察院未抗诉的,在上诉、抗诉期满后,应当报请高级人民法院核准。

(2) 高级人民法院复核死刑缓期执行的案件,应当由审判员3人组成合议庭。

(3) 高级人民法院复核死刑缓期执行案件,应当讯问被告人。

三、对报请核准的处理

高级人民法院对于报请核准的死刑缓期执行的案件,按照下列情形分别处理。

(1) 原判认定事实和适用法律正确、量刑适当、诉讼程序合法的,应当裁定核准;

(2) 原判认定的某一具体事实或者引用的法律条款等存在瑕疵,但判处被告人死刑缓期执行并无不当的,可以在纠正后作出核准的判决、裁定;

（3）原判认定事实正确，但适用法律有错误，或者量刑过重的，应当改判；

（4）原判事实不清、证据不足的，可以裁定不予核准，并撤销原判，发回重新审判，或者依法改判；

（5）复核期间出现新的影响定罪量刑的事实、证据的，可以裁定不予核准，并撤销原判，发回重新审判，或者依照《刑诉法适用解释》第 349 条规定审理后依法改判；

（6）原审违反法定诉讼程序，可能影响公正审判的，应当裁定不予核准，并撤销原判，发回重新审判。

【提示】 高级人民法院复核死刑缓期执行案件，不得加重被告人的刑罚，即高级人民法院对死刑缓期执行案件的改判，只能减轻原判刑罚，而不能改判为死刑立即执行。

【案例释义 16-6】

案情： 杨某被单位辞退，对单位领导极度不满，心存报复。一天，杨某纠集董某、樊某携带匕首闯至厂长贾某办公室，将贾某当场杀死。中级人民法院一审以故意杀人罪判处杨某死刑，立即执行，判处董某死刑缓刑两年执行，判处樊某有期徒刑十五年。

问题：

（1）如一审宣判后，被告人杨某、董某、樊某均未上诉，检察机关亦未抗诉，对被告人杨某、董某和樊某的一审判决，中级人民法院和高级人民法院分别应当如何处理？

（2）如一审宣判后，被告人杨某、董某均未上诉，检察机关亦未抗诉，樊某提出上诉，高人民级法院应按什么程序处理对杨某、董某的一审判决？理由是什么？

（3）如一审宣判后，被告人杨某、董某、樊某均未上诉，检察机关亦未抗诉，但贾某的妻子对附带民事判决不服提起上诉，高级人民法院应按什么程序处理对杨某、董某的一审判决？理由是什么？

（4）被告人杨某经最高人民法院核准死刑并下达执行死刑命令后，下级人民法院发现杨某可能另案犯有伤害罪，对杨某应当如何处理？

简析：

（1）对杨某来说，中级法院在上诉、抗诉期满后 3 日内报请高级法院复核。高级法院同意判处死刑的，应当依法作出裁定后，报请最高人民法院核准；不同意判处死刑的，应当提审或发回重新审判。对董某来说，中级法院在上诉、抗诉期满后应当报请高级法院核准。高级法院同意判处死刑缓期两年执行的，应当裁定予以核准；认为原判事实不清、证据不足的，应当裁定发回原中级法院重新审判；认为原判量刑过重的应当依法改判。对樊某来说，中级法院在上诉、抗诉期满后应当交付执行。

（2）高级人民法院应按二审程序对杨某、董某的一审判决进行审查。理由是：杨某和董某、樊某是共同犯罪，一审法院进行了全案审理一并判决，根据 2012 年《刑事诉讼法》的规定，共同犯罪的案件只有部分被告人上诉的，二审法院应当对全案进行审查，一并处理。

（3）高级人民法院应按死刑复核程序处理对杨某、董某的一审判决。理由是：对刑事附带民事案件，其刑事部分与民事部分可以独立提出上诉，按最高人民法院的解释，如果只对民事部分提出上诉，其效力不影响刑事部分的效力，高级人民法院对杨某、董某的死刑判决不适用二审程序，而应按死刑复核程序处理。

（4）下级法院应当停止执行，并且立即报告最高人民法院，由最高人民法院作出裁定。

第三节　死刑缓期执行限制减刑案件的审理程序

为正确适用《刑法修正案（八）》关于死刑缓期执行限制减刑的规定，结合审判实践，最高人民法院于 2011 年 4 月 20 日通过了《关于死刑缓期执行限制减刑案件审理程序若干问题的规定》，该规定对死刑缓期执行限制减刑案件的审理程序作出了具体规范。

一、死刑缓期执行限制减刑的法定情形

根据《刑法》第 50 条第 2 款的规定，对被判处死刑缓期执行的累犯以及因故意杀人、强奸、抢劫、绑架、放火、爆炸、投放危险物质或者有组织的暴力性犯罪被判处死刑缓期执行的犯罪分子，人民法院根据犯罪情节、人身危险性等情况，可以在作出裁判的同时决定对其限制减刑。

二、死刑缓期执行限制减刑的救济途径

人民法院对被判处死刑缓期执行的被告人所作的限制减刑决定，应当在判决书主文部分单独作为一项予以宣告。

被告人对第一审人民法院作出的限制减刑判处不服的，可以提出上诉。被告人的辩护人和近亲属，经被告人同意的，也可以提出上诉。

三、死刑缓期执行限制减刑的审理程序

在总体上，死刑缓期执行限制减刑的审理程序体现了"撤销易追加难"的精神，具体内容见表 16-2。

表 16-2　死刑缓期执行的限制减刑的审理程序

适用对象	① 累犯：对于被判处死刑缓期执行的累犯
	② 八种犯罪：因故意杀人、强奸、抢劫、绑架、放火、爆炸、投放危险物质或者有组织的暴力性犯罪被判处死刑缓期执行的犯罪分子
	对上述两种情形，人民法院根据犯罪情节、人身危险性等情况，可以在作出裁判的同时决定对其限制减刑
情形与处理	高级法院审理或者复核判处死刑缓期执行并限制减刑的案件，认为原判对被告人判处死刑缓期执行适当，但判决限制减刑不当的，应当改判，撤销限制减刑
	高级法院审理判处死缓没有限制减刑的上诉案件，认为原判事实清楚、证据充分，但应当限制减刑的（相当于加刑），不得直接改判，也不得发回重审。确有必要限制减刑的，应当在二审判决、裁定生效后，按照审监程序重新审判（上诉不加刑）
	高级法院复核判处死刑缓期执行没有限制减刑的案件，认为应当限制减刑的，不得以提高审级等方式对被告人限制减刑（死缓复核不加刑）
	高级法院审理判处死刑立即执行的二审案件，对被告人改判死缓的，如果符合《刑法》第 50 条第 2 款的规定，可以同时决定对其限制减刑

续表

情形与处理	高级法院复核判处死刑后没有上诉、抗诉的案件,认为应当改判死刑缓期执行并限制减刑的,可以提审或者发回重新审判
	最高法院复核死刑案件,认为对被告人可以判处死缓并限制减刑的,应当裁定不予核准,并撤销原判,发回重新审判
	一案中两名以上被告人被判处死刑,最高法院复核后,对其中部分被告人改判死刑缓期执行的,如果符合《刑法》第50条第2款的规定,可以同时决定对其限制减刑
宣告	在判决书主文部分单独作为一项予以宣告
救济	被告人对限制减刑不服的,可以提出上诉
死刑缓期执行限制减刑案件审理程序的其他事项,依照刑事诉讼法和有关司法解释的规定执行	

【巩固练习16-4】 根据有关立法及司法解释的规定,对被判处死刑缓期执行的被告人可以同时决定对其限制减刑,因而涉及相关诉讼程序方面的问题。请回答以下两题。

(1)关于犯罪分子可以适用死刑缓期执行限制减刑的案件,下列选项正确的是:

A. 绑架案件　　B. 抢劫案件　　C. 爆炸案件　　D. 有组织的暴力性案件

答案:A、B、C、D(死刑缓期执行限制减刑的法定情形)

(2)高级人民法院审理判处死刑缓期执行没有限制减刑的上诉案件,认为原判事实清楚、证据充分,但确有必要限制减刑的,下列处理程序正确的是:

A. 直接改判

B. 发回重新审判

C. 维持原判不再纠正

D. 二审判决、裁定生效后,按照审判监督程序重新审理

答案:D(死刑缓期执行限制减刑的审理程序)

第十七章

审判监督程序

本章导语

　　当某人、司法机关或其他主体认为已发生法律效力的刑事判决确有错误时该如何处理？处理这一问题的程序就是审判监督程序。此种程序按诉讼性质不同可分为刑事审判、民事审判和行政审判监督程序。刑事审判监督程序又称刑事再审程序，是指人民法院、人民检察院对于已经发生法律效力的判决和裁定，发现在认定事实或者适用法律上确有错误时，依法提出并由人民法院对其重新审判所应遵循的步骤、方式和方法。审判监督程序对于及时发现和纠正冤、假、错案，促进审判公正，保障公民的合法权益具有积极意义。审判监督程序作为一种特殊的救济程序，并不是每个案件的必经程序，只有发现已经发生法律效力的判决、裁定在认定事实上或者适用法律上"确有错误"时，才能提起审判监督程序。我国 2012 年《刑事诉讼法》第三编第五章对审判监督程序进行了规定，本章内容涉及的条文是第 241～247 条。与 1996 年《刑事诉讼法》相比，2012 年《刑事诉讼法》没有进行大的修订，主要是对以下内容进行了调整：一是申诉的理由；二是上级法院指令再审的法院；三是再审案件中适用强制措施的决定机关。

　　学习本章知识需要重点掌握的内容有：①申诉的受理；②申诉与上诉的区别；③提起审判监督程序的主体；④开庭审理的情形；⑤再审的审理程序；⑥重新审判后的处理。

　　本章的知识内容体系见图 17-1。

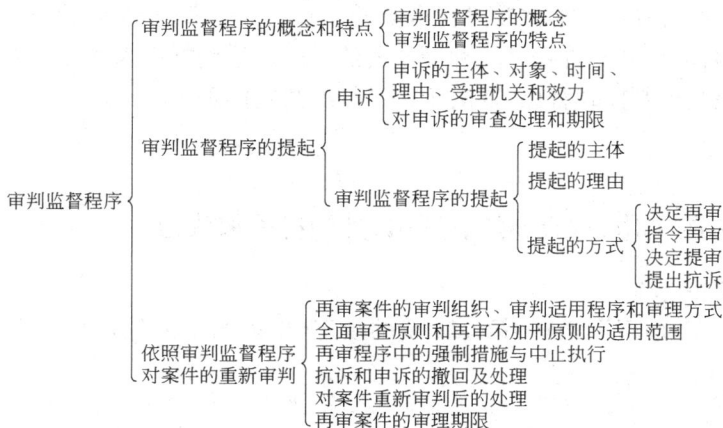

图 17-1　本章知识体系图示

第一节　审判监督程序的概念和特点

一、审判监督程序的概念

监督程序又称再审程序,是指人民法院、人民检察院对于已经发生法律效力的判决和裁定,发现在认定事实或者适用法律上确有错误,依职权提起并由人民法院对该案进行重新审判的一种诉讼程序。

二、审判监督程序的特点

(1) 审判监督程序的审理对象是已经发生法律效力的判决和裁定,包括正在执行和已经执行完毕的判决和裁定。必须是在已生效裁判在认定事实或适用法律上确有错误时,才可提起。

(2) 它是由各级人民法院院长提交本院审判委员会决定,最高人民法院和上级人民法院决定,以及最高人民检察院和上级人民检察院提出抗诉而提起的。

(3) 按照审判监督程序审判案件的法院,既可以是原审人民法院,也可以是提审的任何上级人民法院。

(4) 按照审判监督程序审判案件,将根据原来是第一审案件或第二审案件而分别依照第一审程序和第二审程序进行审理。

(5) 除人民检察院抗诉的以外,再审不得加重原审被告人或原审上诉人的刑罚。

第二节　审判监督程序的提起

提起审判监督程序的材料主要来源有:当事人及其法定代理人、近亲属的申诉;人民法院、人民检察院在办案过程中和检察工作时发现的错误裁判等。审判监督程序中的申诉是指当事人及其法定代理人、近亲属认为人民法院已经发生法律效力的判决、裁定有错误,要求人民法院或者人民检察院进行审查处理的一种请求。当事人及其法定代理人、近亲属的申诉是启动审判监督程序一种最主要的形式。这些材料来源并不必然引起审判监督程序,是否提起审判监督程序,取决于是否具有法定的理由。

一、申诉

(一) 申诉的主体、对象、时间、理由、受理机关和效力

1. 申诉的主体

根据 2012 年《刑事诉讼法》第 241 条的规定,申诉的主体包括当事人及其法定代理人、近亲属。

【提示】

(1) 被害人在第二审程序中不享有上诉权,但在判决、裁定生效后享有申诉权。

(2) 近亲属在第二审程序中只有在被告人同意的情况下才可以上诉,但在判决、裁定

生效后却享有独立的申诉权。

（3）案外人认为已经发生法律效力的判决、裁定侵害了其合法权益，提出申诉的，人民法院应当审查处理。

（4）辩护人没有申诉权，但申诉可以委托律师代为进行。

【巩固练习17-1】 被告人张某，17岁，因抢劫孙某财物被某法院终审判决三年有期徒刑，判决生效后，下列哪些人员可以提出申诉？

A. 张某的父亲　　　　B. 张某本人　　　　C. 孙某　　　　D. 张某的辩护人

答案：A、B、C

申诉与上诉的区别见表17-1。

表17-1　申诉与上诉的区别

对象不同	申诉的对象是已经发生法律效力的判决、裁定；而上诉的对象是尚未发生法律效力的一审判决、裁定
主体范围不同	申诉的主体是当事人及其法定代理人、近亲属；而上诉的主体是被告人、自诉人、附带民事诉讼当事人及其法定代理人、经被告人同意的被告人的辩护人及近亲属
受理的机关不同	受理申诉的机关既包括原审人民法院及其上级人民法院，也包括与上述各级人民法院对应的人民检察院；而受理上诉的机关只能是原审人民法院及其上一级人民法院
期限不同	对于申诉，《刑事诉讼法》没有规定期限；而对于上诉，《刑事诉讼法》规定了期限，即对判决、裁定提起上诉的期限分别是10日和5日
后果不同	申诉只是提起审判监督程序的一种材料来源，不能停止生效判决、裁定的执行；而上诉必然引起第二审程序，导致一审判决、裁定不能生效

【提示】 上诉针对的是未生效裁判，申诉针对的是已生效裁判。而抗诉既可针对未生效裁判（二审抗诉），也可以针对已生效裁判（再审抗诉）。

2．申诉的对象

申诉的对象是已经发生法律效力的判决、裁定，这与上诉的对象不同。上诉的对象是尚未发生法律效力的一审判决、裁定。

3．提起申诉的时间

（1）人民法院对刑事案件的申诉人在刑罚执行完毕后两年内提出的申诉，应当受理。

（2）超过两年提出申诉，具有下列情形之一的，应当受理：

① 可能对原审被告人宣告无罪的；

② 原审被告人在规定的期限内向人民法院提出申诉，人民法院未受理的；

③ 属于疑难、复杂、重大案件的。

不符合上述规定的，人民法院不予受理。

4．申诉的理由

根据2012年《刑事诉讼法》第242条的规定，当事人及其法定代理人、近亲属的申诉符合下列情形之一的，人民法院应当重新审判。

（1）有新的证据证明原判决、裁定认定的事实确有错误的，可能影响定罪量刑。注意：2012年《刑事诉讼法》第242条在1996年《刑事诉讼法》规定的基础上，增加了"可能影响定罪量刑"的限制，即只有当新的证据能够证明原裁判在认定事实方面确有错误，而这一错误可能影响定罪量刑的,方可申诉。如果某些事实出入对于定罪量刑并无实质性影响,就没有必要启动再审程序,以免浪费司法资源。

【案例释义 17-1】

案情: 1986 年 8 月 5 日下午 3 时许,裴树唐召集部分文艺骨干,在自己的办公室内研究安排参加 9 月份职工业余文艺调演的有关事宜。因业余歌手刘慧芳(化名)在练唱时存在吐字归音和气息方法上的错误,会后裴树唐为其单独做业务辅导,下午 7 时辅导结束,刘即告辞回家。时隔 9 天后,刘慧芳在其未婚夫的陪同下,突然以强奸罪对裴树唐进行控告。

1986 年 12 月 17 日,原武威市(今凉州区)人民法院一审判决裴树唐犯强奸罪,判处有期徒刑 7 年。不服判决的裴树唐上诉至原武威地区(今武威市)中级人民法院,1987 年 3 月 20 日,武威中级人民法院二审驳回上诉,维持原判。裴树唐不服一、二审判决,申诉至甘肃省高级人民法院,1991 年,省高级人民法院维持了一、二审判决。服刑期间,裴树唐依然没有放弃申诉,服刑期满后,不间断地提出申诉。

2000 年 10 月下旬,裴树唐突然收到本案原告刘慧芳转交的亲笔忏悔信,追悔自己造成“冤假错案”。此后,裴树唐多次进京申诉至最高人民法院。2009 年 2 月 17 日,最高人民法院以“事实不清,证据不足”指令甘肃省高级人民法院对该案进行再审。2009 年 12 月 11 日,甘肃省高级人民法院指令武威中级人民法院再审。

2010 年 8 月 31 日,武威中级人民法院再审裁定认为:原一审判决、二审裁定认定裴树唐犯强奸罪事实的主要证据是被害人刘慧芳的陈述。原一、二审期间被害人关于裴树唐将其强奸的陈述不真实,故导致原一审判决、二审裁定认定事实的主要证据发生重大变化,法院撤销了原武威市(现凉州区)人民法院一审刑事判决及原武威地区(现武威市)中级人民法院二审刑事裁定,发回武威市凉州区人民法院重新审判。

2011 年 1 月 26 日,甘肃武威市凉州区人民法院将无罪判决书送达裴树唐。此案历时 25 年,终于峰回路转。

问题: 申诉当然启动审判监督程序吗?

简析: 本案当事人裴树唐在长达 25 年的申诉中,就其无罪蒙冤情况提出过多种证据材料,但一直没能引起司法机关的重视,没有启动审判监督程序。这一僵持局面一直持续到 2000 年 10 月下旬,裴树唐突然收到本案原告刘慧芳转交的亲笔忏悔信后,案件才得到转机。正是这封迟来的忏悔信,引发了司法机关对“冤假错案”的高度关注,进而从最高审判机关直接启动了审判监督程序。从刑事诉讼法层面来说,本案原告刘慧芳的亲笔忏悔信就是针对案件事实的新证据,并且这一新证据证明原判决认定的事实确有错误,这种错误足以影响对裴树唐的定罪量刑。这就是裴树唐申诉 25 年后终于引发审判监督程序的法律原因。

2012 年《刑事诉讼法》对因当事人申诉引起审判监督程序的情形作了较大变动,其中关于新证据的问题,新增了一项限制性条件“可能影响定罪量刑”。这表明,为维护刑事判决的稳定性,对案件当事人及其法定代理人、近亲属申诉时提出新的证据证明原判决、裁定认定的事实确有错误的情况,人民法院并不当然启动审判监督程序,只有在该错误可能影响定罪量刑时,人民法院才应当依法对案件重新审判。裴树唐案件就是经历了申诉——

新的证据—原判决裁定确有错误—可能影响定罪量刑—案件重新审判这样的过程,才最终获得无罪改判的。

（2）据以定罪量刑的证据不确实、不充分、依法应当予以排除,或者证明案件事实的主要证据之间存在矛盾的。相对于1996年《刑事诉讼法》,2012年《刑事诉讼法》增加了"据以定罪量刑的证据依法应当予以排除"。作此修改主要是与2012年《刑事诉讼法》第54条的规定相协调。

（3）原判决、裁定适用法律确有错误的。此处"适用法律确有错误",主要是指适用实体法、程序法上的错误。

（4）违反法律规定的诉讼程序,可能影响公正审判的。这是2012年《刑事诉讼法》新增加的一项事由。注意,违反法律规定的诉讼程序,需要达到"可能影响公正审判"的程度。

（5）审判人员在审理该案件的时候,有贪污受贿,徇私舞弊,枉法裁判行为的。这主要是针对司法实践中司法腐败与司法不公所作的规定。需要注意的是,申诉人在提出申诉时,需要向人民法院或者人民检察院提出一定的理由和线索。

5. 申诉的受理机关

申诉的受理机关既包括人民法院,也包括人民检察院。

（1）当事人向人民法院提出的申诉

根据《刑诉法适用解释》第373、374条的规定,人民法院对申诉的受理和审查有以下情形。

① 申诉由终审人民法院审查处理。但是,第二审人民法院裁定准许撤回上诉的案件,申诉人对第一审判决提出申诉的,可以由第一审人民法院审查处理。

② 上一级人民法院对未经终审人民法院审查处理的申诉,可以告知申诉人向终审人民法院提出申诉,或者直接交终审人民法院审查处理,并告知申诉人;案件疑难、复杂、重大的,也可以直接审查处理。

③ 对未经终审人民法院及其上一级人民法院审查处理,直接向上级人民法院申诉的,上级人民法院可以告知申诉人向下级人民法院提出。

④ 对死刑案件的申诉,可以由原核准的人民法院直接审查处理,也可以交由原审人民法院审查。原审人民法院应当写出审查报告,提出处理意见,层报原核准的人民法院审查处理。

（2）当事人向人民检察院提出的申诉

根据《最高检刑诉规则》第593条的规定,人民检察院对申诉的受理和审查有以下情形。

① 当事人及其法定代理人、近亲属认为人民法院已经发生法律效力的刑事判决、裁定确有错误,向人民检察院申诉的,由作出生效判决、裁定的人民法院的同级人民检察院刑事申诉检察部门依法办理。

② 当事人及其法定代理人、近亲属直接向上级人民检察院申诉的,上级人民检察院可以交由作出生效判决、裁定的人民法院的同级人民检察院受理;案情重大、疑难、复杂的,上级人民检察院可以直接受理。

③ 当事人及其法定代理人、近亲属对人民法院已经发生法律效力的判决、裁定提出申诉,经人民检察院复查决定不予抗诉后继续提出申诉的,上一级人民检察院应当受理。

④ 不服人民法院死刑终审判决、裁定尚未执行的申诉,由监所检察部门办理。

【巩固练习 17-2】 某检察院申诉接待室《申诉指引》中的下列哪些表述是正确的?

A. 不服法院已经执行完毕的刑事判决、裁定的申诉,由控告申诉检察部门办理

B. 被告人不服法院已经发生法律效力且尚在执行中的判决、裁定的申诉,由监所检察部门办理

C. 不服法院死刑终审判决、裁定尚未执行的申诉,由审查起诉部门办理

D. 被害人不服法院已经发生法律效力且尚在执行中的刑事判决、裁定的申诉,由控告申诉检察部门办理

答案:A、B、D(检察院对申诉的受理)

6. 申诉的效力

申诉只是提起审判监督程序的一种材料来源,不能直接引起审判监督程序,也不能停止生效判决、裁定的执行。

(二)对申诉的审查处理和期限

1. 对申诉的审查处理

(1) 人民法院对申诉的审查处理。根据《刑诉法适用解释》第 375 条的规定,人民法院对立案审查的申诉案件,经审查具有下列情形之一的,应当根据 2012 年《刑事诉讼法》第 242 条的规定,决定重新审判。

① 有新的证据证明原判决、裁定认定的事实确有错误,可能影响定罪量刑的;

② 据以定罪量刑的证据不确实、不充分、依法应当排除的;

③ 证明案件事实的主要证据之间存在矛盾的;

④ 主要事实依据被依法变更或者撤销的;

⑤ 认定罪名错误的;

⑥ 量刑明显不当的;

⑦ 违反法律关于溯及力规定的;

⑧ 违反法律规定的诉讼程序,可能影响公正裁判的;

⑨ 审判人员在审理该案件时有贪污受贿、徇私舞弊、枉法裁判行为的。

申诉不具有上述情形的,应当说服申诉人撤回申诉;对仍然坚持申诉的,应当书面通知驳回。

【巩固练习 17-3】 关于生效裁判申诉的审查处理,下列哪一选项是正确的?

A. 赵某强奸案的申诉,由上级法院转交下级法院审查处理,不立申诉卷

B. 二审法院将不服本院裁判的刘某抢劫案的申诉交一审法院审查,一审法院审查后直接作出处理

C. 李某对最高法院核准死刑的案件的申诉,最高法院可以直接处理,也可以交原审法院审查。交原审法院审查的,原审法院应当写出审查报告,提出处理意见,逐级报最高法院审定

D. 高某受贿案的申诉,经两级法院处理后不服又申诉,法院不再受理

答案:C(申诉的审查处理)

(2) 人民检察院对申诉的审查处理。根据《最高检刑诉规则》第591条的规定,人民检察院认为人民法院已经发生法律效力的判决、裁定确有错误,具有法定情形之一的,应当按照审判监督程序向人民法院提出抗诉。该条规定的法定情形与《刑诉法适用解释》第375条的规定基本一致。

此外,根据《最高检刑诉规则》第594~596条的规定,对不服人民法院已经发生法律效力的刑事判决、裁定的申诉,经两级人民检察院办理且省级人民检察院已经复查的,如果没有新的事实和理由,人民检察院不再立案复查,但原审被告人可能被宣告无罪或者判决、裁定有其他重大错误可能的除外。

地方各级人民检察院刑事申诉检察部门对不服同级人民法院已经发生法律效力的刑事判决、裁定的申诉复查后,认为需要提出抗诉的,报请检察长或者检察委员会讨论决定。认为需要提出抗诉的,应当提请上一级人民检察院抗诉。

上级人民检察院刑事申诉检察部门对下一级人民检察院提请抗诉的申诉案件审查后,认为需要提出抗诉的,报请检察长或者检察委员会决定。

人民法院开庭审理时,由同级人民检察院刑事申诉检察部门派员出席法庭。

人民检察院刑事申诉检察部门对不服人民法院已经发生法律效力的刑事判决、裁定的申诉案件复查终结后,应当制作刑事申诉复查通知书,并在10日以内通知申诉人。

经复查向上一级人民检察院提请抗诉的,应当在上一级人民检察院作出是否抗诉的决定后制作刑事申诉复查通知书。

2. 人民法院审查申诉的期限

根据《刑诉法适用解释》第375条的规定,人民法院受理申诉后,应当在3个月内作出决定,至迟不得超过6个月。

二、审判监督程序的提起

(一) 提起的主体

根据2012年《刑事诉讼法》第243条的规定,有权提起审判监督程序的主体有:①各级人民法院院长和审判委员会;②上级人民法院;③最高人民检察院和上级人民检察院。

【提示】 有权按照审判监督程序提起抗诉的只能是最高人民检察院和上级人民检察院。地方各级人民检察院发现同级人民法院已经发生法律效力的判决和裁定确有错误时,无权按照审判监督程序提出抗诉,应当报请上一级人民检察院按照审判监督程序,向它的同级人民法院提出抗诉。这与二审的抗诉明显不同。

【巩固练习17-4】 甲因犯贪污罪经一审程序被判处死刑缓期两年执行。判决生效后发现本案第一审的合议庭成员乙在审理该案时,曾收受甲的贿赂。对于本案,下列哪些机关有权提起审判监督程序?

A. 审判该案的第一审中级人民法院　　　　B. 该省高级人民法院

C. 该省人民检察院　　　　　　　D. 最高人民检察院

答案：B、D(审判监督程序的提起主体)

需要特别注意的是：死刑案件的终审法院应是核准法院，如中院判处被告死缓，上诉抗诉期内，被告人没有上诉，检察院也没有抗诉，高等法院核准死缓判决，则该案中，高等法院是终审法院，因此，有权对该判决提出再审抗诉的只能是最高人民检察院。

（二）提起的理由

根据2012年《刑事诉讼法》第243条的规定，人民法院、人民检察院提起审判监督程序的理由，相对于当事人提出申诉而言是非常宽松的，即已经发生法律效力的判决和裁定，如果发现在认定事实上或者在适用法律上确有错误，就可以提起。

（三）提起的方式

根据2012年《刑事诉讼法》第243条的规定，提起审判监督程序的方式有以下四种。

1. 决定再审

各级人民法院院长对本院已经发生法律效力的判决和裁定，如果发现在认定事实或者适用法律上确有错误，可提交审判委员会讨论决定再审。它是各级人民法院对本院发生法律效力的判决和裁定提起审判监督程序所采取的方式。

【提示】 不论是院长还是审判委员会都不能单方面决定提起再审程序。

2. 指令再审

最高人民法院对各级人民法院已经发生法律效力的判决、裁定，上级人民法院对下级人民法院已经发生法律效力的判决、裁定，如果发现确有错误，可以指令下级人民法院再审。

【提示】 指令再审的法院：上级人民法院指令下级人民法院再审的，一般应当指令原审人民法院以外的下级人民法院审理；由原审人民法院审理更为适宜的，也可以指令原审人民法院审理。

【案例释义17-2】

案情：殷某，男，34岁，是某边远山区农民。2007年4月19日，殷某以5000元人民币向佟某收买了31岁的妇女徐某。殷某父母非常高兴，为他们举行了婚礼，并十分善待徐某。后公安机关破获一起拐卖妇女儿童案时，根据犯罪嫌疑人的交代找到了徐某所在地并将其顺利解救。2012年3月8日，县人民法院以收买被拐卖妇女罪和强奸罪并罚判处殷某有期徒刑4年。殷某在被羁押期间，通过学习刑法得知，被收买妇女与收买人成婚，并愿意留在当地共同生活的，对收买人可以不追究刑事责任。而徐某曾向他提及以前在家中经常被丈夫殴打，并表示愿意与他一起好好过日子。殷某于4月20日委托其父提起上诉。中级人民法院以超过上诉期限，一审判决已经生效为由裁定不予受理，但考虑案件可能确有错误，拟决定指令县人民法院对此案进行再审。

问题：中级人民法院的裁定、决定正确吗？

简析：本案被告人在上诉期内未提出上诉，上诉期满后一审判决即发生效力，中级人民法院对殷某的上诉作出不予受理的裁定符合法律规定。中级人民法院根据当事人"上诉",认为案件确有错误,从而启动审判监督程序对案件进行重新审判的做法也是符合法律规定的。

但中级人民法院决定指令县人民法院对该案进行再审不符合2012年《刑事诉讼法》的规定。根据2012年《刑事诉讼法》第244条的规定,上级人民法院决定启动审判监督程序并指令下级人民法院再审的案件,应当指令原审人民法院以外的下级人民法院审理,这是原则,只有在原审人民法院审判更为适宜的情况下,才可以作为例外情形,指令原审人民法院审理。本案中,原审的县人民法院并不具备更为适宜再审该案的条件,中级人民法院应当将案件指令县人民法院以外的其他下级人民法院审理。

3. 决定提审

最高人民法院对各级人民法院发生法律效力的判决、裁定,上级人民法院对下级人民法院发生法律效力的判决和裁定,如果发现确有错误需要重新审理,可直接组成合议庭,调取原审案卷和材料,并进行审判。

【提示】 作出生效裁判的法院的任何一级上级法院都可以决定再审,由这些主体启动的再审程序,法律没有要求必须由院长提交审判委员会讨论决定。

【巩固练习17-5】 某中级人民法院在对旧案进行清查的过程中,发现本院作出的一份刑事判决存在适用法律上的错误,对于本案的处理,以下程序正确的是:

A. 由刑庭按照审判监督程序对该案进行再审

B. 由院长决定启动审判监督程序

C. 由院长提交审判委员会决定启动审判监督程序

D. 由上级人民法院提审或者指令该中院再审

答案:C、D

对本院作出的生效裁判需要进行再审的,应当由院长提交审判委员会决定启动再审程序。故C正确。也可以由生效法院的上级法院启动再审,具体审理方式可以是亲自提审,也可以是指令该中院再审,故D正确。

4. 提出抗诉

最高人民检察院对各级人民法院发生法律效力的判决和裁定,上级人民检察院对下级人民法院已经发生法律效力的判决和裁定,如果发现确有错误,向同级人民法院提出抗诉。它是人民检察院提起审判监督程序的方式。

此外,根据《刑诉法适用解释》第380条和第381条的规定,对人民检察院依照审判监督程序提出抗诉的案件,人民法院应当在收到抗诉书后1个月内立案。但是,有下列情形之一的,应当区别情况予以处理。

(1) 对不属于本院管辖的,应当将案件退回人民检察院;

(2) 按照抗诉书提供的住址无法向被抗诉的原审被告人送达抗诉书的,应当通知人民检察院在3日内重新提供原审被告人的住址;逾期未提供的,将案件退回人民检察院;

(3) 以有新的证据为由提出抗诉,但未附相关证据材料或者有关证据不是指向原起诉事实的,应当通知人民检察院在3日内补送相关材料;逾期未补送的,将案件退回人民检察院。

对退回的抗诉案件,人民检察院经补充相关材料后再次抗诉,经审查符合受理条件的,人民法院应当受理。

对人民检察院依照审判监督程序提出抗诉的案件,接受抗诉的人民法院应当组成合议庭审理。对原判事实不清、证据不足,包括有新的证据证明原判可能有错误,需要指令下级人民法院再审的,应当在立案之日起1个月内作出决定,并将指令再审决定书送达抗诉的人民检察院。

【提示】

(1) 人民检察院抗诉的案件,接受抗诉的人民法院应当组成合议庭重新审理;

(2) 只有最高人民检察院可以对最高人民法院的生效裁判提出抗诉,地方各级人民检察院对于同级人民法院作出的生效裁判,即使认为确有错误,也不能向其提出抗诉,而必须报请上级人民检察院决定是否抗诉;

(3) 对决定依照审判监督程序重新审判的案件,再审期间不停止原判决、裁定的执行,但被告人可能经再审改判无罪,或者可能经再审减轻原判刑罚而致刑期届满的,可以决定中止原判决、裁定的执行,必要时,可以对被告人采取取保候审、监视居住措施。

【案例释义 17-3】

案情:被告人罗娜,女,33岁,无业。

2001年6月17日下午,被告人罗娜带着女儿在某百货公司闲逛。在一个服装柜台处,被告人罗娜看见一个女顾客将手提包交给了女服务员,她就把自己的提包也交给了女服务员。在那个女顾客试衣服时,被告人罗娜故意指着那个女顾客的包低声对服务员说:"给我包,给我包。"于是,女服务员就把提包给了被告人罗娜。被告人罗娜拿着别人的提包,拉上女儿急忙回家。到家后,被告人发现包里有现金4000多元、摩托罗拉998手机一部、银行卡、交通银行存折和工商银行存折各一个等物品,经估价,被冒领的提包价值500元,摩托罗拉998手机价值3000元。

在法庭的审理中,合议庭认为,被告人罗娜以非法占有为目的,虚构事实,乘女顾客试衣不备时,骗领她人财物,数额较大,其行为应构成诈骗罪,但鉴于其在案发后能够主动交出赃物,2001年9月3日法院作出判决,被告人罗娜构成诈骗罪,判处有期徒刑6个月,缓刑6个月,并处罚金2000元。

在一审判决的上诉、抗诉期间,被告人和人民检察院均未提出上诉或者抗诉。2002年7月上旬,某县检察院对被告人罗娜诈骗一案的判决书进行审查时发现,一审法院在认定事实和适用法律上与检察院起诉指控一致,但判处罗娜有期徒刑6个月宣告缓刑6个月的判决显然违反了《刑法》第73条第2款关于有期徒刑的缓刑考验期限"不能少于一年"的规定。于是建议一审人民法院予以纠正。

问题:

(1) 县检察机关建议一审人民法院对于一审判决予以纠正,是否正确?

(2) 对于本案中一审法院的生效裁决,哪些机关有权提出再审?

(3) 本案中的县检察院对本案应当如何处理?

简析：

（1）县检察机关的做法是错误的。由于一审判决的抗诉期已经届满，判决已经发生法律效力，2012年《刑事诉讼法》第243条第3款规定："最高人民检察院对各级人民法院已经发生法律效力的判决和裁定，上级人民检察院对下级人民法院已经发生法律效力的判决和裁定，如果发现确有错误，有权按照审判监督程序向同级人民法院提出抗诉。"所谓确有错误是指在认定事实上或者适用法律上确有错误。这里适用的"法律"既包括刑法，也包括刑事诉讼法。县人民法院判处被告人罗娜有期徒刑6个月宣告缓刑6个月，违反了刑法总则有关缓刑的规定。因此，对这一错误的判决检察机关应当提出抗诉，而不是通过向一审人民法院提出建议予以纠正。

（2）对于该生效判决，以下机关有权提起再审。

一是县人民法院的院长和审判委员会。当县法院院长发现该生效判决在适用法律上确有错误时，必须提交本院审判委员会处理，由审判委员会决定是否提起再审。

二是县人民法院的上级人民法院在发现该判决存在错误时，可以决定提审或者指令县法院再审。

三是上级人民检察院如果发现县人民法院的判决存在错误，经过本院的检察委员会决定，有权直接向同级的人民法院就本案提出抗诉。

（3）在本案中，县检察院在发现同级的县人民法院的判决存在错误时，无权直接向同级人民法院或者上级人民法院提出抗诉，只能向上级人民检察院提出《提请抗诉报告书》，报请上级检察院决定是否向上级人民法院提出抗诉。

【巩固练习17-6】 某市中级人民法院判处被告人死缓。被告人没有上诉，检察机关没有抗诉。该案经省高级人民法院核准后，被害人不服，提出申诉。如果提起审判监督程序，下列哪一个选项是正确的？

A. 由市人民检察院提出抗诉

B. 由省人民检察院提起审判监督程序

C. 由市中级人民法院院长提交本院审判委员会处理

D. 由省高级人民法院院长提交本院审判委员会处理

答案：D

本题考查审判监督程序的提起主体。依据2012年《刑事诉讼法》第243条第1款的规定："各级人民法院院长对本院已经发生法律效力的判决和裁定，如果发现在认定事实上或者在适用法律上确有错误，必须提交审判委员会处理。"本题中，作出生效裁判的法院是该省高级人民法院，因此，D选项表述正确。C选项中的市中级人民法院无权提起审判监督程序。依据2012年《刑事诉讼法》第243条第3款的规定："最高人民检察院对各级人民法院已经发生法律效力的判决和裁定，如果发现确有错误，有权按照审判监督程序向同级人民法院提出抗诉。"本题中，与作出生效裁判的法院同级的检察院是省人民检察院，省人民检察院若欲提起审判监督程序，只能向最高人民检察院汇报，由最高人民检察院启动审判监督程序。故A、B两项均错误。因此，本题的正确答案为D选项。

二审抗诉与再审抗诉的区别见表17-2。

表 17-2 二审抗诉与再审抗诉的区别

抗诉的对象不同	二审抗诉的对象是地方各级人民法院尚未发生法律效力的一审判决、裁定
	再审抗诉的对象是已经发生法律效力的判决和裁定
抗诉的权限不同	除最高人民检察院外,任何一级检察院都有权对同级法院的一审裁判提出二审抗诉。基层人民检察院只能提出二审抗诉,无权提出再审抗诉
	除最高人民检察院有权对最高人民法院的生效裁判提出再审抗诉外,其他各级检察院只能对其下级法院的生效裁判提出再审抗诉。最高人民检察院只能提出再审抗诉,无权提出二审抗诉
接受抗诉的机关不同	接受二审抗诉的是提出抗诉的人民检察院的上一级人民法院
	接受再审抗诉的是提出抗诉的人民检察院的同级人民法院
抗诉的期限不同	二审抗诉必须在法定期限内提出
	法律对再审抗诉的提出没有规定期限
抗诉的效力不同	二审抗诉将阻止第一审判决、裁定发生法律效力
	再审抗诉不必然停止原裁判的执行

第三节 依照审判监督程序对案件的重新审判

一、再审案件的审判组织、审判适用程序和审理方式

(一)审判组织

根据 2012 年《刑事诉讼法》第 245 条和《刑诉法适用解释》第 384 条的规定,由原审人民法院审理的再审案件,应当另行组成合议庭。所谓"另行组成合议庭"是指参与过本案第一审、第二审的审判员应当回避,由其他审判人员组成合议庭。

(二)审判适用程序

根据 2012 年《刑事诉讼法》第 245 条的规定,对于按照审判监督程序重新审判的案件,根据原生效判决、裁定的具体情况确定适用第一审或是第二审的普通程序。具体而言,如果原来是第一审案件,应当依照第一审程序进行审判,所作的判决、裁定,可以上诉、抗诉;如果原来是第二审案件,或者是上级人民法院提审的案件,应当依照第二审程序进行审判,所作的判决、裁定是终审的判决、裁定。

【提示】 提审一律按照二审程序进行审判。

另外,2012 年《刑事诉讼法》第 245 条规定,人民法院开庭审理的再审案件,对同级人民检察院在开庭审理前有通知义务,人民检察院应当派员出席人民法院再审案件。检察机关派员出席法庭可以促进再审案件的公正审理。

(三)审理方式

1. 开庭审理的情形
(1) 依照第一审程序审理的;

（2）依照第二审程序需要对事实或者证据进行审理的；

（3）人民检察院按照审判监督程序提出抗诉的；

（4）可能对原审被告人或原审上诉人加重刑罚的；

（5）有其他应当开庭审理情形的。

开庭审理的再审案件，再审决定书或者抗诉书只针对部分原审被告人，其他同案原审被告人不出庭不影响审理的，可以不出庭参加诉讼。

2. 可以不开庭审理的情形

对原审被告人、原审自诉人已经死亡或者丧失行为能力的再审案件，可以不开庭审理。

二、全面审查原则和再审不加刑原则的适用范围

人民法院按照审判监督程序重新审判的案件，应当对原判决、裁定认定的事实、证据和适用法律进行全面审查，不受申诉或者抗诉范围的限制。

除人民检察院抗诉的以外，再审一般不得加重原审被告人的刑罚。再审决定书或者抗诉书只针对部分原审被告人的，不得加重其他同案原审被告人的刑罚。

三、再审程序中的强制措施与中止执行

根据 2012 年《刑事诉讼法》第 246 条规定了再审案件中有权决定适用强制措施的机关以及有权决定中止执行的机关。相对于 1996 年《刑事诉讼法》，本条是新增条款。其目的是保障审判监督程序的顺利进行，同时保护诉讼参与人的合法权益免受不必要的损害。

（一）再审中有权决定适用强制措施的机关

根据 2012 年《刑事诉讼法》第 246 条的规定，人民法院决定再审的案件，需要对被告人采取强制措施的，由人民法院依法决定。人民法院决定再审的案件，人民法院往往对案件事实和证据等情况了解得更为全面、具体，对于是否有必要对被告人采取强制措施也更为清楚，因此，由人民法院决定对被告人是否采取强制措施较为合理。人民检察院提出抗诉的再审案件，需要对被告人采取强制措施的，由人民检察院依法决定。在人民检察院提出抗诉的再审案件中，人民检察院较之于人民法院显然对案件情况了解得更为全面和具体，因此应当由人民检察院行使决定权。这里"需要对被告人采取强制措施的"，是指对于启动审判监督程序的案件，如不及时采取强制措施，可能出现妨碍诉讼顺利进行的情形，如被告人闻风逃匿、转移财产、毁灭证据等。

（二）对于依照审判监督程序审判的案件，人民法院可以决定中止原判决、裁定的执行

在实践中，如发现生效裁判在认定事实或者适用法律上确有错误，继续执行原判决、裁定，对于诉讼参与人的合法权益会造成不应有的损害，人民法院即可决定中止执行。注意，是"可以"决定，而不是"应当"，是否决定中止，人民法院有权裁量。

四、抗诉和申诉的撤回及处理

人民法院审理人民检察院抗诉的再审案件，人民检察院在开庭审理前撤回抗诉的，应

当裁定准许；人民检察院接到出庭通知后不派员出庭，且未说明原因的，可以裁定按撤回抗诉处理，并通知诉讼参与人。

人民法院审理申诉人申诉的再审案件，申诉人在再审期间撤回申诉的，应当裁定准许；申诉人经依法通知无正当理由拒不到庭，或者未经法庭许可中途退庭的，应当裁定按撤回申诉处理，但申诉人不是原审当事人的除外。

五、对案件重新审判后的处理

根据《刑诉法适用解释》第389条的规定，再审案件经过重新审理后，应当按照下列情形分别处理。

（1）原判决、裁定认定事实和适用法律正确、量刑适当的，应当裁定驳回申诉或者抗诉，维持原判决、裁定；

（2）原判决、裁定定罪准确、量刑适当，但在认定事实、适用法律等方面有瑕疵的，应当裁定纠正并维持原判决、裁定；

（3）原判决、裁定认定事实没有错误，但适用法律错误，或者量刑不当的，应当撤销原判决、裁定，依法改判；

（4）依照第二审程序审理的案件，原判决、裁定事实不清或者证据不足的，可以在查清事实后改判，也可以裁定撤销原判，发回原审人民法院重新审判。

原判决、裁定事实不清或者证据不足，经审理事实已经查清的，应当根据查清的事实依法裁判；事实仍无法查清，证据不足，不能认定被告人有罪的，应当撤销原判决、裁定，判决宣告被告人无罪。

六、再审案件的审理期限

根据2012年《刑事诉讼法》第247条的规定，人民法院按照审判监督程序重新审判的案件，应当在作出提审、再审决定之日起3个月以内审结，需要延长期限的，经本院院长批准，可以延长3个月。

接受抗诉的人民法院按照审判监督程序审判抗诉的案件，审理期限适用上述规定，自接受抗诉之日起开始计算。

对需要指令下级人民法院再审的，应当自接受抗诉之日起1个月以内作出决定，下级人民法院审理案件的期限亦适用上述规定，即一般期限为3个月，在需要的情况下可延长至6个月，并自收到指令再审决定之日起开始计算。

【巩固练习17-7】 以下关于再审程序的说法，错误的是：

A. 人民法院按照审判监督程序再审的案件，再审期间应停止原判决、裁定的执行

B. 再审程序只对申诉或者抗诉的内容进行审查，而不进行全面审查

C. 人民法院按照审判监督程序再审的案件，一般应当从开庭审判之日起3个月以内审结

D. 审判监督程序可以按照第一审程序审理，因此仍然可以适用独任庭审理

答案： A、B、C、D

第十八章

执　行

本章导语

　　执行是将裁判确定的内容加以实现的活动，也是诉讼的最后阶段。在刑事诉讼中，执行是指人民法院、人民检察院、公安机关等刑罚执行机关将已经发生法律效力的判决、裁定付诸实施的活动。刑事诉讼的执行活动主要包括两个方面的内容：一是法院将已经发生法律效力的判决和裁定交付执行；二是刑罚执行过程中的变更，如暂予监外执行、减刑、假释等。没有刑罚的执行，国家的刑罚权就不能实现；没有刑罚的正确执行，正义便没有实现，被害人的权益不能得以补偿，被破坏的社会秩序也很难得以恢复。因此，正确执行刑罚对实现刑事诉讼目的和完成刑事诉讼任务具有重要意义。对此，我国 2012 年《刑事诉讼法》第 248～265 条规定了我国刑事诉讼执行的内容和程序。与 1996 年《刑事诉讼法》相比，2012 年《刑事诉讼法》对以下几个方面进行了增订或修改：①判决的交付执行；②规定对于被判处有期徒刑的罪犯，在被交付执行刑罚前，剩余刑期在 3 个月以下的，由看守所代为执行；③严格暂予监外执行的决定和批准程序；④规定社区矫正制度。对于被判处管制、宣告缓刑、假释或者暂予监外执行的罪犯，实行社区矫正，由社区矫正机构负责执行；⑤强化了人民检察院对减刑、假释、暂予监外执行的监督。

　　学习本章知识需要重点掌握的内容包括：

　　(1) 刑罚的执行机关；

　　(2) 死刑立即执行的执行程序及其变更；

　　(3) 死刑缓期两年执行的变更；

　　(4) 财产刑的执行；

　　(5) 暂予监外执行及其法律监督；

　　(6) 社区矫正制度；

　　(7) 减刑、假释决定、执行程序及其法律监督。

　　本章的知识内容体系见图 18-1。

```
              ┌ 执行概述 ┤ 执行的概念与依据
              │          └ 执行机关
              │              ┌ 死刑立即执行判决的执行程序
              │              │ 死刑缓期两年执行、无期徒刑、有期徒刑判决的执行程序
              │  各种判决、裁 │ 有期徒刑缓刑、拘役缓刑判决的执行程序
              │  定的执行程序 ┤ 管制、剥夺政治权利判决的执行程序
              │              │ 罚金、没收财产判决的执行程序
              │              └ 无罪和免除刑罚判决的执行程序
    执行 ┤                    ┌ 死刑停止执行与变更程序
              │  执行的变更程序 ┤ 死刑缓期两年执行的变更程序
              │              │ 暂予监外执行程序
              │              └ 减刑、假释的执行程序
              │  对新罪、漏罪  ┌ 对新罪、漏罪的处理
              │  和申诉的处理 └ 发现错判和对申诉的处理
              │                  ┌ 对执行死刑的监督
              │  人民检察院对  │ 对暂予监外执行的监督
              └  执行的监督   ┤ 对减刑、假释的监督
                              └ 对执行机关执行刑罚活动的监督
```

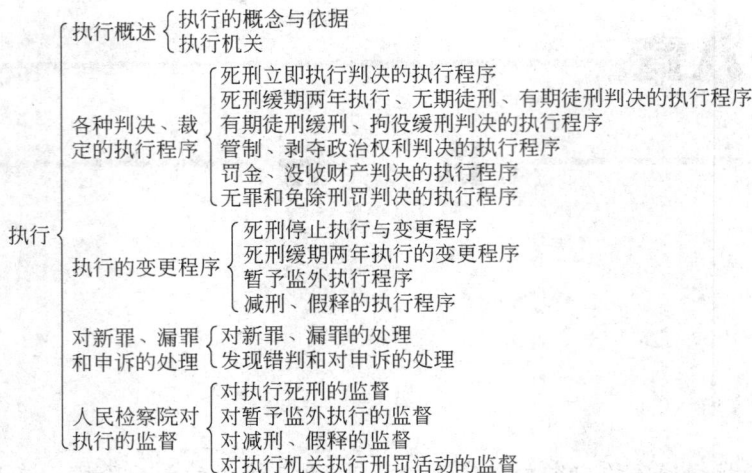

图 18-1　本章知识体系图示

第一节　执行概述

一、执行的概念与依据

刑事诉讼中的执行是指把人民法院已经发生法律效力的判决、裁定所确定的内容付诸实施,以及处理执行过程中的变更执行等问题而依法进行的活动。

根据 2012 年《刑事诉讼法》第 248 条的规定,执行的依据是已经发生法律效力的判决、裁定。执行判决和裁定的前提条件是判决和裁定发生法律效力。发生法律效力的判决和裁定包括以下三种:①已过法定期限没有上诉、抗诉的判决和裁定;②终审的判决和裁定;③最高人民法院核准的死刑的判决和高级人民法院核准的死刑缓期两年执行的判决。因此,上述判决、裁定就是执行的依据。

二、执行机关

根据《刑事诉讼法》和《刑法》的规定,刑事判决、裁定的执行机关和执行的内容见表 18-1。

表 18-1　执行的主体和执行的内容

执行主体	执行内容
法院	负责无罪、免除刑罚、罚金和没收财产及死刑立即执行判决的执行 【提示】　没收财产的判决,无论附加适用或者独立适用,都由人民法院执行;在必要,的时候,可以会同公安机关执行
监狱	负责剩余刑期(减去羁押的时间)超过 3 个月的有期徒刑、无期徒刑、死刑缓期两年执行判决的执行
未成年犯管教所	负责对未成年犯判决的执行
社区矫正机构	负责管制、宣告缓刑、假释、暂予监外执行的执行
公安机关	拘役、剥夺政治权利和剩余刑期在 3 个月以下的有期徒刑的执行

【说明】

（1）公安机关执行的刑罚,执行期满,应当由执行机关书面通知本人及其所在单位、居住地基层组织。

（2）有期徒刑缓刑、拘役缓刑的执行,由于不需要关押,因此执行机关不在监狱,根据《刑法修正案（八）》的规定,由社区矫正机构执行。

【巩固练习18-1】　在一起共同犯罪案件中,主犯王某被判处有期徒刑15年,剥夺政治权利3年,并处没收个人财产;主犯朱某被判处有期徒刑10年,剥夺政治权利两年,罚金两万元人民币;从犯李某被判处有期徒刑8个月;从犯周某被判处管制1年,剥夺政治权利1年。请回答（1）～（3）题。

（1）在本案中由监狱执行刑罚的罪犯是:

A. 王某　　　　　　B. 朱某　　　　　　C. 李某　　　　　　D. 周某

答案:A、B、C(监狱执行的刑罚)

（2）对周某刑罚的执行机关是:

A. 人民法院　　　B. 公安机关　　　C. 监狱　　　　　D. 社区矫正机构

答案:B、D(管制、剥夺政治权利的执行机关)

（3）所判刑罚既需要法院执行,又需要公安机关执行的罪犯是:

A. 王某　　　　　　B. 周某　　　　　　C. 李某　　　　　　D. 朱某

答案:A、D(法院、公安机关执行的刑罚)

第二节　各种判决、裁定的执行程序

一、死刑立即执行判决的执行程序

具体内容见表18-2。

表18-2　死刑立即执行判决的执行程序

执行死刑令签发	最高人民法院院长签发执行死刑的命令 **【提示】**　执行死刑命令一律由最高人民法院院长签发
执行主体及期限	① 执行主体:由高级人民法院交付第一审人民法院执行 ② 执行期限:接到执行死刑命令后,应当在7日内执行
执行死刑的场所和方法	① 场所:在刑场或者指定的羁押场所内执行 ② 方法:采用枪决或者注射等方法执行。采用其他方法执行死刑的,应当事先报请最高人民法院批准
执行死刑的具体程序	执行死刑前,罪犯提出会见其近亲属或近亲属提出会见罪犯申请的,人民法院可以准许
	人民法院将罪犯交付执行死刑,应当在交付执行3日前通知同级人民检察院派员临场监督
	执行死刑前,指挥执行的审判人员应当验明正身,还要讯问罪犯有无遗言、信札,并制作笔录,然后交付执行人员执行死刑
	执行死刑至少应包括以下人员:指挥执行的审判人员、临场监督的检察人员、直接执行的法警、书记员、法医等
	执行死刑应当公布,禁止游街示众或有其他有辱被执行人人格的行为

【案情释义 18-1】

案情：2007 年 11 月，李某在饭菜中投放氰化钾毒死其男友。2008 年 1 月，市中级人民法院以故意杀人罪依法判处李某死刑，剥夺政治权利终身，李某上诉后，二审法院维持原判，并报请最高人民法院核准死刑。2 月 18 日，最高人民法院经核准后，签发了执行死刑命令。2 月 22 日，市中级人民法院在市人民检察院临场监督下，依法对李某执行死刑。负责执行死刑的审判人员在询问李某有无遗言时发现李某在案发时已经怀有身孕，在羁押后发生了自然流产。审判人员当即决定停止执行，并立即直接上报最高人民法院，院长签发了停止执行的命令。

问题：

（1）本案中，中级人民法院的做法是否正确？

（2）最高人民法院审查后应如何处理？

简析：

（1）根据我国 2012 年《刑事诉讼法》第 251 条的规定，下级人民法院在执行死刑时，发现罪犯正在怀孕的，应当暂停执行死刑，并立即层报最高法院审批；最高法院审查后，应裁定继续执行或停止执行；若停止执行，下级法院调查核实后报最高法院审核。下级人民法院必须核实被执行人是否怀孕、何时怀孕以及何种原因导致流产。"正在怀孕"情形包括罪犯在立案、侦查、起诉、审判、执行各个阶段怀孕。根据相关司法解释，在羁押期间怀孕无论是人工流产还是自然流产均属于"正在怀孕"的情形。一旦发现罪犯属于"正在怀孕"的情形的，应当报请最高人民法院处理。本案的被执行人在羁押期间自然流产，属于我国司法解释"正在怀孕"的情形，市中级人民法院发现被执行人曾怀孕，对是否继续执行难以作出决断时，应层报最高人民法院，而不是直接上报最高人民法院，因此市中级人民法院上报程序不符合法律的规定。最高人民法院经审查上述情况属实，可依据审判监督程序依法改判被告人李某为无期徒刑。

（2）根据 1998 年《最高人民法院关于对怀孕妇女在羁押期间自然流产审判时是否可以适用死刑问题的批复》的规定："怀孕妇女因涉嫌犯罪在羁押期间自然流产后，又因同一事实被起诉、交付审判的，应当视为'怀孕的妇女'，依法不适用死刑。"最高人民法院对该案经审查后，应直接改判。

二、死刑缓期两年执行、无期徒刑、有期徒刑判决的执行程序

（一）交付执行

罪犯被交付执行刑罚的时候，应当由交付执行的人民法院在判决生效后 10 日以内将有关的法律文书送达公安机关、监狱或者其他执行机关。

对被判处死刑缓期两年执行、无期徒刑、有期徒刑的罪犯，由公安机关依法将该罪犯送交监狱执行刑罚。对被判处有期徒刑的罪犯，在被交付执行刑罚前，剩余刑期在 3 个月以下的，由看守所代为执行。对被判处拘役的罪犯，由公安机关执行。对未成年犯应当在未成年犯管教所执行刑罚。

执行机关应当将罪犯及时收押,并且通知罪犯家属。判处有期徒刑、拘役的罪犯,执行期满,应当由执行机关发给释放证明书。

(二)死刑缓期执行的期间

死刑缓期执行的期间,从判决或者裁定核准死刑缓期两年执行的法律文书宣告或送达之日起计算。

【案例释义 18-2】

案情: 陈某,男,19 岁,因犯寻衅滋事罪被县人民法院判处有期徒刑 1 年零 6 个月;同案犯张某,男,21 岁,因其是累犯被判处有期徒刑 1 年零 10 个月;同案犯商某,男,20 岁,因其情节较轻被判处有期徒刑 9 个月。判决宣告前,陈某、张某、商某已经被羁押了 7 个月。该三人在上诉期内没有上诉,县人民检察院没有提出抗诉。10 天后,该判决生效。陈某的剩余刑期还有 11 个月,张某的剩余刑期还有 1 年多,商某的刑期还有两个月。判决生效 10 日内人民法院将判决书等有关文书送达公安机关、监狱。

问题: 陈某、张某、商某各自的刑罚该如何执行?

简析: 上述案例中,按照 2012 年《刑事诉讼法》第 253 条第 2 款的规定,陈某、张某均要被公安机关送到其户籍所在地监狱服刑,只有商某可留在看守所执行剩余刑罚。

三、有期徒刑缓刑、拘役缓刑判决的执行程序

(一)交付执行

第一审人民法院判处拘役或者有期徒刑宣告缓刑的犯罪分子,判决尚未发生法律效力的,不能立即交付执行。如果被宣告缓刑的罪犯在押,第一审人民法院应当先行作出变更强制措施的决定,改为监视居住或者取保候审。

(二)对缓刑罪犯的考察与处理

根据 2011 年《刑法修正案(八)》的规定:"对宣告缓刑的犯罪分子,在缓刑考验期限内,依法实行社区矫正。"

被宣告缓刑的犯罪分子,在缓刑考验期限内,如果没有出现《刑法》第 77 条规定的情形,缓刑考验期满,原判的刑罚就不再执行,并公开予以宣告。

(三)缓刑罪犯犯新罪或发现漏罪的处理

被宣告缓刑的犯罪分子,在缓刑考验期限内再犯新罪或者被发现判决宣告以前还有其他罪没有判决的,应当撤销缓刑,由审判新罪的人民法院在审判新罪时,对原判决、裁定宣告的缓刑予以撤销;如果原来是上级人民法院判决、裁定宣告缓刑的,审判新罪的下级人民法院也可以撤销原判决、裁定宣告的缓刑。审判新罪的人民法院对原审判决、裁定宣告的缓刑撤销后,应当通知原宣告缓刑的人民法院和执行机关。

（四）违反《刑法》第 77 条规定的处理

被宣告缓刑的犯罪分子,在缓刑考验期限内违反法律、行政法规或者国务院公安部门有关缓刑的监督管理规定,应当依法撤销缓刑的,原作出缓刑裁判的人民法院应当自收到同级公安机关提出的撤销缓刑建议书之日起 1 个月内作出裁定。人民法院撤销缓刑的裁定,一经作出,立即生效。

（五）缓刑罪犯有重大立功的处理

被宣告缓刑的罪犯,在缓刑考验期限内确有重大立功表现,需要予以减刑,并相应缩短缓刑考验期限的,应当由负责考察的社区矫正机构提出书面意见,由罪犯所在地的中级人民法院根据减刑建议书裁定。人民法院应当自收到减刑建议书之日起 1 个月内依法裁定。

四、管制、剥夺政治权利判决的执行程序

（1）对判处管制的犯罪分子、依法实行社区矫正。判处管制可以根据犯罪情况,同时禁止犯罪分子在执行期间从事特定活动,进入特定区域、场所,接触特定的人。违反该禁止令的,由公安机关依照《中华人民共和国治安管理处罚法》的规定进行处罚。

（2）对被判处剥夺政治权利的罪犯,由公安机关执行。执行期满应当由执行机关书面通知本人及其所在单位、居住地基层组织。

【案例释义 18-3】

案情:周某,男,45 岁,因犯抢劫罪,2005 年 8 月 25 日被法院判处有期徒刑 6 年,附加剥夺政治权利 3 年。因其判决生效前已被羁押 7 个月,故 2011 年 1 月 24 日,周某主刑执行完毕被释放。自 2011 年 1 月 24 日起,周某开始执行其剥夺政治权利的附加刑。

问题:

（1）对周某的剥夺政治权利的刑罚由哪个机关执行?

（2）按照 2012 年《刑事诉讼法》的规定,剥夺政治权利执行期满,执行机关应如何正确履行解除手续?

简析:

（1）根据《刑事诉讼法》和《刑法》的规定,对被判处剥夺政治权利的罪犯,由公安机关执行。剥夺政治权利不同于管制、减刑、假释、暂予监外执行,剥夺政治权利不需要由社区矫正机构对罪犯进行综合的教育、改造和监督,而是需要执行机关监督罪犯不得行使某些权利,尤其是不得行使集会、结社、游行、示威自由的权利,由公安机关进行日常的监督和管理更为便利、有效。上述案例,对于周某剥夺政治权利的刑罚,应由其居住地公安分局执行。

（2）关于剥夺政治权利执行期满如何履行解除方式,1996 年《刑事诉讼法》规定:"执行期满,应当由执行机关通知本人,并向有关群众公开宣布解除管制或者恢复政治权

利。"这种"通知",可以是口头也可以是书面,形式规定不明确。2012 年《刑事诉讼法》对该规定进行了修改,将剥夺政治权利执行期满后的解除方式规定为由执行机关书面通知本人及其所在单位、居住地基层组织。明确了必须是"书面通知",不再向有关群众宣布,强调了通知的正式性与严肃性。

上述案例,对于周某剥夺政治权利的刑罚,2014 年 1 月 23 日执行期满时,由该公安分局出具书面的执行完毕的通知,分别送达周某本人、周某工作的单位以及居住地的居民委员会。

五、罚金、没收财产判决的执行程序

具体内容见表18-3。

表 18-3　罚金、没收财产判决的执行程序

执行主体	① 第一审法院负责执行;财产在异地的,也可以委托财产所在地的同级法院代为执行 ② 对没收财产的判决,必要的时候,法院可以会同公安机关执行	
执行时间	罚金刑	可分期缴纳;期满不缴纳的,强制缴纳;发现有可供执行的财产,随时追缴
	没收财产刑	法院应当立即执行
执行措施	应当对被执行人的财产状况进行调查,发现有可供执行的财产,需要查封、扣押、冻结的,应当及时采取查封、扣押、冻结等强制执行措施	
执行顺序	① 先履行刑事附带民事诉讼赔偿责任,再执行罚金或者没收财产刑 ② 判处财产刑之前被执行人所负的正当债务,应当偿还的,经债权人请求,先行予以偿还	
执行方式	执行的财产应当全部上缴国库	
中止执行 的情形	① 执行标的物系法院或者仲裁机构正在审理的案件争议标的物,需等待该案件审理完毕确定权属的 ② 案外人对执行标的物提出异议确有理由的 ③ 其他情形	
终结执行 的情形	① 据以执行的刑事判决、裁定被撤销的 ② 被执行人死亡或者被执行死刑,且无财产可供执行的 ③ 被判处罚金的单位终止,且无财产可供执行的 ④ 依照《刑法》第 53 条规定(由于遭遇不能抗拒的灾祸缴纳确实有困难的)免除罚金的 ⑤ 其他情形	
执行回转	财产刑全部或者部分被撤销的,已经执行的财产应当全部或者部分返还被执行人;无法返还的,应予赔偿	
罚金的减免、折抵程序	罚金减免理由和程序	(1) 理由:遭遇不能抗拒的灾祸缴纳罚金确有困难 (2) 申请:被执行人向执行法院申请减免 (3) 执行法院审查后的处理: ① 符合减免条件的,应在一个月内依法裁定准予减免 ② 不符合减免条件的,裁定驳回申请
	罚金折抵	行政机关对被告人就同一事实已经处以罚款的,人民法院判处罚金时应当予以折抵

六、无罪和免除刑罚判决的执行程序

（1）执行机关无罪判决和免除刑罚判决由人民法院执行。

（2）根据2012年《刑事诉讼法》第249条的规定，第一审人民法院判决被告人无罪、免除刑事处罚的，如果被告人在押，在宣判后应当立即释放。"立即释放"是无条件的，也就是说只要人民法院判决被告人无罪或免除刑事处罚，无论被告人、自诉人及其法定代理人、附带民事诉讼的当事人及其法定代理人是否上诉，同级人民检察院是否抗诉，都应当立即释放。

【巩固练习18-2】 被告人王某故意杀人案经某市中级法院审理，认为案件事实清楚、证据确实、充分。请根据下列条件，回答以下问题。

（1）如王某被判处死刑立即执行，下列选项正确的是：

A. 核准死刑立即执行的机关是最高法院

B. 签发死刑立即执行命令的是最高法院审判委员会

C. 王某由作出一审判决的法院执行

D. 王某由法院交由监狱或者指定的羁押场所执行

答案：A、C（死刑立即执行裁判的核准和执行）

（2）如王某被判处无期徒刑，附加剥夺政治权利，下列选项正确的是：

A. 无期徒刑的执行机关是监狱

B. 剥夺政治权利的执行机关是公安机关

C. 对王某应当剥夺政治权利终身

D. 如王某减刑为有期徒刑，剥夺政治权利的期限应改为十五年

答案：A、B、C（无期徒刑和剥夺政治权利的执行）

（3）如王某被并处没收个人财产，关于本案财产刑的执行及赔偿、债务偿还，下列说法正确的是：

A. 财产刑由公安机关执行

B. 王某应先履行对提起附带民事诉讼的被害人的民事赔偿责任

C. 案外人对执行标的物提出异议的，法院应当裁定中止执行

D. 王某在案发前的所有债务，经债权人请求先行予以偿还

答案：B（财产刑的执行）

第三节　执行的变更程序

执行的变更是指对已经发生法律效力的判决或者裁定在交付执行时，或者在执行过程中，出现了法定的需要变更执行内容和方法的新情况，人民法院依照法律规定对已生效的判决和裁定予以改变的活动。

一、死刑停止执行与变更程序

具体内容见表18-4。

表 18-4　死刑停止执行与变更程序

应当暂停执行死刑的情形	① 罪犯可能有其他犯罪的 ② 共同犯罪的其他犯罪嫌疑人到案,可能影响罪犯量刑的 ③ 共同犯罪的其他罪犯被暂停或者停止执行死刑,可能影响罪犯量刑的 ④ 罪犯揭发重大犯罪事实或者有其他重大立功表现,可能需要改判的 ⑤ 罪犯怀孕的 ⑥ 判决、裁定可能有影响定罪量刑的其他错误的 对上述情形,最高人民法院经审查,认为可能影响罪犯定罪量刑的,应当裁定停止执行死刑;认为不影响的,应当决定继续执行死刑(《刑诉法适用解释》第 418 条)	
变更的程序	下级法院发现的	下级人民法院在接到最高人民法院执行死刑命令后、执行前,发现有应当停止执行的情形的,应当暂停执行死刑,并立即层报最高法院审批;最高法院审查后,应裁定继续执行或停止执行;若停止执行,下级法院调查核实后报最高法院审核
	最高法院发现的	签发死刑命令后、执行前,发现应当停止执行的情形的,应裁定停止执行,下级法院调查核实后报最高法院审核
	审查组织	① 最高法院作出核准死刑裁判的原合议庭(程序只能参加一次的例外) ② 必要时另行组成
变更的结果 (最高法院审核后的处理)	确认罪犯正在怀孕的	依法改判
	确认原裁判有错误,或罪犯有重大立功表现需要依法改判的	裁定不予核准死刑,撤销原判,发回重审
	确认罪犯有其他犯罪,依法应当追诉的	应当裁定不予核准死刑,撤销原判,发回重新审判
	确认原判决、裁定没有错误,罪犯没有重大立功表现,或者重大立功表现不影响原判决、裁定执行的	应当裁定继续执行死刑,并由院长重新签发执行死刑的命令
执行死刑后,负责执行的人民法院应当办理的事项(《刑诉法适用解释》第 428 条)	① 对罪犯的遗书、遗言笔录,应当及时审查;涉及财产继承、债务清偿、家事嘱托等内容的,将遗书、遗言笔录交给家属,同时复制附卷备查;涉及案件线索等问题的,抄送有关机关 ② 通知罪犯家属在限期内领取罪犯骨灰;没有火化条件或者因民族、宗教等原因不宜火化的,通知领取尸体;过期不领取的,由人民法院通知有关单位处理,并要求有关单位出具处理情况的说明;对罪犯骨灰或者尸体的处理情况,应当记录在案 ③ 对外国籍罪犯执行死刑后,通知外国驻华使、领馆的程序和时限,根据有关规定办理	

【巩固练习 18-3】《刑事诉讼法》规定,下级法院接到最高法院执行死刑的命令后,发现有关情形时,应当停止执行,并且立即层报最高法院,由最高法院作出裁定。下列哪些情形应当适用该规定?

A. 发现关键定罪证据可能是刑讯逼供所得

B. 判决书认定的年龄错误,实际年龄未满 18 周岁

C. 提供一重大银行抢劫案线索,经查证属实

D. 罪犯正在怀孕

答案：A、B、C、D(停止执行死刑的情形)

二、死刑缓期两年执行的变更程序

被判处死刑缓期两年执行的罪犯,根据其在死刑缓期执行期间的表现,或者核准执行原死刑的裁判,或者依法减刑。具体内容见表 18-5。

表 18-5　死刑缓期两年执行的变更

变　更	表现及处理程序
变更为死刑立即执行	在死刑缓期执行期间,如果故意犯罪的,应当由人民检察院提起公诉,罪犯服刑地的中级人民法院依法审判,所作的判决、裁定可以上诉、抗诉。认定构成故意犯罪的判决、裁定发生法律效力后,由作出生效判决、裁定的人民法院,依照死刑复核程序的规定报请最高人民法院。最高人民法院核准后,交罪犯服刑地的中级人民法院执行死刑
依法减刑	死缓犯在缓期执行期间,如果没有故意犯罪,两年期满以后,减为无期徒刑
	死缓犯在缓期执行期间,如果确有重大立功表现,两年期满以后,减为 25 年有期徒刑
	如果死刑缓期两年执行期满后尚未裁定减刑前又犯新罪的,应当依法减刑后对其所犯新罪另行审判(先减刑,后数罪并罚)
	对于被判处死刑缓期两年执行的罪犯的减刑,由罪犯服刑地的高级人民法院根据省、自治区、直辖市监狱管理机关审核同意的监狱减刑建议书裁定
	死缓期满减为有期徒刑的,刑期自死缓期满之日起计算

三、暂予监外执行程序

暂予监外执行是指对被判处拘役、有期徒刑或者无期徒刑的罪犯,具有法律规定的某种特殊情况,不适宜监狱或者拘役所等场所执行刑罚,暂时采取不予关押的一种变通执行方法。暂予监外执行的具体内容见表 18-6(《刑事诉讼法》第 254～258 条)。

表 18-6　暂予监外执行的相关内容

适用对象(《刑事诉讼法》第254条)	有期徒刑或者拘役	对于被判处有期徒刑或者拘役的罪犯,有下列情形之一的,可以暂予监外执行: ① 有严重疾病需要保外就医的(省级人民政府指定的医院诊断并开具证明文件) ② 怀孕或者正在哺乳自己婴儿的妇女 ③ 生活不能自理,适用暂予监外执行不致危害社会的 【禁止】 对适用保外就医可能有社会危险性的罪犯,或者自伤自残的罪犯,不得保外就医
	无期徒刑	暂予监外执行的法定情形:怀孕或者正在哺乳自己婴儿的妇女 【禁止】 对适用保外就医可能有社会危险性的罪犯,或者自伤自残的罪犯,不得保外就医
审批程序(《刑事诉讼法》第254条)	交付执行前	由交付执行的人民法院决定
	交付执行后	对有期、无期徒刑的罪犯:监狱提出意见→由省级以上监狱管理机关批准
		对拘役的罪犯:看守所提出意见→由设区的市一级以上公安机关批准
	【提示】 暂予监外执行的审批程序不是司法程序,即不需要人民法院裁定	
对暂予监外执行的监督	① 对监狱意见的监督:监狱、看守所提出暂予监外执行的书面意见的,应当将书面意见的副本抄送检察院。检察院可以向决定或者批准机关提出书面意见 ② 对决定的监督:决定或者批准暂予监外执行的机关应当将暂予监外执行决定抄送检察院。检察院认为暂予监外执行不当的,应当自接到通知之日起一个月以内将书面意见送交决定或者批准暂予监外执行的机关,决定或者批准暂予监外执行的机关接到检察院的书面意见后,应当立即对该决定进行重新核查	

收监执行的情形（《刑诉法适用解释》第 433、434 条）	暂予监外执行的罪犯具有下列情形之一的,原作出暂予监外执行的决定或批准机关,应当在收到执行机关的收监执行建议书后十五日内,作出收监执行的决定: ① 不符合暂予监外执行条件的 ② 未经批准离开所居住的市、县,经警告拒不改正,或者拒不报告行踪,脱离监管的 ③ 因违反监督管理规定受到治安管理处罚,仍不改正的 ④ 受到执行机关两次警告,仍不改正的 ⑤ 保外就医期间不按规定提交病情复查情况,经警告拒不改正的 ⑥ 暂予监外执行的情形消失后,刑期未满的 ⑦ 保证人丧失保证条件或者因不履行义务被取消保证人资格,不能在规定期限内提出新的保证人的 ⑧ 违反法律、行政法规和监督管理规定,情节严重的其他情形
	① 有权决定或批准机关的收监执行决定书,一经作出,立即生效 ② 有权决定或批准机关应当将收监执行决定书送交罪犯居住地的县级司法行政机关,由其根据有关规定将罪犯交付执行。收监执行决定书应当同时抄送罪犯居住地的同级人民检察院和公安机关
特殊情形的处理	① 不符合暂予监外执行条件的罪犯通过贿赂等非法手段被暂予监外执行的,在监外执行的期间不计入执行刑期 ② 罪犯在暂予监外执行期间脱逃的,脱逃的期间不计入执行刑期 ③ 罪犯在暂予监外执行期间死亡的,执行机关应当及时通知监狱或者看守所

【案例释义 18-4】

案情: 2011 年 9 月 23 日某市中级人民法院作出如下判决:牛某,女,28 岁,因犯走私毒品罪,被判处无期徒刑;同案犯肖某,男,25 岁,被判处有期徒刑 15 年;同案犯晋某,男,28 岁,被判处有期徒刑 7 年。判决后该 3 名罪犯均没有上诉,市人民检察院也没有提出抗诉,10 日后判决生效。早在宣判前,该中级法院发现牛某怀有身孕 7 个月,肖某患有急性甲型肝炎。在交付执行前,法院研究决定对肖某暂予监外执行;对牛某送往户籍所在地女子监狱服刑;对晋某送往户籍所在地监狱服刑。2012 年 2 月 8 日,晋某服刑的柳村监狱发现其有病态,经送省级人民政府指定的省第五人民医院诊治,晋某被确诊为急性胰腺炎,需住院治疗。

医院同时开具了相关证明文件。柳村监狱遂向省监狱管理局提出书面报告,请求批准对晋某暂予监外执行。

问题:

(1) 对本案中的罪犯牛某和肖某按照 2012 年《刑事诉讼法》的规定,可否适用暂予监外执行?

(2) 对本案中的罪犯晋某,如欲决定对其暂予监外执行,需要经过那些程序?

简析:

(1) 2012 年《刑事诉讼法》对 1996 年《刑事诉讼法》第 214 条作了四处修改:①调整暂予监外执行的对象范围,增加规定对于被判处无期徒刑的怀孕或者正在哺乳自己婴儿的妇女也可以暂予监外执行;②规定保外就医须由省级人民政府指定的医院出具诊断意见;③增加规定了暂予监外执行的批准主体及批准程序;④取消了暂予监外执行由公安机关执行的规定,将有关执行主体改为社区矫正机构。

对于上述案例中的肖某,其发病在法院宣判前,法院对其作出判决的同时,因其重病,可对其作出暂予监外执行的决定。对于上述案例中的牛某,由于其生效判决发生在新《刑事诉讼法》实施以前,而原法中列举的可以暂予监外执行的情形不包括无期徒刑,故即使其怀有身孕7个月,也要将其交付执行监禁刑。但如果牛某的判决是在2013年后生效,则按照2012年《刑事诉讼法》第254条第2、5款的规定,法院在交付执行前就可以作出对牛某暂予监外执行的决定。待牛某生育完毕并在法定的哺乳期结束前,研究决定对其哺乳期满后及时收监服刑。

(2)对于晋某来说,因其是在监狱服刑期间患的重病,如欲决定对其暂予监外执行,首先需经有权医院出具诊断意见,并开具证明文件证明;其次,由晋某服刑的监狱提出书面意见并附上医院出具的诊断意见和证明文件,报省级监狱管理局批准,最后由省级监狱管理部门决定是否对晋某暂予监外执行。

【案例释义18-5】

案情:黄某,男,35岁;谢某,男,40岁;王某,男32岁。3人因犯绑架罪被区人民法院分别判处有期徒刑13年、10年、8年,判决生效后3人均被送到张庄监狱服刑。服刑两年时,张庄监狱发现黄某患急性肾炎需要住院治疗,省监狱管理局批准了张庄监狱提出的对黄某暂予监外执行的意见。黄某经省第五人民医院半年的治疗,病情好转,后黄某在一次医院的例行检查后脱逃,经过公安机关5天的抓捕,黄某在某市落网。

谢某在执行刑期5年后,突发急性肾结石,省监狱管理局批准了张庄监狱提出的对谢某暂予监外执行的意见。后谢某经过3个月治疗病愈。

王某在刑罚执行期间,家属看望时,要求家属向监狱领导送礼,使其能够暂予监外执行,其家属遂向张庄监狱主管暂予监外执行的领导钱某送去贿赂款5万元。后钱某制作了虚假的医院诊断证明等文书,张庄监狱也向省监狱管理局提出了对王某暂予监外执行1年的意见,并被批准。后钱某受贿案被检察机关查实,钱某供述了收受王某5万元,为王某非法办理暂予监外执行的事实。

问题:对上述案件中的黄某、谢某、王某该如何处理?

简析:2012年《刑事诉讼法》对暂予监外执行制度作了如下补充修改。

(1)增加规定对暂予监外执行的罪犯收监执行的具体情形。如果该罪犯在暂予监外执行期间,由于情况变化,不再符合暂予监外执行的条件,如身体恢复健康、规定的婴儿哺乳期已满等,而且刑期未满的就应当及时收监,不能再继续适用监外执行。并且明确列举了取消暂予监外执行的三种情况。

(2)增加规定收监执行的程序。"对于人民法院决定暂予监外执行的罪犯应当予以收监的,由人民法院作出决定,将有关的法律文书送达公安机关、监狱或者其他执行机关"。这样规定便于对罪犯收监执行。

(3)增加规定了通过非法手段被暂予监外执行的,在监外执行的期间不计入执行刑期;在暂予监外执行期间脱逃的,脱逃的期间不计入刑期。

（4）罪犯在暂予监外执行期间死亡的，规定应由"执行机关"及时通知监狱，并在应当通知的机关中增加了"看守所"。

根据 2012 年《刑事诉讼法》第 254 条的规定，对于暂予监外执行的罪犯，当其出现法定情形之一时，就应当将其收监。以非法手段被暂予监外执行的，暂予监外执行的期间不计入刑期。

上述案例中的黄某是在暂予监外执行期间脱逃的，其行为严重违反了 2012 年《刑事诉讼法》第 254 条第 1 款第 2 项规定的"有关暂予监外执行监督管理规定的"。人民法院首先应对黄某的脱逃罪定罪量刑，并将黄某前罪未执行的刑期，与脱逃罪的刑期，依照《刑法》第 71 条的规定数罪并罚，决定应当执行的刑期。其次，将黄某及时收监，其暂予监外执行的半年期间不计入执行刑期。案例中的谢某属于"暂予监外执行的情形消失后，罪犯刑期未满的"情形。由于谢某暂予监外执行条件已消除，所以应由省监狱管理局决定对其收监，其暂予监外执行 3 个月的期间应算入已执行的刑期。案例中的王某的暂予监外执行的 1 年，由于是通过贿赂等非法手段获得，对这种情形不仅要追究其可能涉嫌的行贿罪，对其监外执行的期间也不计入执行刑期。

【巩固练习 18-4】 张某因盗窃被判处有期徒刑 5 年，在交付执行前，突然患疾病，需保外就医。有权决定张某暂予监外执行的是哪一个机关？

A. 省监狱管理机关　　　　　　　　B. 负责交付执行的公安机关

C. 负责监所监督的检察院　　　　　D. 作出生效判决的法院

答案：D

本题考查暂予监外执行的决定机关。依据 2012 年《刑事诉讼法》第 254 条第 5 款的规定："在交付执行前，暂予监外执行由交付执行的人民法院决定；在交付执行后，暂予监外执行由监狱或者看守所提出书面意见，报省级以上监狱管理机关或者设区的市一级以上公安机关批准。"这就意味着，对具备暂予监外执行条件的罪犯，人民法院判决时，可以直接决定。因此，本题的正确答案为 D 选项。

四、减刑、假释的执行程序

减刑是指被判处管制、拘役、有期徒刑或者无期徒刑的罪犯，在执行期间确有悔改或者立功表现，由人民法院依法适当减轻其原判刑罚的制度。

假释是指对于被判处有期徒刑、无期徒刑的犯罪分子经过一定期限的服刑改造，确有悔改表现，释放后不致再危害社会的，附条件地将其提前释放的一种制度。

减刑、假释的适用对象、条件、程序、审查及法律监督见表 18-7。

表 18-7　减刑、假释的相关内容

适用对象	减刑对象	管制、拘役、有期徒刑、无期徒刑罪犯 **【提示】** ①死刑立即执行不能减；②死缓犯在缓期执行期间，没有故意犯罪的，死刑缓期执行期满后，应当裁定减刑；③其他可以减的
	假释对象	有期徒刑、无期徒刑罪犯

适用条件	减刑	① 在执行期间,如果认真遵守监规,接受教育改造,确有悔改表现的,或者有立功表现的,可以减刑 ② 有重大立功表现的,应当减刑
	假释	① 已实际执行一定的刑期,即被判处有期徒刑的犯罪分子,执行原判刑期1/2以上,被判处无期徒刑的犯罪分子,实际执行13年以上 ② 认真遵守监规,接受教育改造,确有悔改表现,没有再犯罪的危险的 ③ 对犯罪分子决定假释时,应当考虑其假释后对所居住社区的影响 【提示】 ① 以上条件须同时具备。但根据《刑法》第81条的规定,如果有特殊情况,经最高人民法院核准,可以不受上述执行刑期的限制 ② 禁止条件:对累犯以及因故意杀人、强奸、抢劫、绑架、放火、爆炸、投放危险物质或者有组织的暴力性犯罪被判处10年以上有期徒刑、无期徒刑的犯罪分子,不得假释
减刑、假释程序(《刑诉法适用解释》第449条)		① 对死缓罪犯的减刑,由罪犯服刑地的高级人民法院根据同级监狱管理机关审核同意的减刑建议书裁定 ② 对无期徒刑罪犯的减刑、假释,由罪犯服刑地的高级人民法院,在收到同级监狱管理机关审核同意的减刑、假释建议书后一个月内作出裁定,案情复杂或者情况特殊的,可以延长一个月 ③ 对有期徒刑和被减为有期徒刑的罪犯的减刑、假释,由罪犯服刑地的中级人民法院,在收到执行机关提出的减刑、假释建议书后一个月内作出裁定,案情复杂或者情况特殊的,可以延长一个月 ④ 对拘役、管制的罪犯的减刑,由罪犯服刑地中级人民法院,在收到同级执行机关审核同意的减刑、假释建议书后一个月内作出裁定 对暂予监外执行罪犯的减刑,应当根据情况,分别适用上述有关规定
应当审查的执行机关移送的材料内容		① 减刑、假释建议书 ② 终审法院的裁判文书、执行通知书、历次减刑裁定书的复制件 ③ 证明罪犯确有悔改、立功或者重大立功表现具体事实的书面材料 ④ 罪犯评审鉴定表、奖惩审批表等 ⑤ 罪犯假释后对所居住社区影响的调查评估报告 ⑥ 根据案件情况需要移送的其他材料。经审查,材料不全的,应当通知提请减刑、假释的执行机关补送
审理减刑、假释案件,应当公示的内容		① 罪犯的姓名、年龄等个人基本情况 ② 原判认定的罪名和刑期 ③ 罪犯历次减刑情况 ④ 执行机关的减刑、假释建议和依据 公示应当写明公示期限和提出意见的方式。公示地点为罪犯服刑场所的公共区域;有条件的地方,可以面向社会公示
庭审组织和审理方式	庭审组织	审理减刑、假释案件,应当组成合议庭
	审理方式	可以采用书面审理的方式,但下列案件应当开庭审理: ① 因罪犯有重大立功表现提请减刑的 ② 提请减刑的起始时间、间隔时间或者减刑幅度不符合一般规定的 ③ 社会影响重大或者社会关注度高的 ④ 公示期间收到投诉意见的 ⑤ 人民检察院有异议的 ⑥ 有必要开庭审理的其他案件
对减刑、假释的监督		① 检察院认为法院减刑、假释的裁定不当,应当在收到裁定书副本后20日以内,向法院提出书面纠正意见 ② 法院应当在收到纠正意见后一个月以内另行组成合议庭进行审理,作出最终裁定

【知识扩展】　社区矫正

在刑罚执行体制上,传统的管制、缓刑、假释、暂予监外执行等的执行由基层公安机关负责,由于公安派出所的主要任务是维护社会治安,在非监禁刑执行方面的力量和精力有限,造成脱管、漏管等现象不同程度存在。为了贯彻宽严相济的刑事政策,需要积极推动我国刑罚执行制度的改革和完善,适当扩大非监禁刑的适用,对那些不需要、不适宜监禁或者继续监禁的罪犯有针对性地实施社会化的矫正,放到社会上、家庭中把他们管教好、改造好,为此,中央批准从2003年开始进行社区矫正试点,实行党委政府统一领导,司法行政部门牵头组织,相关部门协调配合,司法所具体实施,社会力量广泛参与的社区矫正领导体制和工作机制。以促进社区服刑人员顺利回归社会为出发点,以提高社区服刑人员的改造质量、预防和减少重新犯罪为最终目的,在加强对社区服刑人员依法监督管理的同时,实施有针对性的教育矫治,开展社会适应性帮困扶助。这一改革进展顺利,取得了良好效果,2009年中央批准在全国试行社区矫正工作,最高人民法院、公安部、司法部联合制定了《社区矫正实施办法》,并于2012年3月1日起施行,目前社区矫正法正在起草过程中。为了适应这一变化,2012年《刑事诉讼法》第258条规定,被判处管制、宣告缓刑、假释或者暂予监外执行的罪犯,不再由公安机关或者罪犯所在单位、基层组织予以监督、考察,而是实行社区矫正,由社区矫正机构负责执行。

这里的"社区矫正"是指将符合法定条件的罪犯置于社区内,由专门的社区矫正机构在相关社会团体、民间组织和社会志愿者的协助下,在判决、裁定或决定确定的期限内,矫正其犯罪心理和行为习惯,促进其顺利回归社会的非监禁刑罚执行活动。"社区矫正机构"指的是基层司法行政机关(司法所)。具体来说社区矫正人员应当自人民法院判决、裁定生效之日或者离开监所之日起十日内到居住地县级司法行政机关报到。县级司法行政机关应当及时为其办理登记接收手续,并告知其三日内到指定的司法所接受社区矫正。司法所应当为社区矫正人员确定专门的矫正小组,由司法所工作人员担任组长。司法所应当与矫正小组签订矫正责任书,根据小组成员所在单位和身份,明确各自的责任和义务,确保各项矫正措施落实。矫正方案由司法所负责制订,在对社区矫正人员被判处的刑罚种类、犯罪情况、悔罪表现、个性特征和生活环境等情况进行综合评估的基础上,制定有针对性的监管、教育和帮助措施。县级司法行政机关应当为社区矫正人员建立社区矫正执行档案,包括适用社区矫正的法律文书,以及接收、监管审批、处罚、收监执行、解除矫正等有关社区矫正执行活动的法律文书。

【案例释义 18-6】

案情:方某,男,32岁,因涉嫌犯故意伤害罪,被区公安分局移送审查起诉至区人民检察院。方某致害他人后十分后悔,主动到公安机关自首,在被刑事拘留的20天期间,他请亲属代他积极为被害人治疗伤痛,补偿被害人医疗费、误工费等5万余元,双方达成和解。2012年3月29日,区人民法院因其认罪态度及作案后表现判处方某有期徒刑6个月,缓期1年执行,缓刑考验期自2012年4月1日至2013年3月31日止。方某没有上诉,区人民检察院没有抗诉,该一审判决生效。

游某,男,28岁,因犯侵犯商业秘密罪被区人民法院判处有期徒刑两年零8个月。2012年4月10日,游某在监狱服刑执行到剩余刑期还有9个月。因其入监后一直认真遵守监规,接受教育改造,确有悔改表现,没有再犯罪危险被假释,假释考验期自2012年4月11日至2013年1月10日止。

问题:

(1) 2012年《刑事诉讼法》为什么对被判处管制、宣告缓刑、假释以及暂予监外执行的执行机关由公安机关改为社区矫正机构?

(2) 上述两个案件中,方某、游某的刑罚应由哪个机构负责执行?

简析:

(1) 2012年《刑事诉讼法》修改前后,对于被判处管制、宣告缓刑、假释以及暂予监外执行的执行机关的规定发生了很大的变化。1996年《刑事诉讼法》第217条规定:"对于被判处徒刑缓刑的罪犯,由公安机关交所在单位或者基层组织予以考察。对于被假释的罪犯,在假释考验期限内,由公安机关予以监督。"第218条规定:"对于被判处管制、……的罪犯,由公安机关执行。"第214条第6款规定:"对于暂予监外执行的罪犯,由居住地公安机关执行。"2012年《刑事诉讼法》对被判处缓刑、假释、管制的罪犯和对于暂予监外执行罪犯的执行机关作了补充修改:将管制、宣告缓刑、假释和暂予监外执行的执行机关统一规定为社区矫正机构。

对被判处管制、宣告缓刑、假释的罪犯,由公安机关执行或考察监督,在多年来的司法实践中逐渐凸显出一些问题。主要有:①随着经济社会情况的变化,人口流动性增大,基层管理工作任务更重,难度更大,管制、缓刑、假释等在实际执行中难以落到实处,往往流于形式,对罪犯疏于监管;②公安机关本身肩负着维护社会治安、打击违法犯罪的重要任务,再对这些罪犯进行日常监管,难以切实承担;③由于实际执行不到位,使得管制刑以及缓刑、假释,没有充分发挥应有的刑罚效果;④公安机关执行或考察监督,侧重于管理和违规的处罚,难以对这些罪犯进行有针对性的帮教,不利于他们早日回归社会、融入社会。2011年《刑法修正案(八)》考虑到以上因素,修改了管制、宣告缓刑、假释的执行方式,规定由社区矫正机构执行。2012年《刑事诉讼法》对1996年《刑事诉讼法》的规定作了相应修改,以与现行《刑法》有关规定相一致。同时,考虑到暂予监外执行的执行方式与管制、缓刑、假释的执行方式相类似,因此在《刑法修正案(八)》规定的基础上,增加规定了对暂予监外执行的罪犯也实行社区矫正。

(2) 上述第一个案件中,方某的缓刑考验期是自2012年4月1日起,至2013年3月31日止,在2012年4月1日至2012年12月31日期间,他的缓刑按照1996年《刑事诉讼法》第217条规定,由公安机关交所在单位或者基层组织予以考察。在2013年1月1日至2013年3月31日期间,他的缓刑考察由社区矫正机构负责。

上述第二个案件中的游某,他的假释考验期是自2012年4月11日起,至2013年4月10日止,在2012年4月11日至2012年12月31日期间,他的假释按照1996年《刑事诉讼法》第217条规定,在假释考验期限内,由公安机关予以考察监督。在2013年1月1日至2013年4月10日期间,他的假释由社区矫正机构负责考察监督。

第四节　执行机关对新罪、漏罪和申诉的处理

一、对新罪、漏罪的处理

新罪是指罪犯在服刑期间实施的犯罪。漏罪是指在刑罚执行过程中发现的,罪犯在判决宣告以前所犯的尚未判决的罪行。2012年《刑事诉讼法》第262条第1款规定,罪犯在服刑期间又犯罪的,或者发现了判决的时候所没有发现的罪行,由执行机关移送人民检察院处理。

二、发现错判和对申诉的处理

监狱和其他执行机关在刑罚执行中,如果认为判决有错误或者罪犯提出申诉,应当转请人民检察院或者原判人民法院处理。

人民法院或者人民检察院收到执行机关的意见和材料或罪犯的申诉后,应当认真进行审查。如认为原判决或裁定在认定事实或者适用法律上确有错误,应按审判监督程序予以处理,如认为原裁判正确,应及时答复执行机关或申诉人。

《监狱法》第24条规定,人民检察院或者人民法院应当自收到监狱提请处理意见书之日起6个月内将处理结果通知监狱。

第五节　人民检察院对执行的监督

一、对执行死刑的监督

人民法院在交付执行死刑前,应当通知同级人民检察院派员临场监督。根据《刑诉法适用解释》第424条规定,第一审人民法院在执行死刑3日前,应当通知同级人民检察院派员临场监督。《最高检刑诉规则》第635、636条的规定,人民检察院收到同级人民法院执行死刑临场监督通知后,应当查明同级人民法院是否收到最高人民法院核准死刑的裁定或者作出的死刑判决、裁定和执行死刑的命令。

被判处死刑的罪犯在被执行死刑时,人民检察院应当派员临场监督。执行死刑临场监督,由检察人员担任,并配备书记员担任记录。

临场监督执行死刑的检察人员应当依法监督执行死刑的场所、方法和执行死刑的活动是否合法。根据《最高检刑诉规则》第637条规定,在执行死刑前,发现有下列情形之一的,应当建议人民法院立即停止执行:①被执行人并非应当执行死刑的罪犯的;②罪犯犯罪时不满18周岁,或者审判的时候已满75周岁,依法不应当适用死刑的;③判决可能有错误的;④在执行前罪犯有检举揭发他人重大犯罪行为等重大立功表现,可能需要改判的;⑤罪犯正在怀孕的。第638条规定,在执行死刑的过程中,人民检察院的临场监督人员根据需要可以进行拍照、摄像;执行死刑后,人民检察院的临场监督人员应当检查罪犯是否确已死亡,并填写死刑临场监督笔录,签名后入卷归档。人民检察院发现人民法院在执行死刑活动中有侵犯被执行死刑罪犯的人身权、财产权或者其近亲属、继承人合法权

利等违法情形的,应当依法向人民法院提出纠正意见。

二、对暂予监外执行的监督

(一)暂予监外执行意见的抄送

根据 2012 年《刑事诉讼法》第 254 条的规定,除人民法院在交付执行前决定的暂予监外执行外,对于监狱和看守所提出的暂予监外执行书面意见书,在报请省级监狱管理机关或设区的市一级以上公安机关批准的同时,还应将书面意见抄送人民检察院。这里的"人民检察院",应当是与提出书面意见书的监狱和主管看守所的公安机关同级的人民检察院。

(二)对暂予监外执行决定的监督

有关机关在决定或批准暂予监外执行后,有义务及时将暂予监外执行的决定抄送人民检察院,主动接受人民检察院的监督。人民检察院经过审查,如果认为暂予监外执行不当,应当自接到通知之日起一个月以内将书面意见送交批准或者决定暂予监外执行的机关;决定或批准暂予监外执行的机关在接到人民检察院的书面意见后,应当立即对暂予监外执行决定进行重新审查,对于确属决定或批准暂予监外执行不当的,应当及时予以纠正。

【提示】

(1) 关于检察院对暂予监外执行的监督,2012 年与 1996 年的《刑事诉讼法》作了不同的规定。1996 年《刑事诉讼法》规定的人民检察院对暂予监外执行的监督是在有权机关作出批准决定后,认为决定不当的而开展的监督。

(2) 人民检察院对暂予监外执行决定的法律监督没有次数限制。

【案例释义 18-7】

案情:陆某,男,43 岁,因涉嫌妨害公务罪被县公安局刑事拘留后转逮捕。在审查起诉期间,看守所发现陆某的慢性肺结核病发作,需要就医,于是县人民检察院对其变更强制措施为取保候审。宣判前,虽然陆某已经从传染病医院出院,但是考虑到监区为避免传染,拒收陆某入监,区人民法院经研究决定对陆某暂予监外执行 1 年。决定作出后,区人民法院将该暂予监外执行的决定抄送区人民检察院接受监督。区人民检察院经过审查,认为陆某不符合暂予监外执行的条件,遂自接到区人民法院通知后的第 10 天将不同意陆某监外执行的书面意见送交区人民法院。

问题:区人民法院接到检察院书面意见后,该如何对待?

简析:由于在司法实践中有些不符合暂予监外执行条件的罪犯被错误的适用暂予监外执行,或者一些罪犯想方设法通过暂予监外执行逃避执行机关对其执行刑罚,为了改变这种状况,进一步加强对暂予监外执行的监督,2012 年在吸收《监狱法》和 1996 年《刑事诉讼法》规定的基础上,在第 254 条明确规定了罪犯交付执行前后的暂予监外执行的决定与批准机关及程序;第 255 条将检察院对于暂予监外执行的监督提前到有权决定或批准机关作出意见之前。另外，第 255 条规定，"监狱、看守所提出暂予监外执行的书面意见的，应当将书面意见的副本抄送人民检察院。"虽然该条规定的抄送主体没有人民法院，但根据《最高检刑诉规则》的规定，人民法院作出的暂予监外执行的决定也应抄送人民检察院；第 256 条规定了人民检察院对暂予监外执行的批准决定进行监督的程序，即决定或者批准暂予监外执行的机关接到人民检察院的书面意见后，应当立即对该决定进行重新核查。

因此，上述案件中的区人民法院接到人民检察院不予批准陆某暂予监外执行的书面意见后，应当立即对自己提出的书面意见进行重新核查。对于确属决定或批准暂予监外执行不当的，应当及时予以纠正。

三、对减刑、假释的监督

2012 年《刑事诉讼法》第 263 条规定，人民检察院认为人民法院减刑、假释的裁定不当，应当在收到裁定书副本后 20 日以内，向人民法院提出书面纠正意见。人民法院应当在收到纠正意见后重新组成合议庭进行审理并在 1 个月以内作出最终裁定。"重新组成合议庭"是指由原作出减刑、假释裁定的合议庭之外的其他审判人员组成新的合议庭。

【提示】 2012 年《刑事诉讼法》将检察机关对减刑、假释的监督由裁定后提前到人民法院作出裁定前。即对减刑、假释检察院要同步监督。

【案例释义 18-8】

案情：向某，女，38 岁，因犯走私、运输毒品罪，2005 年 3 月被判处有期徒刑 15 年。判决生效后被公安机关送宋庄监狱服刑。2010 年，宋庄监狱因向某确有悔改表现，向本市中级人民法院提出建议书，报请对向某审核裁定减刑。法院经审核，裁定对向某减刑两年。

问题：

（1）如果 2013 年新《刑事诉讼法》实施后，向某又具备减刑的条件，宋庄监狱向市中级人民法院再次提出对向某减刑建议书时，应否将该减刑的建议书抄送市人民检察院？检察院对此如何审查？

（2）假如市人民检察院对向某的第二次减刑建议提出不同意见，市中级人民法院对市人民检察院提出的不应该对向某减刑的意见，如何对待与处理？

简析：上述案例中，向某在 2010 年减刑时，1996 年《刑事诉讼法》没有规定执行机关向法院提出建议书时，应将建议书的副本抄送人民检察院，故宋庄监狱不需要报送市人民检察院接受监督。但是，2013 年新刑事诉讼法实施后，向某如果又具备再次减刑的条件，宋庄监狱向市中级人民法院提出对向某减刑建议书时，则应该将该减刑的建议书抄送市人民检察院。市人民检察院接到建议书时，应当立即审查向某是否具备法定的减刑条件，以及宋庄监狱呈报的对向某减刑的手续是否合法、完备。如果发现向某不符合减刑的法定条件，或者宋庄监狱报请市人民法院裁定对宋某减刑没有完备的合法手续，市人民检察院就应当在市中级人民法院作出减刑裁定前，向市中级人民法院提出书面意见。市中级人民法院对市人民检察院提出的不应该对向某减刑的意见，应当认真对待，在充分核实宋庄监狱报请的材料及市人民检察院的书面意见及材料后,作出正确裁定。对于市人民检察院提出的宋庄监狱报请人民法院裁定对宋某减刑没有完备的合法手续的,市中级人民法院审查后,可以裁定对宋某不予减刑。

四、对执行机关执行刑罚活动的监督

2012 年《刑事诉讼法》第 265 条规定,人民检察院对执行机关执行刑罚的活动是否合法实行监督。如果发现有违法的情况,应当通知执行机关纠正。

第十九章

涉外刑事诉讼和司法协助

本章导语

在我国领域内,外国人犯罪或者我国公民侵犯外国人合法权利的刑事案件以及符合《刑法》第7～10条规定情形的案件,我国公安司法机关该如何处理? 如何适用法律? 当我国司法机关和外国司法机关互相请求代为送达文书、代为调查取证等事项该如何办理? 这就是涉外刑事诉讼程序和司法协助要解决的内容。我国2012年《刑事诉讼法》第16条规定了追究外国人刑事责任适用我国刑事诉讼法的原则,第17条规定了刑事司法协助的依据和原则;《刑诉法适用解释》第392～414条对涉外刑事案件的范围、国籍的确认、涉外刑事诉讼应遵循的特有原则、刑事司法协助的法律依据、刑事司法协助的主体、刑事司法协助的内容和适用程序等作了较为详细的规定。

学习本章知识需要重点掌握的内容包括:①涉外刑事诉讼的法律依据;②涉外刑事诉讼特有的原则;③涉外刑事诉讼程序的一些特殊规定,如国籍的确认、司法文书的送达、限制出境等内容;④刑事司法协助的主体与程序。

本章的知识内容体系见图19-1。

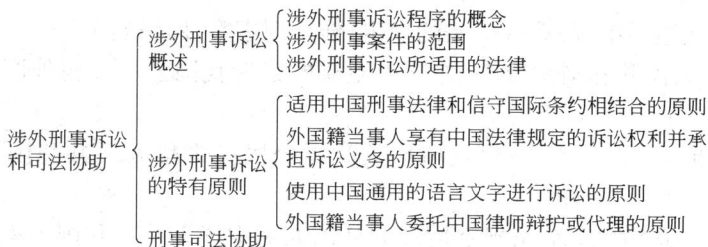

图 19-1　本章知识体系图示

第一节　涉外刑事诉讼概述

一、涉外刑事诉讼程序的概念

涉外刑事诉讼程序是指诉讼活动涉及外国人(包括无国籍人)或需要在国外进行的刑事诉讼所特有的方式、方法和步骤。简言之,涉外刑事诉讼程序就是涉外刑事诉讼所特有的方式、方法和步骤。

问题思考：涉外刑事诉讼与涉外案件的刑事诉讼（又称涉外刑事案件的诉讼）的区别。

涉外案件的刑事诉讼是指中国司法机关处理涉外刑事案件的方式、方法和步骤。涉外案件是指以下两类案件：①在中华人民共和国领域内，外国人犯罪的或者中国公民侵犯外国人合法权利的刑事案件；②在中华人民共和国领域外，符合《刑法》第7～10条规定情形的中国公民犯罪或者外国人对中华人民共和国国家和公民犯罪的案件。

涉外刑事诉讼是指刑事诉讼活动涉及外国人（包括无国籍人，下同）或者某些诉讼活动需要在国外进行两种情况。涉外刑事诉讼包括涉外案件的刑事诉讼，但还包括其他涉外因素的刑事诉讼，涉外案件的刑事诉讼仅仅是涉外刑事诉讼的一部分。在司法实践中，有些案件虽然不是涉外案件，但由于案发时或案发后，在这些案件的诉讼活动中涉及外国人或者需要在国外进行，例如：目击案件发生的证人是外国人或虽是中国人，但诉讼时已身在国外；案件发生后，犯罪嫌疑人、被告人潜逃国外等。这些在诉讼程序上包含涉外因素的案件，均属于涉外刑事诉讼。

涉外刑事诉讼在程序上有涉外因素，因而在处理案件时需要采取特殊的方式、方法和步骤。例如，在调查取证，羁押犯罪嫌疑人、被告人，送达等方面，都要采取与非涉外刑事诉讼所不同的方式、方法和步骤。

【巩固练习 19-1】 下列哪些案件适用涉外刑事诉讼程序？

A. 在公海航行的我国货轮被索马里海盗抢劫的案件

B. 我国国内一起贩毒案件的关键目击证人在诉讼时身在国外

C. 陈某经营的煤矿发生重大安全事故后携款潜逃国外的案件

D. 我国驻某国大使馆内中方工作人员甲、乙因看世界杯发生斗殴的故意伤害案件

答案：A、B、C（涉外刑事诉讼程序的适用范围）

二、涉外刑事案件的范围

根据《刑诉法适用解释》第392条的规定，涉外刑事案件是指：

（1）在中华人民共和国领域内，外国人犯罪的或者我国公民侵犯外国人合法权利的刑事案件；

（2）符合《刑法》第7、10条规定情形的我国公民在中华人民共和国领域外犯罪的案件；

（3）符合《刑法》第8、10条规定情形的外国人对中华人民共和国国家或者公民犯罪的案件；

（4）符合《刑法》第9条规定情形的中华人民共和国在所承担国际条约义务范围内行使管辖权的案件。

【巩固练习 19-2】 下列案件属于涉外刑事案件的有：

A. 广东人赵某在深圳抢夺外国人财物一案

B. 美国人 Tom 在上海市故意伤害中国公民李某一案

C. 某市市长贪污，案发后潜逃出境

D. 在大西洋上航行的中国货轮被某国海盗抢劫的案件

答案：A、B、D

三、涉外刑事诉讼所适用的法律

涉外刑事诉讼是中国刑事诉讼活动的一个组成部分,因此它所适用的实体法和程序法都应是中国的法律以及中国参加或者缔结的国际条约或国际公约,不存在适用外国实体法和程序法的问题。即使中国司法机关接受外国司法机关的请求,协助他们调查取证、查缉罪犯,也应按照中国刑事诉讼法和相关法律规定的方法、步骤进行。

第二节　涉外刑事诉讼的特有原则

涉外刑事诉讼的特有原则是指司法机关及诉讼参与人进行涉外刑事诉讼时所应遵守的行为准则。在涉外刑事诉讼中主要遵循以下几项原则。

一、适用中国刑事法律和信守国际条约相结合的原则

适用中国刑事法律和信守国际条约相结合的原则是指司法机关及诉讼参与人在进行涉外刑事诉讼时,除了要遵守中国刑法和刑事诉讼法等相关法律外,还应当遵守中国缔结或者参加的国际条约中有关刑事诉讼程序的具体规定,除非中国对该条款有保留。如果中国的刑事法律与中国缔结或者参加的国际条约有冲突,应当适用国际条约的有关规定。

二、外国籍当事人享有中国法律规定的诉讼权利并承担诉讼义务的原则

外国籍当事人享有中国法律规定的诉讼权利并承担诉讼义务的原则是指具有外国国籍的当事人(包括无国籍人及外国籍法人)在涉外刑事诉讼中,依照中国刑事诉讼法和其他法律的有关规定,享有诉讼权利,承担诉讼义务,他既不能享有本国法规定的诉讼权利,也不必遵循本国法所规定的诉讼义务。

三、使用中国通用的语言文字进行诉讼的原则

使用中国通用的语言文字进行诉讼的原则包括以下内容。

(1) 司法机关在进行涉外刑事诉讼时,使用中国通用的语言进行预审、法庭审判和调查讯问。

(2) 司法机关在涉外刑事诉讼中制作的诉讼文书为中文本。

(3) 司法机关在涉外刑事诉讼中,应当为外国籍当事人提供翻译。如果外国籍当事人通晓中国通用语言、文字,拒绝他人翻译,或者不需要诉讼文书外文译本的,应当由本人出具书面声明。

(4) 为便于诉讼的顺利进行,司法机关在送达外国籍当事人的中文本诉讼文书时,外国籍当事人不通晓中文的,应当附有外文译本,但外文译本不加盖司法机关印章,送达的文书内容以中文本为准。

司法机关在遵守这项原则时,要注意以下两点。

① 不能以使用中国通用的语言、文字进行诉讼为由,强迫外国籍当事人特别是懂中

国通用语言、文字的外国籍当事人使用中国通用的语言、文字来回答司法人员的审（讯）问、询问和书写诉讼文书，发表辩护意见等，应当允许他们使用国籍国通用的或者他们通晓的语言、文字。

② 不能在使用中国通用的语言、文字方面无原则地迁就外国籍当事人，如果外国籍当事人以不懂中国通用的语言、文字为由拒收诉讼文书，送达人应当在有见证人在场的情况下，把文件留在他的住处或者羁押场所，并记录在卷，该诉讼文书即认为已经送达。

四、外国籍当事人委托中国律师辩护或代理的原则

外国籍当事人如欲委托律师辩护或者代理，必须委托具有中华人民共和国律师资格并依法取得执业证书的律师，不允许委托外国律师。外国律师如果接受委托担任辩护人或者诉讼代理人参加诉讼，不得以律师名义或者身份出庭，不享有中国法律赋予律师的权利，人民法院只将其视为一般的辩护人或者诉讼代理人。外国籍被告人没有委托辩护人的，人民法院可以通知法律援助机构为其指派律师提供辩护，法律援助机构应当指派中国律师。

【巩固练习 19-3】 李某、阮某持外国护照，涉嫌贩卖毒品罪被检察机关起诉至某市中级法院。关于李某、阮某的诉讼权利及本案诉讼程序，下列说法正确的是：

A. 即使李某、阮某能够使用中文交流，也应当允许其使用本国语言进行诉讼

B. 向李某、阮某送达中文诉讼文书时，可以附有李某、阮某通晓的外文译本

C. 李某、阮某只能委托具有中华人民共和国律师资格并依法取得执业证书的律师作为辩护人

D. 如我国缔结或参加的国际条约中有关刑事诉讼程序具体规定的，审理该案均适用该条约的规定

答案：A（涉外刑事诉讼程序）

第三节　刑事司法协助（略，见本书第二章第十三节之内容）

第二十章

特 别 程 序

本章导语

2012 年的《刑事诉讼法》专门增加了"特别程序"一编,规定了"未成年人刑事案件诉讼程序"、"当事人和解的公诉案件诉讼程序"、"犯罪嫌疑人、被告人逃匿、死亡案件违法所得的没收程序"、"依法不负刑事责任的精神病人的强制医疗程序"四章,解决了长期以来司法实践遇有此等问题无法可依的局面,顺应了司法实践需要,符合国际立法惯例,使刑事诉讼法的结构体系更加完整,内容更为齐全,也使长期以来法学界的研究成果在立法上得到了体现。

针对特殊情况规定特别程序,一方面反映了我国刑事诉讼中对这些特殊情况的重视;另一方面,针对特殊情况有针对性地规定不同于一般程序的特别程序,反映了我国刑事诉讼制度和诉讼理念的发展与完善。

"未成年人刑事案件诉讼程序"一章对办理未成年人刑事案件的规范进行了集中规定,在强调办理未成年人案件的方针、原则的同时,加强对未成年人辩护权和其他权利的保护,同时还针对未成年人的特点,专门创设了合适成年人到场制度、社会调查制度、附条件不起诉制度和犯罪记录封存制度。该章规定是多年来我国办理未成年人案件经验的总结,是我国对未成年人保护的具体体现。

"当事人和解的公诉案件诉讼程序"一章是一项新的诉讼制度,对特定范围公诉案件的和解程序作了规定。这一程序的设置有利于促进刑事案件当事人之间的和解、谅解,在处理刑事案件的同时,使被害人获得赔偿,有利于社会和谐稳定。考虑到公诉案件国家追诉的严肃性,为防止在司法实践中出现偏差,产生新的司法不公,又对这一新尝试采取了较为审慎的态度,对和解的适用范围和条件作了严格限制。

"犯罪嫌疑人、被告人逃匿、死亡案件违法所得的没收程序"一章对贪污贿赂犯罪、恐怖活动犯罪等重大犯罪案件,犯罪嫌疑人、被告人潜逃,在通缉 1 年后不能到案,或者犯罪嫌疑人、被告人死亡,依照刑法规定应当追缴其违法所得及其他涉案财产的没收程序作了规定。这一程序主要是根据《联合国反腐败公约》以及反恐怖活动的有关规范性文件的要求,以及惩治犯罪的需要而设置的,既体现了我国对腐败、恐怖犯罪等严重犯罪的严厉打击态度,又体现了在犯罪嫌疑人、被告人不在场时,没收其违法所得财产的慎重。

"依法不负刑事责任的精神病人的强制医疗程序"一章,规定了对实施暴力行为,危害公共安全或者严重危害公民人身安全,经法定程序鉴定依法不负刑事责任,但有继续危害社会可能的精神病人,予以强制医疗的程序。这一程序,既是对有关精神病人的保护和医疗措施,充分保障了他们的权益,又是维护社会治安和稳定,保障社会公共安全和公民人身安全的必要手段。

2012年《刑事诉讼法》第266～289条对上述各章特别程序作了规定。学习本章知识需要重点掌握的内容包括:①未成年人刑事案件诉讼程序的特有原则;②未成年犯罪嫌疑人、被告人在刑事诉讼中享有的特别诉讼权利:如,法定代理人在场制度、合适成年人在场制度、不公开审理原则、强制措施的限制适用;③未成年犯罪案件的社会调查制度、犯罪记录封存制度、附条件不起诉制度等;④当事人和解的公诉案件诉讼程序适用的案件范围、适用的条件、和解的审查程序、和解的法律后果;⑤犯罪嫌疑人、被告人逃匿、死亡案件违法所得的没收程序的适用条件、适用程序、裁决方式、救济程序;⑥依法不负刑事责任的精神病人的强制医疗程序的性质、适用条件、适用程序、救济程序。

本章的知识内容体系见图20-1。

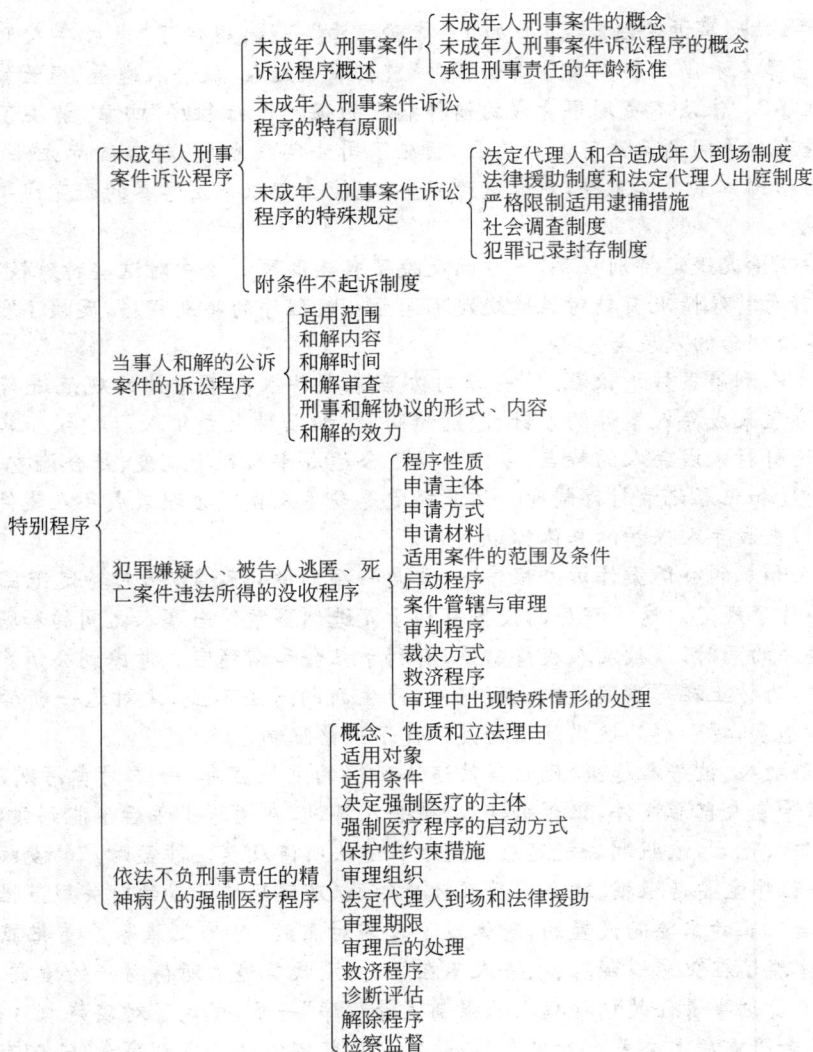

图 20-1　本章知识体系图示

第一节　未成年人刑事案件诉讼程序

一、未成年人刑事案件诉讼程序概述

（一）未成年人刑事案件的概念

未成年人刑事案件是指被告人实施被指控的犯罪时已满14周岁不满18周岁的案件。因为犯罪行为时的年龄直接影响刑法中的罪名的认定和量刑，因此，犯罪行为时不满18周岁的案件称为未成年人犯罪刑事案件。

（二）未成年人刑事案件诉讼程序的概念

未成年人刑事案件诉讼程序是指专门适用未成年人刑事案件的侦查、起诉、审判、执行等程序的一种特别刑事诉讼程序。

（三）承担刑事责任的年龄标准

未成年人承担刑事责任的年龄以实施犯罪时的年龄为标准确定。从实施犯罪到被追究刑事责任，需要经历一定的时间，所以实施犯罪时的年龄、立案时的年龄、提起公诉时的年龄以及审判时的年龄肯定会存在差别。以实施犯罪时的年龄为标准更有利于被告人。

对于没有充分证据证明被告人实施被指控的犯罪时已经达到法定刑事责任年龄且确实无法查明的，应当推定其没有达到相应法定刑事责任年龄。相关证据足以证明被告人实施被指控的犯罪时已经达到法定刑事责任年龄，但是无法准确查明被告人具体出生日期的，应当认定其达到相应法定刑事责任年龄。

二、未成年人刑事案件诉讼程序的特有原则与含义

具体内容见表20-1。

表 20-1　未成年人刑事案件诉讼程序的特有原则与含义

原　　则		含　　义
教育为主、惩罚为辅原则		在未成年人刑事案件诉讼的各个阶段，公安司法机关都必须坚持教育为主、惩罚为辅的方针，对未成年人进行教育、感化、挽救
分案处理原则		在处理未成年人刑事案件时，应当在时间和地点与成年人犯罪的案件分开进行。分案处理包括：①分案起诉；②分押、分管、分教
专职承办原则	承办人员	由熟悉未成年人身心特点的审判人员、检察人员、侦查人员承办
	少年法庭的设立	中级人民法院和基层人民法院可以设立独立建制的未成年人案件审判庭。尚不具备条件的，应当在刑事审判庭内设立未成年人刑事案件合议庭，或者由专人负责审理未成年人刑事案件。高级人民法院应当在刑事审判庭内设立未成年人刑事案件合议庭。具备条件的，可以设立独立建制的未成年人案件审判庭
	少年法庭受理案件的范围	① 被告人在实施被指控的犯罪时不满十八周岁的案件 ② 被告人在实施被指控的犯罪时不满十八周岁，并被指控为首要分子或者主犯的共同犯罪案件（《关于审理未成年人刑事案件的若干规定》第10条）

原　则	含　义
不公开审理原则	审判的时候被告人不满 18 周岁的案件,不公开审理
及时、和缓原则	① 及时原则是指在诉讼进行的每个阶段,司法机关和司法人员都应当及时对案件作出处理,不拖拉、不延误 ② 和缓原则,要求对未成年人犯罪的案件,一定要考虑未成年犯罪嫌疑人、被告人的身心特点,尽量不采用激烈、严厉的诉讼方式。如,对未成年犯罪嫌疑人、被告人应当严格限制适用逮捕措施;讯问、审判时通知法定代理人到场等

【说明】　2012 年《刑事诉讼法》第 266 条规定的"应当保障未成年人行使其诉讼权利,保障未成年人得到法律帮助",其中的"未成年人"是指诉讼时期是未成年人(14～18 周岁),如果犯罪行为发生时是未成年人,但是到诉讼期间已经年满 18 周岁,则不再享有有关未成年人专门享有的诉讼权利(如合适成年人到场)和特殊保护(如审判不公开)。

三、未成年人刑事案件诉讼程序的特殊规定

(一) 法定代理人和合适成年人到场制度

合适成年人到场制度是指在讯问未成年犯罪嫌疑人、被告人时,由一名适格成年人在场,以维护未成年人合法权益,并履行监督、沟通、抚慰、教育等职责的制度。

2012 年《刑事诉讼法》第 270 条第 1 款规定,对未成年人刑事案件,在讯问和审判的时候,应当通知未成年犯罪嫌疑人、被告人的法定代理人到场。无法通知、法定代理人不能到场或者法定代理人是共犯的,也可以通知未成年犯罪嫌疑人、被告人的其他成年亲属,所在学校、单位、居住地基层组织或者未成年人保护组织的代表到场,并将有关情况记录在案。到场的法定代理人可以代为行使未成年犯罪嫌疑人、被告人的诉讼权利。

到场的法定代理人或者其他人员认为办案人员在讯问、审判中侵犯未成年人合法权益的,可以提出意见。讯问笔录、法庭笔录应当交给到场的法定代理人或者其他人员阅读或者向他宣读。

讯问女性未成年犯罪嫌疑人,应当有女工作人员在场。

询问未成年被害人、证人,适用以上规定。

此外,审判未成年人刑事案件,未成年被告人最后陈述后,其法定代理人可以进行补充陈述。法庭应当询问其法定代理人是否补充陈述。

【提示】　到场法定代理人的诉讼权利多于其他合适成年人。

【案例释义 20-1】

案情:小高、小苗、小崔,均是 17 岁男青年,他们与小温(女,17 岁)同为一所职业高中的同年级不同班同学,小崔与小温曾经以男女朋友关系交往。2012 年 4 月 10 日傍晚,小崔在酒桌上诉说小温提出与其分手,小崔很难过。小高、小苗就想着帮助小崔出气。于是小高就给小温打电话,把小温骗出来。小高、小苗商量等小温到后把她强奸了,小崔不同意,就找借口离开了。小温到后,小高、小苗将小温骗到小高租住的房屋内,他俩先后强行与小温发生了性关系。案发后,小高、小苗被公安机关刑事拘留,后被逮捕。在公安机关讯问小高、小苗及检察机关提讯小高、小苗时,都通知了二犯罪嫌疑人的法定代理人到场,

小高的父亲高某每次都能够按时到场。小苗由于父母双亡,从小跟随爷爷、奶奶一起生活。爷爷、奶奶年事已高且有病在身,不能每次都到场,于是案件承办人通知了小苗所在村的村委会,由村委会派代表张某到场。小高的父亲高某在公安机关侦查阶段就为小高聘请了律师。案件在由检察机关向同级法院提起公诉后,法院准备适用简易程序对本案进行审理。后张某向法庭提出,本案有些事实没有查清,不宜适用简易程序进行审理。法庭采纳了张某的意见,并在庭审中在小高、小苗最后陈述后,让高某补充陈述,庭审后法庭将法庭笔录交予高某和张某阅读。

问题:理解未成年刑事案件中,司法机关对法定代理人或其他合适成年人到场的通知义务和到场后享有的诉讼权利

简析:1996年《刑事诉讼法》只在第14条第2款中规定,对于未成年犯讯问和审判时,可以通知其法定代理人到场,至于到场后可以为未成年人提供怎样的帮助,法律未作进一步规定。这里的"可以",是可以通知也可以不通知,至于是否通知,由司法机关视具体情况而定。按照2012年《刑事诉讼法》第270条第1款规定,对未成年人刑事案件,在讯问和审判的时候,应当通知未成年犯罪嫌疑人、被告人的法定代理人到场。无法通知、法定代理人不能到场或者法定代理人是共犯的,也可以通知未成年犯罪嫌疑人、被告人的其他成年亲属,所在学校、单位、居住地基层组织或者未成年人保护组织的代表到场,并将有关情况记录在案。另外,根据该款规定,到场的法定代理人或其他到场的合适成年人可以代为行使未成年犯罪嫌疑人、被告人的诉讼权利。就上述案件而言,按照本条的规定,公安机关在第一次讯问小高、小苗时,就必须通知他们的法定代理人到场。他们的法定代理人到场后可以代表小高、小苗行使本来属于小高、小苗的诉讼权利,如申请办理本案的侦查人员回避、拒绝回答与本案无关的问题等。这些代理人在旁听公安机关讯问过程中,如果发现侦查人员有诱导或者侮辱小高、小苗的言语等侵犯其权益的行为时,可以当场提出意见,讯问结束时,可以代理他们阅读讯问笔录,也可以代理其在笔录上签字。

【巩固练习20-1】《刑事诉讼法》规定,审判的时候被告人不满18周岁的案件,不公开审理。但是,经未成年被告人及其法定代理人同意,未成年被告人所在学校和未成年人保护组织可以派代表到场。关于对该规定的理解,下列哪些说法是错误的?

A. 该规定意味着经未成年被告人及其法定代理人同意,可以公开审理

B. 未成年被告人所在学校和未成年人保护组织派代表到场是公开审理的特殊形式

C. 未成年被告人所在学校和未成年人保护组织经同意派代表到场是为了维护未成年被告人合法权益和对其进行教育

D. 未成年被告人所在学校和未成年人保护组织经同意派代表到场与审理的时候被告人不满18周岁的案件不公开审理并不矛盾

答案:A、B(未成年人案件的不公开审理)

(二)法律援助制度和法定代理人出庭制度

未成年犯罪嫌疑人、被告人没有委托辩护人的,人民法院、人民检察院、公安机关应当通知法律援助机构指派律师为其提供辩护。

开庭审理前,人民法院应当通知未成年人的法定代理人出庭,法定代理人无法出庭或

者确实不适宜出庭的,应另行通知其他监护人或者其他成年近亲属出庭。

在法庭上不得对未成年被告人使用戒具。

开庭前和休庭时,法庭根据情况,可以安排未成年被告人与其法定代理人或者2012年《刑事诉讼法》第270条第1款规定的其他成年近亲属、代表、教师等人员会见。

问题思考：人民法院、人民检察院、公安机关应当在何时、以何种方式通知法律援助机构指派律师为未成年犯罪嫌疑人、被告人提供辩护？法律援助机构指派律师提供辩护的"时间"如何掌握？

在现行法律没有专门就上述问题作进一步详细规定的情况下,为了防止办案人员拖延时间,或不恰当履行职责,有必要参照《少年司法最低限度标准规则》、《儿童权利公约》、《刑事诉讼法》,以及最高人民法院、最高人民检察院、公安部、司法部《关于刑事诉讼法律援助工作的规定》有关规定作如下理解。

(1) 关于公检法机关通知法律援助机构的时间。对于未成年犯罪嫌疑人、被告人的法律援助可分为两种：一是被剥夺人身自由(即被拘捕)的未成年人,公检法办案机关应当在被剥夺自由后的24小时内,通知法律援助机构指派律师为被剥夺人身自由的未成年犯罪嫌疑人提供法律援助；二是未被剥夺人身自由的未成年人,应分别要求侦查机关在第一次讯问或采取强制措施时,人民检察院自收到移送审查起诉的案件材料之日起3日以内,人民法院自收到人民检察院移送提起公诉材料,或受理自诉案件之日起3日以内,通知法律援助机构指派律师提供法律援助。

(2) 关于公检法机关通知法律援助机构的方式。可参照《关于刑事诉讼法律援助工作的规定》第5条的规定,采用口头通知方式。不过,为了保证通知的及时性和有效性,建议采用电话方式通知,但同时需要制作和保留电话通知录音。

(3) 关于法律援助机构指派律师提供辩护的"时间"如何掌握问题,可参照《关于刑事诉讼法律援助工作的规定》第7条的规定,同时结合是否被剥夺人身自由的情形,分别要求法律援助机构于24小时内和3日内指派律师与未成年人联络。

(4) 公检法机关"应当通知"而不通知、迟延通知,或者法律援助机构应当指派律师而不指派或迟延指派律师的法律责任和后果如何落实可参照2012年《刑事诉讼法》第227条的规定,第二审法院发现第一审法院应当通知而不通知或迟延通知法律援助机构的情形,可认定为违反诉讼程序的情形之一,裁定撤销原判,发回原审人民法院重新审判。

【案例释义 20-2】

案情：小杜,男,17岁,2011年9月因女友提出要分手,经多次努力无果,情急之下,小杜将女友非法拘禁在其家里长达3天。后女友报案,小杜被刑事拘留,后转逮捕。在看守所,小杜很懊恼,对自己当时的行为非常后悔,以至于产生轻度抑郁。父母担心小杜患上抑郁症,帮小杜聘请了律师为其提供法律帮助,但小杜在看守所内绝食,拒绝律师为其提供帮助,其父母没有办法只好听从小杜的意见。后在公安机关将案件移送到检察机关后,承办案件的检察官老张看到小杜没有委托辩护人,遂经报批,检察机关通知当地法律援助机构指派经常办理未成年人案件的李律师为其提供辩护。

问题：

(1) 该案如发生于2013年后,小杜在侦查阶段是否享有法律援助辩护权？

（2）在刑事诉讼各阶段小杜是否享有委托律师辩护人为其辩护的权利？

简析：由于未成年人具有不完全责任能力，其涉嫌犯罪后，在正确表达个人意见、依法充分行使诉讼权利方面往往会受到一定限制，因而由专业律师作为辩护人帮助他们维护合法权益的作用尤为重要。1996年《刑事诉讼法》在第33条规定，未成年犯罪嫌疑人有权委托辩护人的时间是自审查起诉阶段开始，2012年《刑事诉讼法》第33条规定，犯罪嫌疑人有权委托辩护人的时间从侦查之初即可开始。对于辩护权，则规定如果未成年犯罪嫌疑人没有委托辩护人的，那么，公安机关、检察机关、审判机关有义务通知司法行政机关的法律援助机构，指派律师为其提供辩护。

对于本案来说，按照原法规定，小杜的父母在侦查阶段只能帮他聘请律师为他提供法律帮助，但该律师不能以辩护人的身份帮小杜开展辩护工作。该律师的辩护工作，只能从审查起诉阶段开始。同样是该案，如果是2013年1月1日后发生的，假设小杜仍然在侦查期间被逮捕，则因其被羁押，按照2012年《刑事诉讼法》的规定，从其被侦查之初，他的父母就可以代他委托律师辩护人，而辩护人不再仅限于对小杜提供法律帮助，还享有辩护权。而且，新法更为突出地规定了，在侦查阶段之初，如果未成年犯罪嫌疑人没有委托辩护人的，公安机关就必须通知法律援助机构指派律师为其提供辩护；在审查起诉阶段，如果检察机关发现未成年犯罪嫌疑人没有辩护人的，以及法院审判时发现其没有辩护人的，都要通知法律援助机构指派律师为其辩护，从而保证了在各个诉讼阶段，都有专业的律师为刑事案件中的未成年人提供辩护，切实保障其充分行使辩护权。

【巩固练习20-2】 赵某因涉嫌抢劫犯罪被抓获，作案时未满18周岁，案件起诉到法院时已年满18岁。下列哪一种说法是正确的？

A. 本案由少年法庭审理

B. 对赵某不公开审理

C. 对赵某进行审判，可以通知其法定代理人到场

D. 对赵某进行审判，应当通知其监护人到场

答案：A（未成年人刑事案件诉讼程序）

【巩固练习20-3】 根据《人民检察院办理未成年人刑事案件的规定》，关于检察院审查批捕未成年犯罪嫌疑人，下列哪些做法是正确的？

A. 讯问未成年犯罪嫌疑人，应当通知法定代理人到场

B. 讯问女性未成年犯罪嫌疑人，应当有女检察人员参加

C. 讯问未成年犯罪嫌疑人一般不得使用戒具

D. 对难以判断犯罪嫌疑人实际年龄，影响案件认定的，应当作出不批准逮捕的决定

答案：A、B、C、D（未成年人刑事案件的审查批捕程序）

（三）严格限制适用逮捕措施

对未成年犯罪嫌疑人、被告人应当严格限制适用逮捕措施。人民检察院审查批准逮捕和人民法院决定逮捕，应当讯问未成年犯罪嫌疑人、被告人，听取辩护律师的意见。

根据《最高检刑诉规则》第490、491条的规定，人民检察院在审查逮捕、审查起诉中，应当讯问未成年犯罪嫌疑人，讯问未成年犯罪嫌疑人一般不得使用戒具。

根据《最高检刑诉规则》第 489 条的规定,人民检察院审查逮捕未成年犯罪嫌疑人,应当重点查清其是否已满 14、16、18 周岁。对犯罪嫌疑人实际年龄难以判断,影响对该犯罪嫌疑人是否应当负刑事责任认定的,应当不批准逮捕。需要补充侦查的,同时通知公安机关。

问题思考:如何理解"严格限制适用逮捕措施"中的"严格限制"?

"严格限制适用逮捕"主要针对的是以下情形。

(1)严格限制公安(侦查)机关"提请逮捕"。除非是惯犯、累犯,共同犯罪或者集团犯罪中的首犯、主犯,杀人、重伤、抢劫、放火等严重破坏社会秩序的未成年被告人,采取取保候审、监视居住等方法,尚不足以防止发生社会危险性,确有逮捕必要的,才提请逮捕。

(2)严格限制检察院"批准逮捕"。人民检察院审查批准逮捕未成年犯罪嫌疑人,应当根据未成年犯罪嫌疑人涉嫌犯罪的事实、主观恶性、有无监护与社会帮教条件等,综合衡量其社会危险性,确定是否有逮捕必要,慎用逮捕措施,可捕可不捕的不捕。对于罪行较轻,具备有效监护条件或者社会帮教措施,没有社会危险性或者社会危险性较小,不会妨害诉讼正常进行的未成年犯罪嫌疑人,一般不予批准逮捕。对于罪行比较严重,但主观恶性不大,有悔罪表现,具备有效监护条件或者社会帮教措施,不具有社会危险性,不会妨害诉讼正常进行的一些未成年犯罪嫌疑人,根据有关条件也可以依法不予批准逮捕。办理未成年人刑事案件不以拘留率、逮捕率或起诉率作为工作考核指标。人民检察院在办理未成年人刑事案件时,如发现年龄证据缺失或者不充分,或者未成年犯罪嫌疑人及其法定代理人基于相关证据对年龄证据提出异议等情况,可能影响案件认定的,在审查批捕时,应当要求公安机关补充证据,公安机关不能提供充分证据的,应当作出不予批准逮捕的决定,并通知公安机关补充侦查。

【案例释义 20-3】

案情:曹某,男,1994 年 8 月出生。2011 年 5 月 11 日凌晨 1 时许,曹某伙同张某、任某、胡某撬门入室到唐某家中抢劫,抢得唐某保险柜中人民币 15 万元,致唐某重伤。唐某报案后,唐某住所地公安分局成立了专案组,一周后破案,四名犯罪嫌疑人被陆续抓获。区检察院在审查逮捕时,分别提讯了四名犯罪嫌疑人,均作出了批准逮捕的意见。看守所将曹某与其他未成年犯罪嫌疑人一起关押。2011 年 11 月 9 日,该市中级人民法院作出终审判决。曹某因其是从犯、到案后如实供述自己的罪行,又是未成年人,被判处有期徒刑 8 年。2011 年 12 月 5 日,该市公安机关将曹某送交其户籍所在地陕西省未成年犯管教所执行刑罚。

问题:该案如果发生在 2013 年后,公、检机关对曹某应如何适用逮捕、关押、提讯和管教?

简析:2012 年《刑事诉讼法》对于逮捕措施的适用,规定了较 1996 年《刑事诉讼法》更为严格明确的条件,强调对于未成年人无论在侦查阶段还是审查起诉或者审判阶段,都要更加严格限制适用逮捕措施,可捕可不捕的不捕。但是,就上述案件而言,按照《刑法》第 263 条的规定,该案既是入户抢劫又致被害人重伤,对该案案犯的量刑起点应该是 10 年有期徒刑,即使按照 2012 年《刑事诉讼法》第 79 条的规定,对于涉案的全部案犯均应逮捕。

该案如果发生在新《刑事诉讼法》实施后,根据 2012 年《刑事诉讼法》第 267 条的规定,在侦查之初,犯罪嫌疑人没有委托辩护人的,公安机关就应当通知法律援助机构指定辩护律师为其提供辩护;检察机关在审查逮捕曹某时,既要提讯他本人,还要听取其辩护律师的意见,根据第 270 条的规定,提讯曹某时还要通知他的法定代理人到场。

2012 年《刑事诉讼法》第 267 条明确规定,对于未成年犯,无论未决前看管还是只剩 3 个月以下刑期留在看守所服刑,还是已决服刑(所剩刑期超过 3 个月的要送监狱服刑),都要与成年犯分别关押、分别管理和分别教育。

(四) 社会调查制度

根据 2012 年《刑事诉讼法》第 268 条的规定,公安机关、人民检察院和人民法院在办理未成年人案件时,根据案件的具体情况,都可以对该未成年人的成长经历、犯罪原因、日常所受到的监护、教育情况进行调查。司法机关工作人员既可以在案件的侦查、起诉和审理过程中自行了解未成年犯罪嫌疑人、被告人的个人情况,也可以委托有关组织和机构了解未成年犯罪嫌疑人、被告人的相关情况。调查的内容包括未成年犯罪嫌疑人、被告人的性格特点、家庭情况、社会交往、成长经历、是否具备有效监护条件或者社会帮教条件,以及涉嫌犯罪的前后表现等情况,以对未成年人的犯罪情况全面了解。根据所获信息来判断该未成年人的主观恶性程度、是否有再犯罪的可能等,为确定是否采取强制措施,是否适用附条件不起诉,以及施以何种刑罚提供参考。这就是 2012 年《刑事诉讼司法》在未成年人刑事案件诉讼程序中所规定的社会调查制度。

【提示】 调查形成的材料,只能对司法机关办理未成年人刑事案件提供一定的参考,不是定罪量刑的依据。

【案例释义 20-4】

案情:小宋,男,1995 年 7 月出生,北京市某高中一年级学生。2011 年 11 月的一天下午放学后因琐事与同学小汪争吵,后发生打架,小宋将小汪打伤,老师及别的同学将小汪送医院治疗。经鉴定,小汪所受之伤构成轻伤。小宋因涉嫌故意伤害罪被刑事拘留,后被取保候审。在审查起诉阶段,检察院委托首都师范大学心理咨询中心对小宋的成长经历及家庭情况进行调查。经调查发现,小宋自幼丧父,母亲改嫁,小宋由奶奶抚养长大。小宋性格孤僻,与同学、老师平时交流较少,遇事往往偏激、较真。了解了这些情况后,检察院为小宋专门聘请了心理咨询师对其进行心理疏导,并在向法院提起公诉时将其个人有关情况形成的书面材料,移送法院供法院审判时参考。

问题:理解 2012 年《刑事诉讼法》规定办理未成年人刑事案件时可以进行社会调查的意义

简析:上述案例是发生在北京市某区的一个案件。该区检察院早在 2010 年就在全国率先成立了未成年检察的专门机构,探索对未成年人涉嫌犯罪案件开展社会调查。2012 年《刑事诉讼法》规定,在刑事案件发生后,只要有未成年犯罪嫌疑人的,无论哪个办案机关,也不论在哪个诉讼阶段,从便于教育促其顺利成长的角度出发,对其开展社会调查。在调查的内容方面,明确规定包括嫌疑人、被告人的成长经历、犯罪原因、监护教育等情况。本案在审查起诉阶段,针对小宋的家庭情况和成长经历,检察院除了专门部门或专人办理案件外,还引入社会调查,请具有社会学、心理学、教育学知识背景的人士帮助小宋,对其进行心理疏导。这样有利于对未成年人进行针对性的矫治,使其在犯罪后,更快地回归社会。

(五)犯罪记录封存制度

2012年《刑事诉讼法》在"未成年人犯罪案件诉讼程序"中确立了"犯罪记录的封存"制度。第275条规定,犯罪的时候不满18周岁,被判处5年有期徒刑以下刑罚的,应当对相关犯罪记录予以封存。犯罪记录被封存的,不得向任何单位和个人提供,但司法机关为办案需要或者有关单位根据国家规定进行查询的除外。依法进行查询的单位,应当对被封存的犯罪记录的情况予以保密。

1. 封存犯罪记录应当符合的条件

根据2012年《刑事诉讼法》第275条第1款的规定,封存犯罪记录应当符合以下条件:

(1)年龄条件。实施犯罪行为时未满18周岁。

(2)刑罚条件。根据法院生效判决,该未成年人被判处了5年有期徒刑以下刑罚。如果依据《刑法》规定,该未成年人被判处5年有期徒刑以上刑罚,说明其行为的社会危害性较大,其个人的人身危险性也较大,将其犯罪记录予以封存,不利于刑法社会防卫功能的发挥。被封存的犯罪记录包括在侦查、审查起诉和审理过程中形成的与未成年人犯罪相关的各种材料。

2. 司法机关对封存的犯罪记录予以保密的义务

司法机关封存符合条件的未成年人犯罪记录,不仅要对未成年犯罪嫌疑人、被告人的材料采取保密措施,妥善保存,非因法定事由不得向外界提供;而且在有关方面要求为未成年人出具有无犯罪记录证明时,司法机关不应当提供有犯罪记录的证明。我国2012年《刑法》第100条规定,依法受过刑事处罚的人,在入伍、就业的时候,应当如实向有关单位报告自己曾受过刑事处罚,不得隐瞒。犯罪的时候不满18周岁被判处5年有期徒刑以下刑罚的人,免除前款规定的报告义务。根据2012年《刑事诉讼法》第275条的规定,对于依法对未成年人犯罪记录予以封存的,该未成年人将不再承担《刑法》第100条规定的报告义务。

3. 禁止提供犯罪记录的例外规定

根据2012年《刑事诉讼法》第275条第1款的规定,在以下两种情形下可以对未成年人犯罪记录进行查询。

(1)当司法机关办理具体案件需要从未成年犯罪嫌疑人、被告人的犯罪记录中获取线索、或者发生某刑事案件后需要对涉案犯罪嫌疑人前科进行查询,涉及是否有必要对其采取逮捕的强制措施、是否构成累犯等有关量刑信息时,则可以查询其犯罪记录。

(2)有关单位基于法定事由,根据国家法律规定,可进行查询。但依法进行查询的单位,应当对被封存的犯罪记录的情况予以保密,其经查询获取的信息只能用于特定事项、特定范围。

【案例释义 20-5】

案情：孟某，男，17岁。2012年1月15日傍晚携带鲤鱼钳至某小区张某的租住处，趁周围无人之机，撬锁入户，盗得人民币2500元。后被抓获。经侦查、公诉和审判，2012年3月31日法院作出判决，判处孟某有期徒刑9个月。上诉、抗诉期过后，判决生效。鉴于孟某是未成年人，其犯罪记录被封存。

问题：确立未成年人犯罪记录封存制度的目的

简析：犯罪记录会给曾经被判处过刑罚的未成年人、乃至成年以后，在升学、就业、生活等方面带来一些消极负面的影响，甚至为他们重新犯罪埋下隐患。为贯彻"教育、感化、挽救"的方针，以及"教育为主，惩罚为辅"的原则。2012年《刑事诉讼法》规定，对于犯罪的时候不满18周岁的未成年人，必须判刑的，但只要被判处5年有期徒刑以下刑罚，就要对他的犯罪记录予以封存，意在对未成年人的教育、改造和挽救，目的是使他们能较好地回归社会。未成年人犯罪记录封存制度不仅有效巩固了刑事诉讼过程中已经实现的对未成年人的教育功能，同时还体现了刑事司法制度对未成年人的人文关怀，也是贯彻落实宽严相济刑事政策的体现。

犯罪记录封存是2012年《刑事诉讼法》新增设的一项制度。在新刑事诉讼法实施前，未成年人因犯罪被判处任何刑罚都将在他的人生档案中留下记录，如上述案例中的孟某。但是在2013年后，孟某这9个月有期徒刑的刑罚记录会被司法机关封存，凡是被封存的，就不能将这些信息提供给任何单位和个人。

但是，正如前面所述，在遇有例外情况时，相关部门根据国家法律可以查询，但是对于这些信息必须予以保密。

【巩固练习 20-4】 关于犯罪记录封存的适用条件，下列哪些选项是正确的？

A. 犯罪的时候不满18周岁　　　　B. 被判处5年有期徒刑以下刑罚

C. 初次犯罪　　　　　　　　　　D. 没有受过其他处罚

答案：A、B

四、附条件不起诉制度

（一）附条件不起诉制度的内容

附条件不起诉制度是2012年《刑事诉讼法》对未成年人专门新设定的一项诉讼制度，是指对一些犯轻罪的未成年人，有悔罪表现，人民检察院决定暂不起诉，规定一定的期限，对其进行监督考察，根据其表现，再决定是否起诉的制度。附条件不起诉制度给犯轻罪的未成年人一次改过自新的机会，有利于使其接受教育，重新融入正常的社会生活，避免了执行刑罚对其造成的不利影响。该项制度的具体内容见表20-2。

（二）"附条件不起诉"与《刑事诉讼法》其他三种"不起诉"的关系

学术界通常称2012年《刑事诉讼法》第171条规定的不起诉为"证据不足不起诉"（"存疑不起诉"）；第173条规定的不起诉为"法定不起诉"（"绝对不起诉"）和"酌定不起诉"（"相对不起诉"）。此三类不起诉与附条件不起诉相比较，异同点见表20-3。

表 20-2　附条件不起诉的具体内容

适用条件	实体要件	① 对于未成年人涉嫌刑法分则第四章(人身权)、第五章(财产权)、第六章规定(妨害社会管理秩序)的犯罪 ② 可能判处一年有期徒刑以下刑罚 ③ 符合起诉条件(犯罪事实清楚、证据确实充分,应当追究刑事责任) ④ 有悔罪表现的 同时具备上述要件者,检察院可以作出附条件不起诉的决定
	程序要件	检察院在作出附条件不起诉的决定前,应当听取公安机关、被害人的意见(可以不采纳)(《刑事诉讼法》第 271 条)
考验期内的监督考察	考察与管教主体	在附条件不起诉的考验期内,由检察院对被附条件不起诉的未成年犯罪嫌疑人进行监督考察。未成年犯罪嫌疑人的监护人,应当对未成年犯罪嫌疑人加强管教,配合检察院做好监督考察工作
	考验期限	附条件不起诉的考验期为 6 个月以上 1 年以下,从检察院作出附条件不起诉决定之日起计算
	被附条件不起诉人应当遵守的规定	被附条件不起诉的未成年犯罪嫌疑人,应当遵守下列规定: ① 遵守法律法规,服从监督 ② 按照考察机关的规定报告自己的活动情况 ③ 离开所居住的市、县或者迁居,应当报经考察机关批准 ④ 按照考察机关的要求接受矫治和教育(《刑事诉讼法》第 272 条)
撤销附条件不起诉的情形及处理		被附条件不起诉的未成年犯罪嫌疑人,在考验期内有下列情形之一的,人民检察院应当先撤销附条件不起诉的决定,然后提起公诉: ① 实施新的犯罪的 ② 发现决定附条件不起诉以前还有其他犯罪需要追诉的 ③ 违反治安管理规定,造成严重后果,或者多次违反治安管理规定的 ④ 违反考察机关有关附条件不起诉的监督管理规定,造成严重后果,或者多次违反考察机关有关附条件不起诉的监督管理规定的 被附条件不起诉的未成年犯罪嫌疑人,在考验期内没有上述情形,考验期满的,检察院应当作出不起诉的决定 (《刑事诉讼法》第 273 条、《最高检刑诉规则》第 500 条)
救济途径		① 对附条件不起诉的决定,公安机关可以要求复议、提起复核或者被害人可以申诉,适用《刑事诉讼法》第 175、176 条的规定(《刑事诉讼法》第 271 条) ② 未成年犯罪嫌疑人及其法定代理人对人民检察院决定附条件不起诉有异议的,人民检察院应当作出起诉的决定

表 20-3　附条件不起诉、法定不起诉、酌定不起诉和证据不足不起诉的异同点

项　　目	附条件不起诉	法定不起诉	酌定不起诉	证据不足不起诉
适用对象	仅适用于涉嫌实施犯罪行为时的未成年人	没有做专门限制,也适用于未成年人犯罪嫌疑人		
适用的事实条件	有悔罪表现	没有犯罪事实或具有《刑事诉讼法》第 15 条情形之一	没有犯罪事实	犯罪事实不清,证据不充分
适用的法律条件	涉嫌侵犯公民人身权利、民主权利罪,或侵犯财产罪,或妨害社会管理秩序罪,已经达到起诉法定条件,可能判处一年有期徒刑以下刑罚	不追究或免予追究刑事责任	不需要判处刑罚或者免除刑罚	补充侦查(以两次为限)后,仍不符合起诉条件

项 目	附条件不起诉	法定不起诉	酌定不起诉	证据不足不起诉
自由裁量权	有自由裁量权(可以附条件不起诉)	无自由裁量权(应当不起诉)	有自由裁量权(可以不起诉)	有自由裁量权(可以不起诉)
适用后的法律后果	被附条件不起诉人有六个月以上一年以下的考验期	如果被不起诉人在押,应当立即释放		
具备法定情形的后果	在考验期内发现有法定情形之一的,人民检察院应当撤销附条件不起诉的决定,提起公诉;在考验期内没有法定情形的,考验期满的,人民检察院应当作出不起诉的决定	人民检察院如果发现不起诉决定确有错误,符合起诉条件的,应当撤销不起诉决定,提起公诉		在发现新的证据,符合起诉条件时,可以提起公诉
异议主体、方式和救济途径	①人民检察院在作出附条件不起诉的决定以前,应当听取公安机关、被害人的意见;②对附条件不起诉的决定,公安机关要求复议、提起复核或者被害人申诉的,与第171条和第173条规定的三类不起诉规定相同;③未成年犯罪嫌疑人及其法定代理人对人民检察院决定附条件不起诉有异议的,人民检察院应当作出起诉的决定	①公安机关认为不起诉的决定有错误时,可以要求复议,如果意见不被接受,可以向上一级人民检察院提请复核;②被害人如果不服,可以自收到决定书后7日以内向上一级人民检察院申诉,请求提起公诉。对人民检察院维持不起诉决定的,被害人可以向人民法院起诉。被害人也可以不经申诉,直接向人民法院起诉;③被不起诉人如果不服,可以自收到决定书后7日以内向人民检察院申诉		

【巩固练习 20-5】 关于附条件不起诉制度,下列说法错误的有:

A. 未成年犯罪嫌疑人及其法定代理人对人民检察院决定附条件不起诉有异议的,人民检察院可以作出起诉的决定,也可以作出不起诉的决定。

B. 附条件不起诉属于酌定不起诉。

C. 被附条件不起诉的未成年犯罪嫌疑人,在考验期内没有违反义务的情形的,考验期满的,人民检察院可以作出不起诉的决定。

D. 附条件不起诉的考验期为六个月以上一年以下,从人民检察院作出附条件不起诉的决定之日起计算。

答案: A、C

【案例释义 20-6】

案情: 小张,男,16岁;小王,男,17岁。二人是同一所高中的学生。2010年9月的一天,放学后二人因琐事发生矛盾,后互殴。小张、小王身上都有伤,但是小王的伤经鉴定为轻伤。事发后,小张的父母积极为小王治疗,给付小王医药、营养、精神赔偿等费用共计6万余元,小张真诚向小王表示了歉意,双方达成和解协议。小王表示不再追究小张的任何责任。小张因涉嫌故意伤害罪,被公安机关取保候审。侦查完毕后,公安机关将小张涉嫌故意伤害一案移送检察机关审查起诉。检察机关在审查案件后,发现小张的主观恶性较小,确有悔罪表现,遂对小张作出附条件不起诉决定。公安机关要求检察机关对此决定予以复议。

问题: 本案中,按照2012年《刑事诉讼法》的规定,小张是否符合附条件不起诉的条件？假如检察机关对小张作出了附条件不起诉的决定，可小张及其父母不同意，或公安机关要求复议，检察机关该如何处理？

简析：2012 年《刑事诉讼法》第 271 条规定了附条件不起诉的五个条件。检察机关对于公安机关移送审查起诉的案件，经过审查，认为这五个条件同时具备的，可以考虑作出附条件不起诉决定。上述案件，小张、小王本是同学，在互殴的过程中虽致小王轻伤的后果，但起因于双方纠纷，小张的主观恶性不大，事后小张真诚悔过，其父母也真诚表达歉意、积极主动赔偿，且双方达成了和解协议，按照《刑法》第四章第 234 条及人民法院量刑指导意见的规定，小张符合《刑事诉讼法》第 271 条规定的五个条件。如果该案发生在2013 年以后，则检察机关可以考虑对小张作出附条件不起诉的决定。但是，在作出附条件不起诉决定之前，检察机关应当听取公安机关和被害人小王的意见。如果他们都没有不同意见，检察机关就可以作出对小张附条件不起诉决定。当然，如果小张及其父母不同意检察机关作出附条件不起诉决定，认为小张无罪或者应当对其作出不起诉决定等的，检察机关就应当对小张提起公诉，由法院判决；如果公安机关要求复议，检察机关经复议后，如认为小张符合附条件不起诉的条件，仍可作出附条件不起诉的决定。因此，新《刑事诉讼法》实施后，符合附条件不起诉条件的，检察机关可以直接作出决定。

另外，按照 2012 年《刑事诉讼法》第 272 条第 2 款的规定，检察院在作出对小张附条件不起诉决定的同时，将根据小张的犯罪情节、悔罪表现，在附条件不起诉决定书中明确对小张的考验期，本条规定的期限是 6 个月到 1 年。本案假定对小张的考验期是 7 个月。则在这 7 个月内，小张如果遵守本条第 3 款规定的四项内容，那么，7 个月期满时，检察院可以对小张作出不起诉决定。

小张在考验期内应当遵守哪些规定呢？按照本条第 3 款的规定，第一，小张需要与正常公民一样遵守国家的法律法规，同时从态度上要服从检察院及其监护人的监督考察；第二，按照检察机关附条件不起诉书中对他提出的要求，定期报告自己的平时活动情况；第三，在这 7 个月内，原则上小张是不能离开本区到外地去的，包括出差、旅游、访友等。如果因特殊原因必须到外地去，或者要随监护人到外地居住，则小张要向本区负责监督的检察机关请示，获得批准后，小张才可以离开，检察机关不同意，则不能去外地；第四，小张必须按照检察机关的要求接受矫治，如参加一些公益性劳动和教育等。需要注意的是，小张在这 7 个月内，以上四项内容小张必须同时遵守，如有一项违反，就有可能被检察机关提起公诉。

【案例释义 20-7】

案情：小马，男，16 岁，小杜，男，17 岁，为同一职业中学学生。一天下午放学后，与外班同学小梅因琐事发生矛盾，随后三人打了起来，小马、小杜将小梅打伤。经鉴定，小梅是轻伤。小梅住院治疗期间及出院后，小马、小杜的父母多次去探望，并赔偿小梅的治疗、营养等费用共计 8 万元。致害方与受害方达成和解协议，小梅表示不再追究小马、小杜的任何责任。公安机关以涉嫌犯故意伤害罪将小马、小杜移送检察机关审查起诉。检察机关经审查并听取有关方面意见后，对小马、小杜作出附条件不起诉决定。在考验期内，小马因涉嫌犯盗窃罪，被公安机关传唤，1 个月后，公安机关将该起盗窃案移送检察机关审查起诉。检察机关随后作出了撤销对小马涉嫌犯故意伤害罪的附条件不起诉决定,以小马涉嫌犯故意伤害罪、盗窃罪向同级法院提起公诉。小杜在考验期内没有法定撤销附条件不起诉决定的情形,期满,检察院对小杜作出不起诉决定。

问题:在考验期间,被附条件不起诉的未成年人有实施新的犯罪或者严重违反了在考验期间内应当遵守的义务,检察机关应如何处理?

简析:设定附条件不起诉制度的初衷,就是给那些犯罪事实清楚、证据充分,应当对其提起公诉的涉嫌犯罪的未成年人一次改过自新、不留犯罪记录的机会。因此,对被适用附条件不起诉的未成年犯罪嫌疑人,考验期间的表现是衡量其是否确已悔改,是否需要追究其刑事责任的重要考量指标。如果在考验期间,该未成年人继续实施犯罪行为或者有其他法定情形,应当提起诉讼的,检察机关将启动后续的刑事诉讼程序,依法对其提起公诉,由法院对其判处刑罚;如果在考验期内,被附条件不起诉人不具有应当起诉情形的,考验期满则应当作出不起诉的决定。

上述案例中,对小马作出提起公诉的决定以及对小杜作出不起诉的决定,是根据二人在考验期内的不同表现而决定的。按照 2012 年《刑事诉讼法》第 273 条第 1 款第 1 项的规定,小马因其在考验期内实施了新的盗窃犯罪,故检察机关首先撤销对其涉嫌故意伤害罪的附条件不起诉决定,然后将原来的故意伤害罪与盗窃罪一起,向法院提起公诉。按照本条第 1 款第 2 项的规定,如果小马在考验期内没有本条本款第 1 项规定的情形,但是实施了违反治安管理的行为,如无故殴打他人或者违法毁坏公共或他人财物等,或者违反了本法第 272 条第 3 款规定的情形,情节严重的,检察机关也将对他撤销附条件不起诉决定,提起公诉。本案中,小杜没有 2012 年《刑事诉讼法》第 273 条第 1 款第 1 项规定的四种情形,故检察机关在考验期满后,对小杜作出不起诉决定。

第二节　当事人和解的公诉案件的诉讼程序

一、概述

所谓刑事和解是指在刑事诉讼程序过程中,加害人(即被告人或犯罪嫌疑人)以认罪、赔偿、道歉等方式得到被害人的谅解后,国家专门机关不再追究加害人刑事责任或者对其从轻处罚的一种案件处理方式。处理这类公诉案件的诉讼程序,就是当事人和解的公诉案件的诉讼程序。

从 1996 年《刑事诉讼法》的实施来看,尽管被害人可以通过刑事附带民事诉讼的方式要求赔偿损失,但实践中通过刑事附带民事诉讼获得赔偿十分困难,即使最终能够获得赔偿,往往也要耗费较长时间。并且,通过附带民事诉讼方式获得赔偿是一种冲突性很强的解决方式。

在我国的刑事司法实践中,刑事和解的运用正处于越来越广泛的状态,越来越多的地方检察机关、法院、公安机关,对于那些加害人与被害人达成和解的轻微刑事案件,或者作出不起诉、撤销案件等放弃追究刑事责任的决定,或者免除刑事处罚、判处缓刑等较为轻缓的非监禁刑。刑事和解已从轻微刑事案件逐步扩展到未成年人犯罪案件、过失犯罪案件以及在校大学生涉嫌犯罪的案件,所涉及的刑事案件类型也从最初的轻伤害案件扩展为交通肇事、盗窃、抢劫、重伤等案件。许多实证研究成果表明,各地对刑事和解制度的适用,虽然也存在不少问题,但普遍收到了积极的效果。与普通刑事诉讼程序相比,刑事和解更有利于真正解决矛盾,修复当事人双方的关系,实现社会和谐。许多被害人能够及时得到较为充分的赔偿。刑事和解在一定程度上减少了短期自由刑的适用,因而减少了因短期自由刑造成的重新犯罪问题,也为当事人正常生活、继续学习或工作提供了条件。适用刑事和解实现了案件的繁简分流,减少了法院、监所和看守所等机关的工作压力,也减少了因上诉、申诉、重新犯罪等带来的成本支出,有利于整体上节约司法资源。

2000 年以来,北京、浙江、安徽、上海、海南等地的省级政法、司法部门相继发布了有关办理轻伤害案件适用和解程序的规范性文件。2006 年,最高人民检察院发布的《关于在检察工作中贯彻宽严相济刑事司法政策的若干意见》对轻微刑事案件中达成和解的处理方式作出了更为明确的规定。2010 年,最高人民法院公布的《关于贯彻宽严相济刑事政策的若干意见》明确规定,被告人案发后对被害人积极进行赔偿,并认罪、悔罪的,依法可以作为酌定量刑情节予以考虑;因婚姻家庭等民间纠纷激化引发的犯罪,被害人及其家属对被告人表示谅解的,应当作为酌定量刑情节予以考虑。

基于上述司法实践的需要,2012 年《刑事诉讼法》第 277～279 条在合理吸收现有规范性文件成果的基础上,增设了"当事人和解的公诉案件诉讼程序",规定了当事人和解的案件范围、条件、方式以及对和解的审查、和解协议的制作、和解的效力等基本问题。

二、当事人和解的公诉案件程序的内容

具体内容见表 20-4。

表 20-4　当事人和解的公诉案件程序的内容

适用范围(《刑事诉讼法》第277条)	下列公诉案件,犯罪嫌疑人、被告人真诚悔罪,通过向被害人赔偿损失、赔礼道歉等方式获得被害人谅解,被害人自愿和解的,双方当事人可以和解		
	第一类	罪名条件	涉嫌"《刑法》分则第四章、第五章规定的犯罪",即"侵犯公民人身权利、民主权利罪、侵犯财产罪"
		可能被判处的刑罚	可能判处 3 年有期徒刑以下刑罚
	第二类	除渎职犯罪以外的可能判处 7 年有期徒刑以下刑罚的过失犯罪案件	
	禁止条件:犯罪嫌疑人、被告人在 5 年以内曾经故意犯罪的,不适用本章规定的当事人和解程序		
和解内容	(1) 犯罪嫌疑人、被告人向被害人赔偿损失 (2) 犯罪嫌疑人、被告人向被害人赔礼道歉 (3) 其他方式。其他方式是否恰当的标准应当从两个方面来判定: ① 是否表明了犯罪嫌疑人、被告人"自愿真诚悔罪" ② "其他方式"是否"获得被害人谅解"		
和解时间	自刑事立案之后至作出生效的有罪判决前		

和解审查	审查主体	在侦查阶段由公安机关负责审查,起诉阶段由检察院负责审查,审判阶段由法院负责审查
	审查方式	"听取当事人和其他有关人员的意见。"其他有关人员的范围包括当事人的法定代理人、辩护人、诉讼代理人、近亲属等
	审查内容	内容:"和解的自愿性和合法性" 含义:①自愿性是指双方必须在无任何外界压力或干扰因素下作出的真实选择。犯罪嫌疑人、被告人"真诚悔罪",被害人"真正谅解、宽容"对方。 ②合法性是和解的内容不得与现行法律法规相冲突,不得出现有损国家、集体或他人利益的内容,应当在法律允许的框架下执行
刑事和解协议的形式和内容		协议的形式应当是书面协议,且由主持人和参加人签字
		协议的内容是有关犯罪嫌疑人、被告人自愿真诚悔罪的书面表达,向被害人赔礼道歉、赔偿损失等实际行动承诺,以及被害人对犯罪嫌疑人、被告人的被指控行为给予谅解或宽容的书面表达
和解的效力		(1) 在侦查阶段,"公安机关可以向人民检察院提出从宽处理的建议" (2) 在审查起诉阶段,和解协议的法律效力有两种情形: ① "人民检察院可以向人民法院提出从宽处罚的建议" ② "对于犯罪情节轻微,不需要判处刑罚的,可以作出不起诉的决定" (3) 在审判阶段,"人民法院可以依法对被告人从宽处罚"

【说明】

(1) 侦查、起诉和审判三个诉讼阶段达成的和解协议,均具有相应的法律效力,即和解协议生效的时间各不相同。

(2) 所有阶段达成的和解协议的法律效力都是酌定的而非法定的,由办案机关自由裁量,酌情掌握。

(3) 不同阶段和解协议法律效力相似,都具有对犯罪嫌疑人、被告人从宽处理的功能。

(4) 认同和解协议效力的方式有两种:一是由主持制作和解协议的办案机关向下一诉讼阶段的办案机关提出从宽处理建议;二是直接由主持制作和解协议的办案机关作出从宽处理决定。

问题思考:对不履行和解协议的该如何处理? 如何保障和解协议的履行?

和解协议履行直接关系刑事和解功能的发挥。换言之,达成和解协议仅仅是刑事和解的形式要件,和解协议的实际履行才是刑事和解功能的完整体现。如果双方当事人在办案人员主持下达成并制作了和解协议后,犯罪嫌疑人、被告人没有完全履行或不实际履行和解协议中承诺的事项,该如何处理呢? 答案是:可以由被害方向办案机关提出撤销和解协议的申请,办案机关应当认定刑事和解不成立,或撤销。从法律后果上看,办案机关应当撤销对犯罪嫌疑人、被告人的从宽处理建议或决定。

保障和解协议得到真正履行,能够提高刑事和解的成功率,最大限度发挥刑事和解的功效。办案机关以及被害方可以从以下几方面促使或保障和解协议的履行:①尽量在和解协议中要求犯罪嫌疑人、被告人及时履行和解协议中承诺的事项,能够当场履行的即要求当场履行。能够及时履行的,明确规定履行期限;②办案机关在提出从宽处理建议或作出从宽处理决定前,要审查和解协议的履行情况。对于没有按期履行和解协议的,中止或终止提出从宽处理建议或作出从宽处理决定;③在办案机关提出从宽处理建议或作出从宽处理决定后,如果被害人认为犯罪嫌疑人、被告人在约定的期限内,没有实际完全履行和解协议,可以向办案机关提出撤销和解协议的申请。

【案例释义 20-8】

案情:2006 年 8 月 5 日凌晨 1 时许,陈某某酒后驾驶一辆菱帅牌轿车在湖南省长沙市芙蓉路由南往北行驶至流芳宾馆路段时,与范某某驾驶同向行驶的无牌三轮摩托车相撞,致使范某某驾驶的无牌三轮摩托车被撞向对向车道,又与王某某驾驶由北向南正常行驶的的士相撞,造成范某某受伤。事故发生后,陈某某没有停车,驾车离开。当日 8 时 30 分,陈某某到开福区交警大队如实供述了肇事经过。2006 年 8 月 14 日,范某某因抢救无效死亡。案发后,陈某某所在的公司支付范某某医疗费 46452.49 元,赔偿范某某家属人民币 25 万元,赔偿的士车主人民币 2380 元。法医鉴定认定:范某某重度颅脑损伤,其损伤程度为重伤。交通事故认定书认定陈某某负事故的全部责任。

长沙市公安局直属分局于 2006 年 8 月 5 日将陈某某行政拘留,并于 8 月 17 日对陈某某进行取保候审。该案侦查终结后,长沙市公安局直属分局于 2006 年 9 月 4 日将案件移送长沙市开福区人民检察院审查起诉。

开福区人民检察院经审查后认为:犯罪嫌疑人陈某某在案发后能投案自首,积极配合医院对范某某进行治疗,悔罪态度较好,与被害人家属就民事赔偿问题达成一致意见。该区人民检察院于 2006 年 12 月 6 日组织被害人家属、陈某某、双方的律师和人民监督员召开刑事和解会,被害人与加害人达成和解协议。2006 年 12 月 16 日,开福区人民检察院到陈某某所在单位,案件承办人向陈某某宣读了不起诉决定书。案件的处理取得了良好的法律效果与社会效果。

问题:上述公诉案件所适用的诉讼程序及其处理结果符合 2012 年《刑事诉讼法》的规定吗?

简析:上述公诉案件所适用的诉讼程序及其处理结果均符合 2012 年《刑事诉讼法》关于公诉案件和解程序的基本要求:①这起案件属于可以适用当事人和解的案件。案件属于交通肇事案(是可能判处七年有期徒刑以下刑罚的非渎职类过失犯罪),检察机关认为犯罪嫌疑人犯罪情节轻微,不需要判处刑罚,因此依法作出不起诉决定。②这起案件的和解程序和内容符合法律规定。是由司法机关组织,在加害方与被害方及其他相关人员的参加下进行的,当事人自愿达成和解,和解的内容也具有合法性。案件由人民检察院依法作出不起诉决定,终止了诉讼,不再继续追究加害人的刑事责任。

【巩固练习 20-6】 关于可以适用当事人和解的公诉案件诉讼程序的案件范围,下列哪些选项是正确的?

A. 交通肇事罪 B. 暴力干涉婚姻自由罪

C. 过失致人死亡罪 D. 刑讯逼供罪

答案:A、C(适用当事人和解的公诉案件诉讼程序的案件范围)

【巩固练习 20-7】 对于适用当事人和解的公诉案件诉讼程序而达成和解协议的案件,下列哪一做法是错误的?

A. 公安机关可以撤销案件

B. 检察院可以向法院提出从宽处罚的建议

C. 对于犯罪情节轻微,不需要判处刑罚的,检察院可以不起诉

D. 法院可以依法对被告人从宽处罚

答案：A

第三节　犯罪嫌疑人、被告人逃匿、死亡案件违法所得的没收程序

一、概述

2012 年《刑事诉讼法》第 280～283 条新增加了一个特别程序,即"对于贪污贿赂犯罪、恐怖活动犯罪等重大犯罪案件,犯罪嫌疑人、被告人逃匿,在通缉 1 年后不能到案,或者犯罪嫌疑人、被告人死亡,依照刑法规定应当追缴其违法所得及其他涉案财产的,人民检察院可以向人民法院提出没收违法所得的申请。"此程序就是犯罪嫌疑人、被告人逃匿、死亡案件违法所得的没收程序。这一程序是我国在签署加入一系列国际公约的国际背景下,结合中国国情在刑事诉讼法中增加的诉讼程序。

首先,这一程序的设立弥补了立法层面上的漏洞。根据我国 1996《刑事诉讼法》的规定,当犯罪嫌疑人逃匿或者死亡无法到案时,已经开始的诉讼程序应自动终止,尚未启动的诉讼程序也无法启动。由此造成司法实践中大量腐败犯罪、恐怖活动犯罪等类型案件犯罪嫌疑人逃匿或者死亡后,其犯罪所得的巨额财产无法追缴的现实,导致国家财产巨额损失。增设这一特殊程序很好地弥补了这个漏洞,意味着即使相关案件的犯罪嫌疑人逃匿或者死亡,不能到庭受审,人民检察院或者公安机关只要查明涉案人员具有违法所得或者其他涉案财产,就可以根据这一规定没收犯罪分子因犯罪行为所得的财产。

其次,回应实践对程序法的呼唤。实践中,许多贪污贿赂犯罪、恐怖活动犯罪涉案人员外逃后,其涉案财产也大量转移到国外。有数据表明,从 20 世纪 90 年代中期以来,我国外逃政府官员和国家事业单位、国有企业高层管理人员,以及驻外中资机构外逃、失踪人员数目高达 16000 人至 18000 人,携带款项达 8000 亿元人民币。我国司法机关要求追缴赃款时,国外司法机关一般会要求我国出具相应的法律文书,但由于我国相关法规没有规定刑事缺席审判制度而无法出具相应的法律文书,造成了追缴赃款的诸多困难。

最后,与国际公约接轨的需要。近年来,我国加强了反腐败国际合作力度,对流失境外的资金有过成功追回的案例,但这些只是国际合作成功的个案,并不具有普遍意义,且其成本过大,不利于我国追回大量的被非法转移的腐败犯罪所得资产。近年来,我国不断参与国际刑事司法事务的合作与交流,陆续签署和批准了一系列国际公约。其中,我国批准的以下三部公约为刑事诉讼法增加这一特别程序奠定了坚实的国际法基础:①1999 年 12 月 9 日批准的《制止向恐怖主义提供资助的国际公约》;②2003 年 8 月 27 日批准的《联合国打击跨国有组织犯罪公约》;③2003 年 10 月 31 日批准的《联合国反腐败公约》。因此,此一程序的设立,对有效震慑贪污贿赂、恐怖活动犯罪分子,减少此类严重犯罪问题的发生具有重要的现实意义。

2012 年《刑事诉讼法》第 280 条规定了没收违法所得程序的启动、申请主体、案件范围、申请方式、申请材料和法院有权采取的相关措施;第 281 条规定了没收违法所得程序案件的管辖和审判;第 282 条规定了法院审理没收违法所得财产案件的处理方式及上诉、抗诉救济途径;第 283 条规定了没收违法所得案件审理过程中出现特定情形而终止审理,

以及执行追缴犯罪嫌疑人、被告人违法所得之后，发现法院裁定错误的救济方式。

二、犯罪嫌疑人、被告人逃匿、死亡案件违法所得没收程序的内容

具体内容见表 20-5。

表 20-5　犯罪嫌疑人、被告人逃匿、死亡案件违法所得没收程序的内容

程序性质	不是针对被追诉人刑事责任的审判程序，而是仅针对违法所得和涉案财产的处置程序。因此，对违法所得以及其他涉案财产的没收，不必以被追诉人已经被生效判决确定有罪为前提，即使在被追诉人死亡、潜逃的情形下，也可以单独裁定是否予以没收
申请主体	人民检察院和公安机关考虑到贪污贿赂犯罪是没收违法所得的主要对象，因此，人民检察院被视为首要的启动机关。检察院无论在侦查阶段还是在审查起诉阶段，均可以申请启动法院没收犯罪嫌疑人、被告人违法所得财产程序。对于恐怖主义案件等重大案件，公安机关在侦查阶段也有职权或职责申请启动没收违法所得程序，但是，公安机关不能直接向法院提出申请，只能向对应的检察院移送没收财产的意见书
申请方式	① 人民检察院可以向人民法院提出没收违法所得的申请 ② 公安机关向人民检察院移送没收财产意见书
申请材料	① 提供相关证据材料证明该案属于 2012 年《刑事诉讼法》第十一编第三章规定的适用范围、涉及财产与犯罪事实、违法所得相关 ② 列明财产的种类、数量、所在地及查封、扣押、冻结的情况
适用案件的范围及条件	① 对于贪污贿赂犯罪、恐怖活动犯罪等重大犯罪案件 ② 犯罪嫌疑人、被告人逃匿，在通缉一年后不能到案，或者犯罪嫌疑人、被告人死亡 ③ 依照刑法规定应当追缴其违法所得及其他涉案财产的，人民检察院可以向人民法院提出没收违法所得的申请（《刑事诉讼法》第 280 条）
启动程序	① 公安机关认为符合法定没收情形的，应当写出没收违法所得意见书，移送检察院 ② 人民检察院可以向人民法院提出没收违法所得的申请
案件管辖与审理	没收违法所得的申请，由犯罪地或者犯罪嫌疑人、被告人居住地的中级人民法院进行审理
审判程序	① 审判组织是合议庭 ② 公告及期间：审理前需先公告，发出公告时间为受理没收违法所得的申请后；公告期间为六个月 ③ 犯罪嫌疑人、被告人的近亲属和其他利害关系人有权申请参加诉讼，也可以委托诉讼代理人参加诉讼 ④ 庭审时间为公告期满后 ⑤ 庭审方式。利害关系人参加诉讼的，应当开庭审理；无利害关系人参加诉讼的，可以书面审理 ⑥ 保全措施。法院在审理过程中，如果发现要求没收的违法财产没有被采取强制性措施时，在保障诉讼顺利进行等必要场合，法院有职权采取查封、扣押、冻结申请没收的财产（《刑事诉讼法》第 280 条）
裁决方式	① 人民法院经审理，对经查证属于违法所得及其他涉案财产，除依法返还被害人的以外，应当裁定予以没收 ② 对不属于应当追缴的财产的，应当裁定驳回（没收的）申请，解除查封、扣押、冻结措施
救济程序	对于法院依照上述规定作出的裁定，犯罪嫌疑人、被告人的近亲属和其他利害关系人或人民检察院可以提出上诉、抗诉
审理中出现特殊情形的处理	① 在审理过程中，在逃的犯罪嫌疑人、被告人自动投案或者被抓获的，法院应当终止审理 ② 没收犯罪嫌疑人、被告人财产确有错误的，应当予以返还、赔偿（《刑事诉讼法》第 282 条）

【说明】

（1）规定犯罪嫌疑人、被告人的近亲属有权参加庭审的目的在于：一是维护犯罪嫌疑人、被告人的合法权益；二是维护其自身财产权利，防止裁定没收的财产中涉及其近亲属的部分。犯罪嫌疑人、被告人的近亲属以及其他利害关系人，除了本人参加庭审外，还可以委托诉讼代理人参加庭审。

（2）由于该程序中犯罪嫌疑人、被告人缺席庭审，且不涉及定罪量刑问题，因此，不存在辩护人参与诉讼的问题。

（3）利害关系人是否参与庭审是开庭与否的决定因素。

【案例释义 20-9】

案情： 夏某，男，49 岁，某国有银行某支行行长，在得知检察机关对其涉嫌贪污、受贿犯罪立案侦查，公安机关发出通缉令后，潜逃国外。经查，检察机关查清了夏某做虚假贷款协议贪污公款 2340 万元；多次接受他人请托，为他人谋取不正当利益，收受贿赂人民币 560 万元、30 万美元的犯罪事实。

夏某潜逃国外后，滞留加拿大某小镇两年之久，我国政府同加拿大政府多次就夏某案交涉，要求引渡夏某回国接受审判未果。工作中，检察机关发现夏某有一套秘密别墅系用赃款购得，并在别墅内发现保时捷卡宴车 1 部、宝马 730 车 1 部、奥迪 A6 车 1 部，银行卡 3 张（上有存款 3 万余元），现金五千余元，检察机关遂对上述物品予以扣押，对别墅予以查封。鉴于犯罪嫌疑人夏某不能到案，且依照《刑法》之规定，对夏某应当追缴其违法所得及其他涉案财产。为挽回国家损失，人民检察院依法向夏某犯罪地中级人民法院提出了没收夏某违法所得的申请，申请提供了与夏某犯罪事实、违法所得相关的证据材料，并列明了财产的种类、数量、所在地及查封、扣押情况。人民法院受理检察院没收夏某违法所得的申请后，依法对相关情况发出公告。在公告期 6 个月内夏某的妻子赵某及夏某的朋友李某向法院申请参加诉讼（李某主张检察机关扣押之奥迪车辆系其所有），李某还委托律师参加诉讼。

公告期满后，人民法院依法由 3 名法官组成合议庭对检察机关没收夏某违法所得的申请进行审理。由于李某系利害关系人参加诉讼，人民法院决定开庭审理。审理中，夏某的妻子赵某向法庭主张检察机关扣押之别墅系夏某用夫妻共有财产购买，并出示了相关证据，认为其对别墅拥有 50% 的所有权，检察机关没有经过其允许就对别墅进行查封没有法律依据。夏某的朋友李某主张扣押之奥迪车是当时夏某向其借用的，所有权并不归夏某，并出示了其购买车辆的相关证据及车辆登记的相关手续。人民法院经过认真审理，认为赵某主张不成立，别墅系夏某用违法所得购买，与夏某、赵某夫妻共有财产无关；李某主张奥迪 A6 车系其所有的主张成立。人民法院作出裁定：对别墅、保时捷卡宴车 1 部、宝马 730 车 1 部予以没收；驳回人民检察院对奥迪 A6 车没收的申请，将车辆解除扣押，发还李某。赵某不服法院裁定，遂向省高级人民法院提出上诉。省高级人民法院在审理过程中，夏某被引渡回国。

问题：

（1）人民检察院对夏某涉案财产的处理措施和提出没收违法所得申请符合法律规定吗？

（2）一审人民法院的管辖与对该案件的处理、审判符合法律规定吗？

（3）二审人民法院对该案应如何处理？

简析：案例所涉内容基本涵盖了 2012 年《刑事诉讼法》第 280～283 条的规定。

（1）首先，此案是贪污贿赂案件，符合违法所得没收程序的适用范围；其次，本案犯罪嫌疑人逃匿，且在通缉 1 年后不能到案；最后，本案依照《刑法》规定应当追缴违法所得及其他涉案财产。本案具备了人民检察院向人民法院提出没收违法所得申请的全部条件，而且，在提出申请时，人民检察院也向人民法院提供了犯罪嫌疑人、被告人有关犯罪事实的证据材料，以及能够证明被申请没收财产是犯罪嫌疑人、被告人违法所得及其他相关证据材料，在案卷中也载明了违法所得及其他涉案财产的种类、数量、存放地点以及查封、扣押、冻结有关财产的情况。因此，本案中人民检察院提出没收违法所得的申请以及先前采取的对涉案财物的扣押措施完全符合 2012 年《刑事诉讼法》第 280 条的规定。

（2）首先，本案由夏某犯罪地中级人民法院管辖，符合没收违法所得案件管辖的规定；其次，人民法院受理检察院没收夏某违法所得的申请后，依法对相关情况发出了公告，在公告期内赵某、李某和其委托的律师均参加了诉讼；最后，本案由于有利害关系人李某参加诉讼，法院在 6 个月的公告期满以后决定开庭审理。在公告期间和法庭审理过程中被告人的近亲属及利害关系人都向法庭提交了相关证据，人民检察院、被告人的近亲属、利害关系人在庭审过程中都对证据和案件情况发表了自己的意见，相互间也进行了辩论等，这样，有利于法庭查清案件事实，也有利于利害关系人维护自己的合法权益和诉讼权利。因此，一审人民法院对该案件的处理、审判符合 2012 年《刑事诉讼法》第 281 条的规定。

本案中，人民法院经审理裁定赵某主张不成立，对别墅、保时捷卡宴车一部、宝马730 车一部予以没收；裁定李某主张成立，对奥迪 A6 车解除扣押，发还李某，法院的处理及裁定符合 2012 年《刑事诉讼法》第 282 条第 1 款的规定。第 282 条第 2 款规定，对于人民法院依照前款规定作出的裁定，犯罪嫌疑人、被告人的近亲属和其他利害关系人或者人民检察院可以提出上诉、抗诉。这样的规定有利于保证公正审理，使确有错误的没收违法所得的裁定在发生法律效力前可以得到及时的纠正，也使对不服裁定的利害关系人获得法律救济的机会，从而保证办案质量和司法公正。赵某不服法院裁定提出上诉，是在行使第 282 条第 2 款所赋予的上诉权。

（3）2012 年《刑事诉讼法》第 283 条第 1 款规定，在审理过程中，在逃的犯罪嫌疑人、被告人自动投案或者被抓获的，人民法院应当终止审理。省高级人民法院在对本案的审理过程中，夏某被引渡回国，省高级人民法院应作出终止审理的裁定，终止没收违法所得特别程序，按照普遍程序对该案进行审理。

【巩固练习 20-8】 关于犯罪嫌疑人、被告人逃匿、死亡案件违法所得的没收程序，下列哪一种说法是正确的？

A. 贪污贿赂犯罪案件的犯罪嫌疑人潜逃，通缉 1 年后不能到案的，依照《刑法》规定应当追缴其违法所得及其他涉案财产的，公安机关可以向法院提出没收违法所得的申请

B. 在 A 选项所列情形下，检察院可以向法院提出没收违法所得的申请

C. 没收违法所得及其他涉案财产的申请,由犯罪地的基层法院组成合议庭进行审理

D. 没收违法所得案件审理中,在逃犯罪嫌疑人被抓获的,法院应当中止审理

答案:B

第四节　依法不负刑事责任的精神病人的强制医疗程序

一、概念、性质和立法理由

(一)概念

依法不负刑事责任的精神病人的强制医疗程序,又称为刑事强制医疗程序,是指对于实施了犯罪行为,但由于行为人是依照刑法规定不承担刑事责任的精神病人,依法认定后予以强制医疗的一种特别程序。

(二)性质

强制医疗的目的不是解决被告人的定罪与量刑的问题,而是确定是否对被告人适用强制医疗措施以及如何执行强制医疗措施,从此意义上讲,强制医疗是一种程序设置。根据《立法法》第 8 条规定,对于公民政治权利的剥夺、人身自由的强制措施与处罚,只能制定法律。对人身自由限制的强制医疗措施,必须经过司法程序的决定与宣告才得以实施,因此,《刑事诉讼法》中设定的这一程序不是行政性强制程序。

(三)立法理由

我国精神病人的绝对数量很大,生活中精神病人杀死、杀伤他人的案例比较多。精神病人频频肇事生祸,严重扰乱社会治安,危及人民群众的生命财产安全,对这类群体疏于监管,可能成为危害社会治安的重大隐患。对严重危害社会治安的精神病人由国家进行强制医疗,是当今世界通常的做法,然而,我国现行的法律制度对该现象的关注度明显不高,仅仅在《刑法》中作出规定:精神病人在不能辨认或者不能控制自己行为的时候造成危害结果,经法定程序鉴定确认的,不负刑事责任,但是应当责令他的家属或者监护人严加看管和医疗;在必要的时候,由政府强制医疗。该立法规定过于原则和抽象,且没有相关配套的程序性法律文件,在实践中难以实施和操作。强制医疗本身兼具实体法和程序法问题,需要二者共同进行规范。我国虽然在《刑法》中规定了强制医疗制度,但作为重要实施保障的《刑事诉讼法》,在这方面仍是空白。实践中,各地在精神病人的强制医疗程序上各行其是,效果不一。

为了防止精神病人继续实施危害社会的行为,保障社会秩序稳定,使刑法中的相关规定得到较好落实,并且使精神病人能够尽快得到治疗,国家有必要对其人身自由进行一定限制并对其实施强制医疗。为此,2012 年修改的《刑事诉讼法》第五编第四章增加规定了这一特别程序,在第 284~289 条对此程序作了规定。

二、依法不负刑事责任的精神病人强制医疗程序的内容

具体内容见表 20-6。

表 20-6　依法不负刑事责任的精神病人强制医疗程序的内容

适用对象		实施暴力行为,危害公共安全或者严重危害公民人身安全,经法定程序鉴定不负刑事责任的精神病人
适用条件(同时具备右侧三个条件,就可以决定对依法不负刑事责任的精神病人强制医疗)	行为事实条件	实施暴力行为,危害公共安全或者严重危害公民人身安全
	责任能力条件	经法定程序鉴定依法不负刑事责任 (该条件既是法院判断行为人是否承担刑事责任的法定依据,也是法院决定行为人是否适用强制医疗的主要证据,还是公安机关、检察院申请启动强制医疗的必要条件)
	社会危险性条件	有继续危害社会可能的 (该条件是从行为人已经实施的行为判断其将来仍有可能继续严重危害社会或他人的人身安全)
决定强制医疗的主体		对精神病人强制医疗的,只能由法院决定 强制医疗是实体法上的处分,因此,对公民实施强制医疗由法院行使,一方面,有助于保障程序上的公正性和实体上的客观性;另一方面,符合国际通行的惯例
强制医疗程序的启动方式	公安机关	公安机关发现精神病人符合强制医疗条件的,应当写出强制医疗意见书,移送人民检察院
	检察机关	对于公安机关移送的或者检察机关在审查起诉过程中发现的精神病人符合强制医疗条件的,人民检察院应当向人民法院提出强制医疗的申请
	法院	① 第一审人民法院在审理案件过程中发现被告人可能符合强制医疗条件的,应当依照法定程序对被告人进行法医精神病鉴定。经鉴定,被告人属于依法不负刑事责任的精神病人的,应当适用强制医疗程序,对案件进行审理 ② 人民法院在审理第二审刑事案件过程中,发现被告人可能符合强制医疗条件的,可以依照强制医疗程序对案件作出处理,也可以裁定发回原审人民法院重新审判
保护性约束措施		为了防止精神病人实施暴力行为继续危害社会,《刑事诉讼法》授权公安机关在法定情况下,对实施暴力行为的精神病人,在法院决定强制医疗前,公安机关可以采取临时的保护性约束措施(《刑事诉讼法》第285条)
审理组织		人民法院受理强制医疗的申请后,应当组成合议庭进行审理
法定代理人到场和法律援助		人民法院审理强制医疗案件,应当通知被申请人或被告人的法定代理人到场。被申请人或被告人没有委托诉讼代理人的,人民法院应当通知法律援助机构指派律师为其提供法律帮助(《刑事诉讼法》第286条)
审理期限		对于被申请人或被告人符合强制医疗条件的,应当在一个月以内作出强制医疗的决定(《刑事诉讼法》第287条)
审理后的处理		对申请强制医疗的案件,人民法院审理后,应当按照下列情形分别处理: ① 符合《刑事诉讼法》第284条规定的强制医疗条件的,应当判决宣告被告人不负刑事责任,同时作出对被告人强制医疗的决定 ② 被申请人属于依法不负刑事责任的精神病人,但不符合强制医疗条件的,应当作出驳回强制医疗申请的决定;被申请人已经造成危害结果的,应当同时责令其家属或者监护人严加看管和医疗 ③ 被申请人具有完全或者部分刑事责任能力,依法应当追究刑事责任的,应当作出驳回强制医疗申请的决定,并退回人民检察院依法处理

救济程序	被决定强制医疗的人、被害人及其法定代理人、近亲属对强制医疗决定不服的,可以向上一级法院申请复议(《刑事诉讼法》第287条)	
诊断评估	精神病人被强制医疗后,强制医疗机构应当定期对被强制医疗的人进行诊断评估	
解除程序	提出解除	强制医疗机构向法院提出解除强制医疗意见。对于已不具有人身危险性,不需要继续强制医疗的,应当及时提出解除意见,报决定强制医疗的人民法院批准
	申请解除	被强制医疗的人及其近亲属有权申请解除强制医疗(《刑事诉讼法》第288条)
	决定解除	经过诊断和评估,认为行为人"不具有人身危险性"且"不需要继续强制医疗",人民法院决定解除强制医疗
		【提示】 最终由法院决定是否解除强制医疗
检察监督	人民检察院对强制医疗的决定和执行实行监督(《刑事诉讼法》第289条) 人民检察院认为强制医疗决定或者解除强制医疗决定不当,在收到决定书后20日内提出书面纠正意见的,人民法院应当另行组成合议庭审理,并在1个月内作出决定。(《刑诉法适用解释》第542条)	

【说明】 公安机关对实施暴力行为的精神病人采取的保护性措施,虽然涉及对行为人人身自由的限制或剥夺,但是,这种限制或剥夺仅限于防止其继续危害社会,既不是惩罚性措施,也不是强制措施。根据《人民警察法》第14条的规定,公安机关的人民警察对严重危害公共安全或者他人人身安全的精神病人,可以采取保护性约束措施。需要送经指定的单位、场所加以监护的,应该报请县级以上人民政府公安机关批准,并及时通知监护人。在司法实践中,各省市已经设立了专门的精神病院和看管场所,由公安机关执行。具体模式如下:若发生精神障碍者犯罪的案件后,先由公安机关将其限定在特定场所,再由医疗鉴定部门出具专门的鉴定结论,然后才送入专门的医院进行强制医疗。

【案例释义 20-10】

案情:2012年11月30日下午,李某某在北京地铁二号线鼓楼大街站等候乘车,当列车进站时,突然有人从背后把他推下站台。造成李某某后脑出血、8根肋骨断裂(其中3根粉碎性断裂)。事发后不久,嫌疑人宋某被民警抓获。在审问过程中发现其行为举止及言语表达与正常人有较大不同,于是决定对其作精神司法鉴定。经法定程序鉴定,宋某是一名精神分裂症患者,事发时正处于发病期,对自己的行为不具有辨认和控制能力,属于无刑事责任能力人,依法不负刑事责任。

问题:司法机关对本案中的宋某该如何处理?

简析:2013年1月1日起实施的《刑事诉讼法》第284条规定,实施暴力行为、危害公共安全或者严重危害公民人身安全,经法定程序鉴定依法不负刑事责任的精神病人,有继续危害社会可能的,可予以强制医疗。据此规定,公安机关认为精神病人宋某符合强制医疗条件,应当写出强制医疗意见书,移送人民检察院;检察院对于公安机关移送的或者自己在审查起诉过程中发现的符合强制医疗条件的精神病人,应当向人民法院提出强制医疗的申请。

人民法院受理强制医疗的申请后,应当组成合议庭进行审理。在审理前为了防止宋某继续实施暴力危害社会,公安机关对宋某可以采取临时的保护性约束措施。人民法院审理此案,应当通知宋某的法定代理人到场。如果宋某没有委托诉讼代理人,人民法院应当通知法律援助机构指派律师为其提供法律帮助。如法院经审理认为,被申请人宋某是精神病人,虽然其实施暴力行为时经法定程序鉴定依法不负刑事责任,但相关证据足以证明其有继续危害社会的可能,依照法律规定,符合强制医疗条件,应当作出予以强制医疗的决定。如果宋某、李某某,或者宋某的近亲属对强制医疗决定不服的,可以向上一级法院申请复议。

【案例释义 20-11】

案情:近些年来,我国媒体相继报道多起"被精神病"案例。在"深圳邹宜均案"、"广州何锦荣案"、"南通朱金红案"和"福建陈国明案"中,当事人都因家庭财产纠纷,被近亲属以绑架方式送往精神病院。河南的徐某则因为自 1997 年开始逐级上访到北京,被其所在乡政府工作人员送到精神病院,当地法医精神病司法鉴定所称其"属于偏执性精神障碍";湖北的彭某,因为拍摄了几张群众上访的照片被抓,先被送到派出所,后被送到精神病院,也被诊断为患偏执性精神病,领导要他"顾全大局、不要接受记者采访"。

问题:近亲属或政府部门有权对公民强制医疗吗?

简析:根据 2012 年《刑事诉讼法》的规定,对实施暴力行为的精神病人进行强制医疗需要一个申请、审查、审理、决定和执行的过程。刑事诉讼法将对公民实施强制医疗决定权赋予法院行使,其他任何机关或人员都无权决定对公民实施强制医疗,《刑事诉讼法》如此规定,有助于保障程序上的公正性和实体上的客观性,防止出现"被精神病"现象。

【巩固练习 20-9】 犯罪嫌疑人刘某涉嫌故意杀人被公安机关立案侦查。在侦查过程中,侦查人员发现刘某行为异常,经鉴定,刘某属于依法不负刑事责任的精神病人,需要对其实施强制医疗。请回答下列问题。

(1) 关于有权启动强制医疗程序的主体,下列选项正确的是:

A. 公安机关   B. 检察院

C. 法院   D. 刘某的监护人、法定代理人以及受害人

答案:B、C

(2) 法院审理刘某强制医疗一案,下列做法不符合法律规定的是:

A. 由审判员和人民陪审员共 3 人组成合议庭

B. 鉴于刘某自愿放弃委托诉讼代理人,法院只通知了刘某的法定代理人到场

C. 法院认为刘某符合强制医疗的条件,依法对刘某作出强制医疗的裁定

D. 本案受害人不服法院对刘某强制医疗裁定,可申请检察院依法提起抗诉

答案:B、C、D(强制医疗的审理程序)

附录

常用法律文件及简称

法 律 文 件	简 称
《中华人民共和国宪法》	《宪法》
《中华人民共和国刑法》	《刑法》
《中华人民共和国刑法修正案(八)》	《刑法修正案(八)》
1979 年《中华人民共和国刑事诉讼法》	1979 年《刑事诉讼法》
1996 年《中华人民共和国刑事诉讼法》	1996 年《刑事诉讼法》
2012 年《中华人民共和国刑事诉讼法》	2012 年《刑事诉讼法》
《中华人民共和国律师法》	《律师法》
2012 年最高人民法院、最高人民检察院、公安部、国家安全部、司法部、全国人大常委会法制工作委员会《关于实施刑事诉讼法若干问题的规定》	《六机关规定》
2012 年最高人民法院《关于适用〈中华人民共和国刑事诉讼法〉的解释》	《刑诉法适用解释》
2012 年最高人民检察院《人民检察院刑事诉讼规则》	《最高检刑诉规则》
2012 年公安部《公安机关办理刑事案件程序规定》	《公安部刑案程序规定》
2010 年《关于办理死刑案件审查判断证据若干问题的规定》	《死刑案件证据规定》
2010 年《关于办理刑事案件排除非法证据若干问题的规定》	《排除非法证据规定》
2010 年中央社会治安综合治理委员会预防青少年违法犯罪工作领导小组、最高人民法院、最高人民检察院、公安部、司法部、共青团中央《关于进一步建立和完善办理未成年人刑事案件配套工作体系的若干意见》	2010 年《未成年人刑事案件若干意见》

参 考 文 献

1. 樊崇义.刑事诉讼法[M].2版.北京：中国政法大学出版社,2012.
2. 樊崇义.2012刑事诉讼法解读与适用[M].北京：法律出版社,2012.
3. 陈瑞华.看得见的正义[M].北京：中国法制出版社,2000.
4. 孙谦.新刑事诉讼法条文精解与案例适用[M].北京：中国检察出版社,2012.
5. 杨雄.2013国家司法考试教材一本通——刑事诉讼法[M].北京：中国法制出版社,2012.
6. 陈少文.2013国家司法考试万国授课精华——刑事诉讼法[M].北京：中国法制出版社,2013.